Bernt Engelmann, geboren am 20. Januar 1921 in Berlin, nach dem Abitur 1938 Dienst bei der Luftwaffe, 1941 Entlassung aus dem Kriegslazarett zum Studium, wegen Beteiligung am Widerstand wiederholt verhaftet, im Mai 1945 aus dem Konzentrationslager Dachau befreit. Nach Beendigung des Studiums Journalist, Redakteur, Auslandskorrespondent. Zahlreiche Reportagen für das Fernsehen, zeit- und gesellschaftskritische Essays und Satiren. 1965/66 Mitherausgeber und Chefreporter der Zeitschrift »Deutsches Panorama«, seit 1963 auch Buchautor (Gesellschafts- und Geschichtskritik, Satire) mit mehr als 30 Titeln, von denen die meisten auch in fremde Sprachen übersetzt wurden. Weltauflage: rund 8 Millionen.
Unter anderem Mitglied des P.E.N. (seit 1970 Präsidiumsmitglied, zur Zeit Vizepräsident des Zentrums BRD) und des Verbandes deutscher Schriftsteller (VS) in der Industriegewerkschaft Druck und Papier (seit 1977 Bundesvorsitzender), Mitbegründer und Sprecher des Presseausschusses Demokratische Initiative (PDI), stellvertretender Vorsitzender der Kommission zum Schutz des Buches, Mitglied des Kuratoriums der Deutschen Lese-Gesellschaft.
Verheiratet, vier Kinder, seit 1965 in Rottach-Egern am Tegernsee ansässig.

Außer dem vorliegenden Band sind von Bernt Engelmann als Goldmann-Taschenbücher erschienen:

Wie wir wurden, was wir sind. Von der bedingungslosen Kapitulation bis zur unbedingten Wiederbewaffnung (6388)
Preußen. Land der unbegrenzten Möglichkeiten (11300)
Krupp. Die Geschichte eines Hauses – Legenden und Wirklichkeit (11924)
Deutschland ohne Juden. Eine Bilanz (11240)
Die vergoldeten Bräute. Wie Herrscherhäuser und Finanzimperien entstanden (6363)
Eingang nur für Herrschaften. Karrieren über die Hintertreppe (3699)

Bernt Engelmann ist ferner der Herausgeber der folgenden Goldmann-Taschenbücher:

»Es geht, es geht ...« Zeitgenössische Schriftsteller und ihr Beitrag zum Frieden – Grenzen und Möglichkeiten (6561) (mit Gerd E. Hoffmann, Angelika Mechtel und Hans v. d. Waarsenburg)
Literatur des Exils. Eine P.E.N.-Dokumentation. Mit einem Verzeichnis der Mitglieder des P.E.N.-Zentrums Bundesrepublik Deutschland (6362)
Bestandsaufnahme. V. Schriftstellerkongreß VS (3955)
VS vertraulich. Band 1–4 (3693, 3747, 3885, 3997)

Auf gut deutsch

Ein Bernt-Engelmann-Lesebuch

Herausgegeben
von Lothar Menne

Wilhelm Goldmann Verlag

Ungekürzte Ausgabe

Made in Germany · 2/83 · 1. Auflage · 1115

Umschlagentwurf: Atelier Adolf & Angelika Bachmann, München
Umschlagfoto: Isolde Ohlbaum, München
Druck: Mohndruck Graphische Betriebe GmbH, Gütersloh
Verlagsnummer: 6539
MV · Herstellung: Sebastian Strohmaier
ISBN 3-442-06539-9

INHALT

Vorbemerkung

Journalismus, der bei der Darstellung und Kritik bestehender Machtverhältnisse keine Rücksicht auf die Reaktion derjenigen nimmt, die die Macht in Händen halten, hat auch bei uns, auch in unserem Jahrhundert eine Tradition, die uns Nachgeborenen Respekt, Bewunderung abverlangt. Namen wie Maximilian Harden, Siegfried Jacobsohn, Kurt Tucholsky, Carl von Ossietzky, Egon Erwin Kisch stehen für eine Überlieferung, die belegt, daß sich kompromißloser Kampf gegen unerträgliche Herrschaftsstrukturen in Deutschland nicht auf die Sphären von Philosophie, Literatur und Sozialwissenschaften beschränkte, sondern zugleich ihren Niederschlag in einer Publizistik fand, die sich nicht an den erlauchten Kreis der ohnehin Überzeugten wandte, sondern vor allem jene erreichen wollte, die gemeinhin als Objekte der Geschichte, als Untertanen galten.

Diese Traditionen wurden, wie so vieles, von den Nazis weitgehend vernichtet, ihre Träger zum Schweigen gebracht, aus dem Lande gejagt, ermordet.

Nach der Niederlage der Hitlerei stand der emanzipatorische Journalismus, seines unmittelbaren historischen Hintergrunds beraubt, am Nullpunkt. Die Besatzungsmächte dekretierten *freedom and democracy,* aber die verordnete Demokratie äußerte sich in der Regel als stumpfer Konformismus. Wie in der Politik, so zeigte sich auch in der Publizistik der Kontrast zu den Nachbarländern, zumal den romanischen: Dort wird der Widerstand gegen den Faschismus allgemein als Ausgangspunkt und Orientierung akzeptiert, hierzulande wurde der alten Maschinerie lediglich eine andere ideologische Hülle übergestreift.

Gewiß, in den Jahren nach der Kapitulation rührten sich, zaghaft zumeist, neue Ansätze, vor allem in kleinen politischen und literarischen Zeitschriften; durchweg verschwanden sie jedoch rasch in dieser oder jener Versenkung. Andere, wie der anfänglich aufmüpfige *Spiegel,* entwickelten sich zu unentbehrlichen

Elementen im institutionalisierten Spiel der politischen Kräfte. Auch die Presse schluckte den »Grundkonsens der Demokraten«: Wer hat, der hat, wie es ist, so soll es bleiben.

Einige wenige spielten, gottlob, nicht mit, nahmen die Außenseiterrolle in Kauf. Journalisten wie Axel Eggebrecht, Ulrike Marie Meinhof, später Günter Wallraff provozierten nicht bloß einzelne Personen, bemühten sich vielmehr um die Erhellung von Zusammenhängen.

Die Kontinuität der journalistischen Tradition, die trotz allem die zwölf Jahre des offenen staatlichen Terrors überlebte, wird jedoch am deutlichsten vom Autor der in diesem Band zusammengestellten Texte verkörpert. Was die Gewaltherrschaft der Nazis konkret bedeutete, hat Bernt Engelmann in deren Haft und im Krieg hautnah erfahren; als sie militärisch besiegt waren, blieb ihm bewußt, wie fruchtbar der Schoß, aus dem das kroch, nach wie vor war. Die Auseinandersetzung mit den geschichtlichen Ursachen des Faschismus war und ist der Angelpunkt seiner Reportagen, seiner Bücher.

1947 berichtete er im *Spiegel* über den großen Streik der Ruhrarbeiter; in den fünfziger Jahren weckte er Verständnis für den Befreiungskampf der Kolonialvölker, die den Anspruch auf Selbstbestimmung auch für sich forderten und durchsetzten. Zur gleichen Zeit durchleuchtete er die immer ungehemmtere Restauration in der Bundesrepublik, hielt den Reichen und Mächtigen einen Spiegel vor, oder, wie ein anderer Journalist es genannt hatte: Er brachte die herrschenden Verhältnisse dadurch zum Tanzen, daß er ihnen ihre eigene Melodie vorspielte.

In den sechziger Jahren geriet dann einiges in heftige, zum Teil allzu euphorische Bewegung. Bernt Engelmann gewann neue Leserkreise, denen er sich aber ebensowenig anpaßte wie früheren. In den »Anti-Geschichtsbüchern« oder einem Werk wie *Trotz alledem — Deutsche Radikale 1777 bis 1977* setzte er alles daran, der revoltierenden, aber ohne historisches Bewußtsein aufgewachsenen Generation ein Bild von der langen Geschichte von Unterdrückung und Auflehnung in unserem Land zu vermitteln — und sie damit zumindest vor einem Teil der Irrtümer und Niederlagen ihrer Vorfahren zu bewahren.

Dieses Lesebuch will einen knappen, zwangsläufig vergröbernden Überblick über das Spektrum von Bernt Engelmanns vielfältiger und dennoch einheitlicher Arbeit geben; wenn es erscheint, wird er sechzig. Ein runder Geburtstag, gewiß, aber für ihn wie für seine Freunde und Leser höchstens ein weiterer Anlaß, sich mit den Dingen, so wie sie sind, nicht abzufinden.

Lothar Menne

I.

ZUR PERSON

Ein Sohn Preußens

Preußen und preußisch — das sind hierzulande, mindestens seit 1945, vielerorts auch schon seit 1849, Begriffe, mit denen selten etwas Positives in Verbindung gebracht wird, häufig nur Negatives; und außerhalb Deutschlands gilt Preußen als der — gottlob vernichtete — Ursprung allen Übels, das in sogenannten »Knobelbechern« und meist im Stechschritt die europäische Zivilisation immer wieder zu zertrampeln versucht hat.

Wer sich, wie ich es mitunter tat, in unseren Nachbarländern, etwa in Frankreich, in England oder auch in Polen, selbst kühn als Preuße zu bezeichnen wagte, löste damit zunächst ungläubiges Staunen aus, Verwunderung vor allem darüber, daß sich da einer selbst so schlecht zu machen versuchte. Meist hielten die ausländischen Freunde ein solches Bekenntnis zum Preußentum auch nur für einen — nicht eben guten — Witz. Aber ich bin tatsächlich ein Preuße. Ich bin 1921 in Berlin geboren, genauer: in Wilmersdorf, dem damals gerade erst zu Großberlin eingemeindeten Vorort, und auch mein Vater war gebürtiger Berliner, wogegen meine Mutter in Charlottenburg zur Welt gekommen ist. Von meinen Großvätern stammt der eine aus dem schlesischen Riesengebirge; seine Vorfahren waren — mit Ausnahme des einen oder anderen Flüchtlings vor der Protestantenverfolgung in Österreich, zuletzt 1837 aus dem Zillertal — seit Jahrhunderten dort ansässig als gutsuntertänige Kleinbauern, Handwerker und Weber.

Der andere Großvater kam aus Bromberg nach Berlin, und von seinen Vorfahren ist wenig mehr bekannt, als daß sie, wie er dann ebenfalls in Berlin, Verlagsbuchhändler waren und aus Westpreußen stammten.

Von meinen beiden Großmüttern war die eine aus Pommern, aus Wangerin, Kreis Regenwalde, und sie hatte als Gutsbesitzerstochter nach Berlin geheiratet, nach Meinung ihrer Familie sicherlich »unter Stand«. Unter ihren nur bis in die Zeit des Dreißigjährigen Kriegs teils in Pommern, teils im Brandenburgischen zurückzuverfolgenden Vorfahren finden sich neben

Alteingesessenen auch eine Reihe von Neubürgern, darunter drei, die besondere Erwähnung verdienen.

Da war eine, Maria Sophia Jablonska, angeblich aus einer Familie polnischer Grafen, die ihren traditionellen Beinamen »Pruß« von den alten pruzzischen Herzögen, ihren Familiennamen Jablonsky dagegen von dem Flecken Jablonowo, deutsch: Gabelnau, in Westpreußen ableiteten; ein Vorfahre Jablonsky, reformierter Hofprediger in Berlin, war — der amtlichen »Geschichte der Stadt Berlin« zufolge — »im Alter von 33 Jahren 1696 nach Berlin gekommen und hat hier 46 Jahre hindurch drei preußischen Königen gedient und ihr Vertrauen genossen«, war also, falls das wirklich stimmt, beim »schiefen Fritz«, beim »Soldatenkönig« und beim jungen Friedrich II. gleichermaßen gut angeschrieben. Dieser Daniel Ernst Jablonsky hatte in Oxford studiert, war Mitstifter und viele Jahre lang auch — als Nachfolger von Leibniz — Präsident der preußischen »Sozietät der Wissenschaften«, der späteren Akademie. Aber — so fand jedenfalls die zur Nazizeit erschienene *Geschichte der Stadt Berlin* — »daß hier im preußischen Geist etwas Verborgenes nach Freiheit rang, ahnte er als Slawe nicht«.

Eine zweite Ahnin großmütterlicherseits, Cathérine Dorothée Eggert, war um 1688 als hugenottisches Waisenkind nach Brandenburg an der Havel gekommen und von der Kossäthen-Witwe Eggert aufgezogen worden; ihr ursprünglicher Familienname war »de Marçonnay«, und sie soll von normannischem Adel gewesen sein. Aber das nützte ihr in Brandenburg wenig, weil fast jeder zweite halbverhungerte und zerlumpte Hugenottenflüchtling ein mit einem Krönchen besticktes Taschentuch vorzuweisen hatte, daheim ein Schloß zurückgelassen haben wollte und in Preußen eine seinem hohen Rang entsprechende Position verlangte.

Der dritte erwähnenswerte Ahne von dieser Großmutterseite her war ein Veteran aus dem Siebenjährigen Krieg, Johann David Witt, »von des Majors v. Bobre Compagnie im v. Brünningschen, nachmals v. Raumerschen Infanterie-Regiment«, dessen Vater, ebenfalls preußischer Füsilier, am 12. August 1759 in der mörderischen Schlacht bei Kunersdorf den Tod gefunden hatte; er war übrigens ein Holländer mit Namen Klaas de Witt und hatte das Unglück, preußischen Werbern in die Hände zu fallen.

Bleiben noch die Vorfahren meiner anderen Großmutter, einer gebürtigen Berlinerin; sie waren schon 1671 nach Brandenburg-Preußen eingewandert. Der Älteste unter diesen Refugié-Ahnen war berühmt wegen seiner großen »Gelahrsamkeit«, mehr noch wegen seines schlagfertigen Witzes. Es war dies »unser Lehrer und Meister« Model Rieß, »von den Vertriebenen Wiens«, wie es auf seinem Grabstein auf dem Friedhof an der Großen Hamburger Straße hieß. Auf dieser ältesten jüdischen Grabstätte Berlins, für die der bereits 1675 verstorbene, vom Großen Kurfürsten wegen seiner klugen Voraussicht oft bewunderte Model Rieß selbst, gleich nach seiner Ankunft in Berlin, das Grundstück erworben hatte, wurde 1677 auch Models Schwiegertochter Lea geborene Chalfan beerdigt. Sie war eine Nachfahrin jener Kalonymiden, die schon vor tausend Jahren zu den geistlichen und weltlichen Führern der jüdischen Gemeinden am Rhein gehört hatten. Leas Ehemann, Hirsch Rieß, gestorben 1715, war noch dabeigewesen, als die erste öffentliche Synagoge der preußischen Hauptstadt in Anwesenheit des Königs Friedrich Wilhelm I. und aller Prinzen eingeweiht wurde, jedoch erlebte er nicht mehr, wie 1721 der Hofprediger Jablonsky dort die Juden wegen ihrer »Verstocktheit« mit dem »Großen Bann« bedrohte, ganz vergeblich übrigens.

Kurz, als Nachkomme dieser und vieler anderer Preußen unterschiedlichster Herkunft, Religion und Standeszugehörigkeit — neben Akademiepräsidenten, Rabbinern, Gutsbesitzern und obskuren normannischen oder pruzzischen Grafen gab es da auch simple Schuster, Bäcker, Böttcher, Schreiner, Gebirgsbauern aus dem Zillertal und bettelarme, früh an »Auszehrung« gestorbene Weber sowie von »Werbern« eingefangene »Mousquetiers« — kann und will ich mich nicht anders fühlen denn als Preuße. In Humboldtscher (und Bebelscher) Tradition erzogen, war es mir kein Ärgernis, sondern eine Selbstverständlichkeit, daß unter den 52 Kindern meiner überfüllten Klasse in der Volksschule an der Babelsberger Straße fast die Hälfte russische, polnische, armenische und andere fremdländische Namen trugen. Es waren die schon in Berlin geborenen Söhne von Flüchtlingen, die kurz nach dem Ende des Ersten Weltkriegs zu Zigtausenden in Berlin eine neue Heimat gefunden hatten, genauso wie die zahlreichen Refugiés aus aller Herren Länder in früheren Jahrhunderten. Damit waren sie für mich Berliner wie ich, gleich, ob sie nun Karel oder Boris, Markus oder Wladimir, Fritz oder Louis Ferdinand mit Vornamen hießen.

Als vor ein paar Jahren meine jüngste Tochter Kati, die in Oberbayern geboren und aufgewachsen ist und die ein

»g'schertes Boarisch« wie ihre Muttersprache beherrscht, von ihren Klassen- und Spielkameraden einmal als »Saupreiß« beschimpft worden war und, da sie kräftig ist, dafür den Wortführer »zur Abwehr eines gegenwärtigen rechtswidrigen Angriffs«, und möglicherweise sogar in Überschreitung der Notwehr, jedenfalls einprägsam bestraft hatte, mußte ich zu dem Vorfall Stellung nehmen. Die schwierige Materie zwang mich zu einigem Nachdenken, auch über mich selbst und meine ambivalente Einstellung zum Preußentum, dem ich mich anderseits voll und ganz zugehörig fühlte.

Das schließliche Ergebnis dieser Überlegungen und umfangreicher Forschungen, bei denen auch manche verschüttete Quelle neu erschlossen werden konnte — wobei mir Professor Dr. Walter Grab mit freundschaftlichem Rat und wissenschaftlicher Kritik dankenswerterweise sehr behilflich war —, ist dieses Buch, *Preußen — Land der unbegrenzten Möglichkeiten*, geschrieben zur Ehrenrettung jener »anderen« Preußen — von Kant und E. T. A. Hoffmann über die »roten Preußen« Marx, Engels, Lassalle und Bebel bis zu Carl v. Ossietzky, Kurt Tucholsky und Ernst Niekisch. Denn Schwarz und Weiß, die Farben Preußens, symbolisieren das Nebeneinander der Gegensätze in diesem untergegangenen Staat; wer nur das eine, nicht auch das andere sieht, wird Preußen nicht gerecht.

Ein Buch und seine Wirkung

I.

Die Bezeichnung eines Werks als *Tatsachenroman* scheint auf den ersten Blick einen *Widerspruch in sich* zu enthalten. Entweder, so meint man, ist es ein Roman; dann müßte es sich um Erfundenes handeln, nicht um echte, beweisbare Tatsachen. Oder es geht um die Beschreibung nichtfiktiver Tatbestände und um Personen, die unverschlüsselt dargestellt und bei ihrem wirklichen Namen genannt werden; dann scheint es abwegig, den Bericht als Roman zu bezeichnen. Daß es dennoch Mischformen gibt und daß diese ihre Berechtigung haben, soll der folgende

Werkstattbericht zeigen. Es geht darin um die Entstehung meines 1974 in der Autoren Edition erschienenen Buchs *Großes Bundesverdienstkreuz* sowie um die erkenn- und meßbaren Auswirkungen dieser Veröffentlichung.

II.

Die Entstehung des Tatsachenromans *Großes Bundesverdienstkreuz* ist auf den Tag genau zu datieren: Am 11. November 1972 erschien in Axel Springers deutschnationalem Kampfblatt *Die Welt* ein ganzseitiges Inserat, das behauptete, die sozialliberale Koalition sei nicht in der Lage, *»Sicherheit auch für unsere jüdischen Mitbürger«* zu gewährleisten. Damit hatte eine ausgedehnte, äußerst kostspielige Anzeigenkampagne das erreicht, was die *Frankfurter Rundschau* in einer Analyse der Wahlkampfmethoden den *»absoluten Tiefpunkt«* genannt hat.

Dieses Zeitungsinserat und die darin zum Ausdruck kommende angebliche Sorge der Rechten um die deutschen Juden bewogen mich dazu, die Urheber und Hintermänner dieser größtenteils anonym und mit Postfach-Adressen geführten Anzeigenkampagne ausfindig zu machen. Intensive Recherchen, bei denen der PDI* mir volle Unterstützung und wertvolle Hinweise gab, bestätigten dann, was ich bereits vermutet hatte: Die Manager und Ideologen der unter allerlei Tarnbezeichnungen geführten Kampagne waren durchweg alte Nazis, bewährte Fachleute aus dem einstigen Reichsministerium für Volksaufklärung und Propaganda des Dr. Josef Goebbels; ihre Finanziers, soweit sie ausfindig zu machen gewesen waren, hatten ebenfalls eine tiefbraune Vergangenheit, und es handelte sich bei ihnen zumeist um die Inhaber mittlerer Industriekonzerne mit Jahresumsätzen von 300 Millionen bis 1,5 Milliarden Mark. (Die Großkonzerne haben ihre Spenden entweder auf Umwegen oder gründlicher getarnt in dieselben Töpfe fließen lassen

*PDI = Presseausschuß der Demokratischen Initiative, dem eine Anzahl aktiv antifaschistischer Autoren und Gewerkschaftspublizisten angehören; im Frühjahr 1973 hatte der PDI 22 Mitglieder, nämlich Günter Bröhl, Leo Derrik, Michael Dultz, Bernt Engelmann, Anne-Marie Fabian, Walter Fabian, Kurt Hirsch, Frieder Hitzer, Erich Kästner, Hermann Kesten, Hans Lamm, Egon Lutz, Robert Neumann, Hans Ohly, Peter Riemer, Erika Runge, Ulrich Sonnemann, Ingrid Schuster, Günter Wallraff, Martin Walser, Gerhard Weber, Jochen Willke.

oder in den offiziellen Wahlkampffonds der Unionsparteien gezahlt.)

Die detaillierten Ergebnisse meiner Recherchen wurden dann im Frühjahr 1973 unter dem Titel *Das Schwarze Kassenbuch. Die heimlichen Wahlhelfer der CDU/CSU* mit einem Vorwort von Heinrich Böll vom PDI herausgegeben und erschienen als *pokket 43* bei Kiepenheuer & Witsch. Schon in dieser Dokumentation sind viele der »Helden« des späteren Tatsachenromans *Großes Bundesverdienstkreuz* namentlich genannt, so der Chefideologe Dr. Eberhard Taubert, ehedem zuständig für die *Aktivpropaganda gegen die Juden* im Reichspropagandaministerium; Artur Missbach, Herausgeber von *Vertraulichen Mitteilungen* und bis 1969 CDU-Bundestagsabgeordneter; Dr. Hanns Martin Schleyer, Personalchef der Daimler Benz-AG und damals Vizepräsident der Bundesvereinigung deutscher Arbeitgeberverbände, oder auch Dr. Fritz Ries, Vorstandsvorsitzender und Großaktionär des *Pegulan*-Konzerns. Auch konnte bereits im *Schwarzen Kassenbuch* auf einige Querverbindungen hingewiesen werden: Dr. Taubert hatte nicht nur Spenden des *Pegulan*-Konzerns beschafft und den von ihm ideologisch betreuten Tarnorganisationen zukommen lassen; er leitete auch das persönliche Büro von Dr. Fritz Ries. Dr. Schleyer war nicht nur Mercedes-Personalchef und BDA-Vizepräsident, sondern auch stellvertretender Aufsichtsratsvorsitzender des *Pegulan*-Konzerns. Und Dr. Fritz Ries hatte eine Mitgesellschafterin im *Pegulan*-Konzern: Frau Marianne, geborene Zwicknagl, Ehefrau des CSU-Parteivorsitzenden Franz Josef Strauß.

Indessen war in der als *Schwarzes Kassenbuch* publizierten Dokumentation, soweit es solche personellen Querverbindungen betraf, nur die Spitze des Eisbergs erkennbar geworden; mehr hatte ich zu diesem Zeitpunkt noch nicht herausfinden können. Aber schon wenige Wochen nach Erscheinen des *pokket 43* erreichten mich allerlei Leserbriefe mit neuen Informationen, die mich schließlich dazu bewogen, die Recherchen wiederaufzunehmen, diesmal von der Arbeitshypothese ausgehend, daß — da alle Wege zu Ries zu führen schienen — dem *Pegulan*-Boß und seiner Vergangenheit besondere Aufmerksamkeit zu schenken sei, weil er ganz offenbar eine Art Katalysator der alten und neuen politischen Rechtsaußen-Spieler war, will heißen: ein Faktor, der — obwohl, für sich genommen, ziemlich bedeutungslos — unterschiedliche Kräftegruppen und Einzelpersonen zusammenbringen und zu neuen, nunmehr immens wichtigen Aktivitäten, etwa dem Sturz eines Kanzlers und der Beendigung der Entspannungspolitik, anzuregen verstand. Unter den erhaltenen Informationen schien mir eine von besonderem Interesse. Sie besagte, Dr. Fritz Ries suche wirtschaftliche Kontakte zur Volksrepublik Polen, wage es jedoch nicht, selbst dorthin zu reisen, vermutlich aus Gründen, die mit seiner Tätigkeit zwischen 1939 und 1945 zu tun hätten. Des weiteren war mir eine Pressemitteilung der *Pegulan AG* zugegangen. Sie bat um Würdigung der unternehmerischen Leistung des Konzernchefs Dr. Ries anläßlich seines 65. Geburtstags, berichtete, daß dem Jubilar »in Anerkennung seines Engagements für die Gesellschaft« vom Ministerpräsidenten des Landes Rheinland-Pfalz, Helmut Kohl, der Stern zum Großen Bundesverdienstkreuz überreicht worden war, und enthielt auch einen kurzgefaßten Lebenslauf des Dr. Ries. Diesem war zu entnehmen, daß Ausgangspunkt (und bis 1946 Zentrum) der unternehmerischen Tätigkeit des nunmehrigen *Pegulan*-Chefs und Honorarkonsuls von Marokko die Leipziger Gummiwarenfabrik Flügel & Polter gewesen war.

Auf gut Glück fragte ich deshalb — über einen mir gut bekannten Zeitgeschichtsforscher der DDR — bei den Leipziger Behörden an, ob es dort noch irgendwelche Unterlagen, den seinerzeitigen Flügel & Polter-Firmenchef Dr. Fritz Ries betreffend, gebe und ob ich diese einsehen könne. Die Antwort kam einige Wochen später und war sehr positiv:

Die früher als Flügel & Polter firmierende Gummiwarenfabrik existiere noch, nunmehr als volkseigener Betrieb; in dessen Kellern lagere, unberührt seit fast drei Jahrzehnten, der gesamte Bestand an Geschäftspapieren, Firmenkorrespondenz sowie Personal-, Steuer- und sonstigen Akten seit Gründung des Unternehmens, und ich könne diese Unterlagen jederzeit einsehen.

Da ich ohnehin beabsichtigte, nach Berlin zu reisen, nahm ich mir die Zeit für eine zweitägige Unterbrechung der Fahrt in Leipzig und besuchte die früher dem Herrn Dr. Ries gehörende Firma. Die Aktenberge, die man mir dort bereitwillig zeigte, ließen mich fast verzagen: Es würde Monate dauern, alles durchzusehen! Doch schon die ersten Stichproben ergaben, daß sich die Aufgabe etwas leichter bewältigen ließ, als auf den ersten Blick zu vermuten war: Von besonderem Interesse waren nämlich nur die Akten des Chefbüros, die zwei Dutzend Leitzordner füllten. Diese Unterlagen ließen sich in der mir zur Verfügung stehenden Zeit flüchtig durchsehen; ich konnte alle mir möglicherweise nützlichen Briefe und Notizen kennzeichnen und einen pensionierten Archivar beauftragen, alle dazugehörigen Vorgänge aus den Unterlagen der einzelnen Abteilungen herauszusuchen und mir von den neu zusammengestellten Dossiers Ablichtungen anfertigen zu lassen.

Die Zeit, die diese Arbeit erforderte, benutzte ich zu Nachforschungen bei anderen Stellen, zum Beispiel beim Westberliner *Document Center*, in der Münchner Staatsbibliothek und auf schriftlichem Wege bei der *Library of Congress* in Washington, wo Millionen von Dokumenten lagern — man muß nur ihre Mikrofilm-Nummer angeben und die bescheidene Gebühr für einen vergrößerten und beglaubigten Abzug einsenden.

Nach drei Monaten hatte ich nicht nur alle Unterlagen zusammen, die ich für die geplante Dokumentation benötigte, sondern noch eine Vielzahl von zusätzlichen Informationen, etwa die Personalakte des Dr. Eberhard Taubert aus der Zeit, da dieser nebenbei auch noch ehrenamtlicher Richter beim 1. Senat des berüchtigten Volksgerichtshofs gewesen war; oder Tauberts Korrespondenz mit Kurt Georg Kiesinger, damals Verbindungsmann des Auswärtigen Amts zum Goebbels-Ministerium; oder auch die Personalakten des späteren CDU-Bundestagsabgeordneten Artur Missbach, der zu meiner größten Überraschung nicht nur ein »Alter Kämpfer« der Nazipartei gewesen war, sondern auch — Direktor der Riesschen Konzernholdingfirma Flügel & Polter! Es hatten sich auch diverse Dokumente, die Nazi-Vergangenheit des *Pegulan*-Aufsichtsratsvizepräsidenten Dr. Hanns Martin Schleyer betreffend, gefunden; ich war ferner im Besitz beglaubigter Fotokopien von Auskünften, die im besetzten Polen tätige SD-Leitstellen über Dr. Ries erteilt hatten und die ihn als »Arisierungs«-König darstellten. Und *last not least* hatte ich eidesstattliche Versicherungen über den Inhalt streng vertraulicher Gespräche, die von Spitzenpolitikern der Unionsparteien auf dem steiermärkischen Schloß Pichlarn des Dr. Ries geführt worden waren und die mögliche Abwerbung freidemokratischer Bundestagsabgeordneter betrafen, wobei das Ziel eine Änderung der Mehrheitsverhältnisse im Bonner Parlament und der Sturz der Regierung Brandt-Scheel gewesen war. Kurz, ich befand mich nunmehr in einem *embarras de richesse,* in der Verlegenheit, plötzlich ein Übermaß an interessanten und wichtigen Informationen zu besitzen! Hinzu kam, daß die höchst bedeutsamen Kreuz- und Querverbindungen zwar für einen Experten, zu dem ich inzwischen geworden war, ihren besonderen Reiz hatten und auch noch eben überschaubar waren, den normalen Leser politischer Dokumentationen jedoch weit überfordert hätten. Da es mir aber darauf ankam, mit meinen Enthüllungen ein möglichst breites Publikum und vor allem junge Leute zu erreichen, stand ich nun, da ich mein erstes großes Problem, den Mangel an Informationen, über Erwarten gut gelöst hatte, vor einem neuen, das zunächst unüberwindlich schien.

III.

Da saß ich also vor meinen Aktenbergen, betrachtete mit Sammlerstolz die eine oder andere als Rarissimum zu bezeichnende Kostbarkeit, etwa eine Anfrage des Dr. Ries an einen Herrn Stabskapitän Lederer vom 23. Februar 1945, den Transport von 15 000 Flaschen Sekt im Gewicht von 30 Tonnen von Eltville bei Wiesbaden nach Leipzig betreffend, und begann gleichzeitig zu verzweifeln wegen der Unmöglichkeit, die vielen tausend interessanten Einzelheiten nicht nur schlicht zu dokumentieren, sondern ihre aktuelle Bedeutung und politische Brisanz einem breiten Publikum auch begreiflich zu machen, ohne gleichzeitig eine Enzyklopädie über die Wurzeln des neofaschistischen Wirkens in der Bundesrepublik Deutschland zu verfassen, deren Umfang und durch diesen bedingter Preis gerade diejenigen abschrecken würde, die ich damit erreichen wollte.

Um beim Beispiel des für Herrn Dr. Ries damals wie heute branchenfremden Schaumweintransports zu bleiben: Meine Frau, die zum Zeitpunkt des von Ries geplanten Sekterwerbs noch zum Empfängerkreis winziger Sonderzuteilungen für Kleinkinder gehört hatte, meinte zu meinem mit Stolz präsentierten Fund: »Was ist daran so verwunderlich? *Die* lebten doch damals wie die Maden im Speck — das weiß man doch!« Meine Tochter Sabine, Jahrgang 1960 und als ein verständigen Lesens fähiges Haushaltsmitglied meist das zweite Opfer meiner Experimente zur Erprobung der Wirksamkeit mir sensationell erscheinender Themen, Texte oder Einzelargumente, äußerte lediglich etwas Erstaunen über den offenbar enormen Durst des Dr. Ries und seiner Freunde. Es dauerte eine ganze Weile, bis meine — an sich bereits hinlänglich geschulten — Familienmitglieder endlich begriffen, was es am 23. Februar 1945 bedeutet hatte, einen Transport von 30 Tonnen nicht eben kriegsentscheidend wichtiger Güter auch nur ins Auge zu fassen! An jenem Tage hatten die sowjetischen Armeen schon die Oder erreicht, Ostpreußen abgeschnitten und Breslau erobert; die US Army stand bereits am Rhein und begann den Angriff auf das Ruhrgebiet. Die meisten Städte lagen in Schutt und Asche; Halbwüchsige mußten die Flakgeschütze bedienen; Bomben- und Tieffliegerangriffe wechselten sich ab; Hunderttausende von Flüchtlingen, meist Frauen und Kinder, waren auf den Landstraßen unterwegs — mit den seltsamsten Fuhrwerken, mit hochbepackten Fahrrädern oder zu Fuß. Es gab kaum Lastwagen, und die wenigen Autos, die Verwundete, Munition und Lebensmittel transportierten, blieben häufig am Straßenrand liegen, weil es ihnen an Treibstoff fehlte. Zu dieser Zeit, mitten im Chaos des totalen Zusammenbruchs, hatte Herr Dr. Ries die Beschaffung von 15000 Flaschen Sekt und ihren Lastwagentransport vom Rhein nach Sachsen organisiert . . .!

Nachdem ich diese Erläuterungen gegeben hatte, meinten Frau und Tochter, das sei nun allerdings wirklich ein starkes Stück gewesen und für sie recht lehrreich und interessant; sie betrachteten nun meine Fotokopie eines scheinbar belanglosen Sechs-Zeilen-Briefs von anno dazumal mit ganz anderen Augen. Ja, und dann wollten sie wissen, warum ich die zum Verständnis erforderliche Hintergrund-Information nicht auch, genauso wie ihnen, meinen Lesern geben könnte. Ich erwiderte, daß dann zu einem Dokumententext von nur sechs Zeilen genau 30 Zeilen Erläuterungen kämen; daß aus der geplanten 300-Seiten-Dokumentation ein Wälzer werden würde, 1500 Seiten stark und mehr an Alexandre Dumas den Älteren erinnernd als an das nüchterne Braun- oder Schwarzbuch, das mir vorschwebe.

IV.

Nach solchen und ähnlichen Diskussionen im Familien- und Kollegenkreis beschloß ich, meine Probleme noch einmal ganz von vorn zu überdenken.

Was wollte ich eigentlich? Die Antwort lautete: Ein Komplott darstellen, eine aktuelle Gefahr, die in vollem Umfang nur begreiflich wurde, wenn man die Wurzeln bloßlegte . . . Ein Wort von Brecht fiel mir ein: *Realistisch heißt: Den gesellschaftlichen Kausalkomplex aufdeckend . . .*

Die Dokumentenfunde, die Vergangenheit des Industriellen Dr. Fritz Ries betreffend, waren in diesem Sinn wahrlich realistisch. Obwohl es sich um einen scheinbar unwichtigen Gschaftelhuber handelte, deckten die Geschäftspapiere den gesellschaftlichen Kausalkomplex — zwischen »Arisierungen«, Zwangsarbeiter-Ausbeutung und Profitmaximierung durch Terror einst — sowie Abgeordnetenkäufen, Anti-Entspannungskampagnen und Torpedierung jedes Reformvorhabens heute — nahezu perfekt auf.

Die Schwierigkeit lag darin, den Inhalt von Aktenbergen aufzubereiten; die kausalen Zusammenhänge breiten Leserschichten begreiflich und interessant zu machen; das Spannende, das der Wust von Dokumenten für mich selbst zweifellos besaß, anderen zu vermitteln. So wie damals Herr Dr. Ries nach Lastwagen und Treibstoff Ausschau hielt, um die in Wiesbaden lagernden Sektkisten nach Leipzig zu schaffen, so suchte ich nach einem Vehikel für den Transport meiner Informationen; nach ein paar Wägelchen, die sich, hinreichend beladen, auf eine für den Empfänger interessante, das heißt: seiner Interessenlage entsprechenden Weise dazu benutzen ließen, ein Spezialwissen als allgemeines Gedankengut auf möglichst viele Köpfe zu verteilen.

So entstand die Idee einer bescheidenen Rahmenhandlung zum Zweck eines portionsweisen Transports der vorhandenen Informationen und ihrer gleichzeitigen publikumsgerechten Aufbereitung. Bescheiden mußte die Rahmenhandlung sein, damit ihre Spannung nicht stärker würde als die der transportierten Informationen, auf die es allein ankam. Es mußte in Kauf genommen werden, daß man sich damit die Rüge der Banalität einhandelte; daß einem von der Kritik vorgeworfen werden würde, man hätte eine eigentlich überflüssige, entsetzlich dürftige Groschenheft-Handlung um eine hochinteressante Dokumentation gewunden. Tatsächlich kam dieser Vorwurf später, und ich habe brav dazu geschwiegen und mich mit dem Jesuitengrundsatz getröstet, daß *ad maiorem Dei gloriam* der Zweck die Mittel heilige.

Natürlich hätte ich die blonde Dolmetscherin Christa mit ihren profunden zeitgeschichtlichen Kenntnissen sowie den naiven, wie ein Tennis-Profi aussehenden New Yorker Rechtsanwalt Don Hartnell missen können, erst recht den aalglatten CSU-Advokaten Dr. Steiglhöringer und dessen ölige Sprüche. Umgekehrt war ich häufig in Versuchung, die Handlung zu verstärken, etwa den sich anbahnenden Flirt zwischen Christa und Don rasch und ausführlich zum Ziel zu führen oder dem Detektiv auch mal Aufregenderes vor die entzündeten Augen zu halten als staubige Akten, vielleicht Pläne für einen Staatsstreich, Säcke voll Goldmünzen oder wenigstens ein paar Aktfotos. Da ich mir dies und vieles weitere versagt habe — es gibt in diesem Rahmen-Krimi weder einen Mord noch eine Schießerei, noch eine Großfahndung oder wenigstens eine Verfolgungsjagd über Dächer, Feuerleitern und Hängebrücken, und die einzige erfundene Brutalität ist ein Schlag über den Kopf des grauhaarigen Schnüfflers, der an dessen antifaschistischer Einstellung nichts ändert —, so ertrage ich den Vorwurf, Groschenheft-Effekte verwendet zu haben, mit Gelassenheit.

V.

Die bescheidene Rahmenhandlung ermöglichte es mir, die echten Dokumente in einer Auswahl und Reihenfolge einzuführen, die Spannung erzeugt, ja, das Hauptinteresse des Lesers rasch auf das lenkt, worauf es ankommt: den von Brecht als realistisch geforderten gesellschaftlichen Kausalkomplex.

Kaum, daß es irgendwo einen Zweifel geben kann, weder an den aufgefundenen Dokumenten noch an ihren aktuellen Bezügen und an der Realität der Anschuldigungen, die sie gegen zahlreiche Prominente der bundesdeutschen Politik und Wirtschaft erheben, deren voller Name, Adresse, Firma, Besitzstand an Ämtern und Würden, mitunter bis zur Telefon- und Nebenanschlußnummer genau, aufgeführt wird.

Wo Erläuterungen nötig sind, werden sie dem Leser nicht direkt erteilt, sondern indirekt vermittelt: in einem Frage-und-Antwort-Spiel zwischen dem »natürlich« dürftig informierten, jedoch professionell interessierten Amerikaner und seiner gründlich bewanderten, politisch motivierten Dolmetscherin. Und am Schluß des Buches werden in einem angehängten Verzeichnis noch einmal alle wirklichen Personen, die in den Dokumenten genannt werden, namentlich aufgeführt und beschrieben — von BENTZ, Horst, dem ehemaligen SS-Führer und heutigen Inhaber des *Melitta*-Konzerns, der rechte, außenparlamentarische Gruppen fördert, bis zu ZOGLMANN, Siegfried, ehemaligem Untersturmführer der »Leibstandarte SS Adolf Hitler« und oberstem Führer der Hitlerjugend im »Protektorat Böhmen und Mähren«, der von der FDP-Bundestagsfraktion zur CSU überwechselte.

Auf dem Schutzumschlag wurde dann noch einmal ausdrücklich darauf hingewiesen, »daß nur die Detektive erfunden sind. Die Dunkelmänner aber, denen sie auf die Spur kommen, sind unter uns lebende Personen des öffentlichen Lebens.«

Es gibt indessen eine Person, die eine Zwitterstellung einnimmt: den Illustrierten-Chefredakteur, der die Vermittlung übernimmt zwischen den erfundenen Detektiven und den keineswegs fiktiven, unter uns lebenden Prominenten. Seine Identität mußte notgedrungen verschlüsselt werden (und das Pseudonym, das er sich in der erfundenen Rahmenhandlung zulegt, *Mr. Hauser,* war für Eingeweihte und ist heute für die Öffentlichkeit beziehungsreich genug). An der Nahtstelle zwischen erfundener Story und echter Dokumentation erlaubt sich Mr. Hauser einen Trick, noch genauer: Rechtsanwalt Don Hartnell erlaubt es aus juristischen Gründen dem Mr. Hauser, diesen Trick anzuwenden. Don will klargestellt wissen, »daß keine der durch die Dokumente möglicherweise bloßgestellten Personen etwas mit der Zahlung zu tun hat, denn wir, mein Klient und ich, wollen uns keineswegs dem Verdacht aussetzen . . .« Und sogleich fällt ihm der schlitzohrige Mr. Hauser ins Wort: »Ach, jetzt verstehe ich! Also, ich versichere Ihnen, daß weder Strauß noch Ries, noch Schleyer, Taubert, Wellems, Missbach, Zoglmann oder irgendeiner ihrer deutschen Freunde auch nur das geringste mit unserem Handel zu tun hat. Zufrieden?« Und Hartnell ist damit zufrieden; ich und meine Rechtsanwälte sind es auch, denn damit ist die Nahtstelle zwischen fiktiver Rahmenhandlung und beweispflichtigem Dokumentarteil sauber aufgetrennt. Es ist einwandfrei klargestellt, selbst für das Landgericht München und dessen für solche Veröffentlichungen zuständige 9. Zivilkammer unter Vorsitz von Herrn Professor Dr. Putzo, daß *nicht sein kann, was nicht sein darf,* nämlich daß die realen Gestalten, deren wirkliche Vergangenheit die Dokumente bekanntmachen, irgend etwas mit der Rahmenhandlung zu tun haben, für die ich ja niemals den Wahrheitsbeweis antreten könnte, weil sie von mir frei erfunden worden ist, wenngleich nur zum Zweck des Transports der durchaus nicht fiktiven Dokumente.

VI.

Der Tatsachenroman *Großes Bundesverdienstkreuz* erschien im Frühjahr 1974 in der Autoren Edition des C. Bertelsmann Verlags. 236 Seiten stark, kostete die Hardcoverausgabe 22 DM und erreichte in relativ kurzer Zeit eine verkaufte Auflage von annähernd achtzigtausend Exemplaren; daneben gab es mindestens zwei Raubdruck-Ausgaben zu 6 und 7 DM, so daß das Buch mindestens hunderttausend Käufer gefunden hatte, ehe im März 1976 die ungekürzte *rororo*-Taschenbuchausgabe auf den Markt kam. Die Medien nahmen sich des fast ein Jahr lang auf allen Bestseller-Listen verzeichneten Buchs ebenfalls erfreulich gut an, so daß sein Inhalt eine noch weitaus stärkere Verbreitung gefunden hat (und noch immer findet), als die Verkaufsziffern erkennen lassen. Nach bangen Wochen, in denen ich von Sorgen geplagt wurde, weil keiner der durch die Dokumente bloßgestellten Prominenten sich rührte, obwohl das Buch längst auf der Bestseller-Liste stand, kamen endlich die ersten Reaktionen: Herr Generaldirektor Hans-Joachim Götz, Chef der Günther Wagner Pelikan-Werke, Hannover, auch Präsident der Industrie- und Handelskammer Hannover und Mitglied des Beirats der Deutschen Bank AG, ließ durch seinen Anwalt rügen, daß er nicht, wie es im Buch wörtlich hieß, im Zweiten Weltkrieg »als SS-Hauptsturmführer im Stabsamt des ›Reichskommissars für die Festigung des deutschen Volkstums‹ in den eroberten Ostgebieten tätig« gewesen sei; diese Behauptung sei unwahr. Wahr hingegen sei, daß Generaldirektor Götz damals bei der angegebenen Dienststelle den Rang eines SS-Hauptsturmführers (F) — das F stand für »Fachkraft« — bekleidet habe. Der bedauerliche Irrtum wurde selbstverständlich in der nächsten erreichbaren Auflage korrigiert.

Als nächster meldete sich Arbeitgeber-Präsident Dr. Hanns Martin Schleyer zu Wort. Einem Reporter des *Stern* gegenüber gab er auf die Frage, ob er gegen seine Darstellung in meinem Buch gerichtlich vorzugehen gedenke, schlicht zur Antwort: »Warum sollte ich klagen? Es stimmt ja alles!«

Einer indessen zog endlich doch vor Gericht, allerdings unter Vermeidung des zunächst üblichen Antrags auf Erlaß einer Einstweiligen Verfügung, denn dazu hätte er eidesstattlich versichern müssen, daß die beanstandeten Behauptungen unwahr seien. Es war der *Pegulan*-Konzernchef Konsul Dr. Fritz Ries, der bei der 17. Kammer des Landgerichts Stuttgart Klage erhob und zunächst nur ein einziges Wort des sehr umfangreichen Textes, der ihn betraf, verboten wissen wollte: das Wort *durchweg;* es sei gröblich unwahr, daß er *durchweg* »arisiert« habe. Später erweiterte Herr Dr. Ries seine Klage noch um einige Punkte, wobei es ihm unter anderem darauf ankam, seinen Schwiegervater damals nicht *ermuntert* zu haben, sich an seinen Geschäften zu beteiligen.

Glücklicherweise behauptete er in seinen weiteren Ausführungen, sowohl dem Gericht wie der Presse gegenüber, auch *alle anderen* ehrenrührigen Behauptungen über ihn, die das Buch enthalte, seien unwahr; er mache sie nur aus prozeßökonomischen Gründen nicht zum Gegenstand seiner Klage. Dies bot mir Gelegenheit, nun auch meinerseits Klage zu erheben, und zwar auf Feststellung der Richtigkeit aller jener Punkte, die *mir* wesentlich erschienen. Klage und Widerklage beschäftigen nun die Stuttgarter Richter seit immerhin schon fast zwei Jahren, und es ist noch kein Ende des Prozesses abzusehen. Eines läßt sich indessen bereits sagen: Nach den Presseberichten, auch der unternehmerfreundlichsten Blätter, ist es Herrn Dr. Ries bislang nicht gelungen, bei irgend jemandem Zweifel an der Richtigkeit meiner Darstellung seines Werdegangs zu erwekken; für jede einzelne meiner Behauptungen konnte ein dokumentarischer Beweis angetreten werden, während die Gegenseite nur Zeugen, meist frühere Angestellte, aufbieten kann, die sich entweder nicht mehr erinnern können, wie dieses oder jenes vor fast dreißig Jahren gewesen war, oder die Aussagen machen, die an den strittigen Fragen vorbeigehen. Nur einen einzigen Punkt unter vielen hundert habe ich im Buch falsch dargestellt und deshalb bereits korrigiert: Die zum Ries-Konzern gehörenden Hevea-Gummiwerke waren von Dr. Ries nicht »arisiert«, vielmehr zur »Arisierung« anderer Firmen *benutzt* worden. Indessen hat der Prozeß auch noch Dinge ans Licht gebracht, die Korrekturen ganz anderer, für Konsul Ries äußerst peinlicher Art möglich machen (und die ich demnächst vorzunehmen gedenke). Es haben sich nämlich bei der Motivsuche für einen zweiteiligen Fernsehfilm, den der DDR-Fernsehfunk nach meinem Buch *Großes Bundesverdienstkreuz* jetzt herstellen läßt, noch weitere Aktenberge gefunden, die in einer ausgebrannten Kapelle nahe einem südgalizischen Dorf lagerten. Was ich davon schon zu sehen bekommen habe, stellt alles in den Schatten, was ich bislang über Dr. Fritz Ries und seinen Freundeskreis publiziert habe. Es bietet sich an, daraus einen weiteren Tatsachenroman zu machen, vielleicht mit dem doppelsinnigen Titel *Mit Stern und Schulterband* und dem Foto einer ausgemergelten Frau mit Judenstern am Zebrakleid, die als Lasttier einen mit Nähmaschinen beladenen Wagen zieht, oder auch mit dem ganz sachlichen Titel: *Strauß, Kohl & Co,* denn — um Bert Brecht noch ein letztes Mal zu zitieren, diesmal vollständig: *Realistisch heißt: »Den gesellschaftlichen Kausalkomplex aufdeckend; die herrschenden Gesichtspunkte als die Gesichtspunkte der Herrschenden entlarvend; vom Standpunkt der Klasse aus schreibend, welche für die dringendsten Schwierigkeiten, in denen die menschliche Gesellschaft steckt, die breitesten Lösungen bereithält; das Moment der Entwicklung betonend; konkret und das Abstrahieren ermöglichend.«*

Vom Autographensammeln

Vor ziemlich genau einem halben Jahrhundert machte ich eine Erbschaft. Es war im Spätsommer 1930, ich hatte schon die Volksschule verlassen und war Sextaner am Berlin-Wilhelmsdorfer Fichte-Gymnasium. Die Erbschaft — die erste und bis heute die einzige, die ich machte — stammte von meiner Großmutter, und die Trauer über ihren Tod war größer als die Freude über die kleine Bibliothek, die sie mir hinterlassen hatte. Im übrigen wurden die kleinen und großen Halblederbände mit Goldprägung, kaum daß ich sie in Augenschein genommen hatte, sogleich in Kisten verpackt und auf den Speicher geschafft — »für später«, wie es hieß.

In den folgenden drei Jahrzehnten sorgten die politischen und militärischen Ereignisse sowie deren Auswirkungen auf meine Lebensumstände dafür, daß sich mir keine Gelegenheit bot, die Bücherkisten auszupacken. Immerhin überstanden sie Bombenangriffe, Brände, Rohrbrüche und anderthalb Dutzend Umzüge, die am Ende von den Erinnerungen an meine Kindheit wenig Greifbares übrigließen.

Eines Tages, als ich endlich Gewißheit erlangt hatte, daß weitere Umzüge nicht mehr im Bereich der Wahrscheinlichkeit lagen, nahm ich mir die Zeit, die Kisten auszupacken und ihren

Inhalt in meinen Bücherschrank einzuordnen. Zunächst gab es wenig Überraschungen: Ich fand die gesammelten Werke von Goethe, Schiller, Shakespeare, Lessing und Heine, Meyers Konversationslexikon in neunzehn Bänden, Gesamtausgaben so unterschiedlicher Autoren wie Fritz Reuter, Ludwig Börne, Julius Stettenheim, Gottfried Keller, Ferdinand Freiligrath und Franz Freiherrn Gaudy sowie allerlei Poesie und Prosa — Bürger, Uhland, Chamisso, Storm, Raabe und viel Fontane, Georg Hermann natürlich, aber auch Dostojewski, Zola, Daudet, Dikkens und manches andere, außerdem einen dicken Packen alter Briefe. Zu meiner großen Verwunderung handelte es sich nicht um Familienkorrespondenz, auch nicht um Liebesbriefe. Es war die kleine Autographensammlung meiner Großmutter aus deren Jungmädchenzeit.

Im 19. Jahrhundert war das Sammeln von Handschriften berühmter Zeitgenossen sehr beliebt und verbreitet, zumal im gebildeten Bürgertum. Autographen von Fürstlichkeiten, Feldherren, Schauspielern, Sängern, Klavier- und Geigenvirtuosen, Komponisten, Gelehrten, Erfindern und Entdeckern, Malern, Bildhauern, Dichtern und Schriftstellern wurden als Reliquien behandelt und sorgfältig verwahrt.

Meine Großmutter hatte sich — von meinem Standpunkt aus: glücklicherweise — für Fürsten und Staatsmänner, Militärs, Größen des Theaters und der Oper sowie für die meisten anderen Kategorien von Berühmtheiten wenig interessiert, sondern ihre Sammlung weitgehend beschränkt auf die Bereiche der Literatur und der politischen Publizistik, was ihren Neigungen entsprochen hatte, aber wohl auch damit zusammenhing, daß sie die Tochter eines politisch interessierten Verlagsbuchhändlers war. Jedenfalls fand ich, dreißig Jahre nach ihrem Tode, in Großmutters Autographensammlung etwas, das mich entzückte und zum Weitersammeln reizte. Denn je mehr ich mich in die kleine Kollektion von Handschriften deutscher Dichter, Schriftsteller und politischer Publizisten des 19. Jahrhunderts vertiefte, desto klarer wurde mir, daß es sich um weit mehr handelte als um bloße Reliquien. Die Briefe offenbarten mir, in welchem persönlichen und gesellschaftlichen Umfeld Männer und Frauen wie Wilhelm Raabe und Theodor Storm, Fanny Lewald und Berta v. Suttner, Arnold Ruge und Eugen Richter gelebt hatten. Ich lernte ihre Beziehungen zueinander, ihre Gedanken zum Zeitgeschehen sowie manches über ihren Charakter und ihr Privatleben kennen. Was Gymnasium und Universität nicht hatten vermitteln können oder wollen, verschafften mir die alten Briefe: ein Bild der Menschen in ihrer Zeit und in Beziehung zu allem, was sie umgab.

Die rund fünf Dutzend Autographen, die meine Großmutter mir hinterlassen hatte, waren meist Briefe an ihren Vater oder dessen Freunde von der Freisinnigen Partei. Einige waren auch an sie selbst gerichtet gewesen, und es gab in der kleinen Kollektion auch ein paar vollständige Manuskripte von Gedichten und Novellen, die deutlich erkennen ließen, wie der Verfasser daran gearbeitet hatte. Das Ganze bildete einen vortrefflichen Grundstock für die Handschriftensammlung, die aufzubauen ich mich entschloß, kaum daß ich den unerwarteten Fund eingehend untersucht und zu würdigen begonnen hatte. Aber wie, so fragte ich mich, sollte ich diese Sammlung ergänzen und fortführen?

Die jüngste Vergangenheit, die Gegenwart und die Zukunft stellten keine großen Probleme dar, abgesehen von dem bedauerlichen Umstand, daß nur noch wenige, die mit mir korrespondierten, dies handschriftlich taten. Ich brauchte nur fortan mit noch größerer Sorgfalt als zuvor, da ich es noch ohne feste Sammlerabsichten getan hatte, alles Handgeschriebene aufzuheben, was mir aus den Bereichen der Literatur, der Publizistik und der Politik auf die eine oder andere Weise zukam. Die Schwierigkeit lag vielmehr in der ferneren Vergangenheit. Wie sollte man die kleine Sammlung aus dem 19. Jahrhundert heute noch ergänzen? Wo konnte man heutzutage noch Briefe oder gar Manuskripte längst verstorbener Dicher, Schriftsteller und politischer Publizisten finden?

Nun, wer sucht, der findet.

Zunächst entdeckte ich, daß der einst üppig blühende deutsche Autographenhandel zwar verkümmert, aber keineswegs völlig ausgestorben war. Das führende Haus Berlins auf diesem Sammelgebiet, die Firma J. A. Stargardt, einst am Gendarmenmarkt und seit 1885 im Besitz der Familie Mecklenburg, hatte nun in Marburg an der Lahn ein neues Domizil gefunden, und ein- bis zweimal jährlich fanden dort (und finden noch immer) Versteigerungen von Autographen aus den Bereichen Literatur, Wissenschaft, Kunst, Geschichte und Politik statt, die dem Sammler viel Interessantes zu bieten haben.

Sodann bemerkte ich, daß manche Antiquariate, zumal diejenigen, die aus Nachlässen ganze Bibliotheken aufzukaufen pflegen, nebenher ein mehr oder weniger großes Angebot an

Autographen haben. Wenn man Glück hat, wie ich es mitunter hatte, kann man da wahre Schätze finden, vor allem, wenn man nicht nach den Handschriften weltbekannter Klassiker sucht, sondern nach wenig bekannten Namen. So erstand ich beispielsweise, schon wenige Wochen nach meinem Entschluß, die ererbte Sammlung auszubauen, in einem Basler Antiquariat und zu einem sehr günstigen Preis einen beachtlichen Teil der Korrespondenz eines führenden Publizisten der wilhelminischen Ära, nämlich jenes Maximilian Harden (1861—1927), der in Berlin von 1892 an die politische Wochenschrift *Die Zukunft* herausgegeben und, zeitweise im Bündnis mit dem gestürzten Bismarck, den Kampf gegen Wilhelm II. geführt hatte. In dem Hinterzimmer eines Frankfurter Antiquars entdeckte ich, unter vielen belanglosen Autographen, etliche Briefe jener Fanny Lewald (1811—1889), die nicht nur vielgelesene Unterhaltungsromane geschrieben hatte, sondern auch eine Vorkämpferin der Frauenemanzipation, darüber hinaus — durch ihre Verwandtschaft mit Johann Jacoby, ihre Ehe mit Adolf Stahr und ihre Freundschaft mit führenden Liberalen — eine wichtige, wenn auch im Hintergrund stehende Figur der demokratischen Bewegung gewesen ist. Und bei einem Münchner Briefmarkenhändler entdeckte ich im Schaufenster, mit nun schon geübtem Blick, einige — dort nur der Frankatur wegen ausgestellten — Briefe Ferdinand Freiligraths, einen davon mit dessen Siegel, das seinen Wahlspruch »Trotz alledem!« zur Umschrift hatte. Dazu muß man wissen — und ich wußte es aus einem Buch mit dem Titel *Ein Glaubensbekenntniß*, erschienen 1844 bei Victor v. Zabern in Mainz, das aus der kleinen Bibliothek meiner Großmutter stammte —, daß Freiligrath wegen seines Gedichts »Trotz alledem!«, das er im Dezember 1843 in St. Goar geschrieben hatte und das sich eng anlehnte an Robert Burns' »A man's a man for a'that«, erstmals von der preußischen Zensur behelligt und erst dadurch zu einem politischen Dichter geworden war. Um so glücklicher war ich, als ich dann in einem der bei dem Briefmarkenhändler gekauften Umschläge eine Abschrift des zensierten Gedichts fand, unzweifelhaft von Freiligrath selbst geschrieben.

Natürlich macht man nicht alle Wochen solche Funde, aber mit Geduld und Beharrlichkeit sowie mit wachsender Sachkenntnis läßt sich noch vieles entdecken und erwerben. Dennoch strebt ein leidenschaftlicher Sammler, wie ich es schon bald geworden war, noch mehr danach, Schätze schon zu entdecken, ehe sie in den Handel geraten (und dann oft unerschwinglich geworden) sind.

Solche Fälle sind äußerst selten, aber mitunter ereignen sie sich. So besuchte uns einmal an einem regnerischen Herbsttag eine gute Freundin, die nach dem Tode ihres Vaters den elterlichen Haushalt aufgelöst hatte. Sie berichtete von der vielen Arbeit und dem nun fast leeren Haus, das nur ein paar Autominuten entfernt in einem Nachbarort lag. Am nächsten Tag, so erzählte sie, würden von einem Münchner Antiquar die letzten Bücher der elterlichen Bibliothek, für die weder sie selbst noch ihre Kinder Verwendung hätten, abgeholt. Das ließ mich aufhorchen. Zwar war es schon spät am Abend, und es goß draußen in Strömen, aber ich bat sie dennoch darum, die Restbestände noch einmal durchsehen zu dürfen. Ohne Begeisterung begleitete sie mich zurück in das verlassene Haus, und eine Stunde später hatte ich unter tausend Bänden, die auch mir belanglos erschienen, doch noch einige entdeckt, die unsere Mühe reichlich belohnten, zumal sich in zweien Briefe der Verfasser befanden: ein halbes Dutzend davon in Rainer Maria Rilkes unverkennbarer Handschrift, zwei von der Hand Thomas Manns!

Natürlich kann man nicht hoffen, daß sich dergleichen häufiger ereignet. Aber man kann seine Freunde und Bekannten bitten, besser auf das zu achten, was sie fortgeben oder, schlimmer noch, wegwerfen. Schon die Autographensammler früherer Jahrhunderte kannten keine falsche Scham, wenn es um die Vermehrung ihrer Schätze ging.

»Haben Sie doch ja die Gefälligkeit, von Zeit zu Zeit an meine fromme Sammlung zu denken«, schrieb einer anno 1806 an seine Bekannten und rechtfertigte dies dann so: »Denn fromm ist doch wohl alles, was das Andenken würdiger Menschen zu erhalten und es zu erneuern strebt. Auch bloße Couverte und Namensunterschriften nehme ich sehr gern . . .«

Der Verfasser dieses Bettelbriefs war der leidenschaftliche Autographensammler Johann Wolfgang Goethe. Wenig später ließ er ein alphabetisches Verzeichnis seiner Sammlung drucken und legte es, wie er stolz berichtete, »jedem Briefe an Freunde bei«, um sie »zu gefälligen Beyträgen anzuregen«. Tatsächlich erhielt er »dadurch nach und nach fortdauernd Vermehrung«.

Apropos Goethe: Wie manchem vielleicht noch erinnerlich, hat der Ministerpräsident des Freistaats, in dem ich lebe, im Januar 1980 in einem Interview mit der Wochenzeitung *Die Zeit* erklärt: »Meine literarischen Fähigkeiten und die vom Engelmann, da kann man ja sagen: Das ist Goethe zu Ganghofer!«, wozu angemerkt sei, daß Ludwig Ganghofer (1855—1920), der übrigens auf unserem Dorffriedhof neben Ludwig Thoma einen Ehrenplatz erhalten hat, in meiner Autographensammlung gut vertreten ist, nämlich mit Zeugnissen seiner Forschungen, die Unterdrückung der Bauern durch die Pröpste von Berchtesgaden betreffend. Auch Goethe-Briefe konnte ich inzwischen meiner Sammlung einverleiben, und natürlich auch — leider nur maschinenschriftliche, aber eigenhändig unterzeichnete — Briefe des mir so wenig geneigten Ministerpräsidenten; schließlich ist mein Sammelgebiet ja die Literatur in ihren vielfältigen Beziehungen zum Zeitgeschehen und insbesondere der Politik. Deshalb gilt mein Interesse auch Persönlichkeiten wie dem preußischen Polizeidirektor Karl Albert Christoph Heinrich v. Kamptz (1779—1849), unter dem E. T. A. Hoffmann zu leiden hatte und dem er in Gestalt des Rats Knarrpanti in seinem *Meister Floh* ein literarisches Denkmal gesetzt hat. Oder dem Berliner Polizeipräsidenten Traugott v. Jagow, der sich mit abfälligen Bemerkungen über Gerhart Hauptmanns Bühnenstücke lächerlich machte. Oder eben auch dem mit Schriftstellerbeschimpfungen in die Literaturgeschichte eingegangenen Politiker Franz Josef Strauß. Ein rechter Sammler darf nicht wählerisch sein hinsichtlich dessen, was er in seine Kollektion aufnimmt. Nicht auf den Glanz eines Namens kommt es an, sondern auf die — positive oder negative— Bedeutung seines Trägers für das Sammelgebiet.

2.

KEIN SCHÖNER LAND

Wem gehört dieses Land?

Das Land, von dem hier die Rede sein soll, ist seiner geographischen Ausdehnung nach ziemlich unbedeutend. Es ist kaum größer als der afrikanische Zwergstaat Uganda, etwas kleiner als der 44. Staat der USA, Wyoming, und nicht einmal ein Zehntel so groß wie die innerhalb der riesigen Sowjetunion eine sehr untergeordnete Rolle spielende Kasachische Sozialistische Sowjetrepublik. Kurz, auf einem handlichen Globus ist das Land, um das es geht, nur als ein stecknadelkopfgroßer Punkt darzustellen, und insofern scheint die Frage, wem dieses Ländchen gehört, von wahrlich nicht weltbewegender Bedeutung zu sein. Eine solche Geringschätzung wäre jedoch ein — möglicherweise sehr schwerwiegender — Irrtum, und zwar aus einer ganzen Reihe von guten Gründen.

Da ist zunächst die Bevölkerung dieses ausdehnungsmäßig so winzigen Landes: Es sind weit über 60 Millionen Menschen, und das ist mehr, als Uganda, Wyoming und Kasachstan zusammen an Einwohnern haben.

Sodann ist die geographische Lage des Landes zu berücksichtigen: Es liegt im Herzen Europas, also eines Kontinents, dessen Mächte ja eine nicht eben unwichtige Rolle für den Verlauf der Weltgeschichte gespielt haben. Gewiß, die Zentren der unseren Planeten gegenwärtig beherrschenden Machtblöcke befinden sich nicht mehr in Mitteleuropa. Aber immerhin ist der alte Kontinent auch in dieser neuen Konstellation ein weltpolitisches Spannungsfeld und ein potentieller Krisenherd geblieben.

Gerade dieser Umstand ist für die Beurteilung der Wichtigkeit des kleines Landes, um das es geht, von großer Bedeutung: Es gehört nämlich einerseits dem Bündnissystem des einen der beiden Blöcke an, und zwar als dessen vorgeschobene Bastion und als der nach der Führungsmacht wichtigste Partner der Allianz; anderseits grenzt das Land in seiner ganzen Nord-Süd-Ausdehnung an den Herrschaftsbereich des zweiten, rivalisierenden Machtblocks. Damit nicht genug, ist dieses kleine und so stark exponierte Land auch noch hochindustrialisiert. Seine

Kapazitäten, seine Produktionsziffern, sein Anteil am Welthandel und die enorme Stabilität seiner Wirtschaft und Währung sichern ihm seit Jahrzehnten Spitzenplätze in den Weltranglisten.

Ja, und schließlich hat besagtes Land auch noch gewisse Traditionen — weniger eigene, denn dazu ist es als selbständige staatliche Einheit noch viel zu jung, als vielmehr ererbte. Schon dieser Traditionen wegen darf das so kleine, aber sehr dicht bevölkerte, geopolitisch so stark exponierte und wirtschaftlich so außerordentlich mächtige Land sicher sein, daß es von der Welt ernst genommen wird. Denn noch vor wenigen Jahrzehnten — was, historisch gesehen, ja nicht mehr ist als ein kurzer Augenblick —, da bildete dieses kleine Land, zusammen mit einigen benachbarten Territorien, ein großes, unerhört mächtiges und, mindestens zeitweise, höchst aggressives Reich, dessen Führung mit Hilfe gewaltiger Armeen in zwei furchtbaren Kriegen die Vorherrschaft in der Welt zu erobern trachtete und daran nur durch die vereinten Anstrengungen nahezu aller anderen Völker dieser Erde und unter enormen Opfern gehindert werden konnte.

Dieses für die Welt so außerordentlich gefährliche Reich fiel mit dem Ende des Zweiten Weltkriegs in Trümmer. Die östlichen zwei Drittel seines einstigen Staatsgebiets wurden dem sowjetischen Machtbereich zugeschlagen und dienten teils der Vergrößerung Polens und der UdSSR, teils der Errichtung einer Deutschen Demokratischen Republik, eines völlig neuen Staates mit total verändertem Gesellschaftssystem, der mit dem untergegangenen Reich in keine, aber auch gar keine Beziehung gebracht zu werden wünscht.

Aus dem restlichen Drittel, dem Westteil des einstigen Reiches, wurde unser kleines Land, die Bundesrepublik Deutschland. Im Gegensatz zur DDR hat sich dieser Staat, zumindest in den ersten zwei Jahrzehnten seines Bestehens, stets als der Rechtsnachfolger des zertrümmerten Reiches betrachtet. Und auch wenn wir diesen Anspruch völlig außer Betracht lassen, so bleiben einige Tatsachen übrig, an denen nicht vorbeizukommen ist: Die Bundesrepublik hat heute nahezu den Bevölkerungsstand erreicht, den das mächtige Deutsche Reich im Jahre 1937, also vor Beginn der großen Annexionen, aufzuweisen hatte. Was das Industriepotential, die Produktionsziffern, die Außenhandelsbilanz, den wirtschaftlichen Einfluß in der Welt oder auch die »Härte« ihrer Währung angeht, so ist die heutige

Bundesrepublik dem einstigen Deutschen Reich mindestens ebenbürtig, in vielerlei Hinsicht sogar überlegen. Selbst die militärische Stärke des so immens verkleinerten und zunächst total abgerüsteten Nachfolgestaates kann sich mit der des Reiches von 1937 durchaus messen (wobei wir auf die Fragwürdigkeit solcher »konventionell« genannten Rüstung angesichts der höchst eindrucksvollen und weitgehend »unkonventionellen« Bewaffnung der Supermächte hier nicht näher einzugehen brauchen). Und schließlich scheint — dies bedarf allerdings noch eingehender Untersuchung — das Gesellschaftssystem des früheren Deutschen Reiches samt seiner damaligen etablierten Führungsschicht von der heutigen Bundesrepublik nahezu intakt und kaum verändert übernommen worden zu sein.

Trifft dieser letzte Punkt — der ja vorerst kaum mehr als eine Vermutung ist — tatsächlich zu, dann hätte es die Welt, erst recht die Bevölkerung der Bundesrepublik, heute und in der Zukunft, wenn auch unter veränderten Umständen, mit bundesdeutschen Führungsschichten zu tun, die denen des einstigen Deutschen Reiches hinsichtlich ihrer Herkunft, Erziehung, Mentalität, Tradition und Staatsauffassung, aber auch hinsichtlich ihres Reichtums, ihrer Macht und ihrer Ansprüche, ziemlich ähnlich sein müßten — eine geradezu entsetzliche Vorstellung. Entsetzlich nicht nur für alle Nachbarn und Partner dieser Bundesrepublik, sondern auch und erst recht für die breite Masse ihrer eigenen Bevölkerung, die noch nicht vergessen haben kann, in welche furchtbaren Katastrophen sie von eben diesen alten Führungsschichten allein in diesem Jahrhundert immer und immer wieder hineingeritten worden ist.

Nun lassen es allerdings gerade diese Katastrophen, wenn man sie sich noch einmal in Erinnerung ruft, zumindest auf den ersten Blick als nahezu ausgeschlossen erscheinen, daß von den einstigen Führungsschichten mehr als bloß noch einige kaum nennenswerte Reste übriggeblieben sind. Hat nicht schon der Erste Weltkrieg von dem im Kaiserreich tonangebenden Adel einen — wie es die Schulbücher nannten — »weitaus höheren Blutzoll« gefordert als vom gewöhnlichen Volk? Und haben nicht die deutschen Aristokraten, aber auch die bürgerlichen Großindustriellen, Bankiers, Handelsherren und Militärs während des »großen Völkerringens« all ihr »Gold für Eisen« gegeben, für ihr ganzes Vermögen Kriegsanleihen gezeichnet und damit dem deutschen Kleinbürgertum ein leuchtendes Beispiel gegeben . . .? Das Ergebnis so patriotischen Verhaltens müßte dann für die alten Führungsschichten genauso schrecklich gewesen sein wie für den Mittelstand, eher noch furchtbarer, hatten doch die Reichen weit mehr zu verlieren. Und selbst wenn der eine oder andere Angehörige der alten Macht- und Geldelite so vorsichtig gewesen sein sollte, nicht alle Ersparnisse auf dem Altar des Vaterlandes zu opfern — was kann es ihm schon genutzt haben? Er dürfte angesichts der totalen Geldentwertung der frühen zwanziger Jahre seinen Ruin nur ein bißchen verzögert haben!

Wenn man es recht bedenkt, so können die vierzehn Jahre der Weimarer Republik dem alten Establishment auch keinerlei Sanierungsmöglichkeiten geboten haben, denn kaum hatte sich der neue Staat nach den Schlägen von Versailles, den schweren inneren Kämpfen und dem Hexentanz der Inflation ein wenig konsolidiert, da brach er auch schon unter der Weltwirtschaftskrise und der daraus resultierenden Massenarbeitslosigkeit zusammen. Zudem war ja die Republik von Weimar — so jedenfalls ist es immer wieder zu hören — »außerstande, zu einer Aussöhnung mit den tragenden Schichten der untergegangenen Monarchie zu kommen«; sie hatte Adelsvorrechte abgeschafft, den Großgrundbesitz vor die Hunde gehen lassen, die unter den Stürmen der Zeit zusammenbrechenden Banken und Konzerne unzureichend gestützt und den angestammten Fürstenhäusern sogar mit Enteignung gedroht; ihre winzige Reichswehr bot den Söhnen der alten Elite keine Aufstiegschancen mehr, und den in Ehren ergrauten kaiserlichen Militärs, Diplomaten und hohen Beamten kürzte sie gar die Pensionen.

Auf den Staat von Weimar folgte Hitlers »Drittes Reich«, und was immer dieses Regime für die Sanierung der alten Geld- und Machtelite getan haben mag, es müßte eigentlich — daran ist kaum ein Zweifel möglich — durch die Katastrophen der vierziger Jahre wieder völlig zunichte gemacht worden sein. Nach dem Bombenhagel des Zweiten Weltkriegs, dem völligen militärischen Zusammenbruch, dem Vorstoß der Roten Armee bis an die Elbe, der vollständigen und entschädigungslosen Enteignung der Besitzenden in den östlichen zwei Dritteln des einstigen Reiches, der Boden- und Währungsreform im Westen und der — so kann man es in konservativen Kreisen heute noch hören — »gesellschaftlichen Ächtung aller, die sich aus nationalem Verantwortungsbewußtsein der damaligen« — das heißt: 1933 zur Macht gelangten — »Staatsführung zur Verfügung gestellt hatten«, kann von den alten Führungsschichten und ihrem Einfluß nach menschlichem Ermessen nichts mehr übrig sein, zumal wenn man auch noch den »Blutzoll« berücksichtigt, den wieder besonders die alte Aristokratie, teils als getreue Offiziere des Führers, teils als gescheiterte Verschwörer gegen den Vaterlandsverderber Adolf Hitler, in den zwölf Jahren des »Dritten Reiches« zu entrichten hatte. Kurz, alle Befürchtungen, daß die heutige Bundesrepublik noch immer von den alten, auf vielerlei Weise kompromittierten Führungsschichten ganz oder auch nur teilweise beherrscht sein könnte, erscheinen im Lichte einer solchen oberflächlichen Prüfung als völlig unbegründet, ja beinahe absurd.

So können wir uns also wieder, vorerst beruhigt, getrost der ursprünglichen Frage zuwenden: Wem gehört diese Bundesrepublik, dieses nur seiner geographischen Ausdehnung nach unbedeutende, tatsächlich aber nicht nur für die Bundesbürger selbst ziemlich wichtige Land?

Die Frage klingt zugegebenermaßen recht seltsam und, um es genau zu sagen, reichlich antiquiert. Gewiß, früher einmal, vor mindestens zweihundert Jahren, in der Zeit der deutschen Viel- und Kleinstaaterei und des zu Ende gehenden Absolutismus, da wäre es wohl gerade noch möglich gewesen, danach zu fragen, wem ein Land, ein ganzes Staatswesen, gehöre, also persönlich zu eigen sei.

Wählen wir aus der Fülle der sich bietenden Beispiele eines aus — nicht rein zufällig, sondern weil es davon eine besonders hübsche zeitgenössische Beschreibung gibt — und versetzen wir uns zwei Jahrhunderte zurück, in das nordöstliche Schwaben. Wer sich damals, im Jahre 1772, von der selbständigen Reichsstadt Nördlingen aus über die heutige B 25, die »Romantische Straße« — die seinerzeit natürlich noch weitaus romantischer war — etwa drei bis vier Kilometer weit nach Norden begeben hatte, der konnte sich bei einem ihm zufällig begegnenden Einheimischen erkundigen, wem eigentlich das Land ringsum gehöre. Er hätte dann darauf die Antwort erhalten: »Unserem allergnädigsten Herrn, dem Grafen zu Oettingen-Oettingen und Oettingen-Wallerstein!«

Dieser Graf, mit Vornamen Kraft Ernst Judas Thaddäus Notger geheißen und anno 1772 gerade vierundzwanzig Jahre alt, war damals tatsächlich der Souverän dieser Gegend; er herrschte dort von »Gottes Gnaden« und so absolut, daß er jeden, der sein Mißfallen erregt hatte, ohne weiteres auspeitschen, einsperren, aufhängen oder auch foltern lassen konnte. Seine Unterschrift machte jeden Beschluß zum Gesetz, und ihm gehörte das Land ringsum samt den Bewohnern, die seine Untertanen waren. Er konnte sie, wenn er dazu Lust hatte, einzeln verschenken, etwa einen sehr klein geratenen und buckeligen Jungen einem benachbarten Fürsten zum Präsent machen, wenn diesem ein — damals beinahe obligatorischer — »Kammerzwerg« an seinem Hofe noch fehlte, oder sie auch, zu Kompanien gebündelt, an ferne, kriegführende Mächte als Kanonenfutter vermieten oder verkaufen. Er konnte sie natürlich auch gut behandeln, damit sie etwas Vermögen bilden und höhere Steuern zu zahlen vermochten. Das lohnte sich für den Grafen am meisten, denn die Staatskassen waren identisch mit seinem Privatvermögen; und ob er den Ertrag der Steuern, Zölle und sonstigen Abgaben an seine Mätressen verschenkte, zum Schlösser- oder zum Straßenbau verwandte, war seine Sache.

Das Herrschaftsgebiet des Grafen zu Oettingen-Wallerstein umfaßte damals, zusammen mit dem Territorium seines Verwandten, des 1734 gefürsteten Grafen zu Oettingen-Spielberg, der nur zwölf Kilometer weiter zu Oettingen regierte, rund 1600 Quadratkilometer — was etwa dem Fünffachen des heutigen Stadtgebiets von München entspricht — und zählte etwas mehr als 50000 Einwohner.

Knapp zwanzig Jahre später, anno 1791 — der Wallersteiner war längst ebenfalls mit einem Fürstenhut bedacht worden, und in Frankreich war seit zwei Jahren eine Revolution im Gange, die nach Deutschland überzugreifen und die für Aristokraten so angenehmen Zustände jäh und blutig zu beenden drohte —, beschäftigte der zum Mittvierziger gereifte Wallersteiner einen Hofsekretär namens Karl Lang. Und von diesem sind genaue Schilderungen vom üblichen Tagesablauf am Hofe wie auch vom Charakter seines Brotherrn der Nachwelt überliefert worden. Zwei Kostproben mögen genügen:

»... Jeden Morgen um elf Uhr, wenn's glücklich ging, öfters auch um zwei Uhr, war Lever beim Fürsten, wo, sobald der Kammerdiener die Flügel des Schlafgemachs öffnete, alles, was unterdessen stundenlang im Vorzimmer gewartet, hereintrat, der Marschall, der Stallmeister, der Leibarzt, wir Sekretäre, die Hofjäger und andere anwesende Fremde. Jeder suchte, sobald ihn der Fürst, der jetzt unter den Händen seines Haarkräuslers saß, besonders anredete, welches immer mit schmeichelnden Worten, z. B. ›mein lieber Lang‹, geschah, etwas Munteres oder

Neckhaftes vorzubringen. Sobald sich der Fürst vom Stuhl erhob und noch sonst an einen oder den anderen kleine Weisungen erteilte, entfernte sich jeder, der nicht zu bleiben besonders beordert wurde. Der Fürst begab sich dann meistens zu seiner Familie, eilte darauf in die Messe und gab dann Audienzen bis zur Tafelzeit, die höchst ungewiß, oft erst spät gegen Abend begann. Nach der Tafel machte er gewöhnlich einen Spazierritt auf eine Meierei oder ein Jagdhaus, gab dann zu Hause wieder eine oder mehrere einzelne Audienzen oder auch sonst nur eine gesprächsweise Unterhaltung mit irgendeinem, der bestellt war oder sich geschickt zu nähern wußte; ein Spiel oder Cercle, öfters auch Konzert, das von keinem Höfling leicht versäumt werden durfte . . . Die Nachttafel, nie vor Mitternacht anfangend, ging schnell vorüber, von der sich der Fürst einen der Gäste zurück auf sein Zimmer nahm, sofern er sich nicht mit denen begnügen wollte, die noch um zwei oder drei Uhr nachts in seinem Vorzimmer harrten. Nicht selten ging er an den armen Märtyrern vorüber, als sähe er sie nicht, fing an, in seinem Kabinett zu lesen oder zu unterzeichnen oder durch die Hintertür auf einen kühlen Spaziergang zu entwischen . . .«

Ein einziges Mal glückte es dem Sekretär Lang, dem Fürsten einen wichtigen Dienst zu leisten und mit einem strahlenden (und für Seine Durchlaucht sehr einbringlichen) Erfolg an den Hof zurückzukehren, wo ihm — wie er hoffte — reicher Lohn beschieden sein sollte:

». . . Der Fürst kam mir mit fliegenden Haaren und im Pudermantel bis unter die Treppe entgegen: ›Lang! Lang! Was ist das? Ist's möglich?‹ Und nun, wie ich mit wenigen Worten fröhlich die Bestätigung gab, rannte der Fürst mit rasendem Frohlocken durch alle Räume des Schlosses zur Gemahlin, zur Tochter. ›Der Prozeß ist gewonnen! Der Prozeß!‹ Aus allen Türen wälzten sich dicke Wolken der Glückwünschenden heran. Abends, nachdem es etwas ruhiger geworden, zog mich der Fürst händedrückend in sein Kabinett hinein, schob eine mit vielen tausend Dukaten gefüllte Lade hervor, in die er mit breiten ausgespannten Händen hinuntergrub und auf ihnen einen ganzen goldenen Turm unter der Anrede in die Höhe hob: ›Sieht Er, mein lieber Lang, ich bin nicht undankbar! Das ist für Ihn bestimmt!‹ Während ich voll freudiger Begierde meine Mütze darreichte, brach der Fürst von einer Lobeserhebung in die andere aus, ließ aber dabei ein Dutzend Dukaten nach dem anderen durch seine Finger zurück in die Lade rieseln. Ich suchte vergebens, durch die eiligsten Worte der Bescheidenheit diesen kostbaren Strom der Schmeichelei zu dämmen. ›Nein! Nein!‹ rief aber der Fürst. ›Es ist alles wahr!‹, und der goldene Turm auf seinen Händen hatte sich schon ganz in den Grund gesenkt. Endlich ließ er mir den Rest dieser flüchtigen Goldstücke in die Mütze fallen — da waren es ihrer nicht mehr als eine Handvoll . . .!«

Soweit Karl Lang — aus dem dann übrigens später ein königlich bayerischer Ritter von Lang wurde — und soweit auch unser Beispiel eines deutschen Duodezfürsten, dem einstmals tatsächlich ein Stück von Deutschland gehörte, und zwar bis an sein Lebensende. Er starb 1802, und so blieb es ihm erspart, den sich schon abzeichnenden Untergang der fürstlich Wallersteinschen Souveränität zu erleben, durch den bereits 1806, nach der Gründung des Rheinbundes, sein ältester Sohn und Nachfolger, Fürst Ludwig, zum bloßen Kronbeamten des gerade erst zum König avancierten Bayernherzogs degradiert wurde. Und so wie dem Hause Oettingen-Wallerstein erging es damals den allermeisten deutschen Zwergstaaten-Regenten (wogegen die geistlichen Landesherren und fast alle bis dahin selbständigen Reichsstädte schon 1803 »säkularisiert« oder »mediatisiert«: ihrer Unabhängigkeit beraubt und von größeren Staaten aufgeschluckt worden waren).

So liegt es nahe, anzunehmen, daß für unsere Frage, wem die heutige Bundesrepublik gehört, das ehemals regierende Haus Oettingen-Wallerstein von keinerlei Interesse mehr sein kann, ja, daß die Wallersteiner wohl nicht einmal mehr zur Macht- und Geldelite des deutschen Kaiserreiches gezählt hätten. Das ist jedoch ein Irrtum, obwohl das Schicksal des letzten regierenden Wallersteiners, des Fürsten Ludwig, dies durchaus nicht vermuten läßt.

Fürst Ludwig, der beim Tode seines Vaters, des von Karl Lang so anschaulich beschriebenen Goldhamsters, erst elf Jahre alt war und 1806, gerade fünfzehnjährig, sein Thrönchen verlor, weil er sich mit knabenhaftem Eigensinn geweigert hatte, ein Opportunist zu sein und in französische Dienste zu treten, endete nämlich auf recht traurige Weise: Noch mit einundsiebzig Jahren kam er, ein ehemals regierender Fürst, ins Schuldgefängnis, wurde nach langer Haft schließlich als ein allen lästiger Greis in die Schweiz abgeschoben und starb dort 1870, völlig verarmt, in der Nähe von Luzern.

Doch zwischen dem für sein Haus so verhängnisvollen Beginn und dem noch betrüblicheren Ende seines Lebens erzielte

Fürst Ludwig auch einige Erfolge. Sie sollten sich, wenn schon nicht für ihn selbst, so doch für seine Familie, als von dauerhaftem Nutzen erweisen:

Zunächst verloren die Wallersteiner zwar ihre Souveränität, behielten aber als sogenannte Standesherren nicht nur den ganzen Grundbesitz und alle sonstigen Schätze, die sie sich im Verlauf einer rund tausendjährigen Herrschaft über die Bauern und Bürger des Riesgaues erworben hatten, sondern auch die Ebenbürtigkeit mit allen noch regierenden Fürsten Europas. Das eröffnete allerlei Möglichkeiten zu vorteilhaften Heiraten.

Sodann wurde Fürst Ludwig oberster Kronbeamter des neuen Königreiches Bayern, auch erbliches Mitglied der Kammer der bayerischen Reichsräte wie auch der Ersten Kammer Württembergs, so daß der Familie ein erheblicher politischer Einfluß ebenfalls gesichert war. Und schließlich machte Fürst Ludwig sogar aus eigener Kraft Karriere, wurde Minister und für kurze Zeit sogar bayerischer Ministerpräsident.

Indessen verscherzte er sich die Gunst der Großen und Mächtigen seiner Zeit (und daneben auch seine Stellung als Chef des fürstlichen Hauses und damit die Verfügung über das Familienvermögen), als er 1823 ein Mädchen aus dem Volke, die Tochter seines Obergärtners, zur Gemahlin nahm. Und in der Politik setzte er insofern aufs falsche Pferd, als er zu König Ludwig I. und dessen Mätresse, der Tänzerin Lola Montez, hielt. Nachdem Ludwig I. im Revolutionsjahr 1848 zugunsten seines Sohnes auf den Thron verzichtet hatte, war es mit des Wallersteiners politischer Karriere vorbei. Unter Verzicht auf alle Ämter blieb er zwar noch für einige Zeit der Führer der Opposition im Abgeordnetenhaus, aber dann mußte er sich seiner hoffnungslos zerrütteten Finanzen wegen aus dem öffentlichen Leben zurückziehen.

Die Verfügungsgewalt über das große Oettingen-Wallersteinische Familienvermögen sowie alle erblichen Ämter und Würden hatte Fürst Ludwig seinem jüngeren Bruder Friedrich überlassen müssen, und nach dessen Tod im Jahre 1842 erbte Friedrichs ältester Sohn Karl die Standesherrschaft nebst allen Privilegien.

Dieser Karl, der seinen greisen und hochverschuldeten Onkel sogar ins Gefängnis wandern ließ, heiratete eine Gräfin Czernin, also durchaus standesgemäß, und vererbte seinerseits den um (durchaus reale) böhmische Dörfer, Wälder und Schlösser vermehrten Familienbesitz seinem Ältesten, der ebenfalls Karl hieß und im Jahre 1905 der 5. Fürst und Herr zu Oettingen-Oettingen und Oettingen-Wallerstein wurde. Und ihn finden wir in den einschlägigen Handbüchern, Hofkalendern und Steuerlisten des Jahres 1914 an recht prominenter Stelle verzeichnet: als »Besitzer der Standesherrschaft des ehem. regierenden Fürstenhauses (9639 Hektar, davon 7476 Hektar Wald), auch Herr der Herrschaft Hlubosch in Böhmen, erbliches Mitglied der bayerischen Kammer der Reichsräte und der Ersten Kammer in Württemberg« mit Hauptwohnsitz auf Schloß Wallerstein im bayerischen Regierungsbezirk Schwaben, Nebenwohnsitzen in Wien, Palais Wallerstein, Jacquingasse 21, und auf mehreren Schlössern Böhmens.

Das Vermögen wird im — gewiß sehr bescheidenen, um nicht zu sagen: völlig unrealistischen — steuerlichen Schätzwert von sechsunddreißig Millionen (Gold-)Mark angegeben. Das (noch stärker untertriebene) Jahreseinkommen: eine Million Mark.

Mit rund hundert Millionen Quadratmetern Grundeigentum, allein in Bayern und Württemberg, ausgedehnten Gütern in Böhmen, etlichen schönen Schlössern und bedeutenden Kunstsammlungen, erblichem Sitz in den Ersten Kammern zweier großer Bundesstaaten und dem hohen gesellschaftlichen Rang eines auch dem Kaiserhaus ebenbürtigen Standesherrn, gehörte der 5. Fürst zu Oettingen-Oettingen und Oettingen-Wallerstein ohne jeden Zweifel zur Geld- und Machtelite des kaiserlichen Deutschlands von 1914. Und angesichts dieser erstaunlichen Tatsache müssen wir nun doch prüfen, ob zwei verlorene Weltkriege, zwei totale Geldentwertungen, der Versuch einer Bodenreform nach 1945 und die erheblich höheren Steuersätze der letzten fünfeinhalb Jahrzehnte von dem einstigen Reichtum und Einfluß der Fürsten zu Oettingen-Wallerstein noch etwas übriggelassen haben.

Nun, Erbe und Nachfolger des 1930 zu München verstorbenen Fürsten Karl wurde dessen jüngerer Bruder Eugen, ein Mann des Jahrgangs 1885, der sich 1916 mit Prinzessin Marianne zu Hohenlohe-Schillingsfürst, einer Nichte des kaiserlichen Reichskanzlers Fürst Chlodwig zu Hohenlohe-Schillingsfürst, vermählt hatte. Als Fürst Eugen sein Erbe antrat, gab es weder in Bayern noch in Württemberg Erste Kammern und erst recht keine erblichen Parlamentssitze mehr. Immerhin konnte der 6. Fürst und Herr zu Oettingen-Oettingen und Oettingen-Wallerstein in den ersten Deutschen Bundestag einziehen, und zwar als Abgeordneter der Bayernpartei, deren Fraktion er aber schon bald wieder verließ. Von den schönen Gütern in Böhmen abgesehen, ging ihm von dem gewaltigen Grundbesitz seiner Familie nichts Nennenswertes verloren. Und wenn wir die rund hundert Millionen Quadratmeter Land in Bayern und Württemberg, die ihm gehörten, samt allen Schlössern, Kunstschätzen, totem und lebendem Inventar, allen Guts- und Forsthäusern, Wäldern und sonstigen Werten, die sich darauf befinden, auch nur mit fünf Mark je Quadratmeter berechnen, so gibt uns diese — wahrlich sehr konservativ geschätzte — halbe Milliarde lediglich einen ersten Begriff von dem tatsächlichen Reichtum, der den Wallersteinern bis heute verblieben ist.

Denn Fürst Eugen ist erst Ende 1969 hochbetagt verstorben. Bis zuletzt gehörte der alte Herr dem Aufsichtsrat der Bayerischen Vereinsbank an. Und daß dies kein bloßes Ehrenamt war, zeigte sich schon daran, daß nach Fürst Eugens Tod sogleich dessen ältester Sohn und Erbe, Karl Friedrich, die Stelle des Vaters einnehmen durfte.

Tatsächlich hatte sich das Fürstenhaus — mit dem vom ersten Fürsten noch in großen Truhen gehorteten Gold und zusammen mit einigen anderen Hocharistokraten — an der 1869 gegründeten Vereinsbank beteiligt. Wie groß das Aktienpaket ist, das die Wallersteiner seit über einem Jahrhundert halten, läßt sich nur annähernd schätzen: Vermutlich gehören ihnen mindestens fünf Prozent des Aktienkapitals der — inzwischen mit der Bayerischen Staatsbank fusionierten — Vereinsbank. Und diese Beteiligung an dem heute zur Spitzengruppe der bundesdeutschen Großbanken zählenden Institut, das seinerseits einen beträchtlichen Teil der bayerischen und außerbayerischen Wirtschaft beherrscht, macht aus den als Großgrundbesitzer bereits vielhundertfachen Millionären ohne Zweifel DM-Milliardäre, denen — teils direkt, teils indirekt — ein beachtlicher Teil der heutigen Bundesrepublik gehört.

Doch ehe wir uns von den — ja nur als beliebiges Beispiel gewählten — Wallersteinern endgültig abwenden und wieder auf die nun schon nicht mehr ganz so absurd erscheinende Frage kommen, wem eigentlich die Bundesrepublik Deutschland gehört, wollen wir noch kurz die heute lebenden Repräsentanten dieser steinreich und mächtig gebliebenen Dynastie Revue passieren lassen. Sie sollen uns eine ungefähre Vorstellung von dem Rahmen geben, in dem sie gegenwärtig leben, auch von den familiären Beziehungen zu anderen wohlhabenden Familien, die sie vielleicht inzwischen noch eingegangen sind.

Nun, Erbprinz Karl Friedrich, der sich nach dem Tod seines Vaters im Oktober 1969 wie durch ein Wunder — denn Gesetz und Rechtsprechung lassen eine solche Namensveränderung eigentlich nicht zu — in den 7. *Fürsten* Karl Friedrich zu Oettingen-Oettingen und Oettingen-Wallerstein verwandelt hat, residiert auf dem Stammschloß seiner Familie zu Wallerstein in Schwaben sowie in München-Bogenhausen, wo ihm eine Villa gehört. Er ist verheiratet mit Delia Maria, geborener Gräfin Schenk von Stauffenberg, deren Familie meist nur als die des Urhebers jenes mißglückten Attentats auf Hitler vom 20. Juli 1944 bekannt ist, die aber auch zu den multimillionenschweren Großgrundbesitzern Süddeutschlands zählt und mit der wir uns noch zu beschäftigen haben werden. Das Ehepaar hat bereits so viele Kinder, daß der Bestand der Dynastie gesichert erscheint.

Des neuen Fürsten Mutter, die Fürstin-Witwe und Reichskanzler-Nichte Marianne, lebt auf Schloß Hohenaltheim in Schwaben, einem weiteren Familienbesitz. Eine jüngere Schwester des jetzigen Familienoberhaupts, Prinzessin Rose-Marie, hat sich 1949 mit dem Grafen Franz von Strasoldo vermählt und wohnt mit diesem auf Gut Graffemberg bei Bonn. Des Grafen Strasoldo älterer Bruder Nikolaus, der auf der benachbarten Burg Gudenau residiert, gehört übrigens zu den aktiven Teilhabern eines der bedeutendsten Privatbankhäuser Europas, Sal. Oppenheim jr. & Cie. in Köln, und er hat den Aufsichtsratsvorsitz von einem halben Dutzend großer Versicherungsgesellschaften. Wahrscheinlich ist auch Graf Franz Strasoldo an der mächtigen Oppenheim-Bank beteiligt.

Schließlich gibt es noch einen jüngeren Bruder des jetzigen Füsten Oettingen-Wallerstein, den Prinzen Wolfgang, und auch er bewohnt ein Familienschloß, Seifriedberg in Schwaben, zu dem eine weitere reiche Besitzung der Wallersteiner gehört. Kurz, es gibt offenbar keine Nonkonformisten mehr in der Familie, auch keine Mesalliancen, erst recht niemanden, dem der Schuldturm droht. Vielmehr sind alle glänzend etabliert, und ihr nicht nur in Großgrundbesitz und Kunstschätzen, sondern auch in Bankimperien angelegtes Riesenvermögen macht sie reicher und mächtiger als ihre Ahnen, die noch ein kleines Land souverän regierten.

Ist das Beispiel der Familie Oettingen-Wallerstein nun typisch, oder sind es nicht vielmehr ganz besondere Umstände, denen jede Beweiskraft fehlt — Zufälle, die den Reichtum und Einfluß dieser Familie über zwei bewegte Jahrhunderte hinweg erhalten haben: etwa ihre Zugehörigkeit zur katholischen Hocharistokratie Süddeutschlands oder die besonders konservative Einstellung der Bevölkerung ihrer engeren Heimat.

Es ließen sich sicherlich noch viele Gründe finden, und gewiß mag der Zufall auch eine Rolle gespielt haben. Doch anstatt uns in Spekulationen etwa darüber zu ergehen, was gewesen wäre, hätten die Oettingen-Wallersteins ihr Gold nicht in Bayern, sondern in ihrer damaligen zweiten Heimat Böhmen angelegt, wollen wir lieber ein zweites, gänzlich anderes und in vielfacher Hinsicht entgegengesetztes Beispiel untersuchen, ausgehend von einem Ehepaar, das weder der Hocharistokratie entstammte noch in Süddeutschland beheimatet war. Um an den Ausgangspunkt der Karriere und Vermögensbildung dieses Paares zu gelangen, müssen wir sogar fast drei Jahrhunderte zurückgehen, und zwar in die damals kurbrandenburgische Hauptstadt Berlin des Jahres 1688, als des Großen Kurfürsten jüngerer Sohn Friedrich im Alter von einunddreißig Jahren den Thron seines gerade verstorbenen Vaters bestiegen hatte.

Friedrich III., wie sich der neue Kurfürst von Brandenburg zunächst nannte, war entgegen den landläufigen Vorstellungen von einem Hohenzollern-Souverän nur ein schmächtiges Bürschchen mit verkrümmtem Rückgrat, leider auch von beschränktem Verstand. Beides suchte er durch eine geradezu hysterische Prunksucht auszugleichen. Glücklicherweise stand ihm in der Person seines langjährigen Erziehers, dann Privatsekretärs, Eberhard Danckelmann, der sogleich die Regierungsgeschäfte übernahm, ein Mann zur Seite, der den kostspieligen Ehrgeiz des Kurfürsten in einigermaßen vernünftige Bahnen zu lenken verstand und dem Berlin die Gründung der Akademie der Künste sowie eine Reihe von Prachtbauten zu verdanken hat. Zur Stärkung seiner Position holte sich Premierminister Danckelmann seine sechs Brüder und besetzte mit ihnen alle Schlüsselstellungen des brandenburg-preußischen Staates.

Das »Danckelmannsche Siebengestirn«, wie man es neidvoll nannte, herrschte bis Ende 1697. Dann stürzte der Leitstern: Premierminister Eberhard Freiherr von Danckelmann — der Kaiser hatte ihn gerade erst zum Baron befördert — erhielt vom Kurfürsten plötzlich seine Entlassung, wurde kurz darauf in strenge Haft genommen und unter Anklage gestellt. Obwohl sich dann keine einzige der insgesamt 260 gegen ihn erhobenen Beschuldigungen als stichhaltig erwies, wurde Danckelmann — ohne Gerichtsverfahren, vielmehr durch einfache Kabinettsorder seines einstigen Zöglings — zu lebenslanger Kettenhaft, Einzug des gesamten Vermögens, Streichung der Pension sowie zum Verlust aller seiner Titel und Würden verurteilt. Erst des Kurfürsten Nachfolger, der »Soldatenkönig« Friedrich Wilhelm I., ließ Danckelmann schließlich frei, gab ihm sein Vermögen aber nicht wieder zurück.

Danckelmanns Sturz war im wesentlichen das Werk eines gewissen Johann Kasimir von Kolbe gewesen. Dieser Kolbe, Sohn eines kurpfälzischen Beamten ohne nennenswertes Vermögen, war im Alter von fünfundvierzig Jahren 1688 an den Berliner Hof gekommen und dort Stallmeister geworden. Er hatte sich jedoch rasch emporintrigiert, vornehmlich mit Hilfe eines hübschen, einfältigen und sehr eitlen Mädchens, der Gastwirts- und Weinhändlerstochter Katharina Rickers aus Emmerich.

Katharina war bei Gelegenheit einer Weinlieferung an den kurfürstlichen Hof mit einem Lakaien nach Berlin durchgebrannt und hatte dort zahlreiche Männerbekanntschaften gemacht, darunter auch die des Stallmeisters von Kolbe, der ihre Protektion übernahm. Er vermittelte die knapp Siebzehnjährige an einflußreiche Herren, und dabei blieb es auch, nachdem es Kolbe gelungen war, den Kurfürsten dazu zu bewegen, sich die dekorative Katharina als offizielle Mätresse zuzulegen. Indessen waren die — wie ein zeitgenössischer Chronist es ausgedrückt hat — »sonderbaren Merkmale der Gewogenheit«, die der schwächliche, buckelige und nur auf Prachtentfaltung bedachte Friedrich der schönen und stattlichen Katharina bezeigte, auf Salon und Park beschränkt. Es genügte dem Kurfürsten, sich täglich eine Stunde lang vor versammeltem Hof mit dem schönen Mädchen zu zeigen und sie mit Schmuck, Geld- und anderen Geschenken zu überhäufen. Es gehörte sich nun einmal für einen großen Herrn, daß er sich eine Mätresse hielt. Und es störte den Kurfürsten nicht, sondern erhöhte eher noch für ihn Katharinas rein dekorativen Wert, daß sie von fast allen anderen Herren am Hofe heftig — und meist erfolgreich — begehrt wurde.

Als Mangel empfand Friedrich nur, daß seine so reizende junge Mätresse keine Dame von Stand war. Aber dem ließ sich leicht abhelfen: Der hilfsbereite Herr von Kolbe erbot sich, Katharina zu heiraten, und der dankbare Kurfürst verschaffte dem am 22. März 1696 vermählten Paar vom immer geldbedürftigen Kaiser Leopold I. den Reichsfreiherrenstand. Auch machte er Kolbe zu seinem Kammerherrn.

Aus so gefestigter Position heraus gelang dem Baron Kolbe von Wartenberg — wie er sich nun, nach einem kleinen Familiengut in der Pfalz nannte — ein Netz von Intrigen gegen den Ministerpräsidenten Danckelmann zu spinnen und ihn knapp zwei Jahre später zu stürzen. Und Kurfürst Friedrich, nun völlig in den Händen des Ehepaars von Kolbe, ernannte sogleich den Gemahl seiner Mätresse zum Minister und Präsidenten der General-Ökonomiedirektion. Von da an wurde die gesamte Politik Brandenburg-Preußens von den Kolbes bestimmt und auf nur noch zwei Ziele ausgerichtet: den Kurfürsten mit reinen Prestigeangelegenheiten zu beschäftigen und derweilen das Land systematisch auszuplündern.

Weil Kurfürst Friedrich III. unbedingt ein König werden sollte (und natürlich auch wollte), wurde nahezu die gesamte brandenburgische Armee den Habsburgern überlassen, die damit über ein Jahrzehnt lang allerlei ferne Kriege führten; ungeheure Summen flossen als Bestechungsgelder an den Wiener Kaiserhof (und daneben auch in die Taschen der Vermittler aus der Kolbe-Clique); im Bund mit einigen einflußreichen Jesuiten, die sich von einer Entmachtung Brandenburgs Vorteile für ihre Ordenspolitik versprachen, wurden der Kaiser und seine Räte bewogen, dem Kurfürsten Hoffnungen auf eine Königskrone zu machen und dafür immer neue Truppen sowie Berlins bedingungslose Unterstützung der Habsburger Interessen einzuhandeln. Doch am Ende gab der Kaiser dem Brandenburger nicht mehr als sein knurrendes Einverständnis damit, daß Friedrich in Preußen, das gar nicht zum Reich gehörte, König werden könnte.

Mit ungeheurem Prunk krönte sich der »schiefe Fritz« am 18. Januar 1701 selbst, ohne kaiserliche Assistenz, zu Königsberg, und war überglücklich. Fortan durfte er sich, aber nur *in* Preußen, König Friedrich und als solcher der Erste nennen . . .

Die Kolbes hatten übrigens schon vor ihrem hohen Gönner eine relativ nicht minder imposante Rangerhöhung erhalten, ebenfalls vom Kaiser in Wien und für sehr viel Geld, das natürlich auch von den brandenburgisch-preußischen Steuerzahlern hatte aufgebracht werden müssen: Ende 1699 waren sie in den Reichsgrafenstand erhoben worden.

Als nunmehriger Johann Kasimir Reichsgraf Kolbe von

Wartenberg hatte er zudem bald darauf die hohe und hochdotierte Würde eines Generalerbpostmeisters in Preußen verliehen bekommen. Und anläßlich der Krönung von 1701 ernannte ihn der neue König auch noch zum Marschall von Preußen, Kanzler des Hohen Ordens vom Schwarzen Adler sowie zum Premierminister und setzte ihm ein Jahresgehalt von hunderttausend Talern aus, eine für damalige Verhältnisse unerhörte, geradezu märchenhaft hohe Besoldung.

Mag sein, daß der König hoffte, durch solche Fülle von Gnadenerweisen seinen neuen Premier und Marschall davon abhalten zu können, daß dieser sich weiterhin selbst die Taschen füllte. Doch Kolbe war erst gerade auf den Appetit gekommen. Gemeinsam mit dem Generalfeldmarschall Graf Wartensleben und dem Oberhofmarschall Graf Wittgenstein, zwei Herren, die sich ihm und besonders seiner Frau aufs engste verbunden fühlten, plünderte er in den folgenden zehn Jahren den brandenburgisch-preußischen Staat mit einer Gründlichkeit aus, wie sie nur noch einmal, hundert Jahre später, von Napoleon I. und seinen Marschällen erreicht werden konnte.

Wartenberg, Wartensleben und Wittgenstein — das war das »dreifache Weh«, wie der Berliner Volksmund das Räubertrio mit bitterer Ironie nannte. Und ergänzt wurde es durch die allmählich recht selbstbewußt gewordene Gräfin Katharina, die im Krönungsjahr 1701 ihren 25. Geburtstag feierte und infolgedessen an ihre Altersversorgung zu denken begann. Sie erbat sich und erhielt von ihrem »schiefen Fritz« Unmengen von Schmuck, vor allem Diamanten, Häuser, Gemälde und Teppiche, dazu immer neue Schatzanweisungen, die sie und ihr Gemahl dann eilig zu Bargeld machten.

Anno 1707 gewährte ein neuer Kaiser in Wien, Joseph I., dem Grafen Kolbe und seiner Gemahlin eine weitere, ganz besondere Gnade: Er erhob die zu stattlichem Umfang angeschwollenen Kolbeschen Domänen in der Rheinpfalz — Asbach, Diemerstein, Ellerstadt, Fischbach, Imbsbach, Marienthal, Ober- und Nieder-Mehlingen, Mettenheim, Oranienhof, Rohrbach, Sembach, Wachenheim sowie das Stammgut Wartenberg — in den Rang einer reichsunmittelbaren Grafschaft. Damit wurden die Grafen und Gräfinnen Kolbe von Wartenberg allen anderen regierenden Häusern des Reiches ebenbürtig.

Natürlich gaben die Kolbes ihre reichen brandenburgisch-preußischen Pfründe deshalb nicht auf. Doch nun hatten sie nebenbei ihr eigenes Ländchen zum Regieren und Auspressen —

genau wie die Oettingen-Wallersteiner und alle anderen Fürsten und Grafen ...

Es war dies ein für das muntere Paar sehr glückliches Arrangement, konnte doch das fröhliche Leben, das sie in Berlin führten, nicht ewig so weitergehen. Die Kassen, Arsenale und Kasernen waren bereits so gut wie leer; alles, was sich zu Geld machen ließ, hatten sie schon verjubelt oder beiseite geschafft. Wie schlimm die Zustände geworden waren, zeigte sich gegen Ende des Jahres 1710, als Brandenburg-Preußen in den Nordischen Krieg verwickelt zu werden drohte. Russische, polnische und sächsische Truppen zogen bereits ungehindert durch die Mark und nahmen sich, was ihnen gefiel. Und der König in Berlin mußte es hinnehmen, denn es gab, wie sein Kronprinz, der spätere »Soldatenkönig«, wütend notierte, »keine Regimenter, kein Pulver als 1200 Zentner und kein Geld« mehr im ganzen Staat.

Angesichts dieser katastrophalen Lage konnte sich der König, der auch schon sehr krank war und seinen Tod nahen fühlte, dem Drängen seines Kronprinzen und einiger vom »dreifachen Weh« wegen Mangels an Truppen abgehalfterter Generale nicht länger verschließen. Er enthob Wittgenstein, Wartensleben und sogar seinen lieben Kolbe von Wartenberg aller ihrer Ämter und ließ eine Untersuchung gegen sie einleiten, die — anders als bei Danckelmann — sehr rasch eine Fülle von Missetaten des Trios aufdeckte. Doch deshalb wurde Graf Kolbe nun keineswegs, wie sein bedauernswerter Vorgänger, in strenge Haft genommen. Man ließ ihm und seiner Frau sogar all ihr Vermögen. Sie erhielten nur Befehl, sich aus Preußen zu entfernen, und natürlich nahmen sie von ihrem üppigen Besitz alles mit, was sich transportieren ließ; den Rest verkauften sie. Übrig blieb, weil immobil und unverkäuflich, das Schloß Monbijou, das der König seiner schönen Katharina hatte erbauen lassen. Nun schenkte sie es ihm zurück, und der »schiefe Fritz«, sehr beeindruckt von dieser Geste, setzte seinerseits den Verbannten eine sehr stattliche Pension aus: 24000 Taler.

Johann Kasimir von Kolbe, regierender Graf von Wartenberg, begab sich mit seiner Gemahlin und deren Kinderschar, für die eine Vielzahl von Herren und Dienern als Väter in Frage kam, in die Reichsstadt Frankfurt am Main. Dort starb er schon im folgenden Jahr, noch vor König Friedrich I., jedoch im Gegensatz zu diesem als steinreicher Mann.

Seine nicht eben gramgebeugte Witwe, die inzwischen sechsunddreißigjährige Katharina, zog bald darauf nach Paris. Dort und in Holland verlebte sie noch mehr als zwei Jahrzehnte in der ihr gewohnten Weise. Liselotte von der Pfalz, deren scharfem Blick und spitzer Feder sie dort natürlich nicht entging, ließ sich über die noch immer sehr attraktive und millionenschwere Katharina folgendermaßen aus:

»Die Gräfin von Wartenberg führt ein tolles Leben! Sie hat es mit einem jungen Sachsen gehabt, der hat ihr alle Juwelen gestohlen und ist damit durchgegangen. Sie hat ihn verklagt; er aber hat geschrieben, daß er keinen Diebstahl begangen habe, denn sie hätte vor ihm einen Polen gehabt und ihm 50 000 Franken versprochen, weil er einmal die Franzosen(krankheit) von ihr bekommen hat. Nun sei es gewiß, daß ihm, dem Sachsen, das zweimal von ihr geschehen sei, also müßte er ja doppelt bezahlt werden. Der Cavalier ist freigesprochen worden . . .«

Die lebenslustige Reichsgräfin, die ihren Schmuck übrigens zurückerhielt, starb, bis zuletzt sehr munter, in ihrem sechzigsten Lebensjahr in der Nähe von Den Haag, wo sie begraben liegt. Ihre letzten Worte: »Eher kann man die Muscheln am Strand von Scheveningen zählen!« sollen sich auf die Anzahl ihrer galanten Abenteuer bezogen haben. Doch vielleicht hat sie damit nur die vielen, vielen Taler gemeint, die sie sich als junges Mädchen in Berlin durch Verzicht auf Tugend verdient hatte und die, trotz ihres verschwenderischen Lebens in Paris, dank der schönen Pension aus Preußen und den stattlichen Einkünften aus der Reichsgrafschaft, nicht weniger geworden waren, sondern sich eher noch vermehrt hatten. So konnte sie ihren Kindern, von denen noch einiges zu berichten ist, ein gewaltiges Vermögen hinterlassen.

Katharinas erster, während ihrer Ehe mit Kolbe geborener Sohn Kasimir wurde regierender Reichsgraf von Wartenberg (wogegen zwei voreheliche Kinder »Freiherren von Asbach« geworden waren). Graf Kasimir brachte es außerdem — die Hohenzollern hatten offenbar noch immer nicht genug von der Familie — zum königlich preußischen Generalleutnant und im Zweiten Schlesischen Krieg, wo er mit seinen Husaren einen Aufstand rasch und blutig niederschlug, zum Orden Pour le mérite. Später wirkte er noch als preußischer Gesandter und bevollmächtigter Minister an den Höfen Schwabens und wurde Domherr zu Halberstadt. Nach seinem Tode im Jahre 1772 regierte sein ältester Sohn, Graf Friedrich Karl, das Wartenberger Land. Er starb 1784, und nun trat sein Sohn Ludwig, Katharinas

Urenkel, das reiche Erbe an. Er konnte sich aber nur noch wenige Jahre lang des Rechts erfreuen, »mit rotem Wachs zu siegeln, Städte und Festungen anzulegen, Juden auszutreiben und aufzunehmen, große und kleine Münzen in Gold und Silber mit eigenem Bild und Namen zu schlagen« und was es an standesherrlichen Privilegien sonst noch alles gab. Dann trat ein Ereignis ein, das das Sprichwort, wonach unrechtes Gut nicht gedeihe, reichlich spät, aber desto gründlicher zu bewahrheiten schien: Die Armeen der Französischen Revolution eroberten die Pfalz, und unter (zumindest anfänglichem) Jubel der Bevölkerung verjagten sie alle Fürsten und sonstigen Feudalherren, darunter auch Graf Ludwig Kolbe von Wartenberg. Bald darauf mußte das Reich in den Friedensverträgen von Basel und Lunéville sein gesamtes linksrheinisches Gebiet — und damit auch Ludwigs reiches Erbe — in aller Form an Frankreich abtreten.

Indessen brauchte sich Graf Ludwig über diesen Verlust nicht lange zu grämen. Der Friedensvertrag sah nämlich eine Entschädigung der vertriebenen Standesherren auf Kosten der geistlichen Fürsten des Reiches vor, und im sogenannten Reichsdeputationshauptschluß von 1803 wurde den Wartenbergern denn auch die prächtige, mit vielen schönen Ländereien gesegnete Reichsabtei Roth in Oberschwaben übereignet und zur standesherrlichen Reichsgrafschaft Wartenberg-Roth erhoben. Die dort seit den Tagen des heiligen Norbert ansässigen Prämonstratensermönche mußten ihren Besitz unter Zurücklassung aller Schätze räumen und dem Kolbe-Sproß überlassen, der sich fortan regierender Graf von Wartenberg-Roth nennen durfte. Er verlor zwar schon bald, im Zuge der Mediatisierung, seine Regierungsgewalt an die neuen Könige von Württemberg und Bayern. Doch sein Reichtum und sein gesellschaftlicher Rang blieben ihm erhalten. Auch verstand er sich anzupassen: als bayerischer Generalleutnant und Generaladjutant der Kavallerie zog er zunächst mit Napoleon, später gegen diesen zu Felde, jeweils auf der siegreichen Seite.

Zur Erhaltung des neuen Kolbe von Wartenberg-Rothschen Besitzes adoptierte Graf Ludwig bereits 1804, in Ermangelung legitimer Leibeserben, die Söhne Karl und Georg seines Schwagers, des letzten regierenden Grafen Franz zu Erbach-Erbach, der seinerseits Ludwigs jüngere Schwester, die verwitwete Gräfin Charlotte Polyxene von Erbach-Fürstenau, geborene Gräfin Kolbe von Wartenberg, geheiratet hatte.

Die Grafen zu Erbach, die wegen ihrer ganz besonderen Verdienste bei der Niederwerfung und sehr grausamen »Strafung« der aufständischen Bevölkerung des Odenwaldgebiets im Bauernkrieg von 1525 sieben Jahre später, trotz ihrer lutherischen Konfession, von Kaiser Karl V. in den Reichsgrafenstand erhoben und mit gewaltigen Latifundien belohnt worden waren, hatten 1806 ihre Souveränität an das neue Großherzogtum Hessen verloren. Um so erfreulicher war es für sie, daß sie nach dem Tode des Grafen Ludwig von Wartenberg-Roth, der bereits 1818 starb, dessen Erbe antreten konnten. Denn der Besitz der ehemaligen Reichsabtei Roth vermehrte nicht nur ihren Reichtum, sondern sicherte ihnen, über Hessen hinaus, den Rang von Standesherren auch in Württemberg und Bayern.

Ludwigs adoptierter Neffe Karl heiratete eine nahe Verwandte, die Gräfin Sophie von Erbach-Fürstenau und Herrin zu Breuberg, deren Mitgift seinen Besitzstand nochmals vergrößerte, und der älteste Sohn der beiden, Graf Eberhard, der im Todesjahr des letzten Kolbe von Wartenberg, 1818, zur Welt gekommen war, durfte sich Graf zu Erbach-Erbach und von Wartenberg-Roth, Herr zu Breuberg, Wildenstein, Steinbach, Curl und Ostermannshofen nennen. Er war erbliches Mitglied der Ersten Kammer des hessischen württembergischen und zunächst auch der Reichsräte des Königreichs Bayern, so daß er zeitweise in gleich drei Landesparlamenten Sitz und Stimme hatte. Der württembergische Standesherrenrang nebst Sitz in der Ersten Kammer ging ihm allerdings verloren, als er 1845 wegen drückender Schulden seine Grafschaft Wartenberg-Roth verkaufen mußte. Er konnte diese Position auch nicht wieder zurückerobern, nachdem ihm 1854 durch besonders glückliche Umstände das gesamte Wartenberg-Rothsche Besitztum wieder zugefallen war, nun sogar gänzlich schuldenfrei. Doch wo auch immer Graf Eberhard in einem Parlament seine Stimme abgeben durfte, es geschah stets im reaktionärsten Sinne. Mehrere blutige, nur durch den Einsatz von Militär niedergeworfene Aufstände der Bauern und Bürger seiner Grafschaft gegen ihn und die Herrschaft seines Hauses, zuletzt im Jahre 1848, hatten ihn — wie es sein Hofprediger vorsichtig umschrieben hat — »tief erbittert und nur noch bestärkt in seinen ihm von Gott auferlegten Pflichten«, zu denen er gewiß auch die Züchtigung demokratischer Aufwiegler rechnete.

Graf Eberhard war übrigens, trotz des aus Brandenburg stammenden Kolbe-Erbes, das ihm zugefallen war, zeitlebens gut habsburgisch und dementsprechend antipreußisch gesinnt. Seine vier Söhne ließ er 1866 am Krieg gegen das verhaßte Preußen teilnehmen; sein jüngster Sohn fiel bei Königgrätz. Mit Ingrimm erlebte er noch das Ende der innerdeutschen Kämpfe und die Reichsgründung von 1871, die Preußen die Vormachtstellung in Deutschland sicherte.

Nachdem seine erste Frau, wiederum eine nahe Verwandte aus dem Hause Erbach-Fürstenau, im Oktober 1871 verstorben war, ging Graf Eberhard mit einem sehr viel jüngeren Fräulein bürgerlicher Herkunft eine zweite, »morganatische« Ehe ein. Seine Erwählte, Maria Luck, die dann samt den Kindern aus dieser standeswidrigen Verbindung den Namen »von Lichtenberg« erhielt, starb erst 1934 im Alter von 91 Jahren. Graf Eberhard zu Erbach-Erbach und von Wartenberg-Roth segnete dagegen bereits 1884 das Zeitliche, und es verbleibt uns nur noch zu untersuchen, ob seine Nachkommen das reiche Erbe, das teils aus der Zeit der Bauernkriege, teils aus der Plünderung Kurbrandenburgs durch die Kolbes stammte, bis in die Regierungszeit Wilhelms II. (oder gar noch darüber hinaus) bewahren und sich weiterhin zur deutschen Geld- und Machtelite zählen konnten.

Nun, die Güteradreßbücher und Hofkalender aus den letzten Jahren vor dem Ersten Weltkrieg geben uns zunächst Aufschluß über den damaligen Grundbesitz des Erbachschen Gesamthauses in der großherzoglich hessischen Provinz Starkenburg: Es gehörten der Familie dort nicht weniger als 523 Quadratkilometer (was etwa dem Umfang eines der heutigen größeren hessischen Landkreise entspricht); auf Erbachschem Grund und Boden lebten seinerzeit rund 33000 Menschen, die als Mieter, Pächter, Angestellte, Tagelöhner oder deren Familienangehörige in dem einen oder anderen Abhängigkeitsverhältnis zu dem Grafenhaus standen. Und zu diesem hessischen Großgrundbesitz kamen noch große Güter in Württemberg und Bayern sowie ein halbes Dutzend Schlösser und etliche Villen.

So ist es selbstverständlich, daß die nach den Steuerlisten angelegten Millionärsjahrbücher von 1912/14 die damaligen Chefs aller drei Erbach-Linien verzeichnen: den Grafen Adalbert zu Erbach-Fürstenau, den Grafen Georg Albrecht zu Erbach-Erbach und von Wartenberg-Roth sowie den Grafen (seit 1908: Fürsten) Alexander zu Erbach-Schönberg. Wir finden auch die Namen von nahezu sämtlichen altersmäßig in Frage kommenden männlichen Familienmitgliedern in den Ranglisten der feudalsten Regimenter, beispielsweise den Prinzen Viktor zu Erbach-Schönberg, zusammen mit dem deutschen Kronprinzen und zwölf weiteren Angehörigen des preußischen Königshauses, beim Offizierkorps des Potsdamer 1. preußischen Garderegiments zu Fuß, zu dem nur die *crème de la crème* des Reiches zugelassen wurde.

Falls nach alledem dennoch ein letzter Zweifel daran bestehen sollte, daß die Erben des 1710 aus Berlin verjagten Ehepaars Kolbe von Wartenberg zur Geld- und Machtelite des kaiserlichen Deutschlands gehörten, so wird er zerstreut durch die Tatsache, daß wir unter den damaligen erblichen Mitgliedern nicht nur der Ersten Kammer des Großherzogtums Hessen, sondern auch der Kammer der Reichsräte des Königreichs Bayern, einen Wartenberger (und folglich Kolbe-Erben) verzeichnet finden, nämlich den Grafen Georg-Albrecht zu Erbach-Erbach und von Wartenberg-Roth, auch Herrn zu Breuberg, Wildenstein, Steinbach, Curl und Ostermannshofen.

Überspringen wir nun ein halbes Jahrhundert, so entdecken wir den Namen Wartenberg in einer *Spiegel*-Personalie des Jahres 1960: »Franz August Graf zu Erbach-Erbach und von Wartenberg-Roth, 34«, heißt es da, »sandte zum Jahreswechsel (1959/60) an Honoratioren in Erbach und Umgebung den Abreißkalender des Gräflichen Hauses, der auf einer umfänglichen Pappscheibe befestigt ist, auf der alle Bediensteten und Verwaltungsstellen der Grafschaft detailliert aufgeführt werden, so ein Wildparkzaunwärter, Kammerdiener, die Gräfliche Landwirtschaft, die Gräfliche Gastronomie — bestehend aus dem Schloßcafé —, die Gräfliche Hofbibliothek, die Gräfliche Schlosserei, die Gräfliche Schreinerei; unter ›Sonstige Bediente und Angestellte‹ sind ein Nachtwächter und ein Portier aufgeführt. Die Liste der ›Dienststellen der Gräflichen Verwaltung‹ der Odenwald-Klitsche umfaßt 17 Hauptpositionen mit mehreren Dutzend Unterabteilungen.«

Soweit der *Spiegel*-Spott von 1960, als »Das deutsche Nachrichten-Magazin« noch in seinen Flegeljahren war, seine leitenden Redakteure noch nicht für hohe Staatsämter kandidierten. Indessen ist, was damals so respektlos als »Klitsche« bezeichnet wurde, noch immer ein Besitz, den der heutige *Spiegel* die »Odenwald-Latifundien« des gräflichen Hauses nennen würde. Nach einer Untersuchung aus dem Jahre 1947 umfaßte nämlich die »ehem. Erbach-Wartenberg-Rothische Standesherrschaft« auch nach weiteren vier Jahrzehnten, in denen die Masse des Volkes um Hab und Gut kam, noch immer ein Areal von nahezu achttausend Hektar (= 80 Millionen Quadratmeter). Und mit diesem Besitz sowie einigen prächtigen Schlössern sind die Grafen zu Erbach-Erbach und von Wartenberg-Roth sicher über alle Klippen der Währungsreform gekommen und bis heute multimillionenschwere Großgrundbesitzer geblieben.

So betrachtet, hatte Graf Franz, der heutige Linien-Chef und Neffe jenes vor 1914 die Sippe anführenden Grafen Georg-Albrecht, zum *Spiegel*-Spott keinerlei Schaden. Ihn unterscheidet von seinem Onkel, was den jeweiligen Besitzstand angeht, lediglich die Tatsache, daß der Grund und Boden seit damals eine enorme Wertsteigerung erfahren hat. Was den unmittelbaren politischen Einfluß betrifft, so war der Onkel im Kaiserreich sehr viel mächtiger als der Neffe und Erbe in der heutigen Bundesrepublik, denn Graf Franz bekleidet kein hohes Amt und hat keinen Sitz in auch nur einem der Landesparlamente.

Dies ist indessen, wie wir sehen werden, eine Ausnahme, die möglicherweise etwas damit zu tun hat, daß die Grafen Erbach-Erbach lutherischer Konfession sind. Während nämlich im »Dritten Reich« der protestantische, vorwiegend in Norddeutschland beheimatete Teil der deutschen Hocharistokratie in zahlreiche Spitzenpositionen gelangen konnte, rückte der unter Hitler meist abseitsstehende katholische Hochadel Süddeutschlands erst wieder nach 1945, unter der zwanzigjährigen Vorherrschaft der CDU/CSU, in die bundesdeutsche Machtelite auf, wogegen ihre evangelischen Standesgenossen, zumindest in der Politik, seither etwas zurückgeblieben sind.

Zur Erläuterung dieser auf den ersten Blick vielleicht allzu kühn anmutenden Thesen sei zunächst auf das behauptete starke Übergewicht der norddeutschen Fürstenhäuser in der Machtelite der Jahre 1933—1945 etwas näher eingegangen:

Nach dem amtlichen *Handbuch für das Deutsche Reich* von 1936 gehörten zu dieser Zeit der — für die Machtelite des Hitlerregimes durchaus repräsentativen — Reichstagsfraktion der NSDAP die folgenden Hocharistokraten an (wobei um der Ironie willen daran erinnert sei, daß die letzten beiden Buchstaben der Abkürzung für »Arbeiterpartei« standen):

Graf Gottfried von Bismarck-Schönhausen, ein jüngerer Bruder des (3.) Fürsten Otto von Bismarck, Mitglied der NSDAP seit 1929, unter Hitler Regierungspräsident, erst in

Stettin, dann in Potsdam, der auch dem »Freundeskreis des Reichsführers SS Heinrich Himmler« beitrat und zum SS-Oberführer aufrückte;

Carl Eduard Herzog von (Sachsen-)Coburg(-Gotha), Souverän seines Herzogtums bis 1918, General a. D., Freikorpsführer, im »Dritten Reich« SA-Obergruppenführer und Mitglied zahlreicher Aufsichtsräte, unter anderem der Deutschen Bank AG;

August Wilhelm Prinz von Preußen, der jüngste Sohn des Ex-Kaisers Wilhelm II., seit 1930 Mitglied der NSDAP, SA-Obergruppenführer;

Erbprinz Josias zu Waldeck und Pyrmont, gleichfalls »Alter Kämpfer«, später SS-Obergruppenführer und im Kriege »Höherer SS- und Polizeiführer« im Oberabschnitt Fulda-Werra, als solcher auch »Gerichtsherr« des Konzentrationslagers Buchenwald (und, nebenbei bemerkt, der Schwiegervater des Grafen Franz zu Erbach-Erbach und von Wartenberg-Roth).

An weiteren Hocharistokraten, die dem Hitlerregime in Spitzenpositionen dienten, sind zu nennen:

Christoph Prinz von Hessen, SS-Oberführer im Stab des Reichsführers SS und Ministerialdirektor im Reichsluftfahrtministerium, ferner dessen Brüder:

Philipp Prinz von Hessen, SA-Obergruppenführer; Richard Prinz von Hessen, NSKK-Gruppenführer; sodann Nikolaus Erbgroßherzog von Oldenburg, SA-Standartenführer;

Ernst Erbprinz zur Lippe, SS-Obersturmbannführer und persönlicher Referent im SS-»Rasse- und Siedlungsamt«;

Friedrich-Christian Prinz zu Schaumburg-Lippe, SS-Obersturmbannführer und persönlicher Referent von Dr. Goebbels;

Prinz und Landgraf Wilhelm von Hessen, »Alter Kämpfer« und SS-Führer schon vor 1933;

Friedrich Franz Erbgroßherzog von Mecklenburg, der ebenfalls schon vor 1933 SS-Führer wurde, sowie

Marie Adelheid Prinzessin Reuß zur Lippe, Trägerin des Goldenen HJ-Ehrenzeichens, Stabsabteilungsleiterin im »Reichsnährstand«.

Wohlgemerkt, diese Liste erhebt keinen Anspruch auf absolute Vollständigkeit, zumal was die mittleren Ränge der SS betrifft. Umgekehrt stellt sie beileibe keine willkürliche Auswahl dar, sondern umfaßt alle Namen von Hocharistokraten, die vorhandene amtliche Verzeichnisse aus der Zeit des »Dritten Reiches« aufzuweisen haben. Bemerkenswert ist, daß *sämtliche*

Genannten Angehörige evangelischer Fürstenhäuser und nördlich der Mainlinie beheimatet sind. Die wenigen süddeutschen Aristokraten, die nach 1933 SS-Führer wurden — wie etwa SS-Untersturmführer Karl Egon Fürst zu Fürstenberg oder Franz Joseph Prinz von Hohenzollern-Sigmaringen, der sich als ehemaliger Angehöriger der Besatzung des Kreuzers »Emden« Prinz von Hohenzollern-Emden nennen durfte —, traten nicht sonderlich hervor.

Ganz ähnlich ist es bei den Angehörigen von Grafenhäusern. Das *Handbuch für das Deutsche Reich* von 1936 führt als einzigen Grafen im Kabinett Hitler den Reichsminister der Finanzen Lutz Graf Schwerin von Krosigk auf, als Mitglieder der NSDAP-Fraktion im Reichstag die Grafen Rüdiger von der Goltz, Wolf Heinrich von Helldorff, Ernst zu Reventlow und Friedrich von der Schulenburg — wiederum alle aus norddeutschen, evangelisch-lutherischen Familien. Und auch in der Rangliste der hohen SS-Führer, vom SS-Standartenführer an aufwärts, sind alle verzeichneten Hocharistokraten aus nichtkatholischen Häusern, unter ihnen die Grafen Georg von Bassewitz-Behr, Carl von Pückler-Burghauß und Max-Erdmann von Roedern.

Die Chancen der Grafen zu Erbach-Erbach und von Wartenberg-Roth vor und nach 1945 und die Möglichkeiten ihrer Kaste im »Dritten Reich« haben also doch einen signifikanten Zusammenhang. Das ist im Grunde auch gar nicht so verwunderlich, wenn man bedenkt, daß der norddeutsch-protestantische Teil der Geld- und Machtelite des Hohenzollernreiches — und damit auch der Aristokratie — nach 1918 in überwältigender Mehrheit die republikfeindlichen Rechtsparteien, vor allem die Deutschnationalen, unterstützt hatte, und von diesen zu Hitlers braunen und schwarzen Kampfverbänden war es dann in den dreißiger Jahren kein weiter Weg mehr.

Dagegen hatte die süddeutsch-katholische Führungsschicht sowie der rheinisch-westfälische Adel römischer Konfession zumeist mit der Zentrumspartei und deren Schwester, der Bayerischen Volkspartei (BVP), sympathisiert — natürlich nur mit dem sehr konservativen Teil dieser politischen Gruppen, deren rechter Flügelmann, Franz von Papen, dann im ersten Kabinett Hitler Vizekanzler wurde. Damit schien der Anschluß an das Bündnis mit der NSDAP auch für die katholisch-konservative Elite zunächst gesichert, doch der Schein trog.

Die ehemaligen Zentrums- und BVP-Sympathisanten und

zumal die Aristokraten unter ihnen, von denen viele mit ausländischen Adelsfamilien verwandt oder päpstliche Kämmerer waren, blieben in ihrer großen Mehrheit den Nationalsozialisten suspekt. Das katholische Zentrum hatte sich ja nach der Revolution von 1918 auf die Weimarer Koalition mit den Liberalen und den Sozialdemokraten eingelassen, war unter der Kanzlerschaft Heinrich Brünings gegen die NS-Kampfverbände — mitunter recht energisch — vorgegangen und stand im übrigen völlig unter dem Einfluß der römisch-katholischen Kirche. So war es ganz natürlich, daß der süddeutsch-katholische Teil der Geld- und Machtelite nach 1933 schon bald etwas ins Hintertreffen geriet und daß die Aristokraten aus dieser Gruppe keine hohen Ämter im Staat und in den NS-Parteiorganisationen erhielten — ausgenommen im Offizierskorps der Wehrmacht und im diplomatischen Dienst, die beide, zumindest teil- und zeitweise, Domänen auch des katholischen Adels blieben.

Nach 1945 setzte ein ganz ähnlicher Prozeß ein, nur mit anderen Vorzeichen: Die die Bundesrepublik prägende Koalition unter dem früheren Zentrumspolitiker Adenauer suchte und fand die Unterstützung sowohl der traditionell katholisch-konservativen Flügel des einstigen Zentrums und der BVP, die unter der Naziherrschaft ins Hintertreffen geraten waren, als auch der ehedem deutschnationalen und im »Dritten Reich« bis gegen Ende des Krieges mit dem Hitlerregime sympathisierenden Teile der alten Macht- und Geldelite.

Einundzwanzig Jahre lang, bis 1966, blieb diese Koalition und zumal ihr Kern, die CDU/CSU, in durchaus gewollter Konfrontation zu den so gänzlich isolierten Sozialdemokraten, jedoch nach rechts hin weit offen. Die alten Macht- und Geldeliten, auch die Hocharistokratie, etablierten sich wieder, jedoch mit einem deutlichen Unterschied zu früher: Infolge des katholischen west- und süddeutschen Übergewichts in den Unionsparteien kam erstmals der — ohnehin aus der Zeit des »Dritten Reiches« etwas stärker kompromittierte — norddeutsche Teil der alten Elite bei der Macht-, Ämter- und Mandatsverteilung in weit geringerem Maße zum Zuge.

Zieht man eine Bilanz der Vermögens- und Machtverhältnisse in unserem Land, so ergibt sich daraus als Fazit:

Da ist das Gros der alten Geld- und Machtelite, wie es sich in der Bundesrepublik Deutschland, der westlichen Hälfte des geteilten Rest-Reiches Wilhelms II., bis in die Gegenwart hinein erhalten hat: rund fünfhundert Familien, davon knapp die Hälfte Großgrundbesitzer, deren über die Jahrhunderte hinweg vererbte, fleißig vermehrte und an Wert ins Unermeßliche gewachsene Latifundien insgesamt 755 000 Hektar (oder 7,55 Milliarden Quadratmeter) umfassen. Diese im Eigentum von genau 226 Familien alten Reichtums befindliche Bodenfläche ist etwa so groß wie die Bundesländer Hamburg, Bremen und Saarland sowie West-Berlin und alle sieben Landkreise des Regierungsbezirks Köln-Bergheim, Bonn-Land, Euskirchen, Köln-Land, Siegkreis, Oberbergischer Kreis und Rheinisch-Bergischer Kreis zusammengenommen.

Die von rund 300 Familien aus dem ABC des alten Reichtums ganz oder doch maßgeblich beherrschten bundesdeutschen Industrie-, Handels- oder Dienstleistungsbetriebe — ohne die Banken und Versicherungen — erzielten im Jahre 1970 Umsätze, die sich zu der stolzen Summe von 176 Milliarden Mark addieren; das ist etwa das Anderthalbfache dessen, was der Bund jährlich an Haushaltsmitteln für seine sämtlichen Ausgaben — von der Beamtenbesoldung über die Subventionierung der Landwirtschaft und die Entwicklungshilfe bis hin zur Förderung des Wohnungsbaus, zum Unterhalt und Ausbau des Straßen- und Autobahnnetzes und zu den Verteidigungslasten — zur Verfügung hat.

Und schließlich beschäftigen diese 300 in Industrie und Handel unternehmerisch tätigen Familien der alten Geld- und Machtelite in den von ihnen kontrollierten Betrieben ziemlich genau 2 975 000 Arbeiter und Angestellte. Nimmt man für jeden dieser Arbeitnehmer durchschnittlich 2,5 mitzuernährende Angehörige an, dann haben unsere 300 Unternehmersippen zusammen rund 7,5 Millionen von ihnen wirtschaftlich direkt Abhängige. Jeder einzelnen dieser Großaktionärs- oder Fabrikantenfamilien stehen also durchschnittlich 25 000 Männer, Frauen und Kinder gegenüber, für die sie »die Chefs« sind.

Soweit die Statistik und die sich aus ihr ergebenden Fakten. Sie zeigen, in wie außerordentlich starkem Maße sich Macht und Reichtum einer längst vergangenen Epoche bis in die bundesdeutsche Gegenwart hinein erhalten haben, wobei es offenbleibt, wie diese Kontinuität zu werten und ob es gut ist, daß die großen Vermögen des 19. Jahrhunderts und die aus ihnen resultierende Macht auf die Erben der dritten und vierten Generation nahezu intakt übergegangen sind, während die große

Masse der Bevölkerung alle Ersparnisse der Großeltern, dann die der Eltern und schließlich auch noch die eigenen zunichte werden sah. Den allermeisten blieben nur ein paar wehmütige Erinnerungen: Etwa an die rotgestempelten Tausendmarkscheine, mühsam erarbeitete Rücklage eines Handwerkerlebens, die der Großvater seufzend für die Kriegsanleihe gab; an die Goldfüchse, für die — je Zwanzigmarkstück kostbare 24 Stunden — 1915/16 einem Frontsoldaten ein kurzer Heimaturlaub erkauft werden konnte; an das silberne Tafelbesteck, Symbol gutbürgerlichen Wohlstands, dahingegeben im Winter 1922/23 für ein paar Liter Milch, ein Dutzend Eier und zwei Kilo Speck, weil sonst die Kinder verhungert wären; an das unter jahrelangen Entbehrungen zusammengesparte Haus am Rande der Stadt, das eine Luftmine 1942 in Schutt verwandelte; an den alten Bauernhof jenseits der Oder, den man im Frühjahr 1945 Hals über Kopf verlassen mußte, oder auch an das Eiserne Sparguthaben mit dem Ertrag von vielen tausend Überstunden, die ein erfahrener und fleißiger Facharbeiter geleistet hatte und wofür ihm 1948 ein knappes Zehntelchen »vergütet« wurde, denn — so sagte man ihm — »wir haben ja alle den Krieg verloren . . .«

Einigen wenigen aber blieb, trotz verlorener Kriege, Inflationen und Vertreibungen, ganz entschieden mehr, nämlich alles: Großgrundbesitz und Warenlager, Kohlenfelder, Flöze und Halden, Maschinen und Patente, Kunstschätze und Auslandsguthaben, vor allem aber Ansprüche sowie die Macht und der Reichtum, sie auch durchzusetzen. Ihnen gehören heute, genau wie ihren Vorfahren vor hundert und mehr Jahren, nahezu zwei Drittel der Großunternehmen der Bundesrepublik.

Die allermeisten Angehörigen der alten Geld- und Machtelite empfinden diesen Zustand als gottgegeben und gerecht, auf jeden Fall erhaltenswert. Geht es nicht allen gut, besser als je zuvor, fragen sie erstaunt, wenn man die permanente Vorzüglichkeit des Systems, das die Kontinuität ihres Reichtums und Einflusses gewahrt hat und weiterhin bewahren soll, in Zweifel zu ziehen wagt. Und natürlich denken sie, wenn sie die Qualität dieses Systems preisen, an den hohen Lebensstandard, den stetig anwachsenden Konsum der breiten Masse, die zunehmend luxuriösere Ausstattung, auch der Arbeitnehmer-Haushalte, mit sogenannten »langlebigen Gebrauchsgütern«, die steigende Motorisierung und die nach dem Motto »Haste was, dann biste was« betriebene Verwandlung des einstigen Industrieproletariats in ein zwar total verschuldetes, aber zu weiterer Verschuldung im Interesse des Konsums animiertes und diesem ganz hingegebenes Kleinbürgertum.

Woran sie nicht denken, das sind beispielsweise die katastrophalen, gerade erst sichtbar werdenden Folgen einer seit 150 Jahren rücksichtslos betriebenen Vergiftung der Gewässer und der Luft im Interesse privaten Profits durch Abgase, Abfälle und Abwässer, deren außerordentlich kostspielige Eindämmung nun »selbstverständlich« eine Gemeinschaftsaufgabe sein soll. Sie denken nicht daran, daß die Überkapazitäten, die sie schaffen, durch Kartellabsprachen und Weckung immer neuen Konsums zu erhalten trachten und dann durch Schließung supermoderner und technisch perfekter Betriebe wieder beseitigen, nicht nur für die betroffenen Arbeiter und Angestellten, sondern auch für die Allgemeinheit ein Verlust sind — jedoch ein anderer als der, den sie von der Steuer absetzen, so wie sie die überflüssige Investition bereits dem Finanzamt, also wiederum der Allgemeinheit, aufgebürdet hatten. Das ist nichts anderes als Hasardspiel mit erschwindeltem Geld und Betrug der Arbeitnehmer, die im Vertrauen auf einen sicheren Arbeitsplatz ihre Kraft und ihr Können einsetzten und ihr Leben danach ausrichteten. Und sie denken auch nicht daran, daß der Boden, den wir zum Leben ebenso brauchen wie Wasser und Luft, weder vermehrbar noch eine zu Handel und Spekulation geeignete Ware ist. Unter dem bestehenden System werden die Bodenpreise zwangsläufig in so astronomische Höhen klettern, daß die für die Steuer festgelegten Einheitswerte dagegen wie karge Trinkgelder wirken. Welche Konsequenzen sich daraus ergeben werden, und dies nicht nur für die Entwicklung der Mieten, mag sich jeder selbst ausmalen. Schon 1971 mußte die Stadt München für ein unbedingt benötigtes Areal von 0,5 Quadratmeter Fläche, nicht größer also als ein Handtuch, 37000 DM aufbringen ... Einige Angehörige der alten Geld- und Machtelite haben aus diesen und anderen bereits erkennbaren Mängeln des für sie bislang so erfreulichen Systems Konsequenzen gezogen. Vielleicht erinnerten sie sich noch an ein frühes Gedicht Erich Kästners, »Ansprache an Millionäre«, wo es heißt:

> Warum wollt ihr solange warten
> bis sie euren geschminkten Frauen
> und euch und den Marmorpuppen im Garten
> eins über den Schädel hauen?

... Wie lange wollt ihr euch weiter bereichern?
Wie lange wollt ihr aus Geld und Papieren
Rollen und Bündel und Barren speichern?
Ihr werdet alles verlieren ...

Ihre Schlußfolgerung war indessen eine gänzlich andere als die von Kästner einst geforderte, nämlich sich zu Reformen zu bequemen, ehe es dazu zu spät sein könnte. Sie setzten sich einfach ab, zumeist in die Schweiz, natürlich unter Mitnahme ihres gewaltigen Vermögens.

Dies mag für den einzelnen eine Lösung sein, für die Gesellschaft als Ganzes gewiß nicht. Zudem besteht wahrlich kein Grund zur Flucht, denn es ist an eine gewaltsame Veränderung der Verhältnisse in der Bundesrepublik gegenwärtig und auf absehbare Zeit überhaupt nicht zu denken; es fehlen dafür alle Voraussetzungen.

Um so erstaunlicher ist es, daß sich die Angehörigen der alten Elite, von wenigen erfreulichen Ausnahmen abgesehen, mit aller Macht gegen Reformen sträuben, das heißt: die Zeit nicht dazu nutzen wollen, notwendige Veränderungen behutsam durchzuführen, sondern sich mit allen Kräften bemühen, ihre ererbten, zum Teil noch aus dem Zeitalter des Feudalismus stammenden Privilegien auch noch in das 21. Jahrhundert hinüberzuretten. Sie stemmen sich gegen eine Demokratisierung der Wirtschaft und haben der gewerkschaftlichen Forderung nach paritätischer Mitbestimmung nichts anderes entgegenzusetzen als den alten »Hier-bin-ich-Herr-im-Hause!«-Standpunkt. Eines ihrer Sprachrohre, der *Industriekurier*, meinte gar, eine Demokratisierung der Betriebe sei so unsinnig wie eine Demokratisierung der Zuchthäuser und Kasernen (was zugleich einen Einblick in die Vorstellungswelt einiger Konzerngewaltiger gewährt und uns jenes Maß an Verachtung offenbart, das sie für just die Leute haben, deren Fleiß und Können sie ihren Reichtum größtenteils zu verdanken haben).

Politisch fördern sie beinahe geschlossen* jene Gruppen und Kräfte, die sich als Bewahrer des Überkommenen und Bewährten verstehen und anpreisen, ohne zu bedenken, daß sich die

* Es gibt da löbliche Ausnahmen — etwa den Weinheimer Lederfabrikanten Richard Freudenberg oder die liberalen Kölner Neven DuMonts. Umgekehrt gibt es aber auch nicht wenige unter den Angehörigen der alten Geld- und Machtelite, die Gruppen weit rechts von der CDU/CSU fördern.

Voraussetzungen für die Bewährung, sollte es sie je gegeben haben, seit langem geändert haben. Keine Experimente! — so lautet noch immer die Parole. Doch dahinter steht als Bremsfaktor nicht die begreifliche Sorge, daß fast ideale Verhältnisse durch leichtfertiges Handeln zum Schaden für die Allgemeinheit nachhaltig, womöglich irreparabel verschlechtert werden könnten, vielmehr der höchst egoistische Wunsch, die von den Altvordern auf die eine oder andere Weise einst ergatterten, jedes Sinns, falls er je vorhanden war, längst beraubten Vorrechte zu behalten und von dem angestammten, rechtmäßig ererbten Platz an der Sonne auch nicht einen Fingerbreit zu weichen — mögen doch die anderen sehen, wo sie bleiben!

Die heiligste aller Kühe, die nicht geschlachtet, nicht gemolken, ja nicht einmal zaghaft berührt, nur kräftig gefüttert werden darf, heißt: das Privateigentum. Und dabei macht man — vom Standpunkt der alten Elite aus: sehr begreiflich — nicht den geringsten Unterschied zwischen dem, was sich der einzelne aus eigener Kraft für sich und die Seinen geschaffen hat, und dem, was erst durch die Gemeinschaft, also durch den Fleiß und das Können aller, wertvoll geworden ist, also auch nicht den einen, auf Kosten aller anderen, reich machen dürfte. Eine Wiese vor der Stadt, vor dreißig Jahren billig aufgekauft, nicht um Vieh darauf zu weiden, sondern um Kriegsgewinne wertbeständig anzulegen, sollte doch, nachdem die Gegend zu Bauland geworden, zu Lasten der Allgemeinheit an das Verkehrs-, Strom-, Wasser- und Kanalisationsnetz angeschlossen und mit allen nötigen öffentlichen Einrichtungen versehen worden ist, nun nicht demjenigen, der sie parzelliert und zum Fünfhundertfachen ihres ursprünglichen Werts an Wohnungssuchende verkauft, neben diesem gewaltigen Gewinn auch noch Steuerfreiheit für solchen unverdienten Profit bringen. Doch just dergleichen betrachtet die alte Elite als beinahe selbstverständliches und unverzichtbares Vorrecht.

»Grund und Boden, Naturschätze und Produktionsmittel können zum Zwecke der Vergesellschaftung durch ein Gesetz, das Art und Umfang der Entschädigung regelt, in Gemeineigentum oder in eine andere Form der Gemeinwirtschaft überführt werden . . . Eine Enteignung ist nur zum Wohle der Allgemeinheit zulässig . . . Die Entschädigung ist unter gerechter Abwägung der Interessen der Allgemeinheit und der Beteiligten zu bestimmen . . .«

Diese Sätze, so fürchterlich sie der alten Elite auch klingen mögen, entstammen keineswegs dem Programm einiger linksradikaler Utopisten. Sie sind vielmehr im Grundgesetz für die Bundesrepublik Deutschland nachzulesen, und zwar unter den unabdingbaren Grundrechten, in Artikel 14 und 15, wo es auch heißt: »Eigentum verpflichtet. Sein Gebrauch soll zugleich dem Wohle der Allgemeinheit dienen.«

Dieses Wohl der Allgemeinheit meint die alte Elite dadurch hinreichend zu wahren, daß sie an »dem Bewährten«, nämlich an ihren Privilegien, nicht rütteln läßt; daß sie jede tiefergreifende Reform zu verhindern trachtet und bemüht ist, eine Gesellschaftsordnung, die uns innerhalb eines Menschenalters schon zweimal in ebenso entsetzliche wie vermeidbare Katastrophen geführt hat, auch noch über die letzten Dezennien dieses bewegten Jahrhunderts hinwegzuretten. Après nous le déluge!

Und so finden wir denn die Herren Nachfahren der einstigen Inhaber erblicher Sitze im preußischen Herrenhaus oder in der bayerischen Kammer der Reichsräte, die müden Erben der ersten Schlotbarone von Ruhr und Saar und die Ururenkel jener altehrwürdigen, mit patriotischem Schmuggel von Kaffee und Baumwolle durch die napoleonische Kontinentalsperre steinreich gewordenen hanseatischen Kaufleute im trauten Verein mit hemdsärmeligen Newcomern, die sie heimlich als Parvenüs verachten, doch auf deren Kraft sie angewiesen sind. Gemeinsam mit diesen Milliardären noch relativ jungen Reichtums, mit den Herren Schickedanz und Horten, Flick und Diehl und Karg, hoffen sie, ihre ererbten Privilegien in die neue Geld- und Machtelite einzubringen, die seit dem Untergang des Kaiserreiches entstanden ist und deren Struktur und Mentalität der alten so verteufelt ähnlich zu werden beginnt.

An uns, den mündigen Bürgern dieses Staates, liegt es, die Kontinuität zu brechen und die Forderungen unseres Grundgesetzes endlich zu verwirklichen.

Doppelte Moral

Liebe und Heuchelei im kaiserlichen Deutschland

Im kaiserlichen Deutschland gab es feste Regeln, und eine davon hieß: »Eines schickt sich nicht für alle!«

Die Moralbegriffe waren von Schicht zu Schicht sehr verschieden, erst recht die Vorstellungen, die man von einem »standesgemäßen Auftreten« höherer und einem »anständigen Verhalten« unterer Schichten hatte.

Ein »Dienstmädchen« durfte einen »festen Freund« haben — solange das Verhältnis ohne Folgen blieb; einer »besseren« Bürgerstochter gestattete man gar nichts; ja selbst nachdem sie sich mit einem Herrn, der die Billigung ihrer Eltern fand, offiziell verlobt hatte, durfte sie mit ihrem Bräutigam keine Sekunde lang allein gelassen werden:

Der Verlobte hätte sich womöglich eine Freiheit gestattet, und dann wäre »der gute Ruf« der Braut und ihrer Eltern in Gefahr gewesen: Schon ein heimlicher Kuß ging an die »Familienehre«.

Daß reiche Junggesellen, zumal adligen Standes, sich »kleine Affären«, vor allem mit jungen Damen vom Theater, gestatten durften, war beinahe selbstverständlich. Aber ebenso selbstverständlich war es auch, daß sie sich nicht in Begleitung »einer solchen Person« an Orten sehen ließen, wo sie von Damen »besseren Standes« bemerkt werden konnten. Das wäre taktlos und unschicklich gewesen.

Schließlich fand auch niemand etwas dabei, wenn »bessere Herren«, ob verheiratet oder nicht, sich gelegentlich »ein wenig amüsierten« oder — wie man es wohlwollend nannte, wenn die Herren reizlose, aber sehr vermögende Frauen geheiratet hatten — »etwas Zerstreuung suchten«.

Von den Stätten solcher Zerstreuung, die es in großer Zahl und für Besucher unterschiedlichster Einkommensstufen und Ansprüche überall im Lande gab, wurde von der »guten Gesellschaft« offiziell keinerlei Notiz genommen. Die Damen durften nicht einmal ahnen, daß es dergleichen gab!

Aber mitunter kam die Existenz derartiger Etablissements doch ans Licht, etwa durch einen Prozeß wie den, der sich fast zur gleichen Zeit wie der Mordprozeß Hau und ebenfalls im Großherzogtum Baden abspielte — zum Glück ohne tragischen

Ausgang, vielmehr mit allen Merkmalen eines derben Lustspiels:

Da hatte der in München erscheinende *Simplicissimus*, dessen spöttischer Witz und bissige Zeitkritik die hohe Obrigkeit, vor allem die Staatsanwälte, oft bis aufs Blut reizte, eine Karikatur veröffentlicht. Sie zeigte die feierliche Verleihung eines großherzoglich badischen Verdienstordens an ein schon recht bejahrtes und schlampiges Frauenzimmer, dem deutlich anzusehen war, daß es sein Brot jahrzehntelang im ältesten Gewerbe der Welt verdient hatte.

Seltsamerweise hatte sich ausgerechnet das großherzoglich badische Eisenbahnministerium durch diese Zeichnung getroffen, in seiner Ehre verletzt und zu einer gerichtlichen Klage gegen den *Simplicissimus* bemüßigt gefühlt!

Denn, was keiner wußte, der Karikatur wie auch dem sich daraus ergebenden Prozeß lag folgender Tatbestand zugrunde:

Das badische Eisenbahnministerium hatte den Heidelberger Bahnhof verlegen wollen. Dafür brauchte es neuen Platz, vor allem ein Grundstück, das einem gewissen Herrn Siewi gehörte, der darauf ein kleines, aber für das Heidelberger Nachtleben sehr bedeutsames Haus stehen hatte, das besonders die Studenten, aber auch achtbare einheimische Herren gerne besuchten, sofern es ihre Mittel und ihre sonstigen Verpflichtungen ihnen erlaubten.

Die Eisenbahnverwaltung wollte also dieses Häuschen kaufen. Herr Siewi, der Eigentümer und Chef des darin untergebrachten Gewerbebetriebes, verlangte den stolzen Preis von 42 500 Mark, was dem großherzoglich badischen Eisenbahnministerium erheblich zuviel dünkte. Herr Siewi aber blieb hart; er wußte genau, was ihm sein Häuschen wert war.

Als alles Bitten und Feilschen nichts half und die Verlegung des Bahnhofs noch dringlicher geworden war, kam den Ministerialbeamten eine Idee: Sie boten 25 000 Mark für das kleine Haus, verbunden mit dem verlockenden Angebot, es Herrn Siewi und seinem Gewerbebetrieb noch so lange kostenfrei zu überlassen, wie es die Abbruch- und Neubaupläne des Ministeriums eben gestatteten.

Herr Siewi, ein kühler Rechner, zog zunächst Erkundigungen ein, wie lange es mindestens dauern würde, ehe mit dem Abbruch des Häuschens begonnen werden konnte. Dann kalkulierte er vorsichtig seine voraussichtlichen Einnahmen während dieser Schonfrist und kam dabei offenbar zu einem befriedigenden Ergebnis, denn ein paar Tage später ging er auf die Offerte der Eisenbahnverwaltung ein und verkaufte sein Haus zu den angebotenen Bedingungen.

Die Beamten des großherzoglichen Eisenbahnministeriums beglückwünschten sich zu ihrem Erfolg und der Einsparung von 17500 Mark, einer für die damalige Zeit sehr stattlichen Summe, und das vor allem nach Einbruch der Dunkelheit blühende Unternehmen des Herrn Siewi ging im nunmehr bahneigenen Häuschen munter weiter. Der *Simplicissimus* bekam Wind davon und fand, daß die wackeren Mädchen des Herrn Siewi, die nun nicht bloß der Venus, sondern auch dem sparsamen Großherzog von Baden dienten, einer Auszeichnung würdig wären. So kam es zu der bewußten Karikatur, dadurch zur Kränkung der badischen Eisenbahn und zum Prozeß, den angefangen zu haben die Beamten des großherzoglichen Ministeriums schon sehr bald bedauerten.

Dann natürlich ließ sich der mit bissiger Kritik an der Obrigkeit niemals hinter dem Berge haltende *Simplicissimus* die Gelegenheit nicht entgehen, nun den ganzen Fall in epischer Breite einem köstlich amüsierten Publikum zu schildern und dabei mit Anzüglichkeiten und Spott nicht zu geizen. Und es war kein Geringerer als Ludwig Thoma, der sich im *Simplicissimus* mit viel Humor der heiklen Sache annahm:

»Man kann es drehen, wenden und deuteln, wie man will«, schrieb Bayerns großer Schriftsteller, und man konnte sich deutlich sein verschmitztes Augenzwinkern vorstellen, »das klipp und klare Ergebnis bleibt, daß das badische Verkehrsinstitut durch ›Gewährung von Gelegenheit‹, das heißt: durch Kuppelei, die Summe von 17500 Mark profitierte und nun wegen Vergehens gegen Paragraph 180 strafrechtlich verfolgt werden muß. Oder sagen wir: müßte . . .«

Ganz Deutschland lachte Tränen. An allen Stammtischen unterhielt man sich schadenfroh schmunzelnd über die peinliche Lage, in die die Karlsruher Eisenbahnverwaltung durch ihre Knauserigkeit geraten war, riß derbe Witze auf Kosten Seiner Königlichen Hoheit des Großherzogs von Baden, dessen Beamte durch »Gewährung von Gelegenheit« die Staatskasse zu füllen trachteten, und jeder hoffte, bald noch mehr über das »großherzoglich badische Eisenbahn-Freudenhäuschen« zu hören.

Diese Hoffnung wurde nicht enttäuscht: Ende November 1907 hätte die delikate Angelegenheit eigentlich ihr Ende finden, das Häuschen geschlossen und abgerissen werden sollen. Doch dann erwirkte Herr Siewi noch eine Verlängerung der Frist um drei Monate — »wahrscheinlich mit besonderer Rücksicht auf den staatlichen Charakter des Etablissements«, wie Ludwig Thoma sogleich wieder im *Simplicissimus* spottete, »denn in allem Ernste: Die sämtlichen bei Herrn Siewi beschäftigten Damen haben Beamtencharakter . . .«

Am 28. Februar 1908 wäre es dann endlich soweit gewesen. Aber noch ein letztes Mal gelang es Herrn Siewi, sich und seinen Mädchen eine »Geschäftsverlängerung« zu verschaffen — mit Rücksicht darauf, daß die »Herren Studenten zum Monatsersten ihren Wechsel erhalten und erfahrungsgemäß dann in den ersten Tagen des neuen Monats das Etablissement besonders gern beehren . . .«

Also bekamen der Wirt und seine Mädchen noch einmal die erbetene Gnadenfrist, und »erst am 4. März 1908 verloren die p.p. Damen und mit ihnen Herr Siewi ihre Beamtenstellung«.

Der Prozeß des badischen Eisenbahnministeriums gegen den *Simplicissimus* ging jedoch in aller Gemächlichkeit weiter. Erst Anfang 1909 kam er zum Abschluß. Die Münchener Zeitschrift fand sehr milde Richter, und Ludwig Thoma konnte in Anspielung auf die Karikatur, die den Prozeß ausgelöst hatte, im *Simplicissimus* noch einmal die Frage aufwerfen:

»Warum hätte so eine brave Phryne keinen Orden kriegen sollen? Weil sie dem Staat nicht mit dem Kopf diente? Du lieber Gott! Wer von den dekorierten Beamten hat das eigentlich getan?«

Doch so gnädig und humorvoll lösten sich heikle, die Sittlichkeit berührende Fragen damals nur selten. Im allgemeinen war man prüde — zumindest nach außen hin, und dies vor allem in jener breiten, staatstragenden Schicht des Bürgertums und des niederen Adels.

Wie prüde man sein konnte, selbst in einer Weltstadt wie Hamburg, zeigte sich, als — gleichfalls im Jahre 1907 — einige ebenso wohlhabende wie kunstbeflissene Bürger der Freien und Hansestadt beschlossen, ein Grabdenkmal für Elise Lensing zu stiften, jene Tochter der Elbestadt, die dem großen deutschen Dichter Friedrich Hebbel hilfreich zur Seite gestanden hatte, als dieser in Armut und Elend unterzugehen drohte.

Zur Einweihung des Elise-Lensing-Denkmals, für das es bereits einen Entwurf gab, sollte im Rahmen einer würdigen Feier der Intendant des »Deutschen Theaters«, Baron Berger, eine Rede halten; eine gefeierte Schauspielerin, Adele Doré, war schon für eine Rezitation Hebbelscher Verse verpflichtet worden, und man machte sich auch bereits Gedanken darüber, wen alles aus den »besseren Kreisen« der Hansestadt man zu dem Festakt einladen sollte.

Da entdeckte eine der Damen des Festkomitees in Meyers Konversationslexikon eine ausführliche Hebbel-Biographie, worin es hieß: »... im Mai 1844 schenkte Elise Lensing, die vergeblich um eheliche Sanktionierung des Liebesbundes bat, einem zweiten Söhnchen des Dichters das Leben ...«

Das hatten die Damen und Herren des Denkmalkomitees offenbar nicht gewußt! Um so empörter waren sie, und was dann geschah, ist im *Kunstwart*, einer fortschrittlichen Zeitschrift jener Jahre, nachzulesen:

»Kaum wurde einigen Damen des Ausschusses bekannt, daß Elise Lensing zwei Kinder der Liebe von dem Dichter hatte, da hieß es: Kein Grabmal für ›diese Person‹! Da hielt der Baron Berger keine Rede, Adele Doré zitierte nicht, das Komitee löste sich auf ... Wenn jeder Hamburger seinem Verhältnis ein Denkmal setzen wollte, dann bekämen wir ja eine ganze Siegesallee nach Ohlsdorf!«

Nun war es aber, trotz der sittlichen Entrüstung, in die man bei jeder Gelegenheit verfiel, keineswegs so, daß die »goldenen Jahre« zugleich eine Epoche äußerster Tugendhaftigkeit gewesen wären. Das war durchaus nicht der Fall!

Es gibt zwar keine Statistik, die zeigt, zu welcher Zeit Ehemänner (und Ehefrauen) häufiger Seitensprünge machten — damals oder heute. Aber alle Anzeichen sprechen dafür, daß dergleichen in der »guten alten Zeit« vor 1914 durchaus keine Seltenheit war, besonders nicht in den obersten und untersten Gesellschaftsschichten.

Und was die Zahl der »Kinder der Liebe« angeht, so gibt es überhaupt keine Zweifel: In den »goldenen Jahren« war die Zahl der unehelichen Geburten in Deutschland prozentual fast doppelt so hoch wie heute in der Bundesrepublik! Indessen verteilten sich die unehelichen Geburten keineswegs gleichmäßig auf alle Gesellschaftsschichten: Im breiten Mittelstand, erst recht in der wohlhabenden Oberschicht, waren »Kinder der Liebe« äußerst selten. Um so größer war der Prozentsatz unehelicher Geburten in den untersten Einkommensschichten.

War man in der sogenannten »guten Gesellschaft« tugendhafter als im »einfachen Volk«? Wurden die Töchter der »besseren Stände« strenger behütet? Festigte sich die Moral mit wachsendem Einkommen? Oder wußten sich die Damen der »gehobenen Kreise« nur besser zu helfen?

Nun, auf diese heiklen Fragen gibt es (zum Teil sehr überraschende) Antworten, die Einblick gewähren in die zu jener Zeit so ängstlich behütete Sphäre, die man heute schlicht und deutlich »Sex« nennt.

Sex — gab es so etwas überhaupt in den »goldenen Jahren«, in jener vielgepriesenen »guten alten Zeit« zwischen der Jahrhundertwende und dem Ausbruch des Ersten Weltkrieges? Hatte man in dieser uns heute oft so schwülstig erscheinenden Epoche vielleicht nur einen anderen, weniger sachlichen Namen dafür?

Oder war man damals im Deutschen Kaiserreich wirklich so prüde, daß man nicht einmal einen Gedanken, geschweige denn ein Wort für das übrig hatte, was wir heute »Sex« nennen? Entsprachen vielleicht die Frauen und Mädchen jener Zeit tatsächlich dem »hehren germanischen Keuschheitsideal«, von dem vollbärtige Gymnasialprofessoren damals mit großem Pathos schwärmten? Waren womöglich auch die Männer allen Liebesdingen abhold, sofern es sich nicht darum handelte, in einem streng nach den Konventionen geschlossenen und geführten Ehebund für Nachwuchs zu sorgen?

Nun, vieles scheint für solche Annahmen zu sprechen, manches aber auch entschieden dagegen. Liest man beispielsweise einen durchaus seriösen zeitgenössischen Bericht über die Hamburger Reeperbahn, so kommt man aus dem Staunen nicht heraus. Gewiß, auch heute ist die Reeperbahn ein nicht eben solides, für Mädchenpensionate nicht gerade geeignetes und auch von der Polizei noch immer mit Sorge betrachtetes Vergnügungszentrum. Aber so, wie sie im Jahre 1908 geschildert wurde, ist die Reeperbahn heute nicht mehr:

»Mädchen sprechen die Passanten an und sehen dabei höchst solide und bürgerlich aus. Dreizehnjährige Backfische sind darunter, aber auch alte Weiber. Wütende Konkurrenz herrscht unter den ›Erwerbsmäßigen‹. Prügeleien um zahlungskräftige ›Freier‹ sind an der Tagesordnung. Stets hört man die unflätigsten Schimpfworte, und auch die Ansprache vollzieht sich in unbeschreiblicher Weise.

Kaffee liegt neben Kaffee, Tingeltangel neben Tingeltangel,

Bar neben Bar, Hotel neben Hotel . . . Eine große Vergnügungshalle ist da mit Luftschaukeln und Rutschbahn — nur zur Benutzung für die Dirnen, die hier wie versehentlich ihre Schenkel entblößen können . . . Die Preise der Straßenprostitution schwanken zwischen drei und zehn Mark . . . Aber die Reeperbahn, so wild und bunt, so gemein und lasterhaft sie ist, scheint ein Kinderspielplatz gegen all die pechschwarzen Gassen und Straßen der Umgebung. Dieses Revier ohne Revolver aufzusuchen, ist, wenn man ein Fremder ist und wenn man nicht völlig ausgeplündert in irgendeinem Rinnstein aufwachen will, nicht zu empfehlen . . .

Da sind kleine ›Saloons‹, in denen auch gespielt wird — natürlich falsch. Man findet dort noch schulpflichtige Arbeitermädchen, die heimlich hergeschlichen sind und sich rasch irgendeinem Besucher hingeben, um dann mit dem ›leicht verdienten Geld‹ wieder fortzurennen . . .«

Und so gehen die Schilderungen des Nachtlebens von St. Pauli weiter, Seite um Seite! Der Leser muß verwundert erkennen, daß es in der sogenannten »guten alten Zeit« weit zügelloser und lasterhafter zugegangen ist als heutzutage.

Aber — so war es nur hinter den Kulissen, im Verborgenen. Nach außen hin war man streng auf Tugend bedacht. Blättert man beispielsweise in den damals populären Zeitschriften, deren Aufmachung und Inhalt ja dem Publikumsgeschmack entsprochen haben müssen, so findet man so gut wie nichts von dem, was wir heute als »Sex« bezeichnen.

Statt dessen sieht man zahllose Bilder von in- und ausländischen Fürstlichkeiten, Porträts greiser Feldmarschälle, Aufnahmen von Kriegsschiffen und Paraden, seltener aktuelle Schnappschüsse oder gar Bildberichte aus der Welt der Mode, des Sports oder des Theaters. Und selbst die Mannequins, Bühnensterne und Sportlerinnen jener Epoche wirken, wenn man die rund 60 Jahre alten Fotos betrachtet, alles andere als »sexy«: Eine Eiskunstläuferin trug damals zur großen Kür einen knöchellangen Rock und eine hochgeschlossene, langärmelige Bluse!

Nein, von Sex war da nirgends etwas zu spüren, nicht einmal in einer Illustriertenreportage mit dem verheißungsvollen Titel: »Paris, wie es lebt und genießt!« Da hieß es nur:

». . . Und nach dem Diner im ›Maxim‹ meinte der junge Graf Z., er müsse sich nun entschuldigen; er habe noch eine Verabredung in der Nähe der Oper. Weltmännisch klemmte er sich sein

Einglas ins Auge, winkte uns nonchalant zu und verschwand im Menschengewühl des abendlichen Boulevards — eine elegante Erscheinung im Frack mit weißgefüttertem Umhang und glänzendem Zylinder, ein junger Kavalier auf dem Wege zu einem galanten Abenteuer in einem Tempel der Venus ...«

Was mögen die jungen — und auch die nicht mehr ganz so jungen — Damen jener Zeit geseufzt haben, wenn sie dergleichen lasen! Ja, die Männer, so dachten sie gewiß, die haben es gut! Sie dürfen ausgehen, wann und wohin sie wollen — sogar zum »Tempel der Venus«, was immer das sein mag. Wir armen Frauen dagegen ...

Tatsächlich war es damals für eine junge Dame aus gutem Hause höchst ungehörig und rufschädigend, ohne eine Begleitung, die die Tugendhaftigkeit des Vorhabens garantierte, aus dem Hause zu gehen oder auch nur in der elterlichen Wohnung einen männlichen Besucher zu empfangen.

Selbst für eine verheiratete Frau gehörte es sich nicht, alleine Besorgungen zu machen oder auch nur eine Konditorei zu besuchen. Und um ihren guten Ruf war es geschehen, sah man sie ohne Begleitung zumindest einer älteren Dame einen abendlichen Spaziergang machen!

Das mußte beispielsweise die fünfundzwanzigjährige Baronin W. erfahren, Gattin eines schon recht betagten Berliner Privatbankiers. Als sie an einem schwülen Augustabend des Jahres 1907 von zwei älteren Damen, die von einer Geburtstagsfeier kamen, dabei beobachtet wurde, wie sie ganz allein und sichtlich ohne Eile Unter den Linden spazierenging — »Es war so drückend im Haus, und im Garten quälten mich die Mücken«, erläuterte sie später —, da verlor das Bankhaus ihres Mannes in den folgenden Tagen die Einlagen einer ganzen Anzahl von Angehörigen der sogenannten »guten Gesellschaft«, außerdem die Verwaltung einer großen Stiftung zu wohltätigen Zwecken. Einem Bankier, dessen Frau offenbar ein Flittchen sei, so hieß es zur Begründung, könne man sein Geld doch nicht anvertrauen!

Ja, so streng waren damals die Sitten, zumindest in gutbürgerlichen und adligen Kreisen! Und erst recht wurde der »gute Ruf« unverheirateter junger Damen gehütet, denen einfach gar nichts erlaubt war von dem, was für einen modernen Teenager oder Twen selbstverständlich ist!

Das Ergebnis war, daß die jungen Damen der »besseren Stände« damals so gut wie keine Gelegenheit hatten, sich selbst einen Partner fürs Leben auszusuchen. Sie wurden vielmehr von ihren Eltern ver- und von einem Manne geheiratet, ohne selbst viel gefragt zu werden. Über das Wichtigste, nämlich über gesellschaftliche Stellung, Vermögen, Einkommen, Mitgift und Karriereaussichten, verständigten sich die Eltern mit dem Bräutigam. Ob die Tochter den für sie Auserwählten sympathisch fand, ob sie hoffen konnte, mit ihm glücklich — oder wenigstens nicht unglücklich — zu werden, war Nebensache.

»Das findet sich schon«, pflegten die Eltern ihre Töchter zu trösten. »Bei uns war es zuerst auch nicht anders!«

Und oftmals hatten sie mit ihrer optimistischen Prognose durchaus recht, zumal ja die Mädchen für solche Konventionsehen, wie man sie nannte, erzogen waren: Die Frau, so hatte man ihnen beigebracht, hat dem Manne zu dienen, ihm eine gute Hausfrau zu sein und alle seine Wünsche ohne Murren zu erfüllen. Sie findet ihre Erfüllung darin, ihrem Gatten Kinder zu schenken und für Mann und Kinder zeitlebens treu zu sorgen.

Für Liebe war in solchem Arrangement kein Platz, für Leidenschaft schon gar nicht. Erotik — das war etwas Ungehöriges, Unanständiges, allenfalls für Künstler und Lebemänner statthaft. Für ein Ehepaar ziemte sich dergleichen nicht! Die Partner mußten sich schon glücklich preisen, wenn sie keine unüberwindliche Abneigung gegeneinander empfanden und sich allmählich gegenseitig schätzenlernten.

Das war aber häufig genug durchaus nicht der Fall. Vor allem sehr junge Frauen, die mit sehr romantischen, aber auch sehr vagen Vorstellungen von dem, was sie in der Hochzeitsnacht erwartete, in die Ehe gegangen waren, wurden oft herb enttäuscht oder gar abgestoßen vom Egoismus eines wenig rücksichtsvollen Gatten. Kein Wunder, daß sie dann die ehelichen Beziehungen als leidige Pflichtübungen ansahen.

Wenn es so um eine Ehe stand, gaben Verwandte und Freunde aber nur selten dem Manne die Schuld. Vielmehr sagten sie dann — mit einem Unterton des Mitleids für den Gatten — der enttäuschten Frau »eine gewisse Gefühlskälte« nach. Und natürlich hatten sie unter solchen Umständen auch Verständnis dafür, daß sich der Ehemann hier und da einen kleinen Seitensprung gestattete — es mußte nur mit Diskretion und Takt geschehen und »im Rahmen seiner finanziellen« Mittel bleiben, was bedeutete, daß er seiner Familie keine Einschränkungen auferlegen durfte, um sich selbst amüsieren zu können.

Es war nicht einmal sehr schlimm, wenn die betrogene Ehefrau dahinterkam, daß sich ihr Mann — etwa auf einer Geschäftsreise oder beim Besuch eines Nachtlokals — mit einem »leichten Mädchen« eingelassen hatte. Wenn sie nicht schon erzogen war, sich mit dergleichen seufzend abzufinden, so konnte sie, falls sie sich dann empört und ratlos an ihre Mutter wandte, ähnliches hören wie eine Breslauer Regierungsratsgattin von ihrer Mama:

»Mein liebstes Kind«, heißt es in dem Brief an die aufgebrachte Tochter, datiert vom 17. Januar 1904, »Männer sind nun einmal so — man darf sich da keinen Illusionen hingeben! Wie ich höre, hat Dir der Deine als Zeichen seiner aufrichtigen Reue eine herrliche Weißfuchsstola geschenkt, was ich sehr aufmerksam und nobel finde (obgleich ich mich frage, wie er sich bei 4600 Mark Jahresgehalt derartige Extravaganzen leisten kann . . .? Vermutlich von Deiner Mitgift . . .).

Aber, um noch einmal auf den eigentlichen Kern der Sache zurückzukommen: Es handelt sich ja wohl nicht um eine regelrechte Affäre, sondern um eine einmalige, nicht besonders ernste Entgleisung, die zudem nur durch eine höchst bedauerliche Indiskretion des Gleiwitzer Hoteliers zu Deiner Kenntnis gelangt und in Breslau sonst niemandem bekannt ist. Unter diesen Umständen scheint mir Nachsicht am Platze . . .

Vielleicht solltest Du Dich auch selbst einmal prüfen, ob Du Dich ihm gegenüber nicht manchmal allzu reserviert gezeigt hast, und ob Du wirklich immer so zärtlich gewesen bist, wie es ein Mann von so gutem Aussehen und glänzender Stellung erwarten kann . . .

Also, sei klug, mein Kind, und verzeih ihm — nicht allzurasch natürlich, aber so bald, wie es mit Anstand möglich ist. Ein Mann in seiner Position ist nicht zu warten gewöhnt. Du könntest ihn in ein neues Abenteuer treiben . . .«

Die Männer durften damals auf sehr viel Nachsicht rechnen. Solange ihre Eskapaden kein unliebsames Aufsehen erregten, waren ihnen Verständnis und Verzeihen ziemlich sicher. Aber — wo fanden sie eigentlich die Gelegenheiten zu ihren kleinen und großen Abenteuern?

Die strenge Aufsicht und Erziehung, die man in den sogenannten »besseren Kreisen« auch den schon fast erwachsenen, aber noch nicht verheirateten Töchtern angedeihen ließ, und die Sorgfalt, mit der man die Tugend jeder Dame, selbst reiferen Alters, ständig bewachte, führten dazu, daß Affären innerhalb der »guten Gesellschaft« zwar nicht unmöglich, aber doch äußerst schwierig und auch nicht ungefährlich waren.

Ein Mann, der sich auf ein kleines Abenteuer mit einer »höheren Tochter« einließ, mußte stets damit rechnen, entdeckt und dann in einen Skandal verwickelt zu werden, der seine Karriere als Offizier oder Beamter mit einem Schlage beenden konnte.

So wurden die jungen Damen »von Stand« meist als »Blümchen Rührmichnichtan« betrachtet — oft sehr zu ihrem eigenen Kummer! Doch die Tochter aus gutem Hause war nun einmal ausschließlich für den Heiratsmarkt bestimmt. Auf ihren guten Ruf durfte kein Schatten fallen — das hätte ihre Chancen ruiniert, von einem Mann, der noch Ansprüche stellen konnte, geheiratet zu werden. Jungfräulich und unwissend — so hatten die jungen Damen der »besseren Kreise« in die Ehe zu gehen, und der bloße Verdacht, daß eine in der Liebe vielleicht doch nicht völlig unerfahren sein könnte, gefährdete schon ihre Aussichten, eine »gute Partie« zu machen, das heißt, von einem stattlichen, gutaussehenden Mann in gesicherter Position, um den sie alle Freundinnen beneideten und der eine glänzende Karriere vor sich hatte, geheiratet zu werden.

Indessen, ganz so brav, wie man meinen könnte, scheinen doch nicht alle jungen Damen der guten Gesellschaft jener Zeit gewesen zu sein — trotz sorgfältiger Erziehung und strenger Aufsicht. Zumindest kommt man zu dieser Schlußfolgerung, wenn man sich einmal die Anzeigen in den gutbürgerlichen Zeitungen jener Jahre genauer ansieht. Da liest man, beispielsweise im *Berliner Tageblatt*, regelmäßig Annoncen wie diese:

»Damen besseren Standes bietet liebevolle Aufnahme und diskrete Hilfe Hebamme Prilipp, Oranienstraße 110.«

»Hilfe jeder Art für Damen in diskreten Verhältnissen. Frühere Hebamme Meier, Markgrafenstraße 103, IV. Stock, rechts.«

»Geheimentbindung, sehr diskret, Frau Franke, Hebamme, Demminer Straße 11.«

»Damen in diskreten Verhältnissen finden liebevolle Aufnahme im In- und Auslande. Frau Regler, Kommandantenstraße 25, I. Stock.«

»Hilfe! Damen von Stand wenden sich an Frau Weller, Große Frankfurter Straße 43, nahe Alexanderplatz. Strengste Diskretion!«

Das sehr reichhaltige Angebot — an einem einzigen Tage fand man bis zu achtzig solcher Angebote in der Presse! — läßt auf beträchtlichen Bedarf an solcher Hilfe schließen und zeigt die »jungen Damen von Stand« in einem neuen, gar nicht so tugendhaften Licht.

Dennoch — die »höhere Tochter«, die sich auf ein Liebesabenteuer mit allen Konsequenzen, keine bloße Schwärmerei, einließ, blieb eine verhältnismäßig seltene Ausnahme. Und die »besseren Herren«, die — wie man damals beschönigend sagte — »etwas Zerstreuung« suchten, waren dabei im allgemeinen auf Partnerinnen angewiesen, die aus den unteren Gesellschaftsschichten stammten, wo man es mit den strengen Geboten der Sittsamkeit und Tugend nicht gar so genau nahm.

Aber selbst solche galanten Abenteuer mit Mädchen aus dem Volke waren für die Herren der guten Gesellschaft nicht ungefährlich, wie man der folgenden Zeitungsnotiz aus dem Jahre 1905 entnehmen kann:

»Razzia in der Friedrichstraße«, meldet die Überschrift. »Ist dergleichen einer Weltstadt würdig?« lautet die kritische Unterzeile.

»In der Nacht vom Sonnabend zum Sonntag vergangener Woche haben, wie erst jetzt bekannt wird, Polizeibeamte in Zivil eine umfangreiche Razzia im Bereich der Friedrich- und ihrer Seitenstraßen vorgenommen. Dabei wurden vor allem kleinere Hotels und Pensionen durchsucht, die anwesenden Logiergäste einer Kontrolle ihrer Legitimationen und peinlichen Verhören unterzogen.«

Wie aus der Meldung weiter hervorging, hatten es die Beamten vor allem auf unverheiratete Paare abgesehen, die — wie es die Zeitung romantisch umschrieb — »in jener Gegend ihre Liebesnester unterhalten«.

Offenbar war die Polizei wenig rücksichtsvoll vorgegangen. Sie hatte wohl die Hoffnung, bei ihrer Razzia zahlreiche noch nicht registrierte Straßenmädchen aufzugreifen. Dann hätte sie einen Erfolg im Kampf gegen das Dirnenwesen melden können — im Berlin der »goldenen Jahre«, einer Stadt von knapp zwei Millionen Einwohnern, gab es rund fünfzigtausend Prostituierte! —, was dem Herrn Polizeipräsidenten Traugott von Jagow ein Lob des kaiserlichen Hofpredigers Stoecker und den Beifall zahlreicher Sittlichkeitsvereine eingetragen hätte.

Um dieses Planziel zu erreichen, hatten die Beamten der

»Sitte« die in den Hotelzimmern angetroffenen Paare eingehend befragt, wann, wo und unter welchen Umständen sie sich kennengelernt hätten; ob dem Schäferstündchen der Besuch eines Nachtlokals vorausgegangen sei und wie hoch dort die Zeche gewesen wäre; ob die Dame oder der Herr den Vorschlag gemacht habe, die Nacht gemeinsam im Hotel zu verbringen, und ob und in welcher Höhe dem Kavalier hierfür ein Entgelt abverlangt worden sei.

»Das Resultat all dieser peinlichen Verhöre ist beschämend für die Polizei«, schließt die Zeitung ihren Bericht, der sicherlich damals viel Aufsehen erregt hat. »Es ergab sich nämlich nur in einem einzigen Falle der Verdacht gewerbsmäßiger Unzucht. Dafür aber dürfte die Angelegenheit sehr böse, zum Teil geradezu ruinöse Folgen für die Betroffenen zeitigen, denn die eifrigen Beamten haben alle Namen notiert, auch die der Herren. Wie aus wohlinformierter Quelle zu erfahren ist, wird eine ganze Reihe hoffnungsvoller Karrieren damit ihr jähes Ende finden . . .«

Diese düstere Prophezeiung des Blattes war keineswegs übertrieben. Zwar war im Grunde ja weiter nichts geschehen, als daß einige erwachsene Männer mit ihren Freundinnen die Nacht im Hotelzimmer verbracht hatten. Aber das Schlimmste daran war, daß sie durch die Feststellung ihrer Personalien in ein Polizeiverfahren verwickelt worden waren. Ihr Name stand jetzt im Rapport irgendeines Kriminalsekretärs, zusammen mit Dirnen und Zuhältern!

Das war schon für jeden normalen Bürger, für jedes Mädchen aus anständiger Familie eine Schmach. Doch für einen jungen Beamten oder gar Offizier bedeutete ein solches Unglück das Ende der Laufbahn. Er hatte seinen Vorgesetzten darüber Meldung zu machen und konnte dann um seinen schlichten Abschied bitten.

Keine Behörde, kein Regiment duldete es, daß jemand »mit einem Fleck auf den Papieren« im Dienst blieb. In solchen »Ehrenfragen« war man unerbittlich. War einer völlig schuldlos in eine Lage geraten, die ihn zwang, um seine Entlassung zu bitten, so zeigten sich Vorgesetzte und Kollegen oft durchaus mitfühlend. Aber daß der Betreffende dennoch seinen Dienst zu quittieren hatte, stand außer Frage.

Die Härte und Ungerechtigkeit dieses sogenannten »Ehrenkodex« nahm mitunter geradezu groteske Formen an, wie beispielsweise im Falle des Oberleutnants von P., der bei einem

Berliner Garderegiment im Sommer des Jahres 1907 seinen Abschied nehmen mußte, obwohl er mit Leib und Seele Soldat und nach dem Urteil seiner Vorgesetzten ein besonders fähiger Offizier war.

Oberleutnant von P. hatte sich an einem lauen Juniabend im Café Bauer Unter den Linden mit seinem Bruder, einem Assessor beim Kammergericht, verabredet. Der Oberleutnant trug an diesem Abend Zivilkleidung, denn er beabsichtigte noch den Besuch eines Varietés, und das war den Offizieren seines Regiments in Uniform nicht gestattet.

Als sich von P. an einem größeren Ecktisch des Cafés niedergelassen und einen Kognak bestellt hatte, zeigte ihm ein Blick auf die Uhr, daß er noch mindestens zwanzig Minuten würde warten müssen, denn es war eine Viertelstunde vor der verabredeten Zeit, und sein Bruder pflegte immer ein paar Minuten zu spät zu kommen.

Gerade wollte sich von P. erheben, um sich vom Zeitungsständer ein Abendblatt zu holen, als eine Dame und ein Herr eilig und ein wenig atemlos das Café betraten und direkt auf seinen Tisch zusteuerten.

Überrascht betrachtete der Oberleutnant die sehr hübsche und, wie es schien, ein wenig verwirrte junge Dame. Sie blickte ihn aus strahlenden blauen Augen an, und mit einem etwas gezwungenen Lächeln bat sie ihn schüchtern, Platz nehmen zu dürfen. Ihr Begleiter stand im Hintergrund, ein Taschentuch ans Gesicht gepreßt. Er machte eine knappe Verbeugung, und sobald sich die Dame an von P.s Tisch gesetzt hatte, eilte er zu den Waschräumen.

»Er hat Nasenbluten«, murmelte die junge Dame entschuldigend. Sie errötete dabei ein wenig und hielt die Augen gesenkt. Der Oberleutnant fand sie entzückend. Er überlegte schon, wie er ein Gespräch beginnen könnte, als die Dame eine Bewegung machte, als fröstelte sie, von ihrem Stuhl aufstand und sich neben von P. auf das Sofa setzte.

»Es zieht hier so«, bemerkte sie nur und schenkte dem erstaunten Oberleutnant einen Blick, der seinen Pulsschlag beschleunigte.

»Donnerwetter!« dachte er, noch immer ohne Mißtrauen. Was dann geschah, ging sehr rasch. Als des Oberleutnants Bruder eine Viertelstunde später ins Café Bauer kam, war schon alles vorbei:

Erst gab es einen kleinen Tumult an der Eingangstür, dann

stürzte ein aufgeregter Herr ins Lokal, gefolgt von zwei schnauzbärtigen Schutzleuten mit gezogenem Säbel. Sie blickten sich wild um, erkannten dann offenbar die junge Dame und stürzten auf den Tisch zu, an dem von P. mit seiner Begleiterin saß. Diese stieß einen kleinen Schrei aus und klammerte sich an den Arm ihres Nachbarn.

»Um Gottes willen«, flüsterte sie, »helfen Sie mir!«

Doch ehe von P. etwas antworten konnte, wurde er von einem der Schutzleute am Arm ergriffen. Der andere riß die junge Dame unsanft hoch.

»Das sind sie!« hörte der völlig überraschte von P. den aufgeregten Herrn rufen, der mit den Schutzleuten hereingestürzt war. »Sie müssen den Schmuck noch bei sich haben!«

Alle Proteste des empörten Oberleutnants in Zivil waren vergebens. Er und die unbekannte junge Dame mußten mit zur Wache, begleitet von johlenden Halbwüchsigen und von verächtlichen Bemerkungen der Passanten.

»Diebesgesindel!« hörte von P. einen würdigen Herrn mit Vollbart rufen. »Lumpenbande!«

Auf der Wache endlich, rot vor Zorn, konnte von P. sich legitimieren. Die Polizisten erstarrten vor Schreck: Ein Gardeoffizier in Zivil! Und sie hatten ihn wie einen gewöhnlichen Verbrecher abgeführt — mitten durch Berlin!

Es dauerte eine Weile, ehe sie sich von ihrem Schreck erholt hatten und hinter Formalitäten Schutz suchten. Ein Protokoll wurde angefertigt. Herr von P. mußte den ganzen Vorgang noch einmal schildern. Am Ende bat ihn der Wachhabende, schon sehr kleinlaut, er möge seinen Tascheninhalt vorzeigen — nur der Form halber.

Der Oberleutnant, nun schon sehr ungehalten, befolgte auch diese amtliche Anordnung. Er leerte seine Taschen aus: Zigarettenetui, Feuerzeug, Geldbörse, Taschentuch — und dann fühlte er erbleichend einen fremden Gegenstand in seiner linken Rocktasche — einen Ring!

»Sie muß ihn mir hineingesteckt haben, als sie sich an mich klammerte!« rief er und warf das Schmuckstück mit allen Zeichen des Ekels auf den Tisch des Wachlokals.

»Ohne Zweifel!« beeilte sich der Wachhabende dem aufgebrachten von P. zu versichern. Im stillen war er entzückt von dieser Wende, denn nun würde man seinen Beamten und ihm keinen Vorwurf machen können: Sie hatten einen Zivilisten arretiert, der ein gestohlenes Schmuckstück in der Tasche hatte und mit der Diebin zusammensaß . . . Konnten sie ahnen, daß es sich um einen Gardeoffizier handelte?

Nachdem von P. das Protokoll unterzeichnet hatte, wurde er mit einer nicht allzu freundlichen Entschuldigung wieder entlassen. Es hieß, man würde ihn als Zeugen laden müssen, wenn der Diebin der Prozeß gemacht würde. Vielleicht sei bis dahin auch ihr echter Komplize gefaßt — der junge Mann, dessen Nase angeblich geblutet hatte und der mit dem Großteil der Beute entkommen war.

Völlig benommen verließ Oberleutnant von P. das Polizeirevier. Was ihm zugestoßen war und was nach heutigen Maßstäben nur ein kleines Mißgeschick ohne lästigere Folgen als eine nochmalige Vernehmung vor Gericht wäre, hatte mit einem Schlage seine Offizierslaufbahn beendet.

Natürlich war er völlig schuldlos — niemand würde auch nur einen Augenblick lang annehmen, daß er mit dem Juwelendiebstahl etwas zu tun gehabt hätte! Aber er war in einem öffentlichen Lokal, wo ihn vielleicht sogar der eine oder andere Gast oder Kellner kannte, in einen Skandal verwickelt worden. Man hatte ihn wie einen Verbrecher abgeführt. Er hatte sich beschimpfen lassen müssen, ohne sich wehren zu können. Er war gedemütigt worden, hatte sich einer Kontrolle seiner Taschen unterwerfen müssen, und man konnte nicht einmal von einem Mißgriff der Polizei reden, denn in seiner Tasche war ja tatsächlich eines der gestohlenen Schmuckstücke versteckt gewesen.

Für einen Gardeoffizier gab es da nur eine Konsequenz: Meldung des Vorfalls beim Kommandeur, Bitte um sofortige Beurlaubung, Gesuch um stillen Abschied.

Nie wieder würde von P. Offiziersuniform tragen dürfen! Dieser Gedanke schmerzte den jungen Oberleutnant über alle Maßen, aber — zu seiner eigenen Verwunderung beschäftigte ihn noch weit mehr die Erinnerung an die dreiste Person, die ihn ins Unglück gestürzt hatte, jene entzückende kleine Diebin.

Sobald er seinen Abschied erhalten hatte, zog er diskrete Erkundigungen ein. Bald konnte er das Mädchen ausfindig machen, das mit einer sehr gelinden Strafe davongekommen war. Sie war sehr erschrocken, als er ihr eines Tages seine Aufwartung machte, um so entzückter, als sie sein Angebot hörte, ihr eine kleine, elegante Wohnung einzurichten, wo er sie besuchen könnte, wenn ihm das Leben auf dem pommerschen Gut seines Vaters zu langweilig würde.

Wenn ein solcher Vorfall schon den Anfang eines galanten Abenteuers, aber auch das Ende einer hoffnungsvollen Offizierslaufbahn bewirken konnte, so lassen sich daraus zahlreiche Rückschlüsse auf die streng moralische Fassade und die Unmoral hinter den Kulissen der guten Gesellschaft ziehen.

Puppe, Fibel, Schießgewehr

Kindheit unter Kaiser Wilhelm

»Nun setzt euch gerade hin, hört sofort auf zu schwatzen, haltet gefälligst die Füße still, faltet die Hände und hört artig zu!«

Denn hier geht es um die Welt des Kindes in der wilhelminischen Ära, und wer da nicht artig war, bewies damit etwas sehr Schlimmes, etwas, das ihn und seine unglücklichen Eltern deklassierte, nämlich: daß er — oder sie — *keine Kinderstube* hatte.

Nun waren zwar die deutschen Knaben und Mädchen jener Zeit, die *Kinderstube* oder gar eine *erstklassige Kinderstube* hatten, nur eine kleine — und zumeist keineswegs radikale — Minderheit. Es waren die Söhne und Töchter der staatstragenden, gebildeten, gutbürgerlichen und kleinadligen Schicht; junge Menschen, die frühzeitig zu parieren, aber auch zu befehlen gelernt hatten; die »Schliff« besaßen, »anständige« Manieren, kurz eine *ordentliche* Erziehung.

Ordentlich — das bedeutete, daß ein Rittmeister mehr war als ein Leutnant, ein Leutnant aber mehr als ein Universitätsprofessor, der es nur zum Vizewachtmeister der Reserve gebracht hatte; daß man sich folglich überlegen mußte, welche Freunde und Freundinnen man besuchen und mit wem zusammen man sie dann zur Geburtstagsfeier einladen konnte.

Ordentliche Erziehung, das bedeutete auch zu wissen, daß man vor Seiner Majestät alleruntertänigst zu ersterben hatte, während es bei einer weitläufig verwandten Tante Exzellenz genügte, deren in dritter Person gehorsamster Diener zu sein; man war der Großeltern »stets getreue und gehorsame« Enkelin, wogegen man als sechzehnjährige bessere Tochter dem alten Johann allenfalls »gewogen« zu sein hatte, denn man war ja dessen »gnädiges Fräulein«, auch wenn er einem noch vor ein paar Monaten den Brand in der Puppenküche löschen und vor der gestrengen Mama zu vertuschen geholfen hatte, wohl auch jetzt noch häufig half, zumindest den *Schein* der Ordnung aufrechtzuerhalten, auf den es ja für den Nachweis einer guten Kinderstube in erster Linie ankam.

Übrigens, »gute Kinderstube« — in sogenannten »besseren Kreisen« ein absolutes Muß, weil Indikator der Klassenzugehörigkeit — galt natürlich auch dem Kleinbürgertum als höchst erstrebenswertes Ziel, als Voraussetzung für sozialen Aufstieg; neben Fleiß und Kaisertreue war »gute Kinderstube« die Grundlage der Hoffnung auf Beförderung.

Zwar war die Stube, die Kleinbürger ihren meist zahlreichen Kindern bieten konnten, häufig nur das stets düstere und seltsam verwinkelte sogenannte »Berliner Zimmer« oder gar nur eine enge Kammer, eine kalte Dachstube. Aber auf den Raum kam es dabei nicht an. Wichtig war nur, daß die Kinder — über die Bemühungen der Schule hinaus — *ordentlich* erzogen wurden:

Daß Fritz, auch wenn er gerade in »Sigismund Rüstigs« ebenso spannende wie streng moralische Abenteuer vertieft gewesen war, sich nicht seufzend erhob, wenn Herr Ingenieur Krause, seiner älteren Schwester prospektiver Bräutigam, ins Zimmer trat, sondern daß er munter aufsprang und zur Begrüßung einen Diener machte.

Oder daß Lieschen, auch auf Tante Berthas freundliche Aufforderung hin, sich *kein* zweites Stück Napfkuchen nahm, es sich allenfalls nach nochmaligem Angebot »aufdrängen« ließ, und dies nicht ihrer ohnehin zu schlanken Linie wegen, sondern weil es sich für ein Mädchen eben schickte, sich sehr bescheiden zu geben.

Daß ein Junge nicht weinen durfte, versteht sich — leider noch heute — fast von selbst. Ebenso gehörte es sich für einen Knaben nicht, allzu zärtlich oder gar zärtlichkeitsbedürftig zu sein, er sollte ja ein »richtiger« Mann werden, das hieß: ein Krieger, ein strammer Soldat, der seinen Vorgesetzten stets freudig gehorchte, seine Untergebenen streng, wenngleich nach Möglichkeit gerecht, behandelte. Ein deutscher Mann sollte auch im Zivilleben soldatisch und sozusagen stets »im Dienst« sein, ein bärtiger Vorgesetzter seiner Familie, die er als seine Korporalschaft auffaßte. Vater kommandierte, auch noch im

Ehebett; schließlich war er Post-Supernumerar und Offiziers-Stellvertreter und konnte verlangen, daß seine Frau dies respektierte, erst recht natürlich die Kinder, denen eine häufig mit dem Rohrstock bewiesene Strenge — davon war man felsenfest überzeugt — bestimmt nicht schaden konnte. Je früher sie sich, die kleinen Untertanen, an ihre künftigen Rollen gewöhnten, desto besser.

Natürlich durfte ein deutscher Knabe nicht mit Puppen spielen; das war Sache der Mädchen, der künftigen deutschen Mütter und Hausfrauen; ebenso natürlich waren Eisenbahn, Steckenpferd, Baukasten, Holzschwert, Dampfmaschine, Ritterburg, Drachen und vor allem die Blei- und Zinnsoldaten kein Spielzeug für Mädchen. Und wenn im Sommer ein jugendlicher Feldherr auch mitunter seine Schwestern mit in die Schlacht marschieren ließ, so nur, weil es ihm an besserem Rekrutenmaterial mangelte.

Diese — hier nur andeutungsweise skizzierte — Art der »Kinderstube« war zweifellos eine Programmierung des staatstragenden deutschen Bürgertums der wilhelminischen Ära auf eine Gesellschaft, in der das Militär den Ton angab und der Mensch erst beim Leutnant anfing; auf einen strammen Obrigkeitsstaat preußisch-militaristischer, nicht deutsch-bürgerlicher Prägung, auf ein Reich, an dessen Wesen man die Welt genesen lassen wollte; auf naßforsches Verhalten gegenüber allen in der Welt, ausgenommen natürlich die eigenen Vorgesetzten und Obrigkeiten; auf das Gefühl durch nichts als durch Waffengeklirr begründeter Überlegenheit deutschen Mannestums gegenüber dekadenten Welschen, britischen Krämerseelen, unsoldatischen Österreichern, gar nicht zu reden von transalpinen, slawischen, Balkan- oder anderen bloßen Kolonialvölkern.

Es war auch die Programmierung der Mädchen auf eine dienende Rolle gegenüber dem geistig wie körperlich turmhoch überlegenen Mann, die Verweisung der zeitlebens unmündigen, nicht wahlberechtigten und schon gar nicht wählbaren Frau auf die Bereiche der drei K — Küche, Kinder, Kirche —, wozu als viertes K noch die Krankenpflege und als fünftes das Kaffeekränzchen kam.

Und umgekehrt wurde der männliche Nachwuchs programmiert, sowohl auf »freudiges Dienen« beim Militär und im Zivilberuf, als auch auf seine künftige Befehlsgewalt, auf sein Vorgesetztenverhältnis gegenüber den unverheirateten Schwestern, später auch gegenüber der verwitweten Mutter, selbstverständlich gegenüber der Ehefrau, zumindest worauf auch sie selbst großen Wert legte, nach außen hin und dem Anschein nach, und auf jeden Fall gegenüber den Kindern.

Wir wissen heute, welche entsetzlichen Resultate diese Art der Programmierung gezeitigt hat, und ich denke dabei nicht nur an den Größenwahn, den Angriffsgeist und den unerschütterlichen Glauben an die Führung, zu der ja auch der »Gott mit uns« gehörte, ein spezifisch preußisch-deutscher Gott, zwar mit Rauschebart, aber bestimmt in Generalsuniform und mit Marschallstab, Pickelhaube und Schleppsäbel. Ich denke an das »Hineinschlittern« in den Ersten Weltkrieg, an den noch heute verbreiteten Glauben, daß man uns damals aus Neid und Mißgunst angegriffen habe; ich denke an Langemarck und Verdun, an das ausgeblutete und halbverhungerte Volk von 1918, an Inflation, Verzweiflung und Elend, vor allem aber an die Unfähigkeit der deutschen Bürger, sich nach 1918 mit den Tatsachen abzufinden und aus Fehlern etwas zu lernen. Ich denke an die Dolchstoßlegende, an Denkmalsinschriften wie eine, die man heute noch lesen kann und die da lautet:

> Wenn tausend einen Mann erschlagen
> das ist nicht Ruhm, das ist nicht Ehr'
> und heißen wird's in spät'ren Tagen:
> Gesiegt hat doch das deutsche Heer!

Aus dieser phänomenalen Unfähigkeit zur Selbsterkenntnis ist dann, wie wir alle leider wissen oder doch wissen sollten, noch weit Entsetzlicheres entstanden . . .

Doch kehren wir wieder zurück in die bürgerliche Kinderstube der Kaiserzeit, wo das Unglück seinen Anfang nahm. Es lohnt sich vielleicht, einmal darüber nachzudenken, ob diese Art von Kinderstube das zwangsläufige Produkt des preußisch-deutschen Obrigkeitsstaats war oder ob nicht umgekehrt erst die wilhelminische gutbürgerliche Kinderstube den Einzug des säbelrasselnden Obrigkeitsstaats ins 20. Jahrhundert ermöglicht hat. Ich meine, erst die Unterwerfung der deutschen Bürger, erst der Masochismus, mit dem sich Gebildete kujonieren ließen, hat den wilhelminischen Größenwahn ermöglicht. Eine Generation früher, im Vormärz und März, hatte das deutsche Bürgertum, auch und gerade in Preußisch-Berlin, ein weitaus kritischeres Verhältnis zum Herrscherhaus, zum Militär und zum junkerlichen Obrigkeitsstaat; es hatte ein anderes Selbstbewußtsein als nach 1870/71, nach dem Siegestaumel, in den das deutsche Bürgertum nach Sedan verfiel. Doch wenn wir schon mal nachdenken, so verdient auch der damals zwölfjährige kleine Willy, der dem größeren Teil des wilhelminischen Zeitalters seinen Namen gab, daß wir seiner Kindheit etwas Aufmerksamkeit schenken.

Willy war ein recht aufgewecktes und begabtes Kind, eines, das, wie man damals sagte, zu großen Hoffnungen berechtigte. Leider war der Knabe mit einer Verkrüppelung des linken Armes behaftet. Das war ein um so größeres Unglück, als Willy ja kein stiller Gelehrter werden konnte, auch kein Schauspieler, wie er es sicherlich gern geworden wäre, vielmehr dazu bestimmt war, kühn und energisch, jeder Zoll ein König, vor sein Volk zu treten. Zudem war der Knabe das genaue Gegenteil dessen, was man damals von Knaben forderte. Kein strammer, von zerschmetterten Feinden träumender Krieger, kein rollenkonformer Bastler, Turner oder Burgherr, sondern scheu und — wie sein Erzieher seufzend feststellen mußte — »sehr mädchenhaft«, »wunderhübsch«, zudem »spröde und unkonzentriert«.

Natürlich half man alledem ab — durch eine gute Kinderstube und strenge Programmierung, durch Exerzieren und Zärtlichkeitsentzug von seiten der Mutter. Statt Mitleid — schrieb dazu Emil Ludwig — trug sie heimliche Vorwürfe gegen den entstellten Sohn im Herzen, gerade weil es der Erstgeborene war, und zog ihm ihre anderen, schöner erwachsenden Kinder in unverhüllter Parteinahme vor. Nie im Leben verwindet ein Kind solche Demütigung, besonders vor Zeugen, die ihm an Rang unterlegen sind. Einst wird es sich rächen.

Nun, das entsetzliche, für Deutschland und die Welt so verhängnisvolle Resultat ist bekannt. Aber man sollte daran denken, wenn man heute die bramarbasierenden Reden Wilhelms II. liest, daß hier einer sein Leid klagt, den man gegen seine Neigung maskulinisiert und gezwungen hat, den Heldenkaiser zu spielen, wo er soviel lieber als Märchenprinzessin Rosenlieder gesungen hätte . . .

Alle diese Bemerkungen, meine Damen und Herren, scheinen wenig zu tun zu haben mit dieser schönen, so interessant gestalteten und aus so vielen, mit großem Sachverstand und mit viel Liebe und Sorgfalt gesammelten Einzelstücken bestehenden Ausstellung.

Und schon gar nicht scheinen sie etwas zu tun zu haben mit

diesem zweiten Advent. Nun — ich bin eben kein Festredner, schon gar nicht für Weihnachts- oder Adventsfeiern. Bei dem Stichwort »Weihnachten« fallen mir immer die Verse Erich Kästners aus der Zeit der Weltwirtschaftskrise ein:

»Kind, du darfst nicht traurig werden, Reiche haben
Armut gern.
Gänsebraten macht Beschwerden, Puppen sind nicht
mehr modern.
Morgen kommt der Weihnachtsmann
— allerdings: nur nebenan.«

Und damit wäre ich bei dem anderen, nicht sofort greifbaren Nebenan, bei dem unsichtbaren und nur atmosphärisch vorhandenen Teil dieser schönen Ausstellung, nämlich bei der Welt des Kindes aller jener, die von anno 70/71 bis zum Ende des Ersten Weltkriegs und auch in der Zeit danach bis vor ein paar Jahren, ja vielleicht bis heute, überhaupt keine Kinderstube hatten. Denn die ganze elterliche Wohnung bestand ja nur aus Wohnküche und Schlafkammer; die Heizung war der Herd; Wasser und Klo teilte man sich mit den Nachbarn, weshalb solche hygienischen Einrichtungen im Treppenhaus untergebracht waren. In solcher Wohnung war kein Platz für eine Kinderstube, zumal dort meist auch noch Untermieter waren, denn der Lohn, den Vater und Mutter heimbrachten, reichte nicht zum Leben. Solche traurigen Verhältnisse waren für die Mehrheit der Deutschen jener angeblich guten alten Zeit die Norm; die allermeisten hatten keine Kinderstube, in jeder Beziehung.

Mit diesen Leuten war natürlich kein Staat zu machen. Es waren, wie Wilhelm II. sagte, »vaterlandslose Gesellen«, die es — so der Kaiser einmal zu Bülow — »wenn nötig per Blutbad« vom Mitreden auszuschließen galt. Die Kinderstube dieser proletarischen Mehrheit war der Hof, die Straße, das bißchen schmutziger Sand um die Bäume neben dem Rinnstein, wo man Murmeln spielen konnte, oder der Rinnstein selbst, sehr geeignet für Wettfahrten schneller Segler und Piratenüberfälle auf reichbeladene Kauffahrteischiffe.

Aber dieses Spielzeug der großen Mehrheit kann sich kaum erhalten haben. Denn wer hebt einen alten Karton auf, der einst ein Puppenbett, später das Himmelbett des Märchenprinzen war? Wer bewahrt die Puppe aus Lumpen auf, das Apfelsinenkisten-Holzschwert, die Ritterrüstung aus Pappe, den Flieger aus

Zeitungspapier und die stolze Fregatte aus Konservenblech? Daß es — so will es mir jedenfalls scheinen — trotzdem gelungen ist, nicht nur das groß- und kleinbürgerliche Kinderstuben-Milieu der wilhelminischen Epoche hier vorzustellen, sondern auch die Welt der kleinen Untertanen ohne Kinderstube, verdient besondere Anerkennung. Das Wichtigste aber scheint mir etwas ganz anderes zu sein, etwas, das, gerade weil es nicht ins Auge springt und doch bei näherem Hinsehen unverkennbar da ist, sehr bemerkenswert erscheint. Hier haben es endlich Erwachsene fertiggebracht, die Welt des Kindes einmal so ernst zu nehmen wie das, was sonst Erwachsene am ernstesten nehmen, nämlich sich selbst. Das ist keine heitere Spielzeugschau, kein kulturgeschichtliches Museum, kein Weihnachtsmarkt, erst recht kein Disneyland. Hier scheint mir ein erster wichtiger Schritt getan zu sein auf dem Wege zur Emanzipation der am meisten Unterprivilegierten. Dieser erste Schritt ist die Erkenntnis der Situation, der Fakten, die es zu ändern gilt, und der Ursachen ...

Die hier vorgestellte Welt des Kindes einer Epoche, die noch die Kindheit unserer Eltern und Großeltern war, zeigt uns ja — neben manchem, was uns amüsieren oder sentimental stimmen kann — auch die Wurzeln so vieler tradierter Unzulänglichkeiten und echter Erbsünden, von denen mir die schlimmste jene Erziehung zur Konformität zu sein scheint, zur Unoriginalität, zum Nicht-Auffallen, zum braven Untertan.

Nachdem die Frauen seit fast sechzig Jahren ein politisches, seit zwanzig Jahren hie und da auch schon ein Mitbestimmungsrecht über die eigene Persönlichkeit haben, scheint es mir an der Zeit, daß die Emanzipation des Kindes beginnt. Ich denke dabei nicht an eine Herabsetzung des Wahlalters um weitere sieben Jahre, sondern mehr an ein Umdenken. Vielleicht könnte man die Kindheit als einen wesentlichen, ja entscheidenden Teil der Entwicklung des Menschen betrachten, nicht als eine hierarchische Stufe, und zwar die unterste.

Es sollte zu denken geben, daß die Arbeiterjungen und -mädchen der Kaiserzeit zwar keine Kinderstube hatten, aber schon deshalb klassenbewußter wurden, weil sie daheim nicht so rigoros genormt wurden, weil sie noch ein bißchen Kreativität entwickeln konnten bei der Herstellung von Spielzeug, ein bißchen Phantasie bei dessen und ihrer Freizeit Verwendung, während Arbeiterkinder heute meist zu kleinbürgerlichen Konsumenten vorgefertigter Waren und Fernsehprogramme werden. Es sollte auch zu denken geben, daß unsere Gesellschaft dringend der Kreativität bedarf, dies auch weiß, aber gleichzeitig jede Entwicklung von Kreativität unterdrückt, jedes Abweichen von der Norm unter Strafe stellt, vor jeder Radikalität sich bekreuzigt. Und dabei sollte sie doch wissen, daß sie sich damit selbst entmenschlicht und in eine computergesteuerte Inhumanität versinkt.

Was das mit der Welt des Kindes, mit Puppe, Fibel, Schießgewehr zu tun hat?

Ach, sehr viel!

Können Sie sich vorstellen, daß der brave Soldat Schwejk eine gute Kinderstube gehabt hat? Ist es denkbar, daß man bei Albert Einstein es versäumt hatte, ihn vom Kind zum Erwachsenen zu befördern und daß er *deshalb* so weise, so gütig und ein so entschiedener Sozialist wurde?

Wäre es umgekehrt möglicherweise dem einen oder anderen unserer heutigen Politiker und damit uns allen zuträglicher gewesen, man hätte sie als Kinder etwas weniger genormt, enthumanisiert, jedweder Kreativität beraubt, auf Karrieredenken gedrillt und vorschnell zu jungen Staatsmännern befördert?

Wer waren »die Nazis«?

Schon ein flüchtiger Blick auf die Liste der Mitglieder des durch die Scheinwahlen vom 12. November 1933 neugebildeten Reichstags — einzige Fraktion: NSDAP und deren Gäste — läßt erkennen, daß die darin versammelte Machtelite des »Dritten Reiches« *nicht* vorwiegend aus »wildgewordenen Kleinbürgern« und Emporkömmlingen aus den untersten Schichten bestanden hat; zu häufig tauchen Adelsprädikate, Offiziersränge der alten kaiserlichen Armee, Professorentitel und Berufsbezeichnungen wie »Fabrikant«, »Bankier« oder »Generaldirektor« vor und hinter den Namen auf.

Daß ein Hohenzollernprinz, der Kaisersohn August Wilhelm v. Preußen, der Fraktion einer angeblichen »Arbeiterpartei« angehörte — mit der Berufsangabe: Oberst à la suite a. D. —, mag man gerade noch hinnehmen. Vielleicht, so könnte man vermuten, war der Prinz nur ein Aushängeschild, daß die NSDAP auch für eingefleischte, stockkonservative Monarchisten akzeptabel machen sollte.

Aber der Aushängeschilder waren gar zu viele, denn zu den Abgeordneten der Nationalsozialistischen Deutschen Arbeiterpartei zählten auch Karl Eduard Herzog von Sachsen-Coburg und Gotha, neuer Reichskommissar für das Kraftfahrwesen im Reichswehrministerium; Erbprinz Josias zu Waldeck-Pyrmont, SS-Führer und von 1936 an ehrenamtlicher Richter am »Volksgerichtshof«; der Reichskanzlerenkel Gottfried Graf v. Bismarck-Schönhausen sowie ein weiteres Dutzend Grafen, sonstige Hocharistokraten und kaiserliche Generale, unter ihnen Eugen Graf v. Quadt zu Wykradt und Isny, Rittmeister a. D.; Ernst Graf zu Reventlow, Kapitänleutnant a. D.; Friedrich Graf v. d. Schulenburg, General a. D.; Dr. Rüdiger Graf v. d. Goltz und General a. D. Karl Litzmann (dem zu Ehren später das polnische Lodz in Litzmannstadt umbenannt wurde).

Überhaupt war der Anteil, den der Adel an der Gesamtzahl der NSDAP-Reichstagsabgeordneten hatte, für eine Volks- oder gar Arbeiterpartei erstaunlich hoch, denn zu den Prinzen und Grafen kamen noch drei Dutzend weitere Träger von klangvollen Adelsnamen. Es waren zumeist Rittergutsbesitzer, die sich schlicht »Landwirte« nannten, sowie ehemalige Berufsoffiziere, und nicht wenige davon hatten — wie hätte es anders sein können? — zu den Führern jener Freikorps gehört, die vom Januar 1919 an erst die sozialistische Arbeiterschaft, dann die bürgerliche Republik bekämpft hatten: der — wegen seiner Bigotterie von den Offizieren seiner Division so genannte — »Muttergottesgeneral« Franz Ritter v. Epp; Oberstleutnant a. D. Curt v. Ulrich; Major a. D. Franz v. Stephani; Kapitänleutnant a. D. Manfred Freiherr v. Killinger; der inzwischen zum Polizeipräsidenten von Groß-Berlin avancierte Pogrom-Veranstalter Wolf Graf v. Helldorff; die Rittmeister a. D. Georg v. Detten und Ferdinand v. Hiddessen; die Hauptleute a. D. Franz Pfeffer v. Salomon und Hans v. Tschammer und Osten; die Oberleutnants a. D. Erich v. d. Bach-Zelewski, Dietrich v. Jagow und Udo v. Woyrsch sowie der Adjutant des Grafen Helldorff in dessen Freikorpsführer-Zeit, Leutnant a. D. Friedrich Karl Freiherr v. Eberstein, um nur einige zu nennen.

Zu den Adligen kamen noch zahlreiche bürgerliche Ex-Offiziere der kaiserlichen Armee, von denen viele ebenfalls zu den Freikorpsführern gehört hatten oder am Aufbau der »Schwarzen Reichswehr« sowie der SA und SS beteiligt gewesen waren, beispielsweise die nunmehrigen Reichsminister Hauptmann a. D. Ernst Röhm, Stabschef der SA; Oberleutnant a. D. Rudolf Heß, nun Stellvertreter des »Führers«, und Hauptmann a. D. Hermann Göring (den Hindenburg dann, obwohl Göring doch ehemaliger Fliegeroffizier und jetzt für den Aufbau der Luftwaffe zuständig war, zum General der Infanterie beförderte).

Weitere Ex-Offiziere in der NSDAP-Reichstagsfraktion vom November 1933 waren: Generaloberarzt a. D. Paul Hocheisen; Oberst a. D. Konstantin Hierl; Oberstleutnant a. D. Hermann Kriebel, ehedem militärischer Führer der ultrarechten »Arbeitsgemeinschaft vaterländischer Kampfverbände«; die ehemaligen Majore Walter Buch, Adolf Hühnlein, Paul Rahl, August Schneidhuber und Siegfried Seidel; die Hauptleute a. D. Paul Körner, Wilhelm Friedrich Loeper, Max Otto Luyken, Dr. Alfred Meyer, Franz Seldte — der zur NSDAP übergetretene »Stahlhelm«-Bundesführer und Reichsarbeitsminister —, Josef Seydel, Robert Wagner, Wilhelm Weiß und Curt Wittje sowie der Polizeihauptmann i. R. Hans Ramshorn; die Oberleutnants a. D. Friedrich Wilhelm Krüger, Hans Ludin, Viktor Lutze, Konrad Schragmüller, Friedrich Uebelhoer und Kurt Richard Wege; der Leutnant a. D. Edmund Heines, der sich selbst gern als »Fememörder« bezeichnete, jetzt SA-Obergruppenführer von Schlesien und Polizeipräsident von Breslau, sowie — als »Gäste« der NSDAP-Fraktion — der entmachtete Vizekanzler, Oberstleutnant a. D. Franz v. Papen, und der württembergische Großgrundbesitzer Hauptmann a. D. Oskar Farny.

Zu diesen insgesamt 83 größtenteils namentlich genannten Aristokraten und Ex-Offizieren in der NSDAP-Reichstagsfraktion des Spätherbstes 1933 kamen aber noch zahlreiche weitere mehr oder weniger prominente Angehörige der alten Oberschicht, zum Beispiel: Dr. h. c. Emil v. Strauß, Generaldirektor der Deutschen Bank; Dr. jur. h. c. Fritz Thyssen, Großindustrieller und preußischer Staatsrat; Dr. Ing. Albert Vögler, Generaldirektor des Konzerns der Vereinigten Stahlwerke; als »Gast« Geheimrat Dr. Alfred Hugenberg; Geheimrat Dr. Heinrich Schnee, ehedem kaiserlicher Gouverneur der Kolonie Deutsch-Ostafrika; die Fabrikanten Fritz Kiehn, Martin Mutschmann, Josef Odendall und — der vom Zentrum zur NSDAP übergetretene — Fabrikbesitzer Dr. Dr. Albert Hakkelsberger.

Sehr zahlreich in der NSDAP-Reichstagsfraktion waren, neben den adligen, auch die nicht-adligen Rittergutsbesitzer, sodann die Gutspächter, Weingutsbesitzer und Großbauern. Eine noch stärkere Gruppe bildeten die Studienräte, sonstigen Lehrer und Hochschulprofessoren sowie die höheren Verwaltungsbeamten. Ein Dutzend Ärzte und Zahnärzte, etwa ebensoviele Rechtsanwälte und weitere vierzig Akademiker anderer Fakultäten rundeten das Bild ab.

Hinzu kamen noch ein paar Handwerksmeister, mittlere Beamte und Angehörige freier Berufe ohne akademische Ausbildung sowie — schließlich war die NSDAP ja eine Volkspartei — einige wenige Arbeiter, im ganzen nicht mehr, als sich an den Fingern abzählen ließ.

Alles in allem ließ die 661 Mitglieder starke NSDAP-Reichstagsfraktion vom November 1933 ein deutliches Übergewicht der schon im Kaiserreich herrschenden Klassen erkennen; auch der gehobene Mittelstand war zahlreich vertreten, und Akademiker gab es in Fülle. Nur an Angehörigen der breiten Unterschicht gebrach es dieser »Arbeiterpartei« deutlich.

Daß die Zusammensetzung der NSDAP-Reichstagsfraktion kein Zufall war, auch keine besondere, nicht den sonstigen Gegebenheiten entsprechende Auswahl darstellte, läßt sich leicht erkennen, wenn man stichprobenartig andere Führungsgremien untersucht.

So gab es beispielsweise zwei relativ kleine Gruppen, die im »Dritten Reich« eine besondere Rolle spielten und deren Zusammensetzung — von den personellen Überschneidungen einmal abgesehen — ganz ähnlich war wie die der NSDAP-Reichstagsfraktion, nur daß hier die alte Geld- und Machtelite ein noch deutlicheres Übergewicht hatte. Es sind dies einmal die ehrenamtlichen Mitglieder des sogenannten Volksgerichtshofs, der durch ein Gesetz vom 24. April 1934 geschaffen wurde, um schwere Fälle von Hoch- und Landesverrat, insbesondere »marxistischen Hochverrat«, mit besonderer Strenge und unter Berücksichtigung des »gesunden Volksempfindens« abzuurteilen, nachdem das Leipziger Reichsgericht im Reichstagsbrand-Prozeß die Erwartungen der Naziführung nicht erfüllt, nur den Holländer Marinus van der Lubbe zum Tode verurteilt, die mitangeklagten kommunistischen Funktionäre Ernst Torgler und Georgi Dimitroff jedoch freigesprochen hatte.

(Dimitroff, der der Star des Prozesses gewesen war, hatte sich mit bewunderungswürdigem Mut und Geschick verteidigt und den Zeugen Hermann Göring in der durch den Rundfunk übertragenen Hauptverhandlung zu solchen Wutausbrüchen provoziert, daß der feiste Naziführer zum allgemeinen Gespött geworden war.) Der neue Volksgerichtshof sollte eine Wiederholung solcher Pannen verhindern, und die Senate wurden deshalb mit ausgesuchten Berufsrichtern besetzt, denen bewährte Nationalsozialisten, »Männer aus dem Volke«, als gleichberechtigte Laienrichter das Rückgrat zu stärken und auf die Finger zu sehen hatten, so daß es selten zu Freisprüchen kam und Todesurteile hagelte. (In einem einzigen Jahr — 1943 — führte der Volksgerichtshof 1312 Hauptverhandlungen gegen insgesamt 3519 Angeklagte durch, von denen 1662 zum Tode verurteilt wurden.)

Und wer waren nun die im April 1934 auf die Dauer von fünf Jahren zu ehrenamtlichen Mitgliedern des Volksgerichtshofs berufenen »Männer aus dem Volke«? Es waren fast ausnahmslos aktive Offiziere der Wehrmacht, hohe SA- und SS-Führer, die meisten davon ehemalige Offiziere und zu etwa einem Drittel von Adel, sowie einige höhere Beamte vom Regierungsrat aufwärts und eine Handvoll hoher Parteifunktionäre der NSDAP. Ein verhältnismäßig großer Teil dieser ehrenamtlichen Richter am Volksgerichtshof gehörte gleichzeitig der NSDAP-Reichstagsfraktion an.

So waren beispielsweise — Stand vom 20. Dezember 1937 — die folgenden dreiundzwanzig »Männer aus dem Volke« dem 1. Senat des Volksgerichtshofs zugeteilt (Reihenfolge nach dem Lebensalter; MdR = Mitglied des Reichstags):

1. SS-Standartenführer Oberstleutnant a. D. Friedrich Tscharmann; 2. Generalleutnant Friedrich Christiansen; 3. SS-Oberführer Major a. D. Franz Breithaupt; 4. SA-Brigadeführer Major a.D. Ludwig Liebel, MdR; 5. Generalleutnant Ernst Busch; 6. SA-Obergruppenführer Major a. D. Kühme; 7. Oberregierungsrat Klitzing; 8. SA-Gruppenführer Major a. D. Kurt Lasch, MdR; 9. Oberst Stutzer; 10. SA-Obergruppenführer Hauptmann a. D. Franz Pfeffer v. Salomon, MdR; 11. SA-Gruppenführer Heß; 12. SA-Obergruppenführer Oberleutnant zur See Dietrich v. Jagow, MdR; 13. SS-Obergruppenführer Staatsrat Oberleutnant a. D. Friedrich-Wilhelm Krüger; 14. Fregattenkapitän Ernst Fischer; 15. Staatsrat Oberleutnant a. D. Dr. Rüdiger Graf v. d. Goltz, MdR; 16. NSDAP-Kreisleiter Worch; 17. SS-Standartenführer Oberleutnant a. D. Ernst Hartmann; 18. Stadtrat Kaiser; 19. SA-Gruppenführer Arthur

Böckenhauer, MdR; 20. SA-Oberführer Hauptmann a. D. Curt Kaul, MdR; 21. Reichsamtsleiter Berkenkamp; 22. SA-Brigadeführer Oberleutnant a. D. Walch; 23. Regierungsrat im Reichsministerium für Volksaufklärung und Propaganda SA-Sturmführer Dr. Eberhard Taubert.

Die andere relativ kleine Gruppe, die zu untersuchen sich lohnt, wenn man erfahren will, wer »die Nazis« waren, ist die Akademie für Deutsches Recht, die durch Gesetz vom 11. Juli 1934 errichtet wurde und die Aufgabe erhielt, »die Neugestaltung des deutschen Rechtslebens auf dem Fundament des nationalsozialistischen Gedankenguts zu fördern und zu sichern«. Unter der Präsidentschaft des — inzwischen zum Reichsminister ohne Geschäftsbereich avancierten — Rechtsanwalts Dr. Hans Frank und mit Geheimrat Professor Dr. Wilhelm Kisch, dem Berater des Allianz- und Münchner Rück-Versicherungskonzerns, gehörten dem geschäftsführenden Präsidium der Akademie die folgenden Förderer und Sicherer nationalsozialistischen Gedankenguts an: Dr. Josef Goebbels, Reichsminister für Volksaufklärung und Propaganda; Dr. Wilhelm Frick, Reichsminister des Innern; Hanns Kerrl, Reichsminister ohne Geschäftsbereich (seit dem 16. Juni 1934); Staatssekretär im Reichsfinanzministerium Fritz Reinhardt; SS-Brigadeführer Leutnant d. R. a. D. Wilhelm Keppler, Beauftragter des »Führers« (für das Einsammeln von Spenden der Wirtschaft); Generaldirektor Wilhelm Arendts, München; Generaldirektor Geheimrat Dr. Wilhelm Kißkalt, Vorsitzender des Vorstands der Münchner Rück-Versicherungs AG; Bankier August v. Finck, Inhaber des Bankhauses Merck, Finck & Co, München, Aufsichtsratsvorsitzender des Allianz- und Münchner Rück-Versicherungskonzerns; Dr. Wilhelm Heuber, MdR, Reichsgeschäftsführer des Bundes Nationalsozialistischer Deutscher Juristen; Dr. Walter Raeke, MdR, Reichsinspekteur des NS-Juristenbundes; Staatsrat Professor Dr. Carl Schmitt; Regierungsrat Dr. Ludwig Fischer, stellvertretender Leiter des Reichsrechtsamts; Direktor Dr. Lasch, Berlin.

Im Lenkungsgremium dieser Akademie, deren Aufgabe es sein sollte, das deutsche Rechtsleben im Sinne der Nazis umzugestalten, saßen also ebenfalls keine »Männer des Volkes«, sondern — neben hohen und höchsten Parteifunktionären, die sämtlich Akademiker waren — vor allem die Vertreter des größten Konzerns der Versicherungsbranche, darunter dessen Großaktionär, der Bankier August v. Finck, der noch heute zu den Reichsten unter den Superreichen der Bundesrepublik Deutschland zählt.

Im späten Frühjahr 1934, als der Volksgerichtshof sich gerade konstituierte und die »Akademie für Deutsches Recht« kurz vor ihrer Errichtung stand, schien das »Dritte Reich«, obwohl es noch keine anderthalb Jahre alt war, bereits völlig konsolidiert zu sein. Die »Gleichschaltung« war beendet; alles und jedes hatte sich »nationalsozialistisch ausgerichtet«. Behörden, aber auch alle privaten Firmen, ausgenommen solche mit jüdischen Inhabern, zeichneten ihre Korrespondenz nicht mehr »hochachtungsvoll«, sondern »mit deutschem Gruß« oder gar mit »Heil Hitler!«

Die Konzentrationslager waren zur ständigen Einrichtung geworden und dienten nun nicht allein der »Unschädlichmachung« aller Nazigegner, insbesondere der Marxisten, sondern auch schon der »Sicherheitsverwahrung« von Arbeitsscheuen, Asozialen und Berufsverbrechern, wodurch die politischen Gefangenen den Kriminellen gleichgestellt werden sollten.

Weil jeder in Deutschland wußte, zumindest aber davon munkeln gehört hatte, mit welcher Grausamkeit die Häftlinge in den KZ-Lagern mißhandelt wurden, erstarb bei den allermeisten jeder Gedanke an offene Kritik oder gar aktiven Widerstand. Auch hatte das Spitzel- und Denunziantenwesen, von der Geheimen Staatspolizei und den Parteifunktionären kräftig gefördert, ein kaum noch erträgliches Ausmaß erreicht.

Doch die Ruhe und Normalität im öffentlichen Leben, die durch diesen Terror hergestellt worden war, täuschte. Es gab — neben dem individuellen und dem organisierten antifaschistischen Widerstand — eine breite, nicht zu unterschätzende Opposition, und zwar da, wo man sie am wenigsten vermutet hätte: in der SA.

Unter dem Kommando des Stabschefs Ernst Röhm standen im Frühjahr 1934 bereits insgesamt 4,5 Millionen Mann der SA und SS. Seit der »Machtergreifung« Hitlers waren — vor allem nach den Reichstagswahlen vom März 1933, weshalb man diese starken Zugänge spöttisch »die Märzgefallenen« nannte — Hunderttausende in die Nazi-Kampfverbände eingetreten, teils aus schierem Opportunismus, teils aus echter Begeisterung, nicht zuletzt auch — es gab ja immer noch Millionen Erwerbslose —, aus Langeweile und Hunger, denn bei der SA gab es Unterhaltung, kostenloses Essen aus der Feldküche, häufig Freibier und andere Spenden von ängstlichen Geschäftsleuten.

Sodann war der auf eine Million Mann angewachsene »Stahlhelm« in die SA »eingegliedert« worden, vor allem auf Betreiben der Reichswehrführung, die so die in der SA vorhandenen sozialrevolutionären Elemente durch starke konservative Kräfte neutralisieren wollte.

Aber Hauptmann a. D. Ernst Röhm durchschaute diese Absicht und vereitelte die Pläne der Generale: Er teilte seine SA in drei Kategorien ein, und in die wichtigste, die sogenannte »aktive SA«, die ständig »Dienst machte«, nahm er fünfhunderttausend seiner besten und kämpferischsten Leute, aber nur etwa dreihunderttausend junge »Stahlhelmer« auf. Die schlagkräftige, militärisch gedrillte und großenteils bewaffnete Truppe, an Mannschaften achtmal so stark wie die Reichswehr, betrachtete Röhm als seine Hausmacht. Sie gab ihm im Kabinett so viel Gewicht, daß er an Hitler die Forderung stellte, seiner SA den Charakter einer Miliz zu geben und ihr »Aufgaben der Landesverteidigung« und sogar die geheimen Waffenlager der Reichswehr anzuvertrauen.

Hitler schrie zwar: »Nein, nein, das kann ich nicht! Du verlangst zuviel von mir!« Aber, sosehr er die ehrgeizigen Pläne seines einzigen Duzfreundes auch gefühlsmäßig billigte, er brauchte die Reichswehr. Und deren Führung, insbesondere der Chef des Ministeramts im Reichswehrministerium, Generalmajor Walter v. Reichenau, lehnte Röhms Milizgedanken, der darauf hinauslief, die Reichswehr zu einem bloßen Ausbildungsinstrument der SA zu machen, strikt ab. Die Generalität hielt eisern an dem Grundsatz fest, daß ihr Militär der einzige Waffenträger im Staat zu sein habe. Sie befürchtete — durchaus zu Recht —, daß Röhm selbst Kriegsminister und Oberbefehlshaber werden wollte, und sie betrachtete die der Reichswehr zahlenmäßig so stark überlegene SA, deren Führer ständig von der »Notwendigkeit einer zweiten Revolution« faselten, als eine ernste Gefahr für die innere (und ihre eigene) Sicherheit.

Die konservativen Reichswehrgenerale, mit dem Großgrundbesitz, der Schwerindustrie und dem Finanzkapital weltanschaulich, verwandtschaftlich und erst recht in bezug auf ihre gesellschaftlichen Interessen eng verbunden, sahen mit Sorge die wachsende Unzufriedenheit in Röhms millionenstarker Bürgerkriegsarmee.

In den SA-Verkehrslokalen wurde offen Kritik an der »lauen Führung« geübt; die Parole »Adolf verrät uns!« ging um. Und die alten Rabauken grollten, daß nun, da man »Rotfront« für sie »erledigt« habe, »die Reaktion« mächtiger und dreister sei als zuvor.

Die Gründe für die zunehmende Unzufriedenheit der SA-Führer und ihrer Leute waren vielfältig und nicht bloß politischer Art. Gewiß, die Erwartungen zahlreicher »Alter Kämpfer«, daß ihnen der »Sieg der Bewegung« die sofortige Verwirklichung der gesellschaftspolitischen, sozialrevolutionären NSDAP-Programmpunkte bescheren würde, waren tief enttäuscht worden; Hitler hatte sie ohnehin nie ernst gemeint und der Reichswehr und Industrie zuliebe gern geopfert. Aber unzufrieden waren nicht nur diejenigen kleinen SA-Führer, die gehofft hatten, am Tage nach der »Machtergreifung« in die Villen der Reichen einziehen und dort alles übernehmen zu können: Bankkonten, Schmuck, die feinen Damen, den Luxus, dazu Direktorenposten und Aufsichtsratsmandate. Auch die meisten höheren SA-Führer fühlten sich im Vergleich zu Männern wie Göring zurückgesetzt, der schon so viele höchste Ämter hatte — er war Reichstagspräsident, Reichsluftfahrtminister, preußischer Ministerpräsident, Chef der preußischen Landespolizei und Gestapo, General der Infanterie, Reichsforst- und Reichsjägermeister —, während sich SA-Gruppenführer, die sich wie Kommandierende Generale fühlten, mit Polizeipräsidentenposten begnügen mußten. Und nicht allein die Reichswehroffiziere sahen auf die SA-Führer herab; auch die Kameraden von der SS, obwohl sie doch gleichfalls dem Stabschef Röhm unterstanden, bildeten sich ein, etwas Feineres zu sein als die SA.

Es bestand sogar der — wie sich zeigen sollte: sehr berechtigte — Verdacht, daß der vom Reichsführer SS, Fähnrich a. D. Heinrich Himmler, einem alten Freund und Günstling von Röhm, zur Abschirmung der Parteiorganisationen geschaffene Sicherheitsdienst (SD) nun vorzugsweise die hohen SA-Führer bespitzelte, über ihre Zechgelage, Korruptionsanfälligkeit, privaten »Abrechnungen« mit Rivalen und Männerfreundschaften — viele der höchsten SA-Führer waren, wie Röhm, Homosexuelle — dem »Führer« Bericht erstattete und ihm auch hinterbrachte, was in SA-Kreisen über ihn geschimpft wurde.

Tatsächlich hatte sich der SD, den seit 1931 der wegen »unehrenhaften Verhaltens« aus der Kriegsmarine entlassene Oberleutnant zur See Reinhard Heydrich leitete, bereits im Laufe des Frühjahrs 1934 mit der Reichswehrgeneralität verbündet, ebenso mit Hermann Göring. Dem hofften Himmler und Heydrich, sozusagen als Gegenleistung für ihren Verrat an

Röhm, die der SS bisher verschlossene preußische Gestapo abzunehmen.

Röhm ahnte noch nichts von dem Abfall der SS. Erst ein paar Wochen zuvor hatte ihm Himmler »als Soldat und Freund« Treue gelobt und »alles, was man in treuer Gefolgschaft versprechen kann. Es war und ist unser größter Stolz, immer zu Deinen Treuesten zu gehören!«

Röhm wußte auch nicht, daß es sogar innerhalb der obersten SA-Führung Männer gab, die ihn und seine engsten Freunde bei Hitler anzuschwärzen versuchten. Einer von diesen Denunzianten war der Oberleutnant a. D. Viktor Lutze, Führer der SA-Obergruppe Hannover. Nachdem Hitler am 28. Februar 1934 zwischen Reichswehr und SA zu vermitteln versucht und den herbeizitierten Generalen und hohen SA-Führern eine Standpauke gehalten hatte, war zunächst ein von beiden Seiten angenommener Kompromiß zustande gekommen: Die Reichswehr sollte einziger »Waffenträger der Nation« bleiben, die SA die vor- und nachmilitärische Ausbildung übernehmen. Aber kaum war Röhm mit seinen SA-Führern wieder allein, da hatte er wütend erklärt: »Ich denke nicht daran, dieses Abkommen einzuhalten! Wenn nicht mit, so werden wir die Sache ohne Hitler machen!« Daraufhin war Obergruppenführer Lutze zum »Führer« geeilt und hatte ihm gemeldet, welche ungeheuerlichen Äußerungen des SA-Stabschef gefallen seien. Und Hitler hatte ihm finster zugehört und abschließend gemeint, man müsse »die Sache ausreifen lassen«.

Daraufhin war Lutze auch noch zu Generalmajor v. Reichenau gegangen und hatte ihm von den Absichten Röhms erzählt, die Reichswehr zugunsten der SA auszuschalten und selbst Oberbefehlshaber zu werden. Der General jedoch war längst im Bilde, denn er konspirierte schon seit geraumer Zeit mit dem SS-Brigadeführer Heydrich, der treibenden Kraft in dem Spiel, das mit der Zerschlagung der SA und der Liquidierung ihres Führerkorps enden sollte. Dabei dachte weder die SA noch ihr polternder Stabschef ernsthaft daran, gegen den »Führer« zu putschen. Niemand hat dies besser erkannt und dargestellt als Heinz Höhne, in dessen Geschichte der SS, *Der Orden unter dem Totenkopf*, es dazu heißt:

»Nein, die SA dachte nicht an Hochverrat, die SA spekulierte nicht auf Putsch und Ungehorsam. Sie wollte Hitler nur unter Druck setzen, ihr endlich den ihr so lange verweigerten Platz in Staat und Militär einzuräumen —, und um dieses Ziel zu erreichen, hatte sich Röhm in der Tat eine gefährliche Taktik ausgedacht: Da er nicht glauben mochte, Hitler bliebe noch eine andere Wahl als ein allmähliches Eingehen auf die SA-Wünsche, entfesselte Röhm einen — allerdings dosierten — Nervenkrieg gegen Hitler. Er reiste von SA-Gruppe zu SA-Gruppe. Er inszenierte weiträumige Kriegsspiele seiner Truppe. Er hielt Polterreden, in denen er die ›Zweite Revolution‹ des Nationalsozialismus ankündigte. Und er hoffte, die Massenaufmärsche der Braunhemden würden Hitler schließlich erweichen. Röhm sah nicht, daß er damit auch bei den arglosesten Deutschen die Furcht wachrief, das Heer der SA schicke sich an, die Macht in Deutschland zu erobern. Auch die Militärs mußten in Röhm einen Todfeind sehen — sie hatten nicht übel Lust, das Spiel Heydrichs mitzuspielen . . .«

Tatsächlich spielte die Reichswehrführung sehr eifrig mit. General v. Reichenau traf sich immer häufiger mit Heydrich, und er sicherte dem SD-Chef die volle Unterstützung der Generalität zu: Die Reichswehr werde der SS für den geplanten Schlag gegen die SA-Führung alle nötigen Waffen und Transportmittel zur Verfügung stellen, im übrigen »Gewehr bei Fuß« in Bereitschaft stehen. Reichenau hatte auch keine Einwände, als Heydrich ihm erklärte, daß es keine andere Lösung des SA-Problems gebe als Massenerschießungen.

Der SD-Chef hatte sich indessen bereits dazu entschlossen, nicht nur die SA-Führer zu beseitigen, sondern »in einem Aufwasch« auch gleich alle anderen Personen aus dem Lager der Regierungskoalition, die er und seine Mitarbeiter für gefährlich oder auch nur lästig hielten. Lange Listen von Todeskandidaten wurden aufgesetzt — von Göring, von den Gestapo-Leitstellen, von den Spitzen des SD, von einzelnen SS-Führern. Jeder hatte seine besonderen Mordwünsche, und der Abschußkatalog wurde immer umfangreicher.

Aber dann trat am 4. Juni 1934 eine die Verschwörer überraschende Wende ein: Hitler und Röhm trafen sich an diesem Tage zu einer langen und, wie es hieß, »sehr herzlichen« Aussprache. Sie einigten sich, die Lösung der Probleme, die sich aus der Rivalität zwischen SA und Reichswehr ergaben, auf den Herbst zu vertagen, die »aktive SA« vom 1. Juli an für einen Monat in Urlaub zu schicken und auch sonst alles zu tun, was geeignet wäre, die Gemüter, insbesondere der Generäle, wieder zu beruhigen. Röhm selbst sollte einen längeren Genesungsurlaub — eine Jodkur in Bad Wiessee — antreten.

Die Generalität atmete erleichtert auf, als sie von dieser Einigung erfuhr. Heydrich hingegen paßte diese Entwicklung ganz und gar nicht in sein Konzept. Einer SA, die in einen langen Sommerurlaub gegangen war, ließen sich schwerlich Putschabsichten andichten. Es bestand auch die Gefahr, daß sich der unberechenbare »Führer« mit seinem Freund Röhm auf Pläne geeinigt hatte, denen selbst Göring zuzustimmen bereit war — dieser eitle Koloß konnte mit klangvollen Titeln und goldstrotzenden Uniformen leicht geködert werden.

Es war also, so befand Heydrich, höchste Eile geboten, denn noch war die SA nicht in die Ferien geschickt worden, noch standen Himmler und Göring voll hinter den Mordplänen des SD. Die Schwierigkeit lag in der Unentschlossenheit Hitlers, der zwar bereit war, seinen alten Freund und Mitstreiter Röhm bedenkenlos zu opfern, obwohl er ihm erst wenige Monate zuvor — in einem im *Völkischen Beobachter* veröffentlichten Brief — geschrieben hatte: »Am Abschluß des Jahres der nationalsozialistischen Revolution drängt es mich ..., Dir mein lieber Ernst Röhm, für die unvergänglichen Dienste zu danken, die Du der nationalsozialistischen Bewegung und dem deutschen Volke geleistet hast, und Dir zu versichern, wie sehr ich dem Schicksal dankbar bin, solche Männer wie Du als meine Freunde und Kampfgenossen bezeichnen zu dürfen. In herzlicher Freundschaft ...«, der aber nicht wußte, ob er die Schlägerkolonnen des alten Haudegens nicht in Kürze dringend brauchen würde.

Mit dem Ableben des 86jährigen Reichspräsidenten v. Hindenburg war, wie Hitler wußte, in Bälde zu rechnen. Es gab Pläne, dann die Monarchie der Hohenzollern wiederherzustellen und mit Hilfe der Reichswehr eine Regierungsumbildung vorzunehmen, bei der Hitler weitgehend entmachtet werden sollte. Es wurden schon viele Namen geflüstert: General v. Schleicher, Gregor Strasser, selbst Brüning sollte ins Kabinett aufgenommen, die Regentschaft dem Naziprinzen August Wilhelm von Preußen übertragen werden.

Hitler hatte daraufhin mit den Spitzen der Reichswehr — den Generälen v. Blomberg, v. Fritsch, v. Reichenau und dem Admiral Raeder — lange konferiert, ihnen erklärt, daß er selbst die Nachfolge Hindenburgs zu übernehmen gedenke. Als Gegenleistung für den Beistand der Militärs, ohne den diese Absicht nicht zu verwirklichen war, hatte er ihnen eine gewaltige Vergrößerung von Heer und Marine in Aussicht gestellt, dazu die Garantie, daß die Reichswehr »alleiniger Waffenträger der Nation« bleiben werde. Es war jedoch klargeworden, daß die Generäle noch etwas mehr verlangten, nämlich eine drastische Verminderung und völlige Entmachtung der SA. Auch hierzu hatte sich Hitler sofort bereit erklärt — aber sollte er sich des Machtinstruments, das die SA darstellte, wirklich berauben, bevor die Reichswehr fest in seiner Hand war, bevor er sich zum Nachfolger Hindenburgs und alleinigen Staatschef aufgeschwungen hatte?

In diese Unentschlossenheit hinein platzte am 17. Juni 1934 Hitlers Vizekanzler v. Papen mit einer Rede, die er an der Marburger Universität hielt. Er wetterte gegen alles und jedes: gegen die Knebelung der Presse und die Unterdrückung jeder freien Meinungsäußerung — »Nur Schwächlinge dulden keine Kritik!« —, gegen die »Verwechslung von Vitalität und Brutalität«, gegen die »Terrormethoden in der Domäne des Rechts«, gegen »all das, was sich an Eigennutz, Charakterlosigkeit, Unwahrhaftigkeit, Unritterlichkeit, Anmaßung und Denunziantentum« unter dem Deckmantel der nationalen Revolution ausgebreitet habe, und er schloß mit der Forderung: »Es ist an der Zeit, in Bruderliebe und Achtung vor den Volksgenossen zusammenzurücken und das Werk ernster Männer nicht zu stören und Fanatiker zum Schweigen zu bringen!«

Diese Rede, die von den Studenten mit donnerndem Applaus aufgenommen wurde, stammte aus der Feder des protestantischen Münchner Rechtsanwalts und Schriftstellers Edgar Jung, der sie in Absprache mit dem Führer der Katholischen Aktion, Erich Klausener, und mit Papens Pressereferenten Herbert v. Bose zu dem Zweck verfaßt hatte, die konservativen und christlichen Kräfte im Lande zu mobilisieren und die Reichswehrgenerale dazu anzuspornen, sich Hitler und dem Terror seiner Prügelgarden zu widersetzen.

Die von dem zwar intriganten, aber wenig intelligenten und zu schneidigen Bravourstücken stets bereiten Papen den Marburgern vorgelesene Rede erregte ungeheures Aufsehen. Obwohl Goebbels die vorgesehene Rundfunkübertragung der Ansprache gerade noch verhindern konnte und auch dafür sorgte, daß die Presse kein Wort darüber berichtete — die *Frankfurter Zeitung*, die den Text der Rede im voraus erhalten und schon abgedruckt hatte, ließ er polizeilich beschlagnahmen —, verbreitete sich der Inhalt mit Windeseile im ganzen Reich; kirchliche Organisationen verteilten Zehntausende von Kurzfassungen, und viele der Empfänger fertigten ihrerseits Kopien davon an, die sie unter ihren Freunden zirkulieren ließen. Die Gestapo- und SD-Stellen meldeten aus ganz Deutschland »brausende Zustimmung« des Bürgertums.

Hitler tobte, als er — auf einer Reichsleitertagung in Gera — von der Papen-Rede erfuhr, aber noch wütender wurde er, als ihm v. Papen, seinerseits empört darüber, daß Goebbels es gewagt hatte, seine, des Vizekanzlers gewichtige Ausführungen in Presse und Rundfunk zu unterdrücken, am 20. Juni seinen Rücktritt erklärte und hinzufügte, er habe in Marburg »als Treuhänder des Präsidenten« gesprochen, und er werde Hindenburg veranlassen, jetzt einzuschreiten.

Der höchst beunruhigte »Führer« — Heydrich hatte ihm auch noch gemeldet, daß Röhm neuerdings mit den Monarchisten konspiriere und daß sich die konservative Opposition mit SA-Führern zu verbünden beginne — begab sich daraufhin eilig zu Hindenburg, um herauszufinden, wieviel Zeit ihm noch zur Verfügung stand. Was er am 21. Juni 1934 in Neudeck erlebte, machte ihn noch unsicherer: General v. Blomberg empfing ihn und teilte ihm ernst und kühl mit, der Reichspräsident wünsche eine rasche Entspannung der Lage; anderenfalls werde er den Ausnahmezustand verhängen und der Reichswehr Vollmachten erteilen, die Ordnung wiederherzustellen. Dann wurde Hitler für einige Minuten an Hindenburgs Krankenlager gelassen, und der Uralte bestätigte ihm barsch, was v. Blomberg ihm schon mitgeteilt hatte.

Auf dem Rückflug nach Berlin wurde sich Hitler vollends darüber klar, wie gefährlich die Lage sich verändert hatte: Es gab keine »rote Gefahr« mehr, mit der er das Bürgertum und die alte Geld- und Machtelite schrecken konnte; die potentiellen Führer eines »bolschewistischen Aufstands« saßen im KZ oder im Ausland. Die Konservativen, der Papen-Klüngel und der ehrgeizige General v. Schleicher witterten bereits Morgenluft und wurden dreist. Die Reichswehrführung, die er schon in der Tasche gehabt zu haben glaubte, drohte mit Hindenburgs Hilfe selbst die Macht zu übernehmen, und das würde sein und das Ende der Naziherrschaft bedeuten. Er konnte die Generale nur noch dadurch für sich gewinnen, daß er unverzüglich sein Versprechen einlöste und den Schlag gegen die SA führte, zu dem auch Göring, Himmler und die SS sowie die Reichs- und Gauleiter der Partei ihn drängten . . . Was aber, wenn er sich der SA entledigte? Dann war er noch mehr auf die Reichswehr einerseits, die SS anderseits angewiesen! Doch wie er sich's auch überlegte: Es blieb ihm gar keine andere Wahl, als sich dem Willen der Reichswehrgenerale zu beugen und die SA zu opfern. Erst wenn er als Staatsoberhaupt, Oberbefehlshaber, Regierungs- und Parteichef zum unumschränkten Diktator aufgestiegen war, konnte er darangehen, ein neues Gegengewicht zu schaffen, das die Macht der Generalität auszubalancieren imstande gewesen wäre: eine mindestens ebenso mächtige SS.

Am 21. Juni entschloß sich Hitler, wenngleich immer noch etwas zögernd, seine Zustimmung zu dem zu geben, was man seltsamerweise noch immer »die Niederschlagung des Röhm-Putsches« nennt und was in Wahrheit nichts anderes war als die blutige Opferung des noch immer nichtsahnenden Freundes und seiner Kumpane, entsprechend den Wünschen der Reichswehrgenerale, Göring und der SS.

Am nächsten Tag, dem 22. Juni, rief Hitler den Röhm-Denunzianten und SA-Obergruppenführer der Provinz Hannover, Viktor Lutze, an und befahl ihm, »von jetzt ab keine Befehle aus München mehr (zu) befolgen, nur noch seine eigenen«. Fast gleichzeitig eröffnete Himmler dem Führer des SS-Oberabschnitts Mitte, Karl Freiherrn v. Eberstein, daß Röhm mit der SA putschen wolle; Eberstein sollte seine SS-Verbände »in stille Alarmbereitschaft« versetzen, mit der Reichswehr Kontakt aufnehmen und weitere Befehle abwarten.

Am 23. Juni informierte der Chef des Allgemeinen Waffenamts der Reichswehr, Oberst Fritz Fromm, seine Offiziere über Putschabsichten der SA; die SS sei auf seiten der Reichswehr; ihr könnten Waffen ausgehändigt werden.

In den folgenden achtundvierzig Stunden teilte Hitler seinem Reichswehrminister v. Blomberg mit, am 30. Juni werde er, der »Führer«, persönlich eingreifen und bei der an diesem Tage in Röhms Kurort Bad Wiessee stattfindenden Zusammenkunft aller hohen SA-Führer alle diese »Putschisten« festnehmen lassen und mit ihnen »abrechnen«.

Daraufhin setzte der Chef der Heeresleitung, General v. Fritsch, die gesamte Reichswehr in Alarmbereitschaft und verfügte Urlaubs- und Ausgangssperre.

Am 27. Juni — inzwischen war es, laut Aussage Fricks im Nürnberger Kriegsverbrecher-Prozeß, Himmler und Heydrich gelungen, Hitler davon zu überzeugen, daß es keine Versöhnung mit Röhm mehr geben dürfte — erschien im Reichswehrministerium der Kommandeur der SS-Leibstandarte, Sepp Dietrich, und erbat sich von dem zuständigen Stabsoffizier zusätzlich Waffen und Transportmittel für »einen geheimen und sehr wichtigen Auftrag des Führers«, woraufhin ihm alles Gewünschte zur Verfügung gestellt wurde.

Am selben Tag rief Himmler seine SD-Oberabschnittsführer zusammen; sie erhielten von ihm den Auftrag, ab sofort die meisten hohen SA-Führer — einige waren davon ausgenommen — unauffällig zu überwachen und jede ihrer Bewegungen sofort dem SD-Hauptamt zu melden.

Am 28. Juni — so pingelig war die Reichswehrführung in »Ehrensachen«, auch wenn es sich um jemanden handelte, der in Kürze mit ihrer Hilfe ermordet werden sollte — wurde der Hauptmann a. D. Ernst Röhm aus dem Deutschen Offiziersbund ausgeschlossen — allerdings, ohne daß er selbst oder gar die Öffentlichkeit etwas davon erfuhr.

Erst am folgenden Tag, dem 29. Juni, erhielt Röhm von der Generalität eine offene Warnung, doch ist es fraglich, ob sie zu seiner Kenntnis gelangte: Es war ein vom Reichswehrchef General v. Blomberg namentlich gezeichneter Aufsatz, der — was bis dahin noch nie geschehen war — im parteiamtlichen *Völkischen Beobachter* erschien und worin es hieß: »Die Wehrmacht ... (steht) hinter dem Führer des Reiches, Adolf Hitler, der einst aus unseren Reihen kam und der stets einer der unseren bleiben wird.« Das klang sehr abwehrbereit.

Doch seltsam, während das Heer seit Tagen einsatzbereit war, Göring seine Landespolizei alarmiert und zusammengezogen hatte, Himmlers SS bereits Waffen empfing und den Überfall probte, der SD die angeblich putschbereiten SA-Führer beschattete und die Abschußlisten vervollständigte, rüstete sich die SA nicht zum Kampf, sondern bereitete sich auf den Urlaub vor.

Röhm-Intimus Karl Ernst, SA-Obergruppenführer von Berlin, hatte sich sogar schon abgemeldet; er war mit seiner Braut nach Bremen gefahren, um von dort aus mit einem Vergnügungsdampfer eine Hochzeitsreise nach Teneriffa anzutreten. Gruppenführer Georg v. Detten, Chef des Politischen Amts der Obersten SA-Führung, hatte vom 1. Juli an Zimmer in Bad Wildungen bestellt, wo er vier Wochen Ferien machen wollte. Und Ernst Röhm selbst ging in Bad Wiessee spazieren und sagte zu seinem Adjutanten, daß er sehr froh sei, nun Hitler bald wiederzusehen; daß er sich freue, Hitler zu der SA-Führer-Tagung am

Tegernsee eingeladen und von ihm auch eine feste Zusage erhalten zu haben.

Hitler war bereits am 28. Juni von Berlin nach Essen gereist, zur Hochzeit seines dortigen NSDAP-Gauleiters Terboven. Göring hatte den »Führer« begleitet, doch auf einen Anruf Himmlers hin, der meldete, die Berliner SA unter Führung von Karl Ernst wolle in achtundvierzig Stunden losschlagen und das Regierungsviertel besetzen — in Wahrheit hatte Ernst seine Truppe schon beurlaubt und war nach Bremen abgefahren —, wies Hitler Göring an, sofort nach Berlin zu fliegen und dort, auf ein Zeichen hin, rücksichtslos »durchzugreifen«.

Am Vormittag des 29. Juni besichtigte Hitler Arbeitsdienstlager. Am Nachmittag fuhr er zu seinem Kriegskameraden Dreesen, der in Bad Godesberg ein Luxushotel hatte, und dorthin bestellte er sich Sepp Dietrich, den Kommandeur seiner SS-Leibgarde, der gegen 20 Uhr eintraf, aber sogleich auf Hitlers Weisung hin nach München weiterfliegen mußte, von wo aus er sich zur Entgegennahme neuer Befehle telefonisch melden sollte. Gleichzeitig wurden auf Anordnung des Reichswehrministeriums die Mordkommandos in Marsch gesetzt: 220 Mann der Leibstandarte reisten noch in der Nacht mit der Bahn nach Oberbayern.

Am 30. Juni 1934, gegen 2 Uhr früh, stieg ein zitternder, völlig übermüdeter »Führer« mit seinem Gefolge in eine startklare Ju 52. Das dreimotorige Flugzeug sollte ihn schnellstens nach München bringen, und von dort wollte er, nunmehr fest entschlossen, sofort nach Bad Wiessee und die »Verräterbrut« überraschend »ausrotten«.

Den letzten Anstoß zu dieser Entscheidung hatte eine Meldung des bayerischen Gauleiters und Innenministers Adolf Wagner gegeben: In München randaliere die SA öffentlich gegen »Führer« und Reichswehr! Tatsächlich waren einige SA-Stürme am späten Abend des 29. Juni durch die Straßen der Landeshauptstadt marschiert; man hatte auch Rufe gehört wie: »Die Reichswehr ist gegen uns!« — aber das Ganze hatten Agenten Heydrichs und Himmlers organisiert, und als die bayerischen SA-Kommandeure, Obergruppenführer Major a. D. August Schneidhuber und Gruppenführer Wilhelm Schmid, davon hörten, waren sie sofort zu ihren Leuten gefahren und hatten sie eilig wieder nach Hause geschickt. »Wir stehen rückhaltlos hinter dem Führer!« war das letzte, was die Münchner SA-Leute von ihren Kommandeuren hörten.

Um 4 Uhr früh wurde Gruppenführer Schmid telefonisch zu Hitler befohlen, der inzwischen in München eingetroffen war. Er eilte zum »Führer« und wollte Erklärungen abgeben, aber er kam nicht mehr dazu. Hitler riß ihm sofort die Rangabzeichen ab und schrie ihn an: »Sie sind verhaftet und werden erschossen!« Minuten später wurde er von SS-Führern und Beamten der bayerischen Politischen Polizei ins Untersuchungsgefängnis Stadelheim eingeliefert, wohin auch schon Obergruppenführer Schneidhuber gebracht worden war.

Inzwischen hatte Gauleiter Wagner die Massenverhaftungsaktionen anhand der mit Himmler und Heydrich abgestimmten Todeslisten anlaufen lassen, und Hitler war bereits im Auto unterwegs an den Tegernsee. Gegen halb sieben Uhr morgens traf er mit seinen Begleitern in Bad Wiessee ein. In der Pension Hanslbauer holten sie den völlig überraschten Röhm und seine Kumpane aus den Betten und trieben sie mit vorgehaltener Pistole in den Keller. Der Breslauer SA-Obergruppenführer Edmund Heines, Mitglied des Reichstags, wurde gleich, zusammen mit seinem Bettgefährten, niedergeschossen.

Die übrigen Verhafteten sollten sofort nach Stadelheim gebracht werden, aber ehe dies geschehen konnte, traf ein Lastwagen mit der schwerbewaffneten »Stabswache« der obersten SA-Führung ein, deren Kommandeur, Standartenführer Uhl, als Gefangener im Keller saß. Es entstand eine für Hitler höchst kritische Situation, denn die Totschlägergarde Röhms war auf ihren Chef eingeschworen. Doch Hitler gelang es, die Leibwachen seines alten Kampfgefährten durch scharfe Befehle zum Abzug zu bewegen. Als sie es sich, schon auf der Rückfahrt, anders überlegten und zwischen Wiessee und Gmund wieder umdrehten, war es zu spät. Man hatte die Gefangenen schon aus dem Keller geholt und in entgegengesetzter Richtung, über Rottach-Egern, abtransportiert. Hitler zog es vor, seine Macht über Röhms Gefolge nicht nochmals auf die Probe zu stellen; mit seinen Begleitern folgte er eilig dem Häftlingstransport und fuhr auf kleinen Umwegen nach München zurück.

Dort waren unterdessen die am Hauptbahnhof mit den Nachtschnellzügen aus allen Teilen des Reiches zur Weiterfahrt nach Bad Wiessee eintreffenden hohen SA-Führer von Beamten der bayerischen Politischen Polizei festgenommen und ebenfalls nach Stadelheim gebracht worden: Rittmeister a. D. Georg v. Detten, MdR; Manfred Freiherr v. Killinger, MdR; Hauptmann a. D. Hans Peter v. Heydebreck; Fritz Ritter v.

Kraußer; Hans-Joachim v. Falkenhausen; Hans Hayn, MdR, und viele, viele andere.

Wer aber den Geheimpolizisten am Münchener Hauptbahnhof entwischte, wer etwa mit dem Auto nach Bad Wiessee weiterfuhr, geriet in andere Fallen. Einige SA-Führer wurden unterwegs von Hitler selbst angehalten und aufgefordert, seiner Wagenkolonne nach München zu folgen; dort sei um 10 Uhr eine wichtige Führerbesprechung im »Braunen Haus«.

Im NSDAP-Hauptquartier, das von der Reichswehr abgeriegelt worden war, wartete unterdessen Dr. Goebbels, der sich — nachdem er zuvor mit Röhm enge Verbindung gehalten hatte — erst zwei Tage zuvor, als die Stärkeverhältnisse klargeworden waren, eilig Hitler angeschlossen hatte. Als der übernächtigte »Führer« gegen 10 Uhr eintraf, gab er Goebbels ein Zeichen, und der stürzte zum Telefon und übermittelte dem in Berlin ungeduldig wartenden Göring das Codewort zum Losschlagen: *Kolibri.*

In München, wo der frömmelnde Reichsstatthalter Ritter v. Epp vergeblich versuchte, Hitler dazu zu bewegen, wenigstens ihrem gemeinsamen Kampfgefährten Röhm die Chance einzuräumen, sich vor einem Kriegsgericht zu verantworten, übernahm der verspätet eingetroffene Leibstandartenkommandeur Sepp Dietrich, auch er Mitglied des Reichstags, die Todesliste, die ihm ein weiterer Reichstagsabgeordneter, der Erbprinz zu Waldeck-Pyrmont, übergab.

Prinz zu Ysenburg, v. Epps Adjutant, erinnerte sich später an die Unsicherheit, die in der Umgebung des »Führers« darüber bestand, ob Hitler seinen alten Freund Röhm begnadigt hätte oder nicht; auch ob der Ritter v. Kraußer, Träger höchster Kriegsorden, von der Exekution ausgenommen worden wäre.

Sie wurden indessen alle erschossen: Schneidhuber, Schmid, v. Heydebreck, Hayn, v. Detten, v. Falkenhausen, auch der Standartenführer Hans Joachim Graf v. Spreti-Weilbach und alle die anderen, die man verhaftet hatte, zuletzt auch, am 1. Juli 1934, 18 Uhr, der Reichsminister und SA-Stabschef Ernst Röhm, den der Dachauer KZ-Kommandant Eicke, zusammen mit einem anderen SS-Führer, Lippert, in einer Stadelheimer Gefängniszelle mit Pistolenschüssen »erledigte«.

In Berlin hatten unterdessen Göring, Himmler und Heydrich die Treibjagd beginnen lassen. Landespolizei, Gestapo und SS verhafteten einen SA-Führer nach dem anderen und brachten die Gefangenen in die ehemalige Kadettenanstalt Lichterfelde, wo sie an die Wand gestellt und erschossen wurden. Vom 30. Juni nachmittags an bis in die frühen Morgenstunden des 2. Juli hörten die Bewohner der Umgebung die Salven krachen.

Aber es war nicht allein das Führerkorps der SA, das in München, Berlin und anderswo rücksichtslos liquidiert wurde; die SS benutzte die Gelegenheit auch zur Ermordung all jener, die zuviel wußten und Himmler wie auch seinem neuen Verbündeten Göring gefährlich werden konnten, daneben wurden auch zahlreiche private Rachegelüste befriedigt:

In München wurde der einstige Generalstaatskommissar Ritter v. Kahr entführt; man fand ihn später, mit Spitzhacken erschlagen, im Dachauer Moor. Ein Mitwisser privatester Hitler-Geheimnisse, der Pater Bernhard Stempfle, wurde mit drei Herzschüssen und gebrochener Wirbelsäule aufgefunden, und den Musikkritiker Dr. Wilhelm Schmid, den die Häscher mit dem Arzt Ludwig Schmitt, einem intimen Kenner der braunen Prominenz, verwechselt hatten, schleppten SS-Männer ebenfalls zur Hinrichtungsstätte, wo er sofort erschossen wurde.

In Berlin ermordeten einige Gestapobeamte den Reichskanzler a. D. General Kurt v. Schleicher und dessen Frau; der Generalmajor Ferdinand v. Bredow, Vorgänger v. Reichenaus im Ministeramt des Reichswehrministeriums und Freund des Generals v. Schleicher, wurde ebenfalls von der Gestapo hinterrücks erschossen. Auf Befehl Heydrichs ermordete der SS-Hauptsturmführer Kurt Gildisch den Ministerialdirektor Dr. Erich Klausener, Leiter der Katholischen Aktion, in dessen Arbeitszimmer. Anschließend holte Gildisch den SA-Führer Karl Ernst, MdR und preußischer Staatsrat, von der Hochzeitsreise zurück und lieferte ihn in Lichterfelde ab, wo er sofort erschossen wurde.

Am frühen Nachmittag des 30. Juni wurde der zurückgetretene Reichsorganisationsleiter Gregor Strasser, dem Hitler eine Woche zuvor zum Zeichen der Aussöhnung das Goldene Ehrenzeichen der NSDAP verliehen hatte, aus seiner Wohnung entführt und von hinten erschossen.

Vizekanzler v. Papens engste Mitarbeiter, v. Bose und Edgar Jung, ermordete die Gestapo ebenfalls; die Baronin v. Strotzingen, Papens Privatsekretärin, und sein übriger Stab wurden in ein Konzentrationslager eingeliefert. Als sich der Vizekanzler bei Göring beschweren wollte, warf dieser ihn, wie v. Papen später schrieb, »mehr oder weniger« hinaus und stellte ihn unter Hausarrest und SS-Bewachung.

Am wildesten hauste der SS-Führer Udo v. Woyrsch in Schlesien. Dutzende von SA-Führern, aber auch einige SS-Rivalen, ließ er von seinen Leuten umbringen. Ein anderer SS-Oberabschnittsführer, Erich v. d. Bach-Zelewski, schickte zwei seiner Leute zu seinem persönlichen Feind, dem SS-Reiterführer Anton Freiherr v. Hohberg und Buchwald, den die Mörder in seinem Arbeitszimmer »erledigten«.

Wie viele Menschen bei dem Blutbad insgesamt ums Leben gekommen sind, ist bis heute nicht genau festzustellen gewesen. Hitler selbst gab am 13. Juli 1934 vor dem — um etliche NSDAP-Abgeordnete verringerten — Reichstagsplenum bekannt, daß 61 Personen, darunter 19 »höhere SA-Führer«, erschossen worden seien; weitere dreizehn hätten »sich der Verhaftung widersetzt« und seien dabei ums Leben gekommen, und drei hätten »Selbstmord begangen« — zusammen also 77 Tote. In Wahrheit sind allein in Berlin mehr als hundertfünfzig Personen, zumeist SA-Führer, im Hof der Kadettenanstalt Lichterfelde erschossen worden; namentlich bekannt sind davon, und von den übrigen Toten in Berlin und im Reich, etwa zweihundert. Die Gesamtzahl der Opfer wurde nach dem Zusammenbruch des Nazireiches mehrfach in Strafprozessen erörtert und wiederholt mit »über tausend« angegeben.

Weit furchtbarer als die Morde selbst, deren Opfer, mit einigen tragischen Ausnahmen, selbst vielfache Mörder gewesen waren, zumindest aber mit ihren Henkern jahrelang den Terror gegen andere geübt hatten, waren die Folgen des Massakers für das, was es noch an Resten der öffentlichen Moral, an Rechtsstaatlichkeit und bei den privilegierten Schichten an »Anstandsregeln« gegeben hatte.

Am 3. Juli 1934 beschloß das Reichskabinett mit den Stimmen der bürgerlichen Minister ein Gesetz, dessen einziger Satz lautete: »Die zur Niederschlagung hoch- und landesverräterischer Angriffe am 30. Juni und am 1. und 2. Juli 1934 vollzogenen Maßnahmen sind als Staatsnotwehr rechtens.« Und damit waren alle verübten Greuel legalisiert. Prominente Staats- und Strafrechtler beeilten sich, in juristischen Fach- und bürgerlichen Intelligenzblättern die Weisheit, strenge Rechtmäßigkeit und unbedingte Notwendigkeit der vom »Führer« befohlenen Massenmorde nachzuweisen. Von Schloß Neudeck kam ein Glückwunsch-Telegramm des greisen Feldmarschall-Präsidenten (wobei es dahingestellt bleiben mag, ob Hindenburg wußte und billigte, was sein Staatssekretär Meißner unter Hinzuziehung des Präsidentensohns Oskar, an Hitler drahtete). In den Kasinos der Reichswehroffiziere wurde das »großartige Ereignis« mit Sekt gefeiert. General v. Blomberg lobte »die soldatische Entschlossenheit« und den »vorbildlichen Mut«, mit denen »der Führer die Verräter und Meuterer selbst angegriffen und niedergeschmettert« habe. Generalmajor von Witzleben — zehn Jahre später ließ Hitler ihn an einem Fleischerhaken enden — bedauerte, daß er nicht selbst dabei habe mitwirken können, als man die SA-Führer an die Wand stellte. Oberleutnant Claus Schenk Graf v. Stauffenberg meinte, der »Führer« habe endlich »die Eiterbeulen aufgestochen«. Auch alle anderen Herren der Reichswehrführung, von denen später die meisten Hitler zum Opfer fielen, lobten die »Bravour« seines Vorgehens; viele gratulierten dem General v. Reichenau, der die Vorbereitungen des Massakers mit Heydrich abgesprochen und technisch ermöglicht hatte. Nur der frühere Chef der Heeresleitung, General v. Hammerstein, und der 85jährige Generalfeldmarschall v. Makkensen erhoben Protest gegen die Ermordung der Generale v. Schleicher und v. Bredow.

»Im Staat gibt es nur einen Waffenträger: die Wehrmacht«, hatte Hitler in seiner Reichstagsrede vom 13. Juli den Generalen noch einmal versichert, denen zu Gefallen die SA-Führer von ihm geopfert worden waren.

Deshalb zeigte sich die Reichswehrführung, wie William L. Shirer es aus eigener Beobachtung beschrieben hat, »selbstzufrieden und zuversichtlich«. Es störte sie auch nicht, daß Hitler schon eine Woche später, am 20. Juli 1934, die SS »im Hinblick auf die großen Verdienste, besonders in Zusammenhang mit den Ereignissen des 30. Juni«, zur selbständigen Organisation erhob und ihr auch genehmigte, bewaffnete Einheiten — die sogenannte »Verfügungstruppe«, ferner die Leibstandarte sowie die zur Bewachung der Konzentrationslager eingesetzten »Totenkopf-Verbände« — aufzustellen. Der SD war schon vor dem 30. Juni zur einzigen politischen Nachrichtenorganisation erklärt worden.

Damit hatten Himmler und Heydrich erreicht, was sie wollten: Die SA war »erledigt« (und spielte auch tatsächlich fortan keine Rolle mehr unter dem Kommando ihres neuen Stabschefs Viktor Lutze); die Fundamente für den Aufbau dessen, was Eugen Kogon später den »SS-Staat« genannt hat, waren gelegt. Und die Frage, wer denn nun eigentlich die herrschenden Nazis waren, läßt sich für die Zeit nach dem 30. Juni 1934 vornehmlich anhand der Ranglisten jenes »Schwarzen Korps« beantworten, dessen Exekutionskommandos die Reihen der Nazi-Prominenz gelichtet hatten.

Bis 1933 — so Heinz Höhne in seiner Geschichte der SS, *Der Orden unter dem Totenkopf* — »hatten drei Typs die SS bestimmt: der ehemalige Freikorpsmann, der Intelligenzler ... und der kleinbürgerliche Parteiveteran ... Nur zehn Prozent überlebten den Andrang der Neuen, die ab März 1933 ... in die Organisation Himmlers einsickerten. Den Anfang machte der Adel. Schon kurz vor der Machtübernahme waren namhafte Aristokraten zur SS gestoßen, unter ihnen der Erbgroßherzog von Mecklenburg, der Erbprinz zu Waldeck und Pyrmont, die Prinzen Christof und Wilhelm von Hessen ... Im Frühjahr 1933 ergoß sich weiteres blaues Blut in die SS-Venen. Der Prinz von Hohenzollern-Emden und der Graf v. d. Schulenburg traten in die SS ein, und bald glichen die Ranglisten der Schutzstaffel Seiten aus dem Gotha ... Die schwarzuniformierten Adligen besetzten manche Position in den oberen Rängen ... 1938 stellten sie 18,7 Prozent der SS-Obergruppenführer, 9,8 Prozent der SS-Gruppenführer, 14,3 Prozent der SS-Brigadeführer ...« Und daran änderte sich nur wenig; auch noch die allerletzten Dienstalterslisten der SS — Stand vom 9. November 1944 — zeigen in den Generalsrängen einen Adelsanteil zwischen 12 Prozent bei den SS-Obergruppenführern und -Gruppenführern und 16 Prozent bei den dienstältesten SS-Brigadeführern. Doch es war nicht der Adel allein, der das »Schwarze Korps« zu einer Elite-Organisation machte.

Von den insgesamt 1362 ranghöchsten SS-Führern — vom SS-Standartenführer an aufwärts — waren fast 87 Prozent ehemals aktive Offiziere des kaiserlichen Heeres oder der Reichswehr, darunter nicht wenige Generale.

Insgesamt 382 der 1362 obersten SS-Führer waren Akademiker, und von diesen führten 320 — über 23 Prozent — einen Doktortitel; 52 waren Professoren, zumeist Ordinarien.

Insgesamt gehörten, von wenigen Ausnahmen abgesehen, die allermeisten SS-Führer der obersten Ränge den schon im Kaiserreich privilegierten Schichten an, waren entweder ehemalige Offiziere oder Akademiker oder beides. Der hohe Anteil von Adligen unterstreicht diese Tatsache nur noch, ebenso der Umstand, daß zahlreiche hohe SS-Führer in engen verwandtschaftlichen Beziehungen zu den die Industrie beherrschenden Familien standen. Und daß umgekehrt diese SS-Generalität — unter Einschluß der etwa den Obristen gleichzusetzenden Standartenführer — den Großteil der Führungsschicht des »Dritten Reiches« umfaßte, geht aus folgenden Zahlen hervor:

Von den hundert obersten Führern der SS — von Hitler und Himmler bis zum Regierungspräsidenten Wilhelm Freiherr v. Holzschuher auf Schloß Gymnich — waren acht Mitglieder der Reichsregierung mit vollem Kabinettsrang, zwei Staatsminister, neun Staatssekretäre und zwei Reichskommissare; dreizehn amtierten als Reichsstatthalter oder Ministerpräsidenten in den Ländern, vier als Oberpräsidenten preußischer Provinzen. Nicht weniger als 61 waren zugleich Mitglieder des Reichstags, und 18 gehörten dem preußischen Staatsrat an. Zwar hatten einige von diesen »Granden des Dritten Reichs« ihren hohen SS-Rang nur »ehrenhalber«, aber das ändert nichts an den Fakten. Denn natürlich übte die SS auch über ihre »Ehrenführer« erheblichen Einfluß aus, und ihre Auswahl läßt umgekehrt Rückschlüsse auf die Elite-Vorstellungen der obersten SS-Führung zu.

Das gilt auch für den sogenannten »Freundeskreis des Reichsführers SS Heinrich Himmler«, der aus dem »Keppler-Kreis« hervorgegangen war, jenem Gremium von führenden Männern der Wirtschaft, die vor der »Machtergreifung«, vor allem im entscheidenden Wahlkampfjahr 1932, die Hitler-Partei finanziert hatten. Diesem »Freundeskreis« gehörten nur wenige — nach einem Verzeichnis vom November 1939 nur 36 — Mitglieder an; zu keiner Zeit waren es mehr als 49.

Einige dieser »Freundeskreis«-Angehörigen hatten reine Gastgeber-Funktionen, zum Beispiel Gruppenführer Otto Ohlendorf, Chef des SD-Inland und 1940/42 Leiter der Einsatzgruppe D in Südrußland und auf der Krim; Obergruppenführer Oswald Pohl, Chef der Konzentrationslager; Gruppenführer Erwin Rösener, zuständig für Bandenbekämpfung in Kärnten, Steiermark und Tirol; Oberführer Wolfgang Sievers, Chef des »Ahnenerbe« genannten SS-Vereins zur Förderung des Germanenkults, oder Gruppenführer Dr. Hermann Behrends, zuletzt Höherer SS- und Polizeiführer für Serbien und Montenegro (wobei anzumerken ist, daß alle fünf Genannten später wegen ihrer Kriegsverbrechen zum Tode verurteilt und hingerichtet worden sind). Neben diesen und einigen weiteren hohen SS-Führern gehörten dem »Freundeskreis« vornehmlich die folgenden prominenten Unternehmer und Bankiers an: Dr.-

Ing. e. h. Rudolf Bingel, Generaldirektor des Siemens-Konzerns; Karl Blessing, Vorstandsmitglied im Unilever-Konzern; Friedrich Flick, Chef des Flick-Konzerns; Dr. Karl Ferdinand Ritter v. Halt, Mitglied des Vorstands der Deutschen Bank AG; Ewald Hecker, Präsident der Industrie- und Handelskammer Hannover, Betriebsführer der Zeche »Friedrich der Große«, Herne, und Aufsichtsrat der Ilseder Hütte AG; Dr. h. c. Emil Helfferich, Aufsichtsratsvorsitzender der HAPAG und Repräsentant der ESSO-Deutschland AG; Otto Heuer, Vorstandsvorsitzender der Portlandzementwerke Heidelberg; Dr. Richard Kaselowsky, Chef des Oetker-Konzerns; Fritz Kranefuß, kaufmännischer Leiter der Braunkohle-Benzin AG; Carl Vincent Krogmann, Schiffsreeder und Teilhaber der Firma Wachsmuth & Krogmann, seit 1933 Regierender Bürgermeister der Hansestadt Hamburg; Karl Lindemann, Teilhaber der Firma Melchers & Co, Bremen, Vorsitzender des Aufsichtsrats der ESSO-Deutschland und der HAPAG; Dr. Karl Rasche, Vorstandsmitglied der Dresdner Bank AG; Friedrich Reinhart, Aufsichtsratsvorsitzender der Commerzbank AG; Hellmuth Roehnert, Vorsitzer des Vorstands des Rheinmetall-Borsig-Konzerns; August Rosterg, Generaldirektor der Wintershall AG und Aufsichtsratsvorsitzender des Deutschen Kali-Syndikats; Dr.-Ing. Walter Schieber, Generaldirektor des Zellwolle-Konzerns und von 1942 an Chef des Rüstungslieferungsamts; Dr. Heinrich Schmidt, Aufsichtsratsvorsitzender des Asphalt-Konzerns, der Wintershall AG, der Kali-Bank und der Braunkohle-Benzin AG; Dr. Hermann Schmitt, Generaldirektor des Allianz- und Aufsichtsratsvorsitzers des Münchner Rück-Versicherungskonzerns; Kurt Freiherr v. Schröder, Inhaber des Bankhauses I. H. Stein in Köln; Otto Steinbrinck, Generalbevollmächtigter des Flick-Konzerns; Dr.-Ing. Albert Vögler, Generaldirektor der Vereinigten Stahlwerke und Präsident des Vereins deutscher Eisenhüttenleute; Dr. Wilhelm Voss, Generaldirektor der Waffenwerke Brünn und Präsident der AG. vorm. Skoda-Werke; Hans Walz, Generaldirektor des Bosch-Konzerns, und Franz Heinrich Witthoeft, Inhaber der Firma A. O. Meyer, Hamburg, Aufsichtsrat der Commerzbank, der Deutschen Werft und zahlreicher weiterer Unternehmen.

So haben wir im »Freundeskreis des Reichsführers SS Heinrich Himmler« noch einmal die Antwort auf unsere Frage, wer denn nun eigentlich »die Nazis« waren: Da gab es ehemalige Offiziere, Freikorpsführer und im SD aufgestiegene Akademiker, die zusammen den Terror organisierten, dazu ein paar dekorative Aristokraten, Bank-Barone, Professoren und Großbürger, und im Hintergrund die Herren der Konzerne und des Finanzkapitals — *das* waren »die Nazis«, die die Massen der meist kleinbürgerlichen und bäuerlichen Mitläufer anführten.

Die Geschichte wird aufstehen und reden

Genau zwanzig Jahre lagen zwischen dem 9. November 1918, als spätabends Ebert mit General Groener das für die Weimarer Republik bestimmende Bündnis schloß, und dem 9. November 1938, dessen Abendstunden den deutschen Juden Verwüstung, Mord und Brand brachten. Zehn Monate später, am 1. September 1939, gingen in Europa die Lichter aus. Bald stand die halbe Welt in Flammen; Hitlers Wehrmacht, die zuvor schon Österreich, das Sudetenland, alsdann die Rest-Tschechoslowakei besetzt hatte, überfiel und eroberte nacheinander Polen, Dänemark, Norwegen, Holland, Belgien, Luxemburg, Frankreich, Jugoslawien und Griechenland, landete in Nordafrika und stieß bis tief nach Ägypten hinein vor, fiel in die Sowjetunion ein und hielt im Herbst des Jahres 1942 ein Gebiet unter Kontrolle, das — nur unter Aussparung Schwedens und der Schweiz — von der Biskaya im Westen bis zu den östlichen Ausläufern des Kaukasus, fast bis zum Kaspischen Meer, vom Nordkap bis tief in die Libysche Wüste reichte.

Erst im Spätherbst 1942 leitete ein erbitterter sowjetischer Widerstand an der Wolga und eine Gegenoffensive der Roten Armee im Kampf um Stalingrad die große Wende ein.

Schon vor diesem Zeitpunkt hatten viele politische Flüchtlinge aus dem Nazireich konkrete Pläne für die Zukunft Deutschlands nach dem Ende der faschistischen Diktatur entwickelt. Man war — so jedenfalls meinte man — aus Schaden klüger geworden; man hatte nachgedacht über die grundlegenden Fehler, die 1918/19 gemacht worden waren. Man schätzte auch die Gefahren realistisch ein, die bei einer teilweisen Wiederholung entscheidender Versäumnisse eintreten konnten, und man erkannte endlich die Notwendigkeiten:

»Eine tiefgreifende demokratische Umwälzung ist in Deutschland unerläßlich«, erklärte Hans Vogel, Mitglied der »Londoner Gruppe« des SPD-Parteivorstands, in einer Rundfunkansprache zum 23. Jahrestag der deutschen Novemberrevolution, am 9. November 1941. »Sie darf aber diesmal nicht haltmachen vor den sozialreaktionären Schichten, die Hitler zur Macht brachten und die für das gegenwärtige Unglück verantwortlich sind: den Großgrundbesitzern, den Schlotbaronen und Bankgewaltigen. Diese Schichten haben die deutsche Arbeiterklasse immer gefürchtet und gehaßt, und die deutsche Arbeiterklasse hat die geschichtliche Aufgabe, ihre Macht endgültig zu brechen, nachdem die erste große Gelegenheit versäumt wurde.«

Damals, im November 1918 und in den folgenden Wochen, war indessen nicht nur eine große Gelegenheit versäumt worden, nämlich die völlige Zerschlagung der alten wirtschaftlichen Machtstrukturen und Besitzverhältnisse, die Ebert und seine Freunde unangetastet ließen, so wie sie auch die kaiserliche Verwaltung und Justiz ohne nennenswerte Veränderungen übernahmen. Vielmehr begingen die Führer der von ihnen gar nicht gewollten, ja gehaßten Revolution etwas, das der Zyniker Joseph Fouché »schlimmer als ein Verbrechen« genannt hätte, nämlich einen nicht wiedergutzumachenden Fehler: Sie schlossen ein Bündnis mit den geschlagenen Militärs, bewaffneten die Konterrevolutionäre und ließen sie sogar die eigenen Genossen zusammenschießen. Damit wählten sie nicht nur selber ihre späteren Metzger, sondern gaben ihnen auch noch Strick und Messer und gründliche Ausbildung bei gutem Lohn. Und dies alles aus tiefwurzelnder, unüberwindlicher Furcht vor der sozialen Revolution, die sie zwar selbst zum Fernziel erhoben hatten, aber offenbar um keinen Preis erleben wollten; aus Angst vor den Kommunisten, die es, strenggenommen, zu diesem Zeitpunkt als selbständige Partei noch gar nicht gab.

Dieser Antikommunismus, den Thomas Mann später einmal »die Grundtorheit unserer Epoche«* genannt hat (auch wenn dies sein Sohn Golo dann nicht mehr wahrhaben wollte und widerrufen zu können meinte), bewirkte aber noch weit mehr als das Auseinanderbrechen der mächtigen, traditionsreichen deutschen Arbeiterpartei und das Bündnis der rechten Mehrheit mit

*Das Zitat stammt aus einem Aufsatz von Thomas Mann, der 1944 in den *Deutschen Blättern* (Santiago de Chile) veröffentlicht wurde.

der Konterrevolution, aus dem schließlich diejenigen als Sieger hervorgingen, die alsdann, finanziert von der alten Geld- und Macht-Elite, die Republik zerschlugen und die verfeindeten Brüder, Sozialdemokraten und Kommunisten, wieder vereinten — als wehrlose Gefangene in Folterkellern, Zuchthäusern und Konzentrationslagern, als Leichen in zahlreichen Massengräbern und vielerorts auch im gemeinsamen Kampf aus dem Untergrund und in den Internationalen Brigaden.

Mit dem Bündnis, das die rechte Mehrheit der damals stärksten und angesehensten Partei der internationalen Arbeiterbewegung im November 1918 mit der Konterrevolution schloß, war auch der Führungsanspruch aufgegeben, den der mitteleuropäische Sozialismus einst besessen hatte. Die deutschen Sozialdemokraten überließen Marx und Engels, Bebel und Liebknecht fortan den Kommunisten. Und an die Stelle der geistigen Auseinandersetzung zwischen den verschiedenen Meinungen innerhalb einer großen Partei mit der Pflicht, sich immer aufs neue wieder zusammenzuraufen, trat der Bruderkampf, der die Kluft immer tiefer und breiter werden ließ.

Von dem naiven Glauben der rechten SPD-Führung an die Dankbarkeit jener, die sie vor »den Roten« gerettet hatte, blieb am Ende nichts übrig als enttäuschte Hoffnung und ein seniler Hindenburg, an den man sich klammerte, ja den man noch für verehrungswürdig hielt, als die Fußtritte, die dieses Standbild austeilte, seine Anbeter bereits auf den Abfallhaufen der Geschichte befördert hatten.

»Und dennoch wird sich der November 1918 nicht wiederholen«, erklärte genau drei Jahre nach der Rundfunkansprache Hans Vogels vom 9. November 1944, ebenfalls in London, ein anderer, weiter rechts stehender Führer der deutschen Sozialdemokratie im Exil, Erich Ollenhauer, und er fuhr fort: »Zwischen 1918 und heute liegt eine Welt von Erfahrungen und Erkenntnissen für uns alle. Es gibt kein Zurück zum November 1918 und zur Republik von Weimar. Heute wissen wir: Es ist wichtig für die Arbeiterklasse, die politische Macht zu erkämpfen, aber noch wichtiger ist es, sie zu behaupten und zielbewußt anzuwenden. Die neue deutsche Revolution muß die politische Demokratie sichern durch einschneidende Veränderungen in der bestehenden wirtschaftlichen Ordnung. Die Hintermänner Hitlers in der Schwerindustrie und im Großgrundbesitz müssen mit Hitler stürzen. Die Basis ihrer Macht, ihr wirtschaftlicher Besitz, muß ihnen genommen werden!«

Zwar wurde Erich Ollenhauer nach der Befreiung Deutschlands vom Faschismus ein führender Mann der neugegründeten SPD in den westlichen Besatzungszonen des zerschlagenen Reiches und war von 1952 bis zu seinem Tode Parteivorsitzender der Sozialdemokraten in der Bundesrepublik. Aber deren Gesellschaftsordnung bestimmten andere.

Zwar waren auch deren erklärte Grundsätze — das Ahlener Programm der Christlich-Demokratischen Union von Anfang Februar 1947 — entschieden antikapitalistisch und antifaschistisch. In der Präambel hieß es: »Das kapitalistische Wirtschaftssystem ist den staatlichen und sozialen Lebensbedingungen des deutschen Volkes nicht gerecht geworden. Nach dem furchtbaren politischen, wirtschaftlichen und sozialen Zusammenbruch als Folge einer verbrecherischen Machtpolitik kann nur eine Neuordnung von Grund auf erfolgen.« Und zu den Forderungen der Christlichen Demokraten, deren Vorsitzender Dr. Konrad Adenauer dann als erster Bundeskanzler anderthalb Jahrzehnte lang die Richtlinien der Politik in der West-Hälfte Deutschlands bestimmte, gehörten: die entschädigungslose Enteignung und Bestrafung von Kriegsverbrechern und politisch belasteten Nationalsozialisten; die Vergesellschaftung des Bergbaus und der eisenschaffenden Großindustrie; Entmachtung und strenge Kontrolle aller Großbanken und Konzerne sowie, im Rahmen des Zweckmäßigen, deren Entflechtung; strenge Kartellgesetzgebung; gesetzliche Begrenzung des privaten Wirtschaftsbesitzes, wobei keiner Familie mehr als zehn Prozent des Unternehmens gehören sollten; innerbetriebliche Mitbestimmung und Ertragsbeteiligung der Arbeitnehmer sowie eine durchgreifende Bodenreform, die die Zerschlagung und Entmachtung des Großgrundbesitzes zum Ziel hatte.

Doch nichts von alledem ist verwirklicht worden. Die Kriegsverbrecher wurden größtenteils begnadigt und amnestiert; die Macht der Konzerne und Großbanken stieg ins Unermeßliche; der alte Beamtenapparat wurde restauriert; eine neue große Armee geschaffen und den alten Offizieren anvertraut, der Großgrundbesitz intakt erhalten; die alte Geld- und Macht-Elite behielt, ja verstärkte noch ihren Einfluß. Und dies alles geschah entsprechend den Wünschen der USA, der neuen Führungsmacht der West-Allianz, in die die Bundesrepublik Deutschland integriert wurde. Aber hatten nicht auch die Führer der Vereinigten Staaten feierlich gelobt, den Hitler-Faschismus *mitsamt seinen Wurzeln* zu vernichten, die Schuldigen zu bestrafen und keine Wiederherstellung der alten Macht- und Besitzverhältnisse zuzulassen?

Gewiß, aber die Verhältnisse und die sich daraus ergebenden Zweckmäßigkeiten hatten sich eben geändert. Und so müssen sich die Bürger der Bundesrepublik Deutschland wohl mit Friedrich Gottlieb Klopstock (1724–1803) trösten, der gemeint hatte, »die Geschichte wird schon zu ihrer Zeit aufstehen und reden. Und wenn sie geredet hat, so kommt alles vorhergegangene Geschwätz nicht mehr in Betracht«.

Das Wirtschaftswunder — geplant seit Stalingrad

Im Frühjahr 1945 schien Deutschland am Ende zu sein; es war militärisch besiegt und von den Siegern vollständig besetzt. Ein Großteil der Bevölkerung war heimatlos geworden und auf der Flucht ins Ungewisse; die meisten jüngeren Männer und viele ältere befanden sich auf unabsehbare Zeit in Kriegsgefangenschaft. Das Land, dessen Städte verwüstet, dessen Industrie und Verkehr zum völligen Stillstand gekommen waren, hatte sich bedingungslos ergeben und harrte seiner restlosen Ausplünderung. Es herrschten Hunger, Wohnungsnot, Flüchtlingselend und Mangel an allem Lebensnotwendigen. Aber schon drei Jahre später, im Jahr der Währungsreform 1948, hatte sich das Leben im westlichen Teil Deutschlands, der bald darauf gegründeten Bundesrepublik, weitgehend normalisiert. Der Hunger war vertrieben, die Menschen hatten ein Obdach, waren zwar ärmlich, aber nicht mehr zerlumpt gekleidet, und sie hatten, selbst wenn sie, wie es vielfach der Fall war, noch keine Arbeit finden konnten, wieder Hoffnung geschöpft.

Unterdessen war auch die Industrie wieder in Gang gekommen. Der Index der industriellen Produktion erreichte im Durchschnitt des Jahres 1947 im Zweizonen-Wirtschaftsgebiet 39 Prozent des Vorkriegsstands (1936 = 100) und sank dann sogar noch, als die französische Besatzungszone hinzugerechnet wurde. Aber schon im Jahr darauf stieg der Index auf 54 Prozent in der ersten, auf fast 72 Prozent in der zweiten Jahreshälfte. Oder, um dieses durch die Währungsreform bewirkte

Wunder noch mehr zu verdeutlichen: im Januar 1948 waren es 49,4 Prozent, im November 81 Prozent. Offenbar, so merkte man plötzlich, lagen die allen Kriegszerstörungen und Demontagen zum Trotz erhalten gebliebenen Kapazitäten hart unter der Grenze der im Jahr 1936 vorhanden gewesenen Leistungsfähigkeit, und sie hatten nur darauf gewartet, daß der Geldüberhang und die strengen Bewirtschaftungsvorschriften beseitigt, ein freier Markt und eine harte Währung eingeführt würden.

1949 erreichte die industrielle Produktion beinahe schon den Vorkriegsstand; man war, unter enormen Opfern der kleinen Leute, aus dem Gröbsten heraus. Das nächste Jahr, 1950, brachte die Entscheidung darüber, ob sich das so rasch und rigoros wiedereingeführte hochkapitalistische System mit freier Marktwirtschaft und indirekter staatlicher Lenkung fest etablieren oder in einer Krise, die plötzlich durch äußere Einflüsse ausgelöst worden war, versinken würde.

Das Ergebnis ist bekannt: Die westdeutsche Wirtschaft wurde zwar in die weltweite Krise des Sommers 1950 hineingezogen und kräftig geschüttelt; es kam zu sehr zahlreichen Konkursen und enormen Preisanstiegen bei den meisten Rohstoffen. Aber schon wenige Monate später zeigte es sich, daß man, alles in allem, den Sturm gut überstanden hatte, ja nun mit ihm ganz ausgezeichnet segelte, am besten die Stahlindustrie.

Insgesamt war der Produktionsindex des Jahres 1950 bereits auf 113,7 Prozent und damit über den Vorkriegsstand gestiegen. Es war der Anbruch jener Zeit, die man später mit kaum verhaltenem Stolz als das »Wirtschaftswunder« bezeichnet hat, wobei es über die eigentlichen Ursachen dieses kaum faßbaren Wandels, mit dem das kapitalistische System auf viele Jahrzehnte hinaus gesichert war, nur sehr vage Vermutungen gab.

Es war schließlich erst ein halbes Jahrzehnt seit der bedingungslosen Kapitulation vom 8. Mai 1945, ein Dreivierteljahrzehnt seit jenem Tage vergangen, an dem im Berliner Sportpalast Dr. Joseph Goebbels mit schrillem Pathos den »totalen Krieg« verkündet hatte, der — viele ahnten es damals bereits — zu einer totalen Niederlage geworden war.

Von denen, die schon nach der Sportpalast-Rede des Nazi-Propagandaministers mit der Katastrophe rechneten, ihre eigenen Vorbereitungen für den Tag des Zusammenbruchs trafen, aber auch bereits die Weichenstellungen zu planen begannen, die nötig sein würden, die Herrschaft der Konzerne in der Nachkriegszeit wiederherzustellen, hatten nicht wenige entscheidenden Anteil an der Festlegung des gesellschafts- und wirtschaftspolitischen Kurses des neuen Weststaats mit der »provisorischen« Hauptstadt Bonn. Man kann sogar sagen, daß die Gesellschafts- und Wirtschaftspolitik der Bundesrepublik nicht in Bonn oder zuvor in Frankfurt, sondern in Berlin, nicht erst in der Nachkriegszeit, sondern in ihren Grundzügen bereits im Zweiten Weltkrieg entworfen worden ist.

Diejenigen, die an dieser weit vorausschauenden Planung maßgeblichen Anteil hatten, konnten dann auch fast ausnahmslos Kommandoposten und Schlüsselstellungen in Politik und Wirtschaft der 1949 gegründeten Bundesrepublik einnehmen. Diese bis hinein in die sechziger Jahre einflußreichen Männer bildeten indessen nicht, wie man vermuten könnte, zur Zeit der Naziherrschaft einen heimlichen Zirkel von Verschwörern, die im Untergrund lebten, ständig in Sorge vor Entdeckung durch die Gestapo oder den SD der SS. Ihre zwar vor der Öffentlichkeit geheimgehaltenen, dieser bis heute weitgehend unbekannt gebliebenen, aber durchaus offiziellen Planungen für eine deutsche Nachkriegs-Wirtschaftsordnung nach dem Willen der Konzerne fanden keineswegs im verborgenen statt, sondern meist in Berliner Luxushotels wie dem »Adlon« oder dem »Esplanade«, unter dem Protektorat der »Reichsgruppe Industrie« (RI) und mit Wissen, ja oft sogar im Beisein hoher SS- und SD-Führer.

Den Vorsitz im RI-Präsidium führte Wilhelm Zangen, damals Generaldirektor des Mannesmann-Konzerns (später dessen Aufsichtsratsvorsitzer und in den fünfziger Jahren mit dem Großen Bundesverdienstkreuz mit Stern ausgezeichnet). Zangens Stellvertreter im RI-Präsidium war Rudolf Stahl, damals Chef des Salzdetfurth-Konzerns und der Mansfeld-Kupfer AG, auch Mitglied des Aufsichtsrats der Deutschen Bank. Stahl leitete den »Kleinen Arbeitskreis«, der sich mit Grundfragen der Nachkriegsplanung befaßte und dessen Gründung vor allem auf die Initiative des langjährigen RI-Hauptgeschäftsführers Dr. Karl Guth zurückging.

Hauptgeschäftsführer Dr. Guth, der das volle Vertrauen der in der RI organisierten Unternehmer, vor allem der leitenden Männer der großen Konzerne, aber auch das der Naziführung hatte, war der Schwager, Freund und Förderer eines 1897 in Fürth geborenen Wissenschaftlers, der in Rudolf Stahls »Kleinem Arbeitskreis« eine entscheidende Rolle spielte, weil er die theoretischen Grundlagen für die dort zu entwickelnde Nach-

kriegsplanung der Konzerne bereits weitgehend erarbeitet hatte. Dieser Wissenschaftler, der an der Nürnberger Handelshochschule Betriebs- und Volkswirtschaft, an der Universität Frankfurt am Main außerdem Soziologie studiert und 1924 als Volkswirt bei Franz Oppenheimer promoviert hatte, war nach vierjährigem Praktikum 1928 als wissenschaftlicher Mitarbeiter in das »Institut für Wirtschaftsbeobachtung der deutschen Fertigware« in Nürnberg eingetreten, das der bekannte Konsumforscher Wilhelm Vershofen leitete. Dort machte er Karriere, leitete zuletzt das Institut, das übrigens eng mit dem IG-Farben-Konzern und anderen Großunternehmen wie Siemens und Reemtsma zusammenarbeitete, und machte sich 1942, weil er keine Bindungen an Nazi-Organisationen eingehen wollte, als Forscher selbständig. Sein Ein-Mann-»Institut für Industrieforschung«, das sich mit der »wirtschaftlichen Situation nach dem Kriege« befaßte, erhielt die erforderlichen finanziellen Mittel von der RI und von einigen großen Konzernen, vor allem von Siemens. Etwa vom Frühjahr 1944 an, als sich der Untergang des »Großdeutschen Reiches« bereits ankündigte, hatte sich der Leiter des Ein-Mann-Instituts mit seinen Vorstellungen davon, »wie denn das Leben nach einem verlorenen Kriege wirtschaftlich weitergehen solle«, bei seinen Förderern, vor allem bei der RI, weitgehend durchgesetzt. Er nahm nun an den Beratungen des »Kleinen Arbeitskreises« teil. Dessen Mitglieder — neben Zangen, Stahl und Guth noch fünf Spezialisten: Anton Reithinger, Leiter der volkswirtschaftlichen Abteilung des IG-Farben-Konzerns; Günter Keiser, Leiter des Statistischen Büros der Wirtschaftsgruppe Privates Bankgewerbe; Paul Binder, RI-Abteilungsleiter für Steuerfragen; dessen Kollege von der RI-Abteilung Außenwirtschaft, Karl Albrecht, sowie Ferdinand Grünig, Leiter der Abteilung Zentrale Wirtschaftsbeobachtung der Reichswirtschaftskammer — waren vor allem von einer Denkschrift sehr beeindruckt, die der neue Mann vom »Institut für Industrieforschung« verfaßt hatte und die sich mit der Konsolidierung der Reichsschulden und der Beseitigung des Geldüberhangs als möglicherweise wichtigsten Nachkriegsproblemen auseinandersetzte. Diese Denkschrift kursierte auch bei den wenigen Auserwählten aus Großindustrie und Bankwelt, die vom »Kleinen Arbeitskreis« ins Vertrauen gezogen und regelmäßig informiert wurden. Dies waren Friedrich Flick, Philipp F. Reemtsma, Heinrich Dinkelbach von den Vereinigten Stahlwerken, Geheimrat Hermann Schmitz von IG Farben, Fritz Jessen vom Siemens-Konzern, Karl Goetz von der Dresdner Bank und Oswald Rösler von der Deutschen Bank. Auch sie waren sehr angetan von dieser Denkschrift und von den für die Konzerne und das Großkapital sehr vorteilhaften Lösungsvorschlägen des Verfassers. Dessen Name war übrigens Dr. Ludwig Erhard.

RI-Vizepräsident Rudolf Stahl, Erhards besonderer Förderer, hatte dessen Denkschrift am 1. August 1944 den sieben Wirtschaftsführern zugesandt und in seinem Begleitbrief zwar erklärt, die »streng vertraulichen Vorarbeiten zu einzelnen Problemen des späteren Friedenswiederaufbaus« wären »im Einvernehmen mit dem RWM« (Reichswirtschaftsministerium) durchgeführt worden. Aber im selben Atemzug drückte er auch seine erheblichen Zweifel daran aus, ob es »im gegenwärtigen Zeitpunkt opportun« wäre, konkrete Vorschläge »an interessierte behördliche Stellen« weiterzugeben (wobei daran erinnert sei, daß zehn Tage nach dem mißglückten Attentat auf Hitler noch die Großfahndung nach möglichen Mitverschwörern und anderen »Staatsfeinden« voll im Gange war und es wahrlich sehr riskant erscheinen mußte, in diesem Augenblick Pläne für die Zeit nach dem — verlorenen! — Krieg der Nazi-Ministerialbürokratie zu unterbreiten).

»Kontakte zum RWM, in denen das Programm der Nachkriegsplanungen der RI vorsichtig angedeutet wurde, scheinen denn auch erst durch eine Besprechung, die Karl Albrecht am 19. August 1944 . . . führte, geknüpft worden zu sein«, meinte dazu auch Ludolf Herbst in den *Vierteljahresheften für Zeitgeschichte* (3/1977), wobei er sich auf das im Bundesarchiv befindliche Dokument R 7/2121 bezieht.

Dem Funktionär im Reichswirtschaftsministerium wurden die Denkschrift Ludwig Erhards und die sonstigen Pläne und Materialien des »Kleinen Arbeitskreises« jedenfalls erst Anfang November 1944 zugänglich gemacht, und zwar durch Rudolf Stahl selbst, der ihm am 14. November 1944 folgendes schrieb:

»Da, wie ich höre, am Freitag im Verfolg unserer letzten Zusammenkunft die von Ihnen dabei angeregte Aussprache mit Herrn Dr. Erhard stattfinden soll, gestatte ich mir, Ihnen in der Anlage eine mir heute zugegangene weitere Ausarbeitung des Herrn Dr. Erhard zu übersenden. Hierin ist auf meine Anregung hin der Versuch gemacht worden, die Problemstellung für den späteren Friedenswiederaufbau sowohl nach der Geld- wie nach der Güte(r)seite hin zu umreißen. Ich glaube, daß sich dieses Exposé als Unterlage für Ihre Unterhaltung mit Herrn Dr.

Erhard gut eignet, wenn es auch noch nicht in unserem kleinen Arbeitskreise kritisch durchgearbeitet und ergänzt worden ist (z.B. nach der Richtung des Wohnungsbaues).

Den Auszug aus der Erhard'schen Denkschrift über die Schuldenkonsolidierung nebst dem Korreferat des Herrn Dr. Keiser hierzu überreichte ich Ihnen bereits am Freitagabend. Ich habe Herrn Dr. Erhard gebeten, Ihnen seine ausführliche Denkschrift am Freitag persönlich zu übergeben. Demnächst lasse ich noch die Überlegungen von Dr. Albrecht zur Nachkriegswirtschaft unter besonderer Berücksichtigung der Außenwirtschaft nebst einem Korreferat des Herrn Dr. Erhard hierzu folgen sowie eine Reihe von Erhebungen bei den wichtigsten Wirtschaftsgruppen nach dem Ihnen am Freitagabend gezeigten Schema.

Wenn erst das Programm feststeht und von Ihnen gebilligt ist, wird es dann darauf ankommen, die einzelnen noch offenstehenden Probleme unter Heranziehung einiger fachlich und wissenschaftlich geschulter Kräfte (die uns u.a. über das Erhard'sche Institut zur Verfügung stehen) — natürlich in diskreter Form — systematisch weiter durchzupflügen und auf diese Weise die unbedingt erforderliche Vorarbeit zu leisten, auf die sich die späteren Entschlüsse der staatlichen Wirtschaftsführung aufbauen können.

Für eine gelegentliche Mitteilung, ob Sie mit diesem Vorgehen einverstanden, wäre ich Ihnen dankbar. Zu einem mündlichen Gedankenaustausch über den ganzen Fragenkomplex stehe ich Ihnen selbstverständlich laufend zur Verfügung.

Heil Hitler!
Ihr sehr ergebener
gez. Stahl.«

In einem weiteren Brief Rudolf Stahls vom 13. Dezember 1944 an diesen hohen Beamten im Reichswirtschaftsministerium, mit dem er diesem ein ausführliches »Programm für die Bearbeitung wirtschaftlicher Nachkriegsprobleme vom Standpunkt der Industrie« sowie einen »Arbeitsplan« seines »Kleinen Arbeitskreises« übersandte, heißt es: ». . . Die beifolgende Programm-Skizze ist natürlich nur als ein erster Versuch zu betrachten, zumal sie bewußt nur eine stichwortartige Aufgliederung bringt. Von großem Wert für unseren Arbeitskreis wäre es daher, zu wissen, ob Sie mit der Disposition im Großen, insbesondere auch mit der Unterscheidung von Übergangsstadium und Friedenswirtschaft, einverstanden sind und uns ermächtigen wollen, auf dieser Grundlage in enger Fühlungnahme mit Ihnen weiterzuarbeiten, oder ob Sie eine andere Methodik vorziehen. Im Falle Ihres Einverständnisses würden wir Ihnen Ergebnisse der im Fluß befindlichen Untersuchungen ... jeweilig übermitteln, wie dies bezüglich der Denkschrift von Herrn Dr. Erhard bereits geschehen ist ...«

Der Empfänger dieser beiden Briefe war SS-Gruppenführer Otto Ohlendorf, seit November 1943 in Personalunion Ministerialdirektor im Reichswirtschaftsministerium und Leiter des Amts III (SD-Inland) im Reichssicherheitshauptamt, der Terrorzentrale des »Dritten Reiches«.

Ohlendorf, Jahrgang 1907, hatte Jura und Volkswirtschaft studiert, war schon 1925 der Nazipartei beigetreten und hatte von 1936 an in der SD-Zentrale unter Dr. Reinhard Höhn am Aufbau des geheimen Nachrichtendienstes und Spitzelapparats teilgenommen. 1941 führte er die »Einsatzgruppe D«, die in der südlichen Ukraine, auf der Krim und im Nordkaukasus mindestens 90000 Menschen, darunter Frauen, Kinder, Greise und auch Geisteskranke, zusammentrieb und ermordete. Nach dem Krieg wurde er deshalb von einem amerikanischen Militärgericht zum Tode verurteilt und hingerichtet, während sein einstiger Vorgesetzter, Professor Reinhard Höhn, 1956 die »Akademie für Führungskräfte der Wirtschaft« in Bad Harzburg gründete, die er seitdem (und heute noch) leitet.

Auch Reinhard Höhn, damals als Nachfolger Heydrichs Vorsitzender des Polizeiausschusses der »Akademie für Deutsches Recht« und Leiter eines Instituts für Staatsforschung, das von Himmler für die Dauer des Krieges »beordert« worden war, hatte im Herbst 1944 Zukunftsplanung betrieben. Am 1. Oktober 1944 schrieb er in der Wochenzeitung *Das Reich:* »... Der Eid auf den Führer verpflichtet nicht nur zu Lebzeiten des Führers, sondern über dessen Tod hinaus zu Treue und Gehorsam gegenüber der nationalsozialistischen Idee ...« Einige Wochen später, am 9. November 1944, wurde Professor Höhn zum SS-Brigadeführer im Reichssicherheitshauptamt befördert.

Als Stahl, ebenfalls im November 1944, Höhns erfolgreichen Schüler, den gerade zum SS-Gruppenführer beförderten, nunmehrigen Unterstaatssekretär Ohlendorf, in das Programm seines »Kleinen Arbeitskreises« einweihte, stellte er Ludwig Erhards Anteil an den Planungsarbeiten bewußt in den Vordergrund. »Daß Stahl zudem ein Zusammentreffen Erhards mit Ohlendorf verabredet hatte«, heißt es dazu in dem Beitrag von Ludolf Herbst, »und Ohlendorf in Aussicht stellte, Erhard werde ihm bei dieser Gelegenheit ›seine ausführliche Denkschrift ... persönlich übergeben‹, verstärkte den Eindruck, daß die RI bestrebt war, das Erhard'sche Institut aufzuwerten und ganz maßgeblich in die Planungs- und Koordinierungsarbeiten des RWM einzuschalten, ... vielleicht, um die Pläne des RWM auf ein der RI gemäßes Gleis zu schieben. Ob nun Stahl, Erhard oder Ohlendorf die Initiative ergriffen hatte, im November/Dezember 1944 schloß die Kooperation zwischen der RI und dem RWM in Sachen Nachkriegsplanung jedenfalls die Person und die Arbeitskraft Ludwig Erhards ein. Der Kontakt zwischen den beiden führenden Inspiratoren der jeweiligen Planungskonzepte, Erhard und Ohlendorf, ist offenbar entsprechend der Verabredung zustande gekommen«, was übrigens auch aus dem Arbeitsbericht des Ohlendorf unterstehenden Referats II/1 im Reichswirtschaftsministerium vom 9. Januar 1945 klar hervorgeht.

Zu alledem ist anzumerken, daß Ludwig Erhard zwölf Jahre später als Wirtschaftsminister Adenauers großen Wert darauf gelegt hat — zwar nicht der breiten Öffentlichkeit gegenüber, die ohnehin nichts davon wußte, aber doch gegenüber seinen Freunden und Fachkollegen —, seine damalige Nachkriegsplanung als einen Akt des Widerstands gegen das Naziregime erscheinen zu lassen. Dabei konnte er darauf hinweisen, daß auch Carl Goerdeler, der seit Ende August 1944 verhaftete und später hingerichtete Anführer der Verschwörer vom 20. Juli, ein Exemplar der Erhard'schen Denkschrift erhalten hatte.

Indessen konnte bei Ludwig Erhard in Wahrheit weder von Widerstand noch von aktiver Unterstützung der Nazis die Rede sein. Er hatte nichts anderes im Sinn als — wie es in seiner Denkschrift hieß — »die Reichsgruppe Industrie ... als geschlossene Phalanx zweckvollen kollektiven Handelns« in die Lage zu versetzen, die Katastrophe zu bewältigen, die er im Gefolge der sich abzeichnenden militärischen Niederlage des Reiches für die deutsche Wirtschaft kommen sah. Es ging ihm allein um ökonomische und gesellschaftspolitische Fragen, um die Beseitigung der Staatsschulden und des Geldüberhangs, um die Wiederherstellung der Kaufkraft der Mark, die Beendigung der Bewirtschaftung aller Lebensmittel und Gebrauchsgüter, um die Umstellung der Industrie auf Friedensproduktion, um die Verhinderung künftiger Sozialisierungsmaßnahmen und die Erhaltung des privatkapitalistischen Systems samt der Macht der großen Konzerne.

Alles dies konnte Erhard mit führenden Nazis wie dem SS-Gruppenführer Otto Ohlendorf ebenso freimütig erörtern wie später mit den amerikanischen Experten. Für beide war es gleichermaßen interessant, zu erfahren, was nach Dr. Erhards Meinung nach Beendigung des Krieges zu geschehen habe, beispielsweise, ob in der — wie sich dann zeigte: drei Jahre dauernden — Übergangsphase zur Friedenswirtschaft der Lohn- und Preisstopp sowie der Geldüberhang und die Bewirtschaftung beibehalten werden sollten, wie es dann tatsächlich bis zur Währungsreform der Fall war.

Natürlich gehörte zu der im Dezember 1944 schon sehr weit gediehenen Nachkriegsplanung nicht nur die Binnen-, sondern auch die Außenwirtschaft, weshalb der »Kleine Arbeitskreis« der RI seine Untersuchungen mit denen eines »Arbeitskreises für außenwirtschaftliche Fragen« (AAF) koordinierte. Dieser AAF, der sich ebenfalls mit Nachkriegsplanung sowie den Möglichkeiten frühzeitiger Kontaktaufnahme mit den Konzernen und Banken der westlichen Alliierten, also der künftigen Besatzungsmächte, in kleinem Kreis befaßte, war am 23. März 1943 auf Anregung von Karl Albrecht, dem Außenwirtschaftsexperten der RI, gegründet worden. Ohlendorf war darüber ebenfalls — wenn auch wohl nicht über die zu den Kriegsgegnern gesponnenen Fäden — umfassend informiert worden.

Im Herbst 1944 stand der »Arbeitskreis für außenwirtschaftliche Fragen« unter der Leitung von Karl Blessing, dem deutschen Vertreter der Interessen des Unilever-Konzerns sowie Mitglied des »Freundeskreises des Reichsführers SS«. An den Arbeiten des AAF nahmen teil oder wurden darüber ausführlich informiert: Hermann Josef Abs (Deutsche Bank), Dr. Karl Rasche (Dresdner Bank), Kurt Freiherr v. Schröder (Bankhaus J. H. Stein), Anton Reithinger und Max Ilgner (beide IG Farben), Karl Lindemann (Norddeutscher Lloyd), Dr. Ludger Westrick (Vereinigte Aluminiumwerke), Hugo Stinnes (Stinnes-Konzern) Philipp F. Reemtsma (Reemtsma-Zigarettenfabriken) und Dr. Ernst Hellmut Vits (Vereinigte Glanzstoff-Fabriken), um nur die wichtigsten Wirtschaftsvertreter zu nennen, außerdem Karl Albrecht von der RI und Andreas Predöhl, Direktor des Kieler Instituts für Weltwirtschaft.

AAF und »Kleiner Arbeitskreis« waren also von 1943 an damit beschäftigt, über die Endphase des Zweiten Weltkriegs, den Zusammenbruch des »Dritten Reichs« und das erste Nachkriegschaos hinaus die Erhaltung der gesellschaftlichen Verhältnisse und die Rettung dessen zu planen, was sie »freies Unternehmertum« nannten und bald auf amerikanisch *»free enterprise«* nennen würden. Chefplaner war dabei Dr. Ludwig Erhard, der 1949 erster Bundesminister der Wirtschaft der neugegründeten Bundesrepublik Deutschland wurde, deren Industrie 1950, nur fünf Jahre nach der größten Katastrophe der deutschen Geschichte, mit ihrer Produktion wieder den Vorkriegsstand erreicht hatte, deren Währung — auf Kosten der breiten Masse kleiner Sparer — nun völlig stabil war und deren von Erhard proklamierte »soziale Marktwirtschaft« zwar den Sozialismus hatte besiegen können, aber nun, im Sommer 1950, durch eine weltweite Krise ins Wanken geraten war.

Doch ehe wir uns näher mit dieser Krise und ihren überraschenden Auswirkungen befassen, sei noch kurz berichtet, was aus den Planern des »Kleinen Arbeitskreises« und des AAF der Jahre 1943–45 inzwischen geworden war:

Ihr Chefplaner (seit 1947 Honorarprofessor für Wirtschaftspolitik der Universität München) Dr. Ludwig Erhard war Bundeswirtschaftsminister und stellvertretender Vorsitzender der CDU, auch designierter Nachfolger Konrad Adenauers, wenngleich dieser erhebliche Zweifel an seiner Eignung hegte.

AAF-Leiter Karl Blessing war 1948 in den Vorstand der Margarine-Union, einer deutschen Tochter des Unilever-Konzerns, zurückgekehrt und wurde später Präsident der Deutschen Bundesbank. AAF-Gründer Karl Albrecht wurde 1949 Hauptabteilungsleiter im Marshallplan-Ministerium des Vizekanzlers Blücher und übernahm 1953 die Hauptgeschäftsführung der Industrie- und Handelskammer Düsseldorf.

Ludger Westrick wurde Ludwig Erhards Staatssekretär im Bundeswirtschaftsministerium. Günter Keiser, im »Ständigen Arbeitskreis« der Vertreter der Wirtschaftsgruppe Privates Bankgewerbe, deren Volkswirtschaftliche Abteilung er damals geleitet hatte, übernahm 1950 die Abteilung Grundsatzfragen im Bundeswirtschaftsministerium als Ministerialdirigent und wechselte später zum Flick-Konzern über, wo er die Volkswirtschaftliche Abteilung der Feldmühle AG leitete.

Konzernmanager, Großaktionäre und Bankiers, die an der Nachkriegsplanung der RI im »Ständigen Arbeitskreis« oder im AAF mitgewirkt hatten, waren im Sommer 1950 fast ausnahmslos wieder auf ihren Kommandoposten; Friedrich Flick, der ja schon vom Kriegsverbrechergefängnis aus seinen Konzern wiederaufzubauen begonnen hatte, kam im August 1950 auf freien Fuß.

Einer der wichtigsten Nachkriegsplaner in Karl Blessings AAF, Hermann Josef Abs, galt schon 1950, als die Deutsche Bank AG noch auf alliierten Befehl hin »dezentralisiert« und in zehn Regionalinstitute aufgesplittert war, als deren heimlicher Chef und künftiger Generaldirektor, auch als »Bonns ungekrönter Finanzminister«, denn er gehörte, zusammen mit Robert Pferdmenges — der konfessionelle Proporz blieb auch hier gewahrt! — zu des Kanzlers engsten Beratern. Die westdeutsche Delegation bei der Londoner Schuldenkonferenz von 1951/52 wurde dann auch nicht von Bundesfinanzminister Fritz Schäffer, sondern von Abs geführt. Wiederholt bot ihm Adenauer einen Platz im Bundeskabinett an; später sollte Abs das Auswärtige Amt übernehmen. Aber der Bankier lehnte stets ab, denn er hatte, neben der Leitung der Deutschen Bank AG, bereits über 40 Aufsichtsrats- und sonstige Vorsitze in Großunternehmen. Er war der Führer der Wirtschaft im Wirtschaftswunderland — das genügte ihm, und längst vergessen war, was OMGUS, das *Office of Military Government of the United States of America,* in seinem Bericht vom November 1946 über Hermann Josef Abs und sein Institut geschrieben hatte: »Abs war der Spiritus rector der niederträchtigen Deutschen Bank, die eine ungewöhnliche Konzentration wirtschaftlicher Macht mit aktiver Teilhaberschaft an der verbrecherischen Politik des Naziregimes verband ...«

Die Amerikaner hatten längst andere Sorgen, als sich noch um die Verfolgung der Helfershelfer jener zu kümmern, gegen die sich die USA mit der Sowjetunion verbündet hatten. Am 25. Juni 1950 war völlig überraschend die Armee des kommunistisch regierten Nordkorea in das ein Jahr zuvor von amerikanischen Streitkräften geräumte, aber zur Interessensphäre der USA gerechnete Südkorea eingefallen. Zwei Tage später gab Präsident Truman den amerikanischen See- und Luftstreitkräften in Ostasien, die unter dem Befehl des Generals Douglas MacArthur standen, den Befehl, die bedrängten südkoreanischen Streitkräfte zu unterstützen. Am selben Tag forderte der Sicherheitsrat der Vereinten Nationen, auf amerikanische Initiative hin und in Abwesenheit des sowjetischen Vertreters, alle

UN-Mitgliedsstaaten auf, den Südkoreanern ebenfalls militärischen Beistand zu leisten. Nachdem bereits am 29. Juni 1950, nur vier Tage nach Beginn des Korea-Krieges, die südkoreanische Hauptstadt Seoul gefallen war, ordnete Präsident Truman am 30. Juni den Einsatz amerikanischer Bodentruppen an. Doch auch sie konnten den Vormarsch der Nordkoreaner nicht aufhalten; nach sechs Wochen waren die Verteidiger Südkoreas auf den Brückenkopf von Fusan zurückgedrängt. Am 15. September gingen sie dann zur Gegenoffensive über; Landungen starker amerikanischer Verbände im Rücken des Gegners waren erfolgreich, und Ende September brach die nordkoreanische Front zusammen. Am 1. Oktober stießen südkoreanische Verbände über den 38. Breitengrad, der die Demarkationslinie bildete, in den Norden vor. Trotz chinesischer Warnungen folgten ihnen die Amerikaner, und Ende Oktober erreichten die Spitzen der Heeresverbände MacArthurs den chinesisch-koreanischen Grenzfluß Yalu.

Nun griffen 300000 Chinesische »Freiwillige« auf seiten des Nordens ein und warfen Südkoreaner, Amerikaner und UN-Verbände zurück an die Demarkationslinie. Von da an stabilisierte sich die Front wenig nördlich des 38. Breitengrads und veränderte sich während der bald darauf beginnenden zweijährigen Waffenstillstandsverhandlungen nur wenig. Erst am 27. Juli 1953 wurde der Koreakrieg durch das Abkommen von Panmunjon beendet; es brachte dem geteilten Land weder den gewünschten Friedensvertrag noch die Wiedervereinigung. Der opferreiche Krieg, in dem die Sowjetunion als Waffenlieferant der Chinesen und Nordkoreaner aufgetreten war, bewirkte lediglich, daß sich in den USA der »McCarthyismus«, eine Art von moderner Hexenjagd auf Linksintellektuelle und mit dem Sozialismus liebäugelnde Künstler, und in Westeuropa der Antikommunismus bis zur Hysterie steigerten. Für die Bundesrepublik Deutschland war der Koreakrieg von besonderer Bedeutung, hatte doch das geteilte Land im Fernen Osten mit seinem ärmeren, dünner besiedelten und kommunistisch regierten Norden und dem reichen, dichtbevölkerten Süden, der von Konservativen und Reaktionären beherrscht wurde und unter amerikanischem Einfluß stand, zuviel Ähnlichkeit mit dem geteilten Deutschland, als daß man die Gefahr einer parallelen Entwicklung hätte übersehen können.

Hinzu kam, daß sich die USA durch ihr militärisches Eingreifen in Korea gezwungen gesehen hatten, ihre Wirtschaft wieder unter kriegsmäßige Regierungskontrolle zu stellen, bald auch alle rüstungswichtigen Rohstoffe zu rationieren und, gemeinsam mit den anderen Westmächten, die Weltmärkte leerzukaufen. Die Rohstoffpreise stiegen enorm, und was für die einen — die amerikanischen Verbraucher und Steuerzahler — die »Koreakrise« hieß, bedeutete für die anderen — die australischen Schafzüchter und Wollhändler, die indischen Jutefarmer, die neuseeländischen Fleisch- und Butterlieferanten, die malayischen Kautschukerzeuger und vor allem für die Metallschmelzer und Stahlhersteller in aller Welt — der »Koreaboom«.

Westdeutschlands Stahlindustrie, das Rückgrat der Wirtschaft der Bundesrepublik, »stieß sich gesund«, wie man im Düsseldorfer Industrieklub damals freudestrahlend sagte. Die Konjunktur lief an, gefördert durch staatliche Investitionsfinanzierungen in Milliardenhöhe, und die Arbeitsmarktsituation, das Nebeneinander eines riesigen Arbeitslosenheeres und eines noch sehr geringen Angebots an offenen Stellen, war für die Konsolidierung dieser Konjunktur so günstig wie möglich. Noch gab es zwar die harten Produktionsverbote und -beschränkungen, die die Alliierten der westdeutschen Industrie auferlegt hatten, aber die Statistik beweist, daß sich in der Praxis niemand mehr ernsthaft darum kümmerte. 1949 war beispielsweise der Bundesrepublik eine jährliche Stahlerzeugung von 11,1 Millionen Tonnen zugestanden worden; die tatsächliche Stahlerzeugung des Jahres 1949 lag dann bei 9,15 Millionen Tonnen, etwa gleich hoch wie die Frankreichs. 1950 stieg jedoch die westdeutsche Stahlproduktion auf 12,12 Millionen Tonnen, also weit über die erlaubte Menge, während Frankreich nur 8,65 Millionen Tonnen erzeugte, und 1951 erreichte die bundesdeutsche Stahlindustrie sogar eine Jahresproduktion von 13,50 Millionen Tonnen. Die Alliierten übersahen diese Verletzung ihrer Anordnungen, denn die USA brauchten dringend Stahl für ihre Rüstung.

Anders verhielt es sich mit der Kohle. »Die internationale Ruhrbehörde«, schrieb dazu Kurt Pritzkoleit, »beharrte bis zum Sommer 1952 eisern auf ihrem Recht, dem deutschen Steinkohlenbergbau Exportquoten von unzumutbarer Höhe aufzuzwingen. So wurden im Jahr 1950 15,988 Millionen Tonnen Stein- und Preßkohle im Wert von 799,2 Millionen DM exportiert und 4,067 Millionen Tonnen im Wert von 145,1 Millionen DM importiert. Im Jahre 1951 betrug die Ausfuhrmenge 13,665 Millionen Tonnen, der Ausfuhrwert 842,5 Millionen

DM, die Einfuhr dagegen war« — wegen des enorm gestiegenen Bedarfs der Stahlerzeuger — »auf 9,651 Millionen Tonnen bzw. 702,7 Millionen DM gestiegen. In beiden Jahren hatte das Saargebiet« — das noch unter französischer Verwaltung stand — »etwas mehr als 3 Millionen Tonnen geliefert; das hatte 1950 etwa drei Viertel des (bundes-)deutschen Zuschußbedarfs ausgemacht, 1951 aber nur noch ein knappes Drittel der westdeutschen Nachfrage zu decken vermocht. Die (bundes-)deutsche Hüttenproduktion drohte zu stocken; wer Walzwerkerzeugnisse im großen zu kaufen versuchte, mußte die Kohle mitbringen, und da Willy Schlieker« — im letzten Kriegsjahr Friedrich Flicks in Berlin gerade noch der Verhaftung entgangener Konzernbeauftragter — »just damals bedeutende Lieferverträge über vielerlei Stahlerzeugnisse in den USA abgeschlossen hatte, kam er auf die gloriose Idee, die Kohle in den USA zu kaufen, gewissermaßen deutschen Stahl gegen amerikanische Kohle zu tauschen. Das kühne Projekt — auf einer Fahrt zu einem deutschen Hüttenwerk ersonnen — ließ sich alsbald realisieren: Im Jahre 1951 lieferten die Vereinigten Staaten der Bundesrepublik 5,805 Millionen Tonnen Kohle — drei Fünftel ihres Einfuhrbedarfs — im Wert von 546,9 Millionen DM. Die deutsche Stahlkonjunktur war gerettet . . .«

Eine glänzende Konjunktur hatte indessen nicht allein die Stahlindustrie. Der Koreakrieg, der in den USA den McCarthyismus entfacht hatte, ließ in der Bundesrepublik Deutschland alle diejenigen wieder aus ihren Verstecken auftauchen, die sich unter den Nazis als Spezialisten in der Bekämpfung des Bolschewismus »bewährt« hatten.

Fast alle politischen Kommissariate der westdeutschen Polizeipräsidien wurden um 1950/51 mit solchen »Fachleuten« besetzt. Die nachfolgende Aufzählung bringt dafür nur ein paar Beispiele, die sich beliebig ergänzen ließen.

So wurde SS-Sturmbannführer Friedrich Beck, ehedem Kommandeur einer »Bandenkampfschule«, Polizeirat in Darmstadt; SS-Hauptsturmführer beim SD Arno Besekow, ehedem bei der Gestapo-Leitstelle Magdeburg, Kriminalkommissar in Kiel; SS-Obersturmführer Berthold Boldt, ehedem beim Polizeibataillon 104 im Einsatz in Lublin, Polizeihauptkommissar in Hamburg; SS-Sturmbannführer Dr. Rudolf Braschwitz, ehedem bei der Gestapo-Leitstelle Berlin, Kriminalrat in Dortmund; SS-Hauptsturmführer Oskar Christ, ehedem Kommandeur des SS-Polizeibataillons 314, Polizeioberrat in Wiesbaden;

SS-Hauptscharführer Kurt Erdmann, ehedem Leiter der Politischen Abteilung des KZ Sachsenhausen, Kriminalpolizeiobermeister in Stade; SS-Sturmbannführer Herbert Furck, zuletzt Kommandeur des I./SS-Polizeiregiments 3, zuvor in Riga, Polizeirat in Kiel; SS-Sturmbannführer Kurt Geißler, ehedem Leiter der Gestapo-Leitstelle Berlin, Kriminalkommissar in Köln; SS-Hauptsturmführer Herbert Poethke, ehedem bei einem Einsatzkommando im Osten, Polizeioberkommissar in Mönchengladbach; SS-Hauptsturmführer Fritz Riedel, ehedem Feldgendarmerieführer in Lettland, Kriminalkommissar in München und Sturmbannführer Franz Settels, ehedem im SD-Hauptamt, Leiter der Kriminalpolizei Leverkusen. Die Aufzählung ließe sich über viele Seiten hinweg fortsetzen, doch ein letztes Beispiel, das nicht den Polizeibereich betrifft, möge genügen: Im Jahre 1933, als Hitlers Propagandachef und Gauleiter von Groß-Berlin daranging, ein Reichsministerium »für Volksaufklärung und Propaganda« aufzubauen, wurde dort ein erst Sechsundzwanzigjähriger zum Referatsleiter ernannt, zunächst für »Allgemeine Innenpolitik, gegnerische Weltanschauung, kirchliche Angelegenheiten und Bolschewismus im In- und Ausland«. Sein Name war Dr. Eberhard Taubert. Er hatte Jura studiert und schon in der »Kampfzeit« vor 1933 zu den engsten Mitarbeitern von Goebbels gehört und von Anfang 1932 an die Rechtsabteilung der Nazi-Gauleitung von Groß-Berlin geleitet.

In den folgenden Jahren hatte Dr. Taubert im Propagandaministerium rasch Karriere gemacht. Er zeichnete verantwortlich für die sogenannte »Aktivpropaganda gegen die Juden«, womit die staatlich organisierte Hetze zur Vorbereitung ihrer schließlichen Vernichtung gemeint war, ferner für die »Antikomintern«, die antikommunistische Propagandazentrale. In seiner Eigenschaft als oberster Hetzer gegen Kommunisten, Juden und mißliebige Intellektuelle aller politischen Schattierungen sowie gegen die — speziell katholische — Geistlichkeit brachte Dr. Taubert diese so unterschiedlichen Angriffsziele ohne große Mühe unter einen Hut. So gab er 1937 Richtlinien für Presse, Film, Rundfunk und Propagandastellen heraus, worin es hieß: »Ebenso wie die [Moskauer] Drahtzieher dieses Vernichtungsfeldzuges den Frieden bewußt und planmäßig bekämpfen, tut es heute die große Meute der kleinen Juden und Bolschewisten in aller Welt, der zersetzten und halb-zersetzten, der bolschewisierten und halb-bolschewisierten Intellektuellen, die als getarnter Vortrupp Moskaus arbeiten . . .« Es war, sozusagen, ein Vorgriff auf den amerikanischen McCarthyismus der fünfziger Jahre, den Dr. Taubert sich damals gestattete.

Im Jahre 1936 noch Regierungsrat, wurde Dr. Taubert in den folgenden Jahren mehrmals außer der Reihe befördert und 1938 »unter Abweichung von den Reichsgrundsätzen« vorzeitig zum Oberregierungsrat, wenig später zum Ministerialrat ernannt. Daneben bekleidete er von 1938 an auch noch das Amt eines »ehrenamtlichen« Richters beim 1. Senat des berüchtigten »Volksgerichtshofs« und war als solcher beteiligt an einer Reihe von Todesurteilen gegen in- und ausländische Widerstandskämpfer. Dazu äußerte sich Dr. Taubert später folgendermaßen:

»Ich bin von der Gründung des Propagandaministeriums an für die propagandistische Bekämpfung des Kommunismus zuständig gewesen . . . Es bestand die Gefahr, daß man mit diesem im dunkeln kämpfenden Gegner die Tuchfühlung verlor, seine Mentalität verkannte und mit psychologisch falschen Argumenten arbeitete. Das Propagandaministerium beorderte mich deshalb zum Beisitzer in Hoch- und Landesverratsprozessen gegen Kommunisten, damit ich dem Gegner Auge in Auge gegenüberstand und mit seiner Mentalität vertraut blieb.«

Von 1942 an hatte Ministerialrat Dr. Taubert im Goebbels-Ministerium die Leitung des neuen Generalreferats »Ostraum«; ihm unterstanden etwa 450 Beamte des gehobenen und höheren Dienstes. Seine Aufgabe war die propagandistische Bemäntelung des millionenfachen Massenmords im In- und Ausland, wobei — nur am Rande sei's bemerkt — Dr. Tauberts Verbindungsmann und offizieller Gesprächspartner beim Auswärtigen Amt der dort dienstverpflichtete Rechtsanwalt Kurt Georg Kiesinger war, der spätere CDU-Parteivorsitzende und Bundeskanzler, seit 1949 Mitglied des Bundestags.

Nach dem Untergang des »Dritten Reichs« konnte Dr. Taubert — der in den Protokollen des Nürnberger Hauptkriegsverbrecherprozesses, Band XVII, mehrfach als »Dr. Tauber« auftaucht — ins neutrale Ausland flüchten. Er lebte dann — so schrieb er später an einen alten Freund — »zunächst viele Jahre außerhalb Europas, in Südafrika und Persien«, wobei er dort als Berater auf dem Gebiet der »Aktivpropaganda« tätig war. 1950 hatte er aber, so heißt es in dem Brief an seinen Freund, wieder »Verbindung zu nationalen Kreisen« in der Bundesrepublik gefunden. Mit Mitteln des Bundesministeriums für gesamtdeutsche Fragen zog er einen »Volksbund für Frieden und Freiheit«

auf, der ausschließlich der antikommunistischen »Aktivpropaganda« zu dienen schien.

Indessen befaßte sich der »Volksbund«-Vizepräsident Dr. Eberhard Taubert auch bereits mit einer anderen, ihm gleichfalls aus Nazizeiten vertrauten Aufgabe, die mit dem erklärten ersten Ziel des »Volksbunds«, für den Frieden zu wirken, nur schwer in Einklang zu bringen war: mit »psychologischer Kriegführung«. Damit hatte er in Bonn, der »provisorischen« Hauptstadt der entmilitarisierten, noch unter Besatzungsstatut stehenden Bundesrepublik Deutschland, im Frühsommer 1950 glänzende Erfolgsaussichten, bald auch einen Beraterstatus bei dem bayerischen CSU-Bundestagsabgeordneten Franz Josef Strauß, der sich gerade für Sicherheits- und militärische Fragen zu interessieren begann und, so war aus der Parlaments-Lobby und von den »Verbindungsstellen« der Konzerne zu hören, als »ministrabel« galt, zumal im Fall, daß die Bundesrepublik angesichts der drohenden Gefahr eines bewaffneten Konflikts zwischen West und Ost einen »Verteidigungsbeitrag« zu leisten, weniger schönfärberisch ausgedrückt: wiederaufzurüsten hätte. Denn diese durch den Koreakrieg in den Bereich der Möglichkeit gerückte Alternative zur bis dahin proklamierten strikten Absage an jegliche Art der Wiederbewaffnung wurde im Frühsommer 1950 von den Bonner Politikern nicht mehr völlig ausgeschlossen.

Über alles in der Welt

Über alles in der Welt geht der Bonner Bundesregierung und allen, die sie lieben, eine bestimmte Auffassung, die näher zu definieren nicht ganz einfach, logisch zu begründen unmöglich und allen Schwierigkeiten zum Trotz durchzusetzen äußerst kostspielig ist.

Die bundesdeutschen Steuerzahler haben — ob sie ihre Regierung nun schätzen oder nicht — für deren trotziges Festhalten an dieser zwar unlogischen und unpraktischen, aber durch anderthalb Jahrzehnte der Gewöhnung liebgewonnenen Auffassung schon viele Milliarden Mark aufbringen müssen. So ist es nicht übertrieben zu sagen, daß besagte Auffassung, *Hallstein-Doktrin* genannt, allen Bundesrepublikanern sehr, sehr teuer ist.

Die Doktrin könnte die Erfindung eines ältlichen, etwas wunderlich gewordenen Fräuleins sein, das immensen Familienstolz und äußerste Sittenstrenge entwickelt hat und mit bedenklicher Inkonsequenz anwendet, etwa so:

Das Fräulein hat eine genauso betuliche Schwester, die unter dem Einfluß eines brutalen Kerls steht, der ihr vor vielen Jahren Gewalt angetan hat. Seitdem ist die Schwester für das Fräulein »gestorben«. Die beiden sprechen nur noch das Allernötigste miteinander, ohne sich anzusehen: »Reich mir bitte den Tee!« oder »Weißt du, wo die wertvolle Brosche unserer seligen Mutter geblieben ist?« Mehr nicht.

Damit aber nicht genug, legt das Fräulein größten Wert darauf, als alleinige Repräsentantin der Familie zu gelten. Niemand darf die entgleiste Schwester grüßen, anreden oder gar einladen — das heißt: man darf ihr auf der Straße zunicken, möglichst nicht zu freundlich, aber nicht stehenbleiben und auf keinen Fall die Hand geben; man darf auch mit ihr sprechen, solange man sie wie eine Fremde behandelt und nicht ihren Namen gebraucht, und man darf sich sogar von ihr besuchen lassen, aber nur ganz zwanglos, unter keinen Umständen zum Kaffeekränzchen oder gar zu einem Festtag.

Wer sich an diese ungeschriebenen, äußerst strengen Gesetze des Fräuleins nicht hält, der ist für sie auch »gestorben« und wird künftig genauso schlecht behandelt wie die arme Schwester, »diese Person«, wie das Fräulein und ihre Freundinnen sagen. Das gilt beispielsweise für ein halbes Dutzend Stiftsdamen, die der brutale Kerl »dieser Person« gleichfalls geschändet hat und noch immer terrorisiert. Mit diesen Frauenzimmern will das Fräulein nichts zu tun haben. Es »schneidet« sie, wann immer es ihnen begegnet. Nur mit dem Kerl selbst, diesem Proleten, hat sich das schwierige Fräulein überraschenderweise abgefunden: ihm gibt es die Hand, lädt ihn zum Geburtstag ein und besucht ihn sogar in seiner Behausung, selbst wenn »diese Person« auch da ist!

Alle lächeln über das Fräulein — natürlich nur hinter seinem Rücken! — und nutzen im übrigen die Verschrobenheit des alten Mädchens weidlich aus, etwa so: »Ihre Schwester, diese Person, hat mir eine goldene Brosche geschenkt, und sie will mir auch noch ihren schönen Mantel mit dem Bisamkragen überlassen, wenn ich sie zu unserem nächsten Kränzchen einlade. Was meinen Sie dazu, meine Liebe?«

Und dann meint die Liebe, die teure Freundin solle »diese Person« keinesfalls einladen. Auch sei der Mantel schon recht abgetragen, der Bisampelz sehr schäbig. Aber sie könne sich, auf Kosten des Fräuleins, einen nagelneuen Wintermantel mit echtem Nerzkragen kaufen, wenn sie fest verspreche, sich niemals mit »dieser Person« einzulassen ...

Das Fräulein ist ziemlich wohlhabend und kann es sich, wie man oft von ihm hören kann, leisten, überall großzügige Geschenke zu machen.

Sechzig bis siebzig Damen der Nachbarschaft haben davon bereits profitiert. Einige besonders Unverschämte haben dem Fräulein schon komplette Aussteuern für ihre Töchter abgeschwatzt — immer mit der gleichen, manchmal kaum noch verhüllten Drohung, »diese Person« richtiggehend und öffentlich einzuladen, nicht bloß unverbindlich und unter vier Augen, sondern in aller Form und vor allen Leuten ...

Dann wird das Fräulein stets von neuem von einer Art Hysterie gepackt, und zur stillen Belustigung der Erpresser rennt es sogleich zum Wäscheschrank, wo es sein Geld verwahrt hält ...

Soweit der Versuch, die wundersame Hallstein-Doktrin und ihre praktischen Auswirkungen dem außenpolitisch Interessierten anschaulich zu machen. Das Bemühen, sie logisch zu begründen, ist von vornherein zum Scheitern verurteilt, und das ist gerade das spezifisch Deutsche an der Hallstein-Doktrin: Sie ist eine Sache des Herzens, nicht des kühlen Verstandes!

Auch andere Länder haben bestimmte Prinzipien der Außenpolitik, wollen von gewissen Tatsachen keine Notiz nehmen, etwa die Araberstaaten von der Existenz Israels oder die Vereinigten Staaten von dem Vorhandensein der Volksrepublik China. Aber sie beschränken sich dabei auf das Mögliche, das heißt auf das, was sie selbst zur Aufrechterhaltung ihrer These zu tun imstande sind.

Sogar die engagiertesten Israel-Gegner der Araberliga finden nichts dabei, daß nahezu alle Mächte, die in Kairo diplomatisch vertreten sind und auch mehr oder weniger freundschaftliche Beziehungen zu den anderen arabischen Staaten unterhalten, mit Israel ebenfalls Botschafter ausgetauscht haben. Und niemand in Washington hat je daran gedacht, die Beziehungen zu Paris, London oder gar zu Moskau abzubrechen, weil die dortigen Regierungen die für die Vereinigten Staaten »nichtexistente« Volksrepublik China offiziell anerkannt haben. Nur die Bundesrepublik Deutschland verschmähte die schlichte Beschränkung auf das Mögliche und nahm sich die Verwirklichung des Unmöglichen vor.

Sie verbot den anderen Ländern, die Existenz der DDR offiziell zur Kenntnis zu nehmen, und sie bedrohte jeden Staat, der sich über diese strikte Anweisung leichtfertig hinwegsetzte, mit dem Abbruch der diplomatischen Beziehungen. Und nachdem sie so der ganzen Welt klargemacht hatte, wie verteufelt ernst es ihr mit dieser starren Doktrin war, vollführte sie rasch noch ein paar lustige Kapriolen, die zeigen sollten, daß man gar nicht so stur, sondern bloß absurd wäre:

Da gab es zunächst eine verblüffende Ausnahme von der strengen Vorschrift — ausgerechnet zugunsten der Sowjetunion, die als die Gründerin und Schutzmacht der DDR, um deren Nichtexistenz es ging, mit der Sondererlaubnis belohnt wurde, zwei deutsche Botschafter in Moskau und zwei sowjetische Missionschefs in Deutschland zu haben, einen in Bonn und einen »bei dieser Person« in Ostberlin — ein kleiner Scherz der strengen Gouvernante, aber niemand sollte sich unterstehen, solche Witze nachzumachen!

Sodann schloß die Bundesrepublik mit der nur in Anführungszeichen denkbaren, nichtexistenten DDR allerlei Handels- und sonstige Abkommen — man selber wußte ja, daß damit die »Zone« nicht anerkannt wurde, und die anderen Länder ging das nichts an. Wehe ihnen, wenn sie sich erdreistet hätten, ähnliche Witze zu wagen!

Und schließlich, damit auch ja keine Zweifel an der Ernsthaftigkeit der mit so vielen kleinen Späßen gewürzten Verhaltungsmaßregeln aufkommen konnten, wurde ein Exempel statuiert: Die Beziehungen zu Jugoslawien, das die DDR, trotz des strengen Verbots, anzuerkennen gewagt hatte, wurden kurzerhand abgebrochen. Alle sollten sehen, wie grausam die Bundesrepublik zu strafen verstand:

Nun mußten die jugoslawischen Diplomaten in Bonn ihre Koffer packen — die bundesrepublikanischen in Belgrad natürlich auch —, und der strahlende Glanz, der von der Anwesenheit einer bundesdeutschen Exzellenz in Belgrad ausging, erlosch jäh.

Zwar kam dann eine Frau Gesandtin der DDR, Eleonore

Staimer, in die jugoslawische Metropole, aber das war natürlich nur ein schwacher Trost für die von dumpfer Verzweiflung gepackten Völker Titos.

Wenn allerdings die Jugoslawen befürchtet hatten, daß nun auch aller Handel und Wandel mit der zwar nicht mächtigen, aber mächtig reichen Bundesrepublik aufhörte, so wurden sie auf das angenehmste enttäuscht: Seit dem Abbruch der diplomatischen Beziehungen hat sich das Volumen des jugoslawischen Außenhandels mit der grollenden Hälfte Deutschlands ganz beträchtlich vermehrt, mit einer für die Jugoslawen erfreulich aktiven Zahlungsbilanz. Und die letzten Belgrader Tränen wußte die strenge, aber gütige Bonner Regierung mit allerlei langfristigen Millionenkrediten zu trocknen.

Dennoch blieb die Strafe für Jugoslawiens schändliche Anerkennung der nichtexistenten DDR nicht ganz aus. Denn kaum war der eine bundesdeutsche Botschafter aus Belgrad abgereist, da kamen neue »Botschafter« der Bundesrepublik, erst in kleinen Trupps, dann in größeren Haufen und schließlich in so riesigen Scharen, daß sie im Handumdrehen das ganze Land besetzt hatten. Sie ließen ihren Motoren, Kofferradios und vorgefaßten Meinungen freien Lauf, erschreckten friedliche Hirten und Fischer mit dem Surren ihrer Schmalfilmkameras, ihren lustigen Kriegserinnerungen und dem handfesten Sex ihrer Begleiterinnen, und wo immer irgend etwas auch nur den Anschein hatte, käuflich zu sein, da äußerten sie unter Vorweisen prallgefüllter Brieftaschen den dringenden Wunsch, es zu erwerben.

Ermattet und kahlgefressen wie nach einem Heuschreckeneinfall ging das Land alljährlich in den Winter, und wenn im nächsten Jahr der Sommer nahte, wiederholte sich die Invasion in noch stärkerem Ausmaß.

Die letzten Nachrichten über die ganze Schwere der Dragonaden, die Jugoslawien als Strafe für seine Anerkennung der nichtexistenten DDR auferlegt wurden, waren dem *Statistischen Jahrbuch* 1964 zu entnehmen: Danach war die Anzahl der Übernachtungen bundesdeutscher Touristen in Jugoslawien im Sommer 1962 bereits auf 1 527 000 angestiegen!

Selbstverständlich konnte es der übrigen Welt nicht verborgen bleiben, wie tief und hart Jugoslawien von der rachsüchtigen Bundesrepublik mit Millionenkrediten, vorteilhaften Handelsabkommen und endlosen Strömen devisenschwerer Touristen dafür gedemütigt wurde, daß es sich mit dem nichtexistenten Walter Ulbricht eingelassen hatte. So konnte es auch nicht ausbleiben, daß auch andere, zum Teil weit kleinere und abgelegenere Ländchen Späher nach Bonn schickten, die erkunden sollten, ob auch ihre Heimat gegebenenfalls mit ähnlich harter Bestrafung rechnen dürfe.

Diese Kundschafter brauchten in Bonn das Ziel ihrer Mission nur zart anzudeuten, da öffneten sich ihnen auch schon die Panzertüren der prall gefüllten bundesdeutschen Tresore, und aufgeregte weiße Männer in schlechtsitzenden, aber feierlichen Anzügen, mit geölten Haaren, Schildpattbrillen und Homburg-Hüten flehten sie an, sich so viel Geld mitzunehmen, wie sie tragen könnten.

Diese unerhörte Großzügigkeit der Bonner Effendis sprach sich schnell herum, nicht nur bei den souveränen (und existenten) Staaten der entwicklungsbedürftigen Erdteile, sondern auch bei den nichtexistenten Machthabern der Brüder-und-Schwestern-Zone. Minderwertigkeitskomplexe schossen auf, selbst bei klassenbewußten Funktionären, und während ein Strom von schwarzen und braunen Pilgern gen Bonn zog, fiebernd vor Ungeduld, sich aus rheinischem Gold ein prunkvolles Ehebett, prächtige Balkongitter oder gar ein funkelndes Pagodendach anfertigen zu lassen, schwammen ganze Schiffsladungen von Geschenken aus dem Lande der Nichtexistenten gen Afrika und Asien. Arbeiterinnen volkseigener Betriebe opferten ihr Strickzeug den unterentwickelten Freundinnen am Niger und Kongo; mächtige Kombinate fuhren Sonderschichten für den Freiheitskampf der Akassava, und mindestens zwei der sechs Stellvertretenden Außenminister der DDR lagen ständig unter Dampf, gegen alle äquatorialen Seuchen geimpft, in herausfordernd elegante Tropenanzüge gekleidet und mit umfänglichen Redemanuskripten versehen. Auf die leiseste Andeutung hin, daß sie nicht völlig ungelegen kämen, reisten sie eilig in die entferntesten und entwicklungsbedürftigsten Länder, um dort den dringenden Wunsch ihres gar nicht vorhandenen Staates nach Freundschaft und Anerkennung vorzutragen.

Sie kamen auch mit leeren Händen nicht, sondern erfreuten die hohen Würdenträger gerade aus der Taufe gehobener Staaten mit allerlei nützlichen und schönen Geschenken: Das Staatsoberhaupt erhielt einen Orden, einen Feldstecher sowie eine umfangreiche Briefmarkensammlung; die Motorradfahrer der Präsidenteneskorte bekamen schmucke weiße Sturzhelme; die Minister wurden mit Schallplattenaufnahmen des gemischten Chors »Schwarze Pumpe« beglückt, und alle des Lesens kundigen höheren Staatsbeamten durften je ein Paket mit den Schriften des Staatsratsvorsitzenden Walter Ulbricht in Empfang nehmen.

Kein Wunder, daß die nichtexistenten Minister-Stellvertreter überall gern gesehene Gäste waren, und dies wiederum nicht so sehr der von ihnen mitgebrachten Gaben wegen als vielmehr aus einem ganz anderen Grunde:

Schon die bloße Ankündigung ihres Kommens versetzte nämlich ihre reichen Bonner Rivalen in panische Angst und steigerte deren Gebefreudigkeit ins Unermeßliche. Auch konnten es die Bonner meist gar nicht abwarten, daß einer käme, ein paar bescheidene Wünsche vorzutragen, etwa den Bau eines neuen Hafens, eines Stahlwerks, zweier Staudämme nebst einer Wasserleitung zum Präsidentenpalais. Vielmehr schickten sie von sich aus Schiffsladungen mit Gaben aller Art, dazu Männer mit geschmeidiger Zunge, die die Geschenke anzupreisen verstanden, und andere mit wunderbar feinem Gehör, die jeden im Lande aufkeimenden Wunsch sofort erlauschten und dann sogleich erfüllten.

Sprach etwa der Erziehungsminister auf einem Bankett der »Nationalen Gesellschaft zur Förderung des revolutionären Gesangs und der schönen Künste« von der Parkplatznot oder äußerte sich der Sohn des Staatspräsidenten einmal beiläufig in dem Sinn, daß es seinen hohen Vater freuen würde, wenn die Unabhängigkeitsallee, wenigstens zwischen dem Justizpalast und dem nur von höchsten Würdenträgern frequentierten Etablissement »Chez Loulou« nachts beleuchtet werden könnte, so begannen schon vierundzwanzig Stunden später eilig herbeigerufene bundesdeutsche Experten mit den Vorarbeiten. Und wenige Wochen darauf, noch rechtzeitig zur Eröffnung der »Woche der Geburtenregelung«, erstrahlte die Unabhängigkeitsallee im hellen Licht der bronzenen Neonkandelaber, die bundesdeutsche Werkstätten in Tag- und Nachtarbeit angefertigt hatten, während sich auf dreißig neuen Parkplätzen Hunderte von schwarzen Mercedes-Limousinen wohlig recken konnten.

Natürlich ließ solche Hilfsbereitschaft der wohlhabenden Bonner auch die weit ärmeren Nichtexistenten großzügiger werden, als sie es sich eigentlich leisten konnten. Sie mochten nicht zurückstehen und schickten auch ihrerseits Spezialisten, die kleine ausgefallene Sonderwünsche, etwa die Installation bunter Scheinwerfer in den Badezimmern des Klubs »Chez Loulou«, sofort erfüllen konnten.

Bald wußten selbst die kleinsten und schmutzigsten Kinder am Senegal oder Sambesi, im Sudan wie auf Sumatra, daß alle blassen, blonden Männer mit knielangen Khaki-Shorts und rindsledernen Aktentaschen sämtlich selbstlose Freunde und Wohltäter aller schwarzen und braunen Menschen waren, wobei es nicht den mindesten Unterschied machte, ob diese noblen Gönner nun aus Braunschweig oder Magdeburg, Göttingen oder Jena stammten.

Für die Pilgerfahrten nach Deutschland, deren Beliebtheit eher noch zunahm, setzte sich bald ein wesentlich verfeinertes Ritual durch:

Sofort nach der Ankunft, gleich ob im bundesdeutschen oder im volksdemokratischen Teil des gastfreundlichen Landes und noch ehe man am dörflichen Regierungsflughafen Wahn oder am nordöstlichen Stadtrand von Berlin die Front der jeweiligen Ehrenkompanie abschritt, empfahl es sich, den spontanen Wunsch zu äußern, an einer Mauer Erschütterung zeigen zu dürfen.

Das bewirkte, wie die Weisesten und Erfahrensten ausgerechnet hatten, in Bonn wie in Pankow — wenn auch aus ganz verschiedenen Gründen — eine Verdreifachung der Gebefreudigkeit.

Eine weitere erhebliche Steigerung ließ sich noch damit erzielen, daß der Abgesandte, sobald er irgendwo eine Mauer erblickte, mit fester Stimme erklärte, nun wolle er auch die andere Seite des Bauwerks in Augenschein nehmen, denn dort solle es noch viel schöner sein.

Ehe er dann, reich beladen mit Geschenken und Versprechungen, wieder die Heimreise antrat, bewirkte manchmal noch ein Wort des Abschieds Wunder, zumal wenn man in seine Dankrede einfließen ließ, man wolle demnächst die Staatsoberhäupter beider deutscher Staaten samt Lieblingsfrauen und Leibwachen zu einem wunderbaren Gegenbesuch einladen, sobald man einige Kanonen und soviel Munition zusammenhabe, um zweimal einundzwanzig Schuß Salut feuern zu können.

Auf diese Art und Weise entwickelten zwischen siebzig und achtzig zum Teil sehr kleine, aber durchweg souveräne Staaten in jahrelanger zäher Kleinarbeit das auf der Hallstein-Doktrin basierende System einseitiger Nachbarschaftshilfe bis zur Perfektion.

Sie ließen sich von der Bundesrepublik mit einer hübschen Erstausstattung versehen, die sozusagen den Maßstab ihres Wertes setzte. Dann nahmen sie von Pankow umfangreiche Geschenke an und stellten der Deutschen Demokratischen Republik die wohlwollende Prüfung ihres Gesuchs um Erlaubnis zur Errichtung eines kleinen Konsulats in Aussicht. Mit diesem Trumpf in der Hand erkundigten sie sich sodann in Bonn, was der Bundesrepublik die Nichtgenehmigung des DDR-Konsulats wert sei, kassierten und begannen nun Verhandlungen mit Pankow wegen eventueller ersatzweiser Gewährung eines halbkonsularischen Status für eine bescheidene Handelsvertretung.

Je nach Temperament und Laune erfanden sie immer neue Nuancen dieses Spiels, wobei Präsident Sékou Touré von Guinea mit besonders eigenwilligen, jeden Sammler faszinierenden Bereicherungen hervortrat.

Im November 1959, kurz nachdem Guinea seine Unabhängigkeit von Frankreich ertrotzt hatte, war Sékou Touré zu einem Staatsbesuch nach Bonn eingeladen worden. Dankbar nahm er die Einladung an, doch die kleinen Wünsche, die er dazu äußerte, stimmten die Bonner Ministerialbürokratie bedenklich:

Präsident Sékou verlangte nämlich in der für ihn reservierten Suite im Petersberg-Hotel (mit Blick auf den Rhein und die Bundesmetropole) die Aufstellung eines *drei*schläfrigen Bettes für sich und seine beiden Begleiterinnen, von denen die eine seine Gattin, die andere seine, sozusagen, Leib-Sekretärin war.

Nun hatten die Bonner Räte nicht etwa moralische Bedenken — dergleichen ist ihnen, zumal bei Ausländern und bei dienstlichen Anlässen, fremd. Wann immer man im Dienst in moralische Konflikte gerät — das hatte ihnen der oberste Bonner Rat, Hans Maria Globke, ausführlich erklärt —, tritt man einfach in eine Nische . . . Nein, die Zweifel der würdigen Räte waren vielmehr politischer Art: Wie würde sich, so fragten sie sich sorgenvoll, Sékous offenbar zweiseitige Liebesfähigkeit in bezug auf die Hallstein-Doktrin auswirken? Mußte nicht einer, der daran gewöhnt war, zwei Damen zu dienen, auch zwei deutschen Republiken anerkennende Liebkosungen erweisen können und wollen? Also sorgten sie dafür, daß Sékou Touré in der Bundeshauptstadt einen Empfang erhielt, der an Glanz und Pomp alles je Dagewesene in den Schatten stellte und durchaus geeignet war, den schwarzen Gast die Existenz (richtiger: Nichtexistenz!) eines anderen deutschen Staates völlig vergessen zu lassen.

Wo immer der Gast aus Conakry einherschritt, wurden prächtige rote Teppiche vor ihm ausgerollt, blonde rheinische Mädchen und Buben streuten ihm Blumen und jubelten ihm zu. Ungeheure Festessen wurden in großer Zahl veranstaltet, und die würdigsten Männer der Bundesrepublik nahmen Sékou (oder doch seine Begleiterinnen) innigst in die Arme: Der greise Bundeskanzler Konrad Adenauer selbst unterrichtete den hohen Gast über den wunderbaren Reichtum seines Rheinbund-Ländchens, und Eugen Gerstenmaier, der ja nicht nur Bundestagspräsident, sondern auch Großwildjäger ist, widmete sich den beiden Schönheiten, die den geschätzten Staatsbesuch begleiteten.

Sékou zeigte sich tief beeindruckt von soviel Freundschaft, aber die einmal wachen Zweifel der Räte konnte er nicht ganz zerstreuen. Bald sollte sich zeigen, wie recht die Ministerialen hatten, als sie Sékou Touré für einen potentiellen (und potenten) Zwei-Staaten-Theoretiker, womöglich gar -Praktiker hielten!

Denn nachdem er so im November 1959 in der Bundeshauptstadt Bonn fürstlich empfangen und noch fürstlicher beschenkt worden war, obwohl (oder gerade weil) eine DDR-Handelsvertretung seit Anbeginn guinesischer Unabhängigkeit in Sékous Hauptstadt Conakry residierte, machte er sich bereits im März 1960, von beträchtlichen Rubel-Krediten angefeuert, daran, dem mitteldeutschen Handelsvertreter in seiner Metropole zu dem exaltierten Rang eines außerordentlichen Botschafters und bevollmächtigten Ministers zu verhelfen.

In dieser außergewöhnlich ernsten, die Hallstein-Doktrin auf die Probe stellenden Stunde, da Sékou Touré an den Nerven der Bonner Diplomatie zerrte und an den Fundamenten bundesrepublikanischer Politik zu knabbern begann, erfand dieser seiner Hautfarbe zum Trotz ungemein helle Kopf nach anderthalbstündigem Grübeln (und in Gemeinschaftsarbeit mit dem Autor, der als gerade anwesender Sonderkorrespondent eines deutschen Nachrichtenmagazins sein Scherflein beisteuern durfte) die in der internationalen Diplomatie bis dahin unbekannte Variante eines bloßen Höflichkeitsbotschafters ohne nennenswerte diplomatische Anerkennung:

Sékou bekannte, dem Chef der DDR-Handelsvertretung in Conakry, Genosse Kirschei, den Rang eines Botschafters nicht mehr verwehren zu können. Er tue dies aber nur, damit die Limousine dieses hochgeschätzten Gastes nicht wieder, wie es leider einmal vorgekommen sei, von übereifrigen, nach Hühnerdieben fahndenden Polizisten rücksichtslos durchsucht werde. Solche Peinlichkeiten einem Freund zu ersparen, bedeute aber noch längst nicht die volle diplomatische Anerkennung seines Landes . . .

Aufgrund dieser Ausrede konnte der schon nach Bonn zurückgerufene bundesdeutsche Botschafter Schröder nach Conakry zurückkehren, die Hallstein-Doktrin war gerettet, und einer neuen, imposanten Entwicklungshilfe für Guinea — aus Bonn wie aus Pankow — stand nichts mehr im Wege.

In allen Regierungspalästen Afrikas und Asiens bewunderte und pries man damals Sékou Tourés Schläue. Zugleich überlegte man kopfschüttelnd, was wohl den Deutschen Entsetzliches widerfahren sein mochte, daß sie auf den hirnverbrannten Einfall gekommen waren, gutes Geld mit vollen Händen zum Fenster hinauszuwerfen, nur damit schwarze und braune Menschen etwas, das doch offensichtlich vorhanden war, als nicht ganz existent oder beinahe nichtexistent oder nur höflichkeitshalber, aber nicht wirklich existent zu betrachten vorgaben. Dieser doch angeblich gar nicht existierende Staat, so überlegten die ausgezeichnet informierten Afrikaner und Asiaten, hatte nicht nur alle Bananen Guineas aufgekauft, die niemand sonst mochte, er war auch der siebtgrößte Maschinenproduzent der Welt, der zweitstärkste Industriestaat im ganzen Ostblock — trotz seiner nur sehr geringen Bevölkerungszahl von knapp 17 Millionen. Dieser Staat, so sagten die Bonner, sei ein künstliches Gebilde, seine Bewohner seien unfrei und von einer Diktatur unterjocht. Die Deutschen, so wußte man, sind gelehrte Leute, und was sie sagten, war sicherlich richtig.

Aber warum sollte die DDR künstlicher sein als die Staaten Afrikas, deren Grenzen malariakranke Kolonialoffiziere auf ungenauen Landkarten ohne Rücksicht auf geo- und ethnographische Gegebenheiten mal mit, mal ohne Lineal gezogen hatten, je nachdem, wie sehr das Fieber sie gerade quälte?

Weshalb sollte die DDR weniger frei sein als etwa Spanien oder die Südafrikanische Union, ihre Regierung diktatorischer als die Nkrumas in Ghana oder Trujillos auf Santo Domingo?

Gewiß, in der DDR regierten die Kommunisten — aber in der großen Sowjetunion sollen auch, so hieß es, Kommunisten regieren, und doch waren alle, die Bundesrepublik wie auch die Vereinigten Staaten, Frankreich und England, in Moskau mit Botschaften vertreten.

Auch hatte, so überlegten die wohlinformierten braunen und schwarzen Menschen weiter, die DDR Handelsverträge mit drei Dutzend Ländern abgeschlossen, ferner Regierungsabkommen mit Finnland und Indien, Ägypten und dem Irak. Die DDR war Mitglied von nicht weniger als 264 internationalen Organisationen, von der Internationalen Vereinigung für Samenkontrolle in Dublin bis zur Union zum Schutz der Natur und zum Gehörlosen-Weltschachbund.

Die DDR war da, ob das der Bundesrepublik gefiel oder nicht. Sie war ein Staat — vielleicht ein künstlicher, unfreier kommunistischer Zwangsstaat, aber nichtsdestoweniger ein Staat, der existierte.

Dieser Staat hatte gerade Bankenabkommen mit Portugal und Griechenland getroffen. Er lieferte soeben sechshundert Traktoren nach Brasilien. Wo sich durch das Beieinanderstehen dreier Lehmhütten die Bildung eines neuen weltpolitischen Zentrums ankündigte, war die DDR vertreten, und noch ehe der erste *Uhuru*-Schrei den Beginn der Unabhängigkeit angekündigt hatte, war noch stets ein blasser Mann aus Pankow erschienen, der das höfliche Angebot der DDR überbrachte, mit dem gerade das Licht der Welt erblickenden Staat Botschafter auszutauschen!

Warum, bei Allah!, sollte diese DDR, die doch schon viel eher existiert hatte als die meisten afrikanischen Staaten, von diesen nicht anerkannt werden?

So grübelte man am Kongo wie am Euphrat, am Nil wie am Niger, und am Ende entschloß man sich, das Rätselhafte nicht ergründen zu wollen, sondern nur künftig noch mehr zu verlangen als bisher, nun neben Geld beispielsweise auch Waffen.

Während aber Gaben an Geld und sonstigen Kostbarkeiten höchstens den Neid und die Habgier aller Nachbarn des Beschenkten wachrufen, erwecken Waffengeschenke bei den Anliegern Angst und Sorge. Müssen sie nicht befürchten, daß die bundesrepublikanischen Gewehre, Handgranaten, Panzer und Flugzeuge dazu dienen werden, ihnen, den wehrlosen Nachbarn, fette Weidegründe und ergiebige Jagdreviere zu entreißen? Müssen sie nicht um ihre schönen jungen Weiber zittern, auf die die jetzt bis an die Zähne Bewaffneten schon immer begehrliche Blicke geworfen haben?

In solchen Fällen nützen auch die üppigsten Geldgeschenke nichts mehr. Gewiß, man nimmt die Millionen, aber man gibt nicht eher Ruhe, als bis man auch Waffen bekommt, aber natürlich mehr und bessere als die bösen Feinde. Denn sonst bliebe keine andere Wahl, als die Nichtexistenten anzuerkennen und die Bonner zum Feind aller friedlichen Völker Asiens und Afrikas zu erklären ...

Bis zum Beginn des Jahres 1965 war die Bundesrepublik zum Waffenlieferanten von mindestens neun afrikanischen Staaten geworden und rüstete daneben auch noch die in ganz Afrika verhaßten portugiesischen Kolonialherren mit Kriegsmaterial aus. Auch hatten die Kurse für bestimmte Gefälligkeiten und Unterlassungen im Sinne der Hallstein-Doktrin schwindelnde Höhen erreicht:

Im Februar 1965 wurden bereits für eine gewöhnliche Absage einer an den Staatsratsvorsitzenden der DDR ergangenen Einladung runde 750 Millionen DM (West) geboten, ohne daß sich bei dieser bisher höchsten Notierung Interessenten fanden. (Die Gegenseite hatte die Aufrechterhaltung besagter Einladung eben noch weit höher bewertet.)

Bei derartigen Kursen, einer ständig wachsenden Zahl neuer blockfreier Staaten und den rapide sich vermehrenden Gelegenheiten, den Bonnern die von ihnen selbst angefertigten Daumenschrauben der Hallstein-Doktrin anzulegen, bedarf es keiner höheren Mathematik, um den Zeitpunkt zu errechnen, an dem ein weiteres Festhalten an der nun schon anderthalb Jahrzehnte alten Tradition, sich wohlig erpressen zu lassen, die Finanzkraft selbst der Bundesrepublik übersteigen wird. Sogar unter Berücksichtigung des Sturheitskoeffizienten, dessen Anwendung sich in diesem Falle fast von selbst versteht, wird die Hallstein-Doktrin sehr bald, vermutlich noch vor dem Winter 1965/66, mit einem wehmütigen Seufzer aufgegeben werden müssen.

Rückschauend wird man dann erstaunt feststellen können, daß die Schulen und Universitäten, Kliniken und Laboratorien, die in der Bundesrepublik so bitter fehlen, aus nun gar nicht mehr so einleuchtenden Gründen anderswo gebaut worden sind. Und wenn man dann den neuen, zunächst noch ungewohnten Zustand mit dem altvertrauten vergleicht, so wird man verwundert bemerken, daß all die Ängste, aus denen heraus man sich so lange hatte erpressen lassen, völlig überflüssig gewesen sind — so überflüssig wie die Bronzekandelaber für die Beleuchtung der Unabhängigkeitsallee einer afrikanischen Metropole.

Denn — so unwahrscheinlich es den Bonner Staatsmännern fünfzehn lange und teure Jahre hindurch auch dünkte — die mit dem Zusammenbruch der Hallstein-Doktrin einsetzende Anerkennung der DDR durch eine Reihe von kleineren und größeren Staaten der farbigen Welt kann an den tatsächlichen Gegebenheiten nicht das mindeste ändern: Weder Bonn noch Pankow wird davon besser oder schlechter!

Die »Aufwertung« der DDR — von Bonn anderthalb Jahrzehnte lang unter würgender Angst selbst betrieben — endet automatisch an dem Tage, an dem die Bundesrepublik mit versagender Stimme, aber eben noch glaubwürdig, versichert, daß ihr die Nichtanerkennung Pankows durch noch so liebe afrikanische oder asiatische Freunde völlig gleichgültig und keinen roten Heller wert sei. Falls aber irgendein Land den Wunsch empfinde, mit der DDR diplomatische Beziehungen aufzunehmen und der Bundesrepublik zum Trost ein schönes neues Krankenhaus und ein paar moderne Schulen zu schenken, so stehe dem nichts im Wege.

Die Bundesrepublik Deutschland ist ein Rechtsstaat

Die Bundesrepublik Deutschland ist ein Rechtsstaat. Aus dieser allgemein bekannten Tatsache ergibt sich zwanglos, daß die Feinde des *Rechts*staates, ja des Staates überhaupt, *links* zu finden sind, und zwar ohne große Mühe.

Generationen deutscher Richter und Staatsanwälte haben diese These in jungen Jahren gierig aufgenommen und ein Leben lang praktiziert. Erst nach dem Zusammenbruch des Jahres 1945 tauchten erstmals Zweifel an ihrer Allgemeingültigkeit auf, die aber inzwischen wieder weitgehend zerstreut worden sind. Immerhin machen sich in der heutigen Bundesrepublik hie und da Dekadenzerscheinungen bemerkbar: Es gibt heutzutage tatsächlich Staatsanwälte und Richter, die *ohne Ansehen der Person* Justiz üben, also nicht, wie es eigentlich ihre Pflicht wäre, zunächst einmal prüfen, ob der Angeklagte ein aufrechter Mann der nationalen Rechten oder ein Staatsfeind von links ist.

Das ist um so bedauerlicher, als es in der Bundesrepublik von Staatsfeinden wimmelt. Die Kommunisten, die vor dem Verbot ihrer Partei nur noch eine winzige Splittergruppe bildeten, haben sich im Zuge des Kalten Krieges gewaltig vermehrt, ja sie bildeten schon die Majorität, hielte nicht eine wachsame Strafjustiz sie mit eiserner Faust in Schach.

Vielleicht sind dem einen oder anderen Leser Zweifel gekommen, ob es wirklich so viele Kommunisten in der Bundesrepublik gibt. Nun, es kommt natürlich auf die Maßstäbe an. Dem schlichten Laienverstand mag manches normal und keineswegs staatsfeindlich erscheinen, was für einen geschulten und in den Traditionen deutscher politischer Strafjustiz aufgewachsenen Staatsanwalt deutlich erkennbare kommunistische Verräterei ist. Nehmen wir beispielsweise den Fall eines Angeklagten, der im Herbst 1963 vor der Großen Strafkammer des Landgerichts Köln stand und auf den ersten Blick gar nicht wie ein Roter aussah — eher wie ein Grüner. Es handelte sich um einen Polizisten aus Aachen, der des Verbrechens beschuldigt wurde, ein verbotener Kommunist zu sein.

Der schneidige Staatsanwalt, offenbar ein Mann von ebenso großer Gründlichkeit wie untadeliger Gesinnung, hatte sich mit der Anklage unverhältnismäßig viel Mühe gegeben.

Zunächst schildert er die Ausgangslage:

Der Polizist hatte dreimal seine in der Zone der Brüder und Schwestern krank darniederliegende Mutter besucht, sich also mutwillig der Gefahr östlicher Infizierung ausgesetzt.

Sodann hatte er mit seinen Verbrechen begonnen:

»Er brachte zum Ausdruck, daß die Publikationen der westlichen Presse vielfach aus propagandistischen Gründen die Verhältnisse in der Sowjetzone nicht realistisch darstellten. Er führte dabei weiter aus, man könne sich überhaupt nur dann ein richtiges Bild über den Aufbau (!) und die Gegebenheiten in der Sowjetzone machen, wenn man dort gewesen sei.«

Diese Offenbarung niedrigster kommunistischer Gesinnung bildete den Hauptanklagepunkt, und im Kreuzverhör mußte der entgleiste Polizist sogar bekennen, daß er die tägliche Lektüre, etwa der BILD-Zeitung, für nicht ausreichend hielte, sich von den tatsächlichen Verhältnissen im Herrschaftsgebiet des sogenannten Ulbricht eine rechte (oder linke) Vorstellung zu machen.

Zu seiner Entschuldigung konnte der Angeklagte lediglich vorbringen, sein gleichfalls aus dem Osten stammender Kollege Czieslik, einer von den vier Millionen BILD-Lesern, habe ihn unter dem narkotischen Einfluß dieser Art von Zeitungslektüre zu den inkriminierenden Äußerungen gereizt und herausgefordert.

Der Staatsanwalt schloß, ehe er in seinem Plädoyer fortfuhr, für einen kurzen Moment seine Augen, malte sich die Szene aus und schöpfte daraus neue Kraft:

Er sah den wackeren Polizisten Czieslik, einen kreuzbraven Mann, den Zeigefinger auf dem »Hans-im-Bild«-Leitartikel *Dein Päckchen nach drüben!*, den Schlachtruf *Bild sagt, wie es ist!* im Kopf und auf der Zunge die Worte »Brüder und Schwestern müssen hungern und darben!«.

. Er sah, wie sich der Angeklagte unter diesen Wahrheiten krümmte; wie er an seine wohlgenährte, also vermutlich Spitzeldienste für den Staatssicherheitsdienst leistende Verwandtschaft dachte und nun seine wahre staatsverräterische Gesinnung offenbarte, indem er BILD unrealistischer Berichterstattung zieh und sich so weit hinreißen ließ, vom *Aufbau* der Sowjetzone zu sprechen, den man nur beurteilen könne, wenn man selbst dort gewesen sei.

Die weiteren Anklagepunkte gegen den Wolf im Schafspelz — sofern es gestattet ist, einen Kommunisten in Polizeiuniform so zu nennen — waren nicht ganz so schwerwiegend. Nichtsdestoweniger muß es für den Staatsanwalt wie für jeden aufrechten BILD-Leser eine bittere Enttäuschung gewesen sein, als das Gericht am Ende der Hauptverhandlung zu einem Freispruch kam. Nun, der Staatsanwalt ließ sich von dieser, jedem aufrechten Kalten Krieger die Schamröte ins Gesicht treibende Schlappe keineswegs entmutigen.

Im Gegenteil:

Gerade in der Hauptverhandlung hatten sich ganz neue Momente gegen den Aachener Polizisten ergeben. Sie bildeten zwar keine Anklagepunkte, durften also, strenggenommen, dem Angeklagten nicht zur Last gelegt werden. Aber sie kamen dem Staatsanwalt gerade recht, damit seinen Revisionsantrag zu begründen: »Der Angeklagte hat an das Gericht die Frage gerichtet: ›Warum darf ich nicht DDR sagen, warum muß ich SBZ sagen, das ist diffamierend.‹ Damit gibt er eine typisch kommunistische Propagandaparole wider . . .«

Im ganzen sind es zwölf ähnlich verbrecherische Äußerungen, die den Aachener Polizisten nach Ansicht des Anklagevertreters zuchthausreif machen. Doch anstatt dieses nun den Bundesgerichtshof in Karlsruhe beschäftigende, hochbedeutsame Strafverfahren gegen einen kommunistischen Staatsfeind und Verräter durch die Jahre weiterzuverfolgen, wollen wir uns lieber der Frage zuwenden, ob das herzerfrischend schneidige Vorgehen des Kölner Staatsanwalts und seine mit soviel Gewissenhaftigkeit wie Phantasie betriebene Verfolgung des Kommunismus schon in seiner ersten, zarten Knospe eine schöne, aber seltene Ausnahme darstellt oder ob wir es hier mit einem beglückenden Regelfall zu tun haben, der uns — trotz des unverständlichen Freispruchs in erster Instanz — in der Hoffnung bestärken kann, daß bald alles Rote ausgerottet sein wird — ausgenommen natürlich die Bundesrichter in ihren Roben. Nun, um es gleich vorwegzunehmen:

Der Kampf der bundesdeutschen Justiz gegen das bolschewistische Untermenschentum steckt noch im Frühstadium der Entwicklung.

In der Bundesrepublik leben etwa 43 Millionen strafmündige Bürger. Wenn man das sogenannte *Nobilitätsprinzip* des früheren Bundesanwalts und jetzigen christdemokratischen Abgeordneten Max Güde anwendet, so können »Personen, in deren Verfassungstreue keine Zweifel gesetzt werden«, außer Verfolgung bleiben. Dies wären einige Bundes- und Landesminister, Parteivorsitzende, ein paar erprobte Abgeordnete, Lobbyisten und Ministerialbürokraten, einige ältere Militärs, sodann die große Gruppe der Marine-Flaggoffiziere, Bischöfe und Vorstandsmitglieder renommierter Banken und Industriefirmen, die Abonnenten der *Deutschen National- und Soldatenzeitung*, die Kameraden von der *HIAG*, vom *Stahlhelm* und vom Kyffhäuserbund und die vielen haupt- und nebenberuflichen Abendländler, Propagandawarte, Reichsredner, Protestbriefeschreiber und Trommelbuben einwandfrei antikommunistischer Gruppen und Grüppchen.

Selbst wenn man auch noch korporierte Akademiker sowie diejenigen Persönlichkeiten aus dem Kreis der Verdächtigen entläßt, die nachweisen können, daß sie an mindestens dreihundert Tagen des Jahres ihr Weltbild ausschließlich mittels der BILD-Zeitung oder der BZ formen, so bleiben immer noch fast 40 Millionen Bundesbürger übrig, gegen die die Staatsanwaltschaften wegen dringenden Tatverdachts kommunistischer Gesinnung ermitteln könnten und müßten.

Diesem hohen Soll steht aber nur ein äußerst bescheidenes Ist gegenüber:

Jährlich werden in der Bundesrepublik kaum mehr als zehntausend politische Strafverfahren eingeleitet, wobei die Befürchtung, es könnten darunter auch noch Verfahren gegen Rechtsradikale sein, nahezu unbegründet ist. Bis auf einen verschwindend geringen Prozentsatz richten sich alle Ermittlungen gegen die Feinde von links.

Zehntausend Verfahren jährlich sind natürlich viel zu wenig, und deshalb haben viele Staatsanwälte auch Entschuldigungen parat: Dem einen fehlt eine tüchtige Schreibkraft, ein anderer muß angeblich noch gegen sogenannte Kriegsverbrecher ermitteln. Weder das eine noch das andere kann man gelten lassen:

Die Kommunistenjagd hat selbstverständlich Vorrang vor ohnehin nur noch der Form halber durchgeführten Verfahren gegen Männer, die sich oft nichts Schlimmeres haben zuschulden kommen lassen als die — wie sich jetzt zeigt: ganz unzureichende — Ausrottung kommunistischer Untermenschen.

Und was die fehlenden Schreibkräfte angeht, so ließe sich mit Vordrucken leicht Abhilfe schaffen, in die der Staatsanwalt nur noch die Namen der Beschuldigten und eine Drei-Zeilen-Beschreibung der Tatumstände einzufügen hätte, etwa nach folgendem Muster:

»Die . . . haben gemeinsam handelnd die verbotene Kommunistische Partei und/oder eine ihrer Ersatzorganisationen dadurch fortgeführt, daß sie eine propagandistische Tätigkeit zugunsten der Bestrebungen, Ziele und Aufgaben der verbotenen Partei/Ersatzorganisation entfaltet/widerspruchslos geduldet haben.«

Es folgen dann nur noch die (vorgedruckten) Paragraphen des Strafgesetzbuches und die (handschriftlich) einzufügende Tatbeschreibung, die sehr kurz gefaßt werden kann, beispielsweise: »Sammeln und gemeinsames Betrachten sogenannter Postwertzeichen der sogenannten ›DDR‹ unter hämischen Ausrufen wie: ›Die sind viel schöner als unsere!‹ (Zeugnis: Frau Elfriede Mczokuwitz, Hausmeistersgattin).«

Solchermaßen entlastet, könnten sich die Staatsanwälte weit besser auf die Hauptverhandlungen vorbereiten und müßten nicht so viele Freisprüche hinnehmen, wie es jetzt leider noch der Fall ist.

Denn während bei der Feld-, Wald- und Wiesenkriminalität etwa jedes zweite oder dritte Ermittlungsverfahren zur Verurteilung führt, enden von den mehr als zehntausend Strafverfahren, die alljährlich gegen Kommunisten eingeleitet werden, nur kümmerliche hundertfünfzig mit einer Bestrafung!

Dieses beschämend magere Ergebnis ist für den riesigen Überwachungsapparat sehr enttäuschend. Wie viele schöne Denunziationen, die zu nichts führen und bei denen nur die tröstliche Gewißheit bleibt, daß der des Kommunismus Beschuldigte immerhin monate- oder auch jahrelang Ärger gehabt, vielleicht seine Stellung verloren und Magengeschwüre bekommen hat: Wie viele zehntausend vergeudete Dienststunden hochqualifizierter Kommunistenjäger! Wie viele unzulänglich befriedigte Agentenkomplexe!

Letzteres ist, wie ausdrücklich angemerkt sein soll, nicht staatsgefährdend gemeint. Denn auch das könnte (bei der Staatsanwaltschaft des Landgerichts Köln) zu einer Anklage wie dieser führen:

»Der Angeklagte hat zum Zeugen . . . gesagt, in der Bundesrepublik hätten alle Sicherheitsbehörden einen Agentenkomplex. Diese Äußerung zwingt dazu, an die Propaganda der KPD zu denken . . .«

Lassen wir es dahingestellt, woran diese — wortwörtlich aus einer Anklageschrift zitierte — Beweisführung zu denken zwingt, und wenden wir uns lieber der Frage zu, warum die bundesdeutschen Staatsanwälte mit jährlich zehntausend säuberlich geführten Ermittlungsverfahren nur jämmerliche hundertfünfzig Verurteilungen kommunistischer Volksschädlinge erzielen können.

Teils zur Klärung dieser Frage, teils zum Trost für alle Staatsanwälte, die trotz redlicher Bemühungen noch keinen Kommunisten hinter Gitter zu bringen vermocht haben, sei noch rasch ein Fall geschildert, der erfolgreich, das heißt: mit saftiger Verurteilung geendet hat.

Es handelte sich um zwei Frauenspersonen, die im Fachjargon als »Friedenstanten« bezeichnet werden, scheinbar harmlose Wesen, deren Perfidie erst offenbar wird, wenn man sie näher kontrolliert. Dann zeigt sich nämlich, daß solche Frauen zu allem fähig sind, sogar zu Ostermärschen, Protesten gegen den Atomtod und anderem Firlefanz. Im speziellen Falle hatten die beiden Frauen freie deutsche Bundeskinder mit Hilfe von Sonderzügen der Bundesbahn in den versklavten Teil des Vaterlandes schaffen lassen und in bolschewistischen Heimen und Ferienkolonien untergebracht — zur Erholung(!), wie sie dreisterweise behaupteten.

Auf typisch kommunistische Manier versuchten die beiden Übeltäterinnen, sich damit herauszureden, daß sie ja die staatliche Bundesbahn des freien Westens zum Transport der unglückseligen Kinder benutzt hätten, folglich annehmen konnten, mit behördlicher Billigung zu handeln.

Natürlich verfing diese Ausrede nicht. Jedermann weiß, daß sich die Bundesbahn in großer wirtschaftlicher Not befindet und in dieser Misere auf jeden Kunden angewiesen ist. Wenn sie zähneknirschend Sonderzüge in den Machtbereich des roten Spitzbartes fahren ließ, so bedeutete das noch lange keine behördliche Billigung.

Da die West-Kinder zwar heil und vollzählig, aber bezeichnenderweise mit roten (!) Backen aus der Ulbricht-Diktatur heimgekehrt waren, konnte die Schuld der beiden Angeklagten als erwiesen angesehen werden. Sie erhielten je ein Jahr Gefängnis.

Die erfreuliche Verurteilung erfolgte durch das Landgericht Lüneburg, und damit kommen wir auch der Lösung des Rätsels nahe, warum nicht auch anderswo in der Bundesrepublik eine ähnlich energische Verfolgung kommunistischer Verbrechen stattfindet:

Es gibt leider in der heutigen Bundesrepublik viel zuwenig in dieser Art der Justiz erfahrene und geübte Richter und Staatsanwälte aus der Zeit des Großdeutschen Reiches!

Natürlich ist es nicht bei weitem so schlimm mit diesem Mangel, wie das Bundesjustizministerium von Zeit zu Zeit verlauten läßt. Ministerien übertreiben gern ein wenig, und wir brauchen nicht zu befürchten, daß es tatsächlich bloß noch acht oder fünf oder gar nur noch einen einzigen ganz leicht belasteten Richter und kaum noch einen Staatsanwalt mit kleinen Blutflecken an der Robe gibt.

Mitteilungen dieser Art sind als harmlose kleine Scherze aufzufassen; irgendwelche Bedeutung kommt ihnen nicht zu. Dennoch wird der Mangel an solchen bewährten Richtern und

Staatsanwälten immer fühlbarer, weil Woche um Woche Herren, die sich in der Zeit der flotten Todesurteile ihre Sporen verdient haben, in den wohlverdienten Ruhestand treten.

Auch ist man schon sehr wählerisch geworden und will manche Verdienste einzelner Herren nicht mehr voll anerkennen. So werden beispielsweise die Leistungen des (zufälligerweise auch beim Landgericht Lüneburg amtierenden) Staatsanwalts Karl-Heinz Ottersbach von der niedersächsischen Justizverwaltung auf die leichte Schulter genommen (woraus sich dann zwanglos ergibt, daß Ottersbach »tragbar« ist).

Dabei hatte besagter Staatsanwalt Ottersbach in den Jahren 1941/42 am Kattowitzer Sondergericht auch für damalige hohe Ansprüche Glänzendes geleistet und zahlreiche erstaunliche Todesurteile erwirkt. Ein polnischer Untermensch, gegen den der wackere Ottersbach auf Todesstrafe plädiert hatte, wurde von den Kattowitzer Sonderrichtern unverständlicherweise freigesprochen, woraufhin der in seinem Berufsstolz gekränkte Staatsanwalt »Haftentlassung nur zu Händen der Gestapo« anregte.

Wenn man aber einen solchen Mann wie Staatsanwalt Ottersbach schon nicht mehr zu den »Belasteten«, will heißen: zu den erfahrenen und geübten Veteranen einer großen Zeit unnachsichtiger Verfolgung von Staats- und Volksfeinden, rechnen kann, dann verblaßt auch der Ruhm anderer, und am Ende werden wir tatsächlich nur noch eine Handvoll für die Kommunistenjagd voll tauglicher Juristen haben.

Immerhin sind noch einige vorhanden, etwa der Osnabrücker Oberlandesgerichtspräsident Werner Hülle, der im Prozeß gegen den »Heldenklau«-General Schörner als Zeuge wegen dringenden Verdachts der Mittäterschaft unvereidigt bleiben mußte und der die OKW-»Bestimmungen für das Verhalten von Offizier und Mann in Krisenzeiten« erarbeiten half.

Gerade diese Bestimmungen erwiesen sich als unerhört nützlich bei der Bekämpfung von Kriegsmüdigkeit und anderer unverzeihlicher Schwächen, und es konnten damit noch in allerletzter Minute Tausende von deutschen Soldaten ohne viel Federlesens, aber natürlich »rechtens« liquidiert werden.

Welche Verdienste sich gerade die damals beratend tätigen Juristen erworben haben, wird oft erst heute klar, wenn sich Große Strafkammern und sogar Schwurgerichte mit den albernsten Lappalien befassen müssen und dann von Glück sagen können, daß sie die schönen alten Richtlinien und Gutachten haben, die ihnen zu einer raschen Beendigung des Verfahrens durch Freispruch verhelfen.

Stand da beispielsweise vor dem Schwurgericht beim Landgericht München I im Jahre 1964 ein — wie der Staatsanwalt liebevoll erwähnte — »korrekter und zuverlässiger Mensch«, der Industrie- und Wirtschaftsberater Erich Deppner. Er war angeklagt, als SS-Sturmbannführer im April 1942 nicht mehr als 65 russische Kriegsgefangene auf sehr humane Weise, nämlich durch Genickschuß, ums Leben gebracht zu haben.

So bedauerlich es ist, daß sich die Münchener Juristen mit solchen Bagatellen überhaupt abgeben müssen — ihre Frankfurter Kollegen kamen wenig später bei den Herren Hunsche und Krumey, angeklagt der Beteiligung an immerhin rund dreihunderttausend Morden, zu einem glatten Freispruch und einer gelinden Verurteilung, bei der noch ein Monat Zuchthaus zu verbüßen war —, so schwierig ist es oft, gerade bei so wenigen Opfern, den Angeklagten reinzuwaschen.

Nun, es gelang den Münchener Staatsanwälten und Richtern, auch im Falle Deppner einen hübschen Freispruch zurechtzuzimmern. Der Erste Staatsanwalt, Dr. Ludwig Lehmair, fand als Anklagevertreter die eine Hälfte der Entscheidungsgründe: Man könne den Angeklagten »nach der heute in der Bundesrepublik geltenden Rechtsordnung« nur bestrafen, wenn man ihm nachweisen könne, daß er damals die Gewißheit hatte, die gefangenen Sowjetmenschen würden aus verbrecherischen Gründen getötet und nicht etwa bloß im Zuge einer ordnungsgemäßen Handlung, zum Beispiel einer Repressalie.

Nun sind zwar nach der Genfer Konvention Repressalien gegen Kriegsgefangene verboten, aber — hier sprang der zweite Anklagevertreter mit der anderen Hälfte der Gründe bei, die einen gerechten Freispruch ermöglichten — die Juristen des Jahres 1942 hatten vorausschauend in einem Weißbuch dargelegt, daß sich die sowjetischen Untermenschen durch »eklatanten Völkerrechtsbruch« selbst um die Ansprüche auf Behandlung nach der Genfer Konvention gebracht hatten. Natürlich mochte niemand einwenden, diesen Völkerrechtsbrüchen der Russen sei immerhin einiges vorausgegangen, etwa der deutsche Angriff ohne Kriegserklärung und unter Bruch des mit Moskau geschlossenen Nichtangriffspakts, die Massenhinrichtungen unter der Zivilbevölkerung oder gar der »Kommissarbefehl«, jeden gefangenen Politruk auf der Stelle umzubringen.

Es schien auch albern, zumal ja die Staatsanwälte selbst so bemüht waren, den Angeklagten reinzuwaschen, nun zu erörtern, was eine »Repressalie« sei. Man wäre sonst leicht darauf gekommen, daß Repressalien nur in solchen Landstrichen erlaubt sind, wo die Gegenseite die Konvention gebrochen hat, etwa durch Partisanenüberfälle. SS-Sturmbannführer Deppner hatte seine Russen aber gar nicht im Kampfgebiet, sondern in einem Konzentrationslager in Holland liquidiert.

Da diese Einwände taktvoll unterblieben, konnten die Staatsanwälte resümieren: Es sei dem Angeklagten nicht zu widerlegen, daß er die Erschießungen als eine rechtmäßige Repressalie angesehen habe. Der »korrekte und anständige« SS-Sturmbannführer a. D. und nunmehrige Industrie- und Wirtschaftsberater Deppner konnte stolz erhobenen Hauptes den Münchener Justizpalast verlassen und nach Hause gehen, denn das Gericht sprach ihn selbstverständlich frei.

Und die *Deutsche National- und Soldatenzeitung*, ein Blatt von untrüglichem *Rechts*gefühl, konnte ihren zweiseitigen Bericht über den herzerfrischenden Freispruch des Kameraden Deppner mit einer Schlagzeile versehen, die eine (sich ja geradezu aufdrängende) Vermutung zurückwies:

»Die Justiz ist keine Hure!«

Indessen kommt der bundesdeutschen Strafjustiz ein anderes Verdienst zu, das gar nicht hoch genug gewertet werden kann:

Zwischen den beiden Teilen des gespaltenen Vaterlandes haben sich, infolge der so unterschiedlichen Entwicklung während der letzten zwanzig Jahre, die Gemeinsamkeiten in erschreckender Weise vermindert. Man kann geradezu von einem Auseinanderleben reden.

Ähnlich wie bei Eheleuten, die sich von Herzen zuwider sind, ist jeder Teil seit Jahren eigene Wege gegangen. Gewiß — man wohnt noch im selben Haus, aber in säuberlich voneinander getrennten Räumen und mit separaten Eingängen.

Unter solchen betrüblichen Umständen von einer Möglichkeit der baldigen Wiedervereinigung zu schwärmen, wirkt rührend unrealistisch, es sei denn, es gäbe da doch noch, allen Äußerlichkeiten zum Trotz, wichtige Gemeinsamkeiten.

Nun, zu einem solchen Bindeglied ist überraschenderweise die politische Strafjustiz der beiden deutschen Republiken geworden.

Das war ursprünglich der Fall:

In den ersten Jahren, also in der noch streng stalinistischen Ära der Zone der Brüder und Schwestern, war man dort mit härtesten Strafen gegen Staats- und Staatsparteifeinde schnell bei der Hand, während man auf bundesrepublikanischer Seite gewisse Anlaufschwierigkeiten zu überwinden hatte und erst ein halbes Jahrzehnt später richtig in Schwung gekommen ist.

Während nun drüben die Brüder, also die politischen Strafrichter, samt Schwester Hilde Benjamin, ihrer Justizministerin, immer zarter und milder geworden sind und nur noch einige hundert Jahre Zuchthaus jährlich vergeben — gegenüber einigen tausend Jahren in der Zeit ihrer Hochkonjunktur, ehe die allmähliche Entstalinisierung sie zu unfreiwilliger Mäßigung zwang —, hat die bundesrepublikanische Staatsschutz-Praxis die anfängliche Scheu überwunden. Die politische Strafjustiz in Westdeutschland hat sich im Zuge des Kalten Krieges so prächtig entwickelt, daß ihr früherer Rückstand gegenüber der Strenge der mitteldeutschen Kollegen heute gar nicht mehr ins Gewicht fällt. Auch sie schicken heute Staatsfeinde aller (linken) Art auf Hunderte von Jahren hinter Gitter, und möglicherweise werden sie noch im Laufe des Jahres 1965 den kleinen Vorsprung der DDR-Richter eingeholt haben.

Nun könnte man natürlich einwenden, daß die politischen Strafrichter der Bundesrepublik ja vorzugsweise Kommunisten (und solche, die sie dafür halten) ins Gefängnis schicken, während ihre Kollegen in der DDR hauptsächlich Antikommunisten (vermeintliche und echte) für meist längere Zeit aus dem Verkehr ziehen.

Dieser Unterschied ist aber geringfügig und enthält nichts Trennendes. Auf beiden Seiten sind es schließlich deutsche politische Strafrichter, die deutsche politische Übeltäter, nicht wegen bloßer Eigentums- oder Sittlichkeitsdelikte, sondern wegen Offenbarung übelster staatsfeindlicher Gesinnung einer zwar harten, aber immer gerechten Strafe zuführen.

Darin liegt eine beglückende Gemeinsamkeit, und es spielt wirklich eine nur nebensächliche Rolle, welche Spielart staatsfeindlicher Gesinnung hier oder dort gerade bevorzugt zu verfolgen ist.

Die politische Strafjustiz soll sich, ohne Ansehen der Person, mit jedem befassen, der in ihre Fänge gerät. Lieben aber soll sie keinen, ausgenommen natürlich den, der die Macht hat.

»Achtung! Achtung! Evangelische Frauen, hütet euch! Unserem geliebten deutschen Volke drohen geistig-sittliche Gefahren! Für unsere Söhne, für unsere Töchter können sie zum Gifthauch werden!«

»Katholische Männer und Jünglinge, seid auf der Hut!«

»Der Wolf im Schafspelz! Trau, schau, wem!«

»Alle nationalen Parteien warnen vor einer drohenden Gefahr! Das Neueste, was die Propagandakunst ersonnen hat!«

So und ähnlich lauteten die Schlagzeilen von Flugblättern, die Balkenüberschriften von Artikeln in Lokal-, Vereins- und Kirchenzeitungen um 1913.

Der »Gifthauch« und die unerhörten »geistig-sittlichen Gefahren«, vor denen so eindringlich gewarnt wurde, betrafen indessen keineswegs etwa die Kriegslüsternheit und den Größenwahn allerhöchster Kreise jener Epoche, auch weder jene seltsamen Verfallserscheinungen in der Umgebung des Kaisers noch die schriftlich geäußerten Wünsche Seiner Majestät, am linken Flügel des Reichstages aufzuräumen, »wenn nötig per Blutbad«, ja nicht einmal die seichte Erotik, deren Popularisierung sich die »Kinematographen-Theater« damals gerade anzunehmen begannen.

Es handelte sich vielmehr um nichts weniger Harmloses als um den Beginn der Geschäftstätigkeit einer neuen Lebensversicherungsgesellschaft!

Ehe das Kaiserliche Versicherungsaufsichtsamt dieser Neugründung ihren amtlichen Segen gab, war der Herr Präsident dieser hohen Behörde, für den Fall, daß er der neuen Gesellschaft nicht die Genehmigung verweigerte, zu einem Pistolenduell herausgefordert worden, und zwar von einem besonders hartnäckigen Gegner des jungen Unternehmens, dem damaligen Präsidenten des Lebensversicherungsverbandes, dem Geheimen Regierungsrat und »Generallandschaftsdirektor der ostpreußischen Landschaft« Wolfgang Kapp (demselben, der dann später, im Jahre 1920, einen nach ihm benannten rechtsradikalen, nur an der Entschlossenheit der Gewerkschaften gescheiterten Putschversuch unternahm!).

Das Versicherungsunternehmen, dessen Gründung auf solch erbitterten Widerstand stieß, ist heute die nach der Anzahl ihrer Versicherten weitaus größte bundesdeutsche Lebensversicherung: die »Volksfürsorge Lebensversicherung AG«, früher »Alte Volksfürsorge«.

Knapp acht Monate nach Geschäftsbeginn zählte die »Volksfürsorge« bereits mehr als hunderttausend Versicherte, und heute sind es fast viereinhalb Millionen.

Offenbar hatte die Konkurrenz diesen enormen Erfolg vorausgesehen, sonst hätte sie sich vielleicht nicht ganz so heftig gegen das neue Unternehmen gewehrt. Doch es gab auch noch andere Gründe für den erbitterten Widerstand: Die »Volksfürsorge« hatte nämlich Aktionäre, deren bloße Nennung die Vorstände und Aufsichtsräte der anderen Gesellschaften rot sehen ließ: die Freien Gewerkschaften und die Konsumgenossenschaften!

Schon bei deren Gründung als Selbsthilfe-Organisationen der Arbeiterschaft hatte es zornige Aufschreie und lautes Wehklagen, ernste Warnungen und wilde Verleumdungen gegeben. Selbst sehr fortschrittlich denkende und den Arbeitern wohlgesonnene Bürger hielten nämlich damals die Gründung von Gewerkschaften und Konsumgenossenschaften für staatsgefährdend und sahen darin eine Untergrabung von Sitte und Ordnung.

So schrieb 1874 ein recht liberal denkender Fabrikant an einen der Gewerkschaftsbewegung Sympathie entgegenbringenden Studienfreund:

».. . So nützlich es mir erscheint, daß sich die Lohnarbeiter und ihre Familien zu wohlgesitteter Geselligkeit, zu gemeinsamem Gesang oder zur Förderung ihrer Bildung zusammenschließen, wohl auch zur gegenseitigen Unterstützung in unverschuldeten Nothfällen, so schädlich für sie selbst wie für uns alle will es mir dünken, wenn solche Vereine den ihnen von Sitte und Gesetz gezogenen Rahmen überschreiten, eine wilde Agitation dulden und am Ende gar sich anheischig machen, mit dem Brotherrn über Löhnung und sonstige, in dessen alleinige Competenz gestellte Fragen zu verhandeln.

Dergleichen öffnet der Willkür Thür und Thor und muß auch die Arbeiter, zu deren Wohle es doch angeblich geschehen soll, mißtrauisch stimmen . . .«

Diese uns heute so seltsam anmutenden Auffassungen, wonach die Arbeiter sich wohl gemeinsam bilden und erbauen, eventuell auch gegenseitig ein wenig helfen dürfen, die Festsetzung des Arbeitsentgelts jedoch alleinige Sache des guten »Brotherrn« wäre, sind erst knapp neunzig Jahre alt.

Alles, was dem damaligen Briefschreiber als unerhörte Willkür und krasse Kompetenzüberschreitung der Gewerkschaften erschien, ist längst zur verfassungsmäßig garantierten und gesetzlich verankerten Selbstverständlichkeit geworden.

Genauso selbstverständlich, wie uns heute freie Tarifvereinbarungen erscheinen, geht auch die sonstige gewerkschaftliche Aktivität auf allen gesellschaftlichen Gebieten weiter, und weiter geht auch das Jammern derer, die sie (aus, wie wir noch sehen werden, sehr verständlichen Gründen) eindämmen wollen — mitunter fast mit den gleichen Worten:

»Für uns alle schädlich scheinen mir Gewerkschaften zu sein, die dadurch, daß sie den ihnen gesetzten Rahmen überschreiten und Aktivitäten jenseits ihres eigentlichen Aufgabengebietes entfalten, gerade auch beim sogenannten kleinen Mann zunehmend Mißtrauen erregen.«

Der Brief, aus dem dieses zweite, so verblüffend ähnliche Zitat stammt, ist nicht etwa in der Ära Otto von Bismarcks geschrieben worden, sondern vor noch gar nicht langer Zeit: Ende 1965 ...!

Der Verfasser, der Frankfurter Privatbankier Johann Philipp Freiherr von Bethmann, ist keineswegs ein verknöcherter, in längst überholten Vorstellungen befangener Greis, sondern darf als ein aufgeschlossener Liberaler der jüngeren Generation gelten. Und seine von echter Besorgnis getragenen Einwände richten sich nicht etwa gegen finstere geheime Pläne zur Abschaffung des Privateigentums oder zur Aufstellung einer schwerbewaffneten Bürgerkriegsarmee der Gewerkschaften, sondern lediglich gegen die Gründung eines Konkurrenzunternehmens, in diesem Falle der neuen »Bank für Sparanlagen und Vermögensbildung« (BSV).

Dürfen Gewerkschaften Banken gründen?

Noch dazu solche wie die BSV, die ihren Sparern eine Gewinnbeteiligung, weitgehende Mitbestimmung, nämlich die Mehrheit im Aufsichtsrat, und noch einige weitere Vorteile einräumt? Die mit einem Minimum an Personal und bürokratischem Aufwand, ohne Filialen, praktisch nur mit einem Elektronengehirn, also äußerst rationell und billig arbeitet? Und die (was die Konkurrenz am traurigsten stimmte) neunzig Tage nach ihrer Gründung bereits zweihundertzwanzigtausend Sparkonten eröffnen konnte?

Die Antwort, die der Empfänger des Bethmann-Briefes auf diese Fragen gab, insbesondere auf die Kernfrage, ob Gewerkschaften »Aktivitäten jenseits ihres eigentlichen Aufgabengebietes entfalten« dürfen, lautete schlicht:

»Es ist die Aufgabe der Gewerkschaften, die Interessen der Arbeitnehmer in allen gesellschaftlichen und wirtschaftlichen Bereichen zu vertreten. Auf den verschiedenen Märkten sind es zur Stunde zu meinem Bedauern ausschließlich die Gewerkschaften, die über die von ihnen begründeten freien gemeinwirtschaftlichen Unternehmen bewußt mit den Mitteln des fairen Leistungswettbewerbs eine regulierende und beispielgebende Wirkung ausüben.«

Der Mann, der dem (mit ihm befreundeten) Bankier Johann Philipp Freiherr von Bethmann diese selbstbewußte Antwort erteilte, ist nicht nur (seit seiner Schulzeit) Gewerkschafter, sondern auch ein Bankfachmann von internationalem Format, ein Topmanager der bundesdeutschen Wirtschaft und der Finanzstratege einer gewaltigen Unternehmensgruppe.

Vornehmlich ist er jedoch Generaldirektor und Vorsitzender des Vorstands eines mit jetzt fast neun Milliarden Mark Bilanzsumme zu den Großbanken zählenden Instituts mit dem Hauptsitz in Frankfurt am Main, der »Bank für Gemeinwirtschaft« (BfG).

Und obwohl der Generaldirektortitel und die vielen Aufsichtsratsmandate eher auf konservative, um nicht zu sagen: reaktionäre Einstellung schließen ließen, ist dieser Großbankboß und Finanzgewaltige auch ein prominentes und aktives Mitglied der Gewerkschaft und der als »Linksaußen« der bundesdeutschen Sozialdemokratie geltenden südhessischen SPD.

Sein Name ist Walter Hesselbach.

Der heutige Topmanager der vierten Großbank der Bundesrepublik ist, sozusagen, von Kindesbeinen an mit dem Bankfach ebenso verbunden wie mit der Arbeiterbewegung.

Sein Vater war Hausmeister bei dem angesehenen jüdischen Privatbankhaus J. Dreyfus & Co., außerdem überzeugter Sozialdemokrat. Auch die Mutter, die bei der Bankierfamilie Dreyfus Hausangestellte gewesen war, hatte eine klare politische Einstellung, die sie ihrem Sohn Walter schon frühzeitig klarmachte: »Links bedeutet anständig!« Die Eltern Hesselbach wohnten in Frankfurt in der Falkstraße 108, dem — wie der heutige Generaldirektor rückblickend meint — »häßlichsten Haus Deutschlands«. Dort wurde Walter Hesselbach am 20. Januar 1915 geboren.

Der aufgeweckte, begabte und kräftige Junge, der die höhere

Schule besuchen durfte und Anfang 1933 am Wöhler-Realgymnasium im Frankfurter Westend sein Abitur bestand, hätte nun eigentlich studieren, »seinen Doktor machen« und Lehrer werden sollen.

Doch inzwischen hatte sich in Deutschland einiges geändert. Hitler war an die Macht gekommen, und bei dessen nun allmächtiger Partei stand der achtzehnjährige Walter Hesselbach bereits auf der schwarzen Liste:

Als Untersekundaner hatte er sich 1929 der Sozialistischen Arbeiterjugend angeschlossen und an der Abwehr des wachsenden Terrors der nationalsozialistischen Kampfverbände aktiv beteiligt. Ende 1932 war er eines Abends auf dem Heimweg von zwei Hitlerjungen überfallen worden und hatte die beiden Angreifer krankenhausreif geschlagen.

Dafür nun vom Studium ausgeschlossen, ging Walter Hesselbach als Banklehrling zur Dreyfus-Bank und absolvierte 1935 die Bankgehilfenprüfung.

Anschließend zog es ihn nach Berlin, zur Deutschen Überseeischen Bank, doch wurde nur ein kurzes Gastspiel daraus: Da Hesselbach »wegen parteischädigenden Verhaltens« aus der Nationalsozialistischen Deutschen Arbeitsfront ausgeschlossen war, empfahl ihm der Betriebsobmann, sobald er dahinterkam, schleunigst wieder dorthin zurückzukehren, wo er hergekommen war.

Zum jüdischen Bankhaus Dreyfus konnte Hesselbach jedoch nicht wieder zurück; das altangesehene Unternehmen stand vor der Schließung.

Um während der mühseligen Suche nach einer neuen Anstellung wenigstens ein bißchen zu verdienen, versuchte er sich als Vertreter und machte sich vor den Frankfurter Standesämtern an neuvermählte Paare heran. Im Überschwang ihres jungen Glücks ließen sie sich von ihm mitunter eine Lebensversicherung aufschwatzen.

Es war ein hartes Brot, und noch heute erinnert er sich seufzend: »Auf zweihundert Trauungen kam höchstens ein Versicherungsabschluß!«

Endlich, nach einigen Monaten vergeblicher Stellungssuche, bot sich ihm eine Chance, in die Bankabteilung der chemischen Fabrik E. Merck in Darmstadt einzutreten. Um neuen Schwierigkeiten vorzubeugen, schloß er sich gleich der Freiwilligen Feuerwehr an, einer Organisation, in der sich damals vorwiegend jene zusammenfanden, die — wie Hesselbach — keine

Neigung verspürten, im Braunhemd und mit Hakenkreuz-Armbinde durch die Straßen zu marschieren.

Bis Anfang 1939 blieb Walter Hesselbach bei Merck in Darmstadt. Dann bewarb er sich bei dem Industriellen Georg von Opel um eine Anstellung und hatte Glück:

Der steinreiche, weitgereiste und vielseitig interessierte Enkel des Gründers der Opel-Werke (die bereits in den Besitz des amerikanischen General-Motors-Konzern übergegangen waren) machte den 24jährigen Bankkaufmann zu seinem Sekretär und Bevollmächtigten. Als »rechte Hand« des nur knapp drei Jahre älteren Georg von Opel lernte Walter Hesselbach nicht nur die High Society kennen, unterschiedlichste Unternehmen, Aktien- und Grundbesitz verwalten und die tausend Pflichten erfüllen, die ein großes Vermögen nun einmal mit sich bringt. Er hatte auch genügend Zeit, als Gasthörer betriebswirtschaftliche Abendkurse der Universität zu besuchen, sich auch sonst weiterzubilden und daneben eifrig Sport zu treiben. Er boxte in der Mittelgewichtsklasse; im Judo brachte er es sogar zum Frankfurter Jugendmeister.

Obwohl er kerngesund und »kv« (kriegsverwendungsfähig) war, wurde er auch bei Ausbruch des Zweiten Weltkrieges zunächst nicht zur Wehrmacht eingezogen. Diese Bevorzugung verdankte er allerdings weniger der Fürsprache Georg von Opels als dem Umstand, daß die Prügel, die die beiden Hitlerjungen von ihm bezogen hatten, ihn den Behörden noch immer als »politisch unzuverlässig« erscheinen ließen. Später wurde er dann doch einberufen, durfte sich nach kurzer Ausbildungszeit an der Ostfront »bewähren«, avancierte schließlich, als seine Klassenkameraden längst Hauptleute und Majore geworden waren, zum Unteroffizier und konnte sich Anfang 1945 in Österreich von der zurückflutenden Truppe absetzen. Eine Zeitlang schlug er sich in den Alpen durch. Dann fingen ihn eines Tages die Amerikaner und übergaben ihn den Franzosen.

»So wurde ich zu guter Letzt doch noch PG«, spottet er heute rückblickend, »allerdings nicht Parteigenosse, sondern ›Prisonnier de Guerre‹ — Kriegsgefangener . . .!«

Im PG-Depot 143 gab er bald darauf *Die Parole* heraus, worin er politische Artikel schrieb und daneben auch Boxberichte publizierte. Im Sommer 1947 konnte er dann endlich heim nach Frankfurt, wo er schon in der ersten Woche nach seiner Rückkehr wieder Mitglied der neugegründeten SPD und der Gewerkschaft wurde.

Zwar erleichterte ihm dies die Anstellung als Inspektorenanwärter bei der Hessischen Landeszentralbank, doch konnte ihm niemand Opportunismus nachsagen: Er handelte nur nach seiner Überzeugung, der er auch durch die ganzen Jahre hindurch treu geblieben war.

Dank seiner ungewöhnlichen Begabung und profunden Sachkenntnis machte Walter Hesselbach schnell Karriere. Bei der gleichfalls in Frankfurt errichteten neuen Bank deutscher Länder wurde er Bankrat, von seinen Kollegen zum Betriebsratsvorsitzenden gewählt und 1952 in den Vorstand der Landeszentralbank von Hessen berufen.

Zu dieser Zeit gab es in der Bundesrepublik bereits sechs regionale Gemeinwirtschaftsbanken, die von den Gewerkschaften und der GEG, der Großeinkaufsgesellschaft Deutscher Konsumgenossenschaften, zwei Jahre zuvor gegründet worden waren. 1953 kam als siebtes Institut dieser Gruppe noch die »Bank für Arbeit und Wirtschaft« in Berlin hinzu.

Im Gegensatz zu den einstigen »Arbeiterbanken«, die mehr oder weniger bloße Hausbanken der Gewerkschaften gewesen waren, hatten die Neugründer eine entschieden andere Konzeption:

Die neuen Banken für Gemeinwirtschaft sollten universale Geschäftsbanken sein, allen Kreisen der Bevölkerung und der gesamten Wirtschaft zur Verfügung stehen, am Nachkriegswiederaufbau mitarbeiten und in ihrer gesamten Geschäftspolitik beispielgebend (und, wo es not tat, auch regulierend) wirken. Ein einheitliches Institut für die ganze Bundesrepublik konnten sie wegen der damals noch gültigen Dekartellisierungsbestimmungen der Siegermächte zunächst nicht errichten, aber sie hielten natürlich alle Fühlung miteinander und arbeiteten nach den gleichen Grundsätzen.

Warum man sich dazu entschloß, anstelle reiner Hausbanken lieber allgemeine, sämtlichen Kreisen und Schichten offenstehende Geschäftsbanken zu schaffen, ist leicht verständlich, wobei die bitteren Erfahrungen mit Hausbanken sich nicht allein auf die Gewerkschaften beschränkten:

Schon manches deutsche Industrieunternehmen hat in der Vergangenheit den auf den ersten Blick immer wieder verlockenden Versuch unternommen, nur mit einer konzerneigenen Bank zusammenzuarbeiten. Wieviel leichter ist es doch, sich sozusagen selbst Kredite zu gewähren, wieviel angenehmer, üppige Zinsen und Gebühren in die eigene Tasche zu zahlen!

Indessen hat es sich noch stets erwiesen, daß zwar bei guter Kassenlage des Unternehmens auch dessen Hausbank flüssig ist, aber leider auch, umgekehrt, chronischer Geldmangel des Konzerns die Illiquidität der Hausbank bedingt.

Ähnliches hatten auch die deutschen Gewerkschaften erfahren müssen.

Natürlich war es einst verlockend gewesen, die eigenen Beitragsreserven nicht den »Klassenfeinden«, in diesem Falle fremden Bankiers, anzuvertrauen, sondern lieber einer eigenen Hausbank. Doch wenn Not am Mann war, wenn man alle Rücklagen aufgezehrt hatte, dann konnte auch das gewerkschaftseigene Institut kein neues Geld herbeizaubern, weil es ja seine Geschäfte nur mit den Gewerkschaften und ihren Unternehmen betrieben hatte. Eine wirklich leistungsfähige, auch in Krisen- und Notzeiten sichere und flüssige Bank bedarf nun einmal breitester Risikostreuung, das heißt: sie darf sich nicht auf die Zusammenarbeit mit nur einer Organisation, einem Unternehmen oder auch bloß einer Branche beschränken, sondern muß mit allen Branchen, Kreisen und Bevölkerungsschichten in gleich guten Geschäftsbeziehungen stehen.

Will jedoch eine von den Gewerkschaften gegründete Bank dieses hohe Ziel erreichen, dann hat sie es doppelt schwer, denn sie muß sich ja erst einmal das Vertrauen gerade derjenigen erringen, die den Gewerkschaften mit begreiflichem Mißtrauen gegenüberstehen: der Unternehmerschaft. Sie muß ferner die Vorurteile abzubauen trachten, die in weiten Kreisen, selbst des Mittelstandes, gegenüber Gewerkschaften und »Arbeiterbanken« schwelen. Und sie muß schließlich auch die Widerstände und Ressentiments der eigenen Gewerkschaftsmitglieder überwinden, die oft nicht begreifen können, warum man denn mit den aus ihren sauer verdienten Beitragsgroschen gebildeten Reserven ausgerechnet den Unternehmern Kredite gewähren und, wenn man schon dergleichen tut, solche Kredite nicht wenigstens als Druckmittel benutzen, beispielsweise im Falle eines Streiks einfach kündigen soll; warum fremde, den Gewerkschaften nur Verachtung bezeigende Kreise ebenso gute Zinsen für ihre Einlagen erhalten und nicht mehr für ihre aufgenommenen Darlehen bezahlen sollen als alte, treue Mitglieder der Organisation.

Dabei war die Gewinnung allgemeinen Vertrauens, auch und gerade bei der Unternehmerschaft, sowie der Abbau von Vorurteilen und Mißtrauen aller Art, innerhalb wie außerhalb der Gewerkschaftsbewegung, die Grundvoraussetzung für den Erfolg der neuen Gemeinwirtschaftsbanken.

Nur erstklassige, angesehene Bankfachleute mit großer Erfahrung, die zugleich Verständnis für die Arbeiterbewegung und das volle Vertrauen der Gewerkschaften und Konsumgenossenschaften hatten, konnten diese schwierigen Aufgaben erfolgreich zu lösen hoffen.

Als im Dezember 1958, nachdem die Entflechtungsbestimmungen für Kreditinstitute aufgehoben worden waren, die sieben Gewerkschaftsbanken zur »Bank für Gemeinwirtschaft« mit dem Sitz in Frankfurt am Main fusionieren konnten, da brauchte man erst recht einen Topmanager, der all diese Voraussetzungen erfüllte.

Man fand ihn — zum Glück für die neue Bank und für die ganze gemeinwirtschaftliche Unternehmensgruppe — in dem damals dreiundvierzigjährigen Walter Hesselbach. Dieser Mann hatte nicht nur vielseitige Erfahrungen in allen Sparten des Bankgeschäfts, saß im Vorstand der hessischen Landeszentralbank und galt als unorthodoxer, äußerst geschickter und fähiger Bankier; er fühlte sich auch seit vielen Jahren eng verbunden mit der deutschen Gewerkschaftsbewegung, saß im Vorstand des Unterbezirks Frankfurt am Main der besonders aktiven südhessischen Sozialdemokraten und war auch kommunalpolitisch interessiert: Seit 1952 war er ehrenamtlicher Stadtrat von Frankfurt.

Doch vor allem war Walter Hesselbach alles andere als ein unduldsamer Dogmatiker.

»Würde man die Prinzipien der Gemeinwirtschaft für die gesamte Wirtschaft verbindlich machen«, so erklärte er einmal, »dann fiele man nur von dem kapitalistischen Extrem in sein Gegenteil und machte sich desselben Fehlers schuldig, der heute durch die Überbetonung des privaten Gewinnstrebens begangen wird. Der Ausschließlichkeitsanspruch für ein Verhaltensprinzip führt immer zu inhumanem Zwang, weil er der Vielgestaltigkeit unserer Welt und der in ihr herrschenden Motive widerspricht.«

Milder kann man seine eigenen Anschauungen kaum vertreten. Aber der Gemeinwirtschaftsmanager Walter Hesselbach ist Humanist im besten Sinne des Wortes; jeder »inhumane Zwang« ist ihm ein Greuel, und er glaubt, bei aller Skepsis des Bankiers, an die Kraft des Guten und den Sieg der Vernunft.

In seinen privatkapitalistischen Konkurrenten sieht Walter

Hesselbach keine Gegner oder gar Feinde, sondern mögliche Partner, mit denen er im freien Wettbewerb seine Kräfte mißt, noch dazu in einem Wettbewerb nach den Regeln der anderen ...

»Konkurrenz macht lustig«, hat der jetzige, bei Industrie und Bankwelt im allgemeinen hochgeschätzte Präsident des Bundes der Steuerzahler, Volkmar Muthesius, einmal gesagt. Doch die Konzerngewaltigen stimmte es ganz und gar nicht heiter, in ihren traditionellen und ertragreichsten Domänen auf den unerwarteten Widerstand einer neuen, mächtigen Konkurrenz zu stoßen, zumal sie in dieser denselben Widersacher erkennen mußten, der ihnen schon in ungezählten Lohn- und Tarifverhandlungen begegnet war: die Gewerkschaftsbewegung.

Jede neue unternehmerische Tätigkeit der deutschen Gewerkschaften hat noch stets einen Sturm der Entrüstung, vehemente Proteste (und eine entsprechend leidenschaftliche Verteidigung) hervorgerufen, wobei die Argumente für und wider im Grunde immer die gleichen geblieben sind.

Es lohnt sich deshalb vielleicht, für kurze Zeit auf den — sehr bescheidenen — Ausgangspunkt zurückzugehen, ehe wir uns wieder der — soviel imposanteren — Gegenwart zuwenden:

Noch vor siebzig, achtzig Jahren lebte die deutsche Arbeiterschaft in ähnlichen Verhältnissen wie heute noch die Masse der farbigen Bevölkerung der Vereinigten Staaten: nahezu rechtlos, gesellschaftlich disqualifiziert, von Bildung und Kultur ausgeschlossen und in schreiendem Elend.

Beispielsweise starben noch 1894 im Durchschnitt zwei von drei Arbeiterkindern, bevor sie das 14. Lebensjahr erreichten, während bei den sogenannten »höheren Ständen« die Kindersterblichkeit schon damals kaum wesentlich höher war als heute im Gesamtdurchschnitt.

Nun war man in der Oberschicht zwar keineswegs blind gegenüber der Armut und dem Elend der breiten Masse, doch betrachtete man die soziale Ungleichheit als gottgegeben und allenfalls als moralische Verpflichtung der Begüterten, gelegentlich etwas Barmherzigkeit zu üben.

Doch wie selbst Geistliche dergleichen praktizierten, geht aus einem Bericht des Pastors von Bodelschwingh in der *Neuen Westfälischen Volkszeitung* über seinen Gedankenaustausch mit Kaiser Wilhelm II. hervor:

»Ich sprach von der großen Schwierigkeit unserer Lage, die

rechte Mitte zu treffen«, berichtete der Herr Pastor, »um nicht zu viel und nicht zu wenig zu gewähren, und daß wir mit der Barmherzigkeit auch stramme Zucht verbinden müssen — ohne Zucht und stramme Ordnung sei keine Barmherzigkeit möglich . . .«

Diese preußische Auffassung von christlicher Nächstenliebe stammte nicht aus vorfriderizianischer Zeit, sondern vom September 1898, und sie erklärt vielleicht, weshalb die deutsche Arbeiterschaft es vorzog, ihre soziale Lage durch Selbsthilfe zu verbessern.

Schon sehr früh erkannten die Gewerkschaftsverbände, daß es mit verbessertem Lohn allein nicht getan war.

Genauso wichtig waren verkürzte Arbeitszeiten, berufliche Ausbildung und Qualifizierung, Aufstiegschancen, gesellschaftliche Anerkennung und ein gewisses Mindestmaß an wirtschaftlicher Sicherheit.

Resignation, Ressentiments und andere Minderwertigkeitskomplexe mußten behoben werden. Und da mit der Schaffung dieser ersten Voraussetzungen sogleich ein Bedürfnis nach Information, Bildung, Kommunikation, sozialem Einfluß und Teilnahme am kulturellen Leben entstand, galt es auch auf allen diesen wie auch auf zahlreichen neuen materiellen Gebieten, beispielsweise im Wohnungsbau, dem »Universum der Arbeiterinteressen« Geltung zu verschaffen.

Dieser Kampf nahm schon sehr früh organisatorische Formen an: Es entstanden einmal Arbeiterparteien, die nach und nach, teils durch ihr bloßes Vorhandensein, die Sozialversicherungen, die gesetzliche Krankenversicherung, den Achtstundentag, die Gesetzgebung für Unfall-, Jugend- und Mutterschutz, ein selbständiges Arbeitsrecht und das Betriebsrätewesen erzwangen. (In der Bundesrepublik kamen dann noch die Mitbestimmung und die sogenannte Dynamisierung der Renten hinzu.)

Als zweite Säule der Arbeiterbewegung entstanden die Gewerkschaften, die allmählich und gegen zähesten Widerstand das Instrument des Tarifvertrages erkämpften, mit dessen Hilfe sie immer neue Verbesserungen der Arbeits- und Lebensbedingungen durchzusetzen vermochten.

Die dritte Säule bildeten die kulturellen und sonstigen gesellschaftlichen Organisationen der Arbeiterbewegung, die inzwischen meist im allgemeinen Kulturbetrieb aufgegangen sind. Bei vielen dieser Einrichtungen erkennt man ihren Ursprung heute nur noch an ihrem Namen, zum Beispiel bei den Volksbühnen, den Volksbüchereien oder den Volkshochschulen.

Aus der vierten Säule, den wirtschaftlichen Selbsthilfeorganisationen, entwickelten sich schließlich die großen gemeinwirtschaftlichen Unternehmensgruppen, wie wir sie heute kennen: Da sind zunächst die Konsumgenossenschaften, die nur, sozusagen, Adoptivkinder der Arbeiterbewegung wurden und die heute wieder als etwas von den Gewerkschaften völlig Unabhängiges zu betrachten sind. Gegen zahlreiche Widerstände, nicht zuletzt eine diskriminierende Gesetzgebung, erkämpften sie sich ihre heutige Stellung. Weil sie von den Lieferanten immer wieder boykottiert wurden, gründeten sie viele eigene Produktionsbetriebe, Großhandels- und Importgesellschaften. Heute besitzen sie eigene Schiffe, Fischereiflotten, Mühlen, Großbäckereien, Fleischwaren- und Konservenfabriken. Sie stellen eigene Zigaretten, Schokolade, Tiefkühlkost, Spirituosen und Waschmittel her und haben sogar eigene Wein- und Sektkellereien! Ihr Slogan »Im Konsum kaufen kluge Kunden« hat beträchtlichen Widerhall gefunden: Sie sind heute mit einem Marktanteil von rund acht Prozent, 70000 Beschäftigten und 780000 qm Verkaufsfläche die größte Gruppe von Einzelhandelsunternehmen der Bundesrepublik; ihre Großeinkaufsgesellschaft, GEG, ist ebenfalls das größte Unternehmen seiner Art, und die Bilanzsummen der ganzen Gruppe addieren sich zu etwa sieben Milliarden Mark!

Mit Unterstützung der »Bank für Gemeinwirtschaft«, die dem 1968 gegründeten »Bund deutscher Konsumgenossenschaften GmbH« als Gesellschafter angehört und an der GEG mit 25 Prozent des Stammkapitals beteiligt ist (während umgekehrt die GEG noch eine kleinere Beteiligung an der »Bank für Gemeinwirtschaft« hält), führte die Gruppe mit einem Kostenaufwand von rund sechshundert Millionen Mark ein großzügiges Modernisierungs- und Rationalisierungsprogramm durch. Dazu gehörte das neue große Gebrauchsgüter-Versandzentrum am Autobahnkreuz Kamen, die Zusammenlegung zahlreicher kleiner Geschäfte zu Supermärkten und modernen Selbstbedienungsläden, der Kauf bestehender Kettenläden und der Ausbau des sogenannten »non-food«-Geschäfts.

Von einem zweiten gemeinwirtschaftlichen Großunternehmen, der Lebensversicherungsgesellschaft »Volksfürsorge«, von den Widerständen gegen ihre Gründung und von ihrer heutigen überragenden Position ist schon die Rede gewesen.

Sie wurde als Volksversicherung gegründet und sollte mit den in Deutschland herrschenden Mißständen, vor allem auf dem Gebiet der Kleinlebensversicherungen, gründlich aufräumen. Das gelang ihr dadurch, daß sie den Verfall von Prämien grundsätzlich ausschloß, mit Hilfe eines weiten, ehrenamtlichen Mitarbeiternetzes die Kosten enorm senkte und auf übermäßige Gewinne und Tantiemen von vornherein verzichtete. Sie war beispielgebend auf dem Gebiet der Gewinnbeteiligung der Versicherten und bot bei den Währungsreformen der Jahre 1923 und 1948 ihren Mitgliedern weit günstigere Umstellungsbedingungen als alle anderen Versicherungen. Durch ihr Vorbild zwang sie die konkurrierende private Versicherungswirtschaft zu immer neuen, immer schärferen Kalkulationen zugunsten ihrer Kunden und wurde selbst zur mitgliederstärksten deutschen Lebensversicherung.

Neben der »Alten Volksfürsorge« haben sich die Gewerkschaften und Konsumgenossenschaften auch eine eigene Sachversicherung geschaffen, die unter dem Namen »Volksfürsorge Sachversicherung AG« (früher »Deutsche Sachversicherung Eigenhilfe AG«) als selbständiges Unternehmen auftritt. Beide Versicherungen arbeiten natürlich eng mit anderen gemeinwirtschaftlichen Unternehmen zusammen, besonders mit den zur Gruppe der »Bank für Gemeinwirtschaft« gehörenden Hypothekenbanken sowie mit dem Wohnungsbauunternehmen »Neue Heimat«.

Die »Neue Heimat«, das dritte Großunternehmen der Gemeinwirtschaftsgruppe, hat sich aus bescheidensten Anfängen zur heute größten gemeinnützigen Wohnungsbaugesellschaft Europas entwickelt.

Zunächst verfolgte sie kein anderes Ziel, als menschenwürdige, preiswerte Wohnungen für diejenigen zu bauen, die bis dahin nur verkommene Mietskasernen, dunkle Hinterhöfe und feuchte Keller, ein einziges Gemeinschaftsklosett für ein halbes Dutzend Familien, Waschbecken im Treppenhaus und, wegen des Mietwuchers, auch noch die Aufnahme zahlreicher »Schlafburschen« in die ohnehin viel zu engen Familienunterkünfte kannten.

Heute ist die »Neue Heimat« mit einer Bauleistung von bisher über 330 000 Wohnungen und Eigenheimen und als Vermieter von mehr als 250 000 Mietwohnungen nicht nur der mit Abstand größte Bauherr und Hauswirt der Bundesrepublik, der dadurch, daß er grundsätzlich für die Mieterinteressen eintritt, eine erhebliche marktregulierende Wirkung ausübt. Sie ist zugleich auch beispielgebend auf dem Gebiet des neuzeitlichen Städtebaus: Unter Mitarbeit international führender Architekten hat die »Neue Heimat« in allen Teilen der Bundesrepublik vorbildliche Großwohnanlagen geschaffen, zum Beispiel die Neue Vahr bei Bremen, die Gartenstädte in Auefeld bei Kassel, in München-Bogenhausen und in Wedel bei Hamburg oder auch die moderne Parksiedlung Monheim bei Düsseldorf.

Inzwischen tritt die »Neue Heimat« mit der »Gewerbebauträger GmbH« und der »Neuen Heimat Kommunal« auch auf dem gewerblichen und kommunalen Bausektor auf und gewinnt dort einen rasch wachsenden Einfluß. Sie ist heute in der Lage, den Bau ganzer Städte mit allen Wohn-, Geschäfts-, Industrie- und Kommunalbauten, Straßen und öffentlichen Einrichtungen zu planen, zu finanzieren und mit modernsten Mitteln organisatorisch und technisch durchzuführen. Dabei garantiert sie, zum Kummer der Konkurrenz, ihre Preise und Termine.

Dank einer straffen und zielbewußten Unternehmensführung unter dem Topmanagement Albert Vietors ist die Bilanzsumme der Unternehmensgruppe »Neue Heimat«, die 1950 erst 30 Millionen Mark betrug, bis 1968 auf über 8 Milliarden angestiegen!

Es gibt natürlich noch zahlreiche weitere gemeinwirtschaftliche Unternehmen, wie etwa die um die Verbreitung guter Literatur und die Heranführung der Arbeiterschaft an das Buch hochverdiente »Büchergilde Gutenberg«.

Doch das heute bei weitem wichtigste Unternehmen der ganzen Gruppe und ihr Herzstück ist ohne Zweifel die »Bank für Gemeinwirtschaft«.

Solange dieses Institut noch in sieben Regionalbanken aufgesplittert war, nahm die bundesdeutsche Bankwelt das ganze Unternehmen noch nicht sonderlich ernst. Einige böse Pannen, zum Beispiel der Verlust fast des ganzen Kapitals der Hannoverschen Gemeinwirtschaftsbank bei dem Konkurs eines bei ihr tief in der Kreide stehenden Autohändlers, bestärkten die maßgebenden Privat- und Großbankiers, an ihrer Spitze Hermann Josef Abs, nur in der Annahme, daß ein so dilettantischer Versuch wie das Eindringen der Gewerkschaften ins allgemeine Bankgeschäft über kurz oder lang scheitern müßte. Sie fürchteten deshalb weniger eine Konkurrenz der Gewerkschaftsbanken als eine Schädigung des Ansehens der ganzen Bankwelt durch ein Fiasko der neuen Institute. Sie fanden, daß man sich von den Gemeinwirtschaftsbanken gar nicht weit genug distanzieren könnte.

Als sich dann die sieben Gewerkschaftsbanken um die Aufnahme in den vornehmen »Bundesverband des privaten Bankgewerbes« (damaliger Präsident: Bankier Robert Pferdmenges) bemühten, stießen sie auf eisige Ablehnung. Der Gedanke, sich — wie es ein maßgebendes Verbandsmitglied formulierte — »mit als Bankiers verkleideten Gewerkschaftsfunktionären an einen Tisch zu setzen, sie als gleichwertige Partner anzuerkennen und auf diese Weise gar noch ›hoffähig‹ zu machen«, schien den Vertretern des etablierten Kreditgewerbes geradezu absurd.

Also gründeten die sieben Gemeinwirtschaftsbanken ihren eigenen Verband, in dem seit dem Zusammenschluß die »Bank für Gemeinwirtschaft« und ihre Töchter die einzigen Mitglieder sind. Und mit den Vertretern dieser neuen Spitzenorganisation des Kreditgewerbes sitzen die anderen nun doch an einem Tisch, ob sie es wollen oder nicht.

Außerdem hat die »Gewerkschaftsbank«, wie sie die konservativen Bankiers heute noch stirnrunzelnd nennen, inzwischen soviel Eigengewicht, daß sie der Aufwertung durch andere wahrlich nicht mehr bedarf.

Sie verfügt heute über ein Netz von 190 Niederlassungen und Zweigstellen sowie über zahlreiche Tochtergesellschaften und Beteiligungen. Zu den Töchtern der »Bank für Gemeinwirtschaft AG« (BfG) gehören unter anderem: die Hamburgische Kaufmannsbank Nottebohm & Co., die Westdeutsche Teilzahlungsbank (WTB), die Union Treuhand GmbH, die Gemeinwirtschaftliche Wohnungsbau GmbH, die Verwaltungsgesellschaft Brake & Co. GmbH, die Bau- und Handelsbank AG und die Bank für Sparanlagen und Vermögensbildung (BSV).

An der Allgemeinen Deutschen Investmentgesellschaft ist sie mit vier Prozent, an der Badenia Bausparkasse mit 25 Prozent und an der neugegründeten COOP Immobilienfonds-Verwaltung mit 50 Prozent beteiligt.

Sie hält weiter ebenfalls fünfzig Prozent der WKV-(Warenkredit-Verkehrsbank-)Anteile; die andere Hälfte ist im Besitz der Kaufhof AG.

Sodann gehören der BfG über 40 Prozent der Anteile an der Internationalen Genossenschaftsbank in Basel und zwei Drittel des Kapitals der Allgemeinen Hypothekenbank AG.

An der (zur Braunschweigischen Staatsbank-Gruppe gehörenden) Braunschweig-Hannoverschen Hypothekenbank AG besitzt die »Bank für Gemeinwirtschaft« eine Schachtelbeteiligung, während umgekehrt die Braunschweigische Staatsbank eine 25prozentige Beteiligung an der Frankfurter »Investitions- und Handelsbank« (IHB) erworben hat.

Die IHB gehörte bis zum Herbst 1963 zum Imperium des Münchner Finanzmannes Rudolf Münemann, der einmal den kühnen Plan hatte, dieses Institut zur vierten bundesdeutschen Großbank auszubauen. Heute gehört die IHB ebenfalls zur Gruppe der mit der »Bank für Gemeinwirtschaft« »befreundeten« Institute, und die BfG-Gruppe ist nun ihrerseits unter Walter Hesselbachs Führung selbst zur vierten Großbank aufgerückt.

Das drückt sich nicht allein in der BfG-Bilanzsumme aus, die 1968 bereits die Acht-Milliarden-Mark-Grenze überschritten hatte, auch nicht allein in der Fülle der Beteiligungen und dem Ausbau des Filialnetzes, sondern vor allem in der Tatsache, daß zahlreiche führende Unternehmen ihre Vorurteile gegenüber der »Gewerkschaftsbank« überwunden haben.

»Heute geben schon siebzehn der hundert größten Industrieunternehmen eine Bankverbindung mit der BfG an«, wußte die Zeitschrift *Capital* bereits im Oktober 1964 zu berichten, »darunter befinden sich Namen so traditionsbewußter Firmen wie Krupp, Bergwerksgesellschaft Hibernia, Phoenix-Rheinrohr, Scholven-Chemie, Henschel-Werke und BMW. Daß ausländisch beherrschte Firmen weniger von historischen Skrupeln geplagt sind, nimmt nicht wunder. So unterhalten Ford, Harpener Bergwerks AG und Eschweiler Bergwerks-Verein ein Konto bei der Bank für Gemeinwirtschaft. Die Stinnes-Aktionen machten die BfG mit neuen Großkunden bekannt . . .«

Die »Stinnes-Aktionen«, von denen *Capital* berichtete, erregten tatsächlich großes Aufsehen, stärkten das Prestige der jungen Bank und dürfen als geniale Leistung Walter Hesselbachs gelten.

Es begann damit, daß die »Bank für Gemeinwirtschaft« alle Beteiligungen aufkaufte, die bei der Sanierung der in Schwierigkeiten geratenen Gruppe Hugo Stinnes junior von anderen Banken übernommen worden waren.

Die Wirtschaft begann aufzuhorchen. Im Düsseldorfer *Handelsblatt* erschien eine Karikatur von Gerd Bruns mit der

Unterschrift: »Marx gab ich für Stinnes . . .«, und an der Börse flüsterte man sich damals teils besorgt, teils spöttisch zu, der Ausverkauf der bundesdeutschen Industrie sei um eine neue Variante bereichert; jetzt kauften nicht nur die Amerikaner alles, was nicht niet- und nagelfest sei, sondern auch die Gewerkschaften.

Indessen dachte die BfG gar nicht daran, den Hugo-Stinnes-Konzern nun in eigener Regie zu führen und künftig an der Produktion von Kunstdärmen und Panzern, Landmaschinen und elektronischem Gerät zu verdienen. Vor dem Hintergrund eigener finanzieller Stärke kaufte sie vielmehr preiswert ein, um es nach und nach wieder mit gutem Gewinn zu verkaufen.

Ein kapitalistischer Coup also, weiter nichts?

Nun, Walter Hesselbach sieht die Sache etwas anders:

»Zunächst einmal ging es um die Erhaltung von zwölftausend Arbeitsplätzen, die uns wichtiger waren als jede Aussicht auf Verdienst. Sodann war die bundesdeutsche Wirtschaft im Ausland ins Gerede gekommen. Eine echte Stinnes-Insolvenz hätte sie erneut diskreditiert. Erst in dritter Linie wollten wir verdienen (und haben auch gut verdient). Und wir wußten auch, daß wir einen doppelten Vertrauenszuwachs erzielen würden: einmal durch unser rasches Einspringen, zum anderen dadurch, daß wir nichts für uns behielten, sondern alles nach und nach wieder hergaben, sobald die Situation es gestattete. Das hat unseren Goodwill gesteigert und uns viele neue große Industriekunden gewonnen . . .«

Doch Hesselbachs Finanzstrategie zielte im Grunde noch viel weiter: Nur wenn es ihm gelang, die BfG zu einem auch auf der Unternehmerseite hochangesehenen Kreditinstitut zu machen, konnte er hoffen, der starke und jederzeit flüssige Hausbankier der Gewerkschaften und gemeinwirtschaftlichen Unternehmen zu werden.

Dieses Ziel hat er inzwischen erreicht: An den gesamten Einlagen und Ausleihungen der BfG haben heute die Gewerkschaften und die gesamte gemeinwirtschaftliche Unternehmensgruppe nur noch einen Anteil von weit unter 20 Prozent. Mehr als vier Fünftel aller Geschäfte tätigt die BfG mit der »kapitalistischen« Wirtschaft, mit allen Branchen und Kreisen der einst so mißtrauischen Unternehmerschaft.

»Geld für die Kapitalisten, damit sie Geschäfte machen können, Geld für die Gewerkschaften, die im Streikfall die Firmen stillegen«, so umschrieb der *Spiegel* die Rolle der »Bank für Gemeinwirtschaft«. Walter Hesselbach aber nennt diesen nur scheinbaren Widerspruch das »Odium der doppelten Vertrauenswürdigkeit«.

Im übrigen fühlt er sich wohl in der Rolle des Hechts im Karpfenteich, der die bemoosten und schon etwas kurzatmigen Veteranen der bundesdeutschen Kreditwirtschaft immer wieder in Bewegung bringt und zu schärferem Kalkulieren zwingt. So läßt Hesselbach beispielsweise seiner Kleinkreditkundschaft weit weniger Zinsen und Gebühren berechnen, als die anderen Großbanken verlangen. Bei Streiks, Aussperrungen und in ähnlichen Härtefällen gewährt seine Bank den betroffenen Darlehensnehmern Ratenpausen.

In seinem neuen Tochterinstitut, der »Bank für Sparanlagen und Vermögensbildung«, hat Hesselbach (zur tiefen Beunruhigung der ganzen Bankwelt) erstmals das Prinzip der Beteiligung und Mitbestimmung der Sparer eingeführt.

Und ihren eigenen Angestellten gegenüber bemüht sich seine BfG, zum Schrittmacher der Tarifpolitik im übrigen Bankgewerbe zu werden und mit ihren Sozialleistungen die anderen Großbanken immer wieder zu übertreffen.

In einem Punkt allerdings ist die »Bank für Gemeinwirtschaft« weit hinter den anderen Großbanken zurück, nämlich in der Höhe der Vorstandsgehälter. Auch Hesselbachs eigene Einkünfte sind, gemessen an denen der anderen Großbankbosse, recht kärglich. Nach Abzug der Steuern bleiben ihm knapp hunderttausend Mark im Jahr — für einen so erfolgreichen Topmanager auf der Kommandobrücke einer Unternehmensgruppe mit -zig Milliarden Mark Bilanzsumme eine äußerst bescheidene Entlohnung.

Dementsprechend ist auch Hesselbachs Lebensstil weit weniger aufwendig, als man bei einem Bankier, der mit Krupp und Rothschild Geschäfte macht, erwarten könnte. Mit seiner reizenden Frau Hedwig und seinen drei Töchtern Elke, Petra und Hedi bewohnt Walter Hesselbach ein zwar hübsches und modernes, aber keineswegs den pompösen Residenzen anderer Konzerngewaltiger vergleichbares Einfamilienhaus in Frankfurt-Ginnheim, Am Hochwehr 74, einer (laut *Spiegel*) »für großhubige Manager beinahe indiskutablen Adresse«.

Indessen ist es Walter Hesselbach nachgerade gewöhnt, daß man ihn und seine Bank, seine Anschauungen und seinen Lebensstil immer wieder (und unter den verschiedensten Aspekten) als »beinahe indiskutabel« bezeichnet hat — immer so lange, wie es dauerte, bis der Erfolg sich eingestellt und die »allgemeinen Anschauungen« sich geändert hatten.

Was aber diesen, letzten Endes entscheidenden Erfolg angeht, so hat Walter Hesselbach, privat wie geschäftlich, davon mehr zu verzeichnen als jeder andere Bankmanager seiner Generation.

Für ihn selbst aber gibt es etwas, das ihm noch wichtiger ist als der Erfolg (obgleich er auch diesen wohl zu schätzen weiß!): sich selber treu zu bleiben.

»Sollten mich meine Partei- und Gewerkschaftsfreunde jemals mit ›Sie‹ anreden«, meint er dazu, »dann wüßte ich, daß ich falsch liege . . .«

3.

IHR DA OBEN ...

Fritz und Willy — Kaiser und Krupp

Die Vorstellung, ein nordvietnamesischer Privatmann könnte eines schönen Tages von der amerikanischen Firma Dow Chemical einen Dollar und fünf Cents für jedes Kilo Napalm kassieren, das die US Air Force auf vietnamesische Dörfer zu werfen beliebte, mag uns heutzutage frösteln machen. Aber damals fand man nichts dabei; zumindest nicht, wenn man Vickers, Armstrong, Carnegie, Schneider oder Krupp hieß. Sie fühlten sich, und wohl mit Recht, als Brüder, genau wie sich alle Monarchen verwandt fühlten (und es meist ja auch waren).

Angesichts dieser internationalen Bruderschaften der Majestäten und Kanonenkönige erscheint die Frage doppelt interessant, ob Kaiser »Willy« tatsächlich — wie es viele Krupp- und Hohenzollern-Hasser behauptet haben und noch behaupten — an den Geschäften seines Kanonenkönigs und Freundes Fritz beteiligt gewesen ist. Neben zahllosen bösartigen und jedes Beweises ermangelnden Verdächtigungen dieser Art, die vor allem während des Ersten Weltkrieges von der alliierten Propaganda liebevoll aufbereitet und in der ganzen Welt verbreitet wurden, hat es auch eine ganze Reihe solcher Unterstellungen von deutscher Seite gegeben, darunter einige, die recht nachdenklich stimmen: Geheimrat Friedrich August von Holstein, Bismarcks engster Berater und bis 1906 die »Graue Eminenz« des Auswärtigen Amtes, konnte es wagen, in seinen Briefen an die Mitglieder der Reichsregierung ungeniert davon zu sprechen, daß »S. M.« sich hinsichtlich ihrer Industriebeteiligungen unvorsichtig benähme und damit nur die Gerüchte nähre, der Kaiser wäre beim Norddeutschen Lloyd wie bei Krupp »stark interessiert«, und Deutschlands auflagenstärkste Tageszeitung der Weimarer Epoche, Ullsteins *Berliner Morgenpost,* erklärte, nach allem, was die Geheimarchive, die nach 1918 geöffnet worden wären, offenbart hätten, sei Kaiser Wilhelm II. an den lukrativen Rüstungsgeschäften der Firma Krupp beteiligt gewesen. »S. M.«, bereits seit Jahren im holländischen Exil, ließ dann zwar sofort ein scharfes Dementi veröffentlichen, und es gab sogar einen

Prozeß, der wie das Hornberger Schießen ausging, aber die Behauptung ließ sich nicht aus der Welt schaffen. Bis in unsere Tage wird sie von ernst zu nehmenden Historikern hartnäckig aufrechterhalten.

Indessen fehlt bislang jeder konkrete Beweis dafür. Lediglich in einer Erklärung des Berliner Finanzministeriums vom Februar 1920 findet sich ein Hinweis, daß anläßlich der Beschlagnahme des ehemals kaiserlichen Privatvermögens im November 1918 die Feststellung gemacht worden sei, daß Wilhelm II. am 3. Juli 1908 über die Deutsche Bank für 50000 Mark Industrie-Schuldverschreibungen der Firma Krupp gekauft und im April 1914 wieder abgestoßen hätte.

Das ist ein nach Art und Umfang ziemlich dürftiger Beweis, wogegen es an starken Indizien für die Richtigkeit der Behauptungen wahrlich nicht mangelt. Denn der Kaiser, der sich, wie schon der Geheimrat von Holstein bemerkt hatte, »eben unvorsichtig« benahm, hätte sich gewiß, selbst wenn er der Fifty-fifty-Partner seines lieben Freundes Fritz gewesen wäre, nicht nachdrücklicher für die Interessen der Firma Krupp — und damit seine eigenen — einsetzen können, als es dann, namentlich in Zusammenhang mit dem Bau der Hochseeflotte, tatsächlich der Fall war. Doch ehe wir uns mit diesem zweiten Hauptgeschäft der Ära Fritz befassen, scheint eine kurze Überlegung am Platze, die erstaunlicherweise selbst von den eifrigsten Krupp- und Kaiser-Feinden versäumt worden ist:

In allen deutschen Millionärsverzeichnissen aus der Zeit vor dem Ersten Weltkrieg steht der Name Krupp als der des größten Steuerzahlers im Reich an erster Stelle. Der naheliegende Schluß, daß Fritz Krupp (und später seine Tochter Bertha) der (oder die) Allerreichste in Deutschland gewesen sein müßte, ist jedoch falsch. Ein paar Leute, die keine Steuern zu zahlen brauchten, waren noch weit reicher, nämlich einige — keineswegs alle — regierende Fürsten, an ihrer Spitze der viele hundert Millionen Goldmark schwere Deutsche Kaiser und König von Preußen, Wilhelm II.

Sein Privatvermögen, das sich um 1910 auf schätzungsweise sechshundert Millionen Goldmark, mindestens sechs Milliarden Mark heutigen Wertes, belief, bestand zwar überwiegend aus wertvollem Grundbesitz, Schlössern, Kunstschätzen und unerhört kostbaren Juwelen, daneben aber natürlich auch — wozu hätte er sonst seinen Hofbankier Ludwig Delbrück nötig gehabt? — aus festverzinslichen Wertpapieren, Aktien und Beteiligungen sowie einigen hübschen Auslandsguthaben für alle Fälle.

Selbst wenn man wohl davon ausgehen muß, daß der Kaiser weniger als das sonst damals übliche Drittel des Gesamtvermögens in Aktien und Beteiligungen anlegen konnte, so werden ihm doch einige -zig Millionen für diesen Zweck zur Verfügung gestanden haben, und es gibt keinen vernünftigen Grund, warum Willy, der Privatmann, diese Summen nicht dort investiert haben sollte, wohin auch Wilhelm, der Kaiser, seine allerhöchste Aufmerksamkeit vorzugsweise zu lenken geruhte: auf Rüstung und Schiffbau.

Natürlich konnte er das nicht ganz offen tun — das Volk war nicht imstande, deutlich zu unterscheiden zwischen dem geliebten Kaiser, der hoch über allem stand und erhaben war über jede niedere Geschäftemacherei, und Willy, dem Privatmann und treusorgenden Familienvater, der sein Geld vernünftig anlegen mußte —, und deshalb hätte er, wenn er sich irgendwo beteiligte, vermutlich seinen Privatbankier vorgeschoben, etwa derart, daß Herr Delbrück Aktien auf eigene Rechnung kaufte, als Bankier Anleihen gewährte oder stiller Teilhaber wurde, dafür seinem kaiserlichen Kunden für dessen Bankguthaben Zinsen in einer Höhe gewährte, die dem Ertrag des durch ihn investierten Kapitals einigermaßen entsprachen. Dann konnte Wilhelm, der Kaiser, immer sagen, daß er selbst nirgendwo beteiligt wäre, und Willy, der Privatmann, durfte dennoch zufrieden sein mit seiner lukrativen und diskreten Geldanlage.

Für ein solches Vorgehen sprach auch noch ein weiterer Umstand: Wer riesige Summen in Industrieunternehmen investiert, muß auf sein Geld natürlich ein bißchen aufpassen. Für den Kaiser und König aber wäre es unschicklich gewesen, selbst im Aufsichtsrat eines Konzerns zu sitzen, sogar wenn man ihm den Vorsitz überlassen hätte. Ein Bankier dagegen konnte Dutzenden von Aufsichtsräten angehören, ohne daß jemand dies hätte unpassend finden können. Ja, und tatsächlich hatte der kaiserliche Hofbankier Delbrück eine stattliche Reihe solcher Mandate, unter anderem übrigens bei Fried. Krupp in Essen, nachdem die Firma kurz nach Fritzens Tod in eine Aktiengesellschaft umgewandelt worden war, und unter allen Mitgliedern dieses erlauchten Gremiums war er der einzige, der nicht, sozusagen, zur Familie gehörte ...

Aber, so könnte man einwenden, ist es nicht für ein großes und stolzes Unternehmen ein recht unbefriedigender Zustand, einen stillen Teilhaber zu haben und auf das Nützlichste, das dieser, außer seinem Geld, bieten könnte, verzichten zu müssen, nämlich darauf, sich auf eben diesen allereinflußreichsten Partner bei der Kundschaft zu berufen? Und hätte nicht auch der Kaiser, wäre er imstande gewesen, sich offen zu seiner Krupp-Beteiligung zu bekennen, dem Essener Unternehmen (und damit zugleich sich selbst) noch weit, weit größere Aufträge seiner ihm treu ergebenen Minister und Militärs verschaffen können...?

Die Antwort auf solche möglichen Einwände beendet zugleich diese von allen Verfechtern der Beteiligungstheorie versäumte Überlegung: Essen brauchte sich nicht auf allerhöchste Beteiligung zu berufen; es genügte ja, wenn — wie es uns Holstein bestätigt hat — man ohnehin glaubte, »S. M. sei ... bei Krupp stark interessiert«. Und was den zweiten Punkt betrifft, so hätte auch eine ganze Kompanie von höchstdotierten Public-Relations-Spezialisten in Tag- und Nachtschichten nicht mehr erfolgreiche Vertrauenswerbung für Krupp treiben und die Auftragslage immer wieder grandios verbessern können, als es Seine Majestät Allerhöchstselbst jahrein, jahraus zu tun geruhten ...!

Und damit wenden wir uns einem der düstersten Kapitel deutscher Vorkriegsgeschichte zu und zugleich einem der erfreulichsten für die Bilanzen der Firma Fried. Krupp: Deutschlands (richtiger: des Kaisers) Streben nach einer mächtigen, Großbritannien in seine Schranken weisenden Hochseeflotte.

Eigentlich hätte Großbritannien der natürliche Verbündete des neuen Deutschen Reiches sein müssen. Preußen, die deutsche Vormacht und Englands traditioneller »Festlandsdegen«, hatte den Todfeind der Briten, Napoleon I., mit schlagen helfen, hatte dann den katholischen Einfluß in Mitteleuropa weit zurückgedrängt, Österreich in eine für London nützliche Balkanrivalität mit Rußland manövriert und den um die Mitte des 19. Jahrhunderts für England gefährlichsten Rivalen, Napoleon III., ausgeschaltet. Das Deutsche Reich unter preußischer Vorherrschaft, das dann entstanden war, hielt Frankreich in Schach, Großbritanniens europäischen Nachbarn und »Erbfeind«, kolonialpolitischen Rivalen und lange Zeit hindurch lästigsten Konkurrenten. Der deutsch-französische Gegensatz garantierte auch, solange der *Status quo* gewahrt blieb, daß die Rhein-, Maas- und Scheldemündungen nicht unter den Einfluß des einen oder anderen gerieten — ein von England als lebenswichtig angesehener Zustand. Und schließlich schuf Deutschlands neue Stellung auf dem Kontinent ein für London angenehmes Gleichgewicht der Kräfte auch in Ost- und Südosteuropa, band vor allem Rußland, dessen Vordringen in den Mittelmeerraum und in den Nahen und Fernen Osten, vor allem aber nach Indien, Großbritannien unbedingt verhindern wollte.

Umgekehrt gab es zwischen Preußen-Deutschland und England keine prinzipiellen Gegensätze oder unüberbrückbaren Interessenkonflikte. Gewiß, Deutschland begann sich zu einem mancherorts lästigen Handelskonkurrenten zu entwickeln; es stellte auch ein paar koloniale Ansprüche, die in London Stirnrunzeln hervorriefen. Doch die Welt war groß, und man hätte sich arrangieren können — so, wie sich die britische Rüstungsindustrie mit Krupp und Stumm arrangiert oder wie man sich in der Helgoland-Frage verständigt hatte: 1890 hatten die Briten die vor der deutschen Nordseeküste liegende Inselfestung an Preußen-Deutschland abgetreten, und die Deutschen hatten dafür die von ihnen besetzte ostafrikanische Insel Sansibar den Engländern überlassen ... Zugegeben, es gab keine überschwengliche Liebe zwischen Briten und Deutschen, nicht einmal eine innige Zuneigung. Das lockere Bündnis, das sich anbot und das von London (und auch von vielen Vernünftigen in Deutschland) gewünscht wurde, hätte sich auf gegenseitige Hochachtung und kühle Überlegung gestützt — in der Politik die solidesten Grundlagen, die man sich denken kann.

Doch das Bündnis kam nicht zustande. Es gab ein paar Hindernisse, die stärker waren als alle Vernunft, und das stärkste Hindernis lag in der Person des Kaisers. Seine Mutter, eine englische Prinzessin, hatte Bismarck und dessen reaktionären Kurs verabscheut, dazu noch manches, was ihr »typisch preußisch« erschien. Leider hatte sie auch ihren Ältesten darin einbezogen und sich nicht gescheut, dies jedermann, ihn selbst nicht ausgenommen, deutlich wissen zu lassen.

Als junger Mann war Wilhelm, der unter der unerwiderten Liebe zu seiner englischen Mama sehr litt, zwischen Bewunderung für und Haß gegen England hin- und hergerissen gewesen. Und dann war er, der Enkel der großen Queen Victoria und künftige Thronerbe des Deutschen Kaisers, bei seinen Besuchen in London schlecht behandelt worden, herablassend, leicht spöttisch, wie es ihm schien. Wilhelm, wegen seines verkrüppelten Armes ohnehin zu Minderwertigkeitskomplexen neigend und durch die Behandlung, die ihm seine Mama angedeihen ließ, darin noch bestärkt, sah sich von dem bewunderten und geliebten England seiner Großmutter verschmäht und zurückgestoßen — genau wie von seiner Mutter! Das hatte wahrlich nichts mit Politik zu tun, aber es sollte sich — mit entsetzlichen Folgen — darauf auswirken, zumal Willys Onkel Eduard im Januar 1901 König von England geworden war und der Neffe beschloß, es diesem Lebemann einmal so richtig zu zeigen, was er, der Deutsche Kaiser, in Wirklichkeit für ein großartiger Mann sei!

Er wollte dem Onkel und damit ganz England unbedingt imponieren, die Briten, die ihn ihre Überlegenheit hatten fühlen lassen, gehörig ducken. Und womit konnte man Großbritannien und seinen König beeindrucken, sich unterlegen fühlen lassen? Paris wußte es: mit berauschender Eleganz, verfeinerter Kultur und ebenso geistreichen wie verführerisch schönen Frauen. Willy meinte, es besser zu wissen: den Briten imponierte nur eine mächtige, der englischen mindestens gleichwertige Hochseeflotte ...!

Das Deutsche Reich, das sich bis dahin mit dem begnügt hatte, was es an Kriegsschiffen brauchte, damit es seine Nord- und Ostseeküsten notfalls verteidigen, die Verbindung zu den Kolonien schützen und ab und zu eine schöne Flottenparade veranstalten konnte, benötigte eine riesige Hochsee-Streitmacht etwa so dringend wie Eskimos Kühlschränke — es war reine Prestigesucht, und zudem eine sehr gefährliche, denn da sich Schlachtschiffe von einer gewissen Stückzahl an nur noch mit Angriffsabsichten rechtfertigen lassen, mußte die wahnwitzige Seerüstung ein Ziel haben, und dies konnte nach Lage der Dinge nur eine Auseinandersetzung mit Großbritannien sein, der Beherrscherin der Meere, der Deutschland offenbar die Seeherrschaft streitig machen wollte ... 1898 fing es an, als der Kaiser in Stettin eine Rede hielt und — zum allgemeinen Erstaunen — darin bemerkte: »Unsere Zukunft liegt auf dem Wasser!«

Ein Jahr später, in Hamburg, hielt Wilhelm II. wieder eine Ansprache, diesmal anläßlich des Stapellaufs eines Schlachtschiffs, und nun verstieg er sich schon zu der kühnen Behauptung: »Bitter not ist uns eine starke deutsche Flotte ...!«

Erstaunlicherweise fanden diese und ähnliche Äußerungen Seiner Majestät lebhaften Widerhall dort, wo man es am wenigsten erwartet hätte: bei den steuerzahlenden Bürgern! Während das Parlament sich bemühte, die Seerüstung in einigermaßen vernünftigen Grenzen zu halten, organisierten sich patriotisch gesinnte Kleinbürger im »Deutschen Flottenverein«.

Im Handumdrehen sammelten sich in diesem Verein über eine Million — wie es schien, überaus opferwillige — Mitglieder, denn sie überschütteten ihre Mitbürger mit Broschüren und Flugschriften, hielten Zehntausende von Versammlungen ab und gaben — in einer Auflage von siebenhundertfünfzigtausend Exemplaren — eine Propaganda-Zeitschrift, *Die Flotte,* heraus. Unterstützt wurden die Bestrebungen des Flottenvereins überdies von zwei Tageszeitungen, den *Berliner Neuesten Nachrichten* und der *Post,* die in immer lauteren Tönen den raschen, von keinem kleinlichen Reichstag gehemmten Ausbau der deutschen Kriegsflotte forderten, jene mit Schmähungen bedachten, die anderer Meinung waren, und Tag für Tag neue Gründe fanden, die die Seerüstung in beschleunigtem Tempo plausibel machen sollten.

Am 30. November 1899 gab die Leitung des Flottenvereins ein geheimes Rundschreiben heraus, worin befohlen wurde, eilig Großkundgebungen vor allem in Gegenden zu organisieren, »wo die Bedeutung von der Notwendigkeit unserer Flotte noch nicht besteht«. Kurz darauf wurden überall im Reich Flugblätter verteilt, in denen es hieß: »Wir brauchen Ellbogenfreiheit zur See; gutwillig gesteht uns die aber niemand zu, also erzwingen wir, was unser gutes Recht ist, das heißt: eine Flotte, die stark genug ist, Feinde und Neider in Respekt zu halten!« Deutschland wäre wahrlich reich genug, hieß es dann noch am Schluß, erheblich größere Aufwendungen als bisher für das hohe Ziel einer starken Flotte zu machen ...

Das Resultat dieser scheinbar selbstlosen, rein patriotischen Bemühungen war indessen zunächst ein ganz anderes, als es sich der Flottenverein und seine Förderer erhofft hatten. Fast die gesamte deutsche Presse — ausgenommen natürlich die *Post* und die *Berliner Neuesten Nachrichten* — wandte sich energisch gegen diese Rüstungspropaganda, die sie als »geschäftstüchtigen Reklametrick« brandmarkte, und stellte nun auch diejenigen bloß, die dahintersteckten:

Das war zunächst das Zentralbüro des wackeren Vereins mit über vierzig hochbezahlten Angestellten; das war der Präsident, Seine Durchlaucht Fürst Wilhelm zu Wied, damals auch Präsident des preußischen Herrenhauses; das war der »Protektor«,

Seine Königliche Hoheit Prinz Heinrich von Preußen, ein Bruder des Kaisers, der sich als Admiral schon einigen Lorbeer erworben hatte, und das war der Generalsekretär Victor Schweinburg, der als wendiger Journalist und Sohn armer Ostjuden eigentlich gar nicht so recht in diesen erlauchten Kreis zu passen schien, doch der eigentliche Motor und die Seele des ganzen Unternehmens war. Er konnte sich zudem rühmen, Seiner Majestät dem Kaiser vorgestellt und von Allerhöchstdemselben mit Händedruck und Schulterklopfen für seine aufopfernde Tätigkeit belobigt worden zu sein. Es gab sogar Fotos von diesem historischen Augenblick ...

Wer hatte Schweinburg dem Kaiser vorgestellt?

Nun, sein zufriedener Chef, nicht der Fürst zu Wied, der nur ein Aushängeschild war, genau wie Prinz Heinrich, sondern sein wirklicher Auftraggeber und Brotherr, Exzellenz Fritz Krupp. Den propagandistisch wirksamen kaiserlichen Händedruck (samt den Fotografen, die ihn im Bilde festhielten) hatte allerdings der tatkräftige und umsichtige Geheimrat Jencke arrangiert; sein Chef war für solche kleinen, aber wichtigen Dinge zu unbeholfen.

Mit Jencke, dem Chef des Krupp-Direktoriums, wie er offiziell genannt wurde, hatte Schweinburg übrigens fast täglich zu tun, weit mehr als mit seinem Vereinspräsidenten, dem Fürsten zu Wied, denn der fleißige Generalsekretär hatte noch einen zweiten Posten: Er war auch Chefredakteur der *Berliner Neuesten Nachrichten*, die wiederum dem Essener Unternehmen gehörten, das »Sprachrohr« des im Parlament so schweigsamen Reichstagsabgeordneten Krupp waren und von Geheimrat Jencke »betreut« wurden.

(Die *Post*, das andere flottenvereinsfreundliche Blatt, gehörte dagegen »König Stumm«, der ja ebenfalls Reichstagsabgeordneter, ein — nicht ganz so bevorzugter — Freund des Kaisers wie Krupp und am Flottenrüstungsgeschäft angemessen beteiligt war ...)

Bliebe noch zu erwähnen, daß Durchlaucht zu Wied gleichfalls in guten Beziehungen sowohl zu Majestät wie zu Exzellenz Krupp standen. Der Fürst war ein Vetter des Kaisers — und damit auch von dessen Bruder, dem Flottenvereins-Protektor Prinz Heinrich —, doch da er, im Gegensatz zu seinem regierenden Cousin, nicht sehr gut bei Kasse war, hatte er, der Präsident des Herrenhauses, dem auch die steinreichen Herren Krupp und von Stumm angehörten, dem Essener Kanonenkönig seine ausgedehnten Waldungen verpachtet, und auf seinem Grund stand auch, oberhalb von Isenburg, das Schlößchen Sayneck, ein bevorzugter Aufenthaltsort von Fritz Krupp ...

Es ließen sich noch viele Querverbindungen zwischen der Zentrale des Flottenvereins, dem Kaiser und den am Rüstungsgeschäft interessierten Unternehmen, vor allem der Firma Krupp, aufzeigen — auch nach der eiligen Abberufung des etwas übereifrigen Generalsekretärs Schweinburg und dem Ersatz des Fürsten zu Wied durch einen anderen hocharistokratischen Präsidenten, den Fürsten Otto II. zu Salm-Horstmar. Doch interessanter als das Wie ist das Warum, der Zweck der jahrelangen kostspieligen Propaganda, in die Essen so bedeutende Summen investierte.

Nun, der Kaiser, der ja schließlich selbst am besten wissen mußte, welche Ziele er und seine Militärs verfolgten, hatte Fritz Krupp schon 1895 einen Tip gegeben, daß künftig mit dem Bau und der Bewaffnung von Kriegsschiffen allerhand zu verdienen wäre. Natürlich hatte S. M. nicht vom schnöden Mammon gesprochen, sondern von patriotischen Notwendigkeiten, aber Fritz (und erst recht Jencke) verstand auch so.

Schon wenige Monate später, als noch niemand im Reich an kühne Flottenpläne dachte, pachtete Essen eine alte Werft in Kiel, begann sie nachdrücklich zu modernisieren und kaufte sie schließlich den (zunächst) hocherfreuten Besitzern ab. Die »Friedr. Krupp-Germaniawerft«, wie sie fortan hieß, bekam von der sonst sehr kleinlichen Marineverwaltung eine prächtige Wasserfront, und dann begann Essen dort zu investieren, daß den Kielern vor Staunen die Münder offenstanden! Innerhalb kürzester Frist entstand eine riesige, ultramoderne Werft, die imstande war, jedes Jahr ein Linienschiff zu bauen und mit Panzerung, Geschützen, Maschinen und gesamter sonstiger Ausrüstung zu versehen.

Auch in Magdeburg beim »Friedr. Krupp-Grusonwerk«, wurden allerlei Umstellungen vorgenommen. Das Schwergewicht der Produktion verlagerte sich auf Panzerplatten, und beide Veränderungen, in Kiel und in Magdeburg, erfolgten glücklicherweise gerade noch rechtzeitig für den großen Flottenboom, der dann einsetzte. Vorher gab es allerdings noch eine kleine Schwierigkeit zu überwinden, nämlich den Widerstand des Parlaments. Die Reichstagsabgeordneten der Mitte und der Linken, kleinliche Leute ohne Sinn für des Kaisers Wunsch, es seinem Onkel Eduard zu zeigen, daß auch Deutschland Schlachtschiffe bauen könnte, wollten zunächst nicht die gewaltigen Summen bewilligen, die die Marineleitung plötzlich verlangte.

Da traf es sich dann gut, daß eine mächtige Volksbewegung entstand, der Flottenverein, der die Öffentlichkeit gegen die flottenfeindlichen Reichstagsabgeordneten mobilisierte, und im Frühjahr 1898 bewilligte das Parlament — nicht zuletzt unter diesem Druck und auch infolge von Gerüchten, daß der Kaiser einen Staatsstreich plante, falls ihm der Reichstag in der Flottenfrage nicht bald entgegenkäme — den Bau von siebenundzwanzig Linienschiffen.

Die Neubauten sollten über sechs Jahre verteilt werden und bis 1904 reichen. So sah es das (erste) Flottengesetz vor. Doch bereits nach einem Jahr begann schon wieder das Trommelfeuer des Flottenvereins, der *Post* und der *Berliner Neuesten Nachrichten*, die ein zweites Flottengesetz forderten, ein stark erweitertes, zusätzliches Bauprogramm. Mit kräftiger Unterstützung des Kaisers gelang es schließlich, trotz der kompromittierenden Presseenthüllungen über die Beziehungen des Flottenvereins zu Krupp und Stumm, auch die zweite Vorlage durchzubringen. Aber schon nach einem Dreivierteljahr schrien die Flottenvereinsblätter nach einem dritten Ergänzungsgesetz . . .!

Deutschland schien tatsächlich von einem Flottenfieber ergriffen; und wenn nicht ganz Deutschland, so doch zumindest weite Kreise, denn am 3. Dezember 1901 schrieb Otto II., der neue Flottenvereinsfürst, an Admiral Tirpitz, den Chef des Reichsmarineamts:

»Von Herren verschiedener Parteirichtungen bin ich gebeten worden, eine Bewegung einzuleiten, welche dahin geht, den Reichstag zu veranlassen, an die Regierung die Bitte zu richten, angesichts der schlechten Konjunktur und der ungünstigen Geschäftslage von Handel und Industrie und der damit zusammenhängenden Arbeitslosigkeit vieler Tausender von Arbeitern, den auf einen längeren Zeitraum verteilten Bau von Kriegsschiffen in möglichst beschleunigtem Tempo herbeizuführen . . .«

Das war nun selbst Tirpitz zuviel!

Gerade hatte er ausrechnen lassen, was die »Herren verschiedener Parteirichtungen« — später mußte der Briefschreiber kleinlaut zugeben, daß es sich nur um »Herren der westdeutschen Industrie, darunter Krupp« gehandelt hätte — am Flottenbau verdienten: Sie arbeiten — obwohl es doch um Staatsaufträge, vaterländische Belange und Hunderte von Millionen Mark ging — mit einer Gewinnspanne von ziemlich genau hundert Prozent...! Dem »Seebären« Tirpitz — der in Wirklichkeit ein intriganter Schreibtisch-Admiral war — sträubte sich der zweigeteilte Bart, wenn er daran dachte, wie schwer er sich seinen Marineetat vom Reichstag erkämpft hatte. Und nun steckten die Hälfte der rund zweihundertsiebzig Millionen Mark, für die er noch so viele schöne Panzerkreuzer hätte bauen können, die Herren Krupp und von Stumm in ihre privaten Taschen, wagten überdies auch noch von »schlechter Geschäftslage« zu sprechen und bejammerten die Not ihrer Arbeiter...!

Erst dem Kaiser Allerhöchstselbst gelang es, Tirpitz wieder zurückzupfeifen und ihn davon abzubringen, Fritz zur Offenlegung seiner Geschäftsbücher zu zwingen. Aber die dritte Flottenvorlage fiel ins Wasser, und da die Herren Krupp und von Stumm nun mit ihren Preisen erheblich heruntergehen mußten, strichen sie alle Zuwendungen an den Flottenverein.

Soweit die nüchternen Tatsachen, die natürlich für alle Krupp-Hasser ein gefundenes Fressen waren und noch immer sind, wogegen sich die Fans und Hofchronisten mit allgemeinen philosophischen Betrachtungen und Kopfschütteln über den Undank der Welt begnügen mußten, Tirpitz als »Vater der Lüge« hinstellten — eine generell recht passende, im speziellen Falle aber unzutreffende Bezeichnung! — und in weinerlichem Ton darauf hinwiesen, daß der Firma Krupp damals wohl nur »ihre einzig dastehenden Leistungen zum Vorwurf gemacht werden« sollten, »obgleich es doch allen Firmen der Welt offenstehe, ebenso gute oder bessere Panzerplatten zu fabrizieren und, wenn sie könnten, zu günstigeren Preisen«.

Die letzte Feststellung war, so hübsch sie sich anhörte, natürlich in Wirklichkeit nur ein kleiner Spaß — schließlich gab es ja, eigens zur Verhinderung eines die Gewinnspannen schmälernden Konkurrenzkampfes, das internationale Panzerplatten-Kartell...!

Die Krupp-Fans hätten besser daran getan, den in- und ausländischen Hassern ihres Idols entgegenzuhalten, wie segensreich in Wirklichkeit Krupps Preispolitik die wahnwitzige Aufrüstung bremste! Hätte Essen sich mit, sagen wir, zehn (anstatt hundert) Prozent Gewinn begnügt, wären vielleicht noch ein

Dutzend Kriegsschiffe mehr gebaut worden; der schließliche Zusammenprall mit England hätte sich dann sicherlich nicht mehr noch über ein Jahrzehnt lang vermeiden lassen, und Europa wäre um einige schöne Friedensjahre ärmer gewesen ...

Nun, vielleicht konnten die Krupp-Fans damals und auch später solche Rechnung noch nicht aufmachen. Es wäre in Deutschland auf wenig Verständnis gestoßen, hätten sie erklärt: Besser, das (für die Steuer sicherlich etwas unterbewertete) Vermögen von Exzellenz Krupp steigt (wie es tatsächlich stieg von hundertneunzehn Millionen Mark im Jahre 1895 auf hundertsiebenundachtzig Millionen Mark im Jahre 1902, sein persönliches Einkommen im selben Zeitraum von jährlich sieben auf über einundzwanzig Millionen Mark), als daß noch ein halbes Dutzend überflüssiger Panzerkreuzer die internationale Spannung erhöht ...!

Indirekt — und auch dieses Argument haben sich die Krupp-Apologeten entgehen lassen! — profitierten von den »Einsparungen« der Essener Firma natürlich auch alle anderen, stolze Kriegsflotten bauenden Völker! Deutschlands übersteigerte Seerüstung ließ ja Großbritannien, Frankreich, Rußland, Italien, Japan und die USA nicht ruhen; sie alle ließen, angefeuert durch die schrillen Schreie ihrer jeweiligen, ebenfalls von den nationalen Rüstungsfirmen finanzierten Flottenvereine, auch ein Kriegsschiff nach dem anderen vom Stapel laufen, und jedes war gepanzert mit bestem, teuerstem Kruppstahl, wenngleich Essen ihn nicht selbst herstellte und dafür »nur« fünfundvierzig Dollar je Tonne Lizenzgebühren kassierte. Dadurch, daß Krupps hohe Gewinnspannen die deutsche Seerüstung drosselte, konnten sich auch alle anderen an dem Wettrüsten beteiligten Nationen etwas Atem gönnen, und die kleinen und großen Steuerzahler in aller Welt hatten den Vorteil davon ...

Das alles mag ein bißchen zynisch klingen, wie das mit Wahrheiten oft so ist. Doch in einem Punkt tun die meisten Krupp-Gegner der Exzellenz Fritz wirklich unrecht und versagen auch die konzerneigenen Hofbiographen — aus sehr naheliegenden Gründen — in ihrer Apologetik: Er war weitgehend unschuldig an nahezu allem, was in seinem Namen geschah — ob es nun die »Trutz- und Schutzwaffen-Schaukel«, der skrupellos geführte Konkurrenzkampf oder der Kauf der *Berliner Neuesten Nachrichten* im Jahre 1893 war, ob es sich um die phantastischen Gewinnspannen, um die knickerigen Sozialeinrichtungen, die internationalen Kartellabsprachen, das Anheizen der Rüstungskonjunktur durch den Flottenverein und ähnliche ultranationalistische Organisationen handelte oder ob es seine eigene Reichstagskandidatur betraf. Immer drängten ihn andere — meist Jencke oder Willy oder seine Frau —, wenn sie es nicht gar schon für ihn taten und ihn allenfalls später darüber informierten . . .

Schon sein Vater, Alfred der Große, hatte vieles und zuletzt nahezu alles anderen überlassen — seinen Brüdern, Ascherfeld, der »Procura«, dem unermüdlichen Kreditvermittler (und späteren Leiter der Revision) Carl Meyer, dem Juristen Sophus Goose und dem Pariser Vertreter Henri Haas, schließlich dem wackeren Jencke...

Fritz, der Sohn, schien zwar anfangs die Absicht gehabt zu haben, am Management wenigstens teilzunehmen, bei Meinungsverschiedenheiten im Direktorium das letzte Wort zu sprechen und über alles stets genau informiert zu sein. Aber, bei allen guten Vorsätzen, er war dazu gar nicht imstande!

Schon die Repräsentation, die das Direktorium ihm abverlangte — im wohlverstandenen Interesse des Unternehmens galt es, die Beziehungen zum Kaiser, zum Hofstaat, zu Regierung, Militärs und ausländischen Potentaten zu pflegen —, überforderte seine schwachen Kräfte. Und wenn die sozialdemokratische *Volkszeitung* im Februar 1898 berichtete: »Der Abgeordnete Krupp gab im Hotel Bristol am Sonntagnachmittag ein Uhr etwa zweihundertfünfzig Personen ein Frühstück. Fast sämtliche Minister und eine große Anzahl von Nobilitäten Berlins . . . waren anwesend . . .«, so war dergleichen, trotz all der Köstlichkeiten, die das Blatt seinen Lesern ausführlich beschrieb, für Fritz nichts als eine lästige Pflicht, ja, eine Qual! Er mußte strenge Diät halten, sich meist mit einem Gläschen Mineralwasser begnügen, durfte nicht rauchen und litt unter Asthmaanfällen, nervösen Magenbeschwerden und Schwindelgefühlen. Zudem war der dickliche Kanonenkönig schüchtern, fühlte sich Menschenansammlungen gegenüber hilflos und gehemmt, hatte auch sonst wenig Selbstvertrauen und war stets heilfroh, wenn er seine Repräsentationspflichten — wie alles andre — auf sein Direktorium abwälzen konnte.

Dieses Direktorium war Fritzens »feste Burg«, auch sein »gute Wehr und Waffen«, und er hatte es mit lauter Männern besetzt, die genau das Gegenteil seiner selbst waren: energisch, männlich, kraftvoll, auch körperlich stark und hochgewachsen, robust in jeder Beziehung und, wenn es sein mußte, auch brutal, dazu lebensfroh und trinkfest. Der spätere »Finanzminister«

des Unternehmens, Geheimrat Haux, hat es in seinen Erinnerungen beschrieben: »Das damalige Kruppsche Direktorium war schon seiner äußeren Erscheinung nach von imposanter Wirkung. Fünf seiner Mitglieder ... konnten beim ersten Garde-Regiment zu Fuß gedient haben. Auch die vier anderen Kollegen waren markante Erscheinungen ...«

Diese neun Musketiere, der schneidige Jencke an der Spitze, führten für Fritz, den weichlichen und kränkelnden »Alleininhaber«, den rücksichtslosen und harten Kampf um den Profit. Eigentlich hätten alle Vorwürfe, Hiebe und Stiche ihnen allein gelten müssen. Doch die nicht eben wenigen Hasser, Neider und Verächter des Kruppschen Unternehmens droschen nicht auf die Herren Direktoren ein, obwohl diese doch auch dafür bezahlt wurden, sondern immer auf den armen Fritz, den exponierten »Alleininhaber«, dem alles gehörte und der immer reicher und reicher wurde, ohne eigenes Zutun. Sein Reichstagsmandat und der allzu forsche Vorstoß des Flottenvereins-Fürsten zur weiteren Forcierung der Seerüstung, vor allem aber die dem »Vater der Lüge« zuzuschreibenden Enthüllungen, das Preisgebaren der Firma betreffend, hatten Fritz und seine Millionen ins grelle Rampenlicht gezerrt und zur Zielscheibe heftigster Angriffe gemacht, auch derer, die gar nicht so sehr Krupp wie den Kaiser meinten, der sich übrigens, so wissen die Hofbiographen ernst und respektvoll zu vermelden, wegen der Attacken auf seinen lieben Freund auch schon Allerhöchstselbst Sorgen zu machen begann. Seine Majestät sind der Ansicht, berichtet Gert von Klass, »ein Mann in solch exponierter Stellung wie Krupp müsse auf Angriffe und Verleumdungen gefaßt sein und dürfe sich durch sie nicht niederdrücken lassen. Er ermahnte Krupp, Vertrauen zu ihm zu haben und sich an ihm ein Beispiel zu nehmen ... Aber er begnügt sich nicht mit diesen freundschaftlichen Ermahnungen, sondern findet es auch gut, sie durch Denk- und Sinnsprüche, meist aus Ganghoferschen Werken, zu unterstreichen ...«

Ja, unser letzter Kaiser war belesen!

Fritz indessen, so gut ihm des Kaisers Sprüche taten, brauchte mehr als Tröstungen mit Worten. Und zu diesem Zweck schüttelte Fritz den Staub Germaniens, insbesondere des Ruhrgebiets, von seinen eleganten Schuhen und reiste, wie von 1898 an alljährlich, für einige Monate nach Italien.

»Nicht, daß er seine Pflicht vernachlässigte«, bemerkt dazu

Hofbiograph Gert von Klass beflissen, ». . . aber wenn das Haus bestellt ist, glaubt er, auch das Recht auf ein Leben zu haben, wie er denkt, wie er es sich als nützlich, befriedigend und schön vorstellt, ein Leben, in dem es keine Gußstahlfabrik und keine Schlote gibt. Der reichste Mann Deutschlands will einmal nur Mensch sein . . .«

Was von Klass hingegen nicht bemerkt, richtiger wohl: taktvoll übergeht, ist die Frage, *was* Exzellenz Fritz sich als nützlich, insbesondere aber als befriedigend und schön vorstellte, abgesehen von seinem Hobby, der mit Eifer und beachtlichem Erfolg betriebenen Erforschung der Tiefseeflora und -fauna des Mittelmeeres.

Die Antwort ist an sich gar nicht weiter erschreckend, aber sie war es einmal, und was die Art und Weise betrifft, in der Fritz dieser seiner Neigung nachging, ist sie es wohl auch noch heute. Kurz, der (nach Willy) reichste Mann Deutschlands war, wenn er einmal Mensch sein wollte, ein Päderast, kein gewöhnlicher harmloser Homophiler, sondern er liebte hübsche Knaben, und beileibe nicht platonisch!

In Deutschland war, anders als in Italien, schon die einfache Homosexualität barbarischerweise unter schwere Strafe gestellt, ja sie galt — ähnlich wie später im Dritten Reich — damals als ein ganz besonders verwerfliches Verbrechen. Man gebärdete sich in Preußen-Deutschland äußerst kriegerisch und männlich; »Zucht« war eine der beliebtesten Forderungen, die in keiner Rede, Predigt oder Ansprache fehlen durfte; das züchtige Weib und der zuchtvolle Mann sowie die Aufzucht möglichst vieler, strammer Kinder waren Ideale, und überdies war man, zumindest nach außen hin, ungemein prüde.

Indessen galt all dies — wie schon im alten Rom der Verfallszeit — nur für die *misera contribuens plebs,* das arme, mit seinen Steuergroschen den Hofstaat und die Bürokratie, das gewaltige Heer und die immer riesiger werdende Flotte bestreitende Volk, zu dem, von der hohen Warte der Herrschenden aus betrachtet, alle gehörten — bis auf eine hauchdünne *crème de la crème.* Diese alleroberste Schicht und ihre Günstlinge hielten zwar der Öffentlichkeit gegenüber den Anschein aufrecht, daß auch sie sich, genau wie man es von hehren Vorbildern erwartet, streng an die Spielregeln hielten und — je nach Alter und Geschlecht — stramme, gehorsame Knaben und Jünglinge, brave, sittsame Maiden, pflichtbewußte, peinlich korrekte und in Treue feste Ehemänner, ehrbare und tugendhafte Gattinnen und mustergültig sittenstrenge Mütter, würdige und Respekt heischende Familienväter und zu guter Letzt vorbildlich fromme, über die Moral der Sippe wachende Großmütterchen oder denkmalsgleiche Patriarchen wären. Aber was sich in den Schlössern und Schlößchen in Wirklichkeit abspielte, strafte alle diese Adjektive Lügen. Natürlich gab es, wie überall, rühmliche Ausnahmen: Nicht jede kleine Komteß war mannstoll oder gab sich, nachdem sie bei dem bärtigen Musikprofessor das »Gebet einer Jungfrau« einstudiert hatte, dem Tennislehrer hin; nicht alle hageren Herzoginnen waren lesbisch oder verführten die Pagen, und — so muß man hinzufügen, denn das war an den Höfen damals der Brauch — beileibe nicht sämtliche Kronen- und Krönchenträger, Oberhofmeister, Flügeladjutanten und Offiziere der feudalsten und exklusivsten Garderegimenter bevorzugten sexuellen Umgang mit dem eigenen Geschlecht (wobei hinsichtlich der beiden letztgenannten Kategorien insofern die Einschränkung für den Hof des Kaisers nicht gelten konnte, als eine Zeitlang tatsächlich alle kaiserlichen Flügeladjutanten Homophile und — nach den Angaben des Kriminalkommissars des Berliner Polizeipräsidiums, Hans von Tresckow, — homosexuelle Massenorgien unter den Gardeoffizieren Seiner Majestät keine Seltenheit, sondern durchaus üblich waren).

In von Tresckows Geheimakten, die er von seinem Vorgänger, dem Kriminalinspektor von Meerscheidt-Hüllessen, übernommen hatte, waren nicht eben wenige hohe und höchste Persönlichkeiten als Homosexuelle verzeichnet — beispielsweise die Könige von Bayern und Württemberg, auch ein Bruder des greisen Kaisers Franz Josef von Österreich; an preußischen Größen der Prinz Friedrich Heinrich, sodann zwei Grafen Hohenau, einer davon Kommandeur der Gardekürassiere, beides zudem Flügeladjutanten des Kaisers und als Söhne des Prinzen Albrecht von Preußen auch seine Vettern; der dritte Flügeladjutant seiner Majestät, Graf Lynar; der Oberhofzeremonienmeister Graf Edgar Wedel; auch der Privatsekretär der Kaiserin, mehrere Kammerherren, vor allem aber — und das war besonders bemerkenswert — der intimste Freund und Vertraute des Kaisers, der enge Duzfreund des Reichskanzlers Fürst Bülow und Liebling des Hofes: Fürst Philipp zu Eulenburg und Hertefeld, der nicht nur eine feste Liaison mit dem Generalleutnant Graf Kuno von Moltke, Stadtkommandant von Berlin, hatte, sondern auch mit dem französischen Botschaftsrat Lecomte recht innig war...

Es standen noch viele, viele erlauchte Namen in den von Tresckowschen Geheimakten, nur wenige davon mit einem kleinen Fragezeichen, wie etwa der des Generals Graf Dietrich von Hülsen-Haeseler, Chef des Militärkabinetts, der in einem rosa Ballerinenröckchen vor Seiner Majestät und dem engeren Hof Ballett zu tanzen pflegte (bei einer solchen Gelegenheit übrigens im Jahre 1908 einem plötzlichen Herzschlag erliegen sollte . . .).

Natürlich war es nicht die Aufgabe des von Tresckowschen Sonderdezernats, diese hohen und höchsten Herren — wie gewöhnliche Sterbliche, wenn sie sich nach den geltenden Gesetzen auf das schwerste strafbar gemacht hatten — bei der Staatsanwaltschaft zur Anzeige zu bringen. Man mußte sie nur ein wenig im Auge behalten, damit sie nicht Erpressern in die Hände fielen oder in noch gefährlichere Situationen gerieten.

Vor allem mußte von Tresckow darauf achten, daß »diese Polizeisachen«, wie der Kaiser sie geringschätzig nannte, als der Kommissar ihm die Dossiers einmal zur Einsicht vorlegen wollte und dabei auf Ablehnung stieß, nicht öffentlich bekannt wurden. Denn natürlich durfte auf keinen Fall im Volke der Eindruck entstehen, bei Hofe oder gar in der allernächsten Umgebung Seiner Majestät wären Tugend und Anstand gefährdet, schlimmer noch: hätte Zuchtlosigkeit Einlaß gefunden . . .

Natürlich kam etwas davon infolge höfischer Kabalen und eines Racheakts des entlassenen Geheimrats von Holstein dann später doch ans Tageslicht, führte zu einem Presseangriff und konnte nur sehr mühsam und unzulänglich vertuscht werden, doch an den interessantesten Punkt wagte weder auf dem Höhepunkt dieses Skandals noch später irgend jemand zu rühren. Nicht einmal von Tresckow, der sich als erfahrener Kriminalist sicherlich seine Gedanken machte, riskierte in seinen Jahrzehnte später veröffentlichten Erinnerungen auch nur die leiseste Andeutung: Lag es nicht nahe, auch Seine Majestät Allerhöchstselbst auf die Homophilen-Liste zu setzen — mindestens mit einem nur noch sehr kleinen Fragezeichen . .?

Mit an Sicherheit grenzender Wahrscheinlichkeit war dieser von niemandem ausgesprochene Verdacht der tiefere Grund dafür, daß man seitens der Polizei die alleräußerste Behutsamkeit walten ließ, sobald irgendeine, das spezielle »Delikt« betreffende Spur in die Umgebung des Kaisers führte. Ein geradezu klassisches Beispiel dafür lieferte der »Fall Krupp«, der in von Tresckows Geheimdossiers schon jahrelang aktenkundig war, ehe er 1902 überraschend zu einem öffentlichen Skandal und — wie wir noch sehen werden — dann mit allen zur Verfügung stehenden Mitteln unterdrückt wurde.

Einen der ersten Hinweise hatte von Tresckow von Conrad Uhl erhalten, dem hochangesehenen Besitzer des feudalen Berliner Hotels »Bristol«. Zunächst war es Uhl, so hatte er dem Kommissar berichtet, nur etwas sonderbar vorgekommen, daß bei den häufigen Berlin-Aufenthalten des Ehepaars Krupp der Großindustrielle selbst zwar im »Bristol« zu wohnen pflegte, seine Gemahlin jedoch in einem anderen Hotel.

Die Sache wurde Uhl verdächtig, als Exzellenz Krupp den Hotelier bat, einige blutjunge Italiener bei sich als Pagen und Pikkolos einzustellen, persönliche Freunde aus sehr einfachen Kreisen, um die sich der Großindustrielle, wie er schüchtern erklärte, »aus rein sozialen Gründen ein wenig kümmerte«. Noch seltsamer fand Uhl, daß Herr Krupp den Lohn dieser nicht einmal ein Wort Deutsch sprechenden Knaben aus eigener Tasche zahlen, sie aber vom Dienst befreit wissen wollte, sobald er in Berlin wäre.

Uhl fügte sich den Wünschen seines prominenten und millionenschweren Gastes, nahm es auch hin, daß Exzellenz Krupp sich ständig, meist brieflich, nach dem Wohlbefinden seiner jungen Freunde erkundigte — ob sie auch regelmäßig badeten? Ob sie genug zu essen bekämen, auch ab und zu ein paar Lekkerbissen? — und begann sich nur Sorgen zu machen, ob er sich nicht der Kuppelei schuldig gemacht hätte. So war er vorsichtshalber zu von Tresckow gegangen, der darüber in seinen Erinnerungen vermerkt:

»Uhl wurde das Interesse von Krupp für seine (des Hoteliers) Angestellte schließlich zuviel, und als er (der Kanonenkönig) wieder einmal in seinem Hotel wohnte, bat er Krupp, ihm die Sorge für seine Kellner selbst zu überlassen und sich nicht in seine Hausordnung zu mischen. Krupp nahm dies sehr übel und verlegte seine Wohnung in ein anderes Hotel. Bei seinem nächsten Aufenthalt wohnte er aber wieder im Hotel Bristol . . .«

Von Tresckow erwähnt übrigens auch, daß ihm der Name Krupp schon zuvor in den von seinem Amtsvorgänger übernommenen Geheimakten aufgefallen wäre; es hätte dies aber nur einen Hinweis auf Krupps homosexuelle Neigungen bedeutet, und das Material wäre »sehr dürftig« gewesen.

Auch nachdem er nun Beweise dafür hatte, daß Exzellenz Krupp straffällig geworden war — Uhl hatte die Vorkommnisse in der Suite seines hohen Gastes sehr ausführlich geschildert, ganze Stöße von Briefen vorgelegt, die seine Aussage erhärteten und auch das Zeugnis von anderen Hotelangestellten angeboten —, unternahm von Tresckow nichts. Und dabei stand auf Fritzens Verbrechen — es handelte sich ja nicht um gewöhnliche »Unzucht zwischen Männern«, sondern auch um Verführung Minderjähriger und Mißbrauch eines Unterordnungsverhältnisses — Zuchthaus bis zu zehn Jahren..!

Vermutlich hätte der Kommissar — im nationalen Interesse — auch dann nichts gegen Exzellenz Krupp unternommen, wenn er »nur« der die vaterländischen Streitkräfte mit Schutz- und Trutzwaffen ausrüstende Großindustrielle gewesen wäre. Doch Fritz war ja auch der Freund des Kaisers, und damit erstarb jeder Gedanke an Strafverfolgung!

Auch die Polizeibehörden Italiens, wo Fritz alljährlich monatelang Ferien zu machen pflegte, hatten seit langem Kenntnis von dem, was der deutsche Kanonenkönig insbesondere auf Capri, aber auch auf seinen in italienischen Gewässern stationierten Jachten, von denen die eine sinnigerweise »Puritan« hieß, gar nicht sehr heimlich trieb. Und auf der kleinen Insel, wo Fritz im Hotel Quisisana ein fürstliches Appartement bewohnte, wußte natürlich erst recht jedermann Bescheid. Aber Behörden wie Insulaner tolerierten lange Zeit selbst das schokkierendste Treiben des millionenschweren Gastes, zumal er sich außerordentlich freigebig zeigte.

Aber im Frühjahr 1902 geschah dann doch, was von Tresckow schon lange befürchtet hatte:

Zunächst bekam der Kommissar einen Wink seiner italienischen Kollegen. »Krupp hätte in seinem homosexuellen Verkehr«, berichtete er darüber in seinen Erinnerungen, »selbst das Maß der Duldung, die sonst in Italien in solchen Fällen üblich war, überschritten, indem er noch ganz junge Knaben verführt habe«, schlimmer noch: die italienische Presse war unterrichtet und hatte sich bereits mit dem »Fall Krupp« zu befassen begonnen! Eine Zeitlang schien es, als wäre der Nimbus des Kanonenkönigs und die Ehrfurcht der deutschen Redakteure vor »hohen und höchsten Kreisen« zu groß, als daß man auch im Reich die italienischen Presseberichte aufzugreifen gewagt hätte. Doch man wartete nur ab, wie sich Exzellenz Krupp verhalten würde...

Fritz indessen tat so, als wäre nichts geschehen. Gewiß, er brach seinen Urlaub auf Capri ab und reiste heim nach Essen (weil ihn hohe Carabinieri-Offiziere nach einer kurzen Untersuchung, die zu allem Überfluß auch noch fotografische Beweise für die behauptete Kinderverführung erbrachte, freundlich, aber bestimmt darum ersucht hatten, Italien für immer zu verlassen), aber für die deutsche Öffentlichkeit fand sich dafür eine sehr plausible Erklärung: Seine Majestät der Kaiser hatte seine Teilnahme am Probeschießen auf dem Kruppschen Schießplatz bei Meppen angesagt, danach war die Industrieausstellung in Düsseldorf zu eröffnen, und schließlich stand die Feier der — mit Unterbrechung — hundertjährigen Zugehörigkeit Essens zu Preußen bevor, ein Ereignis, zu dem wiederum der Kaiser kommen und in der »Villa Hügel« zu Gast sein würde.

Das Programm wurde absolviert, und da sich nichts rührte, begannen alle Eingeweihten leise zu hoffen, daß die »italienische Episode« in Vergessenheit geriete. Im Sommer war Fritz Ehrengast Seiner Majestät bei der Kieler Woche, und im September fuhr er nach London, um ein Abkommen mit Vickers über die unbefristete Verlängerung des Granatzünder-Lizenzabkommens zu unterzeichnen.

Noch während seines Aufenthaltes in England zeigte es sich, daß die Hoffnungen trügerisch gewesen waren: Die römische Presse hatte Fritzens Capreser Sündenregister noch einmal aufgegriffen, diesmal in sensationeller, unübersehbarer Aufmachung, mit allen saftigen Details und erbarmungslosen Kommentaren. Exzellenz Krupp, von Freunden telegrafisch unterrichtet, erlitt einen fürchterlichen Schock.

Aber es sollte noch viel schlimmer kommen: Wenige Tage nach Beginn der italienischen Pressekampagne trafen bei Frau Marga Krupp in Essen mehrere anonyme Briefe ein, denen die römischen Zeitungsartikel beilagen. Und Frau Marga hatte nichts Eiligeres zu tun, als in den nächsten Zug nach Berlin zu steigen und schnurstracks zum Kaiser zu laufen.

Majestät zeigten sich indessen äußerst indigniert — nicht wegen der Vorwürfe gegen seinen Freund Fritz, sondern wegen Margas Mangel an Haltung!

Damit sie nicht noch mehr Unheil anrichtete, wurde Frau Marga eilig zurück nach Essen geschickt — diesmal mit einem verschwiegenen Adjutanten als Geleitschutz —, und Majestät riefen alsdann seine engsten Berater zusammen. Die Herren, die dem anstehenden Problem sämtlich sehr viel persönliches Verständnis entgegenbrachten, erwogen zunächst, Fritz aus der

Schußlinie zurückzuziehen, für unheilbar krank zu erklären und die »vaterländische Anstalt« von Jencke und ein paar verläßlichen Kameraden treuhänderisch weiterführen zu lassen.

Doch Admiral von Hollmann, Chef des Reichsmarineamts und intimer Freund von Exzellenz Fritz, protestierte energisch: Man dürfe unter keinen Umständen nachgeben und einen Präzedenzfall schaffen, der sehr gefährlich werden könnte! Wenn man anfinge, die Autorität einer angestammten Herrschaft zu untergraben, gäbe es bald kein Halten mehr. Als nächstes schlüge dann womöglich jemand vor, auch das Reich Treuhändern zu überlassen . . .

Das wirkte, und so kam man zu einer anderen Lösung, über die der Admiral seinen aus London heimgekehrten Freund Fritz sofort telegrafisch informierte: Man täte am besten so, als wäre gar nichts geschehen; sollten deutsche Blätter es wagen, die italienischen Meldungen aufzugreifen, ginge man mit äußerster Strenge gegen sie vor und schaffte binnen kürzester Zeit ein für allemal Ruhe; in Italien ließen sich die Wogen gewiß mit ein paar Millionen rasch glätten, und das einzige noch ungelöste Problem wäre Frau Marga, die offenbar die Nerven verloren hätte und gewiß in einer geschlossenen Anstalt besser aufgehoben wäre . . .

Fritz begriff, was er zu tun hatte.

Frau Marga wurde also darüber informiert, daß sie sich Seiner Majestät Allerhöchste Ungnade zugezogen hätte, offenbar krank wäre und deshalb zu Professor Binswanger nach Jena in Behandlung müßte. Da sie sich weigerte, mußte sie — zum Glück gab es einen privaten Gleisanschluß der »Villa Hügel« an das Eisenbahnnetz! — in den Zug getragen werden. Offiziell wurde bekanntgegeben, daß die Gattin von Exzellenz Krupp Erholung in Baden-Baden suche, aber bei der Dienerschaft und im Direktorium war es nicht mehr zu verheimlichen, daß etwas nicht stimmte, wenn auch nur wenige wußten, daß man Frau Krupp gewaltsam in eine private feste Anstalt transportiert hatte. Das war am 2. November 1902. Es sollte weniger als eine Woche dauern, bis die katholische-klerikale *Augsburger Postzeitung* — noch ohne Nennung eines Namens — aus Rom berichtete, was sich auf Capri abgespielt hatte. »Unglücklicherweise hat der Fall mit dem Namen eines Großindustriellen von bestem Klang zu tun, der mit dem kaiserlichen Hof eng verbunden ist«, hieß es in dem Artikel, auch, daß eine Identifizierung des Betreffenden kurz bevorstände.

Fritz konsultierte eilig seinen privaten Rechtsbeistand, den Geheimen Justizrat August von Simson, Präses der Berliner Anwaltskammer und später im Aufsichtsrat der Firma Krupp, der ihm abriet, gegen die Augsburger Zeitung gerichtliche Schritte zu unternehmen, da sie keinen Namen zu nennen gewagt hätte. Vielleicht, meinte er, verliefe alles im Sande.

Doch Geheimrat von Simson irrte sich, was diese Hoffnung betraf. Nur neun Tage nach der noch so diskreten *Augsburger Postzeitung* griff der sozialdemokratische *Vorwärts* den »Fall Krupp« auf. Unter der Balkenüberschrift »KRUPP AUF CAPRI« berichtete das vor allem unter der Berliner Arbeiterschaft, aber auch weit über die Hauptstadt hinaus verbreitete Zentralorgan der SPD seinen Lesern über alle Einzelheiten der Affäre, auch über Fritzens Ausweisung aus Italien, und schloß mit der Feststellung:

»Solange Krupp in Deutschland lebt, ist er nach Paragraph 175 straffällig. Nachdem die perversen Gewohnheiten zu einem offenen Skandal geführt haben, ist es die Pflicht der Staatsanwaltschaft, gerichtliche Schritte einzuleiten.«

Das war schier grotesk! Ausgerechnet die verfemten, von Justiz und Polizei des Kaiserreiches unerbittlich verfolgten Sozialdemokraten riefen nach der Justiz und erinnerten die Staatsanwälte, ihre brutalsten Unterdrücker, an ihre gesetzliche Pflicht, noch dazu wegen eines Delikts, dessen Streichung die um eine Humanisierung des Sexualstrafrechts kämpfende SPD seit langem vergeblich gefordert hatte..!

Doch natürlich, jedermann wußte es, ging es den Sozialdemokraten — genau wie später Maximilian Harden, als er des Fürsten »Philli« Eulenburgs Liebesverhältnis mit dem Stadtkommandanten von Berlin aufdeckte — in Wirklichkeit überhaupt nicht um eine Bestrafung Krupps wegen Homosexualität. Es ging ihnen vielmehr darum, die »doppelte Moral« der Herrschenden, die Morschheit ihres Systems und die jämmerliche Wirklichkeit, die sich hinter ihrer naßforschen, waffenklirrenden und phrasendreschenden Großmannsucht verbarg, endlich einmal zu entlarven und die Hofkamarilla samt ihrem Kaiser und seinem Intimus, dem Kanonenkönig, mit ihren eigenen jämmerlichen Gesetzen in die Enge zu treiben. Da die Sozialisten gegen die Korruption der Herrschenden, gegen Krupps Kanonen- und Panzerplatten-Wucher, gegen die Verschleuderung von Staatsgeldern, die wahnwitzige Aufrüstung und die Verfilzung von Hof-, Kabinetts- und Industrieinteressen nichts

Wirksames unternehmen konnten, griffen sie zu einer tückischen Kriegslist: Sie machten die Scheinmoral ihrer erbarmungslosen Gegner vorübergehend zu ihrer eigenen und riefen, ganz im Stile autoritätsgläubiger Spießbürger, nach der ihnen verhaßten kaiserlichen Justiz! Nun, die hohe Obrigkeit, so herausgefordert, reagierte sofort, doch natürlich nicht so, wie es die Sozialdemokraten gefordert hatten, im Gegenteil!

Sofort nach Erscheinen des *Vorwärts* kam es zu einem hastigen Telegrammwechsel zwischen Berlin und Essen, zu einer eiligen Absprache zwischen dem Reichskanzler und den Berliner Krupp-Freunden, und dann setzten die Herrschenden ihren gutgeölten Justiz- und Polizeiapparat in Gang.

Jedes Exemplar der Ausgabe des *Vorwärts* mit dem Artikel über Krupp, dessen die Polizei noch habhaft werden konnte, wurde beschlagnahmt. Wohnungen von *Vorwärts*-Abonnenten wurden durchsucht, mit regelrechten Razzien versuchte man, einiger heimlicher Verteiler habhaft zu werden, und sogar die Parlamentsbüros sozialdemokratischer Reichstagsabgeordneter blieben, allen gesetzlichen Vorschriften zum Trotz, nicht von der Aktion verschont.

Da indessen nicht verhindert werden konnte, daß einige wenige Exemplare dennoch in die Essener Gußstahlfabrik und in die anderen Kruppbetriebe zwischen Kiel und Metz gelangten, ließ das Direktorium am 18. November 1902, drei Tage nach Erscheinen der beschlagnahmten Ausgabe des *Vorwärts*, in allen Abteilungen sämtlicher Konzern-Unternehmungen folgende Mitteilung anschlagen:

»Ein Berliner sozialdemokratisches Blatt hat vor einigen Tagen ungeheure Beschimpfungen und Verdächtigungen gegen Herrn F. A. Krupp gerichtet. Ich bringe hierdurch zur Kenntnis, daß auf Antrag von Herrn F. A. Krupp gegen den verantwortlichen Redakteur der Zeitung von der königlichen Staatsanwaltschaft Berlin das öffentliche Strafverfahren eingeleitet ist. Außerdem ist die sofortige Beschlagnahme des Berliner Blattes und anderer Blätter, welche den Artikel verbreitet haben, gerichtlich angeordnet worden.«

Die Sozialdemokraten wußten nun, was ihnen bevorstand: Nicht der Kanonenkönig würde sich rechtfertigen müssen, sondern sie waren nun selbst angeklagt und hatten Beweise für ihre Behauptungen zu erbringen ... Es war damit zu rechnen, daß Krupps Millionen und ein massiver Druck der kaiserlichen Regierung jede Hilfe aus Italien sperren würden. Die Regierung in

Rom hatte bereits dementiert, daß Exzellenz Krupp ausgewiesen worden wäre. Daß man ihn inoffiziell zum Verlassen des Landes aufgefordert hatte, verschwieg man diskret ...

Mit banger Sorge sah man bei der SPD dem Prozeß entgegen. Schon rechnete man mit einer schweren Niederlage, mit einer von der gegen die »perfiden roten Verleumder« aufgehetzten Öffentlichkeit geforderten und dann vom Kaiser gnädig gewährten Verfolgungswelle, ähnlich der unter Bismarck, möglicherweise Auflösung und Verbot der Partei, Verhaftung aller Funktionäre und Abgeordneten, Vermögensbeschlagnahme und Gesinnungsterror.

Solche Befürchtungen waren übrigens keineswegs übertrieben. Alle diese Maßnahmen waren bereits vorgesehen. Willy und die anderen Berliner Freunde warteten nur noch darauf, daß Fritz ihnen mitteilte, er fühle sich stark genug, den Prozeß durchzustehen. Das wäre dann das Startzeichen gewesen.

Doch Fritz war nicht stark genug. Die Verurteilung des *Vorwärts*-Redakteurs hätte er sicherlich noch erreichen können, aber die eigenen Nerven waren den harten Belastungen nicht mehr gewachsen. Auf alle, die ihn in den Tagen vor Margas Abtransport noch sahen, machte er einen »völlig erledigten« Eindruck; eine Freundin der Familie, Hilda Deichmann, die ihn auf seiner Rückfahrt von London zufällig auf dem Fährschiff getroffen hatte, war »schockiert über seinen jämmerlichen Zustand«. Fritz Krupp war tatsächlich am Ende seiner Kraft. Er fühlte sich außerstande, das Startzeichen zu geben, auf das man in Berlin wartete. Am 21. November schrieb er zwar noch an den Hof, er wäre von seinen Freunden aufgefordert worden, »bei Seiner Majestät um den Beweis größter Gnade« zu bitten, und wollte sich auch dieser »äußerst schmerzlichen und peinlichen Notwendigkeit« unterziehen. Aber schon diese Formulierungen verrieten, daß sein Kampfgeist, falls er ihn überhaupt je gehabt hatte, erloschen war.

Exzellenz Friedrich Alfred Krupp, König der Kanonen und Herr über einen Konzern mit rund vierzigtausend Beschäftigten, Freund des mächtigen Kaisers und reichster Industrieller Deutschlands, erwies sich als Schwächling ...

Am 22. November verbreitete das Wolffsche Telegraphen-Bureau die folgende Blitzmeldung:

»WTB. Villa Hügel, 22. November. Exzellenz Krupp ist heute nachmittag, drei Uhr gestorben. Der Tod ist infolge eines heute früh, sechs Uhr, eingetretenen Gehirnschlags erfolgt.«

Während die Nachricht vom Tode Krupps bei den Zeitungsredaktionen und wenig später auch in der Öffentlichkeit wie eine Bombe einschlug, bei den braven Bürgern echte Bestürzung, vor allem aber helle Empörung über jene auslöste, die »den armen Herrn Krupp durch ihre Verleumdungen ins Grab gebracht« hatten, ging durch die Reihen der *crème de la crème* ein allgemeines Seufzen der Erleichterung. Nun konnte der Skandal vermieden werden, die makellose Reinheit und unbefleckte Ehre aller Herrschenden würde erhalten bleiben, zumindest des Volkes naiver Glaube daran, und vielleicht ließe sich aus dem ganzen bedauerlichen Vorfall sogar einiges Kapital schlagen ... Allerdings bedurfte es dazu noch einiger Anstrengungen. Die ohnehin schon so stark beschäftigten Legendenweber und Mohrenwäscher des Regimes würden Überstunden machen müssen ...

Das erste, das es eilig zu vertuschen galt, war die wirkliche Todesursache und im Zusammenhang damit auch der wahre Zeitpunkt des Endes von Exzellenz Fritz ...

Sodann mußte, ebenso hastig, der Geisteszustand von Marga Krupp, über deren Entmündigung und lebenslange Unterbringung im Privatsanatorium des Professors Binswanger am 22. November zwischen Fritz und den Ärzten hatte beraten werden sollen, wiederhergestellt, sie selbst in eine zwar tief erschütterte, aber würdevoll gefaßte Witwe verwandelt werden.

Dann hieß es, die bösartigen Verleumdungen, die das Ganze ausgelöst hatten, mit allen zu Gebote stehenden Mitteln nachdrücklichst und jedermann beeindruckend zurückzuweisen, jede weitere Erörterung zu unterbinden, infolgedessen auch — nach angemessener Frist — den Prozeß gegen die Verleumder ausfallen zu lassen, bis dahin aber den »intellektuellen Mördern« des Verewigten, also den Sozialdemokraten, soviel Schaden zuzufügen wie nur irgend möglich ...

Und schließlich mußte wieder Frieden einkehren, »Ruhe und Ordnung«, damit die Waffenschmiede der schimmernden Wehr des Reiches neue Kanonen und der stolzen Kriegsmarine weitere Panzerschiffe liefern konnte, damit die Bilanzen zufriedenstellend ausfielen und damit auch das Image der Firma Fried. Krupp nicht litte, denn ein simpler Todesfall, selbst der des »Alleininhabers« einer »vaterländischen Anstalt« von so gigantischen Ausmaßen, durfte die Kontinuität nicht unterbrechen. Das hätte gegen das monarchische Prinzip verstoßen ...

Es zeigte sich jedoch, daß die Herrschenden, die dies alles zu bewerkstelligen entschlossen waren und deren perfektionierter und glänzend eingespielter Apparat sich auch sogleich der Ausführung annahm, bei aller Aufgeblasenheit und allem übersteigertem Selbstvertrauen doch recht unsichere Stümper waren. Daß sie dennoch nicht sogleich entlarvt wurden, verdankten sie nur dem servilen Untertanengeist, der anerzogenen, eingebleuten Autoritätsgläubigkeit und der kritiklosen Bewunderung ihres gutmütigen, naiven und ungebildeten Volkes.

Nachdem die Leiche des so plötzlich verstorbenen Großindustriellen, ohne daß die gesetzlich vorgeschriebene Obduktion stattgefunden hatte, sofort eingesargt und versiegelt, nicht mehr aufgebahrt und niemandem mehr gezeigt worden war, ehe man sie dann am 27. November feierlich bestattete, tauchte natürlich die ohnehin naheliegende Vermutung auf, Fritz Krupp hätte Selbstmord begangen. Das wäre jedoch von der Öffentlichkeit als ein Schuldeingeständnis, mindestens aber als ein bedauerliches Zeichen unmännlicher Schwäche aufgefaßt worden, und das durfte natürlich nicht sein. So wurde denn ein ärztliches Communiqué herausgegeben, das jeden solchen Verdacht ausschließen sollte.

Es hieß darin, Fritz hätte sich schon am Abend des 21. November »unwohl gefühlt, jedoch hatte die Dienerschaft auf ausdrücklichen Wunsch des Herrn Krupp vorläufig keinen Arzt hinzugezogen, da Dr. Vogt sowieso am anderen Morgen 6 Uhr erwartete wurde«. Dr. Vogt hätte Fritz dann »bewußtlos« aufgefunden und, mit Hilfe eines herbeigerufenen zweiten Arztes sowie einiger Ätherspritzen, »zu ziemlich klarem Bewußtsein« gebracht, von ihm einige letztwillige Verfügungen sowie Grüße an die Töchter entgegengenommen und dann, von 8.15 Uhr an, gegen eine rapide Verschlechterung des Zustands des Patienten vergeblich angekämpft. Bei schwindendem Bewußtsein wäre unter anderem eine »Abkühlung der Haut mehr und mehr in Erscheinung« getreten. Im Laufe des Vormittags wären dann zwei Professoren, Binswanger und Forel, eingetroffen, »und konnten dieselben in Gemeinschaft mit Dr. Vogt nur noch feststellen, daß eine Rettung des Herrn Krupp nicht mehr möglich sei. Es bestanden die Symptome eines Gehirnschlages . . . das Bewußtsein war völlig geschwunden. Nachmittags 3 Uhr trat der Tod ein.«

Dieses Communiqué mit den Unterschriften von vier Medizinern, darunter zwei Professoren, hat die Krupp-Hasser später zu sehr hämischen Bemerkungen angeregt. Sie wiesen — mit Recht — darauf hin, daß ein lebender Körper, auch bei schwindendem Bewußtsein, keine »Abkühlung der Haut« zeigen könnte, auch daß die angeführten Symptome — Atemnot und verlangsamter Herzrhythmus — schwerlich ausreichten, einen Gehirnschlag zu diagnostizieren. Aber nicht nur damals gab man sich mit der jeden Selbstmord ausschließenden Versicherung der vier medizinischen Kapazitäten zufrieden. Noch in der Hofbiographie von Gert von Klass, die 1966 in fünfter Auflage erschien, wird das ärztliche Zeugnis als Beweis dafür angeführt, daß alle Gerüchte über einen Freitod des »Alleininhabers« böswillige Erfindungen wären. Es steht indessen fest — und wurde auch durch Äußerungen von Angehörigen der Familie gegenüber dem Autor bestätigt —, daß Fritz Krupp bestimmt nicht am Nachmittag des 22. November 1902, mit an Sicherheit grenzender Wahrscheinlichkeit auch nicht eines natürlichen Todes und möglicherweise nicht einmal in Essen gestorben ist.

Doch es lohnt sich nicht, die von den diversen Interessenten sorgsam vertuschten Umstände, unter denen Fritz aus dem Leben geschieden ist, noch aufhellen zu wollen. Ob er sich nun in der Nacht zum 22. November in seiner Essener »Villa Hügel« vergiftet oder schon einen Tag früher in einem Kieler Hotelzimmer umgebracht hat und dann erst unter strengster Geheimhaltung nach Hause transportiert wurde — er war jedenfalls, wie es sein Vater beim Hinscheiden seines Freundes, Partners und Notretters Sölling formuliert hatte, »binnen acht Tagen gesund und tot«.

Binnen weniger Stunden wieder gesund war dagegen Frau Marga, und rechtzeitig zum Begräbnis ihres lieben Mannes traf sie mit einem Salonwagen auf dem privaten »Hügel«-Bahnhof ein. Und dann geleitete sie mit dem einen Hauptbeteiligten an ihrer Verbringung in die private Anstalt des so kooperativen Herrn Professors Binswanger den anderen Hauptbeteiligten, ihren verewigten Gatten, zur letzten Ruhestätte. Denn natürlich — und damit der gespenstischen Szene zu nationaler Bedeutung verhelfend — waren Seine Majestät Allerhöchstselbst nach Essen gekommen, um dem geliebten Freunde die letzte Ehre zu erweisen!

Gefolgt von seinen drei Flügeladjutanten im Generalsrang (und mit ebensolchen Neigungen wie der liebe Verstorbene), schritten Majestät in der Generalsuniform seiner (zu dieser Zeit vorwiegend von Homophilen geführten) Garde und im

Schmucke des Ordens vom Schwarzen Adler, der höchsten preußischen Auszeichnung, mit der er auch seinen Freund, Fürst »Philli« Eulenburg, bedacht hatte, hinter dem Sarge des toten Kanonenkönigs, den man — obwohl Fritz selbst gar nicht so militärisch gewesen war — auf eine Geschützlafette gestellt hatte. Eine Schwadron Düsseldorfer Husaren ritt dem Trauerkondukt voraus ... Nicht am Grabe, sondern im Wartesaal (1. Klasse) des Essener Hauptbahnhofs und vor ausgewähltem Publikum, dem sich auch eine kleine Deputation treuer »Kruppianer« zugesellen durfte, hielt der Kaiser alsdann eine Ansprache, die — so bemerkte später ein Mitglied des Krupp-Direktoriums »wie ein reinigendes Gewitter« wirkte.

Willy übertraf sich selbst! Er begann mit dem »Zauber der Liebenswürdigkeit« des teuren Verstorbenen, den er oftmals auf sich habe wirken lassen, bemerkte dann:

»Im Laufe der Jahre haben sich unsere Beziehungen so gestaltet, daß Ich Mich als einen Freund des Verewigten und seines Hauses bezeichnen darf«, und kam schließlich zur Sache:

»Die besonderen Umstände, welche das traurige Ereignis begleiten, sind Mir zugleich Veranlassung gewesen, Mich als das Oberhaupt des Deutschen Reiches hier einzufinden, um den Schild des Deutschen Kaisers über dem Hause und dem Andenken des Verstorbenen zu halten ...«

Und dann wetterte er los:

»... ein Opfer seiner unantastbaren Integrität ... Eine Tat ist in deutschen Landen geschehen, so niederträchtig und gemein, daß sie alle Herzen erbeben gemacht ... unserem ganzen Volke angetane Schmach ... einen kerndeutschen Mann ..., der stets nur das Wohl des Vaterlandes, vor allem aber das seiner Arbeiter ... Schamröte in die Wangen ...«

Es folgte eine Präzisierung:

»Diese Tat mit ihren Folgen ist weiter nichts als Mord, denn es besteht kein Unterschied zwischen demjenigen, der den Gifttrank mischt und kredenzt, und demjenigen, der aus einem sicheren Verstecke seines Redaktionsbureaus mit den vergifteten Pfeilen seiner Verleumdungen einen Mitmenschen um seinen ehrlichen Namen bringt und ihn durch die hierdurch hervorgerufenen Seelenqualen tötet. Wer war es, der diese Schandtat an unserem Freunde beging? Männer, die bisher als Deutsche gegolten haben, jetzt aber dieses Namens unwürdig sind, hervorgegangen aus den Klassen der deutschen Arbeiterbevölkerung, die Krupp eben so unendlich viel zu verdanken hat ...«

Zum Schluß forderte der Kaiser die treuen »Kruppianer« auf, »die Ehre eures Herrn« — gemeint war der tote Fritz — »zu schirmen und zu wahren und sein Andenken vor Verunglimpfungen zu schützen.«

Damit hatte Willy, der nun mit seinen Adjutanten wieder nach Hause fuhr, das Seinige getan, die leidige Affäre aus der Welt zu schaffen. Den Rest konnten die anderen besorgen. In der Woche darauf reiste er zum Fürsten Henckel-Donnersmarck und erlegte dortselbst auf der Jagd — wie ein dann gesetzter Granitblock mit goldenen Lettern verkündete — »Allerhöchstseine 50000. Kreatur, einen weißen Fasanhahn« . . .

Unterdessen brütete man in Essen und in Berlin darüber, wie man einige kleine Regiefehler noch beseitigen, den Deckel, den der Kaiser so energisch über der Affäre zugeschlagen hatte, gegen jedes erneute Öffnen sichern könnte.

Der erste Regiefehler war dem Finanzdirektor Haux unterlaufen, der — noch ehe er von dem ärztlichen Bulletin etwas wußte — verlautbart hatte, er wäre, zusammen mit zwei anderen Mitgliedern des Krupp-Direktoriums, am 22. November *gegen Mittag* zur »Villa Hügel« gefahren, wo er von Fritz Krupps Privatsekretär, Assessor Korn, der aus dem Haus gestürzt kam, mit der Schreckensnachricht empfangen worden wäre, daß »Herr Krupp soeben gestorben sei«. Nichts von anwesenden Ärzten, nichts von wiedererlangtem Bewußtsein und letzten Worten . . .

Das war nicht gut, und so beschloß man, Haux' Version in Vergessenheit geraten zu lassen, zumal man auch einen »letzten Wunsch« des Sterbenden dringend benötigte, um einer anderen Gefahr ausweichen zu können:

Die Kaiserrede im Wartesaal war von einigen Übereifrigen so ausgelegt worden, als verlangte der Monarch die Erweiterung der Anklage gegen die Redakteure auf Mord, mindestens aber auf Totschlag. Einige Zeitungen hatten bereits entsprechende Kommentare veröffentlicht. Tatsächlich wäre ein solches Vorgehen äußerst gefährlich gewesen, denn ein Mordprozeß ohne obduzierte Leiche hätte peinliche Auswirkungen haben können, ganz abgesehen davon, daß man einen Prozeß überhaupt vermeiden wollte. So verlautete denn, der sterbende Fritz hätte erklärt: »Ich gehe ohne Haß und Groll aus diesem Leben und verzeihe allen denen, die mir weh getan haben . . .«

Und die Witwe richtete an den Oberstaatsanwalt Dr. Isenbiel, der in Berlin die Ermittlungen gegen die *Vorwärts*-Redakteure leitete, am 10. Dezember 1902 ein langes Schreiben, das mit der Feststellung schloß: »Euer Hochwohlgeboren bitte ich aus Vorstehendem geneigtest entnehmen zu wollen, daß ich für meinen Teil keinen Wunsch auf Fortsetzung des eingeleiteten Strafverfahrens aussprechen und die Entscheidung ganz dem Ermessen von Euer Hochwohlgeboren anheimgeben möchte.«

Hochwohlgeboren ermaß ganz gewiß nicht allein. Staatsanwaltschaften sind weisungsgebundene Behörden, und der zuständige Justizminister dürfte sich auch erst Allerhöchsten Entscheid geholt haben, ehe er Dr. Isenbiel ermunternd zunickte, das Verfahren einzustellen. Um so erstaunlicher ist es, daß bereits fünf Tage nach Abfassung des Briefes der Witwe in Essen dem *Vorwärts* vom Oberstaatsanwalt schriftlich mitgeteilt wurde, er hätte sich zur Einstellung des Strafverfahrens entschlossen..!

Die Öffentlichkeit war völlig verwirrt. Eben noch hatte seine Majestät von Mord gesprochen; daraufhin war von namhaften Juristen mit Akribie nachgewiesen worden, das Verleumdungsverfahren gegen die intellektuellen Giftmischer müßte unbedingt, mindestens auf Totschlag, ausgedehnt werden; es hatte der Dichter Ernst von Wildenbruch dem Kaiser in einem Brief überschwenglich dafür gedankt, daß er »das Scheusal, das verkappte« beim Namen genannt und den Sturm gegen die roten Verleumder entfacht hätte; es waren im ganzen Konzernbereich Unterschriften der »Kruppianer« gesammelt worden, die dem Kaiser »tiefempfundenen, ehrfurchtsvollen Dank« für sein hartes, energisches Eingreifen sagen sollten — zwei altgediente Arbeiter bei Krupp-Gruson, die ihre Unterschrift verweigert hatten, waren sofort entlassen worden! —, und nun gab es nicht einmal ein Gerichtsverfahren wegen Verleumdung..!

Aber die Verwirrung legte sich bald wieder, denn nun tischte man den deutschen Zeitungslesern, als Ersatz für den entgangenen Prozeß, viele hübsche Geschichten auf, an denen sie sich ergötzen und über die Schlechtigkeit dieser Welt entrüsten konnten:

»Das ›Giornale d'Italia‹ erfährt authentisch, der nach Capri entsandte Untersuchungsrichter habe auf Grund der Klagen von Eltern zehn Fälle von Verführung Minderjähriger durch einen in Capri lebenden deutschen Untertan festgestellt. Gegen den letzteren wurde ein Haftbefehl erlassen. Gleichzeitig wird bemerkt, daß, während die genannten Vergehen vorfielen, Krupp nicht auf Capri weilte.«

Eine weitere »authentische Erklärung« kam von Herrn Assessor Korn, dem Privatsekretär des Verstorbenen.

»Durch seinen Freund, Cavaliere Serena, sei Krupp in einen capresischen Wahlkampf gezogen worden, weil der Sindaco* erklärt habe, von seinem Siege sei das künftige Verhalten des reichen Gastes abhängig. Die Gegenseite — eine Verbrecherorganisation, deren Mitglieder jetzt in Neapel vor Gericht ständen — habe mit niederträchtigsten Beschuldigungen geantwortet, indem sie ein gelegentliches harmloses Zusammensein von Herrn Krupp mit seinen capresischen und deutschen Bekannten in gemeinster Weise verdächtigte. Auch gebe es in Capri Personen, die sich geschädigt fühlten, weil Herr Krupp durch seine Hilfe einige kleine Leute aus ihren Wucherhänden befreit habe . . .«

Die mit Abstand schönste Geschichte, weil sie überhaupt nicht auf die Capri-Affäre Bezug zu nehmen schien, erzählte jedoch Hofbiograph Meisbach:

»Er war für seine Diener besorgt wie ein Vater und überwachte sie auch wie ein solcher. Oft schenkte er einem oder dem anderen ein Goldstück und sagte scherzend: Nun freuen Sie sich heute auch einmal! — Erfuhr er, daß von seinen Hausbeamten oder der Dienerschaft jemand erkrankt sei, so war es morgens sein erstes, sich danach zu erkundigen und, wenn der Fall schlimm war, den Kranken zu besuchen, und wäre es auch nur ein Stalljunge oder Wagenwäscher gewesen. — In seiner Westentasche trug er stets lose eine Anzahl Zwanzigmarkstücke, die er an die Hofbediensteten, die mit ihm zu tun hatten, verteilte. — Er vergaß nie, die servierenden Kellner ansehnlich zu beschenken, und die Küchenchefs, die Portiers, selbst der kleinste Page wurden . . . mit einem Geschenk erfreut.«

Diese wahrlich rührende Geschichte erschien just zu Weihnachten 1902.

Vielleicht hat sich sogar Frau Marga Krupp davon überzeugt, daß es Fritz und auch Willy im Grunde nur gut mit ihr gemeint hatten, als sie sie zu dem freundlichen Professor nach Jena transportieren ließen . . .

---

* Bürgermeister — Cav. Serena war übrigens nicht nur Gemeindevorsteher, sondern auch der Hotelier des »Quisisana«, wo Fritz Krupp stets zu wohnen pflegte, wenn er Capri besuchte.

Der alte Reichtum: Oetker

»Glücklich die Staaten, in denen die Bürger wissen wollen, aus welchen geistigen und moralischen Quellen diejenigen ihre Kräfte schöpfen, die führend sind in Gesellschaft und Staat; und weiter, ob ihre Fähigkeiten und ihr natürlicher Ehrgeiz, etwas leisten zu wollen, im rechten Verhältnis stehen zu ihrem Rechtssinn, ihrer Wahrheitsliebe und den anderen Werten unserer sittlichen Ordnung.«

›Worte des Vorsitzenden Heinrich‹.

Wie wird man ein Geldgigant? Wie sind die gigantischen Vermögen, die dann von jüngeren Generationen ererbt oder erheiratet werden, einmal entstanden? Wie steigen Familien aus der grauen Masse hungriger Habenichtse in jene goldenen Sphären auf, wo einige wenige nicht nur alles im Überfluß, sondern auch einzelne mehr haben als alle fleißigen Normalverbraucher zusammen?

Manche dieser Familien hatten sich rechtzeitig einträgliche Monopole gesichert; andere wurden reich durch riesige Geschenke, die ihnen ihr Landesherr machte, ohne daß es ihn selbst etwas kostete. Wieder andere verkauften ihre Untertanen als Kanonenfutter nach Übersee oder begründeten ihren Wohlstand durch Geldstrafen, die sie als Gerichtsherren verhängten, selbst eintrieben, natürlich als ihr Privateinkommen betrachteten und zum Ankauf neuer Liegenschaften benutzten wie etwa der Truchseß Georg (»Bauernjörg«) von Waldburg als Truppenkommandant des Schwäbischen Bundes im Bauernkrieg, der auf diese Weise seine hochgeborenen Nachfahren, die heutigen Fürsten zu Waldburg-Zeil und Waldburg-Wolfegg-Waldsee, zu Großgrundbesitzern und Multimillionären gemacht hat.

Grundbesitz war wichtiger als bares Geld und andere Vermögenswerte, denn er bildete die Voraussetzung der Nobilitierung und jeder weiteren Rangerhöhung: Ohne Grundbesitz kein Adel, ohne Adel keine Vorrechte, ohne Vorrechte keine Möglichkeit, nahezu mühelos reich und immer reicher zu werden . . .

Nun wird mancher sicherlich entrüstet einwenden wollen, daß Adel — wie wir ja aus der Geschichte wissen — eine Elite der Tapferkeit und anderer Tugenden war; daß edle Ritter keineswegs ans Erraffen von Vermögen dachten, vielmehr die »Pfeffersäcke« verachteten und selbst nur die »blaue Blume« suchten; daß man sich angesichts des Bamberger Reiters oder der Uta von Naumburg solche Aristokraten schwerlich als habgierige Bauernbedrücker und Plünderer reicher Städte vorzustellen vermag und daß Minnesang, Turnier und viele andere adelige Gepflogenheiten auf — nun ja, eben auf »Ritterlichkeit« schließen ließen und nicht auf die vom Autor so unzart angedeuteten Eigenschaften. Außerdem habe es ganz gewiß und besonders in Preußen auch schon lange vor unserer Zeit einen recht armen, dafür aber dem König um so treuer ergebenen, pflichtbewußten und stets opferwilligen Adel gegeben.

Was den letzten Punkt, den norddeutschen und vornehmlich preußischen Landadel betrifft, so braucht er sich tatsächlich gar nicht getroffen zu fühlen, denn er war — und nicht nur im Vergleich zum vornehmlich süd- und westdeutschen, böhmischen und oberschlesischen Hochadel — wirklich nur gehobener Mittelstand, der dem Staat Beamte und Offiziere lieferte.

Und was den Versuch einer Rehabilitierung der zu gewaltigem Reichtum aufgestiegenen, meist aus dem katholischen Raum stammenden Hocharistokratie mit Hilfe des frühmittelalterlichen Rittertums angeht, so liegen zwischen den edlen Rittern und dem Beginn der Vermögensbildung unserer heutigen Hochadelsfamilien einige Jahrhunderte, und Blutsverwandtschaft besteht zwischen beiden höchstens insoweit, wie wir letzten Endes alle dieselben Ahnen haben. (Hätten wir sie nicht, so müßte es — wie Gregor von Rezzori in seinem *Idiotenführer durch die deutsche Gesellschaft* dankenswerterweise schon errechnet hat — für jeden einzelnen von uns heute Lebenden zur Zeit Karls des Großen mehr als einundzwanzig Milliarden — genau: 21 560 665 988 — Ahnen gegeben haben. Es lebten aber zu jener Zeit kaum mehr als hundertfünfzig Millionen Menschen in der ganzen abendländischen Welt! Insofern kann man den Ansprüchen hocharistokratischer Häuser, den großen Sachsenkaiser zum Ahnherrn zu haben, entweder mit Mißtrauen begegnen oder aber auch mit der erfreuten Feststellung, daß man selbst mit an Sicherheit grenzender Wahrscheinlichkeit ebenfalls ein Nachkomme des Carolus Magnus und folglich mit allen anderen Abkömmlingen des Kaisers auf das innigste verwandt sei.)

Wie sich in Wirklichkeit der Aufstieg zahlreicher heutiger Fürstenhäuser während der letzten fünfhundert Jahre vollzogen hat, mag das folgende Beispiel zeigen, das einerseits als recht typisch gelten kann, anderseits mit Rücksicht auf § 189 StGB (Verunglimpfung des Andenkens Verstorbener) anonym bleiben muß, so wie auch der erlauchte Ahnherr jenes Geschlechts zunächst namenlos war.

Um 1480 tauchte er als siebenjähriger, halbverhungerter Waldfrevler im Forst eines jagdbesessenen Grafen auf, wurde beim Schlingenlegen ertappt und sollte — vom gräflichen Hauskaplan wohlversehen mit den Sterbesakramenten — aufgehängt werden, als er durch täuschende Nachahmung von allerlei Tierstimmen Begnadigung erwirken konnte.

Der Knabe rechnete fortan zum lebenden Inventar des gräflichen Jagdschlosses, bekam regelmäßig zu essen, entwickelte sich im Laufe der Jahre zu einem ansehnlichen Burschen und wurde — neben Hasso, dem Lieblingshund des Grafen — ein bevorzugter Begleiter seines Herrn, der sich als kinderloser Witwer von fünfzig Jahren fast ausschließlich mit dem edlen Waidwerk befaßte. Hans, wie der nunmehrige Leibjäger des Herrn Grafen genannt wurde, entging noch ein zweites Mal nur mit knapper Not dem Henker, ertappt ihn doch der gnädige Herr eines Nachmittags *in flagranti* mit der erst fünfzehnjährigen, von Seiner Erlaucht allerhöchst selbst zur Nachfolgerin seiner verstorbenen Gattin ausersehenen Nichte derselben. So sehr übermannte den Herrn Grafen der Zorn bei dieser Entdekkung, daß ihn der Schlag traf. Er lebte gerade noch lange genug, um sich von dem eilig herbeigerufenen Schloßkaplan, als Bedingung für die Absolution, sein Einverständnis mit einer Vermählung der beiden jungen Leute sowie die Adoption des ungetreuen Leibjägers abringen zu lassen.

Dieses Arrangement bedurfte zwar noch kaiserlicher Genehmigung, doch wurde diese auf Fürbitte des Bischofs hin rasch erteilt. Übrigens hatte sich Hans noch in der Todesstunde des alten Grafen feierlich verpflichtet, der Diözese zwei gräfliche Güter mit neun Dörfern, ferner hundert Tagwerk Hochwald, zwei forellenreiche Gewässer, die umfangreiche Schloßbibliothek sowie die Hälfte aller künftigen Erträge der gräflichen Weinberge zu schenken, außerdem, sobald er Graf wäre, aus eigenen Mitteln eine schöne neue Kirche zu bauen.

Es mag sein, daß Hans dem Bischof noch einige Zugeständnisse machte. Jedenfalls wurde er nun regierender Graf, noch strenger als sein Vorgänger, auch sehr fromm, zeugte mit seiner jungen Gemahlin zwei reizende Töchter und hatte dann das Unglück, sich bei einem wilden Querfeldeinritt den Hals zu brechen, eine achtzehnjährige trauernde Witwe und — zunächst — keinen männlichen Erben hinterlassend. Glücklicherweise gebar dann die junge Gräfin, deren einzige Stütze nun der zum Pfarrherrn avancierte Kaplan war, ein knappes Jahr nach dem Verlust ihres erlauchten Gatten noch einen Sohn, den Erbgrafen Aloysius Benedictus Karl Maria Wunibald, ein Ereignis, das als großes Wunder gefeiert und zur Anerkennung als solches dem Heiligen Offizium in Rom gemeldet wurde, ohne daß bisher eine Entscheidung des Vatikans in dieser Angelegenheit ergangen wäre.

Graf Karl-Wunibald, wie er kurz genannt wurde, konnte später den durch die Abtretungen an die Diözese geschmälerten Familienbesitz ganz außerordentlich vergrößern, insbesondere durch ein von dem nun zum Bischof aufgerückten Pfarrer beim Kaiser erwirktes Edikt, das es ihm gestattete, die Vormundschaft über die Kinder einer Nachbarsfamilie zu übernehmen, die lutherisch geworden war. Die Eltern, ebenfalls Grafen, waren kurz nach dem Abfall vom alten Glauben an einer Pilzvergiftung gestorben, worin man wohl zu Recht einen Fingerzeig Gottes sah. Auch die so verwaisten nunmehrigen Mündel des Grafen Karl-Wunibald, reizende Zwillinge, lebten leider nur kurze Zeit, konnten aber noch vor ihrem Ableben in den Schoß der römischen Kirche zurückkehren, auch sich ihrem Vormund gegenüber dadurch erkenntlich zeigen, daß sie ihm allen Familienbesitz testamentarisch und vom Bischof selbst beglaubigt vererbten, ausgenommen ein reiches Weingut am Rhein, das sie der Diözese stifteten. Sie starben um 1540 im Alter von vier Jahren, trotz aller ärztlichen Bemühungen, an der (damals sehr häufigen) Auszehrung.

Kurz nach diesem tragischen, in seinen Auswirkungen aber doch eher glücklichen Vorfall vereinigte ein kaiserlicher Gnadenerweis (Gebühren: rund fünfundzwanzigtausend Dukaten) die weitverstreuten Liegenschaften des Grafen Karl-Wunibald zu einem Fürstentum. Der Sitz im Reichsfürstenrat wurde der Familie jedoch erst unter Karl-Wunibalds Sohn, dem Fürsten Wunibald-Karl, zuteil, gottlob noch vor 1582, weshalb heute die Familie zu den altfürstlichen Geschlechtern gezählt werden kann.

In den folgenden acht Generationen vermehrte das Fürstenhaus, zunächst im Zuge der Gegenreformation und zu Lasten evangelischer Stände, dann zuletzt, im napoleonischen Zeitalter, auf Kosten der römischen Kirche, seine Besitzungen auf etwa den zehnfachen Umfang der einst dem Leibjäger Hans vom alten Grafen hinterlassenen Liegenschaften. Auf dem Wiener Kongreß ihrer Souveränität beraubt, doch dafür — wiederum mit Kirchenbesitz — großzügig entschädigt, mit dem katholischen Hochadel Europas kreuz und quer verwandt und verschwägert, erfreut sich die Familie auch heute noch hohen Ansehens und enormen vornehmlich aus Grundbesitz bestehenden Reichtums.

Ein Fürst, ein Erbprinz sowie neunundzwanzig gewöhnliche Prinzen und Prinzessinnen führen den stolzen Namen des alten, wie es heißt, in direkter Linie auf Karl den Großen zurückgehenden Geschlechts. Sie bevölkern exklusive Parties, die Aufsichtsräte von Banken und Versicherungskonzernen sowie die Ehrenlogen bei jeder mondänen Veranstaltung. Und sollte eines Tages der Reichtum zur Neige gehen (was recht wahrscheinlich ist, da die Familie nun schon in der fünften Generation etwas über ihre Verhältnisse lebt, das heißt, immer ein paar Millionen Mark mehr im Jahr ausgibt als eingenommen werden), so werden die Prinzen und Prinzessinnen des fürstlichen Hauses das strenge Hausgesetz außer acht lassen und in jüngere, keineswegs ebenbürtige, aber um so reichere Dynastien heiraten, in Familien, die ohne oder mit nur niedrigem und noch nicht sehr altem Adelstitel über Fürstentümer in Industrie und Bankwelt herrschen . . .

Es spricht für den soliden Reichtum (und natürlich auch den Stolz) der deutschen Hocharistokratie, daß solche Heiraten noch verhältnismäßig selten sind. Immerhin gibt es einige Beispiele (wobei wir natürlich in keinem Fall rein finanzielle Motive unterstellen dürfen, sondern ruhig glauben können, daß sich Angehörige eines Fürstengeschlechts nur durch echte Zuneigung bewegen lassen, tief unter Stand, womöglich sogar einfache Bürgerliche zu ehelichen).

So heiratete etwa Elisabeth Prinzessin zu Löwenstein-Wertheim-Freudenberg den (1960 verstorbenen) Großindustriellen Richard Merton, Großaktionär der mächtigen Metallgesellschaft; Erbprinz Kraft zu Hohenlohe-Öhringen nahm 1959 Katharina von Siemens zur Frau, eine Tochter des stellvertretenden Aufsichtsratsvorsitzers der Siemens AG, Dr. Peter von Siemens; Prinz Tassilo zu Fürstenberg ehelichte 1938 die Tochter Claire Jeanne des Fiat-Vizepräsidenten und -Großaktionärs Dr. Edoardo Agnelli; beider älteste Tochter, Prinzessin Ira zu Fürstenberg, verheiratete sich in zweiter Ehe mit dem Multimillionär und Playboy Francisco Pignatari, und Prinz Karl Walrad zu Salm-Horstmar heiratete 1952 die geschiedene und nicht eben kleinlich abgefundene Gattin Susanne des Bielefelder Großindustriellen Rudolf Oetker, dessen Konzernreich ein geradezu klassisches Beispiel dafür bietet, wie kleinbürgerliche Familien die alten Aristokraten in ihrem Einfluß auf bestimmte Wirtschaftszweige zurückdrängen, neue mächtige Dynastien bilden und zu wahrhaft fürstlichem Einfluß gelangen, wobei sie sich in ihrem Lebensstil, ihrer Familienpolitik und in der Diskretion, mit der sie Macht ausüben, dem Vorbild des Hochadels anpassen.

Man nennt Rudolf August Oetker, den heutigen, 1916 geborenen Chef des Hauses Oetker, noch immer den »Pudding-Prinzen«, obwohl er längst ein Fürst ist, außerdem sein Geldgigantentum nicht allein der Fabrikation von Pudding- (und Back)pulver verdankt, sondern über ein Konzernreich gebietet, das zu den größten Familienunternehmen der bundesdeutschen Wirtschaft gehört.

Der Oetker-Konzern ruht auf vier soliden Säulen: der Produktion von Nahrungsmitteln, der Herstellung von Getränken, der Tätigkeit auf dem Gebiet von Schiffahrt, Fischerei, Handel und Transport sowie der regen Aktivität auf dem Sektor des Bank- und Versicherungswesens.

Zu den wohlgeratenen Konzern-Töchtern des Nahrungsmittelbereichs gehören — neben der Stammfirma Dr. August Oetker in Bielefeld — unter anderem die Reese Nährmittelfabrik in Hameln, die Firma Langnese-Honig in Bargteheide, die Eto-Nahrungsmittelfabriken (Fertigsuppen und Speisewürze) in Karlsruhe, die C. F. Hildebrandt Mühlenwerke in Hamburg (für Reis, Sago und Hülsenfrüchte), die Dr.-Oetker-(früher: »Frosti«-)Tiefkühlkost-Kette mit Hauptsitz Bielefeld sowie eine fünfzigprozentige Beteiligung an der Karl Fr. Töllner Nährmittelfabrik in Bremen, die zur anderen Hälfte im Besitz der amerikanischen Corn Products Co. ist.

Zu den Getränkefirmen des Oetker-Konzerns zählen die Sektkellereien Söhnlein Rheingold in Wiesbaden-Schierstein, Schloß Rheinberg in Wiesbaden und Burg Weisenau bei Mainz, ferner das Weingut K. & F. Bliem in Bornheim bei Alzey und die G. H. von Mummsche Weinbaudomäne in Johannisberg im Rheingau, die Spirituosen-Hersteller »Gorbatschow Wodka« (Berlin), »Noris«-Weinbrand (Nürnberg) und Stück (Hanau), letzterer heute an zweiter Stelle unter den bundesdeutschen Whisky-Produzenten.

Dem Getränkesektor sind ferner die Wein- und Spirituosenhandlung Lutter & Wegener mit Hauptsitz in Wiesbaden und die Hermann Meyer & Co. KG in Berlin und München mit zahlreichen Filialgeschäften (und dem Slogan »Keine Feier ohne Meyer«) hinzuzurechnen, vor allem aber die Brauereien des Oetker-Konzerns:

Die Binding-Brauerei in Frankfurt; die Berliner Kindl-Brauerei in Berlin, zu der wiederum die Berliner Bären-Brauerei sowie eine Vielzahl von Gaststätten und wertvollen Grundstücken gehören; die Herkules-Brauerei in Kassel; die Hofbrauhaus Nicolay AG in Hanau; die Bayerische Aktien-Brauerei in Aschaffenburg; die Eisenacher Brauerei in Bad Hersfeld; die Brauerei »Zur Eiche« in Kiel; die Steinhäusser Brauerei in Friedberg und die Michelsbräu AG in Babenhausen.

Außerdem ist Oetker noch zu knapp zwanzig Prozent an der großen Dortmunder Actien-Brauerei beteiligt und hält Sperrminoritäten von mehr als je fünfundzwanzig Prozent an der Germania-Brauerei AG in Wiesbaden, der Glückauf-Brauerei AG in Gelsenkirchen und der Mainzer Aktien-Brauerei in Mainz.

Und schließlich hat Oetker auch noch vier italienische Brauerei-Aktiengesellschaften, die sämtlich »Prinz Braeu« herstellen, sowie vier Minderheitsbeteiligungen an spanischen Brauereien.

Zum Sektor Schiffahrt, Fischerei, Handel und Transporte des Oetker-Konzerns gehören: die Reederei Rudolf A. Oetker und Patenreedereien; die Hamburg-Südamerikanische Dampfschiffahrts-Gesellschaft Eggert & Amsinck, kurz Hamburg-Süd genannt; die Deutsche Levante-Linie und die Reederei Heinrich Horn und Patenreedereien, sämtlich in Hamburg auf dem Gebiet der Handelsschiffahrt aktiv, sodann die Hanseatische Hochseefischerei, die Seefischerei Kohlenberg & Putz und die Ocean-Fischhandels-GmbH & Co. KG, alle drei in Bremerhaven, ferner neun Export- und Import-Firmen, darunter die »Orimex« in Hamburg, die den meisten Rohkakao importiert, und das internationale Getreide-Handelshaus Gilbert J. McCaul & Co. in Croydon und Hamburg.

Auf dem vierten und letzten Sektor, Banken und Versicherungen, ist die Oetkersche Hausbank, das Bankhaus Hermann Lampe KG in Bielefeld, mit Filialen in Düsseldorf, Hamburg und Berlin sowie an einer Reihe von Plätzen des westfälischen Raumes zu nennen, außerdem — als wichtige Holding — die »Bank für Brau-Industrie« in Frankfurt. Dazu kommen, als krönender Abschluß, die Versicherungskonzerne »Condor« und »Deutscher Ring«.

Diese stolze Phalanx florierender Unternehmen bilden die vier Säulen des Oetker-Konzerns und machen ihren Inhaber zum größten Privatreeder der bundesdeutschen Handelsschiffahrt, zum Eigner der drittgrößten Fischereiflotte des Landes, zum bedeutendsten Bierbrauer und noch zu vielem mehr, beispielsweise zum Verleger des nach der Bibel meistverbreiteten Buches. Denn zum Konzern gehört auch die Ceres-Verlagsgesellschaft, die Koch- und Backbücher in einer Gesamtauflage von nahezu vierzig Millionen Stück herausgebracht hat und Jahr für Jahr eine weitere Viertelmillion Exemplare davon absetzt, ferner die Bielefelder Haushaltsgeräte GmbH in Brackwede und die Omnia-Werbegesellschaft, die die gesamte Werbung des Konzerns durchführt. Damit noch immer nicht genug, hat der Konzernchef im Laufe der Jahre mancherlei aufgelesen, was sich nicht recht eingruppieren läßt, nichtsdestoweniger nun aber dazu gehört: zwei altrenommierte Bielefelder Wäsche- und Oberhemdenfabriken; die Düsseldorfer Tuchgroßhandlung Aug. Pick & Co.; drei Baugesellschaften, eine davon in Ettlingen, Brenner's Park-Hotel in Baden-Baden, ein Haus von internationalem Ruf, und das gleichfalls berühmte Alpensanatorium in Bad Wiessee. Es gibt sicherlich noch zahlreiche weitere Oetker-Unternehmen, die das Imperium abrunden. Aber selbst dem Konzernchef gelingt es nicht immer, sich durchzufinden. Er meint dazu in breitem Westfälisch: »Dat ist alles so kompliziert, dat kann einer allein char nicht mehr verstehen . . .«

Gar nicht mehr auszurechnen, nur noch zu schätzen, sind Gesamtwert, jährlicher Umsatz und Gewinn oder Beschäftigtenzahl des Konzerns, doch gehört Rudolf August Oetker, der »regierende Fürst«, zweifellos zu den Umsatz-Milliardären, sogar wenn man die Geschäfte seiner Banken und Versicherungen unberücksichtigt läßt. Und die Familie, standesgemäßer: das Haus Oetker darf sich ohne weiteres zu den bundesdeutschen Geldfürsten rechnen, um so mehr, als eine Schwester und ein Halbbruder des »Regierenden« unabhängig vom Konzern begütert sind:

Schwester Ursula Oetker geborene Oetker — sie heiratete einen entfernten Verwandten — ist maßgeblich an der Kochs Adler-Nähmaschinen Werke AG in Bielefeld beteiligt, der wiederum die Hälfte der Anteile an der Adler-Riccar-Nähmaschinen GmbH gehört. Außerdem besitzt sie die Produktionsstätten von Schwartau-Marmelade und Altländer Gold-Fruchtsäften.

Ihr und Rudolf August Oetkers Halbbruder, Richard Kaselowsky junior, ist Inhaber der graphischen Großbetriebe E. Gundlach KG in Bielefeld, der Bielefelder Verlagsanstalt KG, der Bielefelder Spielkarten GmbH und der Ricca-Werbung GmbH.

Banken und Versicherungen, Frachtschiffe, Tanker und Fischdampfer gehören zum Oetker-Reich.

Oetker-Betriebe produzieren Bier und Schnaps und Spielkarten für Männer, Kochbücher, Backpulver, Nähmaschinen, Haushaltsgeräte, Marmelade und tausend andere Dinge für die Frauen.

Weingüter und Sektkellereien, Feinkostgeschäfte und Fabriken für Feine Bielefelder Wäsche, ein Luxushotel und ein Alpensanatorium stehen für den »gehobenen Bedarf« zur Verfügung. Und alles zusammen bildet ein mächtiges Fürstentum, über dessen Entstehung — von einigen Histörchen und Legenden abgesehen — der Öffentlichkeit so gut wie nichts bekannt ist.

Es gibt natürlich — wie könnte es anders sein? — eine (von Berndt Freiherr von Nolcken verfaßte) vortrefflich geschriebene, hübsch bebilderte und geschmackvoll editierte Firmengeschichte, die einem der liebenswürdige Public-Relations-Chef des Konzerns, Berend Freiherr von Tiesenhausen, bereitwilligst zur Verfügung stellt.

Dem Büchlein, betitelt: »Dr. August Oetker — Vom Leben und Wirken eines Firmengründers«, wollen wir uns getrost anvertrauen — bis zu einem gewissen Punkt . . .

Da war also einmal in Urväterzeiten ein niedersächsischer Bauer namens Ottokar. Seine Nachfahren, die im Laufe der Jahrhunderte Ottokar zu Oetker abwandelten, betätigten sich weiter als Landwirte und lebten, wie urkundlich erweisbar — um 1550 in der Ortschaft Wiedensahl auf dem Hof Nummer 62.

Anfang des 19. Jahrhunderts treffen wir landflüchtige Abkömmlinge des Wiedensahler Bauerngeschlechts in der kleinen schaumburgischen Stadt Obernkirchen, unter ihnen den Bäkkermeister August Adolf Oetker nebst Gattin. Von letzterer heißt es, sie flößte durch ihre kluge, feinsinnige und zurückhaltende Art den Leuten Respekt ein, wogegen ihr Gemahl als eine

»offene, etwas derbe, aber konziliante Natur« geschildert wird. Das Bäckerehepaar hatte zehn Kinder, wovon jedoch nur eines, nämlich der älteste Sohn August, für die Konzerngeschichte von Interesse ist.

August Oetker junior war ein aufgeweckter Knabe des Jahrgangs 1862. Seiner reichen Gaben wegen kam er, obwohl den Eltern ein solcher Entschluß gewiß nicht leichtgefallen sein dürfte, nach Absolvierung der Obernkirchner Bürgerschule in den Genuß von Gymnasialbildung, und zwar auf dem Adolfinum der Haupt- und Residenzstadt Bückeburg, einer Metropole von damals schon fast viertausend Einwohnern.

Beinahe wäre es gar nicht zu diesem bildungsmäßigen Aufstieg (und letzten Endes auch nicht zur Gründung der geldfürstlichen Dynastie Oetker) gekommen, denn der Schüler August hätte um ein Haar schon auf der Bürgerschule ein ebenso tragisches wie unrühmliches Ende gefunden: Beim übermütigen Herumturnen auf der Fensterbank des im dritten Stockwerk gelegenen Klassenzimmers rutschte der Bäckermeistersohn plötzlich ab, konnte sich gerade noch mit einer Hand festklammern, und nur dem beherzten Zugreifen der Lehrerin Amanda Grossmann war es zu verdanken, daß der Knabe gerettet (und der Oetker-Konzern später von ihm gegründet) werden konnte. So ist es begreiflich, daß August Oetker Jahrzehnte danach, als er bereits recht wohlhabend war, seine ihm angeborene Scheu vor unnützen Ausgaben überwand und seiner alt und hilfsbedürftig gewordenen Lebensretterin eine kleine Rente aussetzte, zumal er sich vergewissern konnte, daß Amanda Grossmann unverschuldet in Not geraten war.

Daß solche Wohltaten dem gebenden Teil und seinen Erben bis ins dritte und vierte Glied zum Segen gereichen, zeigt die ausführliche Schilderung des Vorfalls und seiner Folgen in der vom heutigen Konzern herausgegebenen Public-Relations-Broschüre: Die Episode gab dem Verfasser immerhin Gelegenheit zu Reflexionen über den edlen Charakter des Firmengründers, die in der Feststellung gipfeln, August Oetkers Leitsatz wäre immer gewesen: »Gutes tun, aber im stillen!«

Indessen haben wir nun schon dem Ablauf des Geschehens weit vorausgegriffen, denn erst die Gymnasialausbildung (bis zur mittleren Reife) und das anschließende Studium gaben dem späteren Fabrikanten die Möglichkeit, seiner Lebensretterin den ihr gebührenden Dank abzustatten.

Nach Absolvierung des Adolfinums trat der sechzehnjährige August seine Lehrzeit an, und zwar beim Apotheker Brackebusch in Stadthagen. Daß Wilhelm Busch, der zu den Kunden besagter Apotheke zählte, den jungen August Oetker zum Vorbild seines »Aptekerei-Provisers Mickefett« genommen hätte, wird indessen von beiden mit der Abfassung und Verteilung der Konzerngeschichte betrauten Freiherren ins Reich der Fabel verwiesen: »Verbürgt ist nur, daß sich Busch und Oetker, der den großen Humoristen oft bediente, gut verstanden . . .«

Nach beendeter Lehrzeit folgten noch einige Wanderjahre, die August Oetker unter anderem auch nach Hanau führten, wo er bei der Witwe Jacobi logierte, die ein hübsches Textilgeschäft und eine ebenso reizende einzige Tochter hatte. Doch an Heirat war für den jungen Praktikanten noch nicht zu denken. Er leistete zunächst seine Wehrpflicht ab — natürlich als Einjähriger —, studierte dann in Berlin Naturwissenschaften und Philosophie und promovierte im Dreikaiserjahr 1888 an der Universität Freiburg zum Dr. phil. mit einer Dissertation über das Thema: »Zeigt der Pollen in der Unterabteilung der Pflanzenfamilien charakteristische Unterschiede?«

So gleichgültig das Thema dieser Doktorarbeit für die Konzerngeschichte ist, so bedeutsam ist der akademische Titel, der damit erworben wurde. Denn ohne »Doktor« vor dem Namen hätte August Oetker später wohl kaum den damals sehr stolzen (und ja auch durch sieben Jahrzehnte bis heute kaum veränderten!) Preis von zehn Pfennig je Tütchen Backpulver verlangen und damit das Fundament für den Reichtum seiner Dynastie legen können . . .

Doch wir greifen wieder vor! Zunächst war nämlich von Backpulver und Wohlstand noch keine Rede. Zwar heiratete der frisch gebackene Doktor nun seine Caroline Jacobi aus Hanau, beteiligte sich auch — soweit es die Mitgift seiner jungen Frau gestattete — an einer Firma in Berlin, die Apothekeneinrichtungen vertrieb, aber der Verdienst war so gering, daß er kaum zum Leben reichte.

Da bot sich überraschend eine Gelegenheit zum Kauf einer eigenen Apotheke in Bielefeld. Mit Hilfe eines Darlehens seiner Schwiegermutter und einer Sparkassen-Hypothek konnte Dr. August Oetker die geforderte Summe aufbringen und am 1. Januar 1891 das Geschäft übernehmen. Dieser Tag gilt heute als Gründungsdatum des Oetker-Konzerns.

Um die Schuldenlast von seiner Apotheke so rasch wie möglich abzutragen, suchte der junge Unternehmer nach einem Verkaufsschlager, zunächst im weiten Feld der Pharmazeutik, dann auf dem noch wenig erschlossenen Gebiet der chemischen Hilfsmittel für den Haushalt. Als Bäckersohn erinnerte er sich der Pulver, die dem Teig beigemischt wurden, damit die Kuchen »besser aufgingen«. Und er mag wohl auch hie und da einer Küchenmamsell am Wochenende ein paar Gramm Natron und Weinstein verkauft und auf eine neugierige Frage, wozu sie dergleichen brauche, die verschämte Antwort erhalten haben: »Na cha, Herr Doktor, der Kauke chet so chut damit auf!«

Jedenfalls richtete nun Dr. August Oetker sein Augenmerk auf eine besonders geeignete Backpulvermischung, die er seiner Hausfrauenkundschaft anbieten könnte. Die Grundstoffe waren bekannt und spottbillig. Was es herauszufinden galt, war die genau richtige Mischung und Menge. Außerdem sollte die Mixtur haltbar sein und den Geschmack des Gebäcks nicht beeinträchtigen, sondern nach Möglichkeit verbessern.

Es dauerte einige Jahre, bis der Herr Apotheker endlich ein in jeder Hinsicht zufriedenstellendes Backpulver entwickelt hatte. Entscheidend für den finanziellen Erfolg war jedoch erst sein geradezu genialer Einfall, den Hausfrauen die Mischung nicht lose und in möglichst großer, gar nicht benötigter Menge zu verkaufen, sondern genau abgewogen für jeweils ein Pfund Mehl in Tüten verpackt, unter der leicht faßlichen Bezeichnung »Backin« und zum Preis von zehn Pfennig je Tüte.

Diese für die damalige Zeit exorbitante Forderung, die fast einer Mark heutigen Wertes entspricht, war eine psychologische Meisterleistung. Zwar verteuerte die Tüte »Backin« den Sonntagskuchen beträchtlich, aber gleichzeitig sank das Risiko des Mißlingens (mit allen Folgen für den Ehefrieden und das Selbstbewußtsein der Hausfrau) auf nahezu null, denn zu dem richtig gemischten und genau abgewogenen Backpulver bekam die Kundin auch noch ein paar narrensichere Backrezepte als Gratisbeigabe, dazu das erhebende Gefühl, daß sich ein richtiger Doktor herbeigelassen hatte, ihr bei ihren häuslichen Problemen zur Seite zu stehen. Alles zusammen war eben doch zehn Pfennig wert, und Dr. Oetkers Spekulation ging auf: Sein »Backin« ging wie warme Semmeln!

Im ersten Jahr belieferte der Apotheker nur die Bielefelder Hausfrauen sowie Kundinnen aus der ländlichen Umgebung. Aber bald wurde »Backin« auch aus Münster und Minden, Detmold und Bückeburg angefordert. Reisende nahmen den Artikel in ihr Sortiment auf und verbreiteten ihn im ganzen Reich, angefeuert durch Rundschreiben des Herstellers, in denen es hieß:

»An alle diejenigen meiner Vertreter, die bisher noch ungenügende Resultate zu verzeichnen hatten, richte ich hiermit die eindringliche Mahnung, sich ihrer Aufgabe so zu widmen, wie ich es verlangen kann und wie es ihre selbstverständliche Pflicht ist. Ich habe jetzt zehntausend Kartons in hochkünstlerischer Ausstattung bestellt, die für jeden Ladentisch eine Zierde und zugleich eine gute Reklame sind . . .«

Dr. August Oetker begann tatsächlich das, was man heutzutage einen Werbefeldzug nennt. Er inserierte, plakatierte und verschickte Prospekte und Proben, vor allem aber legte er Wert auf Werbebroschüren, die ganz auf die Freuden und Sorgen, Wünsche und Nöte der Hausfrauen zugeschnitten waren.

Die Firma wuchs. Immer neue Mitarbeiter mußten eingestellt, immer größere Räume bezogen werden. Auch das Produktionsprogramm erweiterte sich rasch: Zum »Backin« kam bald das »Gustin«, ein Kindernährmittel aus reiner Speisestärke, dann Vanillin-Zucker und andere Backzutaten sowie Puddingpulver der verschiedensten Geschmacksrichtungen — alles in genau bemessenen Mengen abgepackt und zu vorgeschriebenen Festpreisen. Bald gab es auch noch ein Markenzeichen, ein heller Frauenkopf auf dunklem Grund mit dem Slogan: »Ein heller Kopf verwendet nur Dr.-Oetker-Fabrikate!«, und so darf der Bielefelder Apotheker für sich in Anspruch nehmen, zu den Wegbereitern des Markenartikels zu gehören. Tatsächlich zählt er auch zu den Gründungsmitgliedern des 1903 ins Leben gerufenen »Verbandes der Fabrikanten von Markenartikeln«.

Um diese Zeit hatte Dr. August Oetker die Apotheke bereits gänzlich aufgegeben, widmete sich nur noch der Fabrikation und Verbreitung seiner Artikel für Küche und Haushalt, schaffte sich 1906 die ersten automatischen Abfüll- und Verpackungsmaschinen an, stieß ins Exportgeschäft vor, gründete 1908 ein Zweigwerk in Baden bei Wien und beschäftigte in den letzten Jahren vor dem Ersten Weltkrieg allein in Bielefeld rund dreihundertfünfzig Arbeiter und Angestellte.

Trotz der hohen Investitionen und der gewaltigen Aufwendungen für Werbung warfen die Pfennigartikel doch noch sehr beträchtliche Gewinne ab, und so finden wir denn August Oetker im »Jahrbuch der Millionäre im Königreich Preußen« des

Jahres 1912 verzeichnet, wenn auch keineswegs an prominenter Stelle, sondern weit hinten, auf Seite 794, unter den vielen sogenannten »einfachen Millionären«, womit Leute gemeint waren, die mindestens eine Million, höchstens zwei Millionen Goldmark Vermögen versteuerten.

Um diese Zeit ließ sich der reich gewordene Backpulverfabrikant Kärtchen drucken, die er freigebig verteilte und auf denen zu lesen stand:

»Geld verleihe ich nicht, Hypotheken beleihe ich nicht, fremde Angelegenheiten interessieren mich nicht, da ich mit meinen eigenen genug zu tun habe. Ich bitte, mich mit zwecklosen Anliegen zu verschonen. Achtungsvoll, Dr. August Oetker.«

Das ist also die Geschichte des Firmengründers, von dem außerdem noch zu berichten wäre, daß er die (noch heute zum Konzern gehörende) Chemische Fabrik Budenheim bei Mainz erwarb, von der er seine wichtigsten Rohstoffe bezog; daß er gegen Ende seines Lebens noch zum königlich preußischen Kommerzienrat ernannt wurde; daß er sein Personal zu Weihnachten mit je einem Händedruck und einem Goldstück zu belohnen pflegte — zumindest so lange, wie die Zahl seiner Mitarbeiter das Dutzend noch nicht überschritten hatte — und daß er mit seiner Frau Caroline eine glückliche Ehe führte, aus der zwei Kinder, ein Sohn und eine Tochter, hervorgingen.

Damit sind alle Rätsel gelöst — so könnte man versucht sein zu glauben, zumal wenn man die von der PR-Abteilung des Oetker-Konzerns herausgegebene Schrift *Vom Leben und Wirken des Firmengründers* mit Andacht gelesen, vielleicht dazu eine Dr.-Oetker-Götterspeise gelöffelt oder ein Gläschen »Burg Weisenau«-Sekt geschlürft hat — Genüsse, die einem die Welt in besonders rosigem Licht erscheinen lassen.

Indessen pflegte sich die Entwicklung vom genialen Einfall eines Mittellosen bis zum Besitz eines Mammutkonzerns mit Milliardenvermögen in der Regel nicht ganz so rasch und reibungslos zu vollziehen. Und so war es denn auch in der Tat nur ein guter Anfang, den Großvater August bis zu seinem frühen Tode bewerkstelligte.

Dr. August Oetker starb am 10. Januar 1918, erst sechsundfünfzig Jahre alt. Was der Kommerzienrat seinen Erben hinterließ, war bei weitem noch kein Industrie-Fürstentum, allenfalls eine Nährmittel-Baronie. Der so fleißige, einfallsreiche und sparsame Mann hatte in seinen letzten drei Lebensjahren sehr viel verloren: Der Krieg, der 1914 begann, vernichtete nicht nur das gerade aufblühende Auslandsgeschäft, sondern auch den so zäh und zielstrebig erschlossenen Inlandsmarkt. Da das Werk nicht zu den kriegswichtigen Industrien zählte, wurden seine Fachkräfte und eingeführten Vertreter zum Wehrdienst eingezogen, die Rohstoffe wurden knapp, und auch der Absatz stockte; denn angesichts der Lebensmittelrationierung war es mit dem Kuchenbacken und Puddingkochen vorbei, und die schönen Oetker-Rezepte der Vorkriegszeit (»Man nehme sechs Eier, ein halbes Pfund Butter . . .«) klangen wie blanker Hohn.

Das Unternehmen kam fast zum Erliegen, und als dann noch 1916 der einzige Sohn und vorausbestimmte Erbe, Dr. Rudolf Oetker, an der Westfront fiel, war es mit dem Lebensmut des Kommerzienrates vorbei. Er starb zwei Jahre später als ein von erdrückenden Sorgen gequälter Mann. Zurück blieben seine Witwe, seine Tochter und die Witwe seines Sohnes mit zwei kleinen Kindern, Ursula und Rudolf August.

Wenn die Firma Oetker in den zwei Jahrzehnten zwischen den beiden Weltkriegen wieder erstarkte, die alte Größe zurückgewann und sich zu einem noch weit bedeutenderen Unternehmen — wenn auch noch längst nicht zum heutigen Konzern — entwickelte, so war dies zunächst der energischen Kommerzienratswitwe, dann aber einem Manne zu verdanken, der in die noch junge Dynastie einheiratete und die vakante Stelle eines »Chefs des Hauses« übernahm: Dr. Richard Kaselowsky.

Er war ein Freund der Familie, vor allem des vor Verdun gefallenen Sohnes, dessen junge Witwe er heiratete und an dessen Kindern er nun Vaterstelle vertrat.

Der neue Firmenchef setzte die alte Unternehmenspolitik — intensive Werbung, strenge Wahrung des Markenartikel-Charakters und sorgfältige Pflege der lebenswichtigen Verbindung zu den Hausfrauen — mit nun schon etwas moderneren Mitteln fort. Zu welcher Bedeutung er die Firma bald wieder brachte, läßt sich daran ermessen, daß er bereits in den zwanziger Jahren in den erlauchten Kreis der Aufsichtsräte des größten Kreditinstituts, der Deutschen Bank AG, berufen wurde. Dort saß er neben Dr. Hugo Henkel, dem Düsseldorfer Waschmittel-Potentaten. Und da sie beide, ohne gegeneinander in Konkurrenzkampf zu stehen, um die deutsche Hausfrau (und für den Markenartikelgedanken) warben, beschlossen die beiden, ihre Werbefeldzüge aufeinander abzustimmen und, wo es sich anbot, gemeinsam aufzutreten. So gab es beispielsweise bald (übrigens sehr erfolgreiche) Koch-, Back- und Waschkurse für angehende Hausfrauen, veranstaltet von den Firmen Henkel & Cie. und Dr. August Oetker, wobei selbstverständlich das Kochen und Backen nach Oetker-Art, die Wäschepflege im Sinne des Hauses Henkel gelehrt wurden.

Es war ein herzliches (und für beide Firmen vorteilhaftes) Einvernehmen, das natürlich nur möglich war, weil sie nicht im Wettbewerb miteinander lagen. Mit Konkurrenz pflegte man, damals wie heute, anders zu verfahren.

Einfache chemische Grundstoffe, wie sie zur Herstellung von Waschmitteln, Backpulver oder Stärkemehl verwendet werden, lassen sich leider nicht patentieren, auch nicht, wenn man sie in genau bemessenen Mengen abwiegt, hübsch verpackt und mit einigen hundert Prozent Gewinn auf den Markt bringt. Schutzfähig sind nur die Markennamen und -zeichen.

Das mußte schon Dr. August Oetker erfahren, als er mit seinem »Backin« die ersten großen Erfolge erzielen konnte. Kaum hatte er nämlich von Bielefeld aus diesen neuen Markt erschlossen, da begann die im nahen Hameln residierende Firma Reese die Oetker-Produkte einfach nachzumachen und unter anderem Markennamen anzubieten. Noch um 1912, als Dr. Oetker schon Millionär war, stand die Partie unentschieden, und es war durchaus nicht sicher, ob Reese unterliegen oder ob er den Bielefelder aus dem Felde schlagen würden.

Kurze Zeit später war Dr. Oetker seiner Sorgen ledig, ohne daß deshalb der Konkurrenzkampf nachließ. Doch fortan war es dem Bielefelder Kommerzienrat gleichgültig, wer am Ende siegte: Oetker oder Reese. Er konnte sogar nun vergnügt erklären, daß gesunder Wettbewerb nur das Geschäft belebe und die Umsätze steigen ließe. Denn inzwischen hatte er in aller Stille die auf eine Vielzahl von Erben verteilten Reese-Anteile samt und sonders erworben — die letzten übrigens eher billiger als die ersten, denn wer die Majorität hat, kann Kapitalerhöhungen beschließen, mit deren Hilfe die störrische Minderheit gezwungen wird, immer neues Bargeld einzuzahlen oder aus der Gesellschaft auszuscheiden.

Auch Dr. Kaselowsky wußte sich schmutziger Konkurrenz erfolgreich zu erwehren: Als 1935 — das »Dritte Reich« hatte schon begonnen — eine ehemalige Oetker-Angestellte, die Österreicherin Malwine Fortomarovic, selbst Backpulver zu fabrizieren begann und mit dem attraktiven Markennamen »Tante Foro's Backpulver« in Oetker-Domänen einzubrechen drohte, sorgte Dr. Kaselowsky für rasche Abwendung solcher Gefahr. Er wandte sich an die »Abteilung für Berufsmoral« beim sogenannten »Stellvertreter des Führers«, und »Tante Foro« wurde kurzerhand als lästige Ausländerin des Reichsgebiets verwiesen, ihr Betrieb geschlossen.

Überhaupt war Dr. Richard Kaselowskys Einfluß in der Ära des »Tausendjährigen Reiches« sehr beträchtlich, und er nutzte ihn als guter Hausmeier der Oetkers weniger für sich selbst als zum Vorteil der Firma. Von etwa 1937 an war ihm dies in noch verstärktem Maße möglich, denn damals trat er einem kurz zuvor gegründeten »Freundeskreis« bei, dem für die Pflege guter Beziehungen zwischen den Mächtigen in Politik und Wirtschaft damals ganz besondere Bedeutung zukam.

Der volle Name dieses sehr exklusiven Klubs lautete: »Freundeskreis des Reichsführers SS Heinrich Himmler«, und wir finden in seinem Mitgliederverzeichnis eine ganze Reihe von klangvollen Namen, darunter auch solche, die später in der Geld- und Machtaristokratie der Bundesrepublik eine wichtige Rolle spielten oder noch immer spielen.

Von den nur sechsunddreißig Mitgliedern des »Freundeskreises«, die ihm im November 1939 angehörten, waren neun hohe SS-Führer oder sonstige wichtige Funktionäre der braunen Diktatur. Die übrigen waren sogenannte »Spitzen der Wirtschaft«, aber natürlich nur solche, die sich der Gunst und des Vertrauens jenes Hühnerzüchters erfreuten, der oberster Chef der gesamten Polizei, Gestapo und SS war. Wir finden unter seinen auserwählten Freunden beispielsweise den (inzwischen verstorbenen, aber auch nach dem Kriege wieder aktiven) Kölner Bankier Kurt Freiherr von Schröder, Mitinhaber des Bankhauses Stein, der auch das der »Machtergreifung« vorausgehende historische Gespräch zwischen Franz von Papen und Adolf Hitler vermittelte; den (in den fünfziger Jahren wieder in den Vorstand der Deutschen Bank berufenen, inzwischen verstorbenen) Bankier Dr. Karl Ritter von Halt, damals des »Führers« Olympia-Kommissar, später Präsident des Nationalen Olympischen Komitees der Bundesrepublik und als solcher mit dem Großen Bundesverdienstkreuz mit Stern ausgezeichnet; den (später als Kriegsverbrecher zu sechs Jahren Gefängnis verurteilten, 1964 zunächst mit dem Großen Bundesverdienstkreuz ausgezeichneten, dann dieser Auszeichnung wegen lebhafter Proteste wieder beraubten) Chemie-Industriellen Dr. Heinrich Bütefisch; den damaligen Unilever-Repräsentanten, Reichsbankvorstand und einstigen Assistenten des (ursprünglich auch zum »Freundeskreis« gehörenden) Reichsbankpräsidenten Dr. Hjalmar Schacht, Carl Blessing (später Präsident der Deutschen Bundesbank und Träger des Großkreuzes des Verdienstordens der Bundesrepublik); den damaligen Regierungspräsidenten von Potsdam, Gottfried Graf von Bismarck, einen (1949 tödlich verunglückten) jüngeren Bruder des jetzigen Fürsten Bismarck, den man wohl zur Dekoration benötigte; den (inzwischen verstorbenen) Wintershall-Generaldirektor August Rosterg, dessen Erben sich heute — neben den Quandts — eines beträchtlichen Teiles der Wintershall-Aktien und -Kuxe erfreuen; natürlich auch den heutigen Konzernchef Friedrich Flick, damals Generaldirektor der Mitteldeutschen Stahlwerke AG, und schließlich, wie schon erwähnt, Dr. Richard Kaselowsky vom Hause Oetker . . .

Selbstverständlich hatte die Zugehörigkeit zum »Freundeskreis« nicht nur Annehmlichkeiten, sie kostete auch etwas. Alljährlich zum »Julfest«, wie man damals in gehobenen SS-Kreisen Weihnachten nannte, überreichten Himmlers Freunde dem mächtigen Manne ein kleines Geldgeschenk, das er nach dem Wunsche der Spender für seine »ganz persönlichen Liebhabereien« verwenden sollte.

Herren von der finanziellen Potenz Friedrich Flicks gaben bei diesen Gelegenheiten jeweils hunderttausend Reichsmark, nicht ganz so reiche Privatunternehmer — wie Dr. Richard Kaselowsky — kamen mit vierzigtausend Reichsmark aus.

Doch, ob sie nun viel oder etwas weniger gaben, sie alle durften dafür mit dem »Reichsführer« den Sachsenhain und den Quedlingburger Dom, aber auch die Konzentrationslager Dachau und Oranienburg besichtigen, konnten sich von SD-Chef Reinhard Heydrich oder Einsatzgruppen-Kommandeur Otto Ohlendorf über die von der SS in den besetzten Gebieten geleistete Arbeit unterrichten lassen oder auch im komfortablen Salonzug »Heinrich« mit dem »Reichsführer« durchs unterworfene Polen reisen und sich selbst ein Bild machen. Und natürlich genossen sie, denen der nach Hitler mächtigste Mann im Reich »absolute Vertrauenswürdigkeit« und Verhalten in »korrekter, SS-mäßiger Manier« bescheinigte, daneben noch zahlreiche andere Vorteile, die gewiß die »Julgeschenke« mehr als aufwogen . . .

Die letzte Eintragung über eine »Julgabe« Dr. Kaselowskys

an Himmler stammt aus dem Jahre 1944 und verzeichnet wiederum eine Spende von vierzigtausend Reichsmark. Doch der »Reichsführer« konnte sich dafür bei Dr. Kaselowsky nicht mehr bedanken:

Zusammen mit seiner Frau und ihren beiden Töchtern wurde der Stiefvater des heutigen Oetker-Konzernchefs im vorletzten Kriegsjahr Opfer eines Fliegerangriffs auf Bielefeld.

Rudolf August Oetker, der nun die Nachfolge Dr. Kaselowskys antrat, war zu diesem Zeitpunkt achtundzwanzig Jahre alt. Wie hatte er bis dahin das »Dritte Reich« und den Krieg überstanden?

Nun, als »Erbprinz« einer reichen, etablierten und mit der Diktatur in bestem Einvernehmen lebenden Familie wuchs er heran, wie Prinzen aufzuwachsen pflegen: in mancher Hinsicht allzusehr verwöhnt, in anderer wiederum viel zu streng erzogen, auf jeden Fall aber wohlbehütet. Vor allem seine Großmutter, die Frau Kommerzienrat, wie sie genannt wurde, hielt ein wachsames Auge auf ihren Enkel, gefiel sich auch sonst in der Rolle der Königinwitwe und griff mit energischer Hand in alle Familienangelegenheiten ein. Solange Rudolf August noch ein Kind war, sorgte sie dafür, daß er stets in ihrer Nähe war. Den Gymnasiasten und späteren Banklehrling (bei der »Vereinsbank in Hamburg«, an der die Familie eine Beteiligung hatte) ließ die Frau Kommerzienrat auf Schritt und Tritt überwachen und gab ihm, wenn er einmal allein verreisen wollte, einen Hauslehrer, manchmal auch einen Geistlichen als ständigen Begleiter mit. Wichtigster Aufpasser war jedoch ein Faktotum namens Haase, von dem sich die Großmama regelmäßig berichten ließ, was der Enkel so trieb. (Haase wurde übrigens später der Fahrer des Konzernchefs.)

So war der junge »Puddingprinz« recht froh, als er mit zwanzig Jahren zum Arbeitsdienst eingezogen wurde. Auch dort war er zwar der Millionärssohn, wurde von Kameraden und Vorgesetzten fleißig um Darlehen angegangen, fühlte sich auch verpflichtet, den Hauptteil der Kosten jedweder Freizeitgestaltung zu tragen und zu gelegentlichen Festen sogar ganze Omnibusladungen junger Mädchen aus der Bielefelder Fabrik herbeizuschaffen, aber zumindest war er nun der großmütterlichen Aufsicht entzogen.

Eine Zeitlang war Rudolf August Oetker dann Soldat bei einer kavalleristische Traditionen pflegenden Aufklärungsabteilung. Dann wurde er krank und nach Hause entlassen. Auch während des Krieges hielt die Familie ihre schützende Hand über den Erbprinzen. Unter Hinweis auf den Heldentod des Vaters vor Verdun und die dynastische Bedeutung des letzten männlichen Oetker-Erben gelang es Dr. Kaselowsky, Rudolf August, dessen Wiedereinberufung nicht mehr zu verhindern war, bei einer SS-Verpflegungseinheit in Berlin unterzubringen. Zeitweise durfte der Konzernerbe sogar in einem Berliner Zweigwerk der Firma Oetker arbeiten.

Nach der Bielefelder Bombennacht und dem Tode seiner Mutter, seines Stiefvaters und seiner beiden Halbschwestern wurde der knapp achtundzwanzigjährige Rudolf August Oetker »Chef des Hauses« und zum ersten Male völlig selbständig. Doch seine Regierungszeit wurde, kaum daß sie begonnen hatte, durch den Untergang des Hitlerreiches, die bedingungslose Kapitulation und das folgende Chaos der ersten Nachkriegswochen unterbrochen. Der junge Konzernchef kam — wie die meisten unserer heutigen Geldgiganten — in alliierte Haft und nach den Regeln des »automatischen Arrests« in ein Lager.

Diese Haftzeit war für Rudolf August Oetker schlimmer als für viele andere Prominente. Vielleicht, weil er der SS angehört hatte oder weil das Haus Oetker — nicht zuletzt auch Dr. Kaselowskys SS-Verbindungen — als besonders »braun« galt, vielleicht aber auch nur, weil den Wachmannschaften das aristokratische Aussehen und prinzliche Auftreten des jungen Herrn mißfiel, jedenfalls wurde Rudolf August Oetker von den Wächtern, meist ehemaligen Zwangsarbeitern aus der Ukraine, entsetzlich mißhandelt und so zusammengeschlagen, daß er noch jahrelang am Stock gehen mußte.

Der Dreißigjährige, der mit solchen bitteren Erfahrungen aus der Haft entlassen wurde, der im Ersten Weltkrieg den Vater, im Zweiten seine Mutter und fast die ganze übrige Familie verloren hatte und nun in den Not- und Mangeljahren vor der Währungsreform sein Erbe endlich antreten konnte, fand ein Reich vor, das zwar schon etwas größer und bedeutender war als jenes, das sein Großvater hinterlassen hatte. Aber vom heutigen Oetker-Konzern waren damals gerade erst Ansätze vorhanden:

Neben dem Stammunternehmen in Bielefeld und der Firma Reese in Hameln gehörten noch einige weitere Betriebe der Nahrungsmittelbranche zur damaligen Oetker-Gruppe, außerdem eine Reihe kleinerer und größerer Beteiligungen in anderen Wirtschaftszweigen, zum Beispiel ein bescheidenes Aktienpaket der »Hamburg-Süd«-Reederei, ein etwas größerer Anteil an der »Vereinsbank in Hamburg« und die Majorität beim (damals noch nicht so bedeutenden) Bankhaus Lampe. Auch Brenner's Parkhotel in Baden-Baden war bereits in Oetker-Besitz; es war auf Wunsch von Großmutter Caroline erworben worden. Von Brauerei- und anderen Getränkeinteressen, von Versicherungen, Hochseefischerei, Export, Import und eigener Handelsflotte war dagegen noch nichts vorhanden.

Es dauerte indessen nur wenige Jahre, bis aus dem jungen, etwas schüchternen und menschenscheuen »Pudding-Prinzen« ein kühner und selbstsicherer Brauereikönig, Reederfürst und Versicherungsmagnat geworden war. Begünstigt von der »Freßwelle«, die gleich nach der Währungsreform einsetzte und Millionengewinne in die Oetker-Kassen spülte, und mit geradezu phantastischen Anlage- und Abschreibungsmöglichkeiten verhätschelt von der unternehmerfreundlichen Regierung der rechten Mitte unter Konrad Adenauer, baute der junge Back- und Puddingpulver-Millionär seinen Konzern auf und nutzte, angespornt von seinem Berater und Steuerexperten Wilhelm Kebschull, Jahrgang 1898, und nur sachte gebremst von seiner Schwester Ursula, seinem Finanzberater und Bankier Hugo Ratzmann und dem ebenso vorsichtigen, langjährigen Oetker-Generaldirektor Delius, jeden der vielfältigen Vorteile, die die Steuergesetzgebung der auf die Erhaltung ihrer staatstragenden Oberschicht bedachten Bundesrepublik reichen Leuten bot.

Weil Darlehen an den Schiffsbau vom steuerpflichtigen Einkommen abgezogen werden konnten, gab Oetker seine Gewinne lieber den Reedereien als dem Finanzamt. Und weil man seine Gewinne lieber behält, als sie anderen Leuten zu geben, wurde er selbst der Reeder, der mit den Oetker-Gewinnen Schiffe baute. Weil Reeder außerdem staatliche Zuschüsse und spottbilliges, langfristiges Geld aus öffentlichen Mitteln erhielten, kaufte er noch mehr Reedereien auf. Und weil Schiffe versichert werden müssen und weil das viel Geld kostet, das man lieber behält, gründete er eine eigene Versicherung, die »Condor«.

Weil aber das Risiko bei großen Handelsschiffen für eine einzelne Versicherung zu hoch ist, weil anderseits der sein Schiff versichernde Reeder und gleichzeitige »Condor«-Chef sich die fremde Versicherung aussuchen und für die Überlassung des halben Risikos lukrative Tauschobjekte verlangen konnte, kam die »Condor« gut ins Geschäft. Dennoch blieb sie zu klein, um allen Stürmen gewachsen zu sein, und erst als Oetker von der DAG, der Deutschen Angestellten-Gewerkschaft, die Lebens- und Sachversicherung »Deutscher Ring« dazukaufen konnte, war sein Versicherungsimperium krisenfest abgestützt. Außerdem zahlte er nun die diversen hohen Versicherungsbeiträge für die wachsende Anzahl seiner Unternehmen schmunzelnd in die eigene Tasche.

Die Oetkers waren schon immer sparsame Leute — Großmutter Caroline, die Frau Kommerzienrat, notierte jede Einnahme und Ausgabe, von der Anschaffung eines Päckchens Haarnadeln bis zur Millionenstiftung einer Musikhalle in Bielefeld. Sparsame Leute ärgern sich besonders über hohe Bankgebühren und -zinsen, die man ihnen abverlangt. Doch ihr Ärger hört sofort auf, wenn ihnen das habgierige Institut selbst gehört. Also ersparte sich Rudolf August Oetker solchen Ärger — und das langwierige Handeln um Kredite, wie man sie im Geschäftsleben mitunter eilig braucht, um besonders billig einkaufen zu können — und erwarb die hundert Jahre alte Privatbank Lampe zur Hausbank seiner Unternehmensgruppe, sorgte aber dafür — das Bankfach hatte er ja in Hamburg erlernt! —, daß er sich nicht etwa nur aus eigenen Mitteln Kredite bewilligte, sondern mit konzernfremdem Geld arbeiten konnte. Heute überwiegen bei Lampe, bei den Einlagen wie bei den Ausleihungen, die Umsätze der Firmen, die nicht zum Oetker-Konzern gehören.

Es gibt noch weitere Konzernzweige, die ihr Entstehen oder Aufgehen im Konzern vornehmlich der ausgeprägten Sparsamkeit der Oetkers zu verdanken haben, etwa die eigene (heute größte bundesdeutsche) Kakao-Importfirma, die mit schnellen Krediten der Hausbank ganze Ernten billig aufkaufen, auf konzerneigenen Handelsschiffen transportieren und infolgedessen den Konzern billiger beliefern kann. Ein anderes Beispiel ist die konzerneigene Werbeagentur, die die Selbstkosten, die ja gerade beim traditionellen Backpulver hauptsächlich aus Werbung bestehen, weiter senkt (und darin noch von konzerneigenen Herstellungsbetrieben für Prospekte, Broschüren, Plakate, Verpackungsmaterial, Etiketten und tausend andere Werbeträger nachhaltig unterstützt wird).

Weniger der Sparsamkeit als dem ihr eng verwandten Wunsch, Vermögen zugleich möglichst lukrativ wie krisenfest anzulegen, entsprang Oetkers Entschluß, Bierbrauer zu werden. Nach und nach erwarb er rund neunzig Prozent der Aktien einer Holding, der »Bank für Brau-Industrie AG« in Frankfurt am Main, die unter kräftiger Ausnutzung des sogenannten »Schachtelprivilegs«, einer spätkapitalistischen Erfindung, die insbesondere in der Bundesrepublik zu hoher Blüte gekommen ist, mit verhältnismäßig kleinem Kapital die größte bundesdeutsche Brauereigruppe kontrolliert, dazu die italienische »Prinz-Braeu«-Gruppe sowie eine Reihe von spanischen Brauereien.

Mit dem Wachsen des Konzerns, dem außerdem Weingüter und Sektkellereien, Textilfabriken und -großhandlungen, Einzelhandelsketten für Spirituosen und Feinkost, Bauunternehmen, Hochseefischerei, Handelsfirmen aller Art und noch ein Dutzend weitere Dinge, sogar ein Alpensanatorium, angegliedert wurden, wandelte sich auch der Lebensstil des Konzernfürsten.

Zwar blieb er noch immer ein wenig menschen- und vor allem publicityscheu, doch mit wachsendem Selbstvertrauen wurde aus der anfänglichen Gehemmtheit aristokratische Zurückhaltung. Und wenn man es recht bedenkt, so hat auch sein Industrie-Imperium, obwohl es aus den Pfennigartikeln für back- und kochfreudige Hausfrauen entstanden ist, deutlich aristokratische Züge angenommen:

Wie fast jedes deutsche Hochadelsgeschlecht Bier braut, Korn brennt oder Weinbau treibt, so auch Oetker, nur daß er gleich alles auf einmal und in gigantischem Ausmaß tut, dazu auch noch Sektkellereien hat, deren Produkte mit aristokratischen Namen, zum Beispiel »Fürst Metternich«, prunken.

Und so wie die Grafen und Fürsten eigene Banken besitzen, hat auch Rudolf August Oetker sein eigenes Kreditinstitut.

So fehlte denn nur noch der Großgrundbesitz, doch auch er ist vorhanden, teils sichtbar, teils unsichtbar. Bei der sehr weiten Streuung läßt sich die Gesamtfläche der Oetkerschen Grundstücke nicht einmal annähernd schätzen. Doch da es sich — zumal bei den Immobilien der »Bank für Brau-Industrie AG« — um vornehmlich großstädtische, industriell genutzte und bebaute Objekte handelt, beträgt ihr Gesamtwert sicherlich mehrere hundert Millionen Mark. »Pudding-Prinz« Rudolf August kann sich also auch in dieser Hinsicht durchaus mit den hocharistokratischen Latifundien-Besitzern messen.

Blieben noch als mögliche Unterscheidungsmerkmale drei Punkte übrig: dynastisches Denken und Handeln, gesellschaftliches Prestige und konservativ-reaktionäre Politik. Was den ersten Punkt betrifft, so hat sich der »Erbprinz« in durchaus dynastischer Manier durchgesetzt. Nach dem Testament seines Stiefvaters, Dr. Richard Kaselowsky, war nämlich Rudolf August keineswegs der alleinige Erbe. Außer der älteren Schwester Ursula Oetker gab es (und gibt es) noch einen Halbbruder, Richard Kaselowsky junior. Diesen fand Rudolf August Oetker zunächst — noch in Reichsmarkzeiten — mit Bargeld ab und machte später keine Anstalten, den immer weniger Wert besitzenden Scheinen ein etwas solideres Douceur hinzuzufügen.

Erst seine energische Schwester Ursula sorgte für mehr Gerechtigkeit und eine standesgemäße Abfindung des Halbbruders mit den graphischen Großbetrieben E. Gundlach und einigem mehr. Dann fand der »Erbprinz« auch die Schwester ab, die sich mit den Adler-Nähmaschinen, der Schwartau-Marmelade, dem Altländer Gold, dem Rittergut Hornoldendorf bei Detmold und einer Reihe von Aufsichtsratsposten für ihren Ehemann — nach Aristokraten- und Patriziermanier heiratete sie einen entfernten Vetter gleichen Namens — zufriedengeben mußte.

Zum dynastischen Denken gehört indessen nicht allein die Sicherung des Besitzes durch Zusammenhalten in einer Hand — der des ältesten männlichen Erben —, sondern auch Ahnenkult sowie die Gewährleistung des Fortbestandes der erlauchten Familie.

Auch in dieser Hinsicht verhielt sich der junge »Chef des Hauses« nach aristokratischem Vorbild: In Hamburg baute er ein schönes Heim für hundertsechsunddreißig Studenten, das den Namen des Großvaters trägt, nachdem die (von Großmutter Caroline gestiftete) große und akustisch hervorragende Bielefelder Musikhalle schon nach dem gefallenen Vater Dr. Rudolf Oetker benannt worden war. Und damit auch die Oma nicht zu kurz käme, trägt ein Oetkerscher Riesentanker ihren Namen und den Ruhm des Hauses um die Welt.

Hinsichtlich der Sicherung des Fortbestandes der Dynastie besteht gleichfalls keine Sorge: Aus den beiden ersten, geschiedenen Ehen Rudolf August Oetkers (mit der Rendsburger Fabrikantentochter Susanne Ahlmann und der Lederindustriellentochter Rosalie Schweizer aus Backnang) stammen nicht weniger als fünf Kinder. Und vor kurzem ist der Konzernfürst — in dritter Ehe noch jung verheiratet mit der bildschönen Aristokratin Maja von Malaisé — zum sechsten Male Vater geworden. Bisher hat er zwei Töchter und vier Söhne, von denen der Älteste selbstverständlich August heißt.

Was nun den zweiten noch fraglichen Punkt — Erwerb gesellschaftlichen Prestiges — angeht, so haben die Oetkers auf diesem Gebiet geradezu Glanzleistungen vollbracht, zumal auf dem so schwierigen Terrain wie dem der Hansestadt Hamburg. Im Raum von Bielefeld, wo Schwester Ursula ein Rittergut und der Konzernchef mit seiner jungen Frau ein Haus mit fünfundsiebzig Morgen Park bewohnen, sind die Oetkers ohnehin Könige. In Baden-Baden, wo ständig eine elegante Zimmerflucht im etwas ältlichen, aber piekfeinen »Brenner's Parkhotel« für den Eigentümer reserviert ist, zählen die Bielefelder schon seit den Tagen der Frau Kommerzienrat zur Creme der Gesellschaft. Und überall dort, wo der Brauherr, Weinguts- und Sektkellereibesitzer Oetkersches Hoheitsgebiet betritt, ist er natürlich hochangesehen — sogar in London, wo ihm schließlich ein großes und altrenommiertes Handelshaus in der City gehört und er ein unglaublich englisches, unerhört vornehm-diskretes Haus am Eton Square bewohnt.

Nur in Hamburg haperte es zunächst, vielleicht weil der ehrgeizige Bielefelder Backpulverkönig allzu stürmisch vorging:

Nicht genug, daß er gleich mit zwei Versicherungskonzernen, einem Außenhandelskontor und einer Privatbank in hanseatische Patrizierreservate einbrach und sich an der Elbe eine — exakt den hansestädtischen Vorstellungen von uraltem Reichtum und vornehmstem Geschmack entsprechende — Villa kaufte, er wurde auch noch Privatreeder und sogar der größte! So viel billigt die feine Hamburger Gesellschaft nicht einmal einem der Ihren zu, und wäre er selbst ein Pöseldorfer der vierten Generation mit einer »Geborenen« zur Frau und mit dem gesamten Handelskammer-, Börsen- und Überseeklub-Vorstand verwandt und verschwägert . . .

An sich hätte es Oetker ja gleichgültig sein können, ob ihn das Hamburger Patriziat (oder was sich dafür hält) akzeptierte; so groß ist das Vergnügen schließlich nicht, etwa bei einem Präsidialmitglied des Vereins »Ein ehrbarer Kaufmann« zu einem drittklassigen Hauskonzert oder von einer Frau Senator a. D. (mit erblichem Sitz im Almosen-Komitee) zu einem verregneten Gartenfest eingeladen zu werden, im Golfklub mit gichtigen Greisen, die sich unerhört sportlich geben, über Frachtraten auf der Kap-Route, mit arroganten (und meist viel zu mageren) Teenagern über Neo-Dadaismus und mit weißhaarigen Bridge-Partnerinnen über die Anwendbarkeit ungewöhnlich vulgärer Ausdrücke zu plaudern — aber so ist es nun mal bei den Menschen, auch bei den Geldgiganten: Sie ruhen und rasten nicht, bis sie auch und gerade das haben, was man ihnen vorenthalten will.

In Oetkers Fall war das die volle Anerkennung durch (und Aufnahme in) jene handverlesene Hamburger Elite von Top-Snobs, die aus knapp fünfzig Familien (nebst einigen Hofnarren und Maskottchen) besteht und wo jeder behauptet, alle anderen gehörten eigentlich gar nicht dazu.

Zäh und zielstrebig sprengte Rudolf August Oetker die Mauern weg, die man gegen ihn und seinesgleichen errichtet hatte, und nahm im Hechtsprung auch die letzten Barrieren.

Er baute für seine »Backpulver-Flotte« — wie sie der Boß der altrenommierten Reederei Schliewen abschätzig genannt hatte — ein diskret-elegantes Verwaltungshochhaus in der Hamburger City; er ersetzte seinen Reedereichef Dr. Rolf Kersten, der immerhin auch schon aus der »Vereinsbank in Hamburg« kam, durch den weltgewandten Aristokraten Dr. jur. John Henry de La Trobe, der — durch eine Kaselowsky-Mutter — noch dazu sein Stiefvetter war; er gab seinen Schiffen fortan nicht mehr Namen aus der Bielefelder Backpulverdynastie, sondern die von altehrwürdigen Hamburger Kirchtürmen, er stiftete Derbypreise und baute — nicht eben zufällig in Hamburg! — das Oetker-Studentenwohnheim; er ergänzte sein Personal durch aus England importierte Domestiken und krönte diese (Hamburgs Society-Snobs mächtig imponierende) Aktion durch die Einstellung eines Butlers . . .

So erwarb er am Ende auch unter den spröden Hanseaten das ihm nirgendwo sonst verweigerte Prestige, und es gelang ihm sogar, einem Society-Löwen ein eifrig gehütetes Privileg zu entreißen:

Alljährlich zum Derby pflegt sich Hamburgs allerfeinste Gesellschaft zu einem Frühstück zu treffen — traditionell im Garten der Harvestehuder Villa des Im- und Exportkaufmanns Joachim Scharlach (persönlich haftender Gesellschafter des altrenommierten Handelshauses E. H. C. Michahelles & Co.), wo es unter buntem Zeltdach so bedrückend steif und englisch zugeht, daß selbst britische Herzoginnen neidisch werden und beschließen, daheim künftig bei Parties auch die letzten Sitzgelegenheiten entfernen zu lassen. Jochen Scharlach, Jahrgang 1916, vorübergehend Schwiegersohn Axel Caesar Springers und mit nahezu allen Prominenten Europas befreundet, sah sich eines Tages veranlaßt, seine Gastgeberrolle an den vom »Pudding-Prinzen« zum »Reeder Oetker« avancierten Jahrgangskollegen aus Bielefeld abzutreten, der ohnehin im sanft zur Elbe abfallenden Garten seines »Die Boost« genannten Hauses die dreihundert Auserwählten in weniger drangvollfürchterlicher Enge unterzubringen vermag ...

So bleibt als letztes noch die Frage zu untersuchen, ob sich unser in dynastischem Denken und Handeln wie im gesellschaftlichen Prestige den alten Aristokraten so ähnlicher Geldfürst wenigstens in weltanschaulicher Beziehung von den wirklichen Fürsten und allen übrigen Geldgiganten der Bundesrepublik unterscheidet, oder ob er den gleichen verstaubten, deutsch-nationalen, klerikalen oder gar reaktionären Grundsätzen folgt.

Nun, die Frage ist nicht ganz leicht zu beantworten, und wenn man sich bei Rudolf August Oetker selbst erkundigt, so erfährt man — auf diskret-vornehmem Briefpapier mit noch diskreterem Prägedruck in altenglischer Kursivschrift —, daß er und seine Firmengruppe »parteipolitisch neutral« sind, sich darüber hinaus informiert zu halten und am Aufbau Deutschlands konstruktiv mitzuwirken verpflichtet fühlen.

Der die Oetker-Interessen im Bonner Parlament wahrnehmende Abgeordnete Dr. Alexander Elbrächter gehörte bis 1958 zur Deutschen Partei des langjährigen Bundesverkehrsministers Hans-Christoph Seebohm (dessen Ressort zufälligerweise über die billigen Schiffsbaudarlehen und -zuschüsse zu befinden hatte). In Vorausahnung des Schrittes, den sein Parteiboß Seebohm erst 1960 vollzog, trat Dr. Elbrächter schon zwei Jahre zuvor zu den Christdemokraten über und gelangte (über die niedersächsische Landesliste) erneut in den Bundestag und an den rechten Flügel der Unionsfraktion.

Gerüchte, wonach der Oetker-Konzern die neonazistische NPD finanziere, werden vom Firmenchef mit (sicherlich nicht gespielter) Entrüstung zurückgewiesen. Rudolf August Oetker kann auch erklären, auf wie vagen Spekulationen solche Gerüchte basieren:

Da ist einmal die einstige Firmenpolitik unter Dr. Kaselowsky (für die der Stiefsohn schließlich nicht verantwortlich gemacht werden kann). Da ist weiter die (belanglose) Tatsache, daß der Hamburger Reeder Horst Günther Schweimer, auch Geschäftsführer der Reederei Schweimer, Böhning & Co., ein alter Bekannter, Sportsfreund und gelegentlicher Gast des Reederfürsten Oetker ist, daneben wohl auch Vorsitzender der Hamburger NPD.

Ein drittes, noch schwächeres Indiz ist ein Treffen im November 1966 bei Prinz Karl zu Salm-Horstmar, wo Oetker einer Reihe führender NPDler begegnete, darunter auch dem damaligen Parteichef Fritz Thielen, Fabrikbesitzer und Bauunternehmer aus Bremen. Oetker kann (durchaus zu Recht) darauf hinweisen, daß der Prinz zu Salm, damals nordrhein-westfälischer NPD-Landesvorsitzender und bis März 1967 auch im Bundesvorstand der NPD, erstens inzwischen aus dieser Partei ausgetreten und zweitens mit einer geschiedenen Oetker-Gattin verheiratet und — wie das in besseren Kreisen üblich — mit dem Vorehemann befreundet ist.

Und schließlich gibt es da noch eine leidige Verwechslung: Ein in Hamburg sehr aktiver NPD-Kamerad, der außerhalb der Politik in den Diensten der Hamburger Buderus-Filiale, einer Konzerngesellschaft Friedrich Flicks, steht, heißt Heiko Oetker, ist aber mit der Backpulverdynastie nur entfernt verwandt und steht mit dem mächtigen Vetter x-ten Grades in keinerlei Beziehung.

Nein, man sieht es deutlich, daß die Gerüchtemacher auf dem Holzweg sind, wenn sie Beziehungen zwischen Oetker und der NPD vermuten. Von den erwähnten freundschaftlichen und familiären Bindungen abgesehen, will der Backpulverfürst und Reederkönig mit den Radikalinskis von rechts nichts zu tun haben — fast so wenig wie mit denen von links. Wir können also beruhigt sein: Auch Geldgigant Oetkers Sympathien gehören jener Mitte-Rechts-Konstellation, die der Bundesrepublik den alten Reichtum erhalten und neue Geldfürsten beschert hat. Aber — abgesehen von den möglichen Abträglichkeiten für das Auslandsgeschäft — kränkt es den heutigen Chef des immer stramm-nationalen Hauses Oetker nicht sonderlich, für einen reichen Spender gleich welcher Gruppe gehalten zu werden. Dies nun weniger aus politischen Gründen, sondern weil sparsame Leute es gerne hören, wenn man sie für Mäzene hält. Oder, wie er selbst es ausdrückt: »Die Leute meinen immer, bei Oetkers chiibt es Cheld!«

Der Prototyp eines Managers

Heute ist dieses Land wie kein zweites Staatswesen dieser Erde — außer den USA — beherrscht von Konzernen und Interessengruppen, die ihrerseits unter dem straffen Regime einzelner Manager stehen. Doch, im Gegensatz zu den Vereinigten Staaten, wo die Konzernherrschaft keine Unterbrechung erfahren hat, gab es in Westdeutschland in den ersten Jahren nach dem Zusammenbruch von 1945 nichts mehr, was die Bezeichnung »Konzern« verdient hätte, dagegen strenge alliierte Bestimmungen, die die wichtigste Domäne des Managertums, die Konzentration wirtschaftlicher Macht, mit Zuchthausstrafen bedrohten.

Wie ist es den Industriemanagern trotzdem gelungen, binnen kurzer Zeit und buchstäblich aus Trümmern, neue gewaltige Industrie- und Bankkonzerne aufzubauen und sich selbst untertänig zu machen, dazu einen für das Management nach Maß gearbeiteten Staat?

Was haben die anderen Manager — die Bosse der Politik und der Verbände, des Sports und des Showgeschäfts — zu diesem Wunder beigetragen?

Und wie konnte man überhaupt im Elend der ersten Nachkriegszeit den kühnen Plan fassen, Manager zu werden? Wie brachte man es fertig, das ehrgeizige Ziel im Handumdrehen zu erreichen?

All diese Fragen lassen sich nur mit Beispielen beantworten, wobei das erste von einem Manne handelt, der dem Autor geradezu als der Prototyp des westdeutschen Nachkriegsmanagers erscheint: Er hat sich nicht nur aus einem kleinen Bonbonladen zum Konzernchef und Multimillionär aufgeschwungen, sondern darf auch für sich in Anspruch nehmen, unter den argwöhnischen Augen der Besatzungsmächte selbst die erste neue Konzernbildung nach 1945 im Industriegebiet der Ruhr bewerkstelligt zu haben.

Das Denkmal, das er für sich hat errichten lassen, steht heute, fünfundneunzig Meter hoch, im Herzen der Rhein-Ruhr-Metropole Düsseldorf. Doch er selbst lebt, wenn auch nicht gerade verarmt, so doch arbeitslos, im Exil ...

Als ich ihm kürzlich wieder begegnete — am Swimmingpool seiner luxuriösen Villa unter südlichem Himmel, mit kühlen Getränken aus der Hand seines schwarzen Butlers gelabt —, meinte er, halb lachend, halb wehmütig: »Ich glaube, ich bin der einzige Mensch in diesem Land, der Sehnsucht nach dem Kohlenpott hat — nach Gelsenkirchen, Bochum und Wanne-Eikkel ...«

Dieser Konzernmanager im (einstweiligen) Ruhestand und mit solchen für einen Pensionär ebenso ungewöhnlichen Wohlstandsattributen wie Sehnsüchten heißt Fritz-Aurel Goergen und ist in den Augen des traditionellen Montanmanagements der Ruhr ein verabscheuungswürdiger Parvenü.

Denn erstens ist er — am 11. Juni 1909 — in Gelsenkirchen, der mitten im »Kohlenpott« gelegenen »Stadt der tausend Feuer«, geboren und aufgewachsen, wogegen »bessere Herren« dort nicht zur Welt kommen, sondern allenfalls später eine Zechenverwaltung übernehmen. Und zweitens war sein Vater nicht Bergassessor, wie es sich gehört hätte, nicht einmal Ministerialrat oder Regierungspräsident, sondern betrieb eine Süßwarenhandlung oder — wie Goergen selbst es nennt — einen »Klümpgensladen«.

Immerhin begnügte sich Vater Goergen nicht damit, seinem Sohn den anspruchsvollen Vornamen Aurel zu geben, sondern schickte ihn auch auf die höhere Schule und ließ ihn, nachdem er das Abitur bestanden hatte, sogar studieren.

Aber nach knapp fünf Semestern des Studiums der Rechts- und Staatswissenschaften in Marburg und dann in Berlin mußte Fritz-Aurel seine Hoffnung auf einen Doktortitel und eine gemächliche Karriere als Wirtschaftsjurist begraben: Der Monatswechsel aus Gelsenkirchen blieb aus. Das elterliche Unternehmen war zusammengebrochen ...

Kurz entschlossen sattelte Goergen um. Er übernahm die ebenso verantwortungsvolle wie Unterkunft ersparende Tätigkeit eines Nachtportiers und benutzte die reichliche Muße, die dieser Posten ihm bot, um sich auf das Buch- und Betriebsprüfer-Examen vorzubereiten, das er dann auch ohne große Mühe vor dem Berliner Finanzamt bestand.

Wohlmeinende Freunde gaben ihm damals den Rat, Finanzbeamter zu werden — das wäre doch eine sichere Sache ... Aber Goergen winkte ab:

»Ich werde mich schon durchboxen!« erklärte er selbstsicher.

Und tatsächlich fand er nach einiger Zeit eine Stellung, die ihm zusagte: einen aussichtsreichen Nachwuchsposten im Berliner »Reichsverband der deutschen Luftfahrtindustrie«. Die Aufrüstung, die damals gerade begann, ließ diesen Industriezweig eine ungestüme Entwicklung nehmen, und der ebenso intelligente wie wendige Goergen erkannte und nutzte die Möglichkeiten dieser Hochkonjunktur.

Bald hatte er sich so gute Fachkenntnisse angeeignet, daß ihn sein Verband als Metalleinkäufer ins Ausland schickte. Zunächst in Holland, dann, bis zum jähen Ende der deutsch-russischen Freundschaft, in Moskau, lernte er nicht nur andere Länder und andere politische Systeme kennen, sondern auch zahlreiche einflußreiche Geschäftsleute. Damals knüpfte er die ersten Beziehungen zur Eisen- und Stahlindustrie, besonders zu der alten Kölner Eisenhandelsfirma Otto Wolff. Diese Bekanntschaften sollten ihm nach dem Kriege von großem Nutzen sein...

Doch zunächst erlitt die sich gerade so günstig entwickelnde Karriere des jungen Goergen eine jähe Unterbrechung: Er wurde — vermutlich, weil er sich politisch nicht hatte engagieren wollen — zur Wehrmacht eingezogen, kam zu einer Fronttruppe, wurde schwer verwundet und erlebte den Zusammenbruch im Lazarett. Als er schließlich entlassen wurde und ins heimatliche Ruhrgebiet zurückkehrte, schienen die Chancen für seinen erhofften Aufstieg in einem der großen Industriekonzerne auf Null gesunken:

Die »tausend Feuer« Gelsenkirchens waren erloschen. Von den Wohnhäusern waren mehr als die Hälfte, von den riesigen Industrieanlagen fast ein Drittel von Bomben zerstört. Hunger, Arbeitslosigkeit, Verzweiflung und die Sorge, daß die noch intakt gebliebenen Industrieanlagen von den Siegermächten demontiert werden würden, lähmten jede neue Initiative. Und so wie in Gelsenkirchen sah es im ganzen rheinisch-westfälischen Industriegebiet aus... Indessen standen die Chancen für Fritz-Aurel Goergen gar nicht so schlecht:

Das Leben mußte ja weitergehen, auch bei den angeschlagenen und von Demontage bedrohten großen Werken. In den Verwaltungen fehlten aber tüchtige, mit Fremdsprachen vertraute und vor allem politisch unbelastete Fachkräfte, die mit den Besatzungsmächten verhandeln und die Betriebe wieder in Gang bringen konnten.

Dank der Tatsache, daß er diese Voraussetzungen mitbrachte und zudem einige gute Beziehungen zur Stahlindustrie, konnte Fritz-Aurel Goergen, knapp siebendunddreißig Jahre alt und ohne abgeschlossenes Jurastudium, die Leitung der Rechtsabteilung in den Stahlwerken Bochum übernehmen. Er bewährte sich dort so gut, daß ihm schon 1947 von der durch die britische Besatzungsmacht eingesetzten Treuhandverwaltung für die Stahlindustrie ein überraschendes Angebot gemacht wurde: Er könne kaufmännisches Vorstandsmitglied werden, teilte man Goergen mit, entweder in Osnabrück bei der zu Klöckner gehörenden Georgsmarienhütte oder in Duisburg-Ruhrort, beim Hüttenwerk Phoenix. Die Bezüge wären in beiden Fällen die gleichen: 2000 Reichsmark monatlich.

Goergen zögerte nicht lange: Er entschied sich für Phoenix. Allen, die Goergens feine Witterung für künftige Möglichkeiten nicht kannten, blieb diese Wahl ein Rätsel, denn das Ruhrorter Hüttenwerk schien als Wirkungsstätte eines ehrgeizigen Managers alles andere als attraktiv:

Die »Bruchbude Phoenix«, wie man sie an der Ruhr nannte, lag nicht nur größtenteils in Trümmern, sondern bot auch mit dem, was stehengeblieben war, einen trostlosen Anblick. Die meisten Anlagen stammten aus den frühen achtziger Jahren des vorigen Jahrhunderts und produzierten nicht einmal mehr fünfzehn Prozent des Vorkriegsdurchschnitts. Während der Weltwirtschaftskrise des Jahres 1929 war das Werk stillgelegt worden; 1931 beschlossen die Bosse der »Vereinigten Stahlwerke«, zu deren Konzern das Unternehmen gehörte, die schon damals völlig überalterten Anlagen abzureißen. Doch man schob den Abbruch, der ja auch Geld gekostet hätte, noch ein wenig hinaus, und als das »Dritte Reich« anbrach und die bald einsetzenden massiven Kriegsvorbereitungen rasch wachsende Stahlmengen erforderten, gab man der alten »Phoenix« noch eine weitere Gnadenfrist. 1947, als das neue Vorstandsmitglied Fritz-Aurel Goergen in Duisburg-Ruhrort seinen Einzug hielt, waren die »Vereinigten Stahlwerke« von den Siegermächten bereits zerschlagen worden, die »Hüttenwerke Phoenix« aber standen immer noch, morscher und krisenanfälliger denn je. Als nunmehr selbständige Aktiengesellschaft ohne Konzernrückhalt, die nur Rohstahl produzierte, aber keinerlei Verarbeitungsanlagen besaß, mit deren Hilfe sie ihr Erzeugnis hätte veredeln können, teilte die »Phoenix« das Los aller Monokulturen: die bange Sorge vor einer Absatzflaute, der dann nicht auszuweichen war.

Nichts hätte damals näher gelegen, als diese Einseitigkeit möglichst schnell zu beheben, ein Blechwalz- oder Röhrenwerk zu bauen und damit die eigene Stahlerzeugung zu verarbeiten.

Goergen entschied sich jedoch nach kurzem Zögern für das Gegenteil. Sein feines Gespür für künftige Entwicklungen der

Konjunktur ließ ihn alle gutgemeinten Ratschläge überhören. Unter völligem Verzicht auf jede Weiterverarbeitung wurde das alte Hüttenwerk wieder in Gang gesetzt und ausgebaut.

Schon drei Jahre später erwies sich dieser Entschluß als im wahrsten Sinne des Wortes goldrichtig: Der Korea-Boom ließ die Stahlpreise in die Höhe schnellen, und die durch den Marshallplan zu neuem Leben erweckte bundesdeutsche Wirtschaft bettelte förmlich um Stahl. »Phoenix« konnte gar nicht so viel produzieren, wie von den Kunden verlangt wurde. In diesen wilden Tagen des beginnenden Wirtschaftswunders bewies Fritz-Aurel Goergen sein Managertalent auf mehrfache Weise:

Einmal investierte er alles, was verdient wurde (und einiges mehr), in den weiteren Ausbau des Hüttenwerks; zum anderen sicherte er sich, unter Ausnutzung seines starken Vorteils gegenüber den nach Stahl jammernden Kunden, für künftige, weniger gute Zeiten langfristig verpflichtete Abnehmer, und schließlich sah er sich nach einem geeigneten Partner um, bei dem er das alte Hüttenwerk (in einer für »Phoenix« möglichst günstigen Situation) unter die Haube bringen könnte.

Er fand den geeigneten Bräutigam in Gestalt der Rheinischen Röhrenwerke, dem größten Röhrenproduzenten der Bundesrepublik, der jährlich weit mehr als eine Million Tonnen Stahl benötigte, doch nicht einmal ein Drittel dieser Menge selbst produzieren konnte.

Einer offiziellen Verbindung zwischen Goergens »Phoenix« und den Rheinischen Röhrenwerken (»Rheinrohr«) stand allerdings zunächst zweierlei im Wege: Einmal das strikte Verbot der damals noch sehr wachsamen alliierten Kontrollbehörden, Großbetriebe, insbesondere des Montanbereichs, zu Konzernen zusammenzuschließen; zum anderen der 1951 in Kraft getretene Montan-Union-Vertrag, der — gerade zur Verhinderung neuer mächtiger Zusammenschlüsse an der Ruhr — jede Fusion selbständiger Unternehmen des Kohlenbergbaus und der Eisen- und Stahlindustrie von der ausdrücklichen Genehmigung durch die Hohe Behörde in Luxemburg abhängig machte.

So steuerte Goergen zunächst und mit äußerster Behutsamkeit eine heimliche Verbindung an, die ihm, wenn er damit einem strengen alliierten Kontrolleur aufgefallen wäre, eine Zuchthausstrafe hätte eintragen können: Er verführte »Rheinrohr« dazu, eine Art wilder Ehe mit »Phoenix« einzugehen, einen Gewinn-Poolungs-Vertrag, der vorsah, daß drei Viertel aller Gewinne beider Unternehmen gepoolt, also in einen Topf geworfen, und alsdann brüderlich geteilt werden sollten.

Die Vorteile dieser Abmachung lagen, wie nicht anders zu erwarten, auf Goergens Seite, denn »Rheinrohr« erzielte mit seinen Fertigerzeugnissen weit höhere Gewinne als die nur Rohstahl produzierende »Phoenix«. Aber »Rheinrohr« war in einer schwierigen Lage: Die Stahlversorgung des Röhrenwerks konnte mit dem wachsenden Bedarf nicht Schritt halten. Schweren Herzens willigten die »Rheinrohr«-Direktoren darum in die verbotene Verbindung ein.

Sie grübelten noch darüber nach, wie sie ihren Aktionären diese gewinnschmälernde Abmachung plausibel machen sollten, da gestaltete sich das Verhältnis zwischen »Phoenix« und »Rheinrohr«, sozusagen über Nacht, noch erheblich intimer: Die »Rheinrohr«-Hauptaktionärin Amélie Thyssen, Witwe des Großindustriellen und einstigen »Stahlverein«-Vorsitzenden Fritz Thyssen, mußte aufgrund einer alliierten Verkaufsauflage einen Teil ihrer »Rheinrohr«-Anteile abgeben. Mit dem Erlös erwarb sie »Phoenix«-Aktien, so viele, daß sie auch bei Goergens Hüttenwerk Hauptaktionärin wurde.

Es ist an der Ruhr viel darüber gemunkelt worden, daß Fritz-Aurel Goergen auch bei dieser Transaktion seine Hand im Spiel gehabt hätte. Er selbst tat äußerst überrascht, als er davon erfuhr. Auf jeden Fall war er dadurch seinem Ziel, einer Fusion zwischen »Phoenix« und »Rheinrohr«, wieder ein Stück näher gekommen.

Bald darauf wagte er sich noch weiter vor:

Unter den argwöhnischen Augen der britischen Stahlkontrolleure wahrte man zwar nach außen hin den gebührenden Abstand, doch in aller Heimlichkeit traten die Vorstände von »Phoenix« und »Rheinrohr« nun schon zu gemeinsamen Sitzungen zusammen, stimmten die Politik der beiden Unternehmen aufeinander ab und verteilten unter sich bereits die Spitzenpositionen des geplanten Großkonzerns. Es versteht sich fast von selbst, daß Fritz-Aurel Goergen dabei nicht zu kurz kam: Als künftiger Generaldirektor von eigenen Gnaden übernahm er einfach den Vorsitz der gemeinsamen Konferenz, und niemand wollte oder konnte ihm dieses Amt streitig machen.

Den offiziellen Segen, dessen die wilde Ehe zwischen »Phoenix« und »Rheinrohr« nun noch bedurfte, wußte der zielstrebige Goergen bald auch noch zu beschaffen. Mit einer beachtlichen Portion Bauernschläue gelang es ihm, den ahnungslosen

Vizepräsidenten der Hohen Behörde in Luxemburg, den Belgier Albert Coppé, nach Duisburg zu locken und zu einem ausführlichen Referat über die grundsätzliche Einstellung der obersten Spitze der Montanunion in Fragen der Konzernbildung zu bewegen.

Coppé versicherte den interessiert lauschenden deutschen Zuhörern, daß seine Hohe Behörde »die Erlaubnis zu Zusammenschlüssen stets erteilen« werde, wenn sie geeignet seien, »die Leistungsfähigkeit der Unternehmen zu heben, ohne daß der Wettbewerb beschränkt wird«.

Genau das hatte Goergen aus so berufenem Munde hören wollen, und er ließ nur noch aus Höflichkeit einige Wochen verstreichen, ehe er einen Fusionsantrag von »Phoenix« und »Rheinrohr« nach Luxemburg schickte, dessen Formulierungen eine verblüffende Ähnlichkeit mit denen des Referats von Coppé hatten.

Natürlich mußte die Hohe Behörde nach einigem Sträuben dem mit den Zitaten ihres eigenen Vizepräsidenten begründeten Antrag stattgeben. Doch dann stellten sich der offiziellen Verbindung des heimlich schon lange miteinander vertrauten Paares noch einmal unvorhergesehene Schwierigkeiten in den Weg:

Der Bremer Holzhändler Hermann Krages, einer der erfolgreichsten Spekulanten der westdeutschen Aktienbörsen, platzte mitten in die Hochzeitsvorbereitungen von »Phoenix« und »Rheinrohr« mit der säuerlichen Mitteilung, er halte die sogenannte Sperrminorität des »Rheinrohr«-Aktienkapitals, nämlich mehr als ein Viertel der zweiundneunzig Millionen Mark, und er werde einer Fusion mit »Phoenix« die erforderliche Zustimmung verweigern.

Nun war guter Rat teuer — sehr teuer sogar!

Hermann Krages, dessen Geschäftsmanieren nicht gerade zu den allerfeinsten gehören, ließ sich zunächst und in Gegenwart eines unbeteiligten Zeugen sein Aktienpaket abhandeln. Er vereinbarte mit Goergen dafür einen Preis, der um mindestens sechs Millionen Mark über dem Börsenwert seiner Aktien lag. Ein paar Tage später erklärte Krages, von einem Verkauf nichts zu wissen, und erst als ihn nun der empörte Goergen auf Herausgabe des Aktienpakets verklagte, gab der smarte Bremer nach — allerdings nur gegen einen nochmaligen Aufschlag von einigen Millionen Mark . . .

Jetzt endlich konnte man zur Hochzeit schreiten!

Am 23. Juni 1955 fusionierten »Phoenix« und »Rheinrohr« zu einem Konzern, der sich fortan »Vereinigte Hütten- und Röhrenwerke, Phoenix-Rheinrohr AG« nannte.

Es war ein stolzes und bedeutsames Ereignis, nicht nur für den eigentlichen Konzerngründer und nunmehrigen Generaldirektor des vereinigten »Phoenix-Rheinrohr«-Vorstands, Fritz-Aurel Goergen, sondern für die gesamte bundesdeutsche Schwerindustrie. Zehn Jahre nach dem Zusammenbruch war das strikte Konzentrationsverbot der Siegermächte erstmals durchbrochen worden und ein neuer Großkonzern an der Ruhr entstanden.

Das Beispiel machte Schule: Fast alle nach dem Kriege neugebildeten Unternehmen des Kohlenbergbaus und der Eisen- und Stahlindustrie beantragten nun, unter Hinweis auf das Beispiel »Phoenix-Rheinrohr«, erfolgreich die Genehmigung neuer Konzernbildungen. Manager Fritz-Aurel Goergen hatte den Startschuß zur Rekonzentration gegeben, und das dankbare Ruhr-Management feierte ihn als seinen Prinzen! »Prinz Aurel«, wie man ihn fortan augenzwinkernd nannte, hatte Karriere gemacht: Vom Jungen aus dem Gelsenkirchener »Klümpgensladen« hatte er sich in eine der mächtigsten Positionen der Wirtschaft eines Ländchens emporgeboxt, das seinerseits zur zweitstärksten Handels- und zur drittstärksten Industriemacht der Welt aufgestiegen war.

Doch sowenig wie die Bundesrepublik sich mit ihrem neuen Reichtum in der Welt beliebt machte, so wenig Freunde gewann auch »Prinz Aurel« als frischgebackener Konzernboß, vielleicht nicht zuletzt, weil beide sich oft recht undiplomatisch verhielten.

Solange Goergen noch mit zweitausend Reichsmark Salär Vorstandsmitglied der »Bruchbude Phoenix« gewesen war, hatte die Rhein-Ruhr-Prominenz kaum Notiz von ihm genommen. Den ebenso listenreichen wie hemdsärmeligen Konzernpromoter hatte sie halb belustigt, halb neugierig beobachtet und mitunter sogar mit spontanem Beifall bedacht. Den mächtigen Generaldirektor des neuen »Phoenix-Rheinrohr«-Konzerns mußte sie, wohl oder übel, als einen der ihren ansehen, und sie spürte deutlich, daß der Emporkömmling im Begriff stand, sie zu überflügeln und in jene einsame Spitzengruppe vorzustoßen, die das Land und sein Schicksal durch ungeheuren Reichtum oder geballte wirtschaftliche Macht in Wahrheit regierte.

Vielleicht hätte die High Society ihm den steilen Aufstieg

leichter verziehen, wenn auch nicht gegönnt, wäre Goergen bereit gewesen, sich ihren Spielregeln voll und ganz anzupassen, sein Leben nach dem Vorbild anderer, älterer Industriekapitäne einzurichten und das erste Gebot eines mächtigen Wirtschaftsmanagers zu befolgen, das da lautet: »Du allein bist der Herr, und alle sollen es fühlen, aber deine Großaktionäre sollen es nicht fühlen.«

Fritz-Aurel Goergen mißachtete die Spielregeln ebenso wie den zweiten Teil dieses weisen Gebots, und er richtete auch sein Leben nur zur knappen (und unwichtigeren) Hälfte so ein, wie man es von ihm erwartete:

Zwar trat er dem exklusiven »Industrie-Club« bei, dessen Räume im Düsseldorfer »Park-Hotel« von einem diskreten Seiteneingang aus betreten werden (und wo einst der von Fritz Thyssen und anderen Ruhr-Industriellen finanzierte spätere »Führer« Adolf Hitler den versammelten Unternehmern gelobte, sie von der Pest der Gewerkschaften zu befreien und der Industrie eine neue gewaltige Aufrüstung zu bescheren . . .); doch Goergen zog solch vornehmer und nützlicher Geselligkeit ein packendes Fußballmatch vor, besonders wenn die »Knappen« vom FC Schalke 04 spielten. Und natürlich gehörte er — wie schon sein Vater, der im Schalke-Ehrenrat saß — zu den fördernden Mitgliedern dieses traditionsreichen Fußballvereins.

Der »Prinz Aurel« leistete sich auch einen seiner hohen Position gemäßen Landsitz in Hösel, bequem zwischen Düsseldorf und Duisburg gelegen, sowie alle dazugehörigen Wohlstandsattribute, drei prächtige Reitpferde eingeschlossen. Er verschaffte sich auch, wie man es von ihm erwartete, den obligaten Ehrendoktor-Titel und wurde sogar Ehrensenator der Technischen Hochschule Karlsruhe.

Doch das Hobby des Herrn Generaldirektor Senator Dr. h. c. Fritz-Aurel Goergen war — wie das so vieler Ruhrkumpel — die Brieftaubenzucht, und wenn er bei einem zünftigen Boxkampf in der Nähe des Rings sitzen und seinen Favoriten mit lauten Zurufen anfeuern konnte, so war ihm das weit lieber als etwa eine Opernpremiere oder ein Wohltätigkeitsball nebst Galadiner.

Am tiefsten enttäuschte er jedoch die in der Rhein-Ruhr-Society gehegten Erwartungen vom richtigen Benehmen eines Industriekapitäns und Konzernchefs, wenn er den Mund aufmachte:

Nicht genug damit, daß er sich keinerlei erkennbare Mühe gab, die den Söhnen des »Kohlenpotts« eigene Grammatik und Aussprache durch ein gepflegtes Hochdeutsch zu ersetzen, würzte er auch noch seine Mitteilungen in überreichlichem Maße mit teils seltenen, teils gebräuchlichen Vulgärausdrücken, überwiegend aus dem Bereich des Verdauungsapparats.

Vorstandssitzungen des Konzerns der Vereinigten Hütten- und Röhrenwerke, Phoenix-Rheinrohr AG eröffnete er manchmal mit der knappen, aber meist treffenden Feststellung: »Kameraden, alles ist Scheiße!«

Gesprächspartnern, die nicht seine volle Sympathie gewinnen konnten, drückte er mitunter ein eigens zu diesem Zweck gefertigtes Kärtchen in die Hand, worauf in zierlichem Druck ein Jugendwerk Johann Wolfgang von Goethes, der »Götz«, zitiert war.

Und den Vorsitzenden seines Aufsichtsrates, den Kölner Wirtschaftsjuristen Professor Robert Ellscheid, bat er anläßlich einer Pressekonferenz, nicht übermäßig unfreundlich, doch dafür um so lauter: »Halten Sie gefälligst die Schnauze!«

Vorstandskameraden, Aufsichtsratsvorsitzer wie auch die mittels Kärtchen in die Goergensche Intimsphäre gebetenen Gesprächspartner setzten sich über die kernige Sprache des »Prinzen Aurel« um so leichter hinweg, als es sich herumgesprochen hatte, daß Goergen auch mit den Großkopfeten der Verbände, mit Staatssekretären und Ministern, sogar mit ausländischen Potentaten und selbst mit dem Mächtigsten der Konzerngewaltigen, dem greisen Multimilliardär Friedrich Flick, der an drei deutschen Aufrüstungen ungeheure Summen verdient hatte, in ähnlich rauhen Tönen Konversation zu machen pflegte.

Wichtiger noch: Die Klügeren merkten bald, daß des »Prinzen« derbes Poltern nur Bestandteil einer raffinierten Maske war — genau wie die grüne Brille, die er ständig trug und die ihm das Aussehen eines müden Ölscheichs gab. Hinter dieser schrulligen Maske verbarg sich ein ungemein scharfer Verstand, der — gekoppelt mit detaillierter Sachkenntnis, unbändiger Energie und sicherem Instinkt für geschäftliche Möglichkeiten — Fritz-Aurel Goergen zu immer größeren Erfolgen führte.

Mit diesen Erfolgen wuchsen seine Macht und sein Nimbus. Bald konnte er, unbekümmert um Vorstandskollegen, Aufsichtsräte und Großaktionäre, alle Entscheidungen allein treffen: Er erwarb für seinen Konzern die Sperrminorität an einer großen Stahl-Handelsgesellschaft und Mehrheitsbeteiligungen an verschiedenen Bergwerksunternehmen. Er baute in Kanada ein neues Röhrenwerk und legte in Düsseldorf den Grundstein zu einem fünfundneunzig Meter hohen Wolkenkratzer, der — heute noch im Volksmund »Prinz-Aurel-Obelisk« genannt — seine Kommandozentrale werden sollte, von der aus er die dreißigtausend Arbeiter und Angestellten des »Phoenix-Rheinrohr«-Konzerns zu befehligen gedachte. Er kaufte schließlich auch die Hälfte der Aktien von Blohm & Voss und teilte eines Tages seinen gleichermaßen überraschten Vorstandskameraden und Aufsichtsräten mit, daß er sich nun entschlossen habe, eine Flotte konzerneigener Schiffe zu bauen.

Das hätte er lieber bleiben lassen sollen . . .

Über die Kosten — kaum hundert Millionen Mark! — setzte sich der Aufsichtsrat unter Vorsitz von Professor Ellscheid noch verhältnismäßig leichten Herzens hinweg, zumal der Schiffbau dem Konzern enorme Steuervergünstigungen zu bringen versprach. Weitaus schwieriger gestalteten sich dagegen die Verhandlungen über eine andere, offenbar weit wichtigere Frage protokollarischer Art, genauer gesagt über das Problem, wer die fertigen Schiffe dann taufen sollte.

Bei dem ersten 15 000-Tonnen-Frachter ließ es der »Prinz Aurel«, wenn auch ohne rechte Begeisterung, noch geschehen, daß seine Brotherrin, die greise Witwe Amélie Thyssen, als die Großaktionärin des »Phoenix-Rheinrohr«-Konzerns den Taufakt vollzog.

Bei dem kurz darauf zum Stapellauf bereiten zweiten Frachtschiff kam es jedoch zum Krach:

Goergen, der in zweiter Ehe noch ganz jung verheiratet war — seine erste Frau Hella war 1954 gestorben —, hatte seiner attraktiven und noch im Twenalter stehenden »Prinzessin« versprochen, daß sie den nächsten »Phoenix-Rheinrohr«-Frachter taufen dürfte.

Aufsichtsratsvorsitzender Professor Robert Ellscheid war nicht nur — was häufig vorkam — entschieden anderer Meinung, sondern gab dies auch — ausnahmsweise — dem selbstherrlichen Generaldirektor deutlich zu verstehen.

Vielleicht dachte Professor Ellscheid dabei an eine weitere Stärkung seiner Position, die er dem Umstand verdankte, daß es ihm in der ersten Nachkriegszeit durch seine ausgezeichneten Verbindungen gelungen war, den erst recht spät von Hitler abgefallenen Großindustriellen, NSDAP-Reichstagsabgeordneten und späteren Ehrenhäftling Fritz Thyssen durch die Klippen eines Entnazifizierungsverfahrens zu bringen und sein gewaltiges Vermögen vor der Konfiszierung zu retten, obwohl Thyssen schon den Hitler-Putsch von 1923 mit hunderttausend Goldmark finanziert und bis 1933 eine runde Million zum Aufbau der SA und SS beigesteuert hatte.

Der dankbare Thyssen machte den Kölner Rechtsanwalt zu seinem Testamentsvollstrecker, und als er 1951 starb, wurde Robert Ellscheid der Vermögensverwalter und vertraute Berater der in geschäftlichen Dingen gänzlich unerfahrenen Witwe.

Möglicherweise fand Professor Ellscheid es nun an der Zeit, die sechs Jahre nach dem Tode seines Mandanten allmählich nachlassende Dankbarkeit der Witwe Amélie Thyssen ein wenig aufzufrischen und ihr mit einer weiteren fröhlichen Schiffstaufe eine (noch dazu kostenlose) Freude zu bereiten. Vielleicht dachte er aber auch an seine eigene Frau, die Doktorin beider Rechte, Hertha, geborene Hiedemann, die in mehr als dreißigjähriger Ehe noch niemals ein Schiff hatte taufen dürfen und die als Gattin des Aufsichtsratsvorsitzenden mehr Anspruch auf diese Ehre gehabt hätte als die Frau des Generaldirektors.

Auf jeden Fall zeigte sich Professor Ellscheid in dieser Frage gegen sonstige Gewohnheit unnachgiebig, und er machte schließlich, als er sah, daß auch der »Prinz Aurel« zu keinem Kompromiß bereit war, den listigen Vorschlag, doch die greise Großaktionärin Amélie Thyssen entscheiden zu lassen, ob sie das Frachtschiff lieber selbst, vielleicht diesmal auf den Namen ihres verstorbenen Gatten, zu taufen gedächte oder ob die Familie Goergen die Ehre der Patenschaft und die Freiheit der Namenswahl haben sollte.

Aus dieser tückisch gelegten Schlinge meinte Fritz-Aurel Goergen sich nur noch dadurch befreien zu können, daß er Ellscheid auftrug, bei der Unterbreitung des Vorschlages die Witwe Thyssen zugleich vor die Alternative zu stellen, sich einen anderen Aufsichtsratsvorsitzenden oder aber einen neuen Generaldirektor zu suchen.

Es war ein kühner Schachzug, doch der »Prinz Aurel« wähnte sich seines Sieges völlig sicher: Er selbst hatte schließlich nicht nur den »Phoenix-Rheinrohr«-Konzern, gegen alle Widerstände aus Trümmern aufgebaut und zu überwältigenden Erfolgen geführt, sondern er war auch für die Thyssens in Zukunft unentbehrlich. Gerade seine kühne Schiffbaupolitik hatte das erneut unter Beweis gestellt, und die gesamte deutsche Presse war voll des Lobes für ihn. Also sah er der Entscheidung seiner Großaktionärin mit großer Gelassenheit entgegen, fuhr, ohne das Resultat seines Ultimatums abzuwarten, mit seiner Frau Dagmar nach Hamburg, ließ sie die obligate Sektflasche gegen den Bug des zweiten »Phoenix-Rheinrohr«-Frachters schmettern und das Schiff auf den Namen »Montania« taufen — in ironischer Anspielung auf die Hohe Behörde der Montanunion, die er schon einmal überlistet hatte und demnächst wieder vor vollendete Tatsachen zu stellen gedachte:

Sein Ziel war, allen Antikonzentrationsbestrebungen zum Trotz, den »Phoenix-Rheinrohr«-Konzern Amélie Thyssens eines Tages mit dem Konzern ihrer Tochter Anita, der »August-Thyssen-Hütte« (ATH), zu verschmelzen und dann über den größten Stahlproduzenten Europas zu regieren.

Einen sehr ähnlichen Plan, nur natürlich in anderer personeller Spitzenbesetzung, verfolgte indessen auch der ATH-Generaldirektor Hans-Günther Sohl, der — mit Amélie-Tochter Anita Gräfin Zichy-Thyssen als Hauptaktionärin — mindestens ebenso gute, in mancher Hinsicht sogar bessere Aussichten hatte, eines Tages die Herrschaft über einen Thyssen-Superkonzern zu übernehmen:

Erstens war Sohls Brotherrin die Erbin ihrer Mutter Amélie Thyssen, und somit würde spätestens mit dem Ableben der schon recht betagten Dame die »Phoenix-Rheinrohr«-Hauptbeteiligung ohnehin an die Großaktionärin der ATH-Gruppe fallen.

Zweitens hatte auch Sohl sehr beachtliche Erfolge als Konzernmanager aufzuweisen; er war, um Goergen in der Gunst Thyssens auszustechen und sich als den geeigneteren Chef eines künftigen Superkonzerns zu empfehlen, auf immer neue Ideen verfallen und hatte, durch vorteilhaften Kauf oder Tausch von Aktienpaketen, der Gräfin Anita, nach und nach ein beachtliches Industrie-Imperium aufgebaut, dessen rund 35 000 Arbeiter und Angestellte er zu immer neuen Höchstleistungen anzuspornen vermochte.

Drittens aber war der Generaldirektor Diplomingenieur Dr. Ing. E. h. Hans-Günther Sohl — im Gegensatz zu Goergen — kein Emporkömmling: Sein Vater war wenigstens Ministerialrat gewesen, er selbst Bergassessor, wie es sich für einen Ruhrindustriellen gehörte. Auch war er schon mit fünfunddreißig Jahren, zu Beginn des Zweiten Weltkrieges, in den Vorstand des Riesenkonzerns der Vereinigten Stahlwerke berufen worden — zu einem Zeitpunkt, als sich Fritz-Aurel Goergen sein Brot noch als Metalleinkäufer verdiente. Und schließlich fand Sohl, im Gegensatz zu Goergen, großes Gefallen am Verbandswesen:

Er ließ sich zum Vorsitzenden der Wirtschaftsvereinigung der Eisen- und Stahlindustrie, zum Vizepräsidenten des Bundesverbandes der Deutschen Industrie und in den Vorstand der Niederrheinischen Industrie- und Handelskammer zu Duisburg wählen; er wurde Mitglied des Beratenden Ausschusses der Europäischen Gemeinschaft für Kohle und Stahl, des Kuratoriums der Fritz-Thyssen-Stiftung und zahlreicher Gremien.

Doch trotz dieser vielen Pluspunkte sah Hans-Günther Sohl in dem »Phoenix-Rheinrohr«-Boß Goergen einen ernsthaften Rivalen, den es auszuschalten galt, wenn er selbst sein ehrgeiziges Ziel erreichen wollte.

Es bleibe dahingestellt, wer nun den Damen Thyssen am meisten zugeredet hat — auf jeden Fall konnte Professor Ellscheid am 25. Juni 1957 auf einer eigens zu diesem Zweck einberufenen Pressekonferenz den verblüfften Journalisten bekanntgeben, daß sich der »Phoenix-Rheinrohr«-Konzern »infolge aufgetretener Meinungsverschiedenheiten« von seinem Generaldirektor Goergen getrennt habe.

Der »Prinz Aurel« war über Nacht arbeitslos geworden . . .

Es war ein harter Schlag für ihn, vor allem für sein Selbstbewußtsein.

Dank vom Hause Thyssen, dem er zu neuen Milliardenwerten verholfen hatte, konnte ein Mann von Goergens kritischem Verstand zwar kaum erwartet haben; doch zumindest war er fest davon überzeugt gewesen, unersetzlich zu sein.

Mehr noch als die Trennung selbst wurmte es ihn, daß man so leichten Herzens — und wegen einer solchen Lappalie, wie es die Schiffstaufe gewesen war! — auf seine weitere Konzernführung verzichtet hatte . . .

Wenn indessen seine Gegner des Glaubens waren, sich von dem »Prinzen Aurel« rasch und schmerzlos trennen zu können, so täuschte sich zumindest die Witwe Thyssen hinsichtlich der Schmerzlosigkeit: Goergen traf sie, ehe er seinen Generaldirektorssessel endgültig räumte, an empfindlichster Stelle, nämlich am Geldbeutel.

Kalt, hart und rücksichtslos kämpfte er so lange mit den Anwälten der alten Dame, bis er für sich die größte Abfindungssumme herausgeschlagen hatte, die je einem deutschen Angestellten bezahlt worden ist: rund 2,5 Millionen Mark!

Wenn man bedenkt, daß Goergen zwar ziemlich genau ein Jahrzehnt zuvor mit Bezügen von jährlich nur 24000 RM bei »Phoenix« angefangen, aber zuletzt einschließlich Tantieme weit über 300000 DM jährlich verdient hatte, so war eine Nachzahlung von fast einer Viertelmillion für jedes Jahr seiner Betriebszugehörigkeit nicht nur sehr generös, sondern für einen Mann von Mitte Vierzig eigentlich auch Grund genug, sich auf dem eigenen Landsitz oder anderswo zur Ruhe zu setzen und nur noch seinen Liebhabereien nachzugehen, zumal wenn er sich — wie es bei Goergen der Fall war — noch einige stille und sehr gewinnbringende persönliche Beteiligungen, zum Beispiel an Stahl- und Eisenhandelsfirmen, hatte sichern können.

Aber Fritz-Aurel Goergen dachte nicht im Traum daran, ein gemächliches Rentierdasein zu führen. Industriemanager seines Kalibers sind Motoren ähnlich, die keinen Leerlauf vertragen.

So griff er ohne Zögern und überglücklich zu, als ihm kurz nach seinem Hinauswurf bei »Phoenix-Rheinrohr« der einstige »Pudding-Prinz« und nunmehrige Konzernkönig, Großreeder und Milliardär Rudolf August Oetker den Posten eines Generalbevollmächtigten antrug.

In einem neuen Haus auf der damals gerade fertiggestellten Berliner Allee, einer neuen Düsseldorfer Prachtstraße, richtete Oetker dem gestürzten »Phoenix«-Prinzen ein Büro ein, das der nach neuer Betätigung drängende Goergen bereits bezog, während die Handwerker noch darin arbeiteten. Er konnte es gar nicht abwarten, den aus Nährmittelfabriken und Reedereien, Banken und Sektkellereien, Versicherungsgesellschaften, Bierbrauereien und Konservenfabriken bunt zusammengewürfelten Oetker-Konzern von Grund auf neu zu organisieren. Doch er stieß mit seinen rasch und gründlich erarbeiteten Vorschlägen ins Leere: Die Bielefelder Konzernspitze nahm seine kühnen Projekte ungerührt zur Kenntnis und legte sie alsdann zu den Akten, ohne ihren Düsseldorfer Reformator zur Fortsetzung seines Werkes zu ermutigen. Goergen merkte sehr schnell, daß unerbetener Rat in Bielefeld nicht gefragt war, und erst jetzt wurde er sich voll bewußt, was er verloren hatte.

In diese dem trüben Spätherbst des Jahres 1957 angepaßte Stimmung des zur Tatenlosigkeit verdammten Generaldirektors a. D. brachte eines Nachmittags ein Telefonanruf unerwartet frohe Kunde. Ein von Goergens Talent, am Boden liegende Industrieunternehmen zu neuem Leben zu erwecken, überzeugter Großbankboß machte dem schon recht melancholischen Prinzen das elektrisierende Angebot, die Henschel-Werke zu übernehmen.

Ohne sich lange zu besinnen, sagte Goergen zu.

Die Kasseler Henschel-Werke, die den Schauplatz des Goergenschen Comeback abgeben sollten, waren ein uraltes, schon während der Regierungszeit des ersten Napoleon gegründetes Familienunternehmen. Im Jahre 1924 hatte Oscar R. Henschel, ein Ururenkel des Firmengründers, knapp fünfundzwanzig Jahre alt, die Leitung der damals größten Lokomotivenfabrik des Kontinents übernommen. Binnen fünf Jahren gelang es dem jungen Erben, dem bis dahin gesunden Unternehmen eine so drückende Schuldenlast aufzuhalsen, daß er zum Verkauf der zum Firmenbesitz gehörenden Hütten- und Walzwerke an der Ruhr gezwungen war. Zu Beginn des »Dritten Reiches« standen die Henschel-Werke kurz vor einem Zusammenbruch. Erst die massiven Rüstungsaufträge, die der altrenommierten Firma erteilt wurden, halfen dem Unternehmen wieder auf die Beine. Während des Zweiten Weltkrieges wurden die Henschel-Werke, die für die Wehrmacht neben Tigerpanzern auch Flugzeuge und Lkw-Motoren bauten, durch Bombenangriffe weitgehend zerstört.

Der Nachkriegs-Wiederaufbau unter Leitung des inzwischen zum Mittvierziger gereiften Oscar R. Henschel ging verhältnismäßig rasch vonstatten. Doch es fehlte der unternehmerische Weitblick: Getreu der Familientradition wurde das Schwergewicht wieder auf die Herstellung von Dampflokomotiven gelegt, während die Bundesbahn ihren Betrieb bald auf Dieselöl und Elektrizität umzustellen begann.

Der Firmenchef, dessen Interesse für das alte Familienunternehmen nur sporadisch aufflackerte, nutzte die Gunst der frühen fünfziger Jahre, um kreuz und quer durch die Welt zu reisen. Währenddessen kam es in den Kasseler Werken zu einer Fehlentscheidung und Panne nach der anderen. Die Firma geriet bei Banken und Lieferanten immer tiefer in die Kreide; auf dem Werksgelände lagerten riesige Mengen unverkäuflicher Erzeugnisse, darunter allein Lastwagen im Wert von über zehn Millionen Mark; und während die übrige westdeutsche Wirtschaft in diesen Jahren immer größere Gewinne scheffeln konnte, wies die Henschel-Bilanz für 1957 bereits einen Verlust von acht Millionen Mark aus.

In diesem Stadium verloren die Gläubigerbanken die Geduld mit dem nun schon seit dreiunddreißig Jahren erfolglos experimentierenden Firmenchef und setzten den Generaldirektor, Senator Dr. Ing. E. h. Oscar R. Henschel, dem erst kurz zuvor »in Würdigung seiner bedeutenden Leistung« das Große Bundesverdienstkreuz verliehen worden war, kurzerhand vor die Tür.

Zum Generalbevollmächtigten für die Sanierung des dahinsiechenden Unternehmens bestellten sie zunächst den Münchener Treuhänder und einstigen Lenker von Ernährung und Wirtschaft der britisch-amerikanischen Besatzungszonen, Dr. Johannes (»Hühnerfutter«-)Semler. Der aber hatte bislang kein besseres Rezept für die Gesundung der Henschel-Werke gefunden als den Verkauf eines Nebenbetriebes an die Volkswagenwerke sowie den Plan, die Hälfte der noch rund achttausend Köpfe zählenden Belegschaft zu entlassen und mit den restlichen Kräften zu reiner Rüstungsproduktion überzugehen.

Doch ehe noch diese Absichten Semlers von ihm in die Tat umgesetzt werden konnten, erreichte Fritz-Aurel Goergen im November 1957 der Ruf nach Kassel. Sofort trennte er sich wieder von Oetker, bei dem er für sich keine Zukunft sah, und, berstend vor Energie und von glühendem Optimismus erfüllt, machte er sich unverzüglich an die neue Aufgabe.

Er ließ sich zum Aufsichtsratsvorsitzenden der Henschel-Werke bestellen und begann seine Tätigkeit mit einem Großreinemachen, wie man es in Kassel in den hundertsiebenundvierzig Jahren des Bestehens der Firma Henschel noch nicht erlebt hatte:

Als ersten setzte er den Sanierungskommissar Dr. Semler vor die Tür. Dem schriftlichen Hinauswurf (»Die Zeit der destruktiven Pläne ist vorbei!«) fügte er jedoch, eingedenk seiner eigenen, noch frischen Erfahrungen, einen Scheck über zweihunderttausend Mark bei.

Als nächste flogen sämtliche Vorstandsmitglieder, Direktoren und andere leitende Angestellte. Dazu Goergens Kommentar:

»Mit Leuten, die Jahrzehnte der Mißwirtschaft mitgemacht haben, kann ich nichts anfangen. Zu solchen ›Führungskräften‹ haben die Arbeiter kein Vertrauen!«

Sodann begann er sein Regiment, bei dem den alten Henschelanern Hören und Sehen verging: Von früh bis spät streifte er in Begleitung zweier neuer Direktoren durch alle Betriebe, verfügte an Ort und Stelle die unverzügliche Behebung jahrzehntealter Mißstände, änderte die Programme ganzer Abteilungen mit einem Federstrich und lernte dabei sein neues Werk bis in den letzten Winkel kennen.

Zwei Monate lang ging es bei Henschel drunter und drüber; dann war die Ordnung so weit hergestellt, daß der neue Boß darangehen konnte, einen Teil seiner Befugnisse zu delegieren.

In den folgenden anderthalb Jahren stellte Goergen nach und nach mehr als hundert neue Führungskräfte ein, von denen er nur einen kleinen Teil wieder verlor. Die meisten dieser neuen Manager waren energische und robuste, dem »Prinzen Aurel« treuergebene Männer, im Durchschnitt kaum älter als fünfunddreißig Jahre. Einige warb Goergen bei »Phoenix-Rheinrohr« ab, zum Beispiel Gerhard Hollmann, damals 31 Jahre alt, den er zum Cheftechniker ernannte und in den Vorstand berief. Andere holte er sich buchstäblich von der Straße: Dr. Mummert, den Goergen zum Vertriebschef für Lastwagen machte, lernte er in New York kennen, wo sich der damals Fünfundzwanzigjährige als Nähmaschinenverkäufer durchzuschlagen versuchte.

Der Arbeitstag dieser neuen Führungsmannschaft begann um 7.30 Uhr und endete selten vor 20 Uhr, meist noch später. Goergen selbst war morgens der erste im Betrieb, abends der letzte, der nach Hause ging.

Als er sich seines Erfolges sicher war, erwarb Goergen von den hocherfreuten Banken ein Paket Henschel-Anteile im Nennwert von mehr als zwölf Millionen Mark — zum Kurs von nur fünfundzwanzig Prozent! Damit sicherte er sich die Sperrminorität und legte zugleich seine um die fürstliche Abfindung für den Hinauswurf bei »Phoenix-Rheinrohr« vermehrten Ersparnisse so an, daß er selbst einen beachtlichen Anteil an den erhofften Früchten seiner neuen Arbeit haben würde.

Und tatsächlich: In anderthalb Jahren krempelte Boß Goergen mit seiner jungen Managergarde die alten Henschel-Werke völlig um. Er legte ehrwürdige Betriebsabteilungen still, gliederte ganz neue Produktionszweige an, rationalisierte und modernisierte so lange, bis zufriedenstellende Ergebnisse erreicht waren, und schloß — unter Verzicht auf eigene langwierige und kostspielige Entwicklungen — vorteilhafte Lizenzverträge mit führenden amerikanischen, englischen und französischen Unternehmen.

Henschels alte Marktposition wurde mit neuen Lokomotivtypen wiederhergestellt, die Schwerlastwagen-Produktion kräftig angekurbelt. Die Belegschaft der Henschel-Werke, die von »Hühnerfutter«-Semler um ein Haar drastisch vermindert worden wäre, wuchs rasch an und stieg von achttausend auf dreizehntausend Köpfe.

Am deutlichsten aber ließ sich der gewaltige Aufschwung, den die Henschel-Werke unter ihrem neuen Boß nahmen, an den jährlichen Umsätzen ablesen:

Im ersten Jahr der Goergen-Herrschaft, 1958, waren weniger als zweihundert Millionen Mark umgesetzt worden. 1959 waren es schon zweihundertfünfzig, 1960 bereits über vierhundert Millionen Mark.

Außerdem gelang es dem »Prinzen Aurel« in diesen ersten drei Jahren, die Überschuldung der Henschel-Werke zu beseitigen. In Kassel, aber auch in den Direktionsbüros der drei Banken, die das arg heruntergewirtschaftete Unternehmen so lange gestützt hatten, sprach man von einem Wunder . . .

Dieses Wunder vollbrachte Fritz-Aurel Goergen diesmal jedoch nicht für eine fremde Großaktionärin, sondern vornehmlich zu eigenem Nutz und Frommen.

Zunächst hatte Goergen nur einen Anteil von 27,5 Prozent am Henschel-Kapital erworben. Ein gleichgroßes Paket war von dem Hamburger Eisengroßhändler Herbert Coutinho übernommen worden, und den Rest des Kapitals von insgesamt fünfundvierzig Millionen Mark Nennwert hatten sich die Deutsche, die Dresdner und die Frankfurter Bank geteilt, wobei sie den Herren Goergen und Coutinho eine Option auf sämtliche von ihnen gehaltenen Anteile zum Kurs von nur einem Viertel des Nennwerts eingeräumt hatten.

Goergen-Partner Coutinho war ursprünglich mit sehr großen Hoffnungen bei Henschel eingestiegen, zumal er auch gleich einen Riesenauftrag für das Kasseler Werk mitbrachte: eine Bestellung von Lokomotiven im Werte von rund hundertfünfzehn Millionen Mark durch die ägyptische Regierung! Doch trotz dieser günstigen Voraussetzungen wurde die Henschel-Beteiligung für Herbert Coutinho zu einer herben Enttäuschung:

Goergen ließ sich von seinem Hamburger Partner in die Geschäftsführung nicht hineinreden und fällte alle Entscheidungen allein. Wenn er Coutinho überhaupt davon unterrichtete, was in Kassel vorging, so ließ er sich vornehmlich über Pannen und Rückschläge aus und schilderte dem Hamburger Geschäftsmann die Henschel-Zukunft in den düstersten Farben. Vor allem aber investierte Goergen alle erzielten Gewinne sofort wieder bis auf die letzte Mark, und er erklärte dem darob verbitterten Coutinho, es wäre selbst an die bescheidenste Ausschüttung auf Jahre hinaus nicht zu denken.

Unter diesen Umständen war es nicht weiter verwunderlich, daß Coutinho alle Lust verlor, Ende 1960 seine Beteiligung samt den damit verbundenen Optionsrechten zum Kauf anbot und sie schließlich für insgesamt zwölf Millionen Mark — also immerhin mit einem hübschen Gewinn von rund dreihundert Prozent oder fast neun Millionen Mark! — an Fritz-Aurel Goergen veräußerte.

Und da Goergen nun einmal dabei war, machte er auch gleich bei den Banken sowohl seine ursprüngliche als auch die gerade erst von Coutinho gekaufte Option geltend und erwarb — bis auf einen Rest von knapp fünf Prozent — alle übrigen Henschel-Anteile zum Einstandspreis von nur fünfundzwanzig Prozent des Nennwerts.

Für beide Transaktionen, die Fritz-Aurel Goergen zum Eigentümer von insgesamt fünfundneunzig Prozent der Henschel-Anteile machten, waren runde siebzehn Millionen Mark erforderlich, die die Banken dem neuen Henschel-Herrn entgegenkommenderweise vorstreckten.

»Ich hatte so viele Schulden, daß ich nachts nicht mehr ruhig schlafen konnte«, weiß sich der »Prinz Aurel« heute zu erinnern, »es war eine furchtbare Zeit!«

Indessen können bei nüchterner Betrachtung die damaligen Sorgen nicht allzu drückend gewesen sein und vor allem nicht sehr lange gewährt haben. Denn bald nachdem er sich zum Beinahe-Alleinbesitzer der Henschel-Werke gemacht hatte, fuhr »Prinz Aurel« nebst Gemahlin Dagmar und Töchterchen Aurelia, genannt »Püppi«, an die französische Riviera, wo er in Cannes, auf der Terrasse des Grandhotels Carlton, den in Paris lebenden Amerikaner Joseph R. Nash kennenlernte. Nash, selbst vielfacher Dollarmillionär, war der europäische Interessenvertreter und Kundschafter einer unter Führung des Bankhauses Morgan stehenden New Yorker Finanzgruppe.

Im Gegensatz zu den spärlichen und pessimistischen Berichten, die Goergen seinem Expartner Coutinho über die Lage der Henschel-Werke hatte zukommen lassen, malte er Mister Nash in tagelangen Gesprächen ein umfassendes und äußerst rosiges Zukunftsbild seines Unternehmens:

»Henschel ist ein altrenommiertes und in der ganzen Welt bekanntes Unternehmen«, hämmerte er dem Amerikaner ein. »Früher wurden in Kassel nur Lokomotiven und Lastwagen gebaut. Mein Ziel ist der Umbau der Henschel-Werke zu einer Schwermaschinenfabrik, in der Lokomotiven und Schwerlastwagen nur zwei Erzeugnisse neben vielen anderen sind. Was mir noch fehlt, ist ein solider Teilhaber . . .«

Nash zeigte sich äußerst interessiert und versprach, die Möglichkeiten einer Beteiligung seiner Gruppe an den Henschel-Werken eingehend zu prüfen. Und tatsächlich schickte er schon wenig später eine Sachverständigenkommission nach Kassel, die die technische und kaufmännische Situation des Unternehmens genauestens unter die Lupe nehmen sollte.

Die Amerikaner hatten sich auf eine monatelange, gemächliche Prüfung eingerichtet. Statt dessen trieb sie Goergen von früh bis spät zur Eile an, hetzte sie von einer Abteilung in die andere, bombardierte sie mit immer neuen Stößen von Akten, Konstruktionszeichnungen und sonstigen Unterlagen und ließ sie kaum zu Atem kommen. Zum Abschied schenkten die erschöpften Yankees dem Henschel-Boß einen Silberpokal mit der eingravierten Widmung: »Dem schlimmsten Sklaventreiber der Welt!«

Aber das Ergebnis der nur einige Wochen dauernden Untersuchung war so günstig, daß bereits im Oktober 1961 ein Beteiligungsvertrag mit der Morgan-Gruppe zustande kam, demzufolge Goergen den Amerikanern knapp fünfundvierzig Prozent der Henschel-Anteile zum Preis von 28,5 Millionen Mark überließ und die Amerikaner weitere acht Millionen Mark in das in eine Aktiengesellschaft umzuwandelnde Unternehmen einzuschießen hatten.

Mit diesem stolzen Erlös konnte Fritz-Aurel Goergen nicht nur alle Bankschulden bezahlen und damit wieder ruhig schlafen, sondern hatte nebenbei auch noch ein bißchen verdient: nach Abzug der Steuern rund fünf Millionen Mark in bar.

Außerdem hatte er seine ursprünglichen Henschel-Anteile fast verdoppelt und besaß nun genau 51 Prozent. (Die übrigen viereinhalb Prozent des Aktienkapitals überließ Goergen den drei wichtigsten Vorstandsmitgliedern des Unternehmens, darunter seinem Bruder Willy, den er zur Verstärkung der Goergenschen Hausmacht nach Kassel geholt hatte.)

Damit war die erste Phase der Sanierung Henschels (und Goergens) abgeschlossen. Das dahinsiechende Kasseler Familienunternehmen war in eine florierende Aktiengesellschaft umgewandelt, deren kräftig vermehrte Belegschaft keine Feierschichten zu fürchten brauchte: Eine Flut von Aufträgen im Werte von über sechshundert Millionen Mark wartete zu diesem Zeitpunkt bereits auf ihre Ausführung. Und der bisherige Aufsichtsratsvorsitzende Fritz-Aurel Goergen überließ dieses Amt nun einem Vertreter seiner Hausbanken, während er selbst — wie einst bei »Phoenix-Rheinrohr« — Generaldirektor und Vorsitzender des Vorstands wurde.

Doch während er in Düsseldorf, wie sich nur allzu deutlich gezeigt hatte, vom Wohlwollen einer Großaktionärin abhängig gewesen war, konnte ihm jetzt in Kassel niemand mehr dreinreden: Die Mehrheit des Aktienkapitals besaß er nun selbst!

Mit 2,6 Millionen DM Abfindung war er Ende 1957 nach Kassel gekommen. Bis Ende 1961 hatte er nicht nur sein Barkapital verdoppelt, sondern auch noch die Aktienmehrheit bei Henschel erworben, deren Wert drei Jahre später auf rund achtzig Millionen Mark geschätzt wurde.

Dieses Riesenvermögen war Goergen nicht in den Schoß gefallen, denn vor den Erfolg haben die Götter den Schweiß gesetzt, daneben wohl auch den Gebrauch des Kopfes oder zumindest der Ellenbogen.

Fritz-Aurel Goergen schuftete nicht nur wie ein Kohlentrimmer, er war auch weder der Benutzung seines scharfen Verstandes noch der seiner kräftigen Ellenbogen abgeneigt.

»Ich bin ein brutaler Hund«, pflegte er von sich selbst zu sagen, und niemand mochte ihm da widersprechen. Nichtsdestoweniger basierte sein wachsender Erfolg beileibe nicht allein auf Ehrgeiz und Rücksichtslosigkeit. Er war vielmehr ungewöhnlich tüchtig, enorm fleißig, mitunter erstaunlich gerissen; vor allem aber konnte er sich auf seinen geschäftlichen Instinkt verlassen — und auf sein Glück!

Dank dieser seltenen Kombination karrierefördernder Eigenschaften gehörte der »Prinz Aurel«, wenige Jahre nach seinem Düsseldorfer Hinauswurf, wieder — und wie es schien, nun endgültig — zur Spitzengruppe erfolgreicher Industriemanager.

Doch der Schein trog:

Zwar war der Henschel-Boß für den durchschnittlichen Zeitungs- und Illustriertenleser, Kinobesucher und Bildschirmbetrachter einer der ganz Großen, einer der auf Bildern neben Verteidigungsminister Strauß, BDI-Präsident Berg oder auch

Bundeskanzler Erhard zu sehen war, ja sogar — Gipfel des Ruhms, den ein Bundesdeutscher erringen kann! — allein auf der Titelseite des *Spiegel*...; zwar hatte sich der »Prinz Aurel« zu einer neudeutschen Märchengestalt entwickelt, in einem Atemzug zu nennen mit dem Finanzzauberer Rudolf Münemann oder der wunderschönen Prinzessin Soraya ... Aber all dies galt, wohlgemerkt, nur für den bundesdeutschen Normalverbraucher!

Für die altetablierte, stockkonservative Führungsschicht hingegen war und blieb der Henschel-Boß ein krasser Außenseiter, ein unerträglicher Parvenü und ein frecher Usurpator.

Er hatte sich erdreistet, ein traditionsreiches Familienunternehmen, älter als Krupp und ebenso weltbekannt, an sich zu reißen und zu neuer Blüte zu führen, anstatt — wie man es nach dem Hinauswurf durch seine greise und verehrungswürdige Brotherrin Amélie Thyssen hätte erwarten können — beschämt und einsichtsvoll dorthin zurückzukehren, wo er hergekommen war: in den Gelsenkirchener »Klümpgensladen«!

Es war nur eine Frage der Zeit, wann dieser anmaßende Emporkömmling wieder einen Fehler begehen und dann spüren würde, was es bedeutet, die alte Geldaristokratie, das historisch gewachsene Montanmanagement und die beiden stets zu Diensten stehende hohe Ministerialbürokratie gegen sich zu haben. In einem solchen günstigen Augenblick würde man ihm endlich den verdienten Fußtritt geben — diesmal ohne Nachsicht und ohne Abfindung! Dieser Augenblick kam.

Und der von den etablierten Mächten schon so lange herbeigesehnte Sturz des »Prinzen Aurel« vollzog sich in einer Weise, wie man sich ihn spektakulärer kaum vorzustellen vermag:

Das Vorspiel begann am 22. April 1964, pünktlich um 9.59 Uhr, als der forsche, kaum 32jährige Koblenzer Staatsanwalt Fritz Josef Rath an der Spitze von zehn Kriminalbeamten in das Vorzimmer des Generaldirektors der Kasseler Henschel-Werke stürzte, der verwunderten Chefsekretärin, Frau Königstein, ein gestempeltes Papier vorwies und mit der der deutschen Obrigkeit eigenen Barschheit erklärte, eine Haussuchung vornehmen zu müssen.

Noch ehe Frau Königstein ihrem Chef die Invasion melden konnte, drangen die Beamten auch in Goergens Arbeitszimmer ein, wo gerade eine Konferenz stattfand, eröffneten dem Generaldirektor der Henschel-Werke, daß gegen mehrere leitende Angestellte des Unternehmens wegen Betruges zum Nachteil der Bundeswehr ein Ermittlungsverfahren eingeleitet worden sei, und forderten die Anwesenden auf, sich einer Leibesvisitation zu unterziehen.

Alsdann begannen die Beamten mit einer Durchsuchung sämtlicher Aktenschränke.

Sie taten es nicht nur im Kasseler Direktionsbüro, sondern auch bei den Henschel-Flugzeugwerken, im Henschel-Gästehaus Dachsberg, in den Privatwohnungen von Vorstandsmitgliedern, Abteilungs- und Unterabteilungsleitern. Sie durchstöberten selbst die Düsseldorfer Geschäftsräume zweier Tochterunternehmen und den Höseler Landsitz des »Prinzen Aurel«. Mehr als hundert Beamte hatte Staatsanwalt Rath für diese Großrazzia angefordert und nach einem genauen Schlachtplan eingesetzt. Als erstes hatte er die Telefonzentrale der Henschel-Werke lahmlegen lassen.

Dieses dramatische Vorspiel endete am selben Tage gegen 21.30 Uhr, als die Vernehmung, um die Goergen energisch ersucht hatte, abgeschlossen war. Der Henschel-Boß wußte nun, um was es ging: Sein Unternehmen sollte der Bundeswehr Panzerersatzteile zu überhöhten Preisen in Rechnung gestellt haben.

Fritz-Aurel Goergen nahm, was den Vorwurf selbst anging, die Sache nicht allzu ernst. Im Rüstungsgeschäft bewegte man sich, teils notgedrungen, teils branchenüblich ständig »etwas unterhalb der Legalität«. Sollten sich die Anschuldigungen als fundiert erweisen, so würde man ein Bußgeld bezahlen müssen . . .

Weit ernster als diese Bagatellen erschien dem »Prinzen Aurel« der Prestigeverlust, den die spektakuläre Großrazzia ihm selbst und den Henschel-Werken zugefügt hatte. Man war mit so viel Lärm und Aufwand vorgegangen, als ginge es nicht um ein paar tausend zu teuer berechnete Schrauben, sondern darum, ein gerade wieder gesundes Großunternehmen samt seinem neuen Chef zugrunde zu richten.

Wer mochte dahinterstecken?

Was konnte man dagegen tun?

Während Goergen noch in den folgenden Tagen nach einer Antwort auf diese Fragen suchte, rüsteten seine Gegner bereits zum nächsten, diesmal vernichtenden Schlag, und die Szene, die sie sich dazu ausgesucht hatten, erwies sich als für ihre Zwecke geradezu ideal:

In der letzten Aprilwoche 1964, am Vorabend der Eröffnung

der Deutschen Industrie-Ausstellung, hatte sich in Hannover alles versammelt, was in der Wirtschaft Rang und Namen besaß. Auch viele prominente Gäste aus dem Ausland waren erschienen, und natürlich hatten sich Journalisten und Fernsehreporter in großer Zahl eingefunden. Aus Bonn war Bundeskanzler Professor Ludwig Erhard nach Hannover gekommen, da er anderntags die Messe mit einer bedeutsamen Rede eröffnen sollte, und die niedersächsischen Christdemokraten veranstalteten ihrer Wahl-Lokomotive zu Ehren ein üppiges abendliches Gastmahl im »Büntehof«.

Dazu war, neben führenden Männern des Landes Niedersachsen, auch die Elite der bundesdeutschen Industrie eingeladen worden, darunter selbstverständlich der Chef der Henschel-Werke, Generaldirektor Dr. h. c. Fritz-Aurel Goergen.

Während die erlauchten Gäste noch tafelten, fanden sich in der Eingangshalle des »Büntehofs« einige diskrete Herren ein, die — schon durch ihre Schuhgrößen unschwer als Kriminalbeamte erkennbar — in Anbetracht des ohnehin beträchtlichen Polizeiaufgebots nicht weiter auffielen. Geduldig warteten sie, bis — zwischen Dessert und Mokka — der »Prinz Aurel« für einen Augenblick die Kanzlertafel verließ. Da Goergen noch am Abend zuvor der »Tagesschau« ein Bildschirminterview gegeben hatte, gelang es den Beamten ohne große Mühe, ihn zu identifizieren.

Rasch umringten sie ihn, wiesen einen Haftbefehl vor, der Goergen vorwarf, er habe »durch das Zusammenwirken mit leitenden Angestellten der Henschel-Werke das Bundesverteidigungsministerium geschädigt und Untreue gegenüber der Gesellschaft begangen«, baten ihren empörten Arrestanten inständig, kein Aufsehen zu erregen, drängelten ihn zum Ausgang und in ein bereitstehendes Auto, und dann ging's ab nach Kassel, ins Untersuchungsgefängnis!

Goergens Verhaftung, mitten aus einem Gastmahl mit dem Bundeskanzler — das war eine Sensation ersten Ranges! Wie ein Lauffeuer verbreitete sich die Nachricht, und sie bildete während der nächsten Tage das Hauptgesprächsthema der in Hannover versammelten Wirtschaftsprominenz.

Jede Stunde brachte neue Meldungen:

Außer Goergen war noch eine ganze Reihe von Henschelanern verhaftet worden: Vorstandsmitglieder, Abteilungsleiter, Unterabteilungsleiter ...

Interpol fahndete nach einem Henschel-Einkäufer, der sich auf einer Geschäftsreise im Ausland befand ...

Und zu diesen Meldungen kamen Gerüchte:

Der Schlag gegen Henschel wäre erst der Anfang ...

Weitere Verhaftungen von Industriekapitänen stünden unmittelbar bevor ...

Bei nicht wenigen Rüstungsmagnaten sah man in diesen Tagen blasse, sorgenvolle Mienen, zumal die Zeitungen einander mit immer neuen, immer sensationelleren Einzelheiten des »größten Rüstungsskandals des Jahrhunderts« überboten, allen voran *BILD am Sonntag*, das sogar von »*Milliarden*-Betrügereien« sprach ...!

Die breite Masse nahm diese Enthüllungen für bare Münze, und nur wenige Fachleute erinnerten sich, daß Fritz-Aurel Goergen — ganz im Gegensatz zu Oscar R. Henschel und Dr. Johannes Semler, die auf Henschel-Lieferungen an die Bundeswehr ganz versessen gewesen waren — gar kein besonderes Interesse an Riesenaufträgen des Bonner Verteidigungsministeriums gehabt hatte. Im Gegenteil — Goergens Absicht war es gewesen, mit den Ostblockstaaten in ein langfristiges Schwermaschinengeschäft zu kommen, und dabei wären ihm allzu viele Rüstungsaufträge in mancherlei Hinsicht nur im Wege gewesen.

Tatsächlich war von Goergen, als er die Kasseler Henschel-Werke übernommen hatte, die Parole ausgegeben worden: »Nicht mehr als fünfzig Prozent Rüstung!«, und wenn diese weise Beschränkung auf die Dauer auch nicht ganz eingehalten worden war, so hatten doch in fünf Jahren der Goergen-Herrschaft die Rüstungsgeschäfte im Durchschnitt nur wenig mehr als ein Zehntel des ganzen Henschel-Umsatzes ausgemacht.

Das allein schloß die Möglichkeit eines »Milliarden-Betrugs« an der Bundeswehr bereits völlig aus, denn damit erreichte der Gesamtwert von Henschels Rüstungslieferungen in den Jahren 1958 bis 1963 noch keine dreihundert Millionen Mark.

Zu einer ähnlichen Rechnung mußte sich wenige Tage nach Goergens Verhaftung auch Bundesverteidigungsminister Kai-Uwe von Hassel bekennen: den besorgten Mitgliedern des für sein Ressort zuständigen Bundestagsausschusses versicherte er in geheimer Sitzung, der mögliche Schaden der Bundeswehr in der »Goergen-Affäre« betrage keineswegs Milliarden, aber wohl immerhin »über eine Million Mark« ...

Während so das Ausmaß der Katastrophe auf weniger als ein Tausendstel schrumpfte, nahm das Sensationsbedürfnis der Koblenzer Staatsanwaltschaft noch zu: Nach der spektakulären Großrazzia und der Verhaftung Goergens während des Liebesmahls der Industriekapitäne mit dem Bundeskanzler am Vorabend der Messeeröffnung ließ die Behörde nun den »Prinzen Aurel« bei Nacht und Nebel aus dem Kasseler Untersuchungsgefängnis auf die berüchtigte Festung Hohenasperg verlegen — unter Begleitumständen, die den zahlreich versammelten Journalisten neue Schlagzeilen lieferten und bei denen die Betäubung des sich einem solchen heimlichen Transport widersetzenden Arrestanten nur ein pikantes Detail unter vielen anderen war.

Doch wer nach so vielversprechendem Beginn die rasche Eröffnung eines Sensationsprozesses erwartete, wurde herb enttäuscht. Zwar blieb »Prinz Aurel« noch einige Tage auf der Feste Hohenasperg, wobei sich der Gesundheitszustand des bis zu seiner Verhaftung so robusten Mannes besorgniserregend verschlechterte; zwar wurden bis in den Juni hinein immer neue Henschel-Direktoren verhaftet (und nach wenigen Tagen wieder freigelassen); aber dann trat die zunächst so zuversichtliche Staatsanwaltschaft, Schrittchen um Schrittchen den Rückzug an: Erst durfte der U-Häftling Goergen seine Hohenasperger Zelle gegen ein Koblenzer Krankenhauszimmer vertauschen, das allerdings ständig von Polizei bewacht wurde. Dann wurde der schwerkranke Henschel-Boß, dem seine Vorstandskollegen die Freddy-Quinn-Schallplatte »Junge, komm bald wieder!« ins Gefängnislazarett geschickt hatten, gegen Stellung einer Kaution von achteinhalb Millionen Mark »vom weiteren Vollzug der Untersuchungshaft verschont« und der Polizeiposten vor der Tür des Krankenzimmers abgezogen. Als nächstes ließ man ihn zurück auf seinen Landsitz in Hösel zu Frau und Kindern — »Püppi«-Aurelia hatte inzwischen ein Schwesterchen, Viktoria, bekommen —, und schließlich wurde der Haftbefehl ganz aufgehoben, die Kaution zurückerstattet und dem eben noch so Fluchtverdächtigen erlaubt, unter Mitnahme seiner Familie und seiner ganzen, nicht unbeträchtlichen Habe in die Schweiz zu übersiedeln.

Auch die gegen Goergen erhobenen Vorwürfe verminderten sich im Laufe dieser Wochen, desgleichen die Beträge, um die er die Bundeswehr geprellt haben sollte. Übrig blieb im wesentlichen nur ein umstrittener Posten in Höhe von rund 490000 DM auf einem Schweizer Sonderkonto — also ein für Goergens Verhältnisse recht bescheidener Betrag und eine bloße Bagatelle, gemessen an den sonstigen »vermeidbaren Mehrausgaben« des Bundesverteidigungsministeriums, das allein für den unglückseligen »Starfighter« F 104 G — wie von Anfang an zu vermuten war und inzwischen feststeht — mindestens siebenhundert Millionen Mark zuviel bezahlt hat, ohne daß sich jemand bei den verantwortlichen Bonner und Koblenzer Behörden deshalb sonderlich gegrämt hätte.

Trotz der galoppierenden Schwindsucht, von der die Affäre Goergen erfaßt und auf erbärmlichsten Umfang reduziert wurde, gelang der eifrigen Koblenzer Staatsanwaltschaft genau das, was sich die Feinde des »Prinzen Aurel« so lange vergeblich gewünscht hatten: Der eingesperrte und lebensgefährlich erkrankte Henschel-Boß sah sich gezwungen, seine Aktienmajorität zu verkaufen und als Generaldirektor zurückzutreten. Ein Vierteljahr nach seiner spektakulären Verhaftung gab Fritz-Aurel Goergen, schweren Herzens und für nur sechzig Millionen in bar, seine gesamten Henschel-Aktien an die Rheinischen Stahlwerke ab. Eine Woche später erwarb der »Rheinstahl«-Konzern, der von Generaldirektor Werner Söhngen, einem Montanmanager alter Schule, geleitet wird, auch die restlichen Henschel-Aktien aus dem Besitz der Morgan-Gruppe. Obwohl Söhngen den Amerikanern einen erheblich höheren Kurs bezahlen mußte als dem zum Notverkauf gezwungenen Goergen, machte er dennoch ein glänzendes Geschäft, denn er kaufte die von Goergen wieder völlig sanierten und zu beachtlichen Erfolgen geführten Werke des Henschel-Konzerns für insgesamt wenig mehr als die Hälfte ihres geschätzten Börsenwertes.

Und während so der »Rheinstahl«-Konzern mit einer neuen, blühenden (und spottbilligen) Tochter gesegnet wurde, vollzog sich an der Ruhr eine weitere Machtkonzentration:

Goergen-Rivale Hans-Günther Sohl, Bergassessor a. D. und Generaldirektor des Konzerns der August-Thyssen-Hütte, gliederte etwa um dieselbe Zeit seiner ATH-Gruppe den »Phoenix-Rheinrohr«-Konzern an und wurde auf diese Weise genau das, was sich Fritz-Aurel Goergen einst erträumt hatte: Herrscher über das ganze weite Thyssen-Imperium und nebenbei Hausherr in jenem Düsseldorfer Wolkenkratzer, dem »Prinz-Aurel-Obelisk«, den sich Goergen hatte erbauen lassen und in den er noch nie den Fuß gesetzt hatte.

Damit hatte an der Ruhr wie in Kassel das traditionelle Montanmanagement einen triumphalen Sieg über einen krassen Außenseiter davongetragen, der sich seinerseits in ein luxuriöses Exil zurückzog.

Ironischerweise trägt die herrliche Villa, die Fritz-Aurel Goergen in Cologny, hoch über dem Genfer See, mit seiner Familie bewohnt, den Namen »Mon désir«, »Meine Sehnsucht«. Doch der »Prinz Aurel« wirkt dort alles andere als am Ziel seiner Träume:

Die Ermittlungen, die die Koblenzer Staatsanwaltschaft gegen ihn führt, sind in all den Jahren seit 1964 noch immer nicht abgeschlossen, geschweige denn zu einer Hauptverhandlung gediehen. Dagegen wurde ein Zivilprozeß, die angeblich veruntreute halbe Million betreffend, zu Goergens Gunsten entschieden und die Schadenersatzforderung des Bundes zurückgewiesen. Damit darf sich Goergen endlich rehabilitiert fühlen — nach fünf langen Jahren. In derselben Zeit ist sein Verlangen nach einem, wie er es nennt, »neuen Job« immer größer, sein seit dem Henschel-Verkauf um sechzig Millionen Mark gewachsenes Vermögen nicht kleiner geworden. Und außerdem hat der »Prinz Aurel« Heimweh nach dem rußigen und schwefelgelben Himmel über dem »Kohlenpott« ...

»Kameraden«, läßt er sich immer häufiger im Kreise seiner Freunde und engsten Mitarbeiter vernehmen, »dieses Rentierdasein ist Scheiße! Ich glaube, wir werden das bald ändern müssen ...!«

Der Herzoglich Württembergische Geheime Finanzdirektor und Staatsrat Joseph Süß Oppenheimer, 1692 bis 1738, darf für sich in Anspruch nehmen, einer der ersten großen Manager des deutschen Wirtschaftslebens gewesen zu sein. Von seinen Zeitgenossen wird er als ein ebenso gescheiter wie fleißiger, ebenso geistreicher wie energischer Mann beschrieben. In die deutsche Geschichte ist er eingegangen einerseits als ein Finanzgenie von hohen Graden, anderseits als der verhaßte, eitle und hoffärtige »Jud Süß«, den an den Galgen zu bringen den rechtschaffenen Bürgern Württembergs ein Herzensbedürfnis, moderner ausgedrückt: ein zentrales Anliegen war. Ehe sie den Staatsrat Oppenheimer unter kräftiger Rechtsbeugung zum Tode verurteilten und henkten, sperrten sie ihn übrigens in dieselbe Festung Hohenasperg, die zweieinviertel Jahrhunderte später auch den Generaldirektor Goergen beherbergte.

Doch nicht von den Fährnissen und Mißhelligkeiten soll die Rede sein, denen bedeutende Manager nicht eben selten ausgesetzt sind, sondern von den angenehmen Seiten dieses Berufs und insbesondere von der Macht, die er verleiht.

Managermacht ist von ganz besonderer Art, wie sich gerade am Beispiel der beiden Hohenasperg-Arrestanten Oppenheimer und Goergen sehr anschaulich machen läßt:

Joseph Süß Oppenheimer, um mit dem Älteren zu beginnen, übte, als er den Höhepunkt seiner steilen Laufbahn erreicht hatte, im Lande Württemberg nahezu unbeschränkte Macht aus, und zwar mit Hilfe seines scharfen Verstandes und anderer Talente; dank der Virtuosität, mit der er die bürokratischen Apparate des Landes bediente; mittels seiner glänzenden Beziehungen, die er je nach Bedarf einsetzen oder gegeneinander ausspielen konnte, und schließlich kraft der ihm vom regierenden Herzog erteilten Vollmacht.

Zwar hätte ihm, wäre er ein Dummkopf ohne Geschick und Beziehungen gewesen, auch die weitestgehende herzogliche Vollmacht nichts genützt: Er wäre zum Spielball anderer geworden. Aber — und das ist das Entscheidende — ohne die herzogliche Ermächtigung hätte auch Oppenheimers Genie nicht ausgereicht, Württemberg zu regieren. Die Macht, die ihm schließlich zuteil wurde, war zunächst einmal abgeleitet von der Souveränität des Landesherrn, der sie seinerseits »von Gottes Gnaden« hatte. Erst in zweiter Linie lag es nun an dem Herrn Geheimen Finanz- und Staatsrat, das ihm verliehene Machtinstrument so intelligent und geschickt zu handhaben, daß er damit das Land bis in den letzten Winkel zu beherrschen vermochte.

Solange die herzogliche Vollmacht bestand, zitterte das Land weit mehr vor Herrn Oppenheimer als vor dem Herzog, während umgekehrt der Landesherr von Gottes Gnaden praktisch außerstande war, sich von seinem allmächtigen Minister wieder zu trennen.

Doch kaum traf den Herzog der Schlag, da war es auch vorbei mit der Herrlichkeit seines Bevollmächtigten: Er wurde verhaftet und bald darauf gehenkt.

Auch Fritz-Aurel Goergen übte als Generaldirektor des »Phoenix-Rheinrohr«-Konzerns abgeleitete Macht aus: Er herrschte über das Unternehmen als Bevollmächtigter der Eigentümer, in diesem Falle: der Aktionäre. Die Hauptaktionärin, Frau Amélie Thyssen, die ihren Besitz zwar nicht »von Gottes Gnaden«, aber — mit Hilfe des Professors Ellscheid — von ihrem verstorbenen Ehemann geerbt hatte, war in der Rolle der Landesfürstin, und als sie ihrem Generaldirektor einen kräftigen Fußtritt nebst zweieinhalb Millionen Abfindung geben ließ, war es mit der Herrlichkeit des »Prinzen Aurel« vorbei, obwohl er »Phoenix« aus der Asche geholt hatte und entschieden mehr Sachverstand und geschäftliches Geschick besaß als Frau Amélie Thyssen. Als der nunmehr um einige Erfahrungen (und Millionen) reichere »Prinz Aurel« den Ruf nach Kassel erhielt, wollte er sich begreiflicherweise nicht noch einmal mit abgeleiteten Machtbefugnissen begnügen und damit den Gefahren eines zweiten Hinauswurfs aussetzen. Er kaufte deshalb selbst Henschel-Aktien, und zwar so viele, daß er am Ende die Mehrheit besaß. Auf diese Weise wurde er zugleich Haupteigentümer und, als Generaldirektor, sein eigener Bevollmächtigter.

Nachdem er sich durch den Erwerb der Aktienmehrheit gegen neuerliche Fußtritte fremder Eigentümer gesichert hatte, war Goergen eigentlich kein echter Manager mehr, sondern ein Unternehmer, der seinen Besitz selbst verwaltete. Doch er erwarb damit zugleich das (Managern sonst stets ersparte) unternehmerische Risiko — mit welchen Folgen, wissen wir bereits . . .

4.

WIR UNTERTANEN

Die gescheiterte Revolution

Mit der Entdeckung Amerikas durch Christoph Kolumbus im Jahre 1492 und des Seewegs nach Ostindien durch Vasco da Gama um 1498 lassen viele der traditionellen Geschichtsbücher das Mittelalter enden und die europäische (also auch die deutsche) Neuzeit beginnen. Doch für die Masse des deutschen Volkes brachte die blutige Eroberung und Ausplünderung der »beiden Indien«, vor allem die der »Neuen Welt«, nur dreierlei: die Syphilis, das Tabakrauchen und die Kartoffel. Während sich die Geschlechtskrankheit und der Tabakkonsum bereits um die Mitte des 16. Jahrhunderts in Deutschland auszubreiten begannen, wurde die Kartoffel erst um 1765 von König Friedrich II. zwangsweise in Preußen eingeführt und erst um 1850 zu jenem Volksnahrungsmittel, mit dem die chronische Hungersnot der unteren Schichten endlich überwunden und ein sprunghafter Anstieg der Einwohnerzahl Deutschlands erreicht werden konnte.

Einigen wenigen Deutschen brachten die Entdeckungen neuer Erdteile und Seewege aber schon frühzeitig unerhörten Gewinn. Zu ihnen gehörte die Augsburger Patrizierfamilie Welser, die nicht nur am Massenexport afrikanischer Sklaven in die amerikanischen Kolonien und an den Einfuhren der Kolonialprodukte nach Europa glänzend verdiente, sondern um 1530 mit einem gutbewaffneten Söldnerheer sogar ein eigenes Kolonialreich erwarb, das sich in der Breite der Küste des heutigen Venezuelas über ganz Südamerika erstreckte und ein Vierteljahrhundert lang Eigentum der Welser blieb.

Auch andere Patrizierfamilien wurden etwa um die Zeit der Entdeckung Amerikas außerordentlich reich, am allerreichsten die ebenfalls in Augsburg beheimateten Fugger, die als Bankiers der Päpste und Kaiser auch eine maßgebliche politische Macht darstellten.

Es wäre aber völlig verfehlt, aus dem enormen Reichtum und Einfluß einzelner deutscher Bürgerfamilien nun zu folgern, daß das Bürgertum der deutschen Städte schon die Herrschaft des

Adels abgelöst und womöglich den Feudalismus beseitigt hätte; daß mit dem Reichtum auch Kultur und Bildung in die Städte eingezogen und allen Schichten gleichermaßen zuteil geworden wären oder daß durch den Aufstieg Bürgerlicher eine demokratische Entwicklung begonnen hätte. In Wirklichkeit kam es in den Jahrzehnten um 1500 lediglich zu Machtverschiebungen innerhalb der herrschenden Klassen, begleitet von Versuchen der Volksmassen, sich endlich von der Unterdrückung und Ausbeutung zu befreien. Da diese Versuche samt und sonders scheiterten, änderte sich an der Lage der großen Mehrheit so gut wie nichts.

Deutschland, dessen Einwohnerzahl seit dem Nachlassen der großen Seuchen erst um 1500 wieder den ungefähren Stand von 1380, nämlich knapp vierzehn Millionen, erreicht hatte, war noch zu fünfundachtzig Prozent ein Agrarland. Die Bauern und ländlichen Handwerker lebten, mit geringfügigen Ausnahmen, nach wie vor in einem Zustand der Unfreiheit, Unbildung, Kulturlosigkeit und harter Ausbeutung durch adlige und geistliche Feudalherren. Mehr als ein Drittel des gesamten Bodens gehörte kirchlichen Einrichtungen.

Den städtischen Arbeitern, Handwerksgesellen, Dienstboten und der Mehrzahl der im Bergbau Beschäftigten ging es um 1500 kaum besser als den hörigen Bauern und oft sogar schlechter.

Auch einem großen Teil des niederen Adels, besonders der Ritterschaft, fehlte die wirtschaftliche Unabhängigkeit. Doch die Ritter, deren Aufgabe es einst gewesen war, als schwerbewaffnete Reiter, die sich selbst ausrüsteten, für den Kaiser eine schlagkräftige, jederzeit mobilisierbare Verfügungstruppe zu bilden, fanden sich schwer mit ihrem Schicksal ab, Untertanen der weltlichen und geistlichen Landesfürsten zu werden. Sie waren die ersten, die revoltierten.

Doch ehe wir uns diesen und anderen Aufständen zuwenden, wollen wir noch die übrigen Teile der deutschen Gesellschaft jener Zeit um 1500 kurz betrachten:

Da waren zunächst und als Mächtigste die deutschen Fürsten sowie die Grafen, Bischöfe, Äbte reicher Klöster und sonstigen Landesherren, die sich von der kaiserlichen Zentralgewalt bereits weitgehend unabhängig gemacht hatten und nach völliger Selbständigkeit und Machtzuwachs auf Kosten des Kaisers, der Städte, der Ritterschaft sowie benachbarter Standesgenossen strebten.

Da waren unter den Fürsten als eine besondere Klasse die Kurfürsten, damals sieben, nämlich die Erzbischöfe von Köln, Mainz und Trier, der Pfalzgraf bei Rhein, der Herzog von Sachsen, der Markgraf von Brandenburg und der König von Böhmen. Sie hatten das Vorrecht, wenn eine Vakanz auf dem Thron des Reiches eintrat, mit einfacher Mehrheit ein neues Reichsoberhaupt zu wählen. Dieses Privileg, verbunden mit einem unantastbaren und unteilbaren, stets nur dem Nachfolger als Ganzes vererbten Besitzstand an Ländern, in denen sie Souveräne waren, gab den Kurfürsten die Möglichkeit, sich immens zu bereichern. Denn sie verkauften ihre Stimme stets der Partei, die ihnen am meisten bot, und ließen sich zudem vom zukünftigen Kaiser mit immer neuen Rechten und Einkünften versehen, wodurch die Zentralgewalt weiter geschwächt wurde.

Korrupter als die Kurfürsten waren nur noch die römischen Kardinäle jener Zeit, und entsprechend waren auch die Päpste, die sie wählten: geldgierige, genußsüchtige, absolut skrupel- und schamlose Gestalten, die vor keinem Verbrechen zurückschreckten. Sie glichen mehr den Mafiabossen unserer Tage als einem Oberhaupt der abendländischen Christenheit mit dem Anspruch, Stellvertreter Gottes auf Erden zu sein.

Bei solcher Führung ist es kaum verwunderlich, daß auch die kirchlichen Einrichtungen in Deutschland völlig verkommen waren. Sie ähnelten, um bei dem Beispiel der Mafia zu bleiben, in vieler Hinsicht deren Organisation, zumal wenn sie mit immer neuen Tricks und Einschüchterungsmethoden pfennigweise Millionen aus dem Volk preßten, nicht etwa zu gutem Zweck, sondern nahezu ausschließlich zur Finanzierung des luxuriösen und lasterhaften Lebens der Bandenchefs sowie deren Verwandtschaft, Leibgarde, Gangsterliebchen und juristischen Ratgebern, sprich: Kirchenfürsten, deren Neffen, Nichten, unehelichen Kindern, Prälaten, Offizieren, Mätressen und Räten. Und wie die Mafia heute, so scheute damals die Kurie, wenn es um fette Pfründe, Erbschaften oder politischen Einfluß ging, vor absolut nichts zurück: nicht vor Verrat und Meuchelmord, nicht vor der Ausrottung ganzer Sippen durch Gift oder Dolch und auch nicht vor Wucher, Zuhälterei großen Stils, Hehlerei, Mädchenhandel oder anderen unchristlichen, aber einträglichen Verbrechen.

Bei alledem war die niedere Geistlichkeit, das Heer der Kapläne, einfachen Mönche und Laienbrüder, nur das Fußvolk, das mit den Krumen zufrieden sein mußte, die von der Herren

Tisch fielen. Doch diese »ausführenden Organe« waren zugleich eine Landplage, denn ihnen oblag es ja, das Geld einzutreiben, das ihre Oberen verpraßten. Es waren ihrer so viele, daß sie in manchen deutschen Großstädten den achten Teil der Einwohnerschaft ausmachten, und sie stammten meist aus dem handwerklichen Mittelstand oder vom Land, während die höhere und hohe Geistlichkeit als Versorgungsanstalt für die nachgeborenen Söhne der Feudalherren und Patrizier angesehen wurde.

In den deutschen Städten, soweit sie nicht unbedeutende Nester wie die meisten, sondern mächtige Stadtstaaten waren, hatte sich um 1500 nur insofern etwas verändert, als sich der gesellschaftliche Abstand zwischen den reichen Großkaufleuten und Bankiers, die die eigentlichen Herrscher waren, und den Meistern der Handwerkerzünfte beträchtlich vergrößert hatte. Und nur in der obersten städtischen Schicht, dem Patriziat, und in dessen Gunst entwickelte sich — ähnlich wie an den großen Fürstenhöfen — die Kultur der Renaissance. Die breite städtische Unterschicht und der ganze Mittelstand blieben von Kunst und Wissenschaft, vom Humanismus, von den großen naturwissenschaftlichen Entdeckungen und von den Produkten der aufblühenden Buchdruckerkunst ebenso ausgeschlossen wie die gesamte Landbevölkerung und die meisten Angehörigen des niederen Adels.

Die Fülle großer Talente aus dem Volk — wie etwa, um nur drei Beispiele zu nennen, der Goldschmiedsohn Albrecht Dürer, der Holzschnitzer Tilman Riemenschneider oder der Nürnberger Erzgießer Peter Vischer — brauchten nur deshalb nicht, wie in den Jahrhunderten zuvor, in der Mehrzahl zu verkümmern, weil sie im Patriziat sowie an den geistlichen und weltlichen Fürstenhöfen Auftraggeber fanden, die unerhörten Luxus treiben konnten.

Aber sie blieben samt und sonders von der Gnade der großen Herren abhängig. Und als Riemenschneider bei den revolutionären Kämpfen die Partei der Unterdrückten gegen ihrer aller Ausbeuter ergriff, da wurde er nicht bloß fallengelassen, sondern man ließ ihn auch — so jedenfalls ist es mündlich überliefert — von den Henkersknechten fürchterlich zurichten und ihm jedes Finger- und Handgelenk einzeln brechen, damit er nie wieder ein Kunstwerk schaffen könne.

Damit sind wir bei den großen und sehr blutigen gesellschaftlichen Auseinandersetzungen der Zeit um 1500, vor allem den

Bauernkriegen, von denen man allein — hätten sie zu einem Erfolg geführt — die Berechtigung ableiten könnte, vom Ende des deutschen Mittelalters und vom Beginn der Neuzeit zu sprechen. Doch sie scheiterten sämtlich.

Da war zunächst der Aufstand der Reichsritter, ein letzter Versuch des Kleinadels, die Macht der sie bedrängenden geistlichen und weltlichen Fürsten sowie der reichen Stadtstaaten zu brechen, um einer sich auf die Ritterschaft stützenden kaiserlichen Zentralgewalt die alleinige Herrschaft in Deutschland zu verschaffen und damit zugleich ihr eigenes Feudalherrentum zu erhalten.

Der Aufstand der »armen Ritter«, die an den Schätzen aus den neuen Kolonien in Amerika und aus dem Fernhandel höchstens durch Raub, Plünderung und Erpressung beteiligt waren, beschränkte sich auf den Süden, und dort vor allem auf den Südwesten. In Norddeutschland waren die Reichsritter zumeist schon den Landesfürsten untertan und nur noch deren zu striktem Gehorsam verpflichtete Organe.

Im Südwesten Deutschlands dagegen, zumal in Schwaben, waren die Reichsritter noch weitgehend unabhängig, doch sie erkannten bereits den drohenden Untergang ihrer Herrlichkeit. Gerade dieses Empfinden machte sie, die ohnehin habgierigsten und gewalttätigsten Angehörigen des Adels, doppelt aufsässig und erbarmungslos. Sie wurden so etwas wie die Rocker des Deutschen Reiches der Zeit um 1500, und ihr Haß richtete sich besonders gegen die geistlichen Fürstentümer und Herrschaften.

In lockeren, disziplinlosen Haufen, furchteinflößend gepanzert und bis an die Zähne bewaffnet, plünderten sie ziemlich planlos die nähere Umgebung, liefen auseinander und fanden sich wieder zusammen zu allerlei Greueltaten und Verwüstungen. Auch in der Zeit der Glaubenskämpfe, die bald begannen, waren diese Reichsritter — wie Erasmus von Rotterdam es beklagte — weit mehr »mit Wein, Würfelspiel und Dirnen beschäftigt als mit dem Evangelium«, fielen vorzugsweise über Wehrlose her, terrorisierten die kleinen Städte, raubten Dörfer aus, schändeten die Frauen und Mädchen, steckten Klöster in Brand und drangen sengend und mordend, wenn sie sich stark genug fühlten, auch in das Gebiet der Landesfürsten ein, etwa ins Kurerzbistum Mainz, was ihnen seltsamerweise den Beifall des Volkes eintrug. Der Haß auf die römische Kirche und ihre

Statthalter in Deutschland war eben größer als die Vernunft, die den Bauern und Handwerksgesellen hätte sagen müssen, daß die Ritter eher noch grausamere Unterdrücker und Ausbeuter waren als die Bischöfe und Klöster, auch daß die Mehrzahl ihrer unmittelbaren Opfer nicht die Feudalherren selbst, sondern deren Abhängige waren. Es war so, wie wenn heute großstädtische Rocker das Geschäftslokal eines Kreditvermittlers »umbauen« und dessen Angestellte drangsalieren, während die von ihnen selbst brutal zur Prostitution angehaltenen und ausgebeuteten Mädchen darüber jubeln, daß dem alten Wucherer (der in seiner Villa in Sicherheit sitzt und den Verlust verschmerzen kann) recht geschehe.

Nur von ganz wenigen Rittern dieser Zeit läßt sich sagen, daß sie mehr waren als marodierende Angehörige einer zum Untergang verurteilten Klasse: Da war zum Beispiel Franz von Sickingen, der seinen selbstgewählten Auftrag, ein »Schützer der Schwachen und Hüter des Rechts« zu sein, in Privatfehden gegen die Städte Worms, Metz und Frankfurt, ja gegen ganz Lothringen und Hessen zu erfüllen trachtete. Später trat er erst in französischen, dann in kaiserlichen Dienst. 1522 begann er als Hauptmann der schwäbischen und rheinischen Ritterschaft den Kampf gegen den Trierer Kurerzbischof, wohl um selber Fürst zu werden. Er wurde jedoch von den Söldnertruppen der mit dem Trierer Bischof verbündeten Fürsten von Hessen und der Pfalz in Landstuhl eingeschlossen und erlag am Tag der Kapitulation, am 7. Mai 1523, seinen schweren Verwundungen. Ein weiterer Ritter von höherem Format war Ulrich von Hutten, ein entflohener Klosterschüler, der zunächst als fahrender Student weit herumgekommen war, von der Berührung mit dem Humanismus viel profitiert und sein dichterisches und rednerisches Talent entdeckt hatte.

Nachdem Huttens Vetter Hans vom Herzog Ulrich von Württemberg kurzerhand ermordet worden war, weil er der Liebschaft im Wege gestanden hatte, die seine Frau mit dem Herzog eingegangen war, beteiligte sich Ulrich von Hutten an der — nur vorübergehenden — Vertreibung des Württembergers. Im Verein mit Sickingen und zunächst auch Luther wollte Hutten das Reich gründlich reformieren, alle Fürsten beseitigen, die Kirche von Rom lösen und die Macht des Kaisers allein auf die Ritterschaft stellen. Nachdem sowohl der Kaiser als auch der Reformator von Huttens Plänen wieder abgerückt waren und das Projekt schon in den Ansätzen scheiterte, sank auch Ulrich von Hutten auf das Niveau der übrigen deutschen Ritter ab. Sein letztes Unternehmen, der sogenannte Pfaffenkrieg am Mittelrhein, war der planlose Raub- und Rachezug eines Einzelgängers. Danach flüchtete er in die Schweiz und starb dort früh an der Syphilis, die damals in Deutschland grassierte.

Daß die aufständischen Reichsritter der Macht der Fürsten und Städte nicht gewachsen waren, vielmehr in allen entscheidenden Treffen geschlagen wurden, lag an Entwicklungen auf militärischem Gebiet, mit denen die Ritter nicht hatten Schritt halten können, weil es ihnen an Geld und wohl auch an Einsicht fehlte. Denn sie waren nicht nur vergleichsweise arm und ungebildet, sondern auch hochmütige und adelsstolze Prahlhänse. Und so übersahen sie, daß die von ihnen verachteten Söldnerhaufen, mit deren Hilfe die Fürsten und Städte ihre Kriege führten, besser bewaffnet und geführt, vor allem aber zunehmend mit Handfeuerwaffen und Geschützen ausgerüstet waren.

Diese Söldner oder Landsknechte rekrutierten sich aus allen Volksschichten: Es waren Handwerksgesellen darunter, die das Betteln um Arbeit und die Ausbeutung durch die Meister leid waren; Bauern, die durch Überfälle Hof und Familie verloren hatten; entlaufene Mönche, verbummelte Studenten, ganze Räuberbanden aus Leuten, die der Fron entflohen waren; abenteuerlustige Söhne reicher Bürger, die sich eine Offiziersstelle zu kaufen trachteten und reiche Beute machen wollten; auch jüngere Söhne aus dem Adel, die als Landsknechtsführer ihr Glück versuchten, weil ihnen kein väterliches Erbe zustand; und alle jene, die kein Dach über dem Kopf und nichts im Magen hatten, aber doch leben wollten, und das waren um diese Zeit weit mehr Menschen, als man sich heute vorzustellen vermag.

Auch die deutschen Landsknechte leisteten ihren Beitrag zu den revolutionären Geschehnissen der Zeit um 1500. Obwohl sie es waren, die gegen Bezahlung für die Feudalherren in Deutschland wieder »Ordnung schafften« und die erste deutsche Revolution in einem Meer von Blut und Tränen erstickten, ohne zu merken, daß sie damit auch sich selber der Chance beraubten, die Unterdrücker und Ausbeuter loszuwerden, können die deutschen Landsknechte für sich in Anspruch nehmen, diejenigen gewesen zu sein, die an der seit einem Jahrtausend herrschenden, angeblich gottgewollten Ordnung am kräftigsten rüttelten. Sie taten es zwar nicht in Deutschland selbst, dafür aber in der Zentrale des Feudalismus, am Sitz der obersten Leitung der damals abgrundtief gehaßten und zugleich so gefürchteten »Mafia«, in der Residenz des Papstes, der Stadt Rom, und auf eine fürchterliche Weise, eben auf deutsche Landsknechtsart. Die Ironie der Geschichte will es, daß just der Papst, den ihr Strafgericht traf, Clemens VII., es von allen Päpsten der Renaissance am wenigsten verdient hatte, denn im Gegensatz zu seinen Vorgängern war er persönlich untadelig, ein Schwächling zwar, aber kein skrupelloser Verbrecher.

Die Erstürmung und Plünderung Roms im Jahre 1527, das *Sacco di Roma,* wird von der traditionellen deutschen Geschichtsschreibung meist mit wenigen nichtssagenden Zeilen abgetan. Es ist, als wollte man soviel Respektlosigkeit vor allerhöchster, noch dazu kirchlicher Obrigkeit am liebsten mit Schweigen übergehen. Deshalb sei das Ereignis, dem für die deutsche Geschichte erhebliche Bedeutung zukommt, hier etwas ausführlicher geschildert: In Deutschland, aber auch in Spanien, regierte Karl V., der mit Hilfe der reichen Fugger die Kurfürsten bestochen hatte und 1519 Kaiser geworden war. Sein Mitbewerber, Franz I. von Frankreich, hatte so hoch nicht mitbieten können. Nun fühlte sich Franz I. noch stärker bedroht, denn Frankreich war vom Herrschaftsbereich Karls umklammert: den spanischen Niederlanden im Norden, Deutschland im Westen, Norditalien und Spanien im Süden, und die spanische Flotte beherrschte das Meer im Westen. Im Krieg, der nun zwischen den Rivalen ausbrach, während gleichzeitig in Deutschland die Reformation begann, nahm der Papst Partei für den Franzosenkönig, nachdem er zunächst für Karl eingetreten war. Franz I. wurde 1525 in der Schlacht bei Pavia von den Kaiserlichen geschlagen und gefangengenommen, und damit war der Krieg eigentlich zu Ende.

Das Landsknechtsheer zog jedoch weiter, nun ohne Sold und ohne kaiserlichen Befehl. Es wälzte sich auf Rom zu, gierig und voller Erwartung eines heiligen Strafgerichts, das die Soldaten abzuhalten entschlossen waren. Die meisten waren Anhänger der Reformation oder gar Wiedertäufer, Mitglieder einer revolutionären Sekte, von der noch zu reden sein wird. Viele waren von einem religiösen Wahn besessen, andere von bloßer Beutegier, aber alle von wildem Haß auf das Papsttum und die Stadt, die die weltliche Herrschaft der Kirche symbolisierte.

Die römische Oberschicht, völlig korrupt und seit Jahrzehnten ein Lotterleben führend, erwies sich als absolut unfähig, den Ansturm abzuwehren oder auch nur entschlossenen Widerstand zu organisieren. Und so fiel die Stadt den heranstürmenden Landsknechten zu wie eine überreife Frucht.

Was sich dann abspielte, ist ohne Beispiel in der neueren Geschichte. Wochenlang wütete die von Mord- und Habgier, Geilheit und religiöser Inbrunst gleichermaßen erfüllte Soldateska, die es als größte Wollust empfand, die Heilige Stadt zu entweihen und die höchsten Würdenträger am tiefsten zu demütigen. Es war, als wollten die Soldaten binnen weniger Wochen für alles Rache nehmen, was dreißig Generationen in der Fron der Klöster und Bischöfe erlitten hatten.

Alle Kirchen Roms wurden in Pferdeställe, Bordelle oder öffentliche Aborte umgewandelt. Die Mätressen, aber auch die Nichten der Kirchenfürsten, die Frauen und Töchter der Fürsten und Herzöge sowie jede Nonne, die sie fingen, vergewaltigten sie, und sie taten es am liebsten unter dem Hochaltar einer Kirche, oder sie notzüchtigten die Damen des Adels im Beisein ihrer Ehemänner, Väter und Brüder. Sie folterten die Häupter der ältesten und reichsten römischen Feudalherrengeschlechter viele Wochen lang, bis sie auch das letzte Versteck verrieten, in dem sie ihre Frauen oder ihr Gold verborgen hatten. Sie zwangen die Kardinäle und Herzöge, Bischöfe und Fürsten unter Schlägen und Fußtritten zu den schmutzigsten und entwürdigendsten Arbeiten, und als sie einige Monate lang so gehaust hatten, da war ihnen noch die Genugtuung zuteil, daß sich die gefolterten und geschändeten Herren und Damen von selbst anboten. »Sie dienten dem rohen Kriegsvolk als Köche, Stallknechte, Wasserträger in ihren eigenen ausgeraubten Palästen«, berichtet Gregorovius, der Geschichtsschreiber Roms, und die Prinzessinnen aus den vornehmsten Adelsgeschlechtern krochen freiwillig zu den Soldaten aufs Lager, wenn sie nur ihr Essen mit ihnen teilten.

Diese Besetzung Roms durch die entlassenen Landsknechte Karls V. dauerte vom 6. Mai 1527 bis zum 17. Februar 1528, also beinahe zehn Monate lang, und sie tat mehr zur Dämpfung des Übermuts und zur Selbstbesinnung der Kirchenführung als die ganze deutsche Reformation.

Im Jahre 1517 hatte ein deutscher Mönch, Martin Luther, von Wittenberg aus diese Reformation der Kirche eingeleitet. Den Anlaß gab ihm das wüste Treiben der geistlichen »Mafia«, die mit einem neuen Trick, dem — an Bankiers verpachteten — sehr einträglichen Verkauf einer nachträglichen Vergebung der Sünden Verstorbener und deren Begnadigung von allen Höllenstrafen, gutgläubigen Hinterbliebenen die letzten Groschen aus den Taschen lockte.

Luthers Auftreten gegen diese und andere dreiste Machenschaften der geldgierigen Kirche war eine revolutionäre Tat, um so mehr, als er bis dahin selbst zur Organisation dieser »Mafia« gehört hatte. Als Doktor der Theologie und Hochschullehrer zählte er durchaus schon zum oberen Mittelstand der Kirche und hätte selbst einmal Abt und damit ein kleiner Feudalherr werden können, obwohl er von einfacher Herkunft, nämlich Sohn eines Bergmanns, war.

Die öffentliche Verwerfung nicht nur des schändlichen Ablaßhandels, sondern auch einiger katholischer Glaubensgrundsätze, trug Luther den Bann des Papstes und — nach seiner Anhörung durch den Reichstag zu Worms unter freiem Geleit — die Ächtung durch den Kaiser ein. Aber weder diese äußersten Maßnahmen noch das Verbot der Reformation durch den Reichstag konnten den Siegeszug aufhalten, den Luthers Lehren nun in ganz Deutschland antraten. Wie ein Lauffeuer verbreiteten sich die Nachrichten bis in die letzten Winkel des Reiches und setzten Dinge in Bewegung, die tausend Jahre lang keiner Veränderung ausgesetzt gewesen waren und deren Gottgegebenheit bis dahin niemand ernstlich in Frage gestellt hatte.

Schon in den letzten Jahrzehnten des 15. Jahrhunderts waren in Deutschland hie und da kleinere Bauernerhebungen zu verzeichnen gewesen. So hatte 1476 ein Dorfmusikant, der Pfeifer Hans Böheim von Niklashausen, den fränkischen Bauern gepredigt, daß die Armen von allen Abgaben und Frondiensten befreit werden müßten. Auch sollte jeder jagen, fischen und sich Holz holen dürfen, wo er wollte. Diese damals unerhört kühnen und »ketzerischen« Gedanken ließen die Menschen aufhorchen; sie strömten in Scharen herbei und bereiteten einen Aufstand vor. Doch noch ehe sie zu den Waffen gegriffen hatten, schlugen die Feudalherren zu, erstickten die Revolte und ließen das »Pfeiferhänslein« öffentlich foltern und hinrichten.

Doch die einmal erweckten Träume von verminderter Unterdrückung und Ausbeutung wirkten weiter. Von 1493 an organisierten sich die Bauern am Oberrhein in einer geheimen Vereinigung, die sie den »Bundschuh« nannten, weil die Landbevölkerung, im Gegensatz zum gestiefelten und gespornten Adel, Schuhe trug, die mit Lederriemen zusammengebunden waren. Die »Bundschuh«-Forderungen gingen noch über die des »Pfeiferhänsleins« hinaus: Kein Pfaffe sollte mehr als eine Pfründe besitzen; Zins- und Preiswucher wollte man abschaffen, die Gesetze gerechter machen und die Richter selbst wählen.

Die »Bundschuh«-Verschwörungen wurden immer wieder aufgedeckt, und zwar stets auf die gleiche Weise: Geistliche, die den Bauern die Beichte abnahmen und sie gründlich ausfragten, erfuhren davon und meldeten, unter Verletzung des Beichtgeheimnisses, der Obrigkeit das soeben Erfahrene. Dann wurde der Betreffende verhaftet und so lange gefoltert, bis er alles, was er wußte, preisgab. Das — zumindest vorläufige — Ende waren Massenverhaftungen und -hinrichtungen.

Nur ein »Bundschuh«-Führer, Joß Fritz aus Untergrombach bei Bruchsal, zeigte sich den unerhörten Schwierigkeiten gewachsen, die entstanden, wenn man abergläubische Analphabeten ohne mehr als regionales Zusammengehörigkeitsgefühl und ohne Kontakt zu den Stadtbewohnern in gleicher, erbärmlicher Lage zum Umsturz einer festgefügten Ordnung bewegen wollte, die von Adel, Patriziat, Geistlichkeit, den Fürsten und dem Kaiser mit allen ihnen zur Verfügung stehenden Mitteln verteidigt wurde. Joß Fritz organisierte zwischen 1501 und 1517 eine ganze Reihe von Aufständen, die zwar sämtlich scheiterten und jedesmal ein blutiges Strafgericht zur Folge hatten; aber Joß Fritz gelang es stets, sich selbst und einen Teil der Organisation zu retten und so den revolutionären Funken nicht verlöschen zu lassen. Er entwickelte auch ein politisches Konzept: Alle Fürsten und Adligen sollten entmachtet und enteignet werden; im Bündnis mit den Armen der Städte sollte ein »Reich der Gerechtigkeit« mit einem Volkskaiser an der Spitze geschaffen und darin die wahre Lehre Christi verwirklicht werden.

Joß Fritzens Gedanke, daß Bauern und Städter gemeinsam gegen ihre Ausbeuter kämpfen müßten, setzte sich unabhängig von ihm in Württemberg durch, wo sich 1514 die Bevölkerung gegen den Herzog erhob. Dieser Aufstand des »Armen Konrad«, wie er genannt wurde, war eine kaum organisierte Revolte der Armen in Stadt und Land, die zwar auch bald niedergeschlagen wurde, aber die revolutionäre Stimmung in Württemberg wachhielt.

Auch in zahlreichen Städten außerhalb jener Südwestecke

Deutschlands, in der die Bauernrevolten auf die städtischen Unterschichten übergriffen, kam es um 1500 zu Erhebungen gegen die Herrschenden, so zwischen 1481 und 1491 in Köln, Hamburg, Regensburg, Zittau, Braunschweig, Osnabrück und Rostock, 1509 in Erfurt, zwischen 1512 und 1514 in Duisburg, Aachen, Neuß, Lüttich, Worms, Speyer, Andernach, Göttingen, Höxter, Nordhausen, Pirna, Schwäbisch Hall, Ulm und Regensburg. Meist handelte es sich um reine Kommunalpolitik, Unzufriedenheit der kleinen Handwerker mit dem Ratsregiment der reichen Patrizier und Gerangel um Ratssitze und Steuergerechtigkeit. Häufig siegten die Herrschenden und ließen dann — wie 1483 der Rat von Hamburg den oppositionellen Anführer Henrik von Lohe — die gefährlichsten Aufrührer köpfen. In einigen Fällen waren die Revolten erfolgreich, wie 1513 in Köln — wo der »Bundschuh«-Führer Joß Fritz seine Hand mit im Spiel gehabt haben soll — sowie in Aachen und Neuß. In Köln wurden damals einige Ratsherren und Bürgermeister aus dem Patriziat zum Tode verurteilt und hingerichtet, Reformen zugunsten der ärmeren Handwerker durchgesetzt und die Stadtverfassung geringfügig demokratisiert. Häufig schlossen bei diesen Revolten der städtischen Mittelschichten Zünfte und Gilden eilige Kompromisse mit dem alten Rat, sobald sich die Unterschicht am Aufstand zu beteiligen begann und alle Besitzenden gleichermaßen bedrohte. Außerdem nutzten die Landesfürsten und geistlichen Feudalherren die städtischen Revolten nicht selten dazu aus, der einen oder anderen Seite zu Hilfe zu kommen und dabei selbst die Herrschaft über die aufrührerische Stadt zu übernehmen.

Im ganzen gesehen waren alle diese Aufstände in Stadt und Land jeweils nur von örtlicher Bedeutung, ohne rechten Zusammenhang und ohne klare Ziele. Es fehlte ihnen die beflügelnde Idee, die gemeinsame Führung und jener mächtige Schwung, der nötig ist, um eine in vielen Jahrhunderten gewachsene und mit der Herrschaft vertraute Macht zu brechen.

Ein paar Jahre lang — etwa in der Zeit zwischen dem Sieg der Handwerker in Köln von 1513 und dem badischen Bauernaufstand von 1517 — sah es ganz so aus, als ob alles Aufbegehren vergeblich wäre, weil niemand recht wußte, was man eigentlich wollte. Doch dann bekamen die örtlich verstreuten Revolten in den Augen der Unzufriedenen ganz plötzlich einen Sinn, denn zu Wittenberg hatte jemand, den alle verstanden, der Frechheit der Ablaßprediger Einhalt geboten und von diesem Detail her die Notwendigkeit einer Reform, zunächst der Kirche, an Haupt und Gliedern proklamiert.

Der Einfluß Luthers war ungeheuer groß und von bis dahin noch nie erlebter Wirkung. Seine in den folgenden Jahren herausgegebenen Schriften, *An den christlichen Adel deutscher Nation, Von der babylonischen Gefangenschaft der Kirche* und *Von der Freiheit eines Christenmenschen,* wurden auch vom Volk, das nicht lesen konnte, mit ungeahntem Jubel aufgenommen. Entlaufene Mönche, Studenten, mitunter selbst Ritter, vor allem aber die Dorfkapläne und armen Pfarrer, lasen den Menschen vor, was da ein mutiger Mann zu schreiben gewagt hatte, und erklärten es ihnen.

Und als Luther 1521 vor dem Reichstag zu Worms standhaft geblieben war; als deutlich wurde, daß er mächtige Freunde hatte, die ihm Rückhalt gaben; als der Kaiser sein »Wormser Edikt« erließ — »Wir gebieten allen bei Strafe, daß ihr den Martin Luther nicht hauset, hofet, atzet oder tränket, sondern ihn, wo ihr könnt, gefangen nehmet und an die kaiserliche Majestät sendet. Seine Anhänger soll jedermann niederwerfen und fangen und ihre Güter und Besitz nehmen und für sich behalten. Seine bösen und verführerischen Schriften soll niemand kaufen, verkaufen, lesen, abschreiben und drucken oder drukken lassen, sondern sie vertilgen.« — und dieses nur die gegenteilige Wirkung zeigte, nämlich Luther und seine Schriften noch populärer machte, da war die revolutionäre Stimmung im Lande allgemein. Luther hätte der Führer einer ganzen Nation, die sich ihrer Zusammengehörigkeit erst bewußt zu werden begann, der Befreier der Menschen vom geistlichen und vom weltlichen Feudalismus werden können.

Denn die Bauern und Handwerker, Bergleute und Schiffer, Tagelöhner, Dienstboten, Bettler, entlaufenen Mönche, Studenten, verarmten Ritter, abgemusterten Landsknechte und in den Wäldern versteckt lebenden Flüchtlinge — von Flandern bis zu den in Abhängigkeit von den Ordensrittern gehaltenen Kolonisten in Polen und im Baltikum, von den nordfriesischen Bauern und Fischern bis zu den Hirten der Alpentäler —, sie alle warteten nur auf den erlösenden Aufruf, sich von der Unterdrückung und Ausbeutung zu befreien, ihre geistlichen und adligen Feudalherren zu erschlagen und einen Staat der Gerechtigkeit zu schaffen.

Schon verließen Mönche und Nonnen in Massen die Klöster, Priester heirateten, Städte enteigneten kirchliche Ländereien und nahmen sie in Besitz, und in Zwickau, wo er auf Empfehlung Luthers eine Predigerstelle erhalten hatte, erklärte ein Einunddreißigjähriger, Thomas Müntzer, Sohn eines begüterten Handwerkers aus Stolberg im Harz, ein Mann, der studiert und dessen große Gelehrsamkeit Luther beeindruckt hatte, den kleinstädtischen Tuchmachergesellen, Bergleuten und Dienstboten, daß die Armen auch schon auf Erden ein Recht auf ein besseres Leben hätten und daß sie von den reichen Kaufleuten ausgebeutet würden.

Es tat der Popularität und politischen Wirksamkeit dieses revolutionären Agitators keinen Abbruch, daß ihn die Zwickauer Ratsherren sogleich davonjagten. Im Gegenteil, Müntzers Anhang wuchs, zumal die Leute wußten, daß er ein Freund Martin Luthers war. Als Wanderprediger zog er durch Thüringen und das Vogtland, und wo er hinkam, verkündete er, jetzt wäre die Zeit gekommen, wo die Bösen untergehen und die wahren Christen siegen würden. Die Bösen, erläuterte er, wären die Fürsten, Grafen, Bischöfe, Bürgermeister, kurz, die Reichen und bislang Mächtigen, die Christen hingegen die Armen und Unterdrückten, Ausgebeuteten und Entrechteten.

Man vermag sich kaum vorzustellen, welchen völlig anderen Verlauf die deutsche Geschichte genommen hätte, wären sich Luther und Müntzer damals einig gewesen. Die Reformation hätte nicht allein der Kirche, sondern der ganzen Gesellschaft eine neue Struktur geben können. Doch es ist müßig, sich das auszumalen, denn Luther war mit Müntzers sozialrevolutionären Thesen durchaus nicht einverstanden. Schon 1521, als das Volk in Wittenberg die Kirchen gestürmt, die Heiligenbilder zerstört und die Schätze des Klerus beschlagnahmt hatte, war er eilig angereist gekommen und hatte acht Tage lang den »Bilderstürmern« die Leviten gelesen: Ein wahrer Christ, so erklärte damals schon der Anführer der deutschen Reformation, müsse sich vor Aufruhr und Empörung hüten. Luther, der bei einem der mächtigen, mit einer sanften Kirchenreformation (und Einziehung der Klostergüter durch den Landesherrn) einverstandenen Feudalherren, dem Herzog Friedrich von Sachsen, einen sicheren Unterschlupf gefunden hatte, beobachtete in den folgenden Jahren mit Sorge jede Radikalisierung der unteren Volksschichten. Er ließ den Bürgermeistern der Städte, in denen Thomas Müntzer seine Lehren verkünden wollte, heimliche Warnungen zukommen, und als dann auch noch im Sommer 1524 die Bauern Süddeutschlands einen Aufstand begannen und sich dabei auf Luther beriefen, der doch erklärt hatte: »Ein Christenmensch ist ein freier Herr über alle Dinge und niemandem untertan«, da war der Reformator außer sich. Doch zunächst wetterte er nur gegen Müntzer, die gleichfalls urchristlich-sozialrevolutionäre Sekte der Täufer und andere »himmlische Propheten«, die sich gegen die gottgewollte Ordnung auflehnten.

Thomas Müntzer antwortete mit der Schrift *Hochverursachte Schutzrede,* worin es hieß: » . . . die Grundsuppe des Wuchers, der Dieberei und Räuberei sind unsere Herren. Sie nehmen alle Kreaturen zum Eigentum . . . Darüber lassen sie dann Gottes Gebot ausgehen unter die Armen und sprechen: Gott hat geboten, du sollst nicht stehlen . . . Die Herren machen das selber, daß ihnen der arme Mann feind wird. Die Ursache des Aufruhrs wollen sie nicht wegtun. Wie kann es auf die Länge gut werden? So ich das sage, muß ich aufrührerisch sein!« Müntzers Agitation fiel auf äußerst fruchtbaren, schon aufgebrochenen Boden.

Die Bauern Südwestdeutschlands, deren Aufstände in den Jahren zuvor gescheitert waren, weil ihnen ein größerer Zusammenhang und die zündende Idee gefehlt hatte, erhoben sich gerade in Massen. Sie forderten, daß nicht nur die Klöster aufgelöst, der Gottesdienst in deutscher Sprache abgehalten und andere kirchliche Reformen eingeführt werden sollten, sondern auch die Abschaffung der harten Fron und der übermäßigen Abgaben, die Beseitigung der Adelsburgen, die Rückgabe der von den Feudalherren widerrechtlich in Besitz genommenen Allmende — das heißt: des zur freien Benutzung für alle Gemeindemitglieder gedachten, im Gemeineigentum der Dorfgenossen befindlichen Weide-, Wald- und Ödlands — sowie freies Jagd-, Fischerei- und Holzungsrecht für alle.

Der Aufstand begann im Südschwarzwald mit der Verweigerung aller Fron und Abgaben. Sodann griffen die Bauern zu den Waffen: Sensen, Sicheln, Armbrüsten, Keulen, Äxten, Schmiedehämmern, Spießen und Morgensternen (mit spitzen Stacheln sternförmig besetzte Eisenkugeln, die an der Spitze einer Stange befestigt waren). Sie bildeten militärische Formationen, zunächst den (Boden-)Seehaufen, den Allgäuer Haufen und den Baltringer Haufen, zusammen etwa dreißigtausend Mann stark. Jeder Haufen hatte einen gewählten Feldhauptmann und einen Feldschreiber, war in Fähnlein zu je fünfhundert Kämpfern gegliedert, darunter kriegserprobte ehemalige Landsknechte, die die Bauern lehrten, auch mit richtigen Waffen umzugehen, die man schon bald erbeutete. In den rasch eroberten Adelsburgen und Kleinstädten fielen auch Handfeuerwaffen und Geschütze nebst Munition in die Hände der Aufständischen. Und da die Bedienung der Geschütze noch eine schwierige Kunst war, wurden von den Bauernführern Geschützmeister angeworben, die gegen hohen Sold, Gefahrenzulagen und Trefferprämien zu Artilleristen der Revolution wurden. Das dafür nötige Geld entnahm man den Schatzkammern der eroberten Klöster und Adelssitze.

Die Bauernheere fanden zunächst wenig Widerstand. Die südwestdeutschen Feudalherren, denen der Kaiser keine Hilfstruppen schicken konnte, weil er selbst Krieg gegen Frankreich führte, versuchten durch scheinbares Eingehen auf alle Forderungen der Aufständischen das Schlimmste zu verhüten und vor allem Zeit zu gewinnen. Die Bauern faßten indessen dieses Nachgeben bereits als endgültigen Sieg auf, doch liefen sie im Winter 1524/25 noch nicht auseinander, stellten vielmehr nach langer Diskussion ihre sämtlichen Forderungen in »Zwölf Artikeln« zusammen, die dann gedruckt und im Frühjahr durch Boten in ganz Süddeutschland verbreitet wurden. Die Folge war, daß sich weitere Haufen von Aufständischen bildeten: der Taubertaler, der Bildhäuser und der »helle lichte Haufen« der Nekkartaler und Odenwälder, letzterer angeführt von Jäcklein Rohrbach, einem Leibeigenen aus Böckingen, und Georg Metzler, einem Gastwirt aus Ballenberg. Zum »lichten Haufen« gehörte auch der Ritter Florian Geyer, der markanteste unter den wenigen Adligen, die sich aus echter Sympathie den Aufständischen angeschlossen und deren Ziele ehrlich verfochten.

Der »lichte Haufen«, mit erbeutetem Geschütz und Handfeuerwaffen gut versehen, etwa achttausend Mann stark und glänzend geführt, eroberte rasch einen Adelssitz nach dem andern, zwang die Grafen zur Anerkennung der »Zwölf Artikel« und steckte zahlreiche Klöster in Brand.

Anfang April 1525 erschien der »lichte Haufen« vor der Stadt Weinsberg. Auf der Burg über dieser Stadt hatte Graf Ludwig von Helfenstein, der württembergische Landvogt, der mit einer »natürlichen« (das heißt: unehelichen) Tochter des 1519 verstorbenen Kaisers Maximilian I., »des letzten Ritters«, verheiratet war, mit einer Gruppe von Adligen Quartier bezogen. Er hatte bis dahin mit seiner kleinen, aber schlagkräftigen Schar, einer Art von Bereitschaftspolizei, die Bauern der Umgebung in Schach gehalten, jeden niederstechen lassen, der einem aufständischen Haufen zuziehen wollte und diejenigen, die ihm entschlüpft waren, mit der Drohung, sonst ihre Frauen und Kinder umbringen zu lassen, zur Rückkehr auf die Fronhöfe gezwungen. Schlimmer noch als diese Drohungen selbst empfanden die Bauern den überaus arroganten Ton, in dem sie gehalten waren. Er wirkte vor allem einschüchternd auf die Bürger der Städte, die sich unter dem Druck der Bauernhaufen dem Aufstand nicht immer freiwillig angeschlossen hatten.

Die Bauern hatten deshalb ein starkes Interesse daran, Weinsberg und die Burg einzunehmen, um diese Bastion des Feindes nicht bei ihren weiteren Aktionen im Rücken zu haben. Am Ostermorgen, dem 6. April, forderten zwei Herolde des »hellen, christlichen Haufens« Stadt und Schloß Weinsberg zur Übergabe auf, »wo nit, so bitten wir um Gottes Willen, tut Weib und Kind aus ihr: denn beede, Schloß und Stadt, werden den freyen Knechten zum Stürmen gegeben!« Die Antwort waren Flüche und Schüsse auf die — nach damaligem Kriegsbrauch unverletzlichen — Herolde, worauf die Bauern den Angriff begannen und die ganze Besatzung der Burg, etwa achtzig Ritter mit ihren Knechten, entweder im Kampf töteten oder gefangennahmen, die Stadt Weinsberg besetzten und entwaffneten.

Danach beratschlagten sie, was mit den Gefangenen geschehen sollte. Man beschloß, die etwa fünfzehn Adligen, die mit Graf Helfenstein den Kampf überlebt hatten, aus Sicherheitsgründen unverzüglich zu töten, denn der Haufen mußte weiterziehen, und es gab keinen sicheren Gewahrsam, aus dem die Gefangenen, immerhin die höchsten Führer der gegnerischen Truppe, nicht hätten entfliehen oder befreit werden können. Darüber hinaus, so beschlossen die Bauern, galt es ein Exempel zu statuieren, das seine Wirkung nicht verfehlen und ihnen viele Anstrengungen und Kämpfe ersparen würde: Der Graf und seine Ritter sollten auf schimpfliche Weise hingerichtet, nämlich durch die Spieße gejagt werden.

Die Gräfin Helfenstein fuhr man mit ihren Kindern auf einem Mistwagen nach Heilbronn, der nächsten, noch nicht mit den Bauern verbündeten Stadt.

Diese Geschehnisse in Weinsberg zu Ostern 1525 hatten sehr erhebliche, für den Verlauf der beginnenden ersten deutschen Revolution entscheidende Auswirkungen (weshalb sie auch so ausführlich geschildert wurden; außerdem, so werden wir noch feststellen müssen, finden sich in der späteren deutschen Geschichte bemerkenswerte Parallelen, sowohl zum Vorgang selbst wie zu seinen Folgen. Zusammen bilden Weinsberg und was sich in ganz ähnlicher Weise Jahrhunderte nachher ereignet hat, einen der Schlüssel zum Verständnis der deutschen Geschichte).

Zunächst erreichten die Bauern mit ihren wohlüberlegten, nicht nur augenblicklichen Rachegelüsten entsprungenen revolutionären Maßnahmen genau das, was sie beabsichtigt hatten: Erschrocken nahm der ganze Adel vom Odenwald bis an die Grenze Schwabens die »Zwölf Artikel« an. Heilbronn und eine ganze Reihe weiterer Städte ergaben sich kampflos.

Dies geschah unter dem Eindruck dessen, was man die »Schreckenstat von Weinsberg« nannte. Deren Schrecklichkeit sahen die Herrschenden und das Besitzbürgertum jedoch nicht etwa in der Tötung des Grafen und seiner adligen Kumpane; sie wären auch nicht auf den Gedanken gekommen, die Mißhandlung des Grafen Helfenstein mit den barbarischen Foltern und Hinrichtungen zu vergleichen, die er und seinesgleichen bislang an den Bauern hatten vollziehen lassen. Was die Herrschenden und Besitzenden bis hinab zum Kleinbürgertum und der etwas begüterten Bauernschaft an den Vorkommnissen von Weinsberg so erschreckte, war nur der Schimpf und die das ganze Gesellschaftssystem infragestellende Respektlosigkeit, die »nichtswürdiges Bauerngesindel«, bloße Knechte und eben erst der Peitsche entlaufene Leibeigene einem Grafen von »edelstem Geblüt«, der zugleich die höchste Polizeigewalt im Land verkörperte, einer »hochedelachtbaren« (wenn auch nicht legitimen) Kaisertochter und anderthalb Dutzend hohen Herren von altem Adel dreist bezeigt hatten.

Und dieser Schrecken, der allen »ordentlichen« Leuten die Knie zittern ließ und fast den Atem raubte, vergrößerte sich noch, als in zahlreichen Städten das »Lumpenpack« und »die Gosse«, aber auch viele bis dahin »recht brave« Leute, ihre Sympathie mit den Aufständischen bekundeten, vom Klerus Verzicht auf dessen Steuer- und Gerichtsprivilegien, vom Rat eine Demokratisierung des städtischen Regiments und die Verteilung des von Geistlichkeit und Patriziat zusammengerafften Reichtums verlangten.

Anderswo, beispielsweise in Trier, stellte sich der Rat der Stadt selbst an die Spitze der Bewegung. In Mainz forderte die gesamte Bürgerschaft ihre reichsstädtischen Rechte vom Erzbischof zurück. Vor allem aber breitete sich die Revolution jetzt immer weiter aus: Von Franken über den Thüringer Wald bis zum Harz hin gerieten die Massen — nicht zuletzt unter dem Einfluß von Thomas Müntzer — in Bewegung.

Das war nur die eine, vom revolutionären Standpunkt aus positive Folge der »Schreckenstat von Weinsberg«; die andere wirkte sich in genau entgegengesetzter Richtung aus: Unter dem Eindruck, daß die Aufständischen nicht mehr bloß eine Verbesserung ihrer Lage forderten, sondern die ganze Gesellschaftsordnung in Frage stellten, vergaßen die papsttreuen Feudalherren und die adligen Anhänger der Reformation zunächst ihre konfessionellen Gegensätze, denn nun ging es ja um gemeinsame Interessen, nämlich die Aufrechterhaltung des Systems und die Rettung nicht nur der eigenen Vorrechte, sondern auch des nackten Lebens.

Luther, der doch selbst die Bauern zunächst ermuntert und ihrer Aufstandsbewegung erst den rechten Schwung gegeben hatte, wandelte sich nun zu einem entschiedenen Gegner der Revolution. Nachdem er — wenige Tage nach der »Weinsberger Schreckenstat« — im Harz vergeblich versucht hatte, einen Haufen aufständischer Bauern, der schon zahlreiche Klöster niedergebrannt hatte, zur Ordnung zu rufen, dabei aber kräftig verhöhnt und sogar tätlich bedroht worden war, wandte er sich nun eilig und mit der ihm eigenen Vehemenz »wider die räuberischen und mörderischen Rotten der Bauern«. Die so betitelte Schrift Martin Luthers vom Mai 1525 gipfelte in der Forderung, die rechtmäßige Obrigkeit solle nun »mit gutem Gewissen dreinschlagen« und die »treulosen, meineidigen, ungehorsamen, aufrührerischen Mörder, Räuber und Gotteslästerer« hart und erbarmungslos strafen. Ja, es wäre hohe Zeit, daß die aufständischen Bauern »erwürgt werden wie die tollen Hunde«.

Dieser Wandel des Reformators vom sanften Befürworter zum blindwütigen Gegner der Bauernerhebung, die zu diesem Zeitpunkt noch alle Aussicht hatte, sich zu einer ganz Deutschland verändernden Revolution auszuweiten, kostete Luther zwar viele Sympathien bei den unteren Volksschichten auf dem Lande, aber auch in den Städten und bei den revolutionär gesinnten Studenten und Professoren. Aber sein energisches Auftreten gegen die Aufständischen trug andererseits erheblich dazu bei, daß sich die Revolution nicht weiter nach Nord- und Ostdeutschland hin ausbreiten konnte. Jetzt gingen auch, von Luther ermuntert, diejenigen Fürsten, die sich bislang vorsichtig zurückgehalten hatten, zu scharfen Sicherheitsmaßnahmen in ihren Herrschaftsbereichen und bald auch zum Kampf gegen die Bauern Südwestdeutschlands und Thüringens über.

War dies der evangelische Beitrag zur Konterrevolution, so löste die »Schreckenstat von Weinsberg« auch im katholischen Lager heftige Reaktionen aus. Die Feudalherren Süddeutschlands, die steinreichen Patrizier der Großstädte und der hohe Klerus stellten alle internen Zwistigkeiten und sogar die Auseinandersetzung mit der Reformation für eine Weile zurück und konzentrierten ihre Kräfte auf die Niederschlagung der radikalen Haufen.

Zum Kriegführen ist vor allem Geld nötig, und dieses stellten die Reichsten ihrer Zeit, die Augsburger Fugger, zur Verfügung. Das Heer des Schwäbischen Bundes, die einzige verfügbare Truppe unter dem Befehl des Truchseß Georg von Waldburg, wurde eilig aus dem Südschwarzwaldgebiet abgezogen und gegen die Urheber der »Weinsberger Schreckenstat« in Marsch gesetzt. Damit war das Schicksal der Revolution, obwohl sie zu dieser Zeit noch überall siegreich war, bereits besiegelt.

Der Truchseß von Waldburg, den man bald den »Bauernjörg« nannte, zeichnete sich nicht allein durch militärisches Führertalent aus, sondern auch durch Geschmeidigkeit im Verhandeln, durch Beherrschung von Hinhaltetaktiken, durch die Fähigkeit zu skrupellosem Verrat, Geschicklichkeit im Einsatz von Spitzeln, kalte Grausamkeit und zügellose Habgier. Und er hatte den Ehrgeiz, selbst ein Feudalherr großen Stils zu werden.

In den folgenden Monaten und Jahren schlug der »Bauernjörg« einen Bauernhaufen nach dem anderen, die ersten durch eine einfache List, indem er das Vertrauen der Aufständischen in sein »Edelmannswort« mißbrauchte: Er versprach den Bauernhaufen des Allgäus und Bodenseegebiets, ihre Forderungen zu erfüllen, wenn sie die Waffen ablegten und wieder in ihre Dörfer zurückgingen. Danach überfiel er mit seiner Truppe ein Dörfchen nach dem anderen und ließ die wehrlosen Bewohner niedermetzeln. Anschließend zog der Truchseß von Waldburg mit seinen Reisigen nach Franken und stellte auch dort »Ruhe und Ordnung« wieder her; die Stadt Weinsberg wurde geplündert und niedergebrannt; den radikalen Bauernführer Jäcklein Rohrbach ließ der »Bauernjörg« lebendig verbrennen.

Inzwischen hatten der Landgraf Philipp von Hessen und der

Herzog Georg von Sachsen mit ihren Truppen das thüringische Aufstandsgebiet »befriedet«. Der Kurfürst von Sachsen, von Luther heftig dazu gedrängt, war mit seinen »Polizeieinheiten« dazugestoßen, und gemeinsam hatte das Heer der Feudalherren, während die Führung mit den Aufständischen noch Scheinverhandlungen führte, deren Hauptquartier, das Städtchen Frankenhausen, völlig umzingelt, auf die überraschte Bauernschaft und Bürgerschaft ein heftiges Artilleriefeuer eröffnet und die Stadt im Sturm genommen. Fast alle Menschen in Frankenhausen, ob am Aufstand beteiligt oder nicht, wurden niedergemetzelt. Thomas Müntzer, das geistige Oberhaupt der ganzen mitteldeutschen Aufstandsbewegung, wurde lebend gefangengenommen, auf das Schloß des Grafen Mansfeld gebracht, dort noch zwölf Tage lang überaus grausam gefoltert und dann bei Mühlhausen öffentlich hingerichtet.

Nach diesen furchtbaren Niederlagen und dem Verlust aller bedeutenden Führer brach der große Bauernaufstand, dem sich auch viele Stadtbewohner angeschlossen hatten, bald völlig zusammen. Aber das »Strafgericht«, das der »Bauernjörg« und die übrigen Feudalherren nun abhielten, dauerte noch jahrelang, und es flossen Ströme von Blut.

Es kam den Herrschenden darauf an, das Volk so einzuschüchtern, daß es sich niemals wieder gegen sie erheben würde. Und es waren — neben dem Truchseß von Waldburg, der zum Lohn für die Rettung des Herrschaftssystems in den Grafenstand erhoben und dessen Grundbesitz durch eingezogenes Bauernland gewaltig vergrößert wurde — vor allem diejenigen Adligen, die sich anfangs am meisten vor den Bauern und Stadtarmen gedemütigt hatten, um möglichst viel von ihrer Herrlichkeit zu retten, welche nun durch äußerste Härte ihre frühere Haltung vergessen machen wollten: Zu ihnen gehörten die Grafen von Löwenstein, von Oettingen und von Hohenlohe, die Herren von Guttenberg sowie der Schenk von Erbach, der für sein wackeres »Strafen« der Bauern bald auch Graf wurde. Dem Augsburger Bankier Fugger — er wurde wenig später auch in den Grafenstand erhoben — war das mit seinem Kredit durchgeführte Massaker an den nun wehrlosen Bauern noch nicht genug. Als er hörte, daß man »erst« fünfzigtausend Bauern abgeschlachtet hätte, meinte er, »wa oder wölche ort man nit haufen erschlagen hat, da sind sy noch nicht gar gutt cristen«.

Der zeitgenössische Berner Chronist Valerius Anshelm

schätzte die Gesamtzahl der Toten unter den Aufständischen Südwestdeutschlands auf 130000, und damit dürfte er der Wahrheit ziemlich nahe gekommen sein. Die meisten Bauern und Bürger wurden erst abgeschlachtet, nachdem sie den Kampf eingestellt und sich ergeben hatten. Hie und da forderte der Truchseß von Waldburg für die Gefangenen zunächst einmal ein hohes Lösegeld, und wenn er es erhalten hatte, ließ er sie dennoch nicht am Leben. Oder er zeigte sich »gnädig«, indem er die Männer, die von ihren Familien freigekauft worden waren, nicht töten, wohl aber auf barbarische Weise verstümmeln ließ.

Sehr groß, so berichtet ein anderer Chronist, war die Anzahl der verhungerten und erfrorenen Frauen und Kinder, was damit erklärt wird, daß » . . . an etlichen orten in ful meylen kain hauss mer gestanden, alles verprent und verderbt«.

Der Truchseß von Waldburg hatte gründliche Arbeit geleistet, und wie das im einzelnen vor sich gegangen war, ist den Rechnungen zu entnehmen, die die Henker ihm oder auch anderen Feudalherren zugehen ließen. Meister Augustin, der Scharfrichter von Kitzingen, liquidierte beispielsweise für 80 Enthauptungen sowie für die »Arbeit« an 69 weiteren Aufrührern, denen er auftragsgemäß die Augen ausgestochen und die Finger abgehauen hatte. Ebenfalls zu Kitzingen wurden, einer anderen Rechnung zufolge, »Donnerstags nach Pfingsten 5 (Bürgern) von Burg-Bernheim die Köpffe abgeschlagen, Freytags hernach 62 Männern die Augen ausgestochen, dann Samstag darauf noch 4 die Köpfe abgeschlagen und 1 die Augen ausgestochen . . .« Diese — noch keineswegs vollständige — Liste von Strafen an einem einzigen Ort Frankens läßt einen ahnen, was im ganzen Land im Laufe von zwei Jahren unerbittlichen »Strafens« vor sich ging.

Es bedarf kaum der Erwähnung, daß auch alle übrigen von der großen Erhebung in Südwestdeutschland, Franken und Thüringen ausgelösten Aufstände in der Schweiz, im Elsaß, in Tirol, Salzburg und Kärnten sowie im weit nordöstlich gelegenen Land des Deutschen Ritterordens samt und sonders den gleichen Verlauf nahmen wie die gescheiterte Revolution im Südwesten. Und auch der Versuch der »Wiedertäufer«, im westfälischen Münster eine religiös-kommunistische Republik zu errichten, endete mit dem vollständigen Sieg des bischöflichen Feudalherrn, eines Grafen von Waldeck, der an den Besiegten ähnlich grausame Rache nahm wie der »Bauernjörg«

von Waldburg in Franken und Schwaben. Kurz, der Feudalismus siegte auf der ganzen Linie, und er erreichte auch sein Ziel: Von da an gab es in Deutschland drei Jahrhunderte lang so gut wie keinen größeren Aufstand mehr; die Rebellionen hatten fortan nur noch lokale Bedeutung.

Und noch ein ganz anderes Ergebnis der gescheiterten Revolution des frühen 16. Jahrhunderts sei hier kurz erwähnt: Die Erben des »Bauernjörg«, die Fürsten von Waldburg zu Zeil und Trauchburg sowie die Fürsten von Waldburg zu Wolfegg und Waldsee sind bis auf den heutigen Tag die reichsten Großgrundbesitzer jener Gegend, in der die erste deutsche Revolution begann und wo die gepanzerten Reiter des Truchseß von Waldburg einst Dorf um Dorf niederbrannten, die Bewohner erschlugen, ihr Land raubten und die noch arbeitsfähigen Männer als blinde, vor der Peitsche ihrer Antreiber zitternde Arbeitssklaven auf die Fronhöfe ihres Chefs trieben, der sich mit Buß- und Lösegeldern überreichlich die Taschen gefüllt hatte. Natürlich sind die Waldburger nicht die einzigen Feudalherren aus der Zeit der gescheiterten deutschen Revolution, deren unermeßlicher, von ihren Untertanen erarbeiteter Reichtum sich bis in die bundesdeutsche Gegenwart hinein erhalten hat. Allein die heutigen Erben der im Zusammenhang mit dem Bauernaufstand und seiner Niederschlagung namentlich erwähnten aristokratischen Familien Löwenstein, Oettingen, Erbach, Waldeck und Waldburg — um fünf von mehreren hundert möglichen Beispielen herauszugreifen — verfügen gegenwärtig über zusammen rund achthundert Millionen Quadratmeter bundesdeutschen Bodens, von ihren sonstigen Reichtümern — Schlössern, Kunstschätzen, Industrie- und Bankbeteiligungen sowie Auslandsbesitz — ganz zu schweigen.

Allein dieser Umstand sollte uns nachdenklich stimmen und zumindest eine Teilantwort auf die Frage ermöglichen, ob und wann der mittelalterliche Feudalismus bei uns zu Ende gegangen ist.

Der Aufstand der Weber

Der schlesische Weberaufstand von 1844 hat das deutsche Bildungsbürgertum, vor allem Preußens, aus seinen romantischen Träumen gerissen und sein soziales Gewissen, wenn auch nicht seinen politischen Verstand, mindestens vorübergehend wachzurütteln vermocht. Wie kaum ein zweites Ereignis der ersten Hälfte des 19. Jahrhunderts hat die Revolte von 1844 jene deutschen Intellektuellen beeinflußt, die im darauffolgenden Vierteljahrhundert die deutsche Arbeiterbewegung theoretisch begründeten, anführten oder als Dichter und Sänger begleiteten.

An dieser historischen Bedeutung der Ereignisse zwischen dem 3. und 6. Juni 1844 ändert auch die Tatsache nichts, daß es sich dabei weder um die erste noch um eine besonders umfangreiche oder außergewöhnlich brutal niedergeschlagene Aufstandsbewegung von Heimarbeitern der schlesischen Textilindustrie gehandelt hat. Schon 1785/86, dann mit besonderer Heftigkeit im Jahre 1793 und nochmals 1798 hatte es größere Weberaufstände gegeben als 1844 in Peterswaldau und Langenbielau. Und mit welcher Brutalität beispielsweise die 1793 in der ganzen schlesischen Textilindustrie aufgeflammte revolutionäre Bewegung niedergeworfen worden ist, läßt sich aus der schriftlichen Anweisung des — hauptsächlich wegen seines Mystizismus und seiner vielen Mätressen berühmten — Preußenkönigs Friedrich Wilhelm II. an seinen Minister, den jüngeren Danckelmann, ersehen. Der König befahl seinerzeit, den Weberaufstand rücksichtslos zu unterdrücken, »auch die Rädelsführer ohne alle prozeßualische Förmlichkeit zu Spitzruthen und Vestung zu condemniren oder sie auch wohl des nötigen Eindrucks wegen mit der Strafe des Stranges zu belegen...«. Ganze Dorfschaften mußten damals Spießruten laufen, wobei viele der halbverhungerten Weber den schweren Verletzungen erlagen, und Hunderte wurden auf die Festungen verschleppt und an die Karren geschmiedet. Aber die Aufstandsbewegung von 1793 ist nahezu vergessen, ebenso die acht Jahre zuvor im Waldenburgischen und die fünf Jahre später in der Breslauer Region. Dagegen hat die Revolte von 1844 in der zeitgenössischen Publizistik und Dichtung sowie in der späteren Literatur und bildenden Kunst einen so starken Widerhall gefunden, daß sie zu einem festen Bestandteil der Geschichte — für manche gar zum Ausgangspunkt — der deutschen Arbeiterbewegung geworden ist. Dafür haben nicht nur Bettina von Arnim und Wilhelm Wolff, Heinrich Heine und Karl Marx, sondern auch Gerhart Hauptmann und Käthe Kollwitz gesorgt, um nur einige der Bekanntesten zu nennen.

An der historischen Bedeutung des Aufstandes der schlesischen Weber von 1844 ändert auch die Tatsache nichts, daß diese Revolte sowohl hinsichtlich ihrer tieferen Ursachen als auch, was die Mittel zu deren Beseitigung anging, recht unterschiedlich, aber fast durchweg falsch, allenfalls bedingt richtig, eingeschätzt wurde.

Entgegen späterer Meinung war der Aufstand von Peterswaldau und Langenbielau weder der Vorbote der Revolution von 1848, noch hatten die schlesischen Weber bereits klare politische Zielvorstellungen. Es war vielmehr ein Ausbruch wilder, hoffnungsloser Verzweiflung, hervorgerufen durch ein Elend, von dem sich heutzutage keiner mehr eine rechte Vorstellung zu machen vermag.

»Oft waren sie dem Hungertode nahe und erhielten sich nur, indem sie die gefallenen Tiere aus der Schindergrube holten und verzehrten oder statt des Brots ein Gebäck aus Moos aßen«, heißt es dazu in Lujo Brentanos aufschlußreicher Arbeit »Die feudale Grundlage der schlesischen Leinenindustrie«, enthalten in seinem Buch *Alte und neue Feudalität. Gesammelte Aufsätze zur Erbrechtspolitik*, das 1924 in 2. Auflage in Leipzig erschienen ist. Ergänzend sei hinzugefügt, daß vor dem Hunger der schlesischen Weber kein Hund, keine Katze und kein Vogel sicher war; daß bei ihnen die Säuglingssterblichkeit weit höher, die Lebenserwartung erheblich niedriger war als bei irgendeiner anderen Gruppe in Mitteleuropa; daß es bei ihnen ebenso Alkoholismus und pietistische Frömmelei gab wie beim Wuppertaler Proletariat, und daß sie meist an »Auszehrung« starben, wenn man den Kirchenbüchern glauben darf.

Nun waren aber Hunger und Elend damals nichts Außergewöhnliches; anderswo in Preußen, zum Beispiel in den Slums vor den Toren Berlins, in der Textilindustrie des Bergischen Landes oder auch in den armseligen Wohnlöchern der Landarbeiter auf den ostelbischen Rittergütern herrschten ähnliche Verhältnisse. Doch nur bei den schlesischen Webern gab es jene heftigen Ausbrüche der Wut und Verzweiflung wie 1844 in den überfüllten Heimarbeitersiedlungen des niederschlesischen Kreises Reichenbach am Ostfuß des Eulengebirges. Die Weber Preußisch-Schlesiens waren aber nicht etwa von ihrer Veranlagung her rebellischer, weniger geduldig, in geringerem Maße leidensfähig oder von Natur aus anspruchsvoller als andere Pauperisierte dieser Jahre. Vielmehr war ihr Elend schlicht noch größer als das der anderen.

Der Grund für diese übergroße Not eines Berufszweiges in einer Provinz lag darin, daß die Textilheimarbeiter der preußischen Regierungsbezirke Schlesiens das Unglück hatten, schon unter das Joch kapitalistischer Ausbeutung geraten zu sein, noch ehe sie von den Plagen feudalistischer Ausbeutung befreit worden waren; das *doppelte* Joch, das die schlesischen Weber jahrzehntelang zu tragen hatten, war einfach zu schwer für sie geworden.

1740 war der preußische König Friedrich II. mit seiner Armee in die österreichische Provinz Schlesien eingefallen, hatte sie annektiert, und seither war das Land preußisch. Die neuen Untertanen des »Philosophen von Sanssouci« hatten infolgedessen keinen Anteil mehr an den josefinischen Reformen; sie blieben unfreie, erbuntertänige, an die Scholle gefesselte Häusler ihrer adligen Grundherren, gehörten zum lebenden Inventar der großen Güter und mußten dafür, daß sie dort leben durften, Abgaben leisten. Lujo Brentano hat eindrucksvoll nachgewiesen, daß nur Freiheit die schlesischen Textilheimarbeiter befähigt hätte, den Wettbewerb mit den Leinenwebern der fortschrittlicheren Nachbarländer auszuhalten. Aber — so Brentano — »es bestand kein anderer Antrieb zur Arbeit außer dem Zwang: Hunger und barbarische Strafen ... Aber weder Karre noch Stock, Halseisen oder Zuchthaus vermochten die Schlechtigkeit der schlesischen Gespinste zu bessern ...« Nur bessere Werkzeuge hätten um 1760 die Qualität und damit die Verkäuflichkeit des schlesischen Leinens steigern können. Doch die durch die unvermindert harte feudalistische Ausbeutung völlig verarmten schlesischen Weber blieben dazu verdammt, auf ewig mit der veralteten Handspindel zu schuften. Und da sie am Markt mit ihren Erzeugnissen nicht mehr konkurrenzfähig waren, versuchten sie, durch Quantität wettzumachen, was die Qualität nicht einbrachte. Das wiederum führte zu noch längeren Arbeitszeiten, schließlich auch für die Kinder, wobei die Qualität weiter sank. Bald lief nicht nur die böhmische, sondern sogar die irische Leinenweberei der schlesischen den Rang ab. Verglichen mit dem preußischen Schlesien war sogar das von England geknechtete Irland ein freies Land. Brentano zeigt, daß dort — wie auch in den noch österreichischen Teilen Schlesiens — die

Leinenweber schon zu Zeiten Friedrichs II. von der Erbuntertänigkeit befreit wurden; daß sie sich etwas ersparen, ihr Werkzeug modernisieren und konkurrenzfähig bleiben oder, wenn sie das nicht vermochten, als letzten Ausweg das Land verlassen konnten, wie jene Iren, die zu Hunderttausenden nach Amerika auswanderten. Alles das konnten die Weber Preußisch-Schlesiens nicht.

Dort suchte Friedrich II., von Historikern häufig »der Große« genannt, mit wahrhaft königlicher Verblendung nach anderen Heilmitteln: Er ließ immer mehr Weber immer härter zur Arbeit antreiben. Und den Kaufleuten, die sich weigerten, die minderwertigen Erzeugnisse abzunehmen, drohte er mit Festungsstrafe und legte dem einen oder anderen gelegentlich zur Abschreckung »Policey-Bereuter« ins Haus. Mit solchen Dragonaden konnte er zwar vorübergehend die größte Not der Weber lindern, aber die den Händlern aufgezwungene Ware wurde davon nicht verkäuflicher. »Das einzige, was hätte geschehen können, um die Leinenweberei zur Blüte zu bringen, die Beseitigung der Unfreiheit, wurde nicht in Angriff genommen«, stellt Brentano dazu fest.

Nach dem Zusammenbruch des friderizianischen Staats als Folge der Französischen Revolution und der Vernichtung der preußischen Armee durch die Truppen Napoleons sollten nach dem Willen des Freiherrn vom Stein auch die schlesischen Leinenweber wie die preußischen Bauern endlich befreit werden. Aber Friedrich II. hatte in ganz Ostelbien und auch im eroberten Schlesien dafür gesorgt, daß selbst ein Vierteljahrhundert nach seinem Tod an der Macht der Grundherren kaum etwas geändert werden konnte. Die schlesischen Gutsbesitzer verstanden es, die Weber in der alten Sklaverei festzuhalten. Die »Befreiung« bedeutete nur die Freiheit zu noch schwererer Bedrükkung durch die Feudalherren, zu der allmählich die zusätzliche Ausbeutung durch die »Verleger« kam. Diese Unternehmer nutzten die neue Gewerbefreiheit, die Weber auch ihrerseits auszubeuten — durch Überlassung von Werkzeug und Rohmaterial zu überhöhten, aber gestundeten Preisen und Abnahme der fertigen Ware weit unter Wert. Binnen kurzer Zeit standen neben den elenden Hütten der Weber und den Schlössern ihrer adligen Herren die luxuriösen Villen der Fabrik- und Handelsherren Zwanziger, Dierig und anderer.

Das frühe Berliner Industrieproletariat von 1844 war aus junkerlicher Ausbeutung geflüchtet und nun dem Kapitalismus ausgeliefert; die Landarbeiter und gutsabhängigen Bauern im ostelbischen Preußen ächzten noch unter dem Joch feudalistischer Ausbeutung, die sich gerade erst auf kapitalistische Methoden umzustellen begann. Die schlesischen Weber aber litten noch immer unter feudalistischer und dazu bereits unter kapitalistischer Fron. Und es gab für sie keinen Schimmer von Hoffnung, daß sich an dieser doppelten Versklavung jemals etwas ändern würde.

Tatsächlich dauerte die Not der schlesischen Weber bis in die vierziger Jahre des 20. Jahrhunderts; noch 1936 wurde von der Hitler-Diktatur ihretwegen eine »Verordnung über das Schlachten von Hunden« erlassen, so groß waren das Elend und der Hunger der schlesischen Weber noch immer! Auch der Reichtum ihrer Ausbeuter hat die Zeiten überdauert, wenngleich nicht in Schlesien; die Chr. Dierig AG, beispielsweise, gegründet 1805 in Oberlangenbielau, hat heute ihren Sitz in Augsburg und einen Jahresumsatz von etlichen hundert Millionen Mark. Der Aufstand der Langenbielauer Weber vom 5. Juni 1844 gehört indessen nicht zu den Jubiläen, die das nach Bayern emigrierte Familienunternehmen zu feiern pflegt.

5.

WIDERSTAND GEGEN DIE OBRIGKEIT — DEUTSCHE RADIKALE

Die Romantiker und die Revolution — Jacoby, Freiligrath und einige andere

Wenn zur Radikalität auch der Wille gehört, einer als vernunftwidrig und rückschrittlich erkannten Diktatur Widerstand zu leisten, so müssen die deutschen Juden als die frühesten Radikalen gelten. Und wenn der Feudalismus vom Bürgertum bekämpft und schließlich überwunden wurde, so waren unter den Juden zweifellos die ersten Bürger hierzulande, die sich nicht dem Joch der mit den Feudalherren verbündeten christlichen Amtskirche beugten und lieber harte Bedrückung, oftmals den Tod, auf sich nahmen, als sich »bekehren« zu lassen.

Zwar hatten sie in den Jahrhunderten ihrer blutigen Verfolgung und gesellschaftlichen Isolierung mancherlei gruppenspezifische Eigenarten entwickelt, darunter einen häufiger als bei anderen religiösen Minderheiten auftretenden scharfen Intellekt und eine Neigung zur Ironie, auch zur Selbstverspottung. Aber gerade diese Eigenschaften halfen ihnen auch, sich unerhört rasch dem erwachenden Selbstbewußtsein des deutschen Bürgertums christlicher Herkunft anzupassen. Und nun, da sie wegen ihrer Religion nicht mehr blutig unterdrückt und verfemt, sondern nur noch von den reaktionären Regierungen zurückgesetzt und in der Ausübung ihrer staatsbürgerlichen Rechte schikanös behindert, von ihren ebenfalls noch um politische Mündigkeit kämpfenden christlichen Mitbürgern dagegen zunehmend als gleichberechtigt angesehen wurden, gaben viele deutsche Juden den Glauben ihrer Väter, an den sie sich innerlich kaum mehr gebunden fühlten, freiwillig auf. Manche, wie Heinrich Heine und Ludwig Börne, ließen sich taufen; andere blieben nur formal und aus Solidarität noch Juden, nahmen aber am religiösen Leben ihrer Gemeinde nicht mehr teil. Doch auch diejenigen, die strikt am Judentum festhielten, suchten und fanden nun rasch den so lange entbehrten Anschluß an das deutsche Bürgertum, an die geistigen Strömungen der Zeit und an den verstärkten Kampf um nationale Einheit und Freiheit.

An den Befreiungskriegen der Jahre 1813—1815 nahmen

etwa dreimal mehr jüdische Freiwillige teil, als es nach dem zahlenmäßigen Verhältnis der Juden zur Gesamtbevölkerung zu erwarten gewesen wäre. Sie kämpften mit in Lützows Freikorps — wie beispielsweise der Maler Philipp Veit, ein Enkel Moses Mendelssohns —, avancierten in mindestens zwanzig bekannten Fällen »wegen besonderer Bravour« zu Offizieren, selbst bei den exklusivsten Regimentern — wie der bei Groß-Görschen gefallene Leutnant beim preußischen Garde-Jägerbataillon Meyer Hilsbach aus Breslau —, wurden in vielen namentlich bekannten Fällen mit dem Eisernen Kreuz ausgezeichnet, einer sogar, nämlich der Kriegskommissar im Stabe Blüchers, Simon Kremser, mit dem höchsten Tapferkeitsorden, dem Pour le mérite, und stiegen vereinzelt — wie der als »Juden-Major« bekannt gewordene Meno Burg — selbst in Stabsoffiziersrang auf.

Die Verschmelzung des jüdischen Bürgertums mit dem nichtjüdischen, gerade in Preußen und besonders in der »Zeit der Erneuerung« nach dem Tilsiter Frieden von 1807, spielte sich indessen nicht nur auf den Schlachtfeldern ab. Der geistige Einfluß, den zumal jüdische Frauen damals nahmen, war noch bedeutsamer: Bei »der Rahel« Levin, die den preußischen Diplomaten und Historiker Karl August Varnhagen von Ense geheiratet hatte, fanden sich die Brüder Humboldt ebenso ein wie die Brüder Schlegel, wie Fichte, Kleist, Chamisso, Jean Paul und viele andere. Zu den Verehrern »der Rahel« zählte auch der junge Prinz Louis Ferdinand von Preußen, der dann 1806 bei Saalfeld fiel. Doch die eigentliche Bedeutung des Salons der Rahel Varnhagen lag darin, daß sich von dort aus erst das Verständnis für das literarische Werk Johann Wolfgang Goethes verbreitete und jener Goethe-Kult entstand, der aus dem anfangs gar nicht so populären Dichter den auch vom gebildeten Bürgertum anerkannten Olympier machte.

Auch der Salon der schönen Berliner Jüdin Henriette Herz verdient hier Erwähnung. Ihr zärtlicher Seelenfreund war Friedrich Schleiermacher; die Brüder Humboldt bewiesen ihr lebenslange Anhänglichkeit, und was ihre sehr aufgeklärten Zirkel betrifft, so ist es nicht übertrieben, »daß es damals keinen Mann und keine Frau gab, die sich später irgendwie auszeichneten, welche nicht längere oder kürzere Zeit, je nachdem es ihre Lebensstellung erlaubte, diesen Kreisen angehört hätten«.

Und Dorothea, die Lieblingstochter Moses Mendelssohns, wurde nicht nur die Inspiratorin einer ganzen Malerschule, der

»Nazarener«; vielmehr war Dorothea, deren Romane, Liedersammlungen und Übersetzungen dann Friedrich Schlegel, mit dem sie in zweiter Ehe verheiratet war, unter seinem Namen veröffentlichte, auch die Mitbegründerin der romantischen Schule in der deutschen Literatur.

Noch eine vierte preußische Jüdin jener Zeit muß hier genannt werden: Fanny Lewald, 1811 in Königsberg geboren, die Schöpferin des deutschen Frauenromans, die aber auch eine entschiedene Demokratin und mutige Vorkämpferin der Frauenemanzipation war. Und mit ihr, die sich später mit dem — nichtjüdischen — Schriftsteller Adolf Stahr verheiratete und deren jüdische Vettern Heinrich Simon und Eduard Simson von 1848 an als liberale Wortführer eine politische Rolle spielten, sind wir wieder bei den deutschen Radikalen jüdischer Herkunft und bei dem Paradebeispiel für den erstaunlichen Wandel, den das deutsche Judentum binnen weniger Jahrzehnte vollzogen hatte: bei dem Königsberger Arzt Johann Jacoby, mit dem Fanny Lewald lebenslang eng befreundet war und der durch sie auch Adolf Stahr, obwohl dieser — so seine Frau — »Juden eigentlich nicht mochte«, zum Freund und Bewunderer gewann.

Johann Jacoby, am 1. Mai 1805 in Königsberg geboren, erhielt seinen Familiennamen erst 1812, als den Juden im Königreich Preußen die — nach dem Sturz Napoléons schon bald wieder eingeschränkten — staatsbürgerlichen Rechte zumindest formell zugestanden wurden und sie sich registrieren lassen mußten; zuvor hatte er Jonas ben Gerson geheißen. Nach dem Besuch des Gymnasiums und der Universität seiner Heimatstadt ließ sich Jacoby dort Ende 1828 als Arzt nieder. Er hatte bald eine erfolgreiche Praxis und begann früh damit, sich auch politisch zu engagieren. »Wie ich selbst Jude und Deutscher zugleich bin, so kann in mir der Jude nicht frei werden ohne den Deutschen und der Deutsche nicht ohne den Juden«, schrieb er einige Jahre später seinem Freund Alexander Küntzel, »wie ich mich selbst nicht trennen kann, ebensowenig vermag ich in mir die Freiheit des einen von der des anderen zu trennen.«

Deutschland sei ein großes Gefängnis, heißt es weiter in diesem aufschlußreichen Brief, und darin schmachteten alle Deutschen, ob Juden oder Christen, nur habe man die Juden noch besonders gefesselt. »Ich gestehe Dir ein«, erläuterte Jacoby seinen Standpunkt weiter, »es wäre mir lieb, meine Fesseln zu brechen und gleich Euch wenigstens in dem Gefängnis mich bewegen zu können. Mit solcher Gleichstellung wäre aber immer noch wenig gewonnen; ob das Gefängnis weiter oder enger, die Fesseln schwerer oder leichter, ist nur ein geringer Unterschied für den, der nicht etwa nach der Bequemlichkeit, sondern nach Freiheit sich sehnt. Diese Freiheit aber kann nicht dem einzelnen zuteil werden; nur wir *alle* erlangen sie, oder *keiner* von uns: denn ein und derselbe Feind und aus gleicher Ursache hält uns gefangen, und nur allein die *Zerstörung* des Gefängnisses kann uns zum Ziel führen!«

Mit so klar und überzeugend formulierten radikalen Ansichten wurde Dr. Jacoby bald zum Wortführer der Königsberger Liberalen und zum Mittelpunkt eines politischen Zirkels, in dem sich gebildete Bürger — Beamte, Offiziere, Kaufleute, Gelehrte, aber auch Handwerksmeister, zum Teil Christen, zum Teil Juden — zusammengefunden hatten. Und Mitte Februar 1841 — im Herbst des Vorjahres war Friedrich Wilhelm IV., von dem sich das liberale Bürgertum eine wesentliche Verbesserung der unerträglichen Verhältnisse versprochen hatte, König von Preußen geworden und hatte sehr rasch die an seine Thronbesteigung geknüpften Hoffnungen enttäuscht — trat Johann Jacoby mit einer Schrift an die breite Öffentlichkeit, die ihn mit einem Schlage in ganz Deutschland, ja selbst in den Nachbarländern, berühmt machte.

Die Broschüre, die ohne Verfasserangabe erschien, trug den unverfänglichen Titel: *Vier Fragen beantwortet von einem Ostpreußen.* Darin hatte Jacoby mit noch nie dagewesener Schärfe und Eindringlichkeit die Forderung nach einer freiheitlich-demokratischen Verfassung erläutert und begründet. Die Sprache der Ereignisse, hieß es einleitend, sei gleich vernehmlich für jeden, doch nicht immer und jedem verständlich. Deshalb müsse der Publizist sie sinngetreu und für jedermann begreifbar in die Sprache des Volkes übersetzen. Es folgten die vier Fragen: »Was wünschten die Stände?« »Was berechtigte sie?« »Welcher Bescheid ward ihnen?« »Was bleibt ihnen zu tun übrig?«, und auf jede dieser Fragen gab der Verfasser eine klare Antwort.

Er wies nach, daß die »gesetzmäßige Teilnahme der selbständigen Bürger an den Angelegenheiten des Staates« durch bloße Ständevertretungen nicht gewährleistet sei; nur durch ein gewähltes Parlament könne der Beamtenwillkür Einhalt geboten werden. Die bisherige »politische Nichtigkeit« der Staatsbürger müsse durch Öffentlichkeit der Verwaltung und Justiz, durch parlamentarische Kontrolle der Regierung und der Beamtengewalt sowie durch Fortfall aller Zensur behoben werden. Die Berechtigung dieses Verlangens liege in dem »Bewußtsein eigener Mündigkeit«, aber auch in »gesetzlich erfolgter Mündigsprechung«, nämlich durch die königliche Verordnung über die zu bildende Volksrepräsentation vom 22. Mai 1815. Statt der Ausführung dieser Verordnung und der Einlösung des damals vom König gegebenen Versprechens sei bislang in dieser Richtung gar nichts geschehen, ja, im Gegenteil, von da an gab es nur noch »polizeiliche Verhaftungen, Inquisitionen wegen demagogischer Umtriebe und — die Karlsbader Beschlüsse; Zensuredikte unterdrückten die öffentliche Stimme, und das freie Wort verhallte in Gefängnissen.«

Auf die dritte Frage, welchen Bescheid die Stände erhalten hätten, gab Jacoby zur Antwort: »Anerkennung ihrer treuen Gesinnung, Abweisung der gestellten Anträge und tröstende Eindeutung auf einen künftigen unbestimmten Ersatz«, und er fügte hinzu, daß damit die volle gesetzliche Geltung der Verordnung vom 22. Mai 1815 nicht aufgehoben sei; die Stände hätten daher das Recht, ja die Pflicht, darauf zu beharren, daß das damals gegebene Versprechen einer liberalen Verfassung endlich zu erfüllen sei.

Auf die vierte und letzte Frage, was der Ständeversammlung zu tun übrig bliebe, lautete die Antwort kurz und knapp: »Das, was bisher als Gunst erbeten, nunmehr als erwiesenes Recht in Anspruch zu nehmen.«

Jacobys *Vier Fragen,* die bei Georg Wigand in Leipzig, einem radikalen Demokraten und »Erzrepublikaner«, mit falscher Verlagsangabe — »Heinrich Hoff in Mannheim« — gedruckt und mit viel Geschick und gebotener Eile verbreitet wurden, erregten ungeheures Aufsehen. »Weder vorher noch nachher hat eine politische Flugschrift sich in Deutschland einer auch nur entfernt ähnlichen, blitzartigen Wirkung rühmen können«, bemerkt dazu Edmund Silberner, Jacobys verdienstvoller Biograph und Herausgeber seines Briefwechsels. »Der Eindruck seiner Schrift war überwältigend in allen deutschen Staaten: Man bewunderte den Mut ihres Verfassers und freute sich über seine Tat.«

Um so entrüsteter waren Hof und Regierung in Berlin. Friedrich Wilhelm IV. befahl, es nicht bei dem Verbot der Broschüre — das ohnehin zu spät kam, denn die Polizei konnte nur noch wenige der vielen tausend Exemplare beschlagnahmen — bewenden zu lassen, sondern den anonymen Verfasser schnellstens zu ermitteln und gegen ihn Anklage zu erheben.

Doch eine Suche nach dem dreisten Anonymen erwies sich rasch als überflüssig: Schon eine Woche nach Beginn der Auslieferung in Leipzig, am 23. Februar 1841, übersandte Dr. Jacoby selbst dem König ein Exemplar seiner *Vier Fragen* und bekannte sich offen als deren Verfasser! Man stelle sich vor: Ein unbekannter kleiner Untertan aus der Provinz, zumal einer aus Ostpreußen, das man am Berliner Hof verächtlich als »Halbasien« bezeichnete, und gar — das war der Gipfel! — ein Jude, »ein Beschnittener«, wie Seine Majestät sich auszudrücken beliebte, hatte es gewagt, den König von Preußen, seinen allergnädigsten Herrn, mit einem Pamphlet dreist herauszufordern und sich dann auch noch mit unüberbietbarer Unverschämtheit als dessen Verfasser zu bekennen!

Friedrich Wilhelm IV. schäumte vor Wut. Entgegen dem Rat einiger besonnener Beamter befahl er, »den Juden«, diesen »frechen Empörer«, unverzüglich vor Gericht zu stellen. Er und die Regierung wagten es allerdings nicht, Jacoby nun auch sofort in Untersuchungshaft nehmen zu lassen; der »kleine Jude« war über Nacht eine solche Berühmtheit geworden, daß es dem Ansehen des Königs sehr geschadet hätte, wären seine Rachegelüste allzu deutlich geworden.

Der Prozeß gegen Dr. Johann Jacoby »wegen Aufreizung zu Unzufriedenheit und unehrerbietigen Tadels der Regierung, Majestätsbeleidigung und versuchten Hochverrats« zog sich fast zwei Jahre lang hin; es gab anfangs viele, bis zu acht Stunden dauernde Verhöre, alsdann Kompetenzstreitigkeiten zwischen dem Berliner Kammergericht und dem — für Hochverratssachen nicht zuständigen — Königsberger Oberlandesgericht, schließlich ein Urteil in erster Instanz, das Jacoby von der gefährlichsten Anschuldigung, der des Hochverrats, zwar freisprach, ihn aber wegen Majestätsbeleidigung, auch wegen »frechen, unehrerbietigen Tadels, Verspottung der Landesgesetze und Erregung von Mißvergnügen« mit zweieinhalb Jahren Festungshaft bestrafte sowie mit Ausbürgerung, nämlich mit »Verlust des Rechtes, die preußische Nationalkokarde zu tragen«. Doch in zweiter und letzter Instanz sprach der Vereinigte Senat des Kammergerichts unter Vorsitz des Chefpräsidenten v. Grolmann, der als ein korrekter und vom Hof nicht beeinflußbarer Mann bekannt war, Dr. Jacoby einstimmig in allen Punkten frei. Dieser kaum erhoffte Ausgang des Prozesses wurde überall in Deutschland, vor allem natürlich in Königsberg, bejubelt und als ein bedeutender Fortschritt im Kampf gegen die Reaktion gefeiert. Der von Gesinnungsfreunden gehegte Plan, Jacoby mit einer aus kostbarem Metall gefertigten »Bürgerkrone«, für die die Geldmittel schon gesammelt worden waren, die Anerkennung des Volkes auszudrücken, wurde nun fallengelassen; dies entsprach Jacobys Wunsch und seiner Bitte, den Sieg der guten Sache nicht durch eine solche Verleihung zu einem rein persönlichen Erfolg zu machen.

Übrigens, in den zwei Jahren, die sein Prozeß dauerte, verfaßte Dr. Jacoby, der seine Verteidigung selbst führte, zwei Rechtfertigungsschriften, worin er die in den *Vier Fragen* entwickelten Gedanken noch vertiefte. Auch diese Aufsätze wurden gedruckt und fanden weite Verbreitung, belebten die öffentliche Diskussion und sorgten dafür, daß der preußische Verfassungskampf, den der kleine jüdische Arzt von Königsberg aus geleitet hatte, nicht abflaute.

Der Aufstand der schlesischen Weber und seine blutige Unterdrückung im Sommer 1844 hatten Heinrich Heine in Paris tief ergriffen und zu dem schärfsten und konkretesten Gedicht seiner gesamten politischen Lyrik veranlaßt. Der »dreifache Fluch«, der am 10. Juli 1844 im Pariser *Vorwärts!* erschienen war, hatte sowohl »dem Gotte, zu dem wir gebeten / in Winterskälte und Hungersnöten« sowie »dem falschen Vaterlande« gegolten als auch »dem König, dem König der Reichen, / den unser Elend nicht konnte erweichen, / der den letzten Groschen von uns erpreßt / und uns wie Hunde erschießen läßt.«

Ach, wie hätte der geistreiche, tieffühlende und dabei eine äußerst scharf geschliffene Klinge führende Heine erst die Barrikadenkämpfe in Wien und Berlin beschrieben! Wie wäre er mitgerissen worden von der endlichen allgemeinen Volkserhebung im März 1848, und wie hätte er umgekehrt der deutschen Revolution die Richtung weisen können!

Aber der Dichter war seit dem Herbst 1847 schwer erkrankt; schon die Februarrevolution in Paris, die das Signal zum Aufstand im angrenzenden Deutschland und dann auch anderswo gab, hatte Heine nur aus den ihm vorgelesenen Zeitungen verfolgen können. *»Mes jambes n'ont pas survécu à la royauté; on me porte comme un petit enfant . . .«* (Meine Beine haben das Königtum nicht überlebt; man trägt mich wie ein kleines Kind . . .), klagte der Gelähmte und halb Erblindete, der zudem unter starken Schmerzen litt, wenig später in einem Brief an die mit ihm befreundeten Brüder Escudier und bat, man möge ihn in Passy, wohin er sich zurückgezogen hatte, doch bald einmal besuchen; er bedürfe dringend der Aufmunterung, denn er sei *»tout à fait cul-de-jatte«*, ein gänzlich hilfloser Krüppel.

Statt seiner trat nun Ferdinand Freiligrath auf den Plan. Der damals knapp Achtunddreißigjährige — er war 1810 als Lehrerssohn in Detmold zur Welt gekommen, hatte nicht studieren dürfen, sondern eine kaufmännische Lehre absolvieren müssen — war im März 1848 noch in London. Dorthin hatte er sich nach einem Jahr Aufenthalt in der Schweiz begeben, weil seine Ausweisung bevorstand und ihm in England eine Anstellung als Bürogehilfe angeboten worden war. Aber weder seine literarischen Einkünfte noch die zweihundert Pfund Sterling Jahresgehalt bei Huth & Co. in London hatten für seinen und seiner Familie Unterhalt ausgereicht. Da war aus Amerika das verlokkende — von dem Dichter Henry Longfellow übermittelte — Angebot eines »geistigen ... in jeder Beziehung kongenialen« Wirkungskreises in den USA gekommen. Freiligrath hatte schon freudig zugesagt und war mitten in den Vorbereitungen für die Übersiedlung in die Neue Welt, als ihn Mitte März die Nachrichten von Erhebungen im Rheinland und in Süddeutschland, vom Ausbruch der Revolution, erst in Wien, dann in Berlin, vom endlichen Sturz des verhaßten Fürsten Metternich und von der kläglichen Kapitulation der preußischen Führung erreichten.

Ganz Deutschland war innerhalb weniger Tage in vollem Aufruhr; selbst im fernen Königsberg hatten sich nicht nur die Handwerker und Studenten bewaffnet, sondern auch die Professoren. Wie der eher konservative Königsberger Jurist Alexander August von Buchholtz am 22. April 1848 an seinen Kollegen, den Breslauer Kriminalisten Julius Friedrich Abegg schrieb, waren nicht wenige Hochschullehrer, unter ihnen der spätere Präsident der Nationalversammlung und des Reichstags, Eduard Simson, bewaffnet und mit schwarzrotgoldener Kokarde zu den Vorlesungen gekommen, und in Sachsen hatten Bauern und Arbeiter am 5. April das Waldenburger Schloß der besonders verhaßten Grafen Schönborn niedergebrannt.

Nun gab es für Freiligrath keinen Gedanken an eine Auswanderung nach Amerika mehr. Er wollte, er mußte einfach zurück in die Heimat, denn nur dort, so fühlte er, war sein Platz. Auch erkannte er außerordentlich rasch, worauf es jetzt ankam, nämlich, daß das deutsche Volk sich nun nicht, wie es das gemäßigt liberale Besitzbürgertum bereits tat, mit allerlei Zugeständnissen der in Panik geratenen alten Mächte zufriedengeben durfte; daß nicht Amnestie, Aufhebung der Zensur, neue liberale Minister oder allgemeines Wahlrecht, kurz, eine konstitutionelle Monarchie mit einigen gnädigst gewährten Freiheiten das revolutionäre Ziel sein konnte. Dafür hatten doch die Gefallenen — einhundertdreiundachtzig allein in Berlin am 18. März, zumeist Handwerksgesellen, Lehrlinge, Fabrikarbeiter — nicht ihr Leben gelassen!

Am 18. Mai 1848 wurde in der Frankfurter Paulskirche das erste Parlament der deutschen Nation eröffnet. Ein Traum schien in Erfüllung zu gehen, und die Hoffnungen der meisten Menschen in den deutschen Kleinstaaten und in den deutschsprachigen Gebieten Österreichs waren auf diese Nationalversammlung gerichtet, der so viele Männer angehörten, die in den Jahrzehnten der finstersten Reaktion für die Einheit und Freiheit gekämpft und gelitten hatten. So gehörten zu den Abgeordneten der Paulskirche der neunundsiebzigjährige, sich zur gemäßigten Rechten zählende Ernst Moritz Arndt und vier der »Göttinger Sieben«, nämlich die Professoren Albrecht, Dahlmann, Gervinus und Jacob Grimm; Heinrich Laube aus dem Kreis des »Jungen Deutschland«; Graf Anton Alexander von Auersperg alias Anastasius Grün; Johann Georg August Wirth, der zu den Organisatoren des »Hambacher Fests« gehört hatte, und der aus der Festung Babenhausen einst geflohene Büchner-Freund Wilhelm Friedrich Schulz; Fanny Lewalds Vettern, der radikale Heinrich Simon aus Breslau und der gemäßigt liberale Eduard Simson aus Königsberg, der dann im Dezember 1848 zum Präsidenten der Nationalversammlung gewählt wurde. Zum linken Flügel gehörten Arnold Ruge und Julius Fröbel, und zu deren Fraktionskollegen zählten der Apotheker Friedrich Wilhelm Schlöffel und der Schriftsteller Wilhelm Wolff, die während des schlesischen Weberaufstands von 1844 mutig die Partei der gegen ihre schamlose Ausbeutung rebellierenden Arbeiter ergriffen hatten, sowie Jakob Venedey, Moritz Hartmann, Robert Blum und — als Mitglied des Vorparlaments, des Fünfzigerausschusses, vom Mai 1849 an auch der Nationalversammlung und des Stuttgarter Rumpfparlaments — Dr. Johann Jacoby aus Königsberg.

Drei Tage vor Eröffnung der Nationalversammlung in der Frankfurter Paulskirche, am 15. Mai 1848, meldete die *Kölnische Zeitung* aus Düsseldorf: »Ferdinand Freiligrath ist gestern hier angekommen und will sich in unserer Kunststadt niederlassen.« Anders als Georg Herwegh, der an der Spitze einer bewaffneten, aus politischen Flüchtlingen, Handwerksgesellen und Studenten gebildeten Freischar von Frankreich aus den badischen Aufständischen hatte zu Hilfe kommen wollen und am 24. April 1848 bei Dossenbach von württembergischen Truppen vernichtend geschlagen worden war, so daß er wieder in die Schweiz hatte flüchten müssen, war Freiligrath allein und auf kürzestem Wege nach Deutschland zurückgekehrt, allerdings nicht — wie die Zeitungsmeldung vermuten ließ — zu stillem Dichterleben in der Kunststadt Düsseldorf, sondern mit dem Ziel, revolutionäre Agitation zu betreiben.

Zunächst ließ er sich von den rheinischen Volksvereinen, in denen Karl Marx und Friedrich Engels die treibenden Kräfte waren, als Beobachter nach Frankfurt delegieren. Was er dort sah und hörte, enttäuschte ihn tief; das Parteiengezänk, die endlosen Reden und die Mißachtung des revolutionären Volkswillens durch die bürgerliche, gemäßigt liberale Paulskirchen-Mehrheit widerten ihn an. Ihre ständige Rücksichtnahme auf die »angestammten Herrscherhäuser« und Magistrate, achtunddreißig an der Zahl — wenngleich Freiligrath diese auf »viermal alle Neune« abrundete —, hemmten, so schrieb er seiner in Düsseldorf zurückgebliebenen Frau, den Gang der Dinge »auf das allerekelerregendste«.

Und Anfang Juni 1848, aus Frankfurt zurückgekehrt nach Düsseldorf, schrieb Freiligrath das Lied, das vier Jahre zuvor seine Wendung zur Politik hin angezeigt hatte, noch einmal um, gab ihm aber wieder den Titel »Trotz alledem!«.

Es beginnt:

»Das war 'ne heiße Märzenzeit,
trotz Regen, Schnee und alledem!
Nun aber, da es Blüten schneit,
nun ist es kalt, trotz alledem!
Trotz alledem und alledem —
trotz Wien, Berlin und alledem —
Ein schnöder, scharfer Winterwind
durchfröstelt uns trotz alledem!«

In den folgenden Versen ist vom »Wind der Reaktion« die Rede, von der »Bourgeoisie am Thron«, von der sich blamierenden Nationalversammlung, den professoralen Reden dort und von der Mißachtung der entwaffneten, wieder zum »Soldatenwild« gewordenen Volksmassen, die die Liberalen, nun im Bündnis mit der Reaktion, in Schach zu halten versuchten. Und es schließt:

»So kommt denn an, trotz alledem!
Ihr hemmt uns, doch ihr zwingt uns nicht!
Unser die Welt, trotz alledem!«

Das Gedicht erschien, wie alle weiteren aus dieser Zeit, in der *Neuen Rheinischen Zeitung,* die vom 1. Juni 1848 an in Köln als »Organ der Demokratie« von Karl Marx und Friedrich Engels herausgegeben wurde. Der erste Programmpunkt dieses die Reaktion mit aller Entschiedenheit bekämpfenden Blattes lautet: Errichtung einer »einigen, unteilbaren, demokratischen deutschen Republik«.

Im Juli schrieb Ferdinand Freiligrath dann sein bedeutendstes, bis heute aktuell gebliebenes Gedicht, »Die Toten an die Lebenden«. Ausgehend von der Erinnerung an die gefallenen Berliner Freiheitskämpfer, die zu ehren das Volk Friedrich Wilhelm IV. gezwungen hatte, beschrieb der Dichter das schrittweise Vordringen der Konterrevolution, den Verrat der Revolution durch die bürgerlichen Liberalen und beschwor noch einmal »den roten Grimm im Lande«:

»Euch muß der Grimm geblieben sein — oh, glaubt es uns, den Toten!
Er blieb euch! Ja, und er erwacht! Er wird und muß erwachen!
Die halbe Revolution zur ganzen wird er machen!
Er wartet nur des Augenblicks: dann springt er auf allmächtig;
gehobnen Armes, wehnden Haars dasteht er wild und prächtig!

Die rost'ge Büchse legt er an, mit Fensterblei geladen;
die rote Fahne läßt er wehn hoch auf den Barrikaden!
Sie fliegt voran der Bürgerwehr, sie fliegt voran dem Heere —
die Throne gehn in Flammen auf, die Fürsten fliehn zum Meere!
Die Adler fliehn; die Löwen fliehn; die Klauen und die Zähne!
Und seine Zukunft bildet selbst das Volk, das souveräne:

Indessen, bis die Stunde schlägt, hat dieses unser Grollen
euch, die ihr vieles schon versäumt, das Herz ergreifen wollen!
Oh, steht gerüstet! Seid bereit! Oh, schaffet, daß die Erde,
darin wir liegen starck und starr, ganz eine freie werde!
Daß fürder der Gedanke nicht uns stören kann im Schlafen:
Sie waren frei: doch wieder jetzt — und ewig — sind sie Sklaven!«

Dieses aufrüttelnde Gedicht, Freiligraths große Abrechnung mit Friedrich Wilhelm IV., dem eben noch vor Angst schlotternden, nun schon wieder dreisten Preußenkönig, seine leidenschaftliche Anklage gegen die feigen und verräterischen Liberalen, gegen die konterrevolutionäre, sich mit den Junkern und Militärs verbündende Bourgeoisie, wurde sogleich in vielen tausend Exemplaren verbreitet und fand, das Stück zu einem Silbergroschen, reißenden Absatz; den gesamten Erlös stellte der Dichter den revolutionären Volksvereinen zur Verfügung.

Die preußischen Behörden versuchten dagegen einzuschreiten. Alle noch in der Druckerei vorhandenen Exemplare wurden beschlagnahmt; der Staatsanwalt ließ Freiligrath dem Landgericht vorführen. Doch die Richter — man staune! — lehnten eine Anklageerhebung ab und setzten den Dichter wieder auf freien Fuß. Am 28. August 1848 wurde er erneut verhaftet und blieb diesmal in Gewahrsam bis zur Verhandlung, die am 3. Oktober stattfand.

Es war der erste politische Prozeß, der — zumindest das war eine revolutionäre Errungenschaft! — nicht administrativ und geheim, sondern öffentlich und vor einem Geschworenengericht verhandelt wurde. Und er endete nach nur kurzer Verhandlung mit einem glatten Freispruch!

Zur Zeit dieses Prozesses war die *Neue Rheinische Zeitung*, die Freiligraths Gedicht veröffentlicht hatte, durch ein behördliches Verbot am Erscheinen gehindert und dadurch auch in wirtschaftliche Schwierigkeiten geraten, doch knapp eine Woche nach dem Freispruch — so stark war noch der revolutionäre Druck der Bevölkerungsmehrheit! — wurde das Blatt wieder zugelassen. Auf der Titelseite der Ausgabe vom 12. Oktober 1848 stand fett gedruck:

»Durch die Teilnahme, die sich namentlich in Köln für die Aufrechterhaltung der ›Neuen Rheinischen Zeitung‹ gezeigt hat, ist es gelungen, die von dem Belagerungszustand herbeigeführten finanziellen Schwierigkeiten zu überwinden und sie wieder erscheinen zu lassen. Das Redaktionskomitee bleibt dasselbe. Ferdinand Freiligrath ist neu eingetreten.«

Während Freiligrath in Untersuchungshaft gewesen war, während Marx eine Blitzreise nach Berlin und Wien unternommen hatte, um die Linke für die bevorstehende Entscheidungsschlacht zu mobilisieren, waren in der Paulskirche zu Frankfurt am Main bereits die Würfel gefallen. Die liberale Mehrheit fügte sich dem wachsenden Druck der Konterrevolution, und am 16. September stimmten 257 gegen 236 Abgeordnete der Nationalversammlung für eine Entschließung, deren Annahme praktisch bedeutete, daß sich die Paulskirche, aus Angst vor einer allgemeinen Volksbewaffnung und einer dann unvermeidlichen zweiten Revolution, mit den alten Mächten gegen das Volk verbündete.

Daran änderte auch eine Protestversammlung nichts mehr, zu der sich tags darauf rund zwanzigtausend Republikaner in Frankfurt zusammenfanden. Noch in der folgenden Nacht rückten starke konterrevolutionäre Truppenverbände in die Stadt ein, angeblich zum Schutz der Nationalversammlung vor den empörten Volksmassen. Zwar leisteten die Republikaner diesem Einmarsch mit rasch errichteten Barrikaden erbitterten Widerstand, doch schon am 21. September mußte die *Neue Rheinische Zeitung* berichten:

»Die Artillerie scheint den Kampf in den breiteren Straßen entschieden und dem Militär einen Weg in den Rücken der Barrikadenkämpfer eröffnet zu haben. Der Eifer, womit die Frankfurter Spießbürgerschaft den Soldaten ihre Häuser öffnete und ihnen damit alle Vorteile des Straßenkampfes in die Hände gab, die Übermacht der mit den Eisenbahnen rasch hineingezogenen Truppen gegenüber den langsamen, zu Fuß ankommenden Zuzügen der Bauern tat das übrige . . .«

Und Friedrich Engels erläuterte in derselben Ausgabe des Blattes, daß die Bourgeoisie ihre eigene Niederlage eingeleitet hätte, indem sie »gegenüber der Kundgebung des Volkswillens an die Bajonette der Truppen« appellierte und der im März besiegten Reaktion half, nun die Demokratie zu besiegen.

Im Oktober 1848 tobte der Kampf um Wien, das von der bewaffneten Arbeiterschaft, verstärkt durch eine »Akademische Legion« zäh gegen eine erdrückende Übermacht verteidigt wurde. Die konterrevolutionären Streitkräfte, rund hunderttausend Berufssoldaten, vornehmlich Kroaten, unter dem Oberbefehl des Fürsten Alfred von Windischgrätz, hatten bis zum 23. Oktober die Stadt vollständig eingeschlossen und unter Artillerie- und Brandraketenbeschuß genommen, aber ihre Sturmangriffe scheiterten immer wieder an der entschlossenen Abwehr. Trotzdem war der Fall der Stadt nur noch eine Frage von Tagen, und ganz Deutschland verfolgte mit angehaltenem Atem das erbitterte Ringen. Damals schrieb Freiligrath ein Gedicht, das in der *Neuen Rheinischen Zeitung* veröffentlicht wurde und mit den Versen begann:

»Wenn wir noch knien könnten, wir lägen auf den Knien;
wenn wir noch beten könnten, wir beteten für Wien!«

Er schilderte indessen nicht nur die verzweifelte Lage, sondern erklärte in diesem Gedicht auch, was zu tun sei. Er forderte die Deutschen auf, sich nicht romantischen Spinnereien über — ohnehin zu späte — Hilfsaktionen für Wien hinzugeben, sondern statt dessen nun rasch »im eigenen Hause« aufzuräumen; das wäre die beste Unterstützung der tapferen Verteidiger Wiens, denn »ein dreister Schlag im Norden, ist auch im Süd ein Schlag!«

Am 1. November 1848 endete der letzte erbitterte Widerstand der Arbeiter und Studenten Wiens, zu denen am 17. Oktober als Abgesandte der Frankfurter Linken die Abgeordneten Julius Fröbel und Robert Blum gestoßen waren. Beide wurden von den konterrevolutionären Truppen gefangengenommen und vom Standgericht, zusammen mit vielen anderen, zum Tode verurteilt. Doch während Julius Fröbel, vom Fürsten Windischgrätz begnadigt, weil er sich wiederholt für Wien als künftige Hauptstadt eines geeinten Deutschland ausgesprochen hatte, nach Frankfurt zurückkehren konnte, wurde Robert Blum am 9. November 1848 in der Brigittenau von einem Erschießungskommando hingerichtet. Als Nachruf auf den in Wien ermordeten Führer der Linken in der Nationalversammlung veröffentlichte die *Neue Rheinische Zeitung* ein Gedicht Ferdinand Freiligraths mit der Überschrift »Blum«. Es schilderte den Werdegang des einen Tag vor seinem zweiundvierzigsten Geburtstag exekutierten »Proletarierkindes« aus Köln, des »Küferjungen« Blum, der sich als Handwerkslehrling, Kommis, Theatersekretär und Kassierer hochgearbeitet hatte. Mit neunundzwanzig Jahren schrieb er sein erstes Schauspiel, *Die Befreiung von Kandia,* wurde Mitherausgeber des »Verfassungsfreundes« und des Taschenbuchs *Vorwärts!* und gründete 1847 eine Verlagsbuchhandlung, in der sein *Staatslexikon für das deutsche Volk* erschien. Die wenigen erhalten gebliebenen Briefe von ihm aus dieser vorrevolutionären Zeit lassen ihn als einen gebildeten, kritischen Menschen erscheinen, der seine demokratische Gesinnung mit Würde und Festigkeit zu vertreten wußte.

So ist es nicht verwunderlich, daß Blum in seiner Wahlheimat Leipzig im Februar und März 1848 der Führer der radikalen Linken wurde. Er gehörte dem Vorparlament und — als Vizepräsident — dem Fünfzigerausschuß an, wo er zusammen mit Johann Jacoby am entschiedensten für die republikanische Sache eintrat, und er wurde dann der gewählte Vertreter Leipzigs in der Nationalversammlung.

Seine Ermordung durch »die Schergen der Gewalt«, wie es in Freiligraths Gedicht hieß, löste in ganz Deutschland, neben tiefer Trauer, auch schon deshalb besondere Empörung aus, weil in der Bluttat zugleich eine äußerste Mißachtung der Nationalversammlung durch die wiedererstarkte Reaktion für jedermann deutlich erkennbar wurde.

Die Konterrevolution, unterstützt vom Besitzbürgertum, das seine Ziele erreicht zu haben glaubte und nun »Ruhe und Ordnung« wollte, siegte nicht nur in Wien, sondern machte jetzt überall rasche Fortschritte. Nach der Niederschlagung einer neuen Volkserhebung im Rheinland zögerte die preußische Regierung auch nicht mehr, die *Neue Rheinische Zeitung* endgültig zu verbieten. Am 19. Mai 1849 erschien die letzte Ausgabe.

Die Mitglieder der Redaktion des — wie Karl Marx es formuliert hat — »standrechtlich beseitigten« Blattes hatten Köln sogleich verlassen müssen, um ihrer Verhaftung zu entgehen; nur Freiligrath blieb noch eine Weile lang in der Nähe, in Bilk bei Düsseldorf.

Etwa zur gleichen Zeit war eine neuerliche Revolution in Dresden zusammengebrochen; die auf nur noch einhundertdreißig Abgeordnete zusammengeschrumpfte Nationalversammlung hatte Ende Mai 1849 beschlossen, ihren Sitz nach Stuttgart zu verlegen, wo die Reste der Vereinigten Linken dann als »Rumpfparlament« noch anderthalb Wochen lang tagten, bis auch dort das Militär dem »demokratischen Possenspiel« ein Ende machte. Nur noch in der Pfalz und in Baden, wo die reguläre Armee zum Volk übergegangen war, konnten sich die revolutionären Demokraten bis in den Juli 1849 hinein gegen die drei- bis vierfache Übermacht der preußischen Interventionsarmee verteidigen. In der eingeschlossenen Festung Rastatt leisteten sie bis zuletzt erbitterten Widerstand und deckten so den Rückzug der Hauptmacht in die neutrale Schweiz.

Der Fall von Rastatt am 23. Juli 1849 bedeutete das Ende der Revolution. Viele der tapfersten Kämpfer für die Einheit und Freiheit Deutschlands wurden auf Befehl des konterrevolutionären Oberbefehlshabers, des »Kartätschenprinzen« (und späteren ersten Kaisers) Wilhelm von Preußen, in den Festungsgräben füsiliert oder starben als Gefangene in den feuchten Kasematten von Rastatt an Typhus.

Die Konsequenz, die viele demokratisch gesinnte Deutsche aus der Niederlage von 1849 zogen, war die Auswanderung, vorwiegend nach Amerika, und die — häufig endgültige — Abkehr von der Heimat und ihrer politischen Entwicklung. Eine noch größere Anzahl von ursprünglichen Sympathisanten der Revolution fügte sich nach dem Fall von Rastatt seufzend ins offenbar Unvermeidliche und machte, dem Beispiel der Besitzbürger folgend, ihren Frieden mit den alten Mächten. Sie trösteten sich damit, daß die Reaktion ja nicht alle Zugeständnisse, die sie den Liberalen hatte machen müssen, wieder zurücknehmen könnte.

Und schließlich gab es noch eine zunächst recht kleine Minderheit, die — gleich, ob im Exil oder als Verfemte in Deutschland — den revolutionären Idealen treu blieb und den Kampf nicht aufgab. Zu diesen wenigen gehörte Johann Jacoby, der nach der Auflösung des Rumpfparlaments von Stuttgart aus zunächst in die Schweiz gegangen war, dann aber, entgegen dem Rat seiner Freunde, die Rückreise nach Königsberg angetreten hatte, obwohl — oder richtiger, wie Jacoby selbst es sah: *weil* — ihn dort ein Hochverratsprozeß erwartete.

»Glaubt nicht, daß ich leichtsinnig handle!« schrieb er vor seiner Abreise an seine in Königsberg lebenden Schwestern. »Ich kenne die Macht und den bösen Willen der Regierung, vor der der Unschuldigste nicht sicher ist; ich kenne die politische Apathie des Volkes, die jedes Unrecht ruhig hinnehmen wird; ich weiß, was mir zu Hause bevorsteht und daß ein günstiger Umschwung der Dinge noch nicht so bald zu erwarten ist. Dennoch kann ich nicht anders handeln . . . Solange meine Mitbürger in den Fesseln des Absolutismus schmachten, solange viele meiner früheren Genossen — gerade durch mein Wort und Beispiel zum politischen Wirken angeregt — dafür im Kerker büßen, würde ich auch im freien Auslande keinen frohen Augenblick haben; mit meinen Gedanken würde ich doch immer in der Heimat sein: das Ausland wäre mir nur ein größeres Gefängnis, in welchem ich — unzufrieden mit mir selbst — körperlich und geistig verkommen müßte.

Ihr schreibt, daß in Preußen die Gewalt jetzt ohne Scheu tun könne, was ihr Vorteil bringt, denn alles schweige aus Furcht. Ich glaube es wohl; allein diese allgemeine Entmutigung ist für mich nur eine um so dringendere Aufforderung zur Rückkehr... Mögen überweise Egoisten mich einen ›Schwärmer‹ heißen oder ›Märtyrersucht‹ mir als Motiv unterlegen — je mächtiger die Willkürherrschaft, je allgemeiner die Furcht vor derselben, um so mehr fühle ich die Verpflichtung in mir, mit dem Beispiele des Mutes voranzugehen und der Gewalt mein gutes Recht entgegenzustellen...«

Am 20. Oktober 1849 traf Jacoby in seiner Heimatstadt ein, meldete sich bei Gericht und wurde sofort in Untersuchungshaft genommen.

Das Verfahren, bei dem ihm im Falle einer Verurteilung wegen Hochverrats die »härteste und schreckhafteste Leibes- und Lebensstrafe«, nämlich »Schleifung zur Richtstätte, Rädern von unten auf und öffentliche Ausstellung des zerschmetterten Leichnams« gedroht hätte, zog sich unter stärkster öffentlicher Anteilnahme bis zum 8. Dezember 1849 hin. Jacobys zahlreiche Freunde und Sympathisanten fürchteten, daß die preußische Regierung an ihm ein Exempel statuieren würde. War er nicht der Verfasser der *Vier Fragen,* und hatte er damit nicht den Kampf eröffnet? Schlimmer noch: Ein Jahr zuvor, am 2. November 1848, unmittelbar nach dem Fall von Wien, war Jacoby mit einer Deputation von fünfundzwanzig Abgeordneten aller Parteien bei Friedrich Wilhelm IV. gewesen, um den König über die Lage zu unterrichten und vor reaktionären Maßnahmen zu warnen. Die sehr ungnädige Majestät hatte die Herren kurz empfangen, sich deren Adresse vorlesen lassen und sich dann angeschickt, den Saal wortlos zu verlassen, als Johann Jacoby vorgetreten war und den König gefragt hatte, ob er sich nicht von den Volksvertretern über die Lage unterrichten lassen wolle; dies sei doch der eigentliche Zweck der Audienz. Auf das schroffe »Nein!« des Königs hin hatte der Abgeordnete Dr. Jacoby dann einen Satz auszusprechen gewagt, der, weil er den Nagel auf den Kopf traf, im ganzen Land die Runde machte und zum geflügelten Wort wurde: »Das ist das Unglück der Könige, daß sie die Wahrheit nicht hören wollen!«

Dies und manches andere, was Jacoby im letzten Jahr gesagt und getan hatte, war den Reaktionären noch in böser Erinnerung, auch der große Fackelzug, den die Berliner Linke zu Ehren Jacobys veranstaltet hatte, während die regierungsnahe *Neue Preußische Zeitung* — kurz *Kreuzzeitung* genannt, weil sie ein Eisernes Kreuz im Titel trug — über den »frechen Juden« hergefallen war, der es gewagt hatte, den König in dessen eigenem Haus zu beleidigen.

Nun war der »freche Jude« und »radikale Rote« endlich da, wo er nach Meinung der Reaktionäre längst hingehörte: im Gefängnis, und die Anklageschrift gegen ihn kam einem Befehl der Regierung gleich, die beleidigte Majestät zu rächen. Da nützte es wenig, daß der Königsberger Arbeiterverein dem Inhaftierten seine brüderliche Verbundenheit ausdrückte und ihm schrieb: »Eine traurige Zeit ist über unser armes deutsches Vaterland hereingebrochen; das verratene Volk sucht seine Kämpfer und Freunde vergebens in dem Lichte des Tages; es findet sie nur im Dunkel der Kerker.«

Dennoch geschah das Wunder, daß die Geschworenen mit acht gegen vier Stimmen den Angeklagten, der sich unerschrokken zu den ihm zur Last gelegten Tatbeständen bekannte, der Regierung aber das Recht abgesprochen hatte, ihn dafür zu bestrafen, in allen Punkten freisprachen. Jacoby blieb jedoch unter Polizeiaufsicht, wenngleich weiter in engem Kontakt mit seinen Gesinnungsfreunden daheim und im Exil.

Zu den Standhaften gehörte auch Ferdinand Freiligrath. Zwar lebte er nun ganz zurückgezogen in Bilk bei Düsseldorf, doch blieb auch aus der Ferne sein Verhältnis zu Karl Marx, Friedrich Engels und anderen politischen Freunden eng und herzlich. Im Frühjahr 1850 bat Freiligrath den damals einunddreißigjährigen schweizerischen Dichter Gottfried Keller, den er in Zürich durch Follen und Herwegh und als Autor des *Literarischen Comptoirs* kennengelernt und mit dem er sich angefreundet hatte, ihn in Düsseldorf zu besuchen.

Über diesen Besuch schrieb Keller: »Freiligrath ist ganz absorbiert durch politische Umgebung und Geschäfte und klagt über gänzliche Verlassenheit in literarischen Dingen.« Tatsächlich hatten alle in Deutschland gebliebenen Dichterfreunde, ausgenommen Hoffmann von Fallersleben, den Kontakt zu dem »gefährlichen Radikalen« Freiligrath abgebrochen. Im Mai 1851 ging der in Deutschland vereinsamte Dichter zum zweitenmal ins Exil nach England. Kaum war er abgereist, ergingen gegen ihn zwei Haftbefehle, der eine wegen angeblichen Hochverrats.

Erst vierzehn Jahre später, als der inzwischen fünfundfünfzigjährige Freiligrath in London, wo er als Filialleiter einer Bank tätig gewesen war, plötzlich arbeitslos wurde, entsann man sich in Deutschland seiner wieder. Eine dort und unter den Deutschen im Exil veranstaltete Sammlung für eine »Nationalgabe« an den Dichter erbrachte die Summe von fast sechzigtausend Talern. Dieser unverhoffte Reichtum ermöglichte es Freiligrath, seinen Lebensabend ohne materielle Sorgen zu verbringen. Er kehrte nach Deutschland zurück — nicht nach Düsseldorf, weil er in Preußen noch immer steckbrieflich verfolgt wurde — und ließ sich in Cannstatt, später in Stuttgart nieder. Am 18. März 1876, dem Jahrestag der Berliner Volkserhebung, deren Gefallenen sein Gedicht »Die Toten an die Lebenden« gewidmet war, ist er gestorben.

Trotz der vollständigen Niederlage, die die revolutionäre Bewegung 1849 durch die Zaghaftigkeit der Kleinbürger und den Verrat der Liberalen an der gemeinsamen Sache erlitten hatte, war es in Deutschland mit der alten Schlafmützigkeit nun vorbei. Gewiß, die Konterrevolution hatte auf der ganzen Linie gesiegt, und in Preußen vermochten es nun die Junker, wie Karl Marx es formuliert hat, »den Staat in eine frühere Zeit zurückzuwerfen — nicht hinter 1848, nicht hinter 1815, sondern sogar hinter 1807 zurück«.

Aber Fürsten und Adel hatten die Macht der Volksmassen zu spüren bekommen, und das Volk hatte die Schwäche seiner Unterdrücker und Ausbeuter erlebt; das Selbstbewußtsein der Herrschenden war erschüttert, das der kleinen Leute erheblich gestärkt worden. Wenn auch die Macht wieder fest in der Hand der Repräsentanten der alten Ordnung war, so wußten doch nun beide, die Herrschenden wie das Heer der »Untertanen«, daß dieser Zustand nicht so unabänderlich war, wie man früher angenommen hatte.

Hinzu kam die veränderte Lage des Besitzbürgertums, dem aufgrund der sich rasch ausbreitenden kapitalistischen Produktionsmethoden eine wirtschaftliche Überlegenheit gegenüber den adligen Gutsbesitzern erwachsen war. Ohne die neuen Fabrik- und Handelsherren, Besitzer von Bergwerken, Eisenbahnen, Dampfschiffen und modernen Maschinen, vor allem ohne die Bankiers und ihr Kapital, wäre der Staat zusammengebrochen. Deshalb mußten die alten Mächte dem Besitzbürgertum erhebliche Zugeständnisse machen, vor allem im Bereich der Wirtschafts- und Steuergesetzgebung. Dafür waren umgekehrt die bürgerlichen Kapitalisten bereit, den Ausbau des Heeres und die verstärkten Maßnahmen zur Gewährleistung der »Inneren Sicherheit« zu finanzieren, denn beides diente ja nun auch ihren eigenen Interessen.

Schon 1848/49, ehe man die Arbeiter, Handwerksgesellen und Kleinbauern wieder entwaffnet und »zur Räson« gebracht hatte, war den Besitzenden klargeworden, daß man die kleinen Leute zwar gebraucht hatte, um mit ihrer Hilfe eine Revolution und den Herrschenden angst zu machen; daß aber umgekehrt nur die alten Mächte und ihre bewährten Unterdrückungsinstrumente jene »Ruhe und Ordnung« garantieren konnten, ohne die sich auf die Dauer keine Profite machen ließen. Die würgende Angst vor einer wirklichen Demokratie, vor Volksherrschaft und »roter Republik«, trieb die Junker und die Kapitalisten einander in die Arme. Und je weiter die industrielle Revolution voranging, desto dringender brauchten die gemäßigt liberalen Kapitalisten den reaktionären Unterdrückungsapparat, den sie nur da bekämpften, wo er ihnen selbst im Wege war, etwa wenn es um die Pressefreiheit zur Durchsetzung liberaler Finanz- und Wirtschaftspolitik ging.

Der Grund für das wachsende Bedürfnis der Besitzbürger nach »Ruhe und Ordnung« sowie deren Gewährleistung durch wachsame Polizei und stets einsatzbereites Militär war die zunehmende Ausbeutung der Unterschicht und die damit einhergehende Verelendung der Massen, die befürchten ließen, daß es — ähnlich wie 1844 beim Weberaufstand in Schlesien — zu Verzweiflungsakten kommen könnte. Und es standen einigen wenigen Reichen ja viele Millionen besitzlose und halbverhungerte Arbeitssklaven gegenüber!

In den Staaten des Deutschen Bundes lebten um die Mitte des vorigen Jahrhunderts knapp fünfzig Millionen Menschen. Nicht alle waren Deutsche, denn allein in den zum Bund gehörenden österreichischen Gebieten gab es mehr als sechs Millionen Tschechen, Slowaken, Slowenen und Angehörige anderer slawischer Völker sowie eine halbe Million Italiener. Das Königreich Preußen — mit Posen, West- und Ostpreußen, die außerhalb des Deutschen Bundes lagen — hatte über sechzehn Millionen Einwohner, darunter 3,5 Millionen Polen, Litauer, Kassuben, Sorben und andere Nichtdeutsche.

Noch immer lebten mehr als drei Viertel der Gesamtbevölkerung auf dem Lande, die allermeisten als Tagelöhner, Land- und Forstarbeiter oder landlose »Einlieger«; als landarme Häusler oder als »Instleute«, denen vom Gutsherrn etwas Gartenland und ein Anteil am Getreidedrusch zugewiesen wurde; als Feld- und Hausgesinde, dem nach der — noch bis 1918 gültigen — preußischen Gesindeordnung auch »geringere Tätlichkeiten, die sich das Gesinde durch sein ungebührliches Betragen von Seiten der Herrschaft zuzieht . . . keinen Anspruch auf Genugtuung« gaben; als am Rande des Existenzminimums vegetierende Heimarbeiter oder als Beschäftigte der ländlichen Fabriken.

Zu diesem Landproletariat kam die um die Jahrhundertmitte erst etwa ein Fünftel der Gesamtbevölkerung ausmachende Unterschicht der kleinen, mittleren und großen Städte: die Arbeiter der Fabriken, Bergwerke, Hütten und Häfen; die Lehrlinge und Gesellen der kleinen Handwerksbetriebe; das Heer der Dienstboten und die Hilfsarbeiter der Post und der Eisenbahn.

Die Masse dieser besitzlosen Lohnabhängigen lebte äußerst primitiv, ernährte sich von Roggenbrot, Kartoffeln, Quark, Mehl- und Wassersuppen mit Gemüse, Hering und Speck. Die Lebenserwartung war gering, die Säuglingssterblichkeit enorm hoch. Etwa jeder dritte Erwachsene starb an der »Schwindsucht« genannten Tuberkulose. Die Wohnverhältnisse waren, besonders in den Arbeitervierteln der Großstädte, katastrophal; in Berlin kamen um 1865 auf ein Zimmer durchschnittlich sechseinhalb Personen, auf drei Zimmer ein Wasserabfluß und ein Klosett. Kurz, die meisten Deutschen hausten damals etwa so wie heute noch viele türkische »Gast«arbeiter, nur ging es ihnen damals in vielerlei Hinsicht sehr viel schlechter: Sie konnten sich weit weniger gut ernähren; es gab weder Arbeitslosenunterstützung noch Invalidenhilfe oder Krankenkassen; sie mußten noch länger und schwerer arbeiten, wobei die Reallöhne von 1850 bis 1864 ständig sanken und sich auch später nur sehr zögernd den rasch steigenden Preisen anpaßten, und vor allem waren sie ohne eine Hoffnung, es durch Fleiß und extreme Sparsamkeit zu einem besseren Leben zu bringen!

Zwar machten in den fünfziger und frühen sechziger Jahren die Industrialisierung und der Ausbau des Eisenbahnnetzes enorme Fortschritte, aber der reaktionäre Kurs der deutschen Staaten hielt an, und die liberale Opposition des Bürgertums war auf die Durchsetzung von Interessen gerichtet, die in nur sehr geringem Maße mit den sozialen und wirtschaftlichen Forderungen der führungslosen und gänzlich unorganisierten Arbeiterschaft übereinstimmten.

Immerhin entstanden damals lokale Bündnisse zwischen Gruppen von Facharbeitern und Handwerksgesellen auf der einen und Bürgerkomitees unter Führung entschiedener Demokraten — wie Johann Jacoby in Königsberg — auf der anderen Seite. Auch wurden neue Arbeiterbildungsvereine gegründet, meist von wohlmeinenden bürgerlichen Liberalen, doch oft auch lediglich mit dem Ziel, für die örtliche Industrie einen gesitteten und dankbaren Facharbeiterstamm heranzubilden.

In diesen Arbeiterbildungsvereinen, die polizeilich überwacht wurden, durfte von Politik nicht gesprochen werden. Überhaupt war man in den anderthalb Jahrzehnten nach 1848/49 von seiten der Regierung wie vom — in anderen Fragen oppositionellen — Besitzbürgertum her sehr darum bemüht, das rasch wachsende Heer des Industrieproletariats vor jeder Politisierung zu bewahren, ganz so, wie es die ostelbischen Junker seit langem mit »ihren Leuten« machten. Denn die Angst vor einer neuen Volkserhebung saß allen Besitzenden gleichermaßen im Nacken, obwohl im Land wieder jener Kirchhofsfrieden herrschte wie in den zwanziger Jahren.

Das änderte sich, als 1861 in den USA der Bürgerkrieg zwischen den bürgerlich-fortschrittlichen Nordstaaten und den noch stark vom Feudalismus geprägten, sklavenhaltenden Südstaaten ausbrach. Dieser Krieg, der bis 1865 dauerte und an dem auf seiten des Nordens zahlreiche deutsche Revolutionäre von 1848/49 teilnahmen, hat — wie es Karl Marx ausdrückte — »die Sturmglocke für die europäische Arbeiterklasse geläutet«, so wie achtzig Jahre zuvor der amerikanische Unabhängigkeitskrieg das europäische Bürgertum aufgerüttelt hatte.

Im Sommer 1862 tauchte in einigen deutschen Städten, vor allem in Leipzig und in Berlin, bei politisch interessierten Arbeitern und Handwerkern erstmals der Gedanke auf, einen Kongreß abzuhalten, der sich auf nationaler Ebene mit der unerträglich gewordenen Lage des Industrieproletariats befassen sollte.

Der Kongreß kam nicht zustande, wohl aber eine Versammlung von Delegierten aus den wichtigsten Industriezentren

Deutschlands. Sie tagte am 23. Mai 1863 im Leipziger »Pantheon« unter Beteiligung von einigen hundert Arbeitern aus der Umgebung, und es kam zur Gründung des Allgemeinen Deutschen Arbeitervereins (ADAV). Zu dessen erstem Präsidenten mit nahezu diktatorischen Vollmachten wurde auf fünf Jahre ein Mann gewählt, der sich mit zahlreichen Vorträgen und Schriften in der Arbeiterschaft bekannt gemacht und sie wiederholt zu selbstbewußtem politischem Handeln und zur Befreiung vom Gängelband der »selbstsüchtigen und feigen Bourgeoisie« aufgefordert hatte: Ferdinand Lassalle.

Der 1825 in Breslau geborene Lassalle war der Sohn eines wohlhabenden jüdischen Seidenhändlers. Er hatte in seiner Heimatstadt und in Berlin Philosophie, klassische Philologie und Geschichte, später auch Rechtswissenschaft studiert, war unter dem Einfluß der Schriften Hegels, Börnes und Heines sowie einiger utopischer Sozialisten zu einem revolutionären Demokraten geworden und hatte sich 1848 im Rheinland sehr aktiv an der Volkserhebung beteiligt. Er war damals auch mit Marx und Engels in freundschaftliche Beziehungen getreten und hatte an der *Neuen Rheinischen Zeitung* gelegentlich mitgearbeitet. Daß er nicht stärker in Erscheinung getreten war, lag vor allem daran, daß er den größten Teil der Revolutionszeit im Gefängnis hatte verbringen müssen.

Dieser vielseitig begabte Mann, der auch ein glänzender Redner war und sich mit zahlreichen Veröffentlichungen als Schriftsteller bereits einen Namen gemacht hatte, war jedoch ansonsten in vieler Hinsicht das Gegenteil dessen, was man sich unter einem Arbeiterführer vorstellt: Der schöne und stattliche Mann, stets sehr elegant, mitunter geradezu dandyhaft gekleidet, hatte die Allüren eines Grandseigneurs und eine Vielzahl von Liebesaffären mit meist hochgestellten Damen. Er war geistreich, empfindsam, bei hoher Intelligenz mitunter etwas oberflächlich, konnte aber auch sehr zäh und verbissen kämpfen. Acht Jahre lang hatte er seine Zeit und Energie aber hauptsächlich darauf verwendet, einer Hocharistokratin, der Gräfin Sophie Hatzfeld, in einer langen Reihe von Prozessen vor insgesamt sechsunddreißig Gerichten das dieser Dame von ihrem Ehemann vorenthaltene Vermögen zu erstreiten. Bei alledem hatte sich der von Hause aus begüterte junge Mann die Lebensweise des Hochadels zu eigen gemacht, und er schien mitunter die Politik als die standesgemäße Nebenbeschäftigung eines reichen Gentleman zu betrachten.

Nach einem Vortrag, den er im April 1862 »Über den besonderen Zusammenhang der gegenwärtigen Geschichtsperiode mit der Idee des Arbeiterstandes« gehalten hatte, war er wegen »Aufreizung zum Klassenhaß« angeklagt und im Januar 1863 zu vier Monaten Gefängnis verurteilt worden. Er wurde später in zweiter Instanz freigesprochen, aber sein Prozeß hatte ihn in der Arbeiterschaft noch bekannter und populärer gemacht, und das von Lassalle geprägte Wort von der »verdammten Bedürfnislosigkeit« der deutschen Arbeiter war in aller Munde. So hatte ihm das federführende Leipziger Komitee die Präsidentschaft des zu gründenden Allgemeinen Deutschen Arbeitervereins angetragen.

Es ist sehr viel darüber geschrieben und gestritten worden, in welchem Verhältnis Lassalle zu Marx und Engels und deren Lehre gestanden, auf welches Spiel er sich mit Bismarck, der 1862 preußischer Ministerpräsident geworden war, eingelassen habe und was aus der deutschen Arbeiterbewegung geworden wäre, hätte Lassalle seinen Kurs eines »friedlichen Hineinwachsens« in den Sozialismus, ohne revolutionären Klassenkampf, längere Zeit verfolgen können. Doch dieser Streit muß aus vielerlei Gründen müßig erscheinen:

Marx, der noch 1861 Lassalle in Berlin besucht hatte und von ihm im Jahr darauf in London besucht worden war, hat sich von Lassalle plagiiert und zugleich mißverstanden gefühlt, jedoch darüber am 12. Juni 1863 an Friedrich Engels geschrieben: »Auf seine Plagiats ihn mit der Nase zu stoßen, wäre lächerlich . . .«

Aber beide, Marx wie Engels, haben bei aller Kritik an Lassalle dessen Verdienste nie in Frage gestellt. »Denn«, so hat es Friedrich Engels einmal formuliert, »es gelang dem Talent, dem Feuereifer, der unbezähmbaren Energie Lassalles, eine Arbeiterbewegung ins Leben zu rufen, an welche sich durch positive oder negative, freundliche oder feindliche Bande alles knüpft, was während zehn Jahren das deutsche Proletariat selbständig getan hat.«

Sodann beschränkte sich der Zweck des ADAV zunächst ausschließlich auf die Erringung des allgemeinen, gleichen, direkten und geheimen Wahlrechts, und in den fünfzehn Monaten, die Lassalle nach der Gründung des ADAV noch zu leben hatte, war er hauptsächlich mit den ihm von den preußischen Behörden angehängten Hochverrats- und anderen politischen Prozessen beschäftigt; im Juni 1864 machte er, den die Gerichte bereits in Abwesenheit zu insgesamt sechzehn Monaten Gefängnis verurteilt hatten, eine Erholungsreise in die Schweiz, ließ sich dort in ein Pistolenduell mit einem wallachischen Adligen wegen dessen Braut ein und starb an den dabei erlittenen Verletzungen am 31. August 1864, noch keine vierzig Jahre alt.

Niemand kann mit Bestimmtheit sagen, welchen Kurs er, wäre er am Leben geblieben, später verfolgt hätte; ob seine Strategie des »friedlichen Hineinwachsens« in den Sozialismus nicht bereits im Ansatz gescheitert wäre an der Opposition, die sich im ADAV dagegen gebildet hatte, ja, ob diese Strategie nicht ohnehin bloß eine Taktik war, die die Behörden täuschen sollte, und ob er mit einem realisierbaren Nahziel, der Erringung eines demokratischen Wahlrechts, den Aufbau einer selbständigen, von den Liberalen unabhängigen Arbeiterbewegung erreichen wollte, die, war sie erst stark genug, einen neuen Kurs hätte steuern können.

Schließlich zählte der ADAV bei seiner Gründung nur etwa sechshundert, nach einem Jahr intensiver Werbung kaum mehr als dreitausend Mitglieder!

So muß Ferdinand Lassalle, unbeschadet seiner Fehler und Schwächen, das Verdienst bleiben, im historisch richtigen Augenblick die erste deutsche Arbeiterorganisation geschaffen zu haben, auch wenn man so will, eine Keimzelle der Sozialdemokratischen Partei: jenen Allgemeinen Deutschen Arbeiterverein, für den der noch im schweizerischen Exil lebende, erst 1866 amnestierte Georg Herwegh ein Bundeslied von mitreißendem Schwung schrieb:

»Mann der Arbeit, aufgewacht!
Und erkenne deine Macht!
Alle Räder stehen still,
wenn dein starker Arm es will.«

1863 war indessen nicht nur das Gründungsjahr des ADAV, es war auch das Jahr, in dem der preußische Verfassungskonflikt seinen Höhepunkt erreichte, und im Januar 1863 war in Polen ein neuer Aufstand ausgebrochen, den die Demokraten — besonders Gottfried Keller und Jacob Venedey hatten dazu aufgerufen — nicht nur mit Sympathiekundgebungen, sondern auch mit Geld und Waffen unterstützten.

Im Kampf um die preußische Verfassung kam es zu strengen »Maßregelungen« sehr zahlreicher hoher Beamter und vor allem Richter.

Die fortschrittlichen Demokraten richteten einen Nationalfonds zur Unterstützung der politisch Verfolgten ein; Mitte 1863 waren schon 75 000 Taler zusammengekommen.

Die Politisierung des öffentlichen Lebens machte auch vor den Arbeiterbildungsvereinen nicht halt. Unter Führung von Leopold Sonnemann, dem Gründer und Herausgeber der liberalen *Frankfurter Zeitung*, bildete sich ein Initiativkomitee, das einen Zusammenschluß aller deutschen Arbeiterbildungsvereine — als Gegengewicht gegen die Lassallesche Gründung — herbeiführen wollte. Er kam am 7. Juni 1863 zustande, und damit änderte sich rasch der bis dahin unpolitische Charakter der Arbeiterbildungsvereine, die sich bezeichnenderweise nun »Arbeitervereine« nannten; auch sie forderten jetzt stürmisch das allgemeine, gleiche, direkte und geheime Wahlrecht und die Aufhebung der gerade wieder verschärften Pressezensur. In dieser Phase starker politischer Unruhe, die dann durch Bismarcks »Revolution von oben« beendet wurde, spielten zwei Männer eine zunächst kaum beachtete, jedoch für die künftige Entwicklung der deutschen Arbeiterbewegung entscheidende Rolle: Wilhelm Liebknecht und August Bebel.

Wilhelm Liebknecht, 1826 in Gießen als Sohn eines großherzoglich hessischen Beamten geboren, studierte von 1842 bis 1847 in Gießen, Berlin und Marburg klassische Philologie, Philosophie und Theologie. Schon von Hause aus radikal-demokratischer Republikaner, beteiligte sich der damals zweiundzwanzigjährige Wilhelm Liebknecht mit großer Begeisterung an den revolutionären Kämpfen, auch am Struve-Putsch und am badisch-pfälzischen Aufstand, flüchtete dann, nachdem er im Jahr zuvor einige Monate lang in Haft gewesen war, in die Schweiz, 1850 weiter nach London. Dort wurde Liebknecht, der gänzlich mittellos war, von der ebenfalls auf die Hilfe von Freunden angewiesenen Familie Marx aufgenommen.

Zwölf Jahre blieb Liebknecht im Londoner Exil, verdiente dort sehr mühselig seinen Lebensunterhalt und wurde in dieser Zeit ein überzeugter Anhänger der Lehren seines Freundes Marx. 1862, nach einer Amnestie, konnte er nach Deutschland zurückkehren und ging zunächst nach Berlin, wo er 1863 dem ADAV beitrat, zweifellos mit der Absicht, darin im Sinne von Marx zu wirken. 1865 wurde er deshalb aus dem ADAV ausgeschlossen und auf Betreiben der Gräfin Hatzfeld, die sich als Hüterin des Lassalleschen Erbes ansah, aus Preußen polizeilich ausgewiesen. Er ging dann nach Leipzig, und dort lernte er den jungen Drechslermeister August Bebel kennen.

Bebel, 1840 als Sohn eines preußischen Unteroffiziers in einer feuchten Kasemattenwohnung in Köln-Deutz geboren, war in ärmlichsten Verhältnissen aufgewachsen. Mit vier Jahren hatte er seinen Vater, mit dreizehn seine Mutter verloren, war dann bei einem Drechsler in der Lehre gewesen und hatte als Geselle Deutschland durchwandert. Im Mai 1860 war er nach Leipzig gekommen, hatte sich dem dortigen Arbeiterbildungsverein angeschlossen und zunächst ganz auf seiten derer gestanden, die jede Politisierung der Bildungsarbeit ablehnten. So war er nach Frankfurt zur Gründung des — von Leopold Sonnemann angeregten, ursprünglich »Vereinstag« genannten — »Verbands der deutschen Arbeitervereine« delegiert und dort in den Vorstand gewählt worden.

Bebel, seit 1864 selbständiger Drechslermeister mit eigener kleiner Werkstatt, hatte sich dann aber bald unter dem Einfluß seines älteren Freundes Liebknecht zum überzeugten Sozialisten und Anhänger der Lehren von Marx und Engels entwikkelt, und unter seiner Führung schloß sich der etwa 13000 Mitglieder zählende, ursprünglich von bürgerlichen Liberalen gegängelte »Verband der deutschen Arbeitervereine« im September 1868 den Bestrebungen der »Internationalen Arbeiter-Assoziation« an.

Diese »Erste Internationale« war vier Jahre zuvor, am 28. September 1864, in London unter Führung von Marx gegründet worden; die wichtigsten Impulse zur Gründung von deutschen Sektionen gingen aber von Genf aus, wo Johann Philipp Becker, von Marx damit beauftragt, seit 1866 den *Vorboten* herausgab. Der 1809 in Frankenthal in der Pfalz geborene Becker, der aus einer Handwerkerfamilie stammte, war schon 1832 auf dem Hambacher Fest als einer der radikalsten Redner aufgetreten, hatte dann im schweizerischen Exil gelebt und an den Kämpfen von 1848/49, zuletzt als Oberbefehlshaber der Volkswehren im badisch-pfälzischen Aufstand, sehr aktiv teilgenommen. Er war, wie Engels 1886 an Bebel schrieb, »eine Gestalt aus unserer rheinisch-fränkischen Heldensage, wie sie im Nibelungenlied verkörpert«, zudem ein überzeugter Anhänger von Marx geworden, und seiner rastlosen Arbeit war es zu verdanken, daß 1868, als sich der »Verband der deutschen Arbeitervereine« unter Bebels Führung der Ersten Internationale anschloß, bereits eine ganze Reihe von Sektionen dieser marxistischen Dachorganisation innerhalb Deutschlands bestanden; Bebel selbst war persönlich bereits zwei Jahre zuvor der Internationale beigetreten, und natürlich war auch Wilhelm Liebknecht, seit Januar 1868 Chefredakteur des *Demokratischen Wochenblatts*, des Zentralorgans des Verbands der deutschen Arbeitervereine, deren Mitglied. Nun fehlte nur noch die Gründung einer politischen Partei, die im Parlament und in der Öffentlichkeit die Interessen der zum Selbstbewußtsein erwachten deutschen Arbeiterschaft und die Ziele der Internationale vertreten konnte. Eine Zeitlang zögerten Becker, Liebknecht und Bebel noch damit, weil sie auch die im ADAV organisierten Lassalleaner für eine gemeinsame Partei aller Sozialisten zu gewinnen hofften. Aber auf dem am 7. August 1869 in Eisenach, zunächst zusammen mit den Vertretern des ADAV, veranstalteten ersten allgemeinen Kongreß aller sozialdemokratischen Arbeiter zeigte sich rasch, daß an ein Zusammengehen mit den Lassalleanern vorerst nicht zu denken war.

So wurde in Eisenach die »Sozialdemokratische Arbeiterpartei« unter Führung von Wilhelm Liebknecht und August Bebel gegründet; der Verband der deutschen Arbeitervereine löste sich gleichzeitig auf, und sein *Demokratisches Wochenblatt* wurde, unter dem neuen Namen *Volksstaat*, unter Liebknechts Leitung offizielles Parteiorgan.

Der im Sommer des nächsten Jahres ausbrechende Deutsch-Französische Krieg 1870/71 stellte die junge Partei auf eine schwere Probe. Einerseits konnten und wollten die »Eisenacher«, wie sie nach dem Gründungsort ihrer Partei genannt wurden, den militaristischen und chauvinistischen Taumel, in den die bürgerlichen Parteien und auch die Lassalleaner verfallen waren, nicht mitmachen; sie appellierten deshalb auf allen Kundgebungen an die Solidarität zwischen den deutschen und den französischen Arbeitern, die Vorrang vor allen nationalen Zwistigkeiten haben müßten. Doch anderseits konnten sie nicht verkennen, daß es um die Verteidigung der noch nicht vollendeten staatlichen Einigung des Vaterlands gegen den Bonapartismus ging. Bei der Abstimmung über die Kriegsanleihe im Norddeutschen Reichstag, wo Bebel und Liebknecht sowie zwei Lassalleaner bereits Abgeordnete waren, enthielten sich am 19. Juli 1870 die beiden »Eisenacher« der Stimme. Es war eine mutige Demonstration des demokratischen Mißtrauens gegen Bismarcks Politik und ein Bekenntnis zur internationalen Solidarität.

Am 26. November 1870, als es im Reichstag erneut um die Bewilligung von Kriegskrediten zur Fortsetzung des nunmehrigen Eroberungskrieges ging, sprachen sich Liebknecht und Bebel energisch für die Beendigung des Kampfes gegen das französische Brudervolk und für sofortigen Friedensschluß aus. Als man ihnen daraufhin von der Rechten aus höhnisch zurief: »Ihre Brüder!«, antwortete Liebknecht, auf einen bekanntgewordenen Brief Wilhelms I. an den gefangenen Franzosenkaiser anspielend, worin der Preußenkönig den entthronten Bonaparte seinen »lieben Bruder« genannt hatte: »Es ist wahrlich ehrenhafter, der Bruder des französischen Volks und der französischen Arbeiter zu sein, als der ›liebe Bruder‹ des Schurken auf der Wilhelmshöhe!« Und bei der folgenden Abstimmung lehnten alle sozialistischen Abgeordneten, auch die Lassalleaner, die Bewilligung neuer Kriegskredite ab.

Die Rache der preußischen Regierung ließ nicht lange auf sich warten. Sie stellte bei der sächsischen Regierung den Antrag, Bebel und Liebknecht wegen Landesverrats anzuklagen. Einen Monat später führte Sachsen den Befehl aus Berlin aus; die beiden unerschrockenen Arbeiterführer wurden verhaftet.

Schon einige Wochen zuvor hatten die preußischen Militärbehörden zahlreiche führende Sozialdemokraten, darunter fast alle Mitglieder der Braunschweiger zentralen Leitung für Deutschland, festnehmen und in Ketten auf die ostpreußische Festung Lötzen bringen lassen, ebenso eine Reihe von Kritikern der Bismarckschen Politik und Gegnern einer Annexion Elsaß-Lothringens. Unter den Festungsgefangenen war auch der fünfundsechzigjährige Dr. Johann Jacoby aus Königsberg.

Als Jacoby nach sechswöchiger Haft, die — wie er es vornehm ausdrückte — »unter entwürdigenden Bedingungen« vollzogen wurde, wieder freigelassen worden war, hatte die Königsberger Stadtverordnetenversammlung, der er angehörte, über eine Huldigungsadresse an den im Januar 1871 im Spiegelsaal des Schlosses von Versailles zum Deutschen Kaiser proklamierten Preußenkönig Wilhelm I., den ehemaligen »Kartätschenprinzen«, zu beraten. Der Monarch habe schließlich, so wurde in der Versammlung vorgebracht, die Sehnsüchte der Deutschen, den Traum von der staatlichen Einigung des Vaterlands, endlich erfüllt. Jacoby sprach sich entschieden gegen die geplante Huldigung aus, woraufhin er von nationalliberaler Seite als »undeutsch« und »vaterlandslos« beschimpft wurde. In seiner Antwort erklärte Dr. Jacoby:

»Der deutsche Geist ist ein Geist der Freiheit, der Humanität! Undeutsch ist es daher, zu glauben, daß durch Zwang, durch ›Blut und Eisen‹-Politik, eine deutsche Freiheit herzustellen ist. Wenn mein Herr Vorredner den vaterlandslos nennt, der das Gefühl für Recht und Freiheit höher achtet als die sogenannte Liebe zum Vaterland, so mag er mich immerhin vaterlandslos nennen.«

Im März 1872 wurde Wilhelm Liebknecht und August Bebel wegen angeblicher Vorbereitung zum Hochverrat der Prozeß gemacht. Die Verhandlungen zogen sich über zwei Wochen hin und wurden wegen des mutigen, würdigen und sachlichen Auftretens der beiden Angeklagten ein großer Propagandaerfolg für die Sozialdemokraten. Auch erbrachte der Prozeß nicht einen Schatten des Beweises einer Schuld. Trotzdem wurden Liebknecht und Bebel am 2. April 1872 zu je zwei Jahren Festungshaft verurteilt, die sie auf der sächsischen Feste Hubertusburg abbüßten.

Einige Tage nach diesem Urteil teilte Dr. Jacoby der Redaktion des *Volksstaates* mit, daß er Mitglied der Sozialdemokratischen Arbeiterpartei geworden sei; es seien die Verhandlungen des Hochverratsprozesses gegen Liebknecht und Bebel gewesen, die dafür den letzten Anstoß gegeben hätten.

»Freilich«, so berichtet darüber Jacobys Biograph Edmund Silberner, »rief sein Beitritt zur Sozialdemokratie höchsten Skandal in den Reihen der ›Wohlgesinnten‹ hervor, denen Sozialdemokraten als Landesverräter verwegenster Art galten. ›Aber‹, bemerkt Guido Weiss über seinen Lehrer und Freund Jacoby, ›er war Sozialist der Forderung nach schon 1848 gewesen; er hatte sein Programm sozialer Reform schon 1868 skizziert und 1870 ausgeführt, und so war's denn nur die Äußerlichkeit, der formelle Beitritt zu den ›Petroleurs‹ und ›Communards‹, an dem die heuchlerische Gesellschaft Anstoß nahm.‹ Denjenigen, die Jacobys sozialpolitische Haltung aufmerksam verfolgt hatten, bot sein Beitritt zur SDAP nichts Unerwartetes . . . Guido Weiss umschrieb ihn als einen Schritt, bei dem nur die Waffengattung gewechselt, nicht aber das Heer verlassen werde: Jacoby sei unter die Reiter gegangen, die bürgerlichen Demokraten seien bescheidene Musketiere geblieben.«

Als im Januar 1874 ein neuer Reichstag gewählt wurde, bewogen die »Eisenacher« den fast siebzigjährigen Dr. Jacoby, für die Partei zu kandidieren, doch machte er einen Vorbehalt: »Den Genossen«, schrieb er an den Vorstand, »ist meine Ansicht über das preußisch-deutsche Kaiserreich zur Genüge bekannt; sie mögen hiernach ermessen, wie wenig Verlangen ich trage, an den unersprießlichen Reichstagsverhandlungen mich zu beteiligen. Sollte — aus taktischen Gründen — die Partei für gut befinden, mich als ihren Kandidaten aufzustellen, so hätte ich meinerseits nichts dagegen, muß jedoch im voraus bemerken, daß ich — im Falle der Wahl — die freie Entscheidung über Annahme oder Ablehnung des Mandats mir vorbehalte.«

Der »dürre alte Jude«, wie Bismarck seinen — im stillen wohl bewunderten — Gegner Jacoby gelegentlich zu nennen beliebte, wurde im sächsischen Wahlkreis 13 (Leipzig I und II) mit knapper Mehrheit in den Reichstag gewählt, nahm aber das Mandat nicht an; sein Königsberger Landsmann Dr. Karl Heine rückte als Vertreter der Fortschrittspartei an seiner Stelle ins Parlament ein, und damit endete Jacobys politische Laufbahn.

Drei Jahre später, am 6. März 1877, starb der zuletzt sehr einsame Doktor, der dreißig Jahre lang als unerschrockener Einzelkämpfer für Freiheit und Demokratie dem reaktionären Junkerstaat die Stirn geboten hatte, in seiner Heimatstadt; viele tausend Mitbürger, vor allem aus der Königsberger Arbeiterschaft, aber auch Delegationen aus Berlin, aus Schlesien und aus dem Rheinland, gaben ihm das letzte Geleit. Unter den Rednern am Grabe Johann Jacobys war der Gutsbesitzer Luce aus Junkerken bei Lötzen, der im Namen des Vorstands der Sozialistischen Arbeiterpartei Deutschlands sprach, Theobald Rupp als Vertreter der Demokraten Schwabens, Heinrich Ecks im Namen der Arbeiterfrauen Berlins, Max Herbig im Auftrag der Sozialisten Leipzigs und Leopold Sonnemann für die Demokraten Frankfurts und die *Frankfurter Zeitung*.

Die Vertreter des Königsberger Handwerkervereins erinnerten daran, wie Jacoby ihnen Ende 1873 in einer seiner letzten öffentlichen Ansprachen die Beziehungen zwischen Bildung und Freiheit erläutert hatte:

Schule und Unterricht, belehrende Vorträge und geselliger Verkehr, so hatte er ausgeführt, wären zweifellos geeignet, die Bildung einzelner, im besten Falle: eines kleinen Bruchteils des Volkes, herbeizuführen; sie reichten aber keineswegs aus, die Bildung eines ganzen Volkes zu bewirken. Dazu gebe es nur ein Mittel: öffentliches Leben, Teilnahme des Volkes an den Angelegenheiten des Staates, mit einem Wort: staatliche Freiheit!

Schon im Altertum — so hatte Jacoby weiter erklärt — hätte es gelehrte und gebildete Sklaven gegeben, und es gebe sie auch jetzt. Aber ein ganzes gebildetes Sklaven*volk* werde und könne es niemals geben. In bezug auf die Gesamtheit des Volkes sei es ein Irrtum, zu sagen: durch Bildung zur Freiheit. Umgekehrt müsse es heißen: durch Freiheit zur Bildung! Denn ohne Volksfreiheit gebe es keine Volksbildung.

»Wie aber, fragen Sie, ist die Freiheit zu erringen?« hatte sich Jacoby zum Schluß seiner Ansprache an die Handwerker gewandt und dann erklärt: »Meine Antwort lautet kurz und bündig: durch ein einziges Wörtlein. Ein berühmter griechischer Geschichtsschreiber, Plutarch, sagt: ›Die Bewohner Asiens sind insgesamt Despoten unterworfen, weil ihre Zunge eine Silbe nicht aussprechen kann, nämlich das Wort *nein!*‹ Meine Freunde! Lassen Sie uns hoffen, daß die Sprachorgane unseres Volkes in dieser Hinsicht besser geartet seien als die der Asiaten; hoffen wir, daß das deutsche Volk . . . endlich einmal lernen werde, *nein* zu sagen . . .«

»Novemberverbrecher«: Intellektuelle in der ersten Republik

Der mörderische Krieg, »der gefährlichste Feind aller Kulturentwicklung«, den deutsche Radikale aller Richtungen — Liberale, Sozialisten, Christen oder auch »aristokratische Einzelgänger« wie Maximilian Harden — immer vor Augen gehabt hatten, als sie gegen das »persönliche Regiment« Wilhelms II. und gegen den Militarismus, die reaktionäre Innen- und die aggressive Außenpolitik Preußen-Deutschlands zu Felde gezogen waren, endete so katastrophal, wie es Arthur Bernstein schon Ende Juli 1914 exakt vorausgesagt hatte.

Doch diejenigen, die dann am härtesten darunter leiden mußten, waren nicht etwa die Verursacher von Krieg, Hunger und Elend, nicht der größenwahnsinnige Kaiser, der sich, schon zuvor von seinem Feldherrn Ludendorff völlig entmachtet, eilig nach Holland begab und dort als Multimillionär zur Ruhe setzte, auch nicht die verantwortlichen Militärs und Politiker, von denen keinem ein Haar gekrümmt oder gar ein Tausender von der Pension abgezwackt wurde, und schon gar nicht die

Herren von der Rüstungsindustrie. Es waren vielmehr diejenigen Männer und Frauen, die den Militarismus am leidenschaftlichsten bekämpft und den Völkermord durch Massenstreik zu verhindern versucht hatten. Und die ersten Opfer waren Karl Liebknecht und Rosa Luxemburg.

Liebknecht, der Anfang August 1914 noch Fraktionsdisziplin geübt und gegen seine Überzeugung der Bewilligung der Kriegskredite im Plenum zugestimmt hatte, ließ sich schon bei der nächsten Entscheidung nur noch von seinem Gewissen leiten und lehnte am 2. Dezember 1914 als einziger Abgeordneter des Reichstags weitere Kredite und damit die Kriegspolitik der Regierung ab. Fortan bekämpfte er die »Burgfriedenspolitik« der SPD und, nachdem er im Februar 1915 als Armierungssoldat einzogen worden war, unter Mißachtung der Militärgesetze die Fortsetzung des Krieges. Im Frühjahr 1915 veröffentlichte er illegal seine Schrift *Klassenkampf gegen den Krieg. Der Fall Liebknecht* und ein Flugblatt mit der Parole »Der Hauptfeind steht im eigenen Land«. Unter seinem Einfluß entstand in der SPD die »Gruppe Internationale«, die sich dann »Spartakusgruppe« nannte und die linken Oppositionellen in der Partei zu gemeinsamem Handeln veranlassen sollte.

Nachdem Liebknecht bereits im Januar 1916 von der rechten Mehrheit aus der SPD-Fraktion ausgeschlossen worden war und auch längst nicht mehr mit einer Unterstützung durch den Parteivorstand rechnen konnte, organisierte er am 1. Mai 1916 mit der Spartakusgruppe eine Antikriegsdemonstration auf dem Potsdamer Platz, dem wichtigsten Verkehrszentrum Berlins. Er konnte gerade noch die Losung verkünden: »Nieder mit dem Krieg! Nieder mit der Regierung!«, da wurde er auch schon — »auf frischer Tat«, daher nicht von den Immunitätsbestimmungen für Reichstagsabgeordnete geschützt — verhaftet und im November 1916 in zweiter Instanz vom Oberkriegsgericht zu vier Jahren und einem Monat Zuchthaus verurteilt; die bürgerlichen Ehrenrechte und damit auch das Reichstagsmandat sowie die Zulassung zum Anwaltsberuf wurden ihm für sechs Jahre aberkannt. Die Zeiten der gelinden Festungshaft »in frischer Bergluft« und mit Muße zum Studieren waren vorbei.

Immerhin konnte Liebknecht auch aus dem schlesischen Zuchthaus Luckau, wo er seine Strafe verbüßen mußte, Artikel für die *Spartakusbriefe* schreiben, Flugblätter verfassen, mit politischen Freunden korrespondieren und Besuche empfangen; von Isolierhaft oder besonderer Strenge des Vollzugs konnte keine Rede sein. Und so blieb es fast zwei Jahre lang. Dann wurde Karl Liebknecht im Zuge einer unter dem Druck der revolutionären Stimmung im Lande gewährten Amnestie für politische Straftäter »begnadigt« und am 23. Oktober 1918 aus dem Zuchthaus entlassen.

In Berlin, wo er noch am selben Tag eintraf, wurde er von einer großen Menschenmenge begeistert empfangen. Er übernahm sofort die Führung der Spartakusgruppe, die zwar nur ein paar hundert Mitglieder zählte, aber schon dadurch zu einem nicht zu unterschätzenden politischen Faktor geworden war, daß die Anhängerschaft der Sozialdemokratie jetzt ebenfalls verlangte, es müsse endlich gehandelt, der Krieg sofort beendet und eine sozialistische Republik geschaffen werden. Das waren auch die Ziele der Spartakusgruppe, und sie hatte nun erstmals die Chance, sie durchzusetzen.

Am Mittag des 9. November 1918 war es dann ja auch Karl Liebknecht, der vom Balkon des kaiserlichen Schlosses aus die »freie, sozialistische Republik Deutschland« proklamierte. Seine Ansprache an die Menge Unter den Linden schloß er mit den Worten: »Wir wollen an der Stelle, wo die Kaiserstandarte wehte, die rote Fahne . . . hissen!«

Aber genau das wollten die Führer der SPD gerade nicht; sie wünschten keinen Umsturz, sondern »Ruhe und Ordnung«, keinen Wechsel der Flagge und nach Möglichkeit auch keinen der Staatsform. Aber nun, nachdem Karl Liebknecht die Initiative ergriffen hatte, mußten auch die rechten SPD-Führer handeln: Vom Reichstag aus proklamierte wenige Minuten nach Liebknecht Philipp Scheidemann ebenfalls die Republik auf gemäßigte, sozialdemokratische Weise: »Der Kaiser hat abgedankt! Er und seine Freunde sind verschwunden. Über sie alle hat das Volk auf der ganzen Linie gesiegt. Es lebe die Republik!«

Die letzten vier Worte — Scheidemann hielt sie für eine glückliche Eingebung — nahm ihm Friedrich Ebert, der Führer der SPD, sehr übel. »Du hast kein Recht, die Republik auszurufen!« brüllte er seinen Parteifreund an.

Der Gang der Ereignisse in den folgenden Stunden, Tagen und Wochen ist in dem Buch *Einig gegen Recht und Freiheit* ausführlich beschrieben worden. So sei hier nur noch kurz daran erinnert, daß Ebert in den folgenden Verhandlungen mit Hugo Haase, dem Führer der von der SPD abgefallenen Unabhängigen Sozialdemokraten (USPD), seine Bereitschaft erkennen ließ, auch Karl Liebknecht in die provisorische Regierung, den »Rat der Volksbeauftragten«, aufzunehmen. Aber, wie hier ergänzend bemerkt sei, Liebknecht machte Hugo Haase gegenüber eine solche Mitarbeit davon abhängig, daß man gemeinsam eine sozialistische, der alten Linie der Partei entsprechende Politik mache und nicht den rechten Kurs des SPD-Parteivorstands einschlage.

Dazu waren Ebert und seine Freunde nicht bereit, und Ende Dezember 1918 war es auch dem letzten Zweifler klar, daß es zwischen den Mehrheitssozialisten um Ebert, Scheidemann und Noske, die sich mit den kaiserlichen Generalen verbündet hatten, und der Spartakusgruppe zu keiner Wiedervereinigung, auch zu keinem Bündnis mehr kommen konnte. So konstituierte sich am 30. Dezember 1918 die von den Spartakus-Anhängern um Karl Liebknecht und Rosa Luxemburg gebildete Kommunistische Partei Deutschlands, deren Zielsetzungen entschieden sozialistisch, aber auch durchaus demokratisch waren. Als Liebknecht Anfang Januar in den aus allen in Opposition zu Ebert, Scheidemann und Noske stehenden linken Gruppen zusammengesetzten »Revolutionsausschuß« eingetreten war, versuchte er dort, nicht zuletzt auf dringendes Anraten Rosa Luxemburgs hin, den voreiligen und von vornherein zum Scheitern verurteilten bewaffneten Aufstand zu verhindern. Aber der »Revolutionsausschuß«, in dem die Spartakusgruppe nur eine winzige Minderheit darstellte, hatte längst die Kontrolle über die Ereignisse verloren. Die Regierungstruppen, die unter Noskes Verantwortung die »Ruhe und Ordnung« in Berlin mit brutalen Methoden wiederherstellten, hatten ein verhältnismäßig leichtes Spiel.

Doch die Sieger über die linken Sozialdemokraten des — fälschlich »Spartakistenaufstand« genannten — Berliner Januaraufruhrs begnügten sich nicht damit, die revolutionären Arbeiter und Matrosen überwältigt zu haben. Sie übten nun auch eine — nur aus der völligen Verrohung durch fünf Jahre Krieg erklärbare — Rache an den Gefangenen und Geschlagenen, wie man sie seit den Exzessen bei der Rückeroberung von Mainz durch die konterrevolutionären Interventionstruppen im Jahre 1793 nicht mehr erlebt hatte.

Karl Liebknecht und Rosa Luxemburg konnten sich noch ein paar Tage lang verstecken, jede Nacht das Quartier wechselnd. Am 14. Januar 1919 schrieben sie ihre letzten Artikel für die *Rote Fahne.* Rosa Luxemburgs Beitrag war ein beißender Angriff auf die feigen Bürger, die konterrevolutionären einstigen Genossen und auch auf diejenigen, die den Aufstand voller Illusionen begonnen hatten und nun resignierten: »›Ordnung herrscht in Berlin!‹ Ihr stumpfen Schergen! Eure ›Ordnung‹ ist auf Sand gebaut. Die Revolution wird sich morgen schon ›rasselnd wieder in die Höh‹ richten und zu eurem Schrecken mit Posaunenklang verkünden: Ich war, ich bin, ich werde sein!«

Rosa Luxemburg, diese bedeutendste geistige Führerin der deutschen sozialistischen Linken seit dem Tod von Friedrich Engels im Jahre 1895, war alles andere als das »Flintenweib«, als das ihre zahlreichen Gegner sie hinzustellen versuchten. Gewiß, sie war eine Radikale *par excellence,* die beispielsweise Weihnachten 1916, aus der Festung Wronke, wo die Behörden sie in »Schutzhaft« hielten, an eine sozialdemokratische Freundin aus dem Kreis um Kautsky und Hugo Haase schrieb:

»... Ihr seid mir ›zu wenig draufgeherisch‹, meinst Du melancholisch? ›Zu wenig‹ ist gut! Ihr seid überhaupt nicht ›geherisch‹, sondern ›kriecherisch‹. Es ist nicht ein Unterschied des Grades, sondern der Wesenheit. ›Ihr‹ seid überhaupt eine andere zoologische Gattung als ich, und nie war mir euer griesgrämiges, sauertöpfisches, feiges und halbes Wesen so fremd, so verhaßt, wie jetzt. Das ›Draufgängertum‹ würde euch schon passen, meinst Du, bloß wird man dafür ins Loch gesteckt und ›nutzt dann wenig‹. Ach, ihr elende Krämerseelen, die Ihr bereit wäret, auch ein bißchen ›Heldentum‹ feilzubieten, aber nur ›gegen bar‹, und sei es um verschimmelte drei Kupferpfennige, aber man soll gleich einen ›Nutzen‹ auf dem Ladentisch sehen. Und das einfache Wort des ehrlichen und geraden Menschen: ›Hier steh ich, ich kann nicht anders, Gott helf mir‹, ist für euch nicht gesprochen. Ein Glück, daß die bisherige Weltgeschichte nicht von Euresgleichen gemacht war, sonst hätten wir keine Reformation und säßen wohl noch im Ancien Régime.

Was mich anbelangt, so bin ich in der letzten Zeit« — seit Juli 1916 war sie in »Schutzhaft«; zuvor, vom Februar 1915 bis zum Februar 1916, hatte sie im Berliner Frauengefängnis Barnimstraße eine Strafe wegen Antikriegspropaganda verbüßt — »wenn ich schon nie weich war, hart geworden wie geschliffener Stahl und werde nunmehr weder politisch noch im persönlichen Umgang auch die geringste Konzession machen ...«

Doch dieselbe Frau, die schon im Juli 1914 den Mut gehabt hatte, den preußischen Militarismus öffentlich der tausendfachen Soldatenmißhandlung zu bezichtigen, war in der jahrelangen Haft — am schlimmsten hatte sie es in Berlin, »in der Spelunke am Alexanderplatz, wo ich in der elf Kubikmeter großen Zelle, morgens und abends ohne Licht, eingeklemmt zwischen das C (aber ohne W) und die eiserne Pritsche, meinen Mörike deklamierte« — weder verbittert, noch war sie eine versteinerte Fanatikerin geworden. In demselben Brief an die gescholtene Freundin heißt es:

». . . sieh, daß Du *Mensch* bleibst. Mensch sein ist vor allem die Hauptsache. Und das heißt: fest und klar und heiter sein, ja heiter — trotz alledem und alledem, denn das Heulen ist Geschäft der Schwäche. Mensch sein, heißt sein ganzes Leben ›auf des Schicksals großer Waage‹ freudig hinwerfen, wenn's sein muß, sich zugleich aber an jedem hellen Tag und jeder schönen Wolke freuen — ach, ich weiß kein Rezept zu schreiben, wie man Mensch sein soll, ich weiß nur, wie man's ist, und Du wußtest es auch immer, wenn wir einige Stunden zusammen im Südender Feld spazieren gingen und auf dem Getreide roter Abendschein lag. Die Welt ist so schön bei allem Graus und wäre noch schöner, wenn es keine Schwächlinge und Feiglinge auf ihr gäbe . . .«

Von Rosa Luxemburgs Freunden sind später zahlreiche ihrer Briefe aus der Gefängnis- und Festungshaft veröffentlicht worden. Es war dies, wie ihr Biograph Peter Nettl dazu bemerkt hat, »ein Akt der Pietät; man wollte zeigen, daß die rote Revolutionärin . . . in Wirklichkeit eine empfindsame, verletzliche, gütige Frau war, die mit jeder erfrorenen Wespe litt und alle Lebewesen mit tiefer Liebe umfing«.

Doch auch in allen ihren politischen Schriften, zumal in ihrer kritischen Würdigung der russischen Revolution, wird immer wieder jener tiefe Humanismus sichtbar, aus dem heraus sie zur entschiedenen und unbeugsamen Sozialistin geworden war. Wenn sie beispielsweise schrieb, »Freiheit nur für die Anhänger der Regierung, nur für die Mitglieder einer Partei — mögen sie noch so zahlreich sein — ist keine Freiheit; Freiheit ist immer nur Freiheit des anders Denkenden — nicht wegen des Fanatismus der ›Gerechtigkeit‹, sondern weil all das Belehrende, Heilsame und Reinigende der politischen Freiheit an diesem Wesen hängt und seine Wirkung versagt, wenn die ›Freiheit‹ zum Privilegium wird«, so war dies zwar sicherlich kein Plädoyer für die bürgerliche Demokratie, aber gewiß auch nicht, wie gelegentlich behauptet wird, blanke Ironie. Ja, wir können sogar dahingestellt sein lassen, ob Rosa Luxemburg damit jene Demokratie gemeint hat, die nach sozialistischer Ansicht erst nach dem endgültigen Sieg der Revolution möglich wird, oder ob sie dabei — in Unkenntnis der wahren Lage und der Mehrheitsverhältnisse im Rußland des Jahres 1918 — von mitteleuropäischen Verhältnissen ausging. Jedenfalls dachte sie so und meinte jedes Wort, das sie schrieb, durchaus ehrlich. Denn sie hatte — zum Unterschied von vielen ihrer Kampfgefährten und erst recht zu manchen ihrer späteren Interpreten — viel mehr Angst vor einer ihre Ziele vergessenden und entartenden Revolution als vor einer gescheiterten.

»Ohne allgemeine Wahlen, ungehemmte Presse- und Versammlungsfreiheit, freien Meinungskampf«, so warnte sie im Jahre 1918 eindringlich, »erstirbt das Leben in jeder öffentlichen Institution, wird zum Scheinleben, in dem die Bürokratie allein das tätige Element bleibt. Das öffentliche Leben schläft allmählich ein, einige Dutzend Parteiführer von unerschöpflicher Energie und grenzenlosem Idealismus dirigieren und regieren, unter ihnen leitet in Wirklichkeit ein Dutzend hervorragender Köpfe, und eine Elite der Arbeiterschaft wird von Zeit zu Zeit zu Versammlungen aufgeboten, um den Reden der Führer Beifall zu klatschen, vorgelegten Resolutionen einstimmig zuzustimmen, im Grunde also eine Cliquenwirtschaft — eine Diktatur allerdings, aber nicht die Diktatur des Proletariats, sondern die Diktatur einer Handvoll Politiker, d. h. Diktatur im bürgerlichen Sinne . . .«

Man täte Rosa Luxemburg jedoch unrecht, faßte man diese und andere Sätze lediglich als Anklage und als vorausschauende, fast hellseherische Kritik auf; es ist ihre in Form eines kritischen Dialogs abgefaßte Zielvorstellung. Es erschien ihr, um nochmals ihren Biographen Peter Nettl zu zitieren, der es treffend formuliert hat, als »kaum denkbar . . . daß Sozialisten an der Spitze einer kapitalistischen Gesellschaft stehen könnten . . . und als schlechthin irrsinnig, einen solchen Status quo hinzunehmen, zeitweilig sogar zu stärken und das Ganze Stabilität zu nennen«.

Für Rosa Luxemburg gab es auch keine »nationalen«, »patriotischen« Belange im herkömmlichen Sinne. Als in ihrem Strafprozeß 1914 der Staatsanwalt sie abschätzig eine »Heimatlose« nannte, erwiderte sie: »Was die Heimatlosigkeit betrifft, so möchte ich mit dem Herrn Staatsanwalt nicht tauschen. Ich habe eine so große, liebe Heimat, wie sie kein preußischer Staatsanwalt besitzt ... Was ist das Vaterland anderes, als die Hebung des Wohlstands, die Hebung der Sittlichkeit, die Hebung der geistigen Kräfte der großen Massen, die das Volk ausmacht!«

Und auch der Terror, den diese »blutdürstige Megäre« angeblich predigte, war allenfalls der Schrecken, den Menschenliebe, Vernunft, Kreativität und ein humanistisches Sozialismus- und Demokratieverständnis für diejenigen haben, denen dies alles fehlt: »Nur ungehemmt schäumendes Leben verfällt auf tausend neue Formen, Improvisationen, erhellt schöpferische Kraft, korrigiert selbst alle Fehlgriffe. Das öffentliche Leben der Staaten mit beschränkter Freiheit ist eben deshalb so dürftig, so armselig, so schematisch, so unfruchtbar, weil es sich durch Ausschließung der Demokratie die lebendigen Quellen allen geistigen Reichtums und Fortschritts absperrt ...«

Am 15. Januar 1919 wurden Rosa Luxemburg und Karl Liebknecht ermordet. Auch Liebknechts Artikel, der an diesem Tag unter der Überschrift »Trotz alledem!« erschien, knüpfte — wie die Schlußworte von Rosa Luxemburg — an ein Gedicht von Ferdinand Freiligrath an. Angehörige der unter dem Oberbefehl des sozialdemokratischen »Volksbeauftragten« Gustav Noske stehenden, konterrevolutionären Gardekavallerieschützendivision holten beide aus ihrer Wohnung. Im Divisionshauptquartier, dem »Hotel Eden« im Berliner Westen, wurden sie brutal mißhandelt, dann erschlagen, schließlich noch als Tote diffamiert.

Von Karl Liebknecht, dem Unerschrockenen, wurde fälschlich behauptet, er habe sich seiner Verantwortung feige zu entziehen versucht und sei »auf der Flucht erschossen« worden; Rosa Luxemburg, deren Leichnam die Soldateska in den Landwehrkanal geworfen hatte, wurde als »vermißt« gemeldet und sollte sich angeblich, unter Mitnahme der Parteikasse, mit ihrem »Geliebten« Leo Jogiches, »aus dem Staub gemacht« haben.

(Jogiches, ein enger Freund Rosa Luxemburgs, langjähriger Kampfgefährte, Organisator der Spartakusgruppe und ihr fähigster Propagandist, wurde am 10. März 1919 in Berlin verhaftet und von dem Polizeibeamten Tamschick kurze Zeit später durch Kopfschuß »erledigt«.)

Wenngleich den Mördern samt und sonders so gut wie nichts geschah, erst recht nicht ihren Auftraggebern, und man sich seitens der Regierung sehr bemühte, den tatsächlichen Sachverhalt zu vertuschen, so kam die Wahrheit dennoch sehr rasch ans Licht. Trauer und Empörung bei der gesamten deutschen Linken waren grenzenlos, und der alte Franz Mehring gab den herrschenden Gefühlen am treffendsten Ausdruck, als er voll Zorn und Abscheu ausrief: »Tiefer ist noch keine Regierung gesunken!«

Wenige Tage später starb Mehring — an Lungenentzündung, wie die Ärzte meinten, doch in Wahrheit wohl am Tode seiner Freunde und an dem Verrat, der von den Führern der Partei, für die er jahrzehntelang gekämpft hatte, an der gemeinsamen Sache begangen worden war.

Die Morde in Berlin — an Karl Liebknecht, Rosa Luxemburg und an Dutzenden von wirklichen oder vermeintlichen »Spartakisten« — waren nur der Anfang. In den folgenden Wochen und Monaten wurden noch Tausende erschlagen oder erschossen.

Viele, die dem weißen Terror gerade noch entgangen waren, wurden vor »Sondergerichte« gestellt und im Eilverfahren zu langen Zuchthausstrafen verurteilt. Nur in wenigen Fällen kam es zu einem Freispruch wie bei dem fast siebzigjährigen Georg Ledebour, der auch dem »Revolutionsausschuß« angehört hatte, den man aber wegen seiner großen Popularität bei der Berliner Arbeiterschaft nicht zu verurteilen wagte.

Andere bekannte Kämpfer gegen den preußischen Militarismus der Wilhelminischen Ära fielen den Anschlägen einzelner, durch die ständigen Verleumdungen der deutschnationalen Presse aufgehetzter Attentäter zum Opfer — wie im Herbst 1919 Hugo Haase, der Führer der USPD, oder im Sommer 1922 Maximilian Harden, der sich unter dem Eindruck des Krieges zum entschiedenen Sozialisten gewandelt hatte; Harden kam bei dem Anschlag zwar noch mit dem Leben davon, aber er erholte sich nicht mehr von den erlittenen Verletzungen. Er ging 1923 ins Ausland und starb 1927 in Montreux.

Fünf Wochen nach der Ermordung von Karl Liebknecht und Rosa Luxemburg in Berlin fiel in München Kurt Eisner den Kugeln eines nationalistischen Attentäters, des jungen Grafen Arco-Valley, zum Opfer.

Kurt Eisner, 1867 in Berlin als Sohn eines wohlhabenden jüdischen Fabrikanten geboren, hatte das exklusive Askanische Gymnasium besucht und dann bis 1890 Philosophie und Germanistik studiert. Danach arbeitete er als Journalist für liberale

Blätter, bis er 1897 wegen Majestätsbeleidigung angeklagt und zu neun Monaten Haft verurteilt wurde. Danach trat Eisner, der schon zuvor ein Gegner des preußischen Militarismus gewesen war, unter dem Einfluß von Wilhelm Liebknecht der SPD bei und in die Redaktion des *Vorwärts* ein, wurde aber von August Bebel nicht voll akzeptiert, wie aus dessen Beileidsschreiben vom 14. November 1899 zum Tode von Eisners Vater hervorgeht, worin der Parteiführer den neuen Redakteur sehr förmlich mit »Werther Genosse« und »Sie« anredet. Trotzdem konnte Kurt Eisner, der gar kein Geheimnis daraus machte, daß er dem Marxismus skeptisch gegenüberstehe, nach Wilhelm Liebknechts Tod im Jahre 1900 die Chefredaktion des SPD-Zentralorgans übernehmen, mußte aber 1905 nach heftigen Auseinandersetzungen mit den Parteilinken auf Veranlassung von August Bebel und Otto Wels das Feld räumen. Bis 1910 war er dann Chefredakteur der *Fränkischen Tagespost*, siedelte schließlich nach München über, wo er bis zu seinem Tode lebte, und arbeitete dort als freier Schriftsteller, Mitarbeiter der sozialdemokratischen *Münchner Post* und Herausgeber eines »Arbeiter-Feuilletons«, das von SPD-Zeitungen in ganz Deutschland nachgedruckt wurde. Unter dem Eindruck des dann ausbrechenden Krieges entwickelte sich Eisner zum entschiedenen Pazifisten und zum Gegner des staatstreuen Kurses der Partei; er stellte die Mitarbeit an den SPD-Zeitungen ein, gründete einen sozialistischen Diskussionszirkel, und als sich 1917 die Unabhängigen von der SPD trennten, baute er in Bayern eine USPD-Organisation auf und wurde deren Vorsitzender.

Im Januar 1918 stellte sich Eisner an die Spitze der auch in München streikenden Munitionsarbeiter, wurde verhaftet und verbüßte bis zur Oktober-Amnestie in Stadelheim und Neudeck eine Gefängnisstrafe. Am 7. November 1918 machte er dann, sozusagen im Alleingang, Bayern zur ersten deutschen Räterepublik — ohne Blußvergießen, Zerstörungen oder größere Tumulte. Er übernahm den Vorsitz einer von der Arbeiterschaft und den Münchener Garnisonen voll unterstützten Regierung, und von diesem »Rat der Arbeiter, Soldaten und Bauern« ließ er sich zum provisorischen Ministerpräsidenten des Landes wählen. Der Führer der von Eisner überrumpelten bayerischen SPD, Erhard Auer, willigte schließlich zähneknirschend ein, Eisners Innenminister zu werden.

Kurt Eisner, dieser »einzige schöpferische Staatsmann der deutschen Revolution«, wie ihn Arthur Rosenberg, der wohl bedeutendste linke Historiker jener Jahre, genannt hat, verstand es indessen nicht nur, die Macht zu ergreifen und mit ihr umzugehen; er verlor auch keinen Augenblick lang den Kontakt zu den revolutionären Massen und ihrem Willen. So betrieb er mit Nachdruck, aber völlig gewaltlos, die Ablösung der alten Führungsschicht auf allen Gebieten durch eine disziplinierte Rätedemokratie mit einem vom ganzen Volk gewählten Parlament als Kontrollinstanz zur Verhinderung einer Diktatur der Minderheit, doch auch umgekehrt mit dem Rat der Arbeiter, Soldaten und Bauern als Garantie für den friedlichen Fortgang der Revolution selbst unter einer bürgerlichen Regierung.

Ob und wie lange dieses System dem konterrevolutionären Ansturm standgehalten hätte, wenn Eisner am Leben geblieben wäre, vermag niemand zu sagen, sowenig wie man wissen kann, ob Eisner nicht selbst und sehr rasch die erforderlichen Änderungen vorgenommen hätte. Doch auch erste Zweifel an der Dauerhaftigkeit von Eisners Werk ändern nichts an seinen reinen, selbstlosen, von einem humanistischen Sozialismus getragenen Absichten. Und das erkannten auch die revolutionären Massen: Eisners Begräbnis wurde zu einer Demonstration, wie sie München noch nicht erlebt hatte. Hunderttausende gaben dem Sarg des »jüdischen Kaffeehaus-Literaten aus Preußisch-Berlin«, wie seine Feinde ihn nannten, das letzte Geleit; im Trauerzug sah man nicht nur die fast vollzähligen Belegschaften der Münchener Großbetriebe, sondern auch ganze Dorfschaften aus dem bayerischen Oberland in Gebirglertracht mit geschulterten Äxten und Jagdgewehren.

Unter denen, die um Kurt Eisner trauerten, war auch ein berühmter, als gänzlich unpolitisch geltender Dichter, dem die wenigsten seiner zahlreichen Verehrer und Bewunderer eine Sympathie für den »roten« Eisner oder gar die aktive Unterstützung der revolutionären Bestrebungen zugetraut hätten. Und doch hatte sich dieser Dichter, wie ein erhalten gebliebener Brief an einen Münchener Verlag zeigt, im Winter 1918/19 nachdrücklich für ein Projekt eingesetzt, mit dessen Hilfe die bayerischen Schulen für den Sozialismus gewonnen werden sollten. Er schrieb:

»... Würde der Dreiländer-Verlag sich entschließen können, ein eben in der Gründung begriffenes sozialistisches Lehrer-Blatt herauszugeben? Es besteht, wie es scheint, von allen Seiten Ungeduld nach einer derartigen Zeitung, die, gegen Rückständigkeit und Reaktion, alle jene Schulmänner zusammenfassen könnte, denen es dringend ist, die Schule nicht im unbeweglichen Geiste fortbestehen zu lassen.

In der Tat: eine Revolution, die nicht vor allem die Schulen revolutioniert, hätte wenig Aussicht, weit in die Zukunft hinauszureichen ... Es müßte sich um eine rasche Verwirklichung handeln. Gelänge sie, so würde Bayern auch in dieser Richtung vorausgegangen sein, da noch kein ähnliches Blatt existiert und dies zu gründende sich für das Organ, nicht allein der bayerischen, sondern der ganzen deutschen Lehrerschaft halten dürfte, soweit sie neu und schöpferisch gesinnt ist ...«

Diesen Brief schrieb Rainer Maria Rilke, 1875 in Prag geboren, also zur Zeit der Münchener Revolution schon dreiundvierzig Jahre alt. An dem revolutionären Geschehen hatte Rilke von Anfang an teilgenommen.

»In den letzten Tagen hat München etwas von seiner Leere und Ruhe aufgegeben«, teilte er am 7. November 1918, dem Tag, an dem Eisner die Republik ausrief, seiner Frau, der Bildhauerin Clara Westhoff, begeistert mit. »Überall große Versammlungen in den Brauhaussälen ..., und wo die Säle nicht ausreichen, ... Versammlungen unter freiem Himmel — nach Tausenden. Unter Tausenden war auch ich Montag Abend in den Sälen des Hotel Wagner; Professor Max Weber aus Heidelberg, Nationalökonom, der für einen der besten Köpfe und für einen guten Redner gilt, sprach, nach ihm in der Diskussion der anarchistisch überanstrengte (Erich) Mühsam und weiter Studenten, Leute, die vier Jahre an der Front gewesen waren — alle einfach und offen und volkstümlich. Und obwohl man um die Biertische und zwischen den Tischen so saß, daß die Kellnerinnen nur wie Holzwürmer durch die dicke Menschenstruktur sich durchfraßen — wars gar nicht beklemmend, nicht einmal für den Atem; der Dunst aus Bier und Rauch und Volk ging einem nicht unbequem ein, man gewahrte ihn kaum, so wichtig wars und so über alles gegenwärtig klar, daß die Dinge gesagt werden konnten, die endlich an der Reihe sind... Solche Momente sind wunderbar, und wie hat man sie gerade in Deutschland entbehren müssen ...«

Am 16. November 1918 abends schrieb Rilke an Elya Maria Nevar, daß er am nächsten Tag verhindert sein würde, weil er an der Revolutionsfeier des Arbeiter-, Soldaten- und Bauernrates im Nationaltheater teilzunehmen gedenke; er sei gespannt, ob sich in diesem Fest »etwas an neuem Zusammenschluß, von der Freude einer neuen Gemeinsamkeit erweisen wird ...«

Über diese Revolutionsfeier, bei der zur Melodie des »Niederländischen Dankgebets« eine von Kurt Eisner selbst verfaßte Hymne, »Gesang der Völker«, angestimmt wurde, berichtete später Alfred Wolfenstein: »Ich erinnere mich, daß Rilke neben mir mit der ganzen Versammlung im Nationaltheater die neue Friedenshymne sang, und an sein sich lösendes Gesicht ...«

Die Morde an Karl Liebknecht, Rosa Luxemburg und Kurt Eisner erschütterten Rilke tief. Er war eng befreundet gewesen mit Sonja Liebknecht, der Frau des Ermordeten und Empfängerin der — 1921 veröffentlichten — »Briefe aus dem Gefängnis« ihrer Freundin Rosa Luxemburg. Über diese schrieb Rilke am 9. Mai 1921 an Tora Holmström: » . . . cette femme que l'on maltraitait pendant des années, avait dans son cœur un espoir plus clair, plus fort et plus rassurant que les personnes les plus heureuses . . . Ce n'est pas dans son héroïsme qu'elle trouvait ses forces, elle les puisait dans son accord avec la nature . . .« (. . . diese Frau, die man jahrelang mißhandelt hat, trug in ihrem Herzen eine hellere, stärkere, beruhigendere Hoffnung als die glücklichsten Leute . . . Ihre Kraft fand sie nicht in ihrem Heldenmut, sondern schöpfte sie aus ihrem Einklang mit der Natur . . .)

Besonders schmerzlich traf Rilke der Tod des von ihm verehrten Humanisten und Pazifisten Kurt Eisner, dem er — wie Oskar Maria Graf später berichtet hat — »manche Anregung, manchen besänftigenden Rat« hat zukommen lassen. So war ihm die Entwicklung in den Wochen nach Eisners Ermordung schon um vieles fremder, und am 29. März 1919 schrieb Rilke an eine junge Dichterin, Veronika Erdmann: » . . . Ich freue mich, daß Sie die Münchner Luft als eine ›befreiende‹ atmen; mir ist sie nichts weniger als dies . . .«

Am 1. Mai 1919, als die konterrevolutionären Truppen München erobert haben und der weiße Terror dort wütet, wird auch Rainer Maria Rilke in aller Frühe durch Kolbenschläge gegen seine Tür geweckt und nach einer Haussuchung aus seiner Wohnung im obersten Stockwerk des Hauses Ainmillerstraße 34 zur nächsten Polizeiwache geschleppt. Man beschuldigt den Dichter, er habe aus seinem Fenster mit einem Maschinengewehr auf die einrückenden Interventionstruppen geschossen!

Zwar ist diese groteske Anschuldigung völlig aus der Luft gegriffen, aber in München wurden damals auf bloßen Verdacht hin, ja nur weil sie wie »Rote« aussahen, völlig Unschuldige reihenweise ermordet. Gegen Rilke liegen immerhin Beweise seiner engen Beziehungen zu den Führern der Räterepublik vor: eine Porträtaufnahme Eisners mit handschriftlicher Widmung; ein Fotoalbum, darin auf einem Bild Rilke neben Ernst Toller, dem letzten Vorsitzenden des Rates der Arbeiter, Soldaten und Bauern, zu sehen ist, vor allem aber ein Anschlag an der Wohnungstür des Dichters, den dieser rechtzeitig zu entfernen vergessen hat, wonach seine Wohnung unter den besonderen Schutz der Räteregierung gestellt war, und dieses kompromittierende Dokument trug auch noch die Unterschrift von Ernst Toller!

Alfred Wolfenstein gelang es schließlich, Rilke wieder von dem absurden Verdacht des bewaffneten Widerstands zu befreien und der Polizei zu entreißen. »Während der folgenden Wochen«, so erinnerte sich Wolfenstein später, »blieb er in München zwar den Vorgängen fern, doch mit dem Herzen bei jedem Unglücklichen, getreu seinem Gebet im ›Stundenbuch‹: ›Mach, daß die Armen nicht mehr fortgeschmissen / und eingetreten werden in Verdruß!‹ . . .«

Immerhin setzte sich Rilke dann noch für den Schriftsteller Oskar Maria Graf ein, der in Haft und wegen seiner freundschaftlichen Beziehungen zu den Führern der Räterepublik, aber auch seiner eigenen Vergangenheit wegen in großer Gefahr war. Graf, 1894 in Berg am Starnberger See geboren, hatte zunächst wie sein Vater Bäcker werden sollen, war davongelaufen und in Münchener Künstlerkreisen aufgenommen worden. 1913 war er in Berlin erstmals mit Aufsätzen in Zeitungen und Zeitschriften hervorgetreten und hatte, als er 1915 zum Militär eingezogen werden sollte, aus seiner pazifistischen Gesinnung kein Hehl gemacht. Wegen Befehlsverweigerung wurde er zum Tode verurteilt, schließlich als geisteskrank in eine Anstalt eingewiesen. Nach seiner Entlassung beteiligte er sich an der illegalen Antikriegsbewegung, am Munitionsarbeiterstreik und schließlich an der Novemberrevolution.

Oskar Maria Graf kam nach einigen Wochen Haft, nicht zuletzt dank Rilkes Fürsprache, wieder frei. Ernst Toller hingegen erging es weit schlechter. Nach dem Einmarsch der Interventionstruppen führte er das Leben eines Gehetzten. Er selbst hat später diese Tage geschildert: »Wohin soll ich? Erschießungen, Mißhandlungen, Verhaftungen haben die Mutigsten eingeschüchtert. Endlich, am Abend, ist eine junge Frau bereit, mich für eine Nacht in der Wohnung ihrer Eltern zu beherbergen . . .

— Mein Vater hat nichts gemerkt, aber noch eine Nacht können Sie nicht bleiben.

— Wissen Sie jemand?

— Vielleicht nimmt Rainer Maria Rilke Sie auf. Ich werde ihn fragen. Am Nachmittag kommt Rilke . . .«

Doch der konnte dann Toller auch nicht mehr bei sich verstecken, denn gerade war seine Wohnung in der Ainmillerstraße ein zweites Mal durchsucht worden, nun in der Hoffnung, dort Toller oder andere noch flüchtige Revolutionäre zu fassen.

Ernst Toller, 1893 in Samotschin in der damals preußischen Provinz Posen als Sohn eines jüdischen Kaufmanns geboren, hatte sich 1914 als Kriegsfreiwilliger gemeldet, war wegen besonderer Tapferkeit zum Unteroffizier befördert, dann schwer verwundet und aus der Armee entlassen worden. Inzwischen hatte er sich zu einem entschiedenen Kriegsgegner gewandelt und der USPD angeschlossen. Wegen aktiver Beteiligung an der Organisation des Münchener Munitionsarbeiterstreiks war er zu einer hohen Freiheitsstrafe verurteilt worden.

Im Militärgefängnis schrieb Ernst Toller dann sein erstes Drama, *Die Wandlung*, einen expressionistischen Aufschrei gegen das Völkermorden. Unter Eisners Einfluß hatte er führend an der Revolution in München teilgenommen und mußte nach dem Zusammenbruch der Räterepublik, deren höchster Funktionär er zuletzt gewesen war, mit dem Schlimmsten rechnen.

Denn während Toller von Versteck zu Versteck flüchtete, wurden in München — abgesehen von den Morden, Vergewaltigungen und anderen Exzessen auf offener Straße — mehrere tausend Menschen exekutiert, wobei die »Sammelstellen« für diesen Massenmord der Schlachthof und das Oberwiesenfeld waren. Im Gefängnis Stadelheim wurde der geistvolle Gelehrte Gustav Landauer, ein Freund Eisners, buchstäblich am Boden zertreten, seine Leiche gefleddert.

Erst nachdem die rasende Soldateska auch einundzwanzig Mitglieder eines katholischen Gesellenvereins für »Rote« gehalten und auf der Stelle niedergemacht hatte, geboten die Militärbehörden dem blutigen Terror Einhalt. Von nun an übernahmen Standgerichte alle eingebrachten Gefangenen. Dr. Eugen Leviné, der einzige Vertreter der Spartakusgruppe, der in den letzten Tagen der Räterepublik, deren Proklamierung er im Auftrag der KPD als sinnloses Abenteuer zu verhindern versucht hatte, in München gewesen war, wurde zum Tode verurteilt und erschossen. Rund hundertfünfzig angebliche Rädelsführer, die man im Laufe des Monats Mai noch aufspüren konnte, darunter auch Ernst Toller, wurden zu langen Zuchthaus- und Gefängnisstrafen verurteilt. Toller, dem keinerlei Beteiligung an den wenigen Gewaltakten, die überhaupt in der Zeit der Räterepublik vorgenommen waren, nachgewiesen werden konnte, erhielt fünf Jahre Freiheitsentzug, die er im Festungsgefängnis Niederschönenfeld verbüßte.

Dort schrieb er die Dramen *Masse Mensch*, *Die Maschinenstürmer* und *Hinkemann*, auch sein ergreifendes *Schwalbenbuch* und weitere Lyrik. Am 29. September 1920 wandte er sich noch einmal brieflich an Rilke: »... erlauben Sie mir, Ihnen, dem ich so viele reiche Stunden erfüllter Stille verdanke, die Gefangenen-Sonette als Zeichen tiefen Dankes zu senden.

Was mir das Stundenbuch in der Haft wurde: ein Geschenk, dessen große weise Schönheit ich ehrfürchtig in immer neuer Beglücktheit empfange. Und es gibt manchen mitgefangenen Kameraden hier, der wie ich empfindet ...«

Rainer Maria Rilke hatte München schon im Juni 1919 endgültig verlassen. Das, was Wilhelm Hausenstein den »grauenhaften Einbruch eines weißen Terrors« genannt hat, war für den Dichter der Anlaß, kaum daß er einen Reisepaß erlangt hatte, in die Schweiz zu übersiedeln und Deutschland künftig zu meiden. Gegen Ende seines Lebens — er starb am 29. Dezember 1926 — wurde er noch zu einem Bewunderer von Mussolinis Italien, was darauf schließen läßt, daß er im Grunde wohl doch ein ganz unpolitischer Mensch war, der nur aus leidenschaftlicher Empörung über den *Wahnsinn des Krieges*, den er — im Gegensatz zu den allermeisten deutschen Dichtern und Denkern — von Anfang an abgelehnt hatte, ein Freund des humanistischen Sozialismus und Kurt Eisners geworden war.

Vor dem weißen Terror in München flüchtete im Frühsommer 1919 auch der Schauspieler und Herausgeber der Zeitschrift *Ziegelbrenner*, Ret Marut. Man hatte ihn, der zu den Freunden von Ernst Toller und Oskar Maria Graf zählte, bereits verhaftet, und er sollte vom Standgericht abgeurteilt werden, aber es gelang ihm, zu fliehen und unterzutauchen. Der damals neunundzwanzigjährige Marut kam auf abenteuerlichen Wegen schließlich nach Mexiko, wo er bis zu seinem Tode im Jahre 1969 unter falschem Namen und als Schriftsteller lebte, dessen sozialkritische, zugleich sehr farbige und spannende Romane in der ganzen Welt gelesen wurden. Um sein Pseudonym, unter dem er seine Bücher veröffentlichte — B. Traven —, rankten sich bald allerlei Legenden, wobei seine wahre Identität — auch Ret Marut war ja nur ein Künstlername — noch immer nicht geklärt ist.

Schließlich gehört in die Aufzählung der Dichter, Schriftsteller und Gelehrten, die 1918/19 gemeinsam den idealistischen Versuch unternahmen, das Königreich Bayern in eine sozialistische, demokratische Räterepublik umzugestalten, und die für ihren Verzicht auf Diktatur und Terror entsetzlich büßen mußten, zumindest noch ein Name: Erich Mühsam.

Der 1878 in Berlin geborene Sohn eines jüdischen Apothekers wuchs in Lübeck auf und wurde schon als Schüler wegen »sozialistischer Umtriebe« vom Gymnasium verwiesen. Er arbeitete dann für kurze Zeit als Apothekergehilfe, von 1901 an nur noch als freier Schriftsteller. Obwohl er sich ansonsten der Berliner und Münchener Boheme anschloß, lehnte er Kunst als Selbstzweck stets entschieden ab und bekämpfte in seinen Dramen, Gedichten und Pamphleten das Wilhelminische Regime und besonders den preußischen Militarismus. Eine Zeitlang schrieb er auch für den *Simplicissimus* spöttische Verse. 1910 wurde er, diesmal wegen »anarchistischer Umtriebe«, zu einer Gefängnisstrafe verurteilt. Von 1911 bis 1914 und noch für kurze Zeit nach Kriegsende gab er unter dem Titel *Kain* eine eigene »Zeitschrift für Menschlichkeit« heraus.

Erich Mühsam war einer der wenigen deutschen Dichter, die den 1914 ausbrechenden Krieg von Anfang an ablehnten und bekämpften, und für seine Antikriegspropaganda wurde er Anfang 1918 erneut mit Gefängnis bestraft. Im November 1918 beteiligte er sich dann an Kurt Eisners Seite an der Revolution; später gehörte er, zusammen mit Gustav Landauer, zu den Initiatoren der Münchener Räterepublik. Dafür verurteilte ihn das Standgericht zu fünfzehn Jahren Festungshaft, die er bis zu seiner »Begnadigung« im Jahre 1924 im Festungsgefängnis Niederschönenfeld verbüßte.

Nach seiner Entlassung richtete sich sein Kampf als Schriftsteller und Dramendichter vor allem gegen die Klassenjustiz, wobei er eng mit der »Roten Hilfe« zusammenarbeitete. Als 1933 die Nazis an die Macht kamen, wurde Erich Mühsam als einer der ersten in »Schutzhaft« genommen, viehisch gefoltert und nach anderthalb Jahren der Qual im Konzentrationslager Oranienburg am 10. Juli 1934 ermordet.

»Die Strafe der Festungshaft besteht in Freiheitsentziehung mit Beaufsichtigung der Beschäftigung und Lebensweise der Gefangenen; sie wird in Festungen oder in anderen dazu bestimmten Räumen vollzogen.« So bestimmte es damals §17 des Reichsstrafgesetzbuchs.

Aber: »Die in der bayerischen Festung Niederschönenfeld Internierten ... werden augenblicklich unter der Amtsgewalt des bayerischen Ministers (Hugo Graf von und zu) Lerchenfeld drangsaliert, rechtswidrig behandelt und so gequält, daß sie der Verzweiflung nahe sind.

Der Demokrat Müller-Meiningen ... hat die wehrlosen Gefangenen seinerzeit in der Presse verleumdet, und dann hat er als Justizminister durch eine Verordnung, entgegen den Bestimmungen des Strafgesetzbuches, die Vergünstigungen der Festungsgefangenen aufgehoben ... Nun hocken diese zum größten Teil geistig gerichteten Männer da in der Festung — ihr einziger Lichtblick sind Besuche, Bücher, Briefe. Hier hat Müller-Meiningen eingegriffen ... Die Briefzensur ist unerträglich ... Es hagelt Disziplinarstrafen: Bettentzug — ein Wort, so widerlich wie der Begriff — Hofentzug — rechtswidrige Herabsetzung der Besuchszeit ... Einer muß vierzehn Tage lang ohne Hosen in seiner Einzelzelle sitzen, sieben Tage lang ohne Bettzeug auf dem kalten Fußboden schlafen. Einzelhaft, Besuchsverbot, Schreibverbot, Kostentziehung — Schikanen, Schikanen, Schikanen ...«

Der Verfasser dieser Anklage gegen den bayerischen Strafvollzug an politischen Gefangenen und die dafür Verantwortlichen war ein damals einunddreißigjähriger, schon recht bekannter Schriftsteller, der sich vor allem mit seiner heiteren Idylle »Rheinsberg. Ein Bilderbuch für Verliebte« einen Namen gemacht hatte. Das kleine Buch war Weihnachten 1920 im fünfzigsten Tausend erschienen — als einmaliger Sonderdruck, kostbar gebunden und vom Autor wie vom Illustrator Kurt Szafransky signiert; der Autor war auch als Theaterkritiker bekannt, als Verfasser höchst amüsanter Couplets und spöttischer Verse. Ja, und gelegentlich war er vor 1914 auch schon politisch geworden, hatte sich für die Aufführung der Stücke Georg Büchners eingesetzt, für verfolgte Antimilitaristen wie Rosa Luxemburg und für eine gerechtere, anständigere Justiz. Er war übrigens selbst Jurist, hatte nach dem Besuch des Französischen Gymnasiums 1909 an der Berliner Universität die Rechtswissenschaften zu studieren begonnen, und während des Krieges, wo er als Schipper, als Schreibstuben-Unteroffizier, schließlich — wie einst sein Kollege Dr. Ludwig Börne — als Polizeikommissar im Offiziersrang eingesetzt war, hatte er in Jena mit einer Dissertation über »Die Vormerkung aus §1179 BGB und ihre Wirkungen« promoviert.

Auch nach dem Kriegsende und seiner Rückkehr nach Berlin, wo er zunächst die Chefredaktion des »Ulk«, der satirischen Beilage des liberalen *Berliner Tageblatts*, übernahm, blieb er ein Dichter heiterer Couplets, ein glänzender Kritiker des Theaters, des Films und der Literatur, ein spöttischer Verseschmied und hervorragender, geistvoll-witziger Essayist, der seine Pointen so treffsicher und elegant zu setzen verstand wie einst Heinrich Heine. Aber darüber hinaus wurde er nun der schärfste Kritiker der deutschen Verhältnisse nach der gescheiterten Revolution von 1918, führte die gefürchtetste Feder gegen die Militärkaste, die Unrechtspflege, die Borniertheit der Herrschenden und die sich diesen unterwerfenden, die Ideale jahrzehntelangen opferreichen Kampfes schamlos verratenden Führer der Mehrheitssozialisten.

Der Name dieses am 9. Januar 1890 in Berlin als Sohn eines wohlhabenden jüdischen Bankdirektors geborenen radikalen Kämpfers für Recht und Gerechtigkeit ist Kurt Tucholsky, und die Plattform, von der aus er vom Frühjahr 1919 an seine Angriffe führte, war die *Weltbühne*, eine äußerlich unscheinbare Zeitschrift, worin er unter gleich vier Pseudonymen — Peter Panter, Theobald Tiger, Ignaz Wrobel und Kaspar Hauser —, doch auch gelegentlich, bei besonders wichtigen Anlässen, unter eigenem Namen seine zahlreichen Beiträge veröffentlichte. So erschien am 13. März 1919 ein programmatischer Aufsatz mit der Überschrift »Wir Negativen«; dieser Beitrag war, sozusagen, das Grundgesetz der *Weltbühne*, ihre künftige Richtschnur, und so war er natürlich mit »Kurt Tucholsky« gezeichnet.

»Es wird uns Mitarbeitern der ›Weltbühne‹ der Vorwurf gemacht«, so beginnt dieser Artikel, »wir sagten zu allem Nein und seien nicht positiv genug. Wir lehnten ab und kritisierten nur und beschmutzten gar das eigene deutsche Nest . . . Ich will einmal die Schubladen unseres deutschen Schrankes aufmachen und sehen, was darinnen liegt.

Die Revolution. Wenn eine Revolution nur Zusammenbruch bedeutet, dann war es eine; aber man darf nicht erwarten, daß die Trümmer anders aussehen als das alte Gebäude ...« Und am Schluß heißt es:

»Wir wollen kämpfen mit Haß und Liebe. Mit Haß gegen jeden Burschen, der sich erkühnt hat, das Blut seiner Landsleute zu trinken, wie man Wein trinkt, um damit auf seine Gesundheit und die seiner Freunde anzustoßen. Mit Haß gegen einen Klüngel, dem übermäßig erraffter Besitz und das Elend der Heimarbeiter gottgewollt erscheint ... Aber wir kämpfen aus Liebe für die Unterdrückten, die nicht immer notwendigerweise Proletarier sein müssen, und wir lieben in den Menschen den Gedanken an die Menschheit.

Negativ? Viereinhalb Jahre haben wir das fürchterliche Ja gehört, das alles guthieß, was frecher Dünkel auszuführen befahl. Wie war die Welt so lieblich, wie klappte alles ... Und mit donnerndem Krachen ist das zusammengebrochen, was man früher für eisern gehalten hatte, und was nicht einmal Gußeisen war ... Keiner will es gewesen sein, und die Revolutionäre, die zu spät kamen und zu früh gebremst wurden, werden beschuldigt, das Elend herbeigeführt zu haben. Negativ? Blut und Elend und Wunden und zertretenes Menschentum — es soll wenigstens nicht umsonst gewesen sein. Laßt uns auch weiterhin Nein sagen, wenn es not tut ...«

Es tat not, und er sagte nein — zu den Morden an Rosa Luxemburg und Karl Liebknecht, an den vielen Tausenden unbekannter Arbeiter, die geglaubt hatten, die Genossen Ebert und Noske und die anderen an der Spitze der Partei seien so ehrlich wie der alte Bebel. Er sagte nein zu den erzreaktionären Richtern, die Rache übten, noch dazu an den Falschen. Und er sagte besonders laut und scharf nein zu den Militaristen, den Freikorps-Offizieren und Putsch-Generalen. Eine große Artikelserie »Militaria«, mit der er in der *Weltbühne* monatelang Abrechnung mit dem Militär hielt, versetzte die gesamte deutsche Rechte und ihre Presse in geradezu hysterische Wut. Denn da war einer, der zum erstenmal die Wahrheit zu sagen wagte: daß die geschundenen Soldaten für einen Dreck gefallen wären; daß ihre Offiziere gestohlen, gehurt und sich besoffen hätten; daß der geflohene Exkaiser ein Deserteur wäre, genau wie sein mit falschem Bart und blauer Brille nach Schweden »getürmter« Diktator Ludendorff. Als »Ignaz Wrobel« ging er mit der Justiz ins Gericht; im September 1921 überreichte er ihr die Bilanz ihres Treibens: Für 314 wohl versehentlich zur Aburteilung gekommene Mörder aus Kreisen der Rechten gab es 31 Jahre, 3

Monate Freiheitsstrafe und einmal lebenslänglich Festungshaft; für 13 Morde, die Linksstehenden zur Last gelegt wurden, hagelte es 8 Todesurteile und 176 Jahre, 10 Monate Freiheitsstrafe!

»Tucholsky hat sich voll überzeugender Menschlichkeit für Opfer dieser Justitia mit der gezinkten Waage eingesetzt«, hat dazu sein Biograph Fritz J. Raddatz treffend bemerkt. »Er hat nicht nur Aufrufe und Gedichte veröffentlicht, die das Unrecht publik machten — er hat auch Hilfs- und Sammelaktionen ins Leben gerufen. Doch eines muß gesagt werden: Viele von diesen Opfern der Feme waren durchaus nicht Tucholskys Gesinnungsgenossen. Seine Appelle an Anstand und Gerechtigkeit wollen nicht verstanden sein als Solidarisierung mit der Politik oder den Werken dieser Menschen. Tucholsky ist immer ein Gegner von Rathenau gewesen — aber sein Gefühl für Würde empörte sich gegen die Gossenpolitik, der er zum Opfer fiel; er hat die Politik des Zentrumsmannes Erzberger nie gutgeheißen — aber er hat stets betont, daß der Gang nach Versailles eigentlich Sache des desertierten Ludendorff gewesen wäre ... Als Herr von Hindenburg am Grab dementierte, daß er Matthias Erzberger je die Hand gegeben — da war der kämpferische Humanist Tucholsky auf dem Plan. Tucholsky grenzte sich in großen Essays von dem Stil und der Literatur Hardens ab« — aber als Maximilian Harden dann im Prozeß gegen die feigen Attentäter, die ihn brutal zusammengeschlagen hatten, behandelt wurde, als sei er der Mordbube, die Täter seine Opfer, da hielt Tucholsky bittere Abrechnung mit dieser Schandjustiz: »Das muß man gesehen haben. Da muß man hineingetreten sein. Diese Schmach muß man drei Tage an sich haben vorüberziehen lassen: dieses Land, diese Mörder, diese Justiz. Eine Welt stinkt auf.«

Tucholsky hatte auch Hans Paasche gelegentlich hart attakkiert. Paasche, 1881 in Rostock geboren, war der Sohn des nationalliberalen Reichstagsabgeordneten und bekannten Kolonialpolitikers der Wilhelminischen Epoche Hermann Paasche, auf dessen Betreiben er Marineoffizier geworden war und als Kapitänleutnant an der Niederschlagung der Eingeborenenaufstände in den deutschen Kolonien teilgenommen hatte. Angewidert von der Brutalität, mit der Offiziere und Mannschaften dort vorgingen, hatte Paasche 1908 seinen Abschied genommen und war dann öffentlich gegen Militarismus, Krieg und koloniale Ausbeutung aufgetreten. 1917 erhielt er für seine pazifistische Propaganda dreizehn Monate Gefängnis; im November 1918 wählten ihn die Matrosen in den Vollzugsrat der Arbeiter- und Soldatenräte. 1919 trat er mit einer Schrift, *Meine Mitschuld am Kriege*, der »Dolchstoß«-Legende entgegen und enthüllte einige der wahren Ursachen des Krieges. Im Mai 1920 wurde er auf seinem Gut »Waldfrieden« in der Neumark von Angehörigen einer dem Oberbefehl Gustav Noskes unterstehenden Truppe »versehentlich« ermordet.

Kurt Tucholsky schrieb daraufhin in der *Weltbühne*: »Das letzte Buch Franz Werfels heißt ›Nicht der Mörder, der Ermordete ist schuldig!‹ Soweit sind wir gekommen, daß heute fast die gesamte reaktionäre Presse kein Wort der Verurteilung gegen die Mörder findet, wohl aber mit Naserümpfen und verurteilendem Tonfall Herrn Paasche bescheinigt, er sei Kommunist und extremer Pazifist gewesen. Dann freilich durfte er wohl ermordet werden ...

Auch dieser Mord wird ungesühnt bleiben. Auf das leere Klappern des offiziösen Apparats brauchen wir kaum noch hinzuhören. ›Die Mörder mußten annehmen ... sie befanden sich in dem Glauben ... es liegt insofern ein Mißverständnis vor ...‹

Blut schreit zum Himmel. Ein Ermordeter liegt da und verwest ... Warum? Mein Gott, warum? Weil wir es uns gefallen lassen ... Rechts steht, dunkel und entschlossen, die Masse von Militärs und Geldleuten, die wissen, was sie wollen und wen sie wollen. Auf die Demokraten ist mit geringen Ausnahmen kein Verlaß. Das wackelt im Winde auf und nieder, berichtet schaudernd von den Taten des einen Hölz und weiß nichts von denen, die Hunderte von Offizieren dauernd begehen ... Lebe wohl, Hans Paasche. Der Tod eines Menschen sei kein Wahlplakat. Aber du sollst nicht umsonst gefallen sein.«

Max Hölz, den Tucholsky hier als damaligen Bürgerschreck erwähnt, war 1889 in Moritz bei Riesa geboren, nach der Schulzeit Techniker geworden, auch Mitglied eines christlichen Jünglingsvereins, hatte brav bei den Husaren gedient, dann den ganzen Krieg mitgemacht. Aber danach war er dann nicht mehr so brav gewesen.

Schon 1919, als gewählter Vorsitzender des Arbeitslosenrats in der sächsischen Kleinstadt Falkenstein, die fünfzehntausend Einwohner und fünftausend Erwerbslose zählte, so daß dort praktisch fast jeder Ernährer ohne Arbeit war, hatte Max Hölz den örtlichen Händlern Kohle und Nahrungsmittel beschlagnahmen und an die notleidende Bevölkerung verteilen lassen, auch die Forstverwaltung gezwungen, Brennholz an die Armen abzugeben.

Als Gustav Noske daraufhin achthundert Reichswehrsoldaten nach Falkenstein schickte, die die »Ruhe und Ordnung« wiederherstellen sollten, bewahrten sechstausend Falkensteiner Arbeiter Max Hölz davor, verhaftet und »auf der Flucht erschossen« zu werden, ja, sie zwangen die Reichswehr, bereits Festgenommene wieder freizugeben.

In den folgenden Monaten führte Hölz ein abenteuerliches Leben, ständig auf der Flucht vor den Gendarmen, aber er hatte — wie einst der Leutnant a. D. Wilhelm Schulz und seine Frau Karoline nach dem Ausbruch aus Babenhausen — die Bevölkerung auf seiner Seite und war für die Polizei nicht zu fassen.

Als Noskes Freikorps in Berlin unter Führung von General v. Lüttwitz und des alldeutschen Generallandschaftsdirektors Wolfgang Kapp — er war übrigens der Sohn des freisinnigen Reichstagsabgeordneten Friedrich Kapp, der am badisch-pfälzischen Aufstand teilgenommen hatte und 1849 nach Amerika geflüchtet war — gegen die Republik putschte, sammelte Max Hölz eine annähernd tausend Mann starke, gut bewaffnete Arbeiterwehr um sich, mit deren Hilfe er die Konterrevolution, zumindest im Vogtland, verhindern wollte. Seine Truppe besetzte Plauen, befreite alle politischen Gefangenen und begann mit der »Sozialisierung« von Gütern und Betrieben, übrigens ohne nennenswerte Gewaltakte; niemand war bis dahin von den Hölzschen »Rotgardisten« getötet oder auch nur schwer verletzt worden.

Als die Regierung in Berlin immer mehr Reichswehr aufbot — es sollen zuletzt nahezu fünfzigtausend Mann gewesen sein —, löste Hölz seine »Arbeiterwehr« angesichts der erdrückenden Übermacht auf und ging über die nahe Grenze in die Tschechoslowakei, wo man ihm Asyl gewährte.

Im März 1921 kam es im Mansfelder Revier zu örtlichen Konflikten. Daraufhin ließ die sozialdemokratische Regierung des Landes Preußen starke Sicherheitspolizeiverbände in das Bergwerksgebiet einrücken. Die Bergleute betrachteten dies als Provokation, griffen zu den Waffen und holten Max Hölz, der seit den Kämpfen im Vogtland einen legendären Ruf genoß, aus Böhmen herbei und machten ihn zu ihrem Anführer. Reichspräsident Friedrich Ebert gab daraufhin dem Oberpräsidenten der Provinz Sachsen, dem späteren Reichsbannerführer Otto Hörsing, alle Vollmachten, und der ließ den Mansfelder Aufstand durch Reichswehr und Sicherheitspolizei blutig niederschlagen. Max Hölz wurde gefangengenommen und am 22. Juni 1921 vom Außerordentlichen Gericht beim Landgericht Berlin I wegen Hochverrats in Tateinheit mit Sprengstoffverbrechen zu lebenslänglichem Zuchthaus verurteilt. Dabei wurde ihm auch — höchstwahrscheinlich zu Unrecht — die Tötung eines Gutsbesitzers angelastet. »Aber gerade dieser Teil des Urteils wurde in Zukunft wichtig«, heißt es hierzu in der Darstellung »Politische Justiz 1918—1933« von Heinrich Hannover und Elisabeth Hannover-Drück, »weil er alle Amnestien an Max Hölz vorbeigehen ließ.

Erst die Notwendigkeit, die Fememörder der Schwarzen Reichswehr einer Bestrafung zu entziehen, brachte auch diesem, von der nationalistischen Propaganda weidlich zur Diffamierung der Kommunisten ausgeschlachteten ›Mordbrenner‹ die Freiheit.«

Hölz wurde erst im Juni 1928, also nach immerhin sieben Jahren Zuchthaus, endlich amnestiert, wogegen die zahlreichen Meuchelmörder und Putschisten aus weit rechts stehenden Kreisen entweder gar nicht oder mit sehr gelinder und kurzer Festungshaft bestraft worden waren.

Wahrscheinlich wäre Max Hölz überhaupt nicht mehr freigekommen und nach 1933 dann in einem Konzentrationslager »auf der Flucht erschossen« worden, hätten sich nicht angesehene Schriftsteller, Künstler und Wissenschaftler des In- und Auslands jahrelang mit wachsendem Engagement für seine Begnadigung eingesetzt.

Dem deutschen Komitee »Freiheit für Max Hölz!«, das Erich Mühsam, kaum daß er selbst amnestiert worden war, ins Leben gerufen hatte, ging beispielsweise mit Datum vom 26. September 1927 aus Salzburg der folgende, sehr bemerkenswerte Brief eines als unpolitisch geltenden, bürgerlich-liberalen und schon damals sehr berühmten Dichters zu:

»Sehr geehrte Herren!

Im Allgemeinen halte ich es für europäische Pflicht, daß wir in erster Linie die Rechtsirrtümer und politischen Verstöße unseres eigenen Landes bekämpfen, aber in diesem Fall von Max Hölz ist wieder einmal die traurige Klassenjustiz am Werke, die in allen Ländern Europas in gleich einseitiger Weise ihre Schärfe einzig gegen die radikale Gesinnung wendet. So erachte ich es als meine unbedingte Pflicht, mich Ihrer Manifestation zu

Gunsten einer ernsten und ehrlichen Revision des Urteils über Max Hölz anzuschließen.

Ihr sehr ergebener Stefan Zweig.«

Nach seiner Freilassung schrieb Max Hölz seine Erinnerungen, die 1929 unter dem Titel *Vom ›Weißen Kreuz‹ zur Roten Fahne* erschienen. Zwei Jahre zuvor hatte Egon Erwin Kisch Hölz' *Briefe aus dem Zuchthaus* herausgegeben. Aber seinen besten Anwalt hatte Max Hölz in Kurt Tucholsky, der sich immer wieder mit Nachdruck für ihn einsetzte; in insgesamt vierzehn Beiträgen für die *Weltbühne* hat er den Fall behandelt, wobei er wiederholt daran erinnerte, wie voreingenommen die Richter waren und wie unerschrocken sich Hölz verteidigt hatte. »Verrat? Ich habe Ihnen nichts versprochen, und es ist mir auch nichts anvertraut worden, das ich hätte verraten können«, soll er erklärt haben.

Auch der Zeichner George Grosz, einer der schärfsten Kritiker der Weimarer Republik, schwärmte noch fünfunddreißig Jahre später, in seiner 1955 erschienenen Autobiographie *Ein kleines Ja und ein großes Nein* von dem »Freund der Unterdrückten« Max Hölz und berichtete:

»Er sollte zum Tode verurteilt werden, aber seine Rede im Prozeß, die noch heute die klassische Rede eines Rebellen bleibt, machte auf seine Richter einen so tiefen Eindruck, daß er mit Zuchthaus davonkam. Selbst im Zuchthaus — und ein preußisches Zuchthaus ist keine Kleinkinderbewahranstalt — behielt die Hölz-Legende ihre Wirkung. Ich besuchte ihn einmal mit einem gemeinsamen Freund und war erstaunt zu bemerken, mit welcher Achtung man ihn dort behandelte.«

George Grosz, den Tucholsky 1920 entdeckte — »Am Lützowufer 13 ist jetzt eine Dadaausstellung zu sehen. Weil wir sonst keine Sorgen haben . . . Aber einer ist dabei, der wirft den ganzen Laden um. Dieser eine, um den sich der Besuch lohnt, ist George Grosz . . .« —, war damals siebenundzwanzig Jahre alt, gebürtiger Berliner, ein ungewöhnlich begabter Zeichner, ein glühender Antimilitarist, ein entlarvender Chronist der gerade beginnenden, angeblich »goldenen« zwanziger Jahre, Mitbegründer des Dadaismus und gerade im Begriff, berühmt zu werden. »Die Zeichnungen von Grosz«, bemerkte Tucholsky einige Wochen nach seiner Entdeckung dieses großen Talents begeistert, »stellen den deutschen Militarismus von Wilhelm bis zu seinem größeren Nachfolger, dem Arbeiterverräter Gustav

Noske, nackt dar. Feldwebel, Unterärzte, Oberstabspflasterkasten, kommandierende Rotweingenerale, Puffleutnants und jener grauenhafte Typ der Freiwilligenkorpshäuptlinge — sie sind alle noch nie so gut getroffen worden wie in diesen Bildern ... Haben sich die Herrschaften verletzt gefühlt? Der Spiegel kann nichts dafür, wenn er der Jungfrau anzeigt, daß sie schwanger ist. Wir andern aber sehen erfreut in die Blätter, vergleichen sie schmunzelnd mit einer gewissen Sorte ... und sagen freundlich und bestimmt: ›So siehst Du aus!‹«

Der Anlaß für diese Besprechung der Groszschen Zeichnungen war die Beschlagnahme einiger Blätter durch die politische Polizei, wohl im Auftrage des Reichswehrministeriums. Grosz kam noch häufig mit der — schon damals nur angeblich abgeschafften — Zensur in Konflikt, und der eklatanteste Fall war der Vorwurf der Gotteslästerung, der gegen ihn wegen eines Blattes mit der Unterschrift »Maul halten und weiter dienen« erhoben wurde. Wegen dieser Zeichnung, die Christus am Kreuz mit Kommißstiefeln und Gasmaske zeigt, wurden George Grosz und sein Verleger Wieland Herzfelde zunächst vom Schöffengericht in Charlottenburg zu je zweitausend Mark Geldstrafe, ersatzweise zwei Monaten Gefängnis, verurteilt. Das Landgericht Berlin III als Berufungsinstanz hob dieses Urteil auf und sprach die Angeklagten frei. In der Begründung hieß es, »der Künstler hat zeigen wollen: so wenig Gasmaske und Soldatenstiefel zum Christusbild passen, genauso wenig paßt die Lehre der kriegshetzenden Vertreter der Kirche zur eigentlichen christlichen Lehre ...« Es gab also, so möchte man zu dieser vernünftigen Begründung sagen, doch noch Richter in Berlin! Aber das Reichsgericht hob den Freispruch auf und verwies die Sache an das Landgericht zurück mit der Begründung, es käme »überhaupt nicht darauf an, welche Zwecke der Angeklagte verfolge, sondern darauf, ob er die Angehörigen einer der christlichen Kirchen in ihren religiösen Empfindungen durch eine rohe Beschimpfung ... verletzt hat«.

Zu einer neuen Verhandlung ist es dann nicht mehr gekommen; am 21. Januar 1933 brach George Grosz zu einer Reise in die USA auf, entging so gerade noch den Nazis, die ihn mit Sicherheit ins Konzentrationslager gesteckt oder gleich umgebracht hätten, und kam erst einundzwanzig Jahre später nach Deutschland zurück, wo er 1959 starb. Doch zu dem Reichsgerichtsurteil gegen den linken »Gotteslästerer« Grosz hat schon 1931 Robert M. W. Kempner unter dem Pseudonym »Procurator« in der Zeitschrift *Justiz* bemerkt, daß ultrarechte Gotteslästerer beim Reichsgericht ganz anders beurteilt wurden. Er bezog sich damit auf eine Entscheidung des damals höchsten deutschen Gerichts, mit der eine Verbotsverfügung gegen das antisemitische Hetzblatt des Nazi-Gauleiters Julius Streicher, *Der Stürmer*, aufgehoben worden war. Dieses Blatt hatte einen Gekreuzigten »ernst und würdig«, die ihn umstehenden Personen (mit Ausnahme des einen edlen, blonden Nazis) jedoch mit »abstoßenden Fratzen« und »Verbrecherphysiognomien« dargestellt: einen katholischen Geistlichen, einen Juden, einen Freidenker und einen Sozialdemokraten. Das Reichsgericht entschied, hier liege keine Gotteslästerung, auch keine Verunglimpfung der katholischen Geistlichkeit vor, denn »selbst wenn man der Auffassung ist, daß schon die bloße Verwendung des Christusbildes in dem Kampfe der politischen Meinungen zu mißbilligen sei, liegt doch . . . eine Beschimpfung oder Verächtlichmachung einer Religionsgesellschaft des öffentlichen Rechts nicht vor. Die Figur des katholischen Geistlichen unter den ›Volksverrätern‹ soll die Zentrumspartei und nicht die katholische Kirche darstellen.«

Ja, so war das schon 1931 im Deutschen Reich. Es zeigte sich der Faschismus zwar noch nicht unverhüllt, aber die Saat vom Januar 1919, als die Kader der späteren SS von einigen sozialdemokratischen Führern zwecks Herstellung von »Ruhe und Ordnung« gegen die Arbeiterschaft eingesetzt und zum Mord an Rosa Luxemburg und Karl Liebknecht ermuntert worden waren, hatte inzwischen reifen können; 1933 ging sie dann auf.

Die deutschen Staatsanwälte und Richter, von wenigen Ausnahmen abgesehen, halfen in den vierzehn Jahren der Weimarer Republik kräftig mit, den Linken im Lande das Leben sauer zu machen und ihnen ein radikales demokratisches Engagement zu verleiden. Deshalb ist es doppelt verdienstvoll, daß Kurt Tucholsky der auf dem rechten Auge blinden Justiz unerschrocken entgegentrat, die Herren Rechtsbeuger unermüdlich attackierte und ihnen, wann immer es erforderlich war, schmerzhafte Lektionen erteilte.

Seine wohl schärfste Attacke, »Justitia schwoft!«, war ein 1929 geschriebener Sketch, worin eine sehr flotte Justitia mit ihrem Luis, dem Staatsanwalt, auf nächtlichen »Schwof« geht. In dieser Szene läßt er das Paar munter plaudern:

». . . Der Staatsanwalt: Streiker und Revoluzzer und Demokraten und Spartakisten und Unabhängige und Pennbrüder und

Pazifisten und Schriftsteller und Kommunisten und all das Pack — wohin?

Die Justitia: Ins Kittchen, Luis!

Der Staatsanwalt: Und die Offiziere? Und die feinen Leute? Wohin?

Die Justitia: Raus aus die Anklagebank, Luis!

Der Staatsanwalt: Und wenn sie Republik spielen — was tun wir?

Die Justitia: Wir bleiben unserm Kaiser treu!

Der Staatsanwalt: Denn was haben wir?

Die Justitia: Wir haben die Unabhängigkeit der Justiz!

(Achtunddreißig Hühner treten auf, lachen und trippeln wieder ab.)«

Und am Schluß singen beide:

»Justitia geht schwofen! — Haste so was schon gesehn! — Sie biegt sich und schmiegt sich — man läßt es geschehn! — So tief duckt kein Knecht sich — wie diese Nation — Justitia, die rächt sich — für die Revolution!«

Schon 1924 war Kurt Tucholsky zwar aus Deutschland weggezogen — als ständiger Mitarbeiter der *Weltbühne* und der *Vossischen Zeitung* lebte er fortan in der Nähe von Paris —, aber er blieb, wie viele hundert Glossen, Kritiken, Gedichte und Aufsätze beweisen, auch in Frankreich völlig von Deutschland absorbiert. Für seine Leser war es kaum merkbar, daß er nicht mitten in Berlin seinen Beobachtungsposten bezogen hatte, sondern weit weg in Le Vésinet, fünfzig Kilometer vor Paris. Als im April 1925 ausgerechnet der stramm kaisertreue Feldmarschall Paul v. Hindenburg als Nachfolger Friedrich Eberts zum Reichspräsidenten gewählt wurde, meldete sich Tucholsky sofort zu Wort und bemerkte mit bitterem Spott: »Dem der Krieg wie eine Badekur bekommen ist, der wird Präsident der Republik, die es nun wohl nicht mehr lange bleiben wird.«

Im Dezember 1926 kam Tucholsky dann noch einmal für ein paar Monate nach Berlin zurück. Siegfried Jacobsohn, der Gründer und Herausgeber der *Weltbühne*, die ursprünglich als *Schaubühne* sich ganz der Theaterkritik gewidmet hatte, war gestorben, und Tucholsky fühlte sich verpflichtet, zumindest eine Weile lang die Nachfolge seines toten Freundes und Lehrmeisters als Herausgeber und Chefredakteur zu übernehmen. Schon Mitte 1927 übergab er dann die Leitung des Blattes an Carl v. Ossietzky, der seit mehr als einem Jahr die Leitartikel der *Weltbühne* geschrieben und sich dabei als ein ebenso begabter wie mutiger Publizist erwiesen hatte. Ossietzky, 1889 in Hamburg geboren, hatte zuvor bei der *Welt am Montag* des Pazifisten und Vorkämpfers der bürgerlichen radikalen Linken, Helmuth v. Gerlach, und als Sekretär der Deutschen Friedensgesellschaft gearbeitet, gelegentlich auch bei der linksdemokratischen *Berliner Volkszeitung* und später bei Leopold Schwarzschilds *Tagebuch* scharfe Artikel gegen die ungesetzlichen Praktiken der Reichswehr veröffentlicht.

Anderthalb Jahre nachdem Carl v. Ossietzky die Leitung der *Weltbühne* übernommen hatte, am 12. März 1929, veröffentlichte er in dem Blatt einen Aufsatz mit dem Titel »Windiges aus der deutschen Luftfahrt«, den Walter Kreiser unter dem Pseudonym »Herbert Jäger« verfaßt hatte. Darin wurde die Verwendung von Haushaltsmitteln des Reichsverkehrsministeriums scharf kritisiert; es ging vor allem um Gelder, mit denen eine obskure »Erprobungsabteilung Albatros« und die nicht minder geheimnisvolle »Küstenflugabteilung der Lufthansa« finanziert worden waren, wobei der Verfasser keinen Zweifel daran gelassen hatte, daß die »je etwa dreißig bis vierzig Flugzeuge, manchmal auch mehr« der beiden Abteilungen in Wahrheit Militärmaschinen waren. Sie sollten der Reichswehr die ihr nach dem Versailler Vertrag verbotene Luftwaffe ersetzen. »Aber nicht alle Flugzeuge sind immer in Deutschland«, schloß der Artikel.

Der letzte Satz deutete die — damals streng geheimgehaltene — militärische Zusammenarbeit zwischen der Reichswehr und der Sowjetunion an, und zwar so vorsichtig, daß ihn eigentlich nur der verstehen konnte, der ohnehin Bescheid wußte. Doch der Reichswehrführung reichte es für einen Strafantrag und dem Oberreichsanwalt zur Erhebung einer Anklage wegen Landesverrats.

»Man sollte meinen«, hat zu dieser Art von Knebelung der Presse damals Gustav Radbruch, eminenter Jurist, Sozialdemokrat und zeitweise Reichsjustizminister, empört geschrieben, »daß in Mitteilungen über gesetzwidrige Vorgänge niemals, auch dann nicht, wenn die deutsche Regierung an ihnen beteiligt wäre, Landesverrat gefunden werden könne, da in einem Rechtsstaat die Annahme ausgeschlossen bleiben sollte, es könne der Fortbestand eines gesetzwidrigen Zustandes dem ›Wohl des Reiches‹ dienen«.

Das Reichsgericht dachte darüber, wie wir bereits wissen,

ganz anders. Zunächst ließen sich Reichsanwaltschaft und Senat sehr viel Zeit, aber nach fast drei Jahren schlugen sie dann um so härter zu: Am 23. November 1931 wurden Ossietzky und der Verfasser des Aufsatzes, Kreiser, nach eintägiger, nichtöffentlicher Verhandlung zu je anderthalb Jahren Gefängnis verurteilt — »wegen Verbrechens nach §1, Absatz 2 des Gesetzes gegen Verrat militärischer Geheimnisse vom 3. Juni 1914«.

Dieses Urteil erregte nicht nur die deutsche Öffentlichkeit, soweit sie sich noch einen Funken von Rechtsgefühl bewahrt hatte, sondern wurde in der ganzen Welt heftig kritisiert. »Im Ausland ist man geneigt«, schrieb dazu die *Vossische Zeitung*, »daraus zu schließen, es müsse sich um ungewöhnlich bedeutungsschwere Dinge handeln, die da unter dem Schleier des Geheimnisses verborgen gehalten werden . . . Und im Inland? Wer kann den Argwohn beseitigen, es sollte durch schwere Strafen eine abschreckende Wirkung auch gegen sachgemäße, aber eben unliebsame Kritik ausgeübt werden?« Die *Frankfurter Zeitung* meinte: »Wir haben zwar eine Demokratie, aber wer von ihren Grundsätzen auch gegenüber militärischen Instanzen und solchen, die es sein möchten, Gebrauch macht, wird mit Gefängnis und — was schlimmer ist — mit dem Odium des Landesverräters bestraft.«

Der nunmehr rechtskräftig als Landesverräter verurteilte Carl v. Ossietzky durfte auf einer zum 27. November 1931 einberufenen Protestkundgebung der Deutschen Liga für Menschenrechte nicht sprechen; der sozialdemokratische Polizeipräsident von Groß-Berlin, Albert Grzesinski, der vom Reichswehrminister ersucht worden war, die ganze Veranstaltung zu untersagen, verbot Ossietzky, dort zu reden — offenbar im Glauben, mit einem derartigen Kompromiß sein Bestes getan zu haben.

Ossietzky konnte deshalb nur eine Presseerklärung abgeben, die mit den Worten schloß: »Noch leben wir in einer demokratischen Republik, auf deren Grundsätze ich schwöre und die ich vom Tage ihrer Geburt an verteidigt habe. Noch leben wir in einem Zustand verbürgter Meinungsfreiheit, noch immer in einem Staat, in dem das Militär den zivilen Behörden unterworfen ist. Deshalb werde ich weiter dafür einstehen, daß der Geist der deutschen Republik nicht durch eine mißverstandene Staatsräson verfälscht wird.«

Noch glaubten tapfere Männer wie Carl v. Ossietzky, allen bitteren Erfahrungen zum Trotz, an die Möglichkeit, die deutsche Demokratie zu retten, die doch in Wahrheit nie bestanden hatte, außer auf dem Papier und von vielen Wahlen und hitzigen Parlamentsdebatten einmal abgesehen. Weite Teile der Verwaltung und Polizei, fast die gesamte Justiz und erst recht die den Regierungen Befehle erteilende Reichswehr, also nahezu sämtliche Machtmittel des Staates, waren und verhielten sich, auch nach dreizehn Jahren, noch so undemokratisch und reaktionär, wie sie es selbst in der Wilhelminischen Epoche nicht immer gewagt hatten. Die eigentlich selbstverständlichen Fairneß- und Anstandsregeln galten nicht mehr; der Faschismus, aus dem Angstbündnis zwischen der rechten Sozialdemokratie und den alten Mächten schon in der Stunde Null nach dem Zusammenbruch vom November 1918 geboren, durch ungesühnten Meuchel- und Massenmord immer kühner geworden, machte sich schon bereit zur Vernichtung der letzten republikanischen Bastionen.

Aber Ossietzky wollte nicht aufgeben, sondern weiterkämpfen. Man hatte ihm seinen Reisepaß belassen, wohl in der Hoffnung, daß er — wie Kreiser — ins Ausland fliehen würde. Doch lehnte er einen solchen Ausweg ab. »Als wir Carl v. Ossietzky baten, bei Nacht und Nebel über die Grenze zu gehen — es war alles vorbereitet —, sagte er«, so erinnerte sich Erich Kästner, damals ein junger Mitarbeiter der *Weltbühne*, »nach kurzem Nachdenken: ›Es ist für sie unbequemer, wenn ich bleibe‹, und er blieb.«

Er stellte sich zum Strafantritt, weil er — wie er in der *Weltbühne* schrieb — »den namenlosen proletarischen Opfern des Vierten Strafsenats« des Reichsgerichts diesen Akt der Solidarität schuldig wäre.

Während Ossietzky noch im Gefängnis saß, gab die Reichsregierung unter Führung des Brüning-Nachfolgers Franz v. Papen der deutschen Demokratie den Todesstoß. Auf Drängen der Nazis hin setzte Papen mit Hilfe der Reichswehr den preußischen Ministerpräsidenten Otto Braun (SPD) und alle sozialdemokratischen Minister und hohen Beamten — mit Ausnahme des »bewährten« Oberpräsidenten Gustav Noske — kurzerhand ab. Da die legale preußische Regierung weder die loyale Polizei zu Hilfe rief, noch die Arbeiterschaft zum Generalstreik aufforderte, sondern Hilfe bei den Gerichten suchte, mußte sie sich von diesen etwas bescheinigen lassen, das einer bitteren Ironie nicht entbehrt und den heutigen sozialdemokratischen Ministerpräsidenten der Bundesrepublik zu denken geben sollte: Der Staatsgerichtshof folgte nämlich der Argumentation Papens, der der SPD-Regierung des Landes Preußen zum Vorwurf machte, sie habe Nazis und Kommunisten gleichermaßen als Staatsfeinde behandelt, während sie doch die »aufstrebende Bewegung der NSDAP« und deren lobenswerte nationale Zielsetzung mit anderen Augen hätte sehen müssen als die roten »Zerstörer unserer Kultur«, die Kommunisten.

Die Zerstörung der deutschen Kultur und Zivilisation begann indessen bereits ein halbes Jahr später durch eben jene »aufstrebende Bewegung«, die Herr v. Papen und die deutsche Justiz im Sommer 1932 vor einem Vergleich mit den Kommunisten in Schutz nehmen zu müssen meinten, und eines der ersten Opfer war Carl v. Ossietzky. Nachdem er erst wenige Wochen zuvor durch eine allgemeine Weihnachtsamnestie aus dem Gefängnis freigekommen war, hatte er, anstatt nun rasch zu fliehen, seine Arbeit an der *Weltbühne* wiederaufgenommen.

Am 28. Februar 1933, am Morgen nach dem Reichstagsbrand, wurde Carl v. Ossietzky in »Schutzhaft« genommen; über drei Jahre lang blieb er, gegen immer stärker werdenden internationalen Protest, im Konzentrationslager, wo er schweren Mißhandlungen ausgesetzt war. 1936 wurde ihm — Hitler schäumte vor Wut und verbot die Annahme — der Friedensnobelpreis verliehen. Immerhin bewirkte diese weltweit beachtete Auszeichnung eines KZ-Häftlings, daß die Naziführung den schwerkranken Ossietzky aus dem Lager in eine überwachte Privatklinik bringen ließ, wo er am 4. Mai 1938 verstarb.

Zu dieser Zeit war Kurt Tucholsky bereits aus dem Leben geschieden; im Dezember 1935 hatte er im schwedischen Exil den Freitod gewählt. Schon lange zuvor, im Grunde schon seit Anfang 1932, war er als Publizist verstummt. Er hatte keinen Grund mehr gesehen, etwas zur Veröffentlichung Bestimmtes zu schreiben. Die im Exil, mit »Erscheinungsort Prag/Wien/Zürich« im Impressum, zum Emigrantenblatt gewordene *Weltbühne* interessierte ihn nicht mehr. Zu den letzten Veröffentlichungen Tucholskys aus dem Jahre 1932, die noch etwas mit deutscher Politik zu tun haben, gehören ein paar »Schnipsel«, wie er sie bescheiden nannte:

»Wie rasch altern doch die Leute in der SPD —! Wenn sie dreißig sind, sind sie vierzig; wenn sie vierzig sind, sind sie fünfzig, und im Handumdrehn ist der Realpolitiker fertig.

Das schlimmste Verbrechen, das Hitler begangen hat: er hat die echte Jugend in seiner Partei verraten.

Es ist ein Unglück, daß die SPD Sozialdemokratische Partei Deutschlands heißt. Hieße sie seit dem 1. August 1914 Reformistische Partei oder Partei des kleineren Übels oder Hier können Familien Kaffee kochen oder so etwas — vielen Arbeitern hätte der neue Name die Augen geöffnet ...

Die Leute blicken immer so verächtlich auf vergangene Zeiten, weil sie dies und jenes ›noch‹ nicht besaßen ... Es ist nicht nur vieles hinzugekommen. Es ist auch vieles verlorengegangen, im guten wie im bösen. Die von damals hatten vieles noch nicht, aber wir haben vieles nicht mehr.

Man soll nichts tun, was einem nicht gemäß ist.«

Oskar Maria Graf

Am Mittwoch, dem 9. März 1932, vier Tage vor jenen letzten Reichspräsidentenwahlen, bei denen die Bürger der ersten deutschen Republik nur noch zwischen vier Verächtern der bürgerlichen Demokratie — zwischen Hindenburg, Hitler, dem »Stahlhelm«-Führer Duesterberg und dem Kommunisten Ernst Thälmann — zu wählen hatten, begann in den *Münchner Neuesten Nachrichten* der Vorabdruck des Romans »Der harte Handel«.

Um diese Zeit hatte die Wirtschaftskrise schon katastrophale Ausmaße erreicht; man zählte in Deutschland 6,2 Millionen Erwerbslose, von denen nur noch jeder dritte Arbeitslosenunterstützung bezog. Von der Krise am schwersten betroffen waren die Großstädte und industriellen Ballungsgebiete, aber die Not war auch in den abgelegensten Dörfern zu spüren.

Vor diesem Hintergrund spielt sich »Der harte Handel« ab. Ursprünglich hatte die Geschichte einen anderen Titel gehabt und war — so bekannte Oskar Maria Graf am Tag vor Beginn des Vorabdrucks — »nichts anderes als ein Begebnis aus dem Gerichtssaal«, einer Stätte, die ihm schon viele Anregungen geliefert hatte. Doch die Episode, die er dann rasch zu einer Novelle verarbeitet hatte, war so einfach nicht zu bewältigen gewesen; sie hatte ihn nicht mehr losgelassen:

»Immer wieder stieß ich darauf und immer wieder drängten sich — während ich so durch das hügelgewellte Grafing-Wasserburgische Land zog — neue, unumgänglich notwendige Sinngebungen dazwischen. Auf einmal war das Fundament gesprengt, auf einmal mußte der Bau von vorne angefangen werden. So ist schließlich aus dem kleinen Geschichtchen, das vor einiger Zeit im Feuilleton der ›Neuesten‹ erschien, aus einem jahrelang mich beunruhigenden Stoff ein Roman geworden. ›Der gute Handel‹ hieß jenes Begebnis — nun ist's ein ›harter‹ ...«

So erklärte es Oskar Maria Graf in seinen einführenden Bemerkungen zum Vorabdruck seines Romans in den *Münchner Neuesten Nachrichten*, und natürlich hatte er damals die Hoffnung, daß der Zeitungsveröffentlichung bald eine Buchausgabe folgen würde. Doch daraus wurde nichts, jedenfalls nicht so bald, und dann an einem seiner bayerischen Heimat sehr fernen Verlagsort, wo einmal zu erscheinen sich Graf im Frühjahr 1932 nicht hatte träumen lassen.

Zunächst unterblieb die wohl für den Herbst desselben Jahres geplante Buchausgabe, ohne daß sich bislang mit letzter Sicherheit sagen läßt, warum. Es scheint — so erinnert sich deutlich ein früherer Mitarbeiter der *Münchner Neuesten Nachrichten* — eine geharnischte Intervention von seiten der bayerischen Versicherungswirtschaft gegeben zu haben. Die Herren von der Feuer-Assekuranz hatten entdeckt, daß *Der harte Handel* auch als Anleitung zum erfolgreichen, strafrechtlich nicht belangbaren Versicherungsbetrug aufgefaßt werden konnte, und sie fanden es — von ihrem Standpunkt aus: begreiflicherweise — ganz und gar nicht wünschenswert, den »gefährlichen« Roman auch noch in gebundener Form erscheinen zu lassen. Jedenfalls kam *Der harte Handel* dann nicht als Buch heraus, und dies ist — nach fast einem halben Jahrhundert! — die erste in Deutschland erscheinende Ausgabe.

Zehn Monate nach Beginn des Vorabdrucks dieses *Harten Handels* gab es in Deutschland einen noch weit härteren Handel und eine noch weit folgenreichere Intervention, nicht allein der Versicherungswirtschaft, sondern auch der Banken und vor allem der Schwerindustrie. Gemeinsam mit den ostelbischen Großgrundbesitzern, die eine teilweise Enteignung zugunsten siedlungswilliger Arbeitsloser aus den Städten befürchteten, bewogen die maßgebenden Herren der deutschen Industrie den gerade erst von den Hitler-Gegnern erneut zum Reichspräsidenten gewählten Feldmarschall von Hindenburg, den ihnen zu gewerkschaftsfreundlichen Reichskanzler Kurt von Schleicher fallenzulassen und Hitler zum Nachfolger zu bestellen. So wurde am 30. Januar 1933 in Deutschland gegen den Willen der großen Mehrheit des Volkes der Faschismus installiert.

Oskar Maria Graf kannte die Nazis, die nun überall die Macht übernahmen, seit ihren frühesten Anfängen. Er hatte den Hitler-Ludendorff-Putsch vom November 1923 in München miterlebt und vorher, noch ehe es eine Nazipartei gab, das Wüten der mit dem »Hakenkreuz am Stahlhelm« gegen die Münchener Arbeiterschaft marschierenden »Ordnungskräfte«. Er machte sich keine Illusionen, wie es manche bürgerlichen Schriftsteller taten, und er roch schon den Krieg, den er immer gehaßt hatte. Bereits im Ersten Weltkrieg war Oskar Maria Graf, Bäckerssohn aus Berg am Starnberger See, Jahrgang 1894, Pazifist geworden. 1915, nach einer Befehlsverweigerung, war er einem sofort vollstreckbaren Todesurteil nur knapp entgangen; man hatte ihn dann für geistesgestört erklärt, in eine Heilanstalt eingewiesen und 1916 endgültig aus dem Heeresdienst entlassen. Als Munitionsarbeiter in München war er in der illegalen Antikriegsbewegung sehr aktiv gewesen und war 1917 als Mitorganisator des großen Streiks verhaftet worden. Er hatte dann an der Novemberrevolution von 1918 teilgenommen und nach der Ermordung ihres Führers, Kurt Eisner, zusammen mit Gustav Landauer, Erich Mühsam, Ernst Toller und vielen anderen Münchener Schriftstellern die bayerische Räterepublik unterstützt. Nach deren Zerschlagung durch die »Ordnungstruppen« war er der mordenden Soldateska gerade noch entronnen, hatte sich zunächst versteckt, war dann aber doch noch entdeckt und verhaftet worden. Nicht zuletzt dank der Fürsprache Rainer Maria Rilkes hatte man ihn schließlich wieder laufen lassen. Aber während Rilke Deutschland noch im Juni 1919 für immer verließ, angewidert von dem »grauenhaften Einbruch des weißen Terrors«, wie er Wilhelm Hausenstein mitteilte, war Oskar Maria Graf in München geblieben, und er hatte in den vierzehn Jahren der Weimarer Republik aus seinem Abscheu vor den Nazis, seiner pazifistischen Gesinnung und seiner Überzeugung, daß man als anständiger Mensch nur politisch links stehen könne, nie ein Hehl gemacht.

So konnte es für ihn nach der Machtübernahme durch die Nazis am 30. Januar 1933 nur die Flucht geben; er mußte München so rasch wie möglich verlassen, sonst wäre er, wie viele seiner Freunde und Weggefährten, unter den ersten Opfern des braunen Terrors gewesen.

Bereits in den ersten Februartagen des Jahres 1933 nahm Oskar Maria Graf Abschied von München und flüchtete nach Wien — vorübergehend, wie er zu meinen vorgab, aber im Innersten wohl wissend, daß in Deutschland das Schlimmste noch bevorstand und daß es für ihn ein langer Abschied, vielleicht für immer, werden sollte.

Zunächst schien es so, als hätten die neuen, braununiformierten Machthaber in Berlin und München überhaupt nichts gegen den landflüchtigen Oskar Maria Graf, ja, als wollten sie ihn stillschweigend zu einem der Ihren machen; schließlich war er »rein arisch«, zudem so bodenständig und heimatverbunden wie kaum ein zweiter.

Als am 10. Mai 1933 auf dem Platz der einst von Humboldt gegründeten Berliner Universität — und gleichzeitig überall im Reich vor Hochschulen und auf markanten Plätzen — die große »spontane«, in Wahrheit seit Wochen vorbereitete und vom Propagandaministerium organisierte Bücherverbrennung begann, als die Flammen über nahezu allem zusammenschlugen, was deutscher Geist in den letzten hundert Jahren hervorgebracht hatte, da rief der neue Reichsminister für Volksaufklärung und Propaganda, Dr. Joseph Goebbels, den versammelten Studenten über die Lautsprecher zu: »Gegen Frechheit und Anmaßung! Für Achtung und Ehrfurcht vor dem unsterblichen deutschen Volksgeist! Verschlinge, Flamme, die Schriften des . . .« Und dann folgten die Namen derer, die zusammen fast die gesamte zeitgenössische deutsche Literatur verkörperten: Heinrich Mann, Thomas Mann, Stefan Zweig, Franz Kafka, Fritz v. Unruh, Franz Werfel, Bert Brecht, Ernst Toller, Kurt Tucholsky, Walter Hasenclever, Erich Kästner, Hermann Kesten, Walter Mehring, Max Brod, Lion Feuchtwanger, Klaus Mann, Arnold Zweig, Ludwig Renn, Joseph Roth, Martin Buber, Egon Erwin Kisch und und und . . .

Einer war seltsamerweise nicht dabei. Einen hatte man offenbar vergessen: Oskar Maria Graf. Doch schon am Tag nach der schauerlichen Bücherverbrennung in Deutschland, am 11. Mai 1933, meldete sich Graf aus dem Exil: In einem von der *Wiener Arbeiterzeitung* veröffentlichten Protest unter der Überschrift

»Verbrennt mich!« forderte er die Vernichtung auch seiner Werke und erklärte sich solidarisch mit seinen geächteten Kollegen.

Oskar Maria Grafs ergreifender Aufschrei ging durch alle großen Zeitungen der Welt, und die Nazis rächten sich, indem sie ihm die deutsche Staatsangehörigkeit aberkannten. Fortan war er ein politischer Flüchtling ohne gültigen Paß, und das sollte er noch ein Vierteljahrhundert lang bleiben.

Von den ersten Brandstiftungen der braunen Schergen — erst war es das Gebäude des Berliner Reichstags, Symbol des den Nazis verhaßten Parlamentarismus; dann folgte die Bücherverbrennung als Ausdruck nazistischer Geistesfeindlichkeit; im November 1938 waren die jüdischen Gotteshäuser an der Reihe, und schon ein Jahr später steckten sie Europa und schließlich die halbe Welt in Brand — führte ein direkter Weg zu den Gaskammern und Krematorien der Massenvernichtungslager, zum millionenfachen Mord und zum Versinken der deutschen Städte in Schutt und Asche.

Oskar Maria Graf führte in diesen zwölf Jahren, in denen die Deutschen die tiefste Erniedrigung ihrer tausendjährigen Geschichte erlebten, das gehetzte Leben eines politischen Flüchtlings. Aber, wo er auch war, er blieb engagiert und seinen Grundsätzen treu. Im Februar 1934 nahm er an dem dann mit äußerster Brutalität niedergeschlagenen Aufstand der Wiener Arbeiter gegen das klerikal-faschistische Dollfuß-Regime teil und flüchtete dann nach Brünn. Bis 1938, als Hitler die Tschechoslowakei zu annektieren begann, war er ständiger Mitarbeiter der Emigranten-Zeitschrift *Neue deutsche Blätter* in Prag, nahm im Sommer 1934 auch am ersten Kongreß der sowjetrussischen Schriftsteller in Moskau teil und erlebte ein Jahr später die Freude, daß sein in Deutschland aus erst diesem, dann jenem Grunde unerwünschter Roman *Der harte Handel* doch noch als Buch erschien.

Der Querido-Verlag in Amsterdam, über Nacht zur wichtigsten Heimstatt der aus Deutschland vertriebenen Literatur avanciert, brachte den bis dahin nur als Zeitungsvorabdruck veröffentlichten Roman zusammen mit Lion Feuchtwangers *Erfolg*, Bruno Franks *Cervantes*, Emil Ludwigs *Führer Europas*, Ludwig Bauers *Leopold der Ungeliebte* und Klaus Manns *Flucht in den Norden* heraus.

Es war eine sehr illustre Gesellschaft, in die Oskar Maria Graf und sein *Harter Handel* beim Querido-Verlag gerieten.

Denn dort waren zuvor von Heinrich Mann *Der Haß*, Joseph Roths Roman *Tarabas*, Alfred Döblins *Babylonische Wanderung*, Arnold Zweigs *Bilanz der deutschen Judenheit*, von dem italienischen Antifaschisten Carlo Graf Sforza *Seele und Schicksal Italiens* und von dem großen Albert Einstein *Mein Weltbild* erschienen.

Der harte Handel, nach Grafs eigener Beschreibung »hart und derb, wie eben unter Bauernleuten« des bayerischen Flachlands, wurde vom Querido-Verlag, um das Buch einem internationalen Publikum besser zugängig zu machen, mit zahlreichen Übersetzungen ins Hochdeutsche versehen. Schon auf der ersten Seite liest man da beispielsweise: »I mog Di (mag dich) it drucka (nicht drücken), Sepp! . . . Und I brauch aa (auch) Dei' Kaibi (Kalb) it . . .«

Diese Verdolmetschungen wurden in die erste deutsche Buchausgabe, die in Oskar Maria Grafs Heimat erscheint, dankenswerterweise nicht übernommen; als Vorlage diente vielmehr der zum Glück erhalten gebliebene Vorabdruck der *Münchner Neuesten Nachrichten* aus dem Jahre 1932, dem Grafs Manuskript zugrundelag.

So ist er unverfälscht wieder heimgekehrt, *Der harte Handel*, »und« — so Graf — »hart und derb, wie eben unter Bauernleuten, die unverlogen von Geburt bis Tod ihr Leben verbringen, so geht's darin zu«. Oskar Maria Graf, bis 1958 staatenlos und ohne Paß, weil er sich standhaft weigerte zu schwören, er würde das Land seiner Zuflucht, die USA, notfalls *mit der Waffe* verteidigen, dieser bis zu seinem Tod in New York im Jahre 1967 unverlogene Pazifist, hätte mit uns seine helle Freude daran.

6.

DEUTSCHE UND JUDEN

Fremd im eigenen Land?

Juden in Deutschland — das ist für die meisten Bundesbürger unter vierzig Jahren ein nur noch historisches Thema. Seine Bezüge zur Gegenwart liegen teils außerhalb Deutschlands, vornehmlich in Israel, teils beschränken sie sich auf spärliche Informationen über das Vorhandensein einer winzigen religiösen Minderheit von höchstens lokaler und dann mitunter negativer Bedeutung.

Für die Älteren hierzulande war das Thema ein Dritteljahrhundert lang ein Tabu, an das niemand zu rühren wagte. Wenn man sich ihm notgedrungen gelegentlich nähern mußte — etwa während der von Politikern, Kirchenbehörden und Lehrkörpern alljährlich wie eine Pflichtübung abgeleisteten »Woche der Brüderlichkeit« —, so geschah dies auf meist recht betuliche, seltsam realitätsferne Weise und häufig mit jenem weinerlichen Unterton, der an Hinterbliebene erinnert, denen gerade eröffnet worden ist, daß es von dem lieben Dahingeschiedenen nichts zu erben gibt. Niemand vermag sich zu erklären, wie der einst üppige Reichtum abhandengekommen sein mag, wo er verblieben sein könnte, ja, ob es ihn überhaupt je gegeben hat.

Erst eine amerikanische Fernsehserie recht trivialer Machart — hier die finsteren Schurken, dort die unschuldigen Opfer und die tapferen Helden — bewirkte im Winter 1978/79 in den Sendebereichen der ARD und dann auch des österreichischen Fernsehens eine sehr rege öffentliche Diskussion dessen, was die meisten der rund 85 Millionen deutschsprachigen Mitteleuropäer bis dahin nicht (oder doch nicht ganz genau) gewußt, vielleicht auch nur verdrängt, jedenfalls für nicht erörterungswürdig oder -fähig gehalten hatten: die nahezu restlose Vernichtung der Juden in Deutschland (und in den von der deutschen Wehrmacht eroberten Ländern Europas) in den glücklich vergessenen frühen vierziger Jahren dieses Jahrhunderts.

Aber die späte, erst von der »Holocaust«-Ausstrahlung plötzlich angefachte öffentliche Diskussion kann, so meine ich, dem tatsächlichen Geschehen nicht annähernd gerecht werden, schon gar nicht die nötigen Schlußfolgerungen für Gegenwart und Zukunft ermöglichen. Denn ein Großteil der Diskussion ging und geht noch immer, mangels vollständiger und exakter Information, von irrigen Annahmen und gänzlich falschen Voraussetzungen aus.

Gewiß, aufmerksamen Fernsehzuschauern muß klar geworden sein, daß Juden wie die dargestellten Angehörigen der Familie Weiß ganz wie Deutsche aussahen, auch so sprachen und sich wie Deutsche gefühlt haben; daß es sich also anscheinend bei ihnen damals nicht um eine ähnliche Gruppe gehandelt haben kann, wie sie heute etwa die Türken in Deutschland darstellen, abgesehen davon, daß es auch hinsichtlich Wohlstand und Bildung Unterschiede zu den heutigen türkischen und sonstigen Minderheiten gegeben haben muß.

Aber haben die Zuschauer auch merken können, daß sich die allermeisten Juden in Deutschland nicht nur *als Deutsche fühlten*, sondern daß sie Deutsche *waren?* Wurde ihnen umgekehrt deutlich, daß keineswegs alle Juden in Deutschland zum wohlhabenden, akademisch gebildeten Mittelstand oder gar zur reichen Oberschicht gehörten?

Es gab im Deutschen Reich, ehe die Nazis an die Macht kamen, jüdische Industriearbeiter (wie den Maschinenschlosser Biermann an der Hamburger Deutschen Werft, der, Jude und Kommunist, in Auschwitz ermordet wurde und der Vater des Liedersängers Wolf Biermann war); es gab zahlreiche jüdische Handwerker und auch — so in Hessen, Württemberg und im Kölner Vorgebirge — jüdische Kleinbauern; es gab, neben jüdischen Bankiers, auch zahlreiche jüdische Angestellte und kleine Beamte; es gab jüdische Offiziere — sogar einen kaiserlichen General der Kavallerie, Walter v. Mossner, zwar getauft und geadelt, aber nach den Maßstäben der Nazis ein »Volljude« —, aber es gab auch jüdische Versicherungsvertreter, Zigarrenhändler, Lokomotivführer — wie den Vater des sozialdemokratischen Theoretikers Eduard Bernstein —, Hausierer, Gastwirte oder Naturwissenschaftler (darunter etliche Nobelpreisträger). Ebenso selbstverständlich gab es auch jüdische Geldschrankknacker — wie die Gebrüder Sass —, Trickbetrüger und Taschendiebe.

Kurz, das Wesentliche an den deutschen Juden, richtiger: den jüdischen Deutschen war, daß sie sich auf keine nennenswerte Weise von der übrigen Bevölkerung Deutschlands unterschieden, ausgenommen — sofern sie noch daran festhielten —

durch ihr religiöses Bekenntnis und durch eine etwas andere Sozialstruktur, bei der das mittelständische, in Handel und Gewerbe sowie in den freien Berufen tätige bourgeoise Element etwas stärker vertreten war als bei anderen religiösen Gruppen. Entsprechend lag beispielsweise die Gewaltkriminalität der jüdischen Deutschen weit unter dem Durchschnitt der Gesamtbevölkerung.

Bei näherem Zusehen erweisen sich jedoch auch diese kleinen Abweichungen von der statistischen Norm als eine keiner umständlichen Deutung bedürfende Selbstverständlichkeit: Die jüdischen Deutschen hatten nämlich seit eh und je einen hauptsächlich bürgerlichen Bestandteil der Gesamtbevölkerung gebildet — soweit nicht religiöse Intoleranz oder Konkurrenzneid sie daran gehindert hatte.

Lange vor Beginn der Entstehung einer deutschen Sprache, einer deutschen Kultur oder gar des geographisch-politischen Begriffs »Deutschland« waren Juden in den germanischen Provinzen heimisch und bildeten dort einen festen, oftmals vorherrschenden Bestandteil der Bürgerschaft römischer Städte an Rhein und Mosel, Main und Donau. Dabei mag es dahingestellt bleiben, wie viele dieser in Germanien lebenden Juden auf Vorfahren zurückblicken konnten, die aus Palästina stammten.

Das älteste Dokument, das das Vorhandensein einer größeren Anzahl fest ansässiger jüdischer Bürger in den Mauern einer später deutschen Stadt belegt, ist ein Edikt Kaiser Konstantins vom 11. Dezember 321, die städtischen Ehrenämter der Juden von Köln betreffend. Im Verlauf des ersten nachchristlichen Jahrtausends, das die große Völkerwanderung, den Untergang Westroms, die Bildung germanischer Staaten, die Entstehung des Heiligen Römischen Reiches deutscher Nation und die allmähliche Kolonisierung Nord- und Mitteldeutschlands brachte, wurden die Juden ein wesentliches Element städtischen Lebens in Mitteleuropa. Als waffenfähige, zu Grunderwerb berechtigte Freie nahmen sie an allen kommunalen Angelegenheiten mit den gleichen Rechten und Pflichten teil wie die christlichen Bürger, mit denen sie — mancherlei Versuchen der Konzile zum Trotz, solche vom Standpunkt der Kirche aus bedenklichen Kontakte zu verhindern — in gutnachbarlichen, oftmals freundschaftlichen Beziehungen standen, von gemeinsamen geschäftlichen Unternehmungen ganz zu schweigen.

Juden waren unter den Pionieren der ersten deutschen Siedlungen an Elbe und Saale. Auch an der Erhebung von Worms zugunsten Heinrichs IV., dem ersten selbständigen Eingreifen einer deutschen Stadt in die politischen Geschicke der Nation, hatten die Wormser Juden wesentlichen Anteil. So kommt es, daß der Vertrag, der 1074 zwischen dem Kaiser und der Stadt geschlossen wurde, mit den Worten beginnt: »Den Juden und den übrigen Bürgern von Worms ...«

Jüdische und christliche Bürger verteidigten gemeinsam ihre Heimatstädte gegen Angreifer, feierten zusammen Siege oder betrauerten Niederlagen, spielten miteinander Schach oder sangen zur Laute dieselben Lieder, zechten gemeinsam oder hielten ritterliche Turniere ab, nahmen es auch in der »Minne« nicht gar so genau mit dem Glaubensunterschied und mußten erst durch kirchliche Verbote daran gehindert werden, gemeinsam die Badehäuser zu benutzen.

Schließlich gehörten die jüdischen Bürger der Rhein,- Main- und Donaustädte zu denjenigen Bewohnern des sich gerade erst bildenden Deutschland, die sich am frühesten an deutscher Dichtung beteiligten, wobei sie die hebräischen Lettern ihrer religiösen Schriften verwendeten, so wie die Christen das gemeinsame Deutsch nicht in germanischen Runen, sondern mit den lateinischen Buchstaben schrieben, die ihre Kirchenväter benutzt hatten.

Es ist kein Zufall, daß die bei weitem älteste und einzige in mittelhochdeutscher Sprache überlieferte Fassung des Gudrun-Epos, die erst im 20. Jahrhundert entdeckt wurde und sich in der Universitätsbibliothek von Cambridge befindet, in vokalisierter hebräischer Schrift aufgezeichnet ist; daß sich germanische Sagen und uralte deutsche Volksmärchen, ja sogar ein Ritterroman in Versen, das sogenannte Bovo-Buch, im Jiddischen bis in unsere Tage erhalten haben. Und die berühmte Manessische Liederhandschrift hat uns das Bild sowie einige Beispiele der Kunst des jüdischen Minnesängers aus Franken, des Herrn Süßkind von Trimberg, überliefert. Schließlich sei daran erinnert, daß das älteste bekannte Rathaus von Köln, der mächtigsten Stadtgemeinde des Reichs im frühen Mittelalter, »inter Judeos« stand, mitten zwischen den Häusern der jüdischen Bürger und neben ihrem Bad.

Das zweite Jahrtausend christlich-jüdischen Zusammenlebens in Deutschland war im ganzen entschieden weniger harmonisch und friedlich als das erste. Die wachsende weltliche Macht der Kirche, aber auch feudalistische Ausbeutung, religiöser Fanatismus und finsterster Aberglaube waren die wesentlichen Faktoren, die die Epoche vom Beginn der Kreuzzüge bis zur Französischen Revolution für die deutschen Juden verhängnisvoll machten. Aber sie waren wahrlich nicht die einzigen, die Verfolgungen zu erdulden hatten! Betrachtet man ihr Schicksal nicht isoliert, sondern im Zusammenhang mit der gesamten Entwicklung und der Lage anderer, der Willkürherrschaft des mittelalterlichen, dann des feudalabsolutistischen Establishments ausgelieferter Gruppen, so waren die deutschen Juden weder die am meisten noch gar die am grausamsten verfolgten Opfer. Sie waren vielmehr die Leidensgenossen der meisten anderen Deutschen, und sie unterschieden sich von den übrigen Unterdrückten, Ausgebeuteten und blutig Verfolgten allein durch ihr religiöses Bekenntnis.

Die grausamen Gemetzel im Gefolge meist vergeblicher Bekehrungsversuche, zunächst durch die immer neuen Scharen von Kreuzfahrern, die von Frankreich her nach Deutschland einfielen, bewirkten eine starke Abwanderung, mitunter eine Massenflucht, nach Osten, vor allem nach Polen, dessen Herrscher die deutschen Juden — ebenso wie andere Flüchtlinge aus Deutschland — mit offenen Armen aufnahmen, denn sie brauchten gewerbetreibende Bürger für ihre neuen Städte.

Bei den in Deutschland verbliebenen Juden führten die ihnen auferlegten Berufs- und Niederlassungsbeschränkungen zur Entstehung von Gettos, deren Bewohner auf Handel und Geldverleih als die beinahe einzigen ihnen noch verbliebenen Erwerbsmöglichkeiten angewiesen waren. Natürlich gab es weiterhin jüdische Ärzte und Gelehrte, Geistliche und Gemeindebeamte, Handwerker und Hausangestellte, aber da sich deren Wirken vornehmlich auf das Getto beschränkte, während sich die wirtschaftlichen Beziehungen zur christlichen Umwelt auf Handel und Geldgeschäfte konzentrierten, entstand neben dem religiösen Gegensatz nun auch ein ökonomisches Spannungsverhältnis.

Es wäre indessen verfehlt, in alledem eine außergewöhnliche Sonderstellung der Juden zu vermuten. Genaugenommen lebten nämlich die christlichen Kleinbürger, zumindest anfangs, ebenfalls in »Gettos«, standen in ihren Städtchen unter ständiger strenger Aufsicht kirchlicher wie weltlicher Obrigkeit, waren allen möglichen Wohn- und Arbeitsbeschränkungen, Ausgehverboten, Kleidervorschriften und Zunftordnungen unterworfen und hatten viele willkürlich festgesetzte Abgaben, Gebühren, Wegegelder und Zölle zu entrichten. Kurz, die Masse der Christen in Deutschland war während des ausgehenden Mittelalters kaum weniger ausgebeutet und entrechtet als die Juden, und was blutige Verfolgungen anbetraf, so erlitten zahlreiche religiöse Minderheiten, dazu Hunderttausende von unschuldigen, der »Hexerei« verdächtigten Männer, Frauen und Kindern, ein genauso grausames Schicksal wie die Juden.

Am Rande sei vermerkt, daß diese blutigen Verfolgungen sich nicht auf Deutschland beschränkten; es gab sie überall in Europa, und wiederum trafen sie auch in anderen Ländern nicht allein die Juden, sondern alle von den jeweils Herrschenden als »Ketzer«, »Ungläubige« oder »Aufrührer« angesehene Gruppen, wodurch es häufig zur Massenflucht in angrenzende Länder kam. In einer wichtigen Hinsicht aber nahmen die deutschen Juden tatsächlich eine Sonderstellung ein: Sie blieben auch in der Fremde der Sprache, Sitte und Kultur ihrer Heimat unwandelbar treu.

Während etwa die zwei- bis dreihunderttausend Hugenotten, die im 17. Jahrhundert aus Frankreich in protestantische Länder, zumal nach Brandenburg-Preußen, flüchteten, binnen weniger Generationen Deutsche (oder Holländer usw.) wurden, hielten die aus Deutschland von der Zeit der Kreuzzüge an nach Osteuropa, vor allem nach Polen, emigrierten Juden mit ungeheurer Zähigkeit fest an ihrem mittelhochdeutschen Dialekt, dem mit nur wenigen hebräischen und slawischen Brocken untermischten Jiddisch, ebenso an der bürgerlichen Tracht der Epoche ihrer Vertreibung, dem langen Rock und dem Pelzhut, erst recht an den Namen der Orte, aus denen sie vertrieben worden waren. Sie nannten sich Wormser, Oppenheimer, Speyer (oder Spier, Spiro, Schapiro), Frankfurter, Regensburger, Hildesheimer, Treves (oder Dreifuß, was beides »Trier« bedeutet), Luxemburg, Liechtenstein, Bacharach, Merseburger oder Fulda.

Vom 19. Jahrhundert an, als in zahlreichen Gegenden Ost- und Südosteuropas ein Ringen der unterschiedlichen Kulturen und Nationalitäten um Vorherrschaft begann, verteidigten die Nachkommen der seit rund einem halben Jahrtausend aus ihrer alten Heimat verjagten deutschen Juden, gleich ob in Czernowitz, Budapest, Prag oder Wilna, mit allem Nachdruck ihr Deutschtum, gründeten deutsche Schulen, Theater, Lesegesellschaften, Schillervereine, Bibliotheken und Buchhandlungen. Und selbst in den USA, wohin im 19. und frühen 20. Jahrhundert die vom zaristischen Rußland hart bedrückten Juden Polens, der Ukraine und anderer Aufnahmeländer des Mittelalters zu Hunderttausenden auswanderten, bekannten sie sich noch im Ersten Weltkrieg nachdrücklich zu ihrem Deutschtum.

Erst recht als Deutsche, als Einheimische, fühlten und bekannten sich diejenigen Juden, die in Deutschland geblieben waren. Ihre Vorfahren hatten seit der Zeit der Kreuzzüge allen, oft sehr grausamen Bekehrungsversuchen der Christen widerstanden. Erst im Zuge der Aufklärung und im Gefolge der Französischen Revolution öffneten sich ihnen die Tore der Gettos. Von den Befreiungskriegen an, an denen eine überraschend große Anzahl von jüdischen Bürgersöhnen als Freiwillige teilnahmen, forderten die deutschen Juden immer dringlicher und mit wachsendem Erfolg ihr Recht auf vollständige Gleichstellung mit den Christen und unbeschränkte Beteiligung am öffentlichen Leben ihrer Heimat. Dafür waren sie ihrerseits bereit, ihre in Jahrhunderten der Isolierung entwickelten Besonderheiten abzulegen.

Je größer die religiöse Toleranz ihrer Mitbürger und der deutschen Behörden wurde, desto mehr ließ auch das starre Festhalten der deutschen Juden an ihren religiösen Gebräuchen nach. Das 19. Jahrhundert war für sie die Epoche der Abkehr von der Orthodoxie, von den strengen Gebets- Speise-, Sabbat- und sonstigen Vorschriften. Schon bei Beginn der Befreiungskriege verkündete der Oberrabbiner der Provinz Schlesien, Karfunkel, die jüdischen Soldaten könnten auf alle vorgeschriebenen Gebete verzichten, da Gott den »Dienst fürs Vaterland als Gebet annehmen« werde.

Zigtausende deutsche Juden gingen noch einen Schritt weiter und nahmen nun auch Abschied von der Synagoge, traten aus der jüdischen Gemeinde aus, ließen sich taufen oder verzichteten auf jegliches religiöse Bekenntnis. Dies geschah keineswegs nur, um damit das — wie Heinrich Heine es spöttisch genannt hat — »Entreebillet« in die gute Gesellschaft zu erwerben, sondern vor allem, um so auch den allerletzten Unterschied zwischen jüdischen und christlichen Deutschen zu beseitigen.

Der Erste Weltkrieg war die letzte Feuerprobe, die die Heimattreue und Vaterlandsliebe der deutschen Juden zu bestehen hatten: Rund 100000 von ihnen standen 1914–18 im Feld, davon rund 80000 an der Front; etwa 12000 fielen auf den Schlachtfeldern, fast 35000 erhielten Auszeichnungen. Das entsprach haargenau, bis auf die Stelle hinter dem Komma, ihrem prozentualen Anteil an der Gesamtbevölkerung des Deutschen

Reichs und deren Opfern. Und damit war, so durften die deutschen Juden annehmen, der letzte Beweis dafür erbracht, daß sie uneingeschränkt zur deutschen Nation gehörten. Doch das war, wie sich schon wenige Jahre später zeigte, ein schrecklicher Irrtum.

1933 fiel Deutschland, was die Behandlung seiner jüdischen Bürger betraf, zurück ins Mittelalter, nur wurden die neuen, von Jahr zu Jahr verschärften Maßnahmen gegen die Juden im Deutschen Reich nicht mehr, wie einst, religiös begründet, vielmehr von nun an »rassisch« und politisch. Die deutschen Juden sollten den »nordisch-germanischen« Deutschen »artfremd« sein, zudem »rassisch minderwertig« und zugleich für die Deutschen äußerst gefährlich, da sie sich, teils als »internationale jüdische Hochfinanz«, teils als Drahtzieher des »Weltbolschewismus«, zur Vernichtung, mindestens aber Versklavung des deutschen Volkes verschworen hätten. Mit dieser absurden Begründung hatten die Nazis »der jüdischen Rasse« den Kampf angesagt. Da es indessen keinerlei wissenschaftlich feststellbare Rassenmerkmale gab, durch die sich die Juden Deutschlands von den übrigen Deutschen unterschieden, auch alle anthropologischen Messungen — von denen Rudolf Virchows über diejenigen Fishbergs bis zu den anstrengenden Bemühungen der NS-Rasseforscher — in dieser Hinsicht keine für die Nazis brauchbaren Ergebnisse erbrachten, mußten sich die neuen Machthaber etwas anderes einfallen lassen.

Weil sie beweisen wollten, daß alle Menschen jüdischen Glaubens einer gemeinsamen Rasse angehörten, andererseits sich keinerlei Verwandtschaft der europäischen Juden mit anderen, etwa denen des Jemen oder Bucharas oder Indiens, nachweisen ließ und ihre einzige Gemeinsamkeit die mosaische Religion war, erklärten die Nazis, daß man allein von der Konfession der Eltern und Großeltern eines deutschen Bürgers auf dessen »Rasse« schließen könne.

Gleichzeitig predigten die weltanschaulichen Referenten der Nazipartei und ihrer Gliederungen, daß *nicht* die Religion oder der Stand oder die Bildung, sondern allein »das Blut« den Wert oder Unwert eines Menschen bestimme, und die Koryphäen der Wissenschaft in Deutschland, soweit sie »arisch« waren, schwiegen zu diesen grotesken Widersprüchen oder halfen gar mit, diese verschwafelten »Rasse«theorien der Hitler-Partei zu verbreiten.

»Arisch« oder »nichtarisch« — das war während der zwölf

finstersten Jahre der neueren deutschen Geschichte die Frage, die zunächst über die wirtschaftliche und soziale, schließlich sogar über die physische Existenz eines Menschen entschied. Und die Antwort darauf lieferten irrwitzigerweise die Taufscheine, gemeinhin die der vier Großelternteile, in zweifelhaften oder besonders »wichtigen« Fällen diejenigen aller Vorfahren bis zurück zum Jahre 1800.

Für die rund eine halbe Million Deutschen jüdischen Glaubens des Jahres 1933, darüber hinaus für fast ebensoviele nunmehr als »Volljuden« geltende Deutsche christlichen Bekenntnisses oder ohne Religionszugehörigkeit sowie für mindestens eine weitere Million »nichtarischer Mischlinge« unterschiedlichen Grades und für eine Vielzahl von »jüdisch Versippten« begann eine Zeit zunehmender Diskriminierung und dann, was die als »Volljuden« angesehenen Personen betraf, immer grausamerer Verfolgung, die mit organisiertem Massenmord und fast vollständiger Vernichtung des deutschen Judentums endete. Aber — und dies wird allzu häufig vergessen — es waren wiederum keineswegs allein die jüdischen Deutschen, die dem Naziterror zum Opfer fielen!

Die ersten und für mehrere Jahre auch die schwersten Verfolgungen hatten die politisch aktiven Männer und Frauen der deutschen Linken zu erleiden. Kommunisten, Sozialdemokraten, Gewerkschaftler, Pazifisten, aufrechte Republikaner aus den bürgerlichen Parteien — das waren die ersten Opfer der braunen Schlägertrupps; sie wurden verschleppt, gefoltert, in Keller und leere Fabriken eingesperrt, grausam mißhandelt und zu Hunderten »auf der Flucht erschossen«. Gewiß waren darunter von Anfang an auch »Nichtarier«, zumeist Intellektuelle, die als politische Gegner jüdischer Abstammung doppelt zu leiden hatten, sowie einzelne, politisch nicht hervorgetretene Juden, die als Konkurrenten oder Gläubiger einzelnen Naziführern mißliebig gewesen waren. Aber die eigentliche Judenverfolgung begann erst, nachdem alle linken Organisationen, Parteien, Gewerkschaften und Widerstandsgruppen zerschlagen, alle führenden Männer und Frauen der deutschen Arbeiterbewegung verhaftet, ermordet oder zur Flucht ins Exil gezwungen worden waren.

Erst nachdem der einst so starken deutschen Linken endgültig das Rückgrat gebrochen war und die Nazis dadurch auch die liberale, christliche und gemäßigt konservative Opposition vollends eingeschüchtert hatten, konnte die braune Führung zum Angriff auf Deutschlands Nachbarländer übergehen und zugleich die von Anfang an geplante Vernichtung der deutschen (und dann auch aller anderen europäischen) Juden beginnen. Den Auftakt dazu bildete das von der Naziführung detailliert vorbereitete und von oben angeordnete, euphemistisch »Reichskristallnacht« genannte größte und blutigste Judenpogrom der neueren Geschichte. Es fand statt am Abend des 9. November 1938, ein halbes Jahr nach der Annexion Österreichs und im Anschluß an die Besetzung der sudetendeutschen Gebiete der Tschechoslowakei.

Wer dieses Pogrom selbst miterlebt hat, der weiß, daß der im gesamten Herrschaftsgebiet der Nazis gleichzeitig (»schlagartig«) durchgeführte Überfall auf wehrlose Familien, begleitet von Plünderungen, Morden, Massenverhaftungen und Mißhandlungen sowie der Zerstörung aller Synagogen, von der großen Mehrheit der Deutschen keineswegs gebilligt, sondern als schändliches Verbrechen empfunden wurde. Daß die Menschen in Deutschland es nicht mehr wagen konnte, ihren Abscheu öffentlich zu bekennen oder gar dem Terror entgegenzutreten, verstärkte noch das Gefühl der Schande und ließ viele Antinazis vollends resignieren. Schon damals setzte dann bei der notgedrungen »schweigenden Mehrheit« der Deutschen jener — offenbar der Selbsterhaltung dienende — Abwehrmechanismus ein, der mit der Erinnerung an die Leiden der jüdischen Nachbarn auch das eigene Versagen in die Vergessenheit zu verdrängen suchte.

Auf die Schrecken der »Reichskristallnacht«, in der Deutschlands Synagogen niederbrannten, folgten bald die vielen schrecklichen Nächte des Zweiten Weltkriegs, in denen erst einzelne Häuser, schließlich die meisten großen Städte des Reichs in Schutt und Asche sanken. Der Slogan der Nazis, »Die Juden sind unser Unglück«, erhielt damals für nicht wenige Deutsche plötzlich einen neuen Sinn, nämlich den einer auf sehr makabre Weise in Erfüllung gegangenen Prophezeiung: Die judenfeindliche Politik der Nazis schien nicht nur die von ihnen geplante Vernichtung der Juden, sondern auch die durchaus nicht beabsichtigte Zerstörung Deutschlands und dessen Untergang eingeleitet, womöglich bewirkt zu haben.

In den ersten Jahren nach der totalen Niederlage und bedingungslosen Kapitulation hatten die meisten Deutschen, was ihre jüdischen Landsleute betraf, ein außerordentlich schlechtes Gewissen, aber auch allen anderen Naziopfern, selbst Kommunisten, gegenüber, waren die Schuldgefühle deutlich erkennbar. Zur Scham kam die Angst, auch und gerade der an den Verbrechen nicht unmittelbar Beteiligten, vor der Rache der Überlebenden, die dann zur allgemeinen Erleichterung gar nicht stattfand. Die wenigen Juden, die der Vernichtung entgangen waren, hatten in ihrer großen Mehrzahl nur den einen Wunsch: das Land der Mörder ihrer Angehörigen und Freunde so rasch wie möglich zu verlassen.

Die kleine Anzahl derjenigen Überlebenden des Holocaust, die — aus welchen Gründen auch immer — in Deutschland blieben oder aus Israel wieder hierher zurückkehrten, stammte überwiegend aus Osteuropa, und obwohl zu ihnen dann auch ein paar tausend jüdische Rückwanderer kamen — meist ältere Leute, deren Heimweh größer war als ihr Widerwillen gegen ihre einstigen Verfolger —, blieb das ostjüdische Element fortan vorherrschend. Die jüdische Gemeinschaft im Westteil Deutschlands, ohnehin zusammengeschrumpft auf knapp sechs Prozent ihrer Kopfzahl vor 1933, war nun in ihrer Struktur völlig verändert. Teils war sie überaltert, weil ein Großteil des Nachwuchses, spätestens nach beendeter Ausbildung, nach Israel auswanderte, teils fehlte nun die meist akademisch gebildete, kulturschaffende deutsch-jüdische Oberschicht. Die einstige vollständige Zusammengehörigkeit mit der Volks- und Schicksalsgemeinschaft der Deutschen war einem Sonderstatus gewichen, nämlich dem von privilegierten Gästen, deren Loyalität mindestens zur Hälfte einem anderen Staat, Israel, gehörte. Das drückte sich auch aus in Doppel-, ja nicht selten dreifacher Staatsangehörigkeit vieler in der Bundesrepublik lebender Juden, und nur am Rande sei vermerkt, daß sich auch eine relativ große Anzahl entwurzelter, wenn nicht zur Unterwelt zu rechnender Elemente einfand, die die Schuldgefühle der deutschen Behörden und die sich für sie daraus ergebenden Freiräume und Privilegien ohne nennenswerte Skrupel ausnutzte.

Umgekehrt wandten sich nicht wenige derjenigen, die unter den Nazis als »Volljuden« gegolten und gelitten hatten, von den neuen jüdischen Gemeinden ab, weil sie in deren Struktur und Ritus etwas ihnen Fremdes erblickten, zudem für sich selbst weder Privilegien wünschten noch eine Loyalitätsspaltung vorzunehmen vermochten.

Die im Zuge des Kalten Krieges durchgeführte westdeutsche Restauration, die Rückkehr Zigtausender mehr oder weniger belasteter Mitglieder der einstigen Nazipartei in den Staatsdienst und in leitende Positionen der Wirtschaft, der Presse und anderer wichtiger Einrichtungen und die äußerst milde, falls überhaupt stattfindende Strafverfolgung der meisten für die Verbrechen der Nazis Verantwortlichen wurde von der jüdischen Gemeinschaft in der Bundesrepublik zunächst mit Besorgnis verfolgt. Es gab zahlreiche Proteste, doch die gleichzeitige, für Israel sehr vorteilhafte Entwicklung der Beziehungen zwischen beiden Staaten wog das Unbehagen an der Renazifizierung weitgehend auf. Gefördert wurde dieser Prozeß eines Interessenausgleichs durch die antizionistische, ja, in der Stalin-Ära wiederholt deutlich judenfeindliche, später jedenfalls gegen Israel gerichtete Politik der Sowjetunion und der meisten Staaten des Warschauer Pakts auf der einen Seite und durch den vehementen, undifferenzierten Antikommunismus, der in der Bundesrepublik unter Adenauer zur Staatsdoktrin erhoben wurde, auf der anderen.

Die große Mehrheit der jüdischen Deutschen war vor 1933 — und dies seit eh und je — antisozialistisch, erst recht antikommunistisch eingestellt gewesen. Dies entsprach ihrer weitgehenden Zugehörigkeit zum bürgerlichen Mittelstand. Auch die Tatsache, daß unter den großen Theoretikern und führenden Politikern der deutschen Arbeiterbewegung nicht wenige jüdischer Abstammung waren, änderte nichts an der bürgerlich-liberalen bis konservativen Grundhaltung der großen Mehrheit der Juden in Deutschland. Wahrscheinlich wären in den Jahren der Weimarer Republik viele von ihnen bereit gewesen, den Parteien der Rechten, anstatt denen der Mitte oder der gemäßigten Linken, ihre Stimme zu geben, hätte sie die antisemitische Hetze der Deutschnationalen nicht abgestoßen.

In der Bundesrepublik gab es ein solches Hindernis nicht. Im Gegenteil, nicht nur die traditionell von Judenfeindlichkeit freien Sozialdemokraten, sondern auch die Parteipolitiker der Rechten, darunter selbst ehemalige Nazis, die zumal in der CDU/CSU und bis Ende der sechziger Jahre auch in der FDP ihre neue politische Heimat gefunden hatten, wetteiferten geradezu darin, sich bei der winzigen jüdischen Minderheit anzubiedern, freundschaftliche, auf jegliche Kritik verzichtende Beziehungen zu Israel zu propagieren und salbungsvoll an das »schicksalhafte Verhängnis« zu erinnern, dem die meisten jüdischen Deutschen zum Opfer gefallen waren — so, als wäre der Nazismus ein unvorhersehbares Naturereignis gewesen; als hätte sich die Vernichtung der Juden ohne Beteiligung staatlicher Behörden und ohne nennenswerte Mitwirkung von Angehörigen des deutschen Volkes vollzogen.

Die große Mehrheit der Deutschen war nur allzu gern bereit, nicht über die wirklichen Ursachen, Versäumnisse und absichtlichen Weichenstellungen nachzudenken, die zur Errichtung der nazistischen Gewaltherrschaft, zu den bis dahin unvorstellbaren Verbrechen und schließlich zur größten Katastrophe der deutschen Geschichte geführt hatten. Infolgedessen unterblieb in der Bundesrepublik eine von der ganzen Bevölkerung anzustrebende und daher von der politischen Führung konsequent durchzuführende Reinigung des öffentlichen Lebens.

Im Gegenteil: In der Ära Adenauer wurden zahlreiche für die Verbrechen der Nazis Mitverantwortliche in hohe Staatsämter berufen, so — um nur wenige Beispiele zu nennen — Hans Maria Globke, einst im Reichsinnenministerium zuständig für die diskriminierende »Arier-« und »Blutschutz«-Gesetzgebung, der dann als Adenauers Staatssekretär im Bundeskanzleramt ein Jahrzehnt lang die Personalpolitik der Bundesrepublik und manches andere maßgebend beeinflußte; oder der an den Judenmassakern in Polen als Führer einer Spezialeinheit beteiligte Professor Theodor Oberländer, von 1953 bis 1960 Adenauers Bundesminister für Angelegenheiten der Vertriebenen, Flüchtlinge und Kriegsgeschädigten; oder Friedrich-Karl Vialon, während des Krieges beim »Generalkommissar für das Ostland« zuständig für die ökonomisch optimale Verwertung jüdischer Sklavenarbeiter und auch noch ihrer Leichen, von 1950 an hoher Beamter in Bonn, Ministerialdirektor im Kanzleramt, dann bis 1966 Staatssekretär im Bundesfinanzministerium, seitdem Honorarprofessor in Saarbrücken.

Die Aufzählung ließe sich beliebig fortsetzen, doch sei nur noch ein weiterer Fall genannt, der des Ministerialrats Dr. Eberhard Taubert. Er war einer der engsten Mitarbeiter des Nazipropagandaministers Goebbels, in dessen Ministerium zunächst zuständig für »Gegnerbekämpfung« und »Aktivpropaganda gegen die Juden«, dann Leiter des Generalreferats »Ostraum«, auch Beisitzender Richter beim 1. Senat des berüchtigten »Volksgerichtshofs«, vor allem aber betraut mit der propagandistischen Vorbereitung der Judenausrottung und verantwortlich für einige abendfüllende Filme, in denen Juden als gefährliches, daher zu vertilgendes Ungeziefer dargestellt wurden. Bis 1950 lebte Dr. Taubert versteckt, kehrte dann aus dem Iran zurück in die Bundesrepublik und wurde dort Berater des Bundesverteidigungsministers Franz Josef Strauß in Fragen der psychologischen Kriegführung. Immerhin mußte er, als seine Vergangenheit öffentlich bekannt wurde, offiziell »kaltgestellt« werden, aber noch in den Wahlkämpfen der Jahre 1969–72 spielte dieser Dr. Taubert eine nicht unwesentliche Rolle hinter den Kulissen als heimlicher Wahlhelfer seines langjährigen Förderers Strauß, wobei angemerkt sei, daß die *Frankfurter Rundschau* am 13. September 1969 berichtete, der CSU-Chef Strauß habe in einer Wahlrede erklärt: »Ein Volk, das diese wirtschaftlichen Leistungen vollbracht hat, hat ein Recht darauf, von Auschwitz nichts mehr hören zu wollen!« In den folgenden Wochen, Monaten und Jahren wartete man vergeblich auf eine Erklärung des CSU-Vorsitzenden, daß er diese Ungeheuerlichkeit nicht wirklich gesagt, anders gemeint oder wenigstens inzwischen bedauert habe und zurückzunehmen bereit sei. Erst in jüngster Zeit, nachdem der für die Richtigkeit der Wiedergabe des Zitats bürgende FR-Herausgeber Karl Gerold längst verstorben ist, scheint sich Franz Josef Strauß von der ihm fast zehn Jahre lang unbeanstandet zugeschriebenen Äußerung distanzieren zu wollen.

Doch, wie dem auch sei, jedenfalls genießt der CSU-Parteichef und nunmehrige bayerische Ministerpräsident, der in der Nazizeit als »weltanschaulicher Referent« im Münchener NSKK-Sturm 23/M 86, später als »Offizier für wehrgeistige Führung«, einer jener zigtausend propagandistischen Wegbereiter der Naziverbrechen war, heute bei einem beträchtlichen Teil der in der Bundesrepublik lebenden Angehörigen jüdischer Gemeinden und ehedem »rassisch« Verfolgten ein erstaunlich hohes Ansehen. Das mag mit seinem entschiedenen Antisozialismus zusammenhängen, der auch die Grundeinstellung zahlreicher Juden ist (und, allen Behauptungen der Nazis zum Trotz, seit eh und je war). Noch wichtiger scheint jedoch für viele Juden zu sein, daß Strauß als ein verläßlicher Freund Israels gilt. Als Bundesverteidigungsminister unter Adenauer hat er zur militärischen Stärkung des ersten jüdischen Staats der Neuzeit wesentlich beigetragen.

Als mindestens ebenso verläßlicher, enger und treuer Freund Israels gilt auch der Inhaber des größten bundesdeutschen Pressekonzerns, Axel Springer. Er zählt »die Aussöhnung zwischen Juden und Deutschen« zu einer der vier »Grundfesten« seiner Verlagspolitik, ohne daß er oder auch seine jüdisch-deutschen Freunde zu merken scheinen, wie sehr mit dieser Formulierung nazistischer Ungeist am Leben gehalten und weiter propagiert wird. Schließlich waren es die Nazis, die den jüdischen Deutschen ihr Deutschtum absprachen und sie für »artfremd« erklärten. »Juden und Deutsche« miteinander versöhnen zu wollen — und nicht, wie es richtig heißen müßte, Christen und Juden oder jüdische und nichtjüdische Deutsche oder, falls dies gemeint sein sollte, die Bürger Israels und die der Bundesrepublik —, setzt voraus, daß die deutschen Juden keine Deutschen sind, eine These, die aufzustellen und zur Grundlage einer in Massenmord endenden Verfolgung zu machen dem verbrecherischen Naziregime vorbehalten war.

Vielen heutigen Mitgliedern jüdischer Gemeinden in der Bundesrepublik scheint es indessen gar nichts auszumachen, daß der so israelfreundliche Zeitungsverleger Springer die Juden hierzulande prinzipiell für Fremde hält. Es stört sie anscheinend auch nicht, daß sich dieser Herr Springer für sein Renommierblatt *Die Welt* als politischen Karikaturisten ausgerechnet jenen Hicks gewählt hat, der in derselben perfiden Manier, in der er heute Araber, Hippies, Studenten oder einzelne Mißliebige wie Heinrich Böll oder Sebastian Haffner karikiert, während der Nazizeit das Leid der Verfolgten und Vertriebenen verhöhnte.

Ja, viele jüdische Bürger hierzulande finden nicht einmal etwas Schlimmes daran, wenn auf der Titelseite eines im Hause Springer erscheinenden Boulevardblattes die erneut auf eine verfemte Minderheit bezogene Schlagzeile »Ausmerzen!« erscheint; wenn die Kommentatoren der Springer-Blätter einen neuen Kreuzzug gen Osten predigen und dabei — wie es Hans Dieter Müller in seiner gründlichen Analyse der Konzernpolitik des Hauses Springer formuliert hat — »versuchen, die Machtverschiebung in Europa als Folge des Kommunismus, nicht als Folge des explosiven deutschen Nationalismus zu interpretieren.« Selbst die nach der »Holocaust«-Ausstrahlung von den Springer-Zeitungen versuchte Relativierung des Massenmords, seine Aufrechnung gegen spätere Leiden der deutschen Vertriebenen und der Hinweis auf angeblich durchaus vergleichbare Verbrechen in der Sowjetunion wird von vielen Angehörigen jüdischer Gemeinden in der Bundesrepublik widerspruchslos hingenommen.

Als gefährlich, als ihre Gegner sehen sie nur die von der Springer-Presse verteufelten Linken an, wobei sie alle Gruppen in einen Topf werfen. Wer am kapitalistischen Gesellschaftssystem (das den Nazismus hervorgebracht hat) herumnörgelt, wer für die Blitzsiege und Eroberungen Israels nicht die rechte Begeisterung aufgebracht hat, ja, heute sogar hie und da für diskriminierte Araber und für Zugeständnisse an die Palästinenser eintritt, gilt als — mindestens potentieller — Judenfeind.

Daß sich unter diesen »gefährlichen Linken« und ihren intellektuellen Sympathisanten auch — gar nicht wenige — Leute befinden, die von jüdischen Eltern oder Großeltern abstammen und daher von den Nazis wie Juden verfolgt worden sind (oder worden wären, hätten sie damals schon gelebt), macht in den Augen vieler bundesdeutscher Synagogengemeindemitglieder die Sache nur noch schlimmer. Denn dies könnte mißverstanden und der Gesamtheit der deutschen Juden angelastet werden.

Kurz, die heute in der Bundesrepublik lebenden Juden haben sich hier gut eingelebt, auch wenn einige von ihnen immer noch so tun, als säßen sie auf gepackten Koffern. Sie sind, wie seit eh und je, nicht anders als ihre nichtjüdischen Landsleute, nicht klüger, nicht besser, nicht weniger borniert, von einigen löblichen, den anderen Juden höchst suspekten Ausnahmen abgesehen. Quantitativ spielen sie kaum noch eine Rolle; von den jüdischen Familien, die vor 1933 im Deutschen Reich gelebt haben, sind nur etwa fünf Prozent aus den Lagern oder aus dem Exil zurückgekehrt. Die aus Osteuropa seit 1945 Zugewanderten, soweit sie in der Bundesrepublik endgültig seßhaft geworden sind, haben sich weitgehend assimiliert und bilden heute den wesentlichen Teil der wenigen, meist sehr kleinen Gemeinden, die insgesamt — einschließlich der einst allein mehr als 160 000 Mitglieder zählenden Gemeinde Berlins — rund 30 000 Personen umfassen. Eine etwa ebenso große Anzahl von Deutschen, die nach den Maßstäben der Nazis als Juden gelten müßten, lebt außerhalb der jüdischen Religionsgemeinschaft und setzt die 1933 jäh unterbrochene Tradition der emanzipatorischen Totalverschmelzung fort, weniger wegen besonderer Begeisterung für die neue, bundesrepublikanische Form des Deutschtums, vielmehr weil es für sie keine Alternative gibt.

Alles in allem machen diejenigen Bundesbürger, die sich bei sehr weitherziger Auslegung des Begriffs als »jüdisch« bezeichnen lassen, etwa 0,1 Prozent der Gesamtbevölkerung aus. Sie stellen also nur einen winzigen Dorn im Fleisch derer dar, die sich noch vor dreieinhalb Jahrzehnten stolz »Arier« nennen und, entsprechend den Anleitungen durch »Aktivpropagandisten«, »weltanschauliche Referenten« und andere Scharfmacher, alles übrige »artfremde Ungeziefer« verachten und zertreten durften. Heute sind sie für ihre Umwelt kein Problem mehr, abgesehen von gewissen Schuldkomplexen, wie sie bei Nichtjuden, wenn sie Juden begegnen, hin und wieder auftreten.

Für die nichtjüdische Umwelt unproblematisch geworden zu sein, bedeutet indessen nicht, daß die jüdischen Deutschen selbst keine ernsthaften Probleme mit ihrer Umgebung hätten. Schon immer waren die Opfer ein wenig sensibler und bei weitem nicht so vergeßlich wie ihre Peiniger.

Politik und Moral

Es ist kein Zweifel möglich: Es waren vornehmlich Juden, und zwar zumeist und in erster Linie jüdische Wissenschaftler aus Deutschland, die den USA zu der fürchterlichsten Waffe der Kriegsgeschichte, zur ersten Atombombe, verhalfen. Ohne die jüdischen Flüchtlinge aus dem Machtbereich Hitlers wären die Vereinigten Staaten nicht bereits im Jahre 1945 zur — damals einzigen — Atommacht geworden.

Für eingefleischte Antisemiten mag in dieser Tatsache ein gewisser Trost liegen, womöglich eine nachträgliche Rechtfertigung für den infernalischen Haß ihres »Führers« auf die Juden und seine starke instinktive Abneigung gegen die »jüdische Physik«. Indessen verwechselten sie dabei Ursache und Wirkung. Keiner der Kernphysiker und auch keiner der anderen beteiligten Wissenschaftler aus Deutschland und den anderen Ländern, auf die die deutsche Judenpolitik ausgedehnt wurde, wäre aus dem Machtbereich Hitlers geflüchtet oder hätte sich gar veranlaßt gesehen, dem Präsidenten der USA oder einer anderen Regierung zum Bau einer Atombombe zu raten und dabei mit allen Kräften mitzuhelfen, wäre nicht jener von niemandem in solchem Ausmaß erwartete Terror ausgebrochen, der das hochzivilisierte Deutsche Reich ins finsterste Mittelalter zurückwarf und die ganze Welt in Angst versetzte durch die Vehemenz und die Rücksichtslosigkeit, mit denen ein Nachbarland nach dem anderen überfallen und dem System des Schreckens

»eingegliedert« wurde. Erst durch diese Umstände und aus der zunächst nur den wenigen Spezialisten begreiflichen Sorge heraus, daß sich Hitler mit Hilfe deutscher Kernwaffen auch noch die übrige Welt unterwerfen könnte, kam es dazu, daß friedliche Wissenschaftler den Anstoß zum Bau einer Vernichtungsmaschine gaben und dann mit äußerster Energie an deren Fertigstellung mitarbeiteten.

Kaum aber war die Gefahr einer nationalsozialistischen Weltherrschaft gebannt, da bemühten sich viele derselben Wissenschaftler sogleich und mit allem Nachdruck darum, den nunmehr unnötigen Einsatz der neuen Waffe zu verhindern. Ein besonders eindrucksvolles Dokument hierfür, das auch die Unterschrift Leo Szilards trägt, ist der sogenannte »Franck Report«, so benannt nach seinem Initiator, dem einstigen Göttinger Professor und Physik-Nobelpreisträger des Jahres 1925, James Franck.

Gemeinsam mit Gustav Hertz, einem anderen berühmten deutsch-jüdischen Physiker und Neffen des Entdeckers der drahtlosen Wellen, Heinrich Hertz, nach dem die physikalische Maßeinheit der Frequenz benannt wurde, war James Franck mit dem Nobelpreis ausgezeichnet worden »für die Entdeckung der Gesetze, die bei dem Zusammenstoß eines Elektrons mit einem Atom herrschen«. Wegen seines wissenschaftlichen Weltrufs (und wohl auch, weil er ein hanseatischer Gentleman war, halb liberal, halb konservativ eingestellt, jedenfalls kein »Linker«) hatte man Franck nach Beginn der nationalsozialistischen Herrschaft nicht wie andere jüdische Hochschullehrer sofort davongejagt. Doch er war zu vornehm, solche »Gnadenerweise« anzunehmen. Am 17. April 1933 hatte er seine Entlassung erbeten, und zwei Tage später war er noch einen Schritt weitergegangen: Er hatte den wenigen Zeitungen, die damals noch nicht »gleichgeschaltet« waren, eine Erklärung zur Veröffentlichung zugeleitet, in der es hieß, sein Rücktritt wäre nur ein Akt der Solidarität mit seinen hinausgeworfenen jüdischen Kollegen. »Wir Deutsche jüdischer Herkunft werden wie Fremde und Feinde des Vaterlands behandelt«, hatte er voll Bitterkeit erklärt und hinzugefügt, daß er unter diesen Umständen keine Vorzugsstellung genießen wollte.

Diese so würdige Haltung war Franck von einer Reihe »arischer« Kollegen sehr verübelt worden. Sie wandten sich — und das ist ein Beispiel dafür, daß sich Leuchten der Wissenschaft keineswegs immer so benehmen, wie man es von ihnen erwarten zu können meint — voller Empörung gegen den nach ihrer Meinung »grob undankbaren« Juden Franck. Zweiundvierzig Professoren und Dozenten der Göttinger Universität unterzeichneten ein Schreiben an die örtliche NSDAP, worin sie Francks Verhalten »schärfstens« verurteilten, weil es der »›Greuelpropaganda‹ des Auslands direkt in die Hände spiele...« Nur ein einziger Naturwissenschaftler fand den Mut, sich James Franck sofort anzuschließen und öffentlich gegen die Entlassung der jüdischen Kollegen zu protestieren: Der Physiologe und Pharmakologe Otto H. Krayer, der sich auch nicht einschüchtern ließ, seine Entlassung erhielt und bald darauf in die Emigration ging...

Dieser Rückgriff auf das Jahr 1933 sollte verdeutlichen, daß der Protest eines Wissenschaftlers gegen ein Vorgehen des Staates, das ihm unmoralisch erscheint, zu allen Zeiten Mut erfordert hat. Den Emigranten unter den Atomforschern von Los Alamos, die sich gegen einen Einsatz der von ihnen selbst konstruierten und unter enormen finanziellen Opfern ihres Gastlandes fertiggestellten Bombe wandten, drohte zwar kein Konzentrationslager, doch immerhin Kaltstellung und der Vorwurf groben Undanks.

Es verdient deshalb hervorgehoben zu werden, daß an dem »Franck-Report«, der den Einsatz der Atombombe verhindern sollte, neben James Franck selbst vor allem zwei bis 1933 in Deutschland tätig gewesene jüdische Wissenschaftler mitgearbeitet haben, die als *refugees* nach Amerika gekommen waren: Eugen Rabinovitch und Leo Szilard. Und Leo Szilard, der eigentliche Initiator des »Manhattan Project«, war es, der im Frühjahr 1945 den schon fast verzweifelten Versuch unternahm, »den unheimlichen ›Dschinn‹, den wir, wie der Fischer in Tausendundeiner Nacht, aus der Flasche herausgelassen hatten, wieder einzufangen und einzusperren, ehe er Unheil anrichten konnte«.

»Während des ganzen Jahres 1943 und eines Teils von 1944 war es unsere größte Sorge, daß die Deutschen eine Atombombe vor der (alliierten) Landung in Europa fertigstellen könnten... 1945 aber, als wir aufhörten, uns Sorgen darüber zu machen, was die Deutschen uns antun könnten«, so schilderte es Leo Szilard später mit erstaunlichem Freimut, »da begannen wir uns besorgt zu fragen, was die Regierung der Vereinigten Staaten wohl anderen Ländern antun könnte.«

Wieder war es Albert Einstein, an den Leo Szilard sich wandte, damit er durch sein immenses Ansehen einem Appell an den Präsidenten der Vereinigten Staaten, keine Atombomben einzusetzen, den erforderlichen Nachdruck verleihe. Und wieder unterzeichnete Einstein den vorbereiteten Brief, der dann zusammen mit einem Memorandum der Wissenschaftler von Los Alamos dem Präsidenten Roosevelt zugeleitet wurde. Doch ehe Roosevelt Zeit fand, die Schriftstücke zu lesen, ereilte ihn am 12. April 1945 der Tod. Einsteins Brief nebst den Anlagen fanden sich unter seinen unerledigten Papieren, und sein Nachfolger, Harry S. Truman, war nicht der Mann, auf den dringenden Appell einiger als Flüchtlinge ins Land gekommener *eggheads* etwas zu geben. Er gab dem geplanten Einsatz der ersten Atombombe gegen das schon geschlagene Japan seine Zustimmung . . .

Mit welchen Gefühlen die vor der Barbarei des »Dritten Reiches« in die USA geflüchteten Wissenschaftler diesen äußerst brutalen und — wie wir heute wissen — gänzlich überflüssigen Atomwaffeneinsatz des Landes aufnahmen, auf dessen hohen ethischen Standard sie vertraut hatten, läßt sich ahnen. Von einigen wissen wir, wie es sie traf.

Norbert Wiener, der berühmte Mathematiker, Philosoph und Begründer der Kybernetik, der — als Sohn eines ostjüdischen Einwanderers, der es zum Harvard-Professor brachte — schon mit achtzehn Jahren Universitätsdozent wurde und während des Krieges einen erheblichen Beitrag zu den Kriegsanstrengungen der USA lieferte, lehnte unter dem Eindruck von Hiroshima die Herausgabe einer Kopie des Berichts, den er im Auftrage des Pentagons erstellt hatte, an eine ihn darum ersuchende Rüstungsfirma mit folgender Begründung ab: »Die Erfahrung der Wissenschaftler, die an der Atombombe arbeiteten, hat gezeigt, daß sie bei jeder Forschungsarbeit dieser Art schließlich unbegrenzte Macht in die Hände gerade jener Leute legen, denen sie ihren Gebrauch am wenigsten gerne anvertrauen möchten . . . Ich will nicht am Bombardement und an der Vergiftung schutzloser Menschen teilnehmen. Ich habe daher nicht die Absicht, irgendeine künftige Arbeit von mir zu veröffentlichen, die in den Händen unverantwortlicher Militaristen Schaden anrichten könnte . . .«

»Nicht lange nach Hiroshima«, so erinnert sich Leo Szilard, »besuchte ich Einstein. Als ich in sein Arbeitszimmer trat, schaute er mich traurig an und sagte: ›Da haben Sie es nun. Die alten Chinesen haben schon recht gehabt. Am besten ist es, überhaupt nicht zu handeln‹...«

Einstein zog auch Konsequenzen aus der tiefen Enttäuschung, die ihm der Mißbrauch einer nur für einen ganz bestimmten Notfall gedachten Verteidigungsmöglichkeit durch eine Regierung, der er vertrauen zu können glaubte, bereitet hatte. Wie sein Neffe, Dr. Josef Spier, Jahre später in einem Interview mit dem Südwestfunk berichtete, hatten ihn die Nachrichten von den amerikanischen Atombombenangriffen auf kaum noch verteidigte japanische Städte äußerst hart getroffen. »Zum Schluß seines Leben«, so erklärte Dr. Spier, »war er der unglücklichste Mensch. Und ich verrate Ihnen jetzt ein Geheimnis, das er mir damals, 1954, offenbarte. Er verpflichtete mich, es nie zu sagen, bevor er das Zeitliche gesegnet habe, und ich habe dieses Versprechen gehalten. An diesem Tage, an dem ich ihn zum letztenmal lebend sah, sagte er zu mir: ›Weißt du, mein Sohn, ich habe noch etwas gefunden, auf dem Grenzgebiet der Mathematik und der Astronomie. Das habe ich jüngstens kaputtgemacht. Einmal ein Verbrecher an der Menschheit geworden zu sein, genügt mir. Das zweite Mal wird mir das nicht passieren‹ . . .«

Auch andere bedeutende Physiker wie Victor Weißkopf, Hans Bethe und Georg Placzek kamen zu dem Entschluß, jede Mitarbeit an der weiteren Entwicklung von Kernwaffen zu verweigern, trotz der sich dabei für einen Wissenschaftler bietenden, sehr verlockenden Möglichkeit, mit modernsten Hilfsmitteln und ohne nennenswerte Rücksicht auf die Kosten, Forschungen auf dem eigenen Spezialgebiet zu betreiben. Sie wurden sich darüber einig, daß — wie Bethe es später formuliert hat — »die Welt nach einem solchen Krieg (mit weiterentwickelten Kernwaffen), selbt wenn wir ihn gewinnen sollten, nicht mehr sein würde . . . wie die Welt, die wir erhalten wollen. Wir würden gerade die Dinge verlieren, für die wir kämpften . . .«

Der Physik-Nobelpreisträger und Philosoph Max Born, der aus Göttingen nach England emigriert war, hatte es von Anfang an abgelehnt, an der Entwicklung von nuklearen Waffen mitzuarbeiten. Born, der — wie zuvor Sigmund Freud — in einem jahrelangen Briefwechsel mit Albert Einstein nach Möglichkeiten gesucht hatte, den Mißbrauch wissenschaftlicher Erkenntnisse wie den Krieg überhaupt wirksam zu verhindern, war zu einer Überzeugung gelangt, die seine englische Kollegin Kathleen Lonsdale einmal so ausgedrückt hat: »Das Risiko, daß eines Menschen Arbeit, die an sich gut ist, später einmal mißbraucht wird, muß man immer auf sich nehmen. Aber wenn es bereits bekannt ist, daß der Zweck der Arbeit verbrecherisch und böse sein soll, kann die persönliche Verantwortung nicht umgangen werden!«

Aus einer solchen Erkenntnis heraus wurde ein Schüler Max Borns zum Verräter der amerikanischen Atomgeheimnisse an die Sowjetunion: Klaus Fuchs. Dieser Sohn eines evangelischen Theologen, der sich zu den Lehren der Quäker und religiösen Sozialisten bekannte, hatte dem »Dritten Reich« ohne Zwang den Rücken gekehrt, in Birmingham die Vorlesungen Max Borns gehört, dann bei Rudolf Peierls assistiert und war 1943 als eines der wichtigsten Mitglieder des britischen Kernforscherteams in die Vereinigten Staaten gekommen. Von Dezember 1944 an arbeitete er in Los Alamos, und er galt dort nicht nur als ein außerordentlich fähiger Wissenschaftler, sondern auch als vorbildlich hilfsbereiter Kollege, der es mit dem Gebot der Nächstenliebe sehr ernst nahm.

Sein Vater, Professor Emil Fuchs, der mit seinem Sohn nach dessen Verurteilung durch ein englisches Gericht ein Gespräch unter vier Augen führen konnte, äußerte sich im Anschluß daran folgendermaßen über die Motive, die den brillanten jungen Wissenschaftler zum Verrat veranlaßt hatten:

»Ich als Vater sehe seine große innere Not in dem Augenblick, wo er entdeckte, daß er für die Bombe arbeitete. Sagte er: Ich tue es nicht, so ging es eben doch weiter in der vollen Gefahr für die Menschheit. So fand er den Ausweg aus einer ausweglosen Lage. Weder er noch ich haben es jemals dem englischen Volk verdacht, daß man ihn verurteilte. Er trägt sein Los tapfer, entschlossen und klar. Nach englischem Gesetz ist er zu Recht verurteilt. Aber es muß ja immer wieder Menschen geben, die solche Schuld auf sich nehmen — wie York bei Tauroggen — und die Folgen starken Willens tragen, weil sie meinen, daß sie klarer sehen als die Machthaber, die in diesem Augenblick entscheiden ... Dabei riskierte er eine glänzende, hochbezahlte Stellung und eine noch glänzendere Zukunft. Ich kann nur in Ehrfurcht mich seiner Entscheidung beugen. Wer kann wissen, wie *er* entschieden hätte in solcher Lage?«

Klaus Fuchs war einer der ganz wenigen nichtjüdischen deutschen Emigranten unter den Atomforschern. Wäre er Jude gewesen wie seine Lehrer und die meisten seiner Kollegen, dann hätte dieser Umstand dem Antisemitismus neue Nahrung gegeben. So war er eben nur ein Emigrant, ein *refugee*, ein »vaterlandsloser Geselle«, der Deutschland — das »Dritte Reich« ebenso wie die zum Zeitpunkt seiner Verurteilung bereits eine Front des Kalten Krieges bildende Bundesrepublik — ebenso verraten hatte wie England und die USA, denen er Dank geschuldet hatte. (Von einer Dankesschuld Deutschlands wie der Alliierten gegenüber den deutschen Emigranten, die Wesentliches dazu beitrugen, Hitlers Schreckensherrschaft zu beenden und die noch einiges von der verlorenen Ehre ihres Vaterlandes retteten, ist kaum je die Rede ...) Und natürlich war Klaus Fuchs, der Sowjetspion, ein Kommunist, schlimmer noch: ein »Salon-Bolschewist«, einer, der es materiell gar nicht nötig gehabt hatte, sich sozialistischen Ideen zu verschreiben, ein typischer »Linksintellektueller« (was ein von Pseudo-Intellektuellen gern als Schimpfwort benutzter Beinahe-Pleonasmus ist), für jeden Antisemiten zudem als der Born- und Peierls-Schüler, Einstein-Bewunderer und Oppenheimer-Jünger, der er war, ein »weißer« oder »Geistes Jude« ...

Damit wollen wir Klaus Fuchs, den Verräter aus Verantwortungsgefühl, der, da er schon nicht die Kernwaffen wieder aus der Welt schaffen konnte, wenigstens ein atomares Patt zwischen den Führungsmächten der großen Blöcke herstellen zu müssen meinte, dem gewiß besseren Urteil kommender Generationen überlassen. In unserer Untersuchung scheint er, der nichtjüdische Emigrant aus protestantischem Pfarrhaus, ohnehin fehl am Platz, es sei denn, wir erinnern uns, daß nicht nur »Kommunisten« und Verräter, sondern auch über solche Vorwürfe erhabene Kernphysiker wie Max Planck, Werner Heisenberg, Paul Dirac und Erwin Schrödinger öffentlich als »Einstein-Jünger« und »Weiße Juden« bezeichnet worden waren. Auch das war als Beschimpfung gemeint gewesen ...

Tatsächlich hatte das »gesunde Volksempfinden«, das hierzu von den Nationalsozialisten bemüht worden war, weder auf dem Gebiet der theoretischen Physik noch auf dem der modernen Kunst zwischen »arischen« und »nichtarischen« Gelehrten oder Künstlern unterscheiden können. Und noch auf einem anderen Sektor, dem wir uns jetzt zuwenden wollen, wurden Bürger mit jüdischen und solche mit christlichen Vorfahren ohne die sonstigen »rassischen« Bedenken stets in einen Topf geworfen.

Es handelte sich dabei um die von der Nazi-Terminologie schlicht unter dem Begriff »Novemberverbrecher« zusammengefaßte Gruppe von Politikern und Intellektuellen der deutschen Linken. Doch ehe wir uns damit näher befassen und untersuchen, wie es kam, daß auch unter den sozialistischen und pazifistischen Führern die deutschen Juden weit stärker vertreten waren, als ihrem Bevölkerungsanteil entsprochen hätte, müssen wir uns noch einmal daran erinnern, was die deutschen Juden waren: Bürger, die sich nicht zum Christentum bekehrt hatten und dafür jahrhundertelang grausame Unterdrückung und Verfolgung auf sich genommen hatten ...

Dieses Gruppenschicksal prädestinierte sie dazu, sich — zumal nach ihrer eigenen Emanzipation — anderer Verfolgter, Unterdrückter und Ausgebeuteter anzunehmen, für die Menschenrechte stärker einzutreten als andere, die weniger davon profitiert hatten, und ihre während eines langen Ausleseprozesses entwickelten Fähigkeiten einzusetzen, auch und gerade für diejenigen, denen Bildung und Information ebenso vorenthalten wurden wie andere Voraussetzungen eines menschenwürdigen Daseins.

Natürlich nahmen beileibe nicht alle deutschen Juden in so starkem Maße Anteil am Schicksal der ausgebeuteten, weitgehend rechtlosen Masse, und nur eine relativ kleine Elite setzte sich mit allen Kräften ein für die Unterdrückten (so wie auch nur ein winziger Teil der aufgeklärten französischen Aristokratie an der Befreiung des »dritten Standes« aktiv mitwirkte und die Revolution von 1789 mit anführte). Immerhin war die Beteiligung der deutschen Juden an der Entwicklung der Theorie des Sozialismus und an der Führung der Arbeiterbewegung weit größer, als es dem jüdischen Bevölkerungsanteil entsprochen hätte, von der Klassenlage der meist einer begüterten Bourgeoisie entstammenden jüdischen Sozialisten ganz zu schweigen.

Auf die Tatsache, daß diesen mehr als nur vereinzelt vorhandenen deutsch-jüdischen Sympathien für die Sache der Linken eine Masse indifferenter, allenfalls mäßig liberaler Bürger jüdischer Herkunft und einige jüdische Vertreter der Rechten gegenüberstanden, werden wir in anderem Zusammenhang noch zurückkommen. Um was es uns hier gehen soll, ist die Frage, welcher Art die Impulse waren, die von Teilen der deutsch-jüdischen Intelligenz ausgingen und in starkem Maße dazu beitrugen, eine spezifisch deutsche — wenn man will: deutsch-jüdische — Form des Kommunismus zu entwickeln.

Da war zunächst Ludwig Börne, einer der Führer des »Jungen Deutschland«, der im 74. seiner »Briefe aus Paris« vom 7. Februar 1832 die Ausgangssituation treffend beschrieben hat: »Es ist wie ein Wunder! Tausend Male habe ich es erfahren, und doch bleibt es mir ewig neu. Die einen werfen es mir vor, daß ich ein Jude sei, die anderen verzeihen mir es; der dritte lobt mich gar dafür; aber alle denken daran ... Die armen Deutschen! Im untersten Geschosse wohnend, gedrückt von den sieben Stockwerken der höheren Stände, erleichtert es ihr ängstliches Gefühl, von Menschen zu sprechen, die noch tiefer als sie selbst, die im Keller wohnen. Kein Jude zu sein, tröstet sie dafür, daß sie nicht einmal Hofräte sind ... Ich weiß das unverdiente Glück zu schätzen, ein Deutscher und ein Jude zu sein ... Ja, weil ich als Knecht geboren, darum liebe ich die Freiheit mehr als Ihr. Ja, weil ich die Sklaverei gelernt, darum verstehe ich die Freiheit mehr als Ihr ...!«

Ähnlich wie Börne mögen viele der jungen deutsch-jüdischen Intellektuellen aus der ersten Hälfte des 19. Jahrhunderts empfunden haben, doch wahrscheinlich am wenigsten und wenn, nur unterbewußt, Karl Marx, der »Vater des Sozialismus«, der sich — wie Hans Lamm in seiner scharfsinnigen Studie* nachgewiesen hat — »subjektiv in so geringem (praktisch keinem) Maße an die Ahnengemeinschaft gebunden fühlte«; am meisten dagegen Moses Hess, der 1812 in Bonn geborene Philosoph, der den modernen, humanen Sozialismus auf ethischer Grundlage schuf, mit seinen Schülern Marx und Engels wegen deren rein materialistischer Auffassung brach und von diesen dafür als »alter Esel« verspottet wurde.

Doch verlassen wir die kleinen und großen Propheten des Sozialismus und wenden wir uns denen zu, die im frühen 20. Jahrhundert als »Kommunisten« verketzert, ja, den erschrockenen Bürgern mindestens als »Wegbereiter des Bolschewismus«, oft auch als »Teufel in Menschengestalt«, als blutgierige Bestien und »von satanischer Zerstörungswut erfüllt« hingestellt wurden.

Was waren das für seltsame Menschen (falls es überhaupt noch Menschen waren) ...?, so fragten sich die Spießer, Chri-

* Hans Lamm, *Karl Marx und die Juden*, München 1969.

sten wie auch Juden. Diese schrecklichen Roten, die aus so ordentlichen Verhältnissen stammten, riefen zum Kampf gegen ihre eigene Klasse, die Bourgeoisie auf! Selbst beileibe keine Proletarier, setzten sie sich in Wort, Schrift und mitunter auch Tat für diese ein, sahen in der Revolution — ein in den Ohren ordnungsliebender, auf ihre Privilegien bedachter Besitzbürger entsetzlich klingendes Wort! — eine Notwendigkeit und schürten, zumindest durch herbe Kritik an den Besitzenden und Mächtigen sowie an den Verhältnissen, die zu der angeblich ungerechten Verteilung von Besitz und Macht geführt hatten, den Haß der Unterdrückten auf die Unterdrücker.

So etwa wurden (und werden zum Teil noch heute) zumal diejenigen geistigen Führer der deutschen Linken, die jüdischer Herkunft waren, dem mittelständischen Bürgertum präsentiert, und es gibt noch immer eine nicht unbeträchtliche Anzahl durchaus wohlmeinender und vernünftiger Leute, die den deutsch-jüdischen »Kommunisten und Kommunistenfreunden« einen großen Teil der Schuld geben, sowohl an dem Schicksal, das nach 1933 die ganze jüdische Gemeinschaft in Deutschland und darüber hinaus in beinahe ganz Europa traf, als auch am späteren Vordringen und gewissen Exzessen des Kommunismus.

Demgegenüber wollen wir die Hypothese aufstellen und auf ihre Richtigkeit prüfen, daß es gerade die deutschen Führer der Linken jüdischer Herkunft gewesen sind, die dem Kommunismus kritisch gegenüberstanden, soweit er totalitäre, inhumane und undemokratische Züge entwickelte, und die, hätte man sie nicht erschlagen oder vertrieben, imstande gewesen wären, einem freiheitlichen, menschenfreundlichen und pazifistischen Sozialismus zum Siege zu verhelfen.

Hier muß an erster Stelle Rosa Luxemburg genannt werden, Tochter eines polnisch-jüdischen Kaufmanns, der in Deutschland die Schule besucht hatte und zu jener kultivierten bürgerlichen Oberschicht gehörte, die für die deutsche Romantik schwärmte und ihre Kinder auf deutsche Gymnasien und Universitäten schickte, nicht zuletzt im Bewußtsein der Herkunft ihrer Vorfahren aus dem Westen des Reiches, im Falle der Familie Luxemburg natürlich aus jener gleichnamigen Stadt, die im 13. Jahrhundert ihre jüdischen Bürger vertrieben hatte.

Friedrich Heer, Österreicher und Katholik, hat in seinem Werk, »Gottes erste Liebe«, eindrucksvoll beschrieben, wie 1917/18 die jüdische kommunistische Intelligenz, insbesondere

Leo Trotzki, alle Hoffnung auf Deutschland setzte; wie sie erwartete, »daß die deutsche Arbeiterschaft sich erheben und die Führung der Weltrevolution übernehmen« würde. »Deutschland besitzt einige hochbefähigte jüdische Kommunisten, die für dieses Werk in Betracht kommen«, fährt Heer fort, »allen voran Karl Liebknecht* und Rosa Luxemburg ... Die kleingewachsene polnische Jüdin Rosa Luxemburg schrieb im Gefängnis Briefe, die zu den bedeutendsten Dokumenten eines politischen Humanismus in dieser Epoche gehören. Diese ›kleine Jüdin‹ wagte es 1917 als erste, sich gegen Lenin zu stellen: Ihre Kritik der Anfänge und Frühformen des leninistischen Bolschewismus enthüllt bereits das ganze künftige Drama des Ertrinkens der Revolution in Terror und Mord, der Tötung der roten Hoffnung ...«

Soweit ein keinerlei Sympathien für den Bolschewismus verdächtiger militanter Katholik nichtjüdischer Herkunft, der lediglich der Mehrzahl der jüdischen Kommunisten und insbesondere der »roten Rosa« Gerechtigkeit widerfahren lassen will.

Die von Friedrich Heer so lobend erwähnten Briefe Rosa Luxemburgs aus dem Gefängnis lösten, wie ihr Biograph Peter Nettl vermerkt, sehr verschiedenartige Reaktionen aus. »Typisch für die konzessionslose Feindseligkeit und Verständnislosigkeit bürgerlicher Zuschauer der Nachkriegswirren war ein Brief aus Innsbruck — Bollwerk der katholischen Reaktion und Gegenpol des ›roten‹ Wien — an *Die Fackel*, eine literarisch-politische Zeitschrift, die damals intellektuelle Sympathie für linksrevolutionäre Ziele bekundete. Die anonyme Briefschreiberin, die nach eigener Angabe auf einem großen ungarischen Gut aufgewachsen war, nahm Anstoß an Rosa Luxemburgs mitleidiger Schilderung der Mißhandlung erbeuteter Büffel in Deutschland während des Krieges. Der Brief an Sonja Liebknecht, in dem diese Schilderung enthalten ist**, war in der *Fackel* abgedruckt worden. Die Briefschreiberin erklärte, daß Büffel stumpfe, kaum eines Gefühls fähige Tiere seien und von jeher als Zugvieh für schwere Lasten verwendet würden. ›Die Luxemburg hätte gewiß gerne, wenn es ihr möglich gewesen

---

* Karl Liebknecht war zwar mit einer Jüdin verheiratet, selbst aber nicht, wie Heer und auch andere Autoren annehmen, jüdischer Herkunft.

** Vgl. Rosa Luxemburg, *Briefe aus dem Gefängnis*, 5 Aufl., Berlin 1961, S 57–59.

wäre, den Büffeln Revolution gepredigt und ihnen eine Büffelrepublik gegründet ... Es gibt eben viele hysterische Frauen, die sich gern in alles hineinmischen und immer Einen gegen den Anderen hetzen möchten; sie werden, wenn sie Geist und guten Stil haben, von der Menge willig gehört und stiften viel Unheil in der Welt, so daß man nicht zu sehr erstaunt zu sein braucht, wenn eine solche, die so oft Gewalt gepredigt hat, auch ein gewaltsames Ende nimmt‹ ...«

Karl Kraus, der Herausgeber der *Fackel*, jüdischer Herkunft und voller Sympathie für die revolutionäre Linke, soweit sie humanitäre Ziele verfolgte und nicht in Terrorismus entartet war, aber beileibe kein Marxist, antwortete der Briefschreiberin mit einer glühenden Sympathieerklärung für Rosa Luxemburg und ihre Art des Kommunismus, und er erwies sich dabei, selbst in hellster Empörung, als der große Meister der deutschen Sprache, der er war.

»Der Kommunismus ... — der Teufel hole seine Praxis«, begann sein leidenschaftliches, *Credo* überschriebenes Bekenntnis, »aber Gott erhalte ihn uns als konstante Drohung über den Häuptern jener, so da Güter besitzen und alle anderen zu deren Bewahrung und mit dem Trost, daß das Leben der Güter höchstes nicht sei, an die Fronten des Hungers und der vaterländischen Ehre treiben möchten. Gott erhalte ihn uns, damit dieses Gesindel, das schon nicht mehr ein und aus weiß vor Frechheit, nicht noch frecher werde, damit die Gesellschaft der ausschließlich Genußberechtigten ... wenigstens doch auch mit einem Alpdruck zu Bett gehe! Damit ihnen wenigstens die Lust vergehe, ihren Opfern Moral zu predigen, und der Humor, über sie Witze zu machen!«

Es wäre verfehlt, in Rosa Luxemburg nur eine mitfühlende Frau zu sehen, die sich empörte über die Quälerei einer Kreatur, gleich ob Mensch oder Tier. Sie war auch eine brillante Theoretikerin des Sozialismus, verfügte über eine außerordentliche Intelligenz und wußte eine scharfe Klinge zu führen.

Sosehr sie selbst das Blutvergießen und den Terror mißbilligte, die Mittel verurteilte, mit denen die Bolschewiki die einmal errungene Macht verteidigten, und dies auch Lenin gegenüber aussprach, so wenig ließ sie Kritik daran von seiten derer zu, die selbst einst mit Strömen von Blut an die Macht gelangt waren und sie stets mit grausamsten Mitteln verteidigt hatten. »Die Reventlow, Friedberg, Erzberger, die ohne mit der Wimper zu zucken Millionen deutscher Männer und Jünglinge zur Schlachtbank getrieben — um Longwy und Brie, um neuer Kolonien willen, die Scheidemann-Ebert, die vier Jahre lang für den größten Aderlaß, den die Menschheit erlebt, alle Mittel bewilligten — sie schreien jetzt im heiseren Chor über den ›Terror‹, über die angebliche ›Schreckensherrschaft‹, die von der Diktatur des Proletariats drohe! Die Herrschaften mögen in ihrer eigenen Geschichte nachblättern ...«

Und sie goß Hohn und Spott über die Gerüchtemacher:

»Klirrt irgendwo eine Fensterscheibe, platzt an der Ecke ein Pneumatik mit lautem Knall, gleich schaut sich der Philister mit gesträubten Haaren und einer Gänsehaut auf dem Rücken um: Aha, sicher ›kommen die Spartakusleute‹! ... Verschiedene Personen haben sich an Liebknecht mit der rührenden Bitte gewandt, ihre Gatten, Neffen oder Tanten von dem beabsichtigten bethlehemistischen Kindermord, den die Spartakusse planen, ausnehmen zu wollen. So geschehen wahr und wahrhaftig im ersten Jahr und Monat der glorreichen deutschen Revolution! ... Hinter allen diesen schwirrenden Gerüchten, lächerlichen Phantasien, wahnwitzigen Räubergeschichten und schamlosen Lügen steckt ein sehr ernster Vorgang: es liegt System darin ... Die Gerüchte werden zielbewußt fabriziert und ins Publikum lanciert, ... um eine Pogromatmosphäre zu schaffen ... Gegen Morde, Putsche und ähnlichen Blödsinn schreit man, und den Sozialismus meint man ...«

Rosa Luxemburg wurde, zusammen mit Karl Liebknecht, am 15. Januar 1919 in Berlin von Angehörigen der exklusiven Gardekavalleriedivision ermordet, »im Dienst an Deutschland«, wie der Initiator des Anschlags, Major a.d. Pabst, noch heute behauptet. »Rosa Luxemburg gehört uns«, erklärte zu ihrem 80. Geburtstag die Sozialistische Einheitspartei der DDR. »Rosa Luxemburg gehört zu uns«, so ließ die Sozialdemokratische Partei der Bundesrepublik zu ihrem 40. Todestag wissen. Beide beanspruchen sie Rosa Luxemburg im Namen der Humanitas, gestützt auf einen Satz, den die große Kämpferin für einen humanen Sozialismus einst ausgesprochen hat: »Eine Welt muß gestürzt werden. Aber jede Träne, die geflossen ist, ist eine Anklage ...«

»Andere wieder begeistern sich an ihrer Theorie von der revolutionären Spotaneität der Massen«, schrieb Manfred Grunert zu Rosa Luxemburgs 100. Geburtstag in der Münchener *Abendzeitung*. »Die einen fasziniert die Tragik der Politikerin, in der sie eine gescheiterte Moralistin sehen. Andere erblicken in ihr einen Kronzeugen linksliberaler Gesinnung, den Satz zitierend: ›Freiheit ist immer die Freiheit der Andersdenkenden‹. Eine Gestalt wie Rosa Luxemburg aber läßt sich nicht in ein wie auch immer etikettiertes Schublädchen stecken. Sie gehörte der Partei der Arbeiterklasse, deren Sache sie bewußt ihr Leben verschrieben hatte — ohne daß dadurch der andere, der ›private‹ Mensch in ihr verkümmert wäre. Im Gegenteil.«

In einem Brief (vom 2. Mai 1917) an Sonja Liebknecht gibt sie von sich selbst die unübertreffbare Selbstcharakteristik: »Ich habe manchmal das Gefühl, ich bin kein richtiger Mensch, sondern auch irgendein Vogel oder ein anderes Tier in Menschengestalt. Sie wissen, ich werde trotzdem hoffentlich auf dem Posten sterben: in einer Straßenschlacht oder im Zuchthaus. Aber mein Innerstes Ich gehört mehr meinen Kohlmeisen als den ›Genossen‹. Und nicht etwa, weil ich in der Natur, wie so viele innerlich bankerotte Politiker, ein Refugium, ein Ausruhen finde. Im Gegenteil. Ich finde auch in der Natur auf Schritt und Tritt so viel Grausames, daß ich sehr leide . . .«

Rosa Luxemburg war sicherlich die größte, aber beileibe nicht die einzige von Humanismus erfüllte Persönlichkeit unter den verteufelten jüdischen Theoretikern, Führern und Publizisten der deutschen Linken.

Gustav Landauer, der Gelehrte, der Dichter, der Schriftsteller, der eines der schönsten Bücher über Shakespeare verfaßt hatte, war ein weiteres Mitglied dieser Gruppe von bedeutenden Menschen, auf die sich der Haß der Mächtigen und Besitzenden konzentrierte, vielleicht gerade weil sie nicht nur »Klassenverräter«, aus dem Bürgertum hervorgegangene Führer des erwachenden Proletariats waren, sondern auch wegen ihrer Anständigkeit, ihrer Abneigung gegen jede Art von Brutalität, ihrer Menschlichkeit, mit der sie ihre Verleumder Lügen straften.

»Landauer verteidigt 1916 die nach dem Westen strömenden Ostjuden, die von den eingesessenen deutschen Juden mit Angst, Bestürzung und Abwehr empfangen werden . . .«, schreibt Friedrich Heer über ihn. »Der Internationalist Gustav Landauer sieht in seinen Visionen ein verjüngtes Deutschland, eine verjüngte Judenschaft — durch die Begegnung von Ost- und Westjuden —, eine erneuerte Menschheit.

›Schmutziger Bolschewik! Macht ein Ende mit ihm!‹ Soldaten schießen ihn an, schlagen ihn nieder. Blutüberströmt sagt er ihnen: ›Ich habe euch nicht betrogen. Ihr wißt selbst nicht, wie furchtbar ihr betrogen worden seid.‹ Ein Freiherr von Gagern schlägt ihn endgültig nieder. Gustav Landauer, der Apostel der wiedergeborenen Menschheit, hat die Fragen des Judentums tiefer durchdacht als viele vor ihm. Er beeinflußt stark seinen Freund, der seine Schriften sammelt: Martin Buber. Martin Buber ist der Zeuge für die reine Menschlichkeit des Blutzeugen Gustav Landauer, des ›jüdischen Bolschewiken‹ . . .«

Warum mußte auch Landauer sterben? Er hatte sich der ersten bayerischen Revolutionsregierung des deutsch-jüdischen Arbeiterführers und glühenden Idealisten Kurt Eisner zur Verfügung gestellt, war für kurze Zeit Kultusminister der Räteregierung gewesen. Erst nach Eisners Ermordung kam es zu jenen Geiselerschießungen in München, die von allen anständigen Sozialisten als feiges und sinnloses Blutvergießen verurteilt worden sind. Weder hätte Eisner eine solche Rache gebilligt, noch war Gustav Landauer, der Gelehrte, Schöngeist und Humanist, auch nur indirekt daran beteiligt gewesen . . .

»Eines Morgens wachten die Münchner Bürger auf und entdeckten zu ihrem Erstaunen, daß sie in einer Räterepublik waren, noch dazu in einer, gegründet von ›Schlawinern‹, von ›landfremden Elementen‹ (wie heute jeder Bauer jeden Mann nennt, der da geboren ist, wohin er nicht mehr spucken kann) — da saßen sie hinter Maßkrügen und staunten in die Welt. Es war eine bittere Zeit. Wenn man die Leute heute fragt, was sie eigentlich damals auszustehen gehabt hatten, dann sagen sie alle dasselbe: nämlich im Grunde gar nichts. Die Münchner Räterepublik hat im ganzen vierzehn Menschen das Leben gekostet — es waren das jene zehn Geiseln im Luitpoldgymnasium (ein Mord, für den es mancherlei Erklärungen, aber keine Entschuldigung gibt) —, dazu kommen, wenn man sehr gewissenhaft rechnet, noch vier Menschenleben, die auf das gleiche Konto zu setzen sind. Soweit diese Revolutionäre.

Als man die Münchner Spießer von außen her befreit hatte, zogen die ›siegreichen‹ Truppen in die bayerische Residenz ein — und zur gleichen Zeit büßten einhundertvierundachtzig Menschen der Gegenseite ihr Leben auf die mannigfaltigste Weise ein: durch ein willkürlich gehandhabtes Standrecht, durch viehische Ermordungen (Landauer wurde von den Uniformierten erschlagen, wie man keinen Hund erschlägt; die Leiche wurde gefleddert) — Rache! Rache!

Die Hauptrache genoß man kalt. Die ›Schlawiner‹ wurden vor Volksgericht gestellt, es waren Ausnahmegerichte — und die Räteregierung Münchens büßte ihr Verbrechen mit 519 Jahren 9 Monaten Freiheitsstrafen; ein Todesurteil wurde gefällt (Leviné); drei Führer wurden von den Soldaten ermordet. (Die Anhänger der Kapp-Regierung befinden sich sämtlich in Freiheit.) . . .«

Der Mann, der 1921 diese Schilderung des Münchener Geschehens gab und sich dann scharf gegen jene »Demokraten« wandte, die noch ein Mittelchen fanden, die nun wehrlosen Verurteilten zu quälen, indem sie auf dem Verordnungswege die milde Festungshaft in verschärften Kerker und Zwangsarbeit verwandelten, war Kurt Tucholsky.

Auch er, der Bürgersohn und promovierte Jurist, gehörte zu jenen Intellektuellen jüdischer Herkunft, deren Gerechtigkeitssinn sich empörte angesichts des schreienden Unrechts, der unmenschlichen Brutalität und des Verrats an den Idealen, auch der Selbstgefälligkeit, mit der die Sieger über die Revolution sich die Hände rieben und die kurz unterbrochenen Geschäfte wiederaufnahmen.

». . . Ludendorff kann zufrieden sein«, hatte er schon 1919 geschrieben. »Die Revolution. Man spricht ungern von ihr. Und wenn, mit unverhohlener Verachtung. Sie ist selber daran schuld — denn sie ist keinem ernstlich zu Leibe gegangen. Kämen ihre Gegner heute ans Ruder: wir erlebten in Deutschland eine Menschenschlächterei . . . Der Haß der besitzenden Schichten gegen den Arbeiter ist ins Grenzenlose, ins Erschrekkende gewachsen . . .«

Sie haßten auch ihn, ihren Mitbürger, nannten ihn einen »Salon-Bolschewisten« und hätten ihn 1933 gewiß genauso brutal erschlagen wie zuvor Rosa Luxemburg oder Gustav Landauer, wäre er noch in Deutschland gewesen, und wiederum mit dem Ruf: »Schmutziger Bolschewik! Saujud! Macht ein Ende mit ihm!«

War Kurt Tucholsky ein Kommunist?

»Trotz aller durch die Umstände bedingten Sympathien für den Kommunismus«, bemerkt dazu sein Biograph Klaus-Peter Schulz, »ist Tucholsky niemals Kommunist gewesen, nicht einmal dem innersten Bekenntnis nach. Die Kommunisten selbst wußten das am besten . . . Der ›Schnipsel‹ Peter Panters über die KPD: ›Schade, daß Sie nicht in der Partei sind — dann könnte man Sie jetzt ausschließen‹, könnte durchaus in etwas veränderter Form ein Kulissengeflüster wiedergeben, das Tucholsky in den Reihen der KPD über seine eigene Person vernommen hat ... An der ›grandiosen Tatsache der Sowjetunion‹ hat er schon im Jahre 1928 den dreisten Opportunismus zu bemängeln, mit der eine sowjetamtliche Darstellung über ›Die ersten Tage der Roten Armee‹ den Namen Trotzkis einfach unterschlägt ...« — » ... eines weiß ich«, hatte der Unbestechliche geschrieben, »daß es ein Zeichen von tiefster Schwäche, von Angst und von Mamelukenhaftigkeit ist, des Mannes zu gedenken, der soviel für Rußland getan hat. Wenn der ganze ›Wochenbericht‹ auf solch unvollständigen Angaben, auf so verfälschten Berichten aufgebaut ist, dann taugt er nicht. Und verdient keinerlei Glauben.«

Tucholsky hat die materialistische Geschichtsauffassung gelegentlich selbst angewandt, sicherlich auch viel aus ihr gelernt. Aber er hat dabei sein kritisches Denken nicht aufgegeben, hätte nie ein Dogma daraus gemacht. »Es ist die Aufgabe des historischen Materialismus, zu zeigen, wie alles kommen muß«, hat er einmal in seinen »Schnipseln« vermerkt, doch mit dem ironischen Zusatz: »— und wenn es dann nicht so kommt, zu zeigen, warum es nicht so kommen konnte.«

Und am deutlichsten hat sich Kurt Tucholsky Anfang 1931 geäußert, nur zunächst verblüffenderweise in einer äußerst scharfen Polemik gegen eine päpstliche Enzyklika, worin vom heiligen Sakrament der Ehe die Rede war und die Abtreibung verdammt wurde.

»Ich wünschte, die Töchter der Arbeiter wären frei und könnten sich Blumen ins Haar winden, frei von Kirche und wirtschaftlicher Sklaverei. Frei auch von kommunistischer Theologie, die drauf und dran ist, den Sinn ihrer Anhänger erst so zu erweitern und dann so zu verengen, wie es die katholische mit ihren Leuten schon getan hat ...«

Ein jüdischer Katholikenfresser, so mag man in Paderborn und Fulda gedacht haben und denkt vielleicht noch heute so, wenn man Kurt Tucholskys erst Anfang 1970 erstmals veröffentlichte *Briefe an eine Katholikin* nicht kennt. Daß er auch mit nicht-katholischen Spießern, und dies ebenfalls niemals des Glaubens wegen, scharf ins Gericht ging, zeigt sein in einem dieser Briefe enthaltenes Urteil über jenen Teil des deutsch-jüdischen Bürgertums, den er verlassen hatte: » ... Hätten die deutschen Nationalisten nicht diese fast tierische Stalldumpfheit von pommerschen Bereitern aus dem vorigen Jahrhundert:

sie hätten längst auf die allerdings zugkräftige Volksparole ›Haut die Juden!‹ verzichtet — und drei Viertel der deutschen Juden säßen heute da, wo sie klassenmäßig hingehören: bei der Deutschen Volkspartei. Sie tun es nicht, weil sie der Antisemitismus abstößt. Sie tun es zum Teil doch, weil ihnen ihr Bankkonto lieber ist als eine Religion, von der sie nur noch das Weihnachtsfest und die ›Frankfurter Zeitung‹ halten ... Diese Leute sollen dem deutschen Volk das rituelle Schächtmesser in den Rücken gestoßen haben? Dazu sind sie viel zu feige. Nie täten sie das!«

Ein jüdischer Antisemit, werden vielleicht einige deutsche Juden meinen und etwas von »Selbsthaß« murmeln. Aber auch das trifft keineswegs zu. Der Herr Wendriner, den Tucholsky karikierte, war ein großstädtischer Spießer. Diese feigen, ressentimentgeladenen und neue Ressentiments erzeugenden Spießer, gleich ob sie sich Christen oder Juden nannten, nur die meinte er ...

Die rechten Sozialdemokraten nannten Tucholsky einen »Salon-Bolschewisten«, dessen »zersetzende Kritik« ihre Republik samt dem aus der kaiserlichen Mottenkiste hervorgeholten Feldmarschall-Reichspräsident unterhöhle — als ob diese Republik noch zu retten gewesen wäre durch Unterlassung jeder Kritik!

Die linientreuen Anhänger der KPD wußten mit dem »großen Freund der Arbeiterklasse«, wie sie Tucholsky, wenn sie ihn gerade vor ihren Karren spannen zu können meinten, etwas verlegen nannten, auch nichts anzufangen. Ihn des Trotzkismus zu verdächtigen, wäre zu absurd gewesen ...

»Ein kleiner dicker Berliner wollte mit der Schreibmaschine eine Katastrophe aufhalten«, so hat es einmal Erich Kästner mit leisem, liebevollem Spott umschrieben.

»Er hat oft über dieses Problem nachgedacht«, meint Fritz J. Raddatz in seiner Bild-Biographie Tucholskys. »Wenn wir versuchen wollen, die verwirrend vielen Tucholskys auseinanderzuzwirnen und den Journalisten, den Polemiker für Tag und Stunde betrachten, wird eines deutlich: Mehr und mehr verzichtet er auf Scherz, Satire, Ironie — und entscheidet sich für die tiefere Bedeutung. Gewiß, seine schriftstellerischen Arbeiten, seine Feuilletons bleiben die des Satirikers, des lachenden Spötters. Aber sein Kampf für die Reinhaltung der politischen Bühne, für den letzten Rest an Anstand in dieser zerbröckelnden Republik wird sehr direkt geführt. Längst sieht er, wohin der Kurs steuert. Die Verquickung des Geisteslebens, die Herren Nagel oder Soergel oder Herr Stauff gar, der einen antisemitischen Semi-Kürschner herausgab mit ›Statistiken der Juden sowie ihrer Gaunersprache, Trugnamen und Geheimbünde etc.‹ — es sind nicht mehr die wichtigsten Feinde. Die Generalanzeigerpresse, ›mit bezahlter Vorderseite‹ — das alles wird zwar ›besorgt‹, doch nicht mehr. Hauptfeind Nr. 1 ist die deutsche Justiz. Immer und immer wieder hämmert Tucholsky seinen Lesern ein: Diese Richter sprechen doppeltes Recht, diese Richter beugen das Recht, versagen als soziales Instrument, als Kaste, als Menschen. In seinem Gedicht ›Deutsche Richter 1940‹, in der AIZ zu einer Fotografie von Studenten bei der Mensur geschrieben, heißt es: ›Dies werden eure Richter 1940 sein‹. Es war fürchterlich wahr.«

Nein, sie waren keineswegs alle Kurt Tucholskys oder Rosa Luxemburgs, die deutsch-jüdischen Bürger, so wie sie auch beileibe nicht alle Universitätsprofessoren oder gar Nobelpreisträger oder auch nur sehr intelligent waren. Doch, wie diese und jene, wurden sie samt und sonders geächtet, vertrieben oder grausam ermordet. Die wenigen von ihnen, die so dachten und handelten wie Kurt Tucholsky waren nur eine kleine verfemte Minderheit innerhalb einer nur wenig größeren, sich den übrigen deutschen Bürgern konform verhaltenden, aber nicht minder verfemten Minorität. Trotzdem durften, wenn wir den Versuch unternehmen, die schwersten Verluste zu ermitteln, die die nationalsozialistische Judenverfolgung Deutschland zugefügt hat, diese wenigen nicht fehlen.

Wer Jude ist, bestimmt Der Große Brockhaus

Wußten Sie, daß Albert Einstein, der große Physiker, Jude war? Wenn Sie es wußten, dann gewiß nicht aus dem *Großen Brockhaus.* Der hat zwar viel über Einstein zu berichten — eine ganze Lexikon-Spalte ist mit Angaben über diesen bedeutenden Forscher und Nobelpreisträger gefüllt — aber Einsteins jüdische Abstammung ist mit keinem Wort erwähnt.

Warum auch? werden Sie fragen. Wir sind ja gottlob keine Rassisten mehr! Es ist doch ganz gleichgültig, ob Einstein nun Jude war oder Christ, ein Nachkomme der Wikinger oder der Botokuden — auf jeden Fall war er ein bedeutender Wissenschaftler aus dem deutschen Kulturkreis — das genügt.

Eine ähnlich löbliche Anschauung vertritt auch *Der Große Brockhaus* — zumindest bei bedeutenden Wissenschaftlern und Nobelpreisträgern. Wenn man, aus bestimmten Gründen neugierig geworden, die Probe aufs Exempel macht, dann stellt man befriedigt fest:

Bei keinem der sechzehn »nichtarischen« Deutschen oder Österreicher, die bis 1933 mit dem Nobelpreis ausgezeichnet wurden, findet sich im *Großen Brockhaus* — sechzehnte völlig neu bearbeitete Auflage — ein Hinweis auf ihre jüdische Abstammung — weder bei dem Mediziner Paul Ehrlich noch bei dem Literatur-Nobelpreisträger Paul Heyse, weder bei dem Chemiker Otto Wallach noch bei dem aus Luxemburg stammenden Physiker Gabriel Lippmann. Auch bei den anderen Nobelpreisträgern Alfred H. Fried (Frieden), Adolf von Baeyer (Chemie), Robert Bárány (Medizin), Richard Willstätter (Chemie), Otto Meyerhof (Medizin), James Franck (Physik), Gustav Hertz (Physik), Karl Landsteiner (Medizin), und Otto H. Warburg (Medizin) finden sich keine solchen »rassistischen« Bemerkungen — so wenig wie bei Albert Einstein.

Der aufmerksame Leser wundert sich nur, daß fast alle diese hochverdienten Männer, soweit sie nicht vorher starben, offenbar von der Wanderlust ergriffen wurden und ihre Heimat verließen. Nur bei einem einzigen der vielen mit dem Nobelpreis ausgezeichneten Emigranten findet sich in diesem rücksichtsvollen Lexikon ein Hinweis auf das Motiv der Auswanderung: Der Chemie-Nobelpreisträger Richard Willstätter verließ, dem *Großen Brockhaus* zufolge, »1939 Deutschland aus Protest gegen die Judenverfolgungen«! (Daß er selbst Jude war, wird diskret verschwiegen . . .)

Soweit, so gut, zumal das Prinzip, eine jüdische Abstammung nicht zu erwähnen, vom *Großen Brockhaus* auch bei zahlreichen anderen Prominenten aus Vergangenheit und Gegenwart konsequent beibehalten wird: Ob es sich um den Komponisten Giacomo Meyerbeer oder den Begründer der *Frankfurter Zeitung* Leopold Sonnemann handelt, um den Flugzeugbauer Edmund Rumpler oder um »die Rahel« Varnhagen von Ense, geborene Levin, um die Schriftsteller Stefan Zweig, Carl Zuckmayer,

Max Brod, Arthur Schnitzler, Lion Feuchtwanger, Emil Ludwig, Franz Kafka, Walter Mehring, Franz Werfel oder Julius Bab, um die Wissenschaftler Heinrich Hertz, Lise Meitner, Sigmund Freud, August von Wassermann, Justus von Liebig oder Robert von Lieben, um Erfinder wie Siegfried Marcus (Benzin-Motor), oder Emil Berliner (Mikrophon), um Wirtschaftsführer wie Albert Ballin, Ludwig Bamberger oder die Rathenaus, Vater und Sohn — alle, alle sind aufgeführt, ohne jeden Hinweis auf ihre jüdische Abstammung.

Sehr löblich, ist man geneigt zu sagen, doch da fällt der Blick auf den bärtigen Vater des Marxismus, Karl Marx.

Und siehe da: Plötzlich hat den *Großen Brockhaus* aller Mut zum konsequenten Verschweigen jüdischer Abstammung verlassen: »Sohn des . . . Heinrich M. (eigentlich Marxlevy), alter jüdischer Familienname Mardochai . . .« steht da zu lesen! Ein entsetzlicher Verdacht keimt nun im Leser auf: Sollte *Der Große Brockhaus* noch dazu in seiner »16. völlig neu bearbeiteten Auflage«, ein paar alte Druckplatten verwendet haben? Aus der — wie er sie selbst nennt — »nat. soz. Epoche«?

Ein einmal gewecktes Mißtrauen läßt sich nicht mehr so leicht wieder einschläfern, und so prüft der in seinem Glauben an einen nicht rassistischen Brockhaus wankend gewordene Lexikon-Benutzer neue Stichwörter, nun aber Namen, die beim deutschen Bürgertum — bei aller Demokratie — nicht ganz soviel Verehrung genießen:

Heinrich Heine etwa, den unbequemen Spötter. Und siehe da: Er trat laut Brockhaus 1825 vom jüdischen Glauben zum Christentum über.

Oder der radikal-oppositionelle Kritiker Ludwig Börne, von dem *Der Große Brockhaus* zu melden weiß, daß er »eigentlich Löb Baruch« hieß und aus seiner Stellung eines Polizeiaktuars »1813 als Jude entlassen« wurde.

Oder Ferdinand Lassalle, Gründer der sozialdemokratischen Bewegung in Deutschland, laut Brockhaus »Sohn eines wohlhabenden jüdischen Kaufmanns«.

Oder Rosa Luxemburg, die 1919 feige und brutal ermordete Führerin der deutschen Arbeiterbewegung. Was findet sich in ihrer Brockhaus-Biographie? Nun, dem sonst so zurückhaltenden Lexikon zufolge stammte sie ebenfalls »aus einer wohlhabenden jüdischen Kaufmannsfamilie«, und sie wurde übrigens anscheinend doch nicht, wie Augenzeugen einst berichteten, mit Gewehrkolben erschlagen und in den Landwehrkanal geworfen, sondern »nach der Festnahme von Regierungstruppen ohne Verfahren erschossen«.

Wir wollen nicht darüber grübeln, was wohl *Der Große Brockhaus* unter »Regierungstruppen« versteht, sondern rasch noch den Namen eines anderen Ermordeten der deutschen Linken nachschlagen.

»Eisner, Kurt, geboren Berlin 14. Mai 1867, gestorben München 21. Februar 1919, Sohn eines jüdischen Fabrikanten . . .« lesen wir da. Auch daß Eisner 1918 in München »die Revolution entfesselte« und erster Ministerpräsident des Freistaates Bayern war. Ja, und dann wurde er auf dem Wege zum Landtag »erschossen«. Diesmal nicht »von Regierungstruppen«, aber von einem dazu offenbar noch Qualifizierteren, einem Grafen.

Dieser Graf, Anton von Arco auf Valley, hat sich durch sein »Erschießen« des »Sohnes eines jüdischen Fabrikanten« sogar das Anrecht auf einen Platz in Deutschlands großem Lexikon erworben. Ein anderer Grund für seine Aufnahme in den *Großen Brockhaus* ist aus seiner Sieben-Zeilen-Biographie nicht ersichtlich. Er ward geboren, erschoß Eisner und starb — am 29. Juni 1945 in Salzburg, nachdem er zuvor noch ein Buch veröffentlicht hatte: *Fünf Jahre Festungshaft* — ein nach den Maßstäben des *Großen Brockhaus* offenbar erfülltes Leben . . .

Zum Glück für die Arcos — im Brockhaus ein »deutsches Uradelsgeschlecht« aus Südtirol, urkundlich schon im 12. Jahrhundert bezeugt — ist jedoch der Eisner-Mörder nicht der einzige Vertreter der Familie, der — bei einer Auswahl aus immerhin acht Jahrhunderten — brockhauswürdig gefunden wurde. Es gibt noch einen weiteren Arco, den Grafen Georg, »1869 bis 1940 . . . Er vollzog in der Funktechnik den Übergang zum Hochfrequenzmaschinensender (Nauen 1912)«.

Bei diesem großen deutschen Physiker und Pionier der Radiotechnik verschweigt *Der Große Brockhaus* nun wieder diskret, was er bei dem Opfer des anderen Grafen Arco, Eisner, ausdrücklich zu erwähnen für nötig hält: die halbjüdische Abstammung, die Arco im »Dritten Reich« aus der »arischen« Gesellschaft ausschloß.

»Wer Jude ist, bestimme ich!« hat Hermann Göring einmal gesagt, als man ihm seinen »nichtarischen« Staatssekretär und späteren Feldmarschall Erhard Milch ausreden wollte. Selbst Milch, dieser doch eigentlich nicht sehr bemerkenswerte Zeitgenosse, ist im *Großen Brockhaus* mit einer Zehn-Zeilen-Biographie bedacht (natürlich ohne Hinweis auf jüdische Abstammung). Und vielleicht hat sich das Redaktionsteam des *Großen Brockhaus* gerade bei der Abfassung des Milch-Textes des besagten Göring-Wortes erinnert und es zu seiner eigenen Maxime gemacht.

7.

PREUSSEN UND BAYERN

Was ist preußisch?

Preußen ist untergegangen. Durch das Gesetz Nr. 46 des Alliierten Kontrollrats, der von den Siegermächten des Zweiten Weltkriegs in Deutschland eingesetzten »obersten Gewalt«, wurde am 25. Februar 1947 beschlossen und bald darauf in englischer, französischer und russischer sowie für die Besiegten auch in deutscher Sprache verkündet: »Der Staat Preußen, seine Zentralregierung und alle nachgeordneten Behörden werden hiermit aufgelöst.«

Das war, so mochte es denen scheinen, die diesen Beschluß faßten, eine Maßnahme von weltgeschichtlicher Bedeutung. Doch einerseits war das auf alliierten Befehl aufzulösende Preußen schon lange vor dem Frühjahr 1947 »klanglos zum Orkus hinab« aus der europäischen Politik, ja selbst aus dem Bewußtsein seiner Bürger verschwunden; man kann allenfalls darüber streiten, *wann* es zu existieren aufgehört hatte. Andererseits bestand und besteht hierzulande und auch außerhalb der Bundesrepublik Deutschland noch heute so manches Preußische fort. Es geistert in vielerlei Gestalt und Verkleidung umher oder wird, mal abschätzig, mal lobpreisend, als »preußischer Geist« beschworen, im positiven Sinn oft gerade dort, wo die Menschen früher ihr Preußentum vornehmlich als Last, zumindest als lästig empfunden hatten.

Der preußische Adler, von den Einwohnern der königlich preußischen Haupt- und Residenzstadt Berlin bereits im Katastrophenwinter 1806/07 als »Pleitegeier« verspottet, hat im Verlauf der letzten drei Jahrhunderte viele Städte und Provinzen Europas für kürzere oder längere Zeit in seinen Fängen gehalten (wobei in manchen erbeuteten Metropolen, etwa in Bialystok, das von 1795 bis 1807 zu Preußen gehörte, dank der dort ansässigen Judenschaft erheblich mehr und sogar etwas besseres Deutsch gesprochen wurde als in einigen Gegenden der preußischen Stammlande).

Das wirft die heikle Frage auf, was denn nun eigentlich unter »Preußen« zu verstehen war (oder möglicherweise noch ist):

Ein europäisches Gemeinwesen wie manches andere? Eine als Staat organisierte Kaserne? Ein als Kaserne organisierter Staat? Eine Ordnungsmacht im wahren Sinne des Wortes? Ein Anachronismus? Ein Alptraum? Ein Lebensstil? Vielleicht auch nur eine Fiktion?

Wenn es ein den Überlieferungen entsprechendes Preußen überhaupt je gegeben hat, was keineswegs sicher ist, dann war es jedenfalls ein Land der unbegrenzten Möglichkeiten. Denn, um nur ein Beispiel anzuführen, zur selben Zeit, wo die einen aus unerträglicher preußischer Sklaverei flüchteten, fanden andere dort Asyl und priesen Preußen als Europas Hort der Freiheit und der Toleranz.

Schwarz-Weiß — das sind die Farben Preußens, und in Schwarzweißmanier pflegt man auch zu beurteilen, was einstmals preußisch war oder als preußisch galt. Dabei sahen und sehen die einen nur oder vornehmlich das Weiße, die anderen das Schwarze. Die Wahrheit liegt indessen keineswegs, wie es sonst oft der Fall ist, irgendwo in der Mitte. Nein, Preußen muß vielmehr, wie seine Fahne, als ein *Nebeneinander* von Schwarz und Weiß begriffen werden. In ständigem Widerspruch mit sich und aus dieser Dialektik heraus ist Preußen entstanden und allein zu begreifen, ein Umstand, der häufig — und nicht selten absichtlich — übersehen wurde und wird.

»Wir im Westen lehnen vieles, was gemeinhin ›preußischer Geist‹ genannt wird, ab. Ich glaube, daß die deutsche Hauptstadt eher im Südwesten liegen soll als im weit östlich gelegenen Berlin . . . Sobald aber Berlin wieder Hauptstadt wird, wird das Mißtrauen im Ausland unauslöschlich werden. Wer Berlin zur neuen Hauptstadt macht, schafft geistig ein neues Preußen.«

So stand es in der *Welt,* der damals noch liberalen und sehr angesehenen überregionalen Tageszeitung, auf Seite 3 der Ausgabe vom 30. November 1946. Der Verfasser dieser in so kargem Deutsch gehaltenen, für alle Preußen und besonders für die Berliner — die dennoch später einen Platz nebst U-Bahn-Station an ihrer Prachtstraße, dem Kurfürstendamm, nach ihm benannten — wenig schmeichelhaften Erklärung war selbst Mitglied des Herrenhauses, der einstigen königlich preußischen Ersten Kammer, gewesen, danach zwölf Jahre lang, von 1920 bis 1932, sogar Präsident des Preußischen Staatsrats. Ein Kenner Preußens also, sollte man meinen, dazu offenbar ein Preuße wider Willen, ein »Muß-Preuße«, wie man in seiner rheinischen Heimat sagte (wobei angemerkt sei, daß es sehr viele preußische

Staatsbürger seines Jahrgangs gegeben hat, die sich als »Muß-Preußen« fühlten).

Dieser Preußen- und Berlin-Verächter, der aber dennoch in jenem von ihm so wenig geschätzten, eher abgelehnten Staat zu höchsten Ämtern und Ehren gekommen war, der einunddreißig Jahre lang als Beamter in preußischen Diensten gestanden hatte, war Dr. Konrad Adenauer, königlich preußischer Assessor seit 1901. Im Jahre 1946, als er sich so entschieden dagegen aussprach, Berlin wieder zur deutschen Hauptstadt zu machen, war er bereits Vorsitzender der Christlich-Demokratischen Union in der britischen Besatzungszone und damit ein Spitzenpolitiker im Deutschland der ersten Nachkriegszeit.

Aber auch sein erstes politisches Mandat, das eines Stadtverordneten der preußischen Festung und Regierungsbezirkshauptstadt Köln, und damit den Beginn einer steilen politischen Karriere, hatte Konrad Adenauer einer »typisch preußischen« Einrichtung zu verdanken gehabt, nämlich dem zugunsten der ostelbischen Junker geschaffenen, allen Regeln der Demokratie hohnsprechenden preußischen Dreiklassenwahlrecht, dem reaktionärsten im Deutschen Reich. Es hielt die breite Masse der Bevölkerung politisch einflußlos und kam dafür den Begüterten, erst recht den Reichsten und ohnehin Mächtigsten, doppelt und dreifach zugute. Denn *suum cuique,* jedem das Seine, so lautete ja die königlich preußische Devise (woraus der Berliner Volksmund mit bitterer Ironie »Nehmt jedem das Seine« gemacht hat).

Am 15. September 1949, drei Jahre nach seiner schroffen Absage an Berlin und den »preußischen Geist«, wurde Konrad Adenauer erster Bundeskanzler der aus den drei westlichen Besatzungszonen des untergegangenen Deutschen Reichs neugeschaffenen, von ihm dann maßgeblich geprägten Bundesrepublik Deutschland (von deren zehn Bundesländern einige ganz oder größtenteils, die übrigen zu kleineren Teilen aus ehemals preußischem Gebiet gebildet waren und zu der die westliche Hälfte der geteilten preußischen Hauptstadt Berlin in einem von Parteipolitikern, Diplomaten und Juristen unterschiedlich definierten »besonderen Verhältnis« stand und noch heute steht).

Auch Adenauer hatte ein »besonderes Verhältnis« zu Berlin, wenngleich kein besonders herzliches, wie sein Beitrag in der *Welt* vom November 1946 deutlich erkennen läßt, und umgekehrt waren auch die Berliner dem Politiker Adenauer nicht sehr zugetan, obwohl — oder vielleicht auch weil — er einige »typisch preußische« Züge aufzuweisen hatte.

Fast anderthalb Jahrzehnte lang — länger als die erste deutsche Republik, die zwanzigmal den Kanzler wechselte, länger auch, als Hitlers großsprecherisch auf tausend Jahre angelegtes »Drittes Reich« Bestand hatte — regierte er dann die Bundesrepublik nach seinem Willen. Vom Palais Schaumburg aus, der Villa einer Hohenzollernprinzessin und jüngeren Schwester des letzten preußischen Herrschers in der seit 1814 preußischen Kreisstadt Bonn, lenkte Konrad Adenauer die Geschicke der Bundesrepublik, autokratischer als mancher der einst über Preußen gebietenden Hohenzollern und mit ähnlich souveräner Menschenverachtung wie ehedem der »Alte Fritz«. Als Kanzler hinsichtlich Machtfülle und oft rücksichtslosem Umgang damit nur dem preußischen Junker Otto v. Bismarck vergleichbar, hatte Adenauer in seiner langen Amtszeit zweifellos die Möglichkeit, es zu verhindern, daß »geistig ein neues Preußen« wiedererstand oder daß sich in der Bundesrepublik erneut etwas ausbreitete, das »gemeinhin ›preußischer Geist‹ genannt wird«. Er hätte beides ganz gewiß verhindern können, aber tat er das auch?

Und was ist überhaupt unter »Preußen« und unter »preußischem Geist« zu verstehen oder zu verstehen gewesen? Ist damit etwa das gemeint, woran Georg Lukács dachte, als er 1968 erklärte, er habe »einen universellen Haß gegen alles, was preußisch ist«? Ging es also um jenes Preußen, an das der britische Premierminister Winston Churchill gedacht haben mag, als er 1943 auf der Konferenz von Teheran erklärte: »Ich möchte hervorheben, daß Preußen die Wurzel des Übels ist«? Wobei Churchill doch vermutlich den Zweiten Weltkrieg und die Greueltaten der Nazis im Auge hatte. Aber war daran wirklich Preußen schuld oder gar dessen Geist?

Ist nicht unter »preußisch« vielmehr die Haltung jenes Oberstleutnants Johann Friedrich Adolph von der Marwitz zu verstehen, der sich den von Friedrich II., dem »Alten Fritz« der preußischen Legende, befohlenen Kriegsverbrechen widersetzte und Ungnade wählte, »wo Gehorsam nicht Ehre einbrachte«? Ist »preußischer Geist« nicht eher der jenes noblen, schlichten Junkers Dubslav v. Stechlin, den uns der preußische Dichter Theodor Fontane in seinem letzten großen Roman geschildert hat?

Inmitten der alten preußischen Hauptstadt, links und rechts

vom mächtigen Hauptportal des einstigen Berliner Schlosses, das im Zweiten Weltkrieg schwer beschädigt, später gesprengt und abgetragen worden ist und wo heute der gläserne Palast der Republik die Besucher von Ost-Berlin beeindruckt, standen früher zwei monumentale Gruppen von Rossebändigern, aus Erz gegossen, Geschenke des Zaren Nikolaus I. von Rußland an den König Friedrich Wilhelm IV. von Preußen. Von den respektlosen Berlinern wurden diese dem Geschmack um die Mitte des 19. Jahrhunderts entsprechenden Rossebändiger, die man vom Lustgarten aus bewundern konnte, als »links der verhinderte Fortschritt, rechts der beförderte Rückschritt« verspottet. Manche behaupteten gar, hier wäre, wenn man weit genug zurückträte, ganz Preußen mit einem Blick zu erfassen.

Auf dem alten Wilhelmplatz, mitten im einstigen Zentrum Berlins, zwischen Wilhelm- und Mohrenstraße gelegen, ließ sich Preußen für diejenigen entdecken, die diesen Begriff mit Waffengeklirr und Gloria verbanden. Denn auf diesem stillen Platz, beschattet von alten Bäumen und unberührt vom Verkehrslärm der Weltstadt, standen wohlverteilt fünf lebensgroße Bronzestatuen preußischer Feldherren des 18. Jahrhunderts: Zieten, Keith, Winterfeldt, Seydlitz und der »Alte Dessauer«, die großen Heerführer Friedrichs II.

Abgesehen davon, daß die Mehrzahl dieser Schlachtenlenker des Alten Fritz keine — zumindest keine gebürtigen — Preußen gewesen sind, Feldmarschall James Keith gar ein Schotte, der erst in spanischen, dann in russischen Diensten gestanden hatte, stellten diese vom Laub der Bäume halb verborgenen Gestalten doch ziemlich genau das dar, was viele gebildete Europäer, teils mit Bewunderung, teils mit Schaudern, für »typisch preußisch« hielten und noch heute halten.

Sie verkörperten den friderizianischen Angriffsgeist, dazu Kargheit und Strenge, Tapferkeit bis zur Selbstaufopferung, strikteste Disziplin und Korrektheit sowie eine gewisse Sturheit. Man konnte sich nicht vorstellen, daß diese Herren jemals mit einem geistreichen Witz andere zum Lachen gebracht oder selbst über den eines anderen auch nur gelächelt hätten. Sie schienen ohne rechten Sinn für die Freuden des Lebens zu sein und ständig »im Dienst«.

Besonders der preußische Generalfeldmarschall Fürst Leopold I. von Anhalt-Dessau (1676–1747), ein gebürtiger Nichtpreuße, dessen Mutter eine Prinzessin von Oranien war, galt und gilt noch heute als der Prototyp des militaristischen Preußen. Er führte unter dem »Soldatenkönig« Friedrich Wilhelm I. den Gleichschritt, den eisernen Ladestock und vor allem den fürchterlichen, zur Abtötung des Selbstbewußtseins und aller anderen Gefühle führenden Drill bei der preußischen Armee ein, deren Soldaten nach dem Exerzierreglement des Alten Dessauers beigebracht wurde, ihre Ausbilder und Offiziere mehr als jeden Feind zu fürchten.

Schließlich gibt es im heutigen Westberliner Bezirk Kreuzberg, Linden-/Ecke Hollmannstraße, noch etwas, das für »typisch preußisch«, diesmal in einem sehr positiven Sinne, gehalten wird: das Alte Kammergericht.

Zwar ließen die Bomben des Zweiten Weltkriegs von dem ursprünglichen Gebäude wie von der ganzen einstigen Friedrichstadt so gut wie nichts übrig. Doch das Haus ist mit originalgetreuer Fassade wieder aufgebaut worden und beherbergt heute das Berlin-Museum. Im Giebelfeld des ockergelben Putzbaues ist das »große« preußische Staatswappen zu sehen, das dort aber nicht — wie es preußisch-korrekt der Fall sein müßte — »von zwei wilden, fahnentragenden Männern gehalten« wird.

Dieses einstige preußische Kammergericht weckt die Erinnerung an pedantisch gesetzestreue, seegrün-unbestechliche, auch dem Ärmsten gegenüber dem Mächtigsten Gerechtigkeit verschaffende Richter. Man denke nur an jene sehr eindrucksvolle, übrigens jeder historischen Grundlage entbehrende Geschichte vom Müller von Sanssouci, der sich den Forderungen des »Alten Fritz« nach Stillegung der den König störenden, weil ewig klappernde Mühle nicht fügte und den Drohungen des wütenden Monarchen sein felsenfestes Vertrauen in die Richter des Berliner Kammergerichts entgegensetzte, die ihn, den sonst hilflosen Untertanen, gegen jede Willkür, selbst die des großen Königs, schützen würden.

Trotz dieses einen, allerdings frei erfundenen Gegenbeispiels, das der französische Dichter François Andrieux (1759–1833) in Verse gesetzt hat, galt und gilt das alte Preußen als der von herrischen Militärs, peinlich korrekten Beamten, allgegenwärtiger Polizei, aufgeblasenen Junkern und säbelrasselnden Monarchen beherrschte Obrigkeitsstaat schlechthin; als ein bis an die Zähne bewaffnetes, daher sehr armes, und deshalb stets auf Eroberungen und Beute erpichtes, seine Nachbarn bedrohendes Land; als ein politisch weit rückständiges, seine rechtlosen Bürger von der Wiege bis zum Grabe streng bürokratisch verwaltendes, anachronistisches Gemeinwesen, worin

Gelehrte und Künstler sehr wenig, Kaufleute kaum, adlige Offiziere hingegen höchsten Respekt genossen; wo dem »beschränkten Untertanenverstand« keinerlei Kritik an behördlichen oder gar militärischen Maßnahmen zugestanden wurde und wo strammer Dienst an Gott, König und dem »Vaterland« genannten Staat die lebenslängliche Pflicht eines jeden Bürgers war, der er alle privaten Interessen unterzuordnen hatte.

»In den Preußen ist eine starke Mischung von slawischem und germanischem Element. Das ist die Hauptursache ihrer staatlichen Brauchbarkeit«, schrieb am 30. April 1868 der damalige preußische Ministerpräsident Otto Graf v. Bismarck-Schönhausen an den konservativen, aus Zürich stammenden Rechtsgelehrten Johann Kaspar Bluntschli.

Vermutlich dachte Otto v. Bismarck dabei nur an einen weniger als die Hälfte ausmachenden Teil der vierundzwanzig Millionen Einwohner des Königreichs Preußen von 1868. Denn die Menschen in den erst zwei Jahre zuvor von den siegreichen Preußen als Kriegsbeute in Besitz genommenen deutschen Staaten — dem Königreich Hannover, dem Kurfürstentum Hessen, den Herzogtümern Nassau, Schleswig und Holstein, der ehemaligen Freien Reichsstadt Frankfurt am Main sowie den von Bayern und Hessen-Homburg abgetrennten Gebieten — fühlten sich nämlich mehrheitlich weder als richtige Preußen, noch wurden sie als solche angesehen.

Dies galt, zum Teil in noch weit stärkerem Maße als für die später Hinzugekommenen, auch für die durch die Beschlüsse des Wiener Kongresses 1815 erstmals oder — nach einigen Jahren der von vielen als Befreiung empfundenen Franzosenherrschaft — erneut zu preußischen Untertanen gemachten Rhein-, Mosel- und Saarländer, Westfalen, Hessen und Sachsen sowie für die Bewohner der übrigen damals zu Preußen geschlagenen deutschen Kleinstaaten.

Wahrscheinlich hatte Bismarck, als er in seinem Brief an den Schweizer Juristen Bluntschli von der starken slawisch-germanischen Mischung und der sich daraus seiner Ansicht nach ergebenden »staatlichen Brauchbarkeit« der Preußen schwärmte, allein die Bewohner der preußischen Kernprovinzen im Auge gehabt. Er dachte wohl zunächst an die Märker, denn in der Mark Brandenburg war den zuvor erfolglosen deutschen Eroberern erst im 12. und 13. Jahrhundert die allmähliche Unterwerfung der seit der Völkerwanderung zwischen Elbe und

Oder siedelnden slawischen Sorben gelungen, die von den Eroberern dann »Wenden« genannt wurden, was sie selbst stets als schimpflich empfunden hatten. Er dachte auch an die Bewohner Pommerns, wobei auch dieses seit dem 6. nachchristlichen Jahrhundert von Slawen bewohnte *Pomorje* (Küstenland) erst später und in drei Etappen zu Preußen gekommen war: Hinterpommern mit Kammin durch den Westfälischen Frieden von 1648, das östliche Vorpommern mit Stettin, Usedom und Wollin 1720 im Frieden von Stockholm und das westliche Neuvorpommern mit Stralsund und Rügen sogar erst nach dem Wiener Kongreß von 1815. Bismarck rechnete sicherlich auch die Schlesier hinzu, bei denen das slawische Element besonders stark vertreten war und deren Land der Preußenkönig Friedrich II. den Österreichern 1740–1742 entrissen hatte, und natürlich zählte er die Bewohner West- und Ostpreußens, deren Land dem ganzen Königreich den Namen gegeben hatte, zu den Untertanen von »hervorragender staatlicher Brauchbarkeit«.

Das Königreich Preußen reichte 1868, als Bismarck dem Professor Bluntschli darüber berichtete, im Nordwesten bis zum heutigen dänischen Hvidding an der nordfriesischen Küste; im Westen bis Isenbruch, vier Kilometer östlich der Maas, sowie bis dicht an die heute belgischen Städtchen Moresnet und Malmédy; im Südwesten bis zur lothringischen Grenze bei Hanweiler und l'Hôpital; im Südosten tief ins heutige Polen hinein, bis Hoschialkowitz am Annaberg und bis zur Przemsza-Mündung in die Weichsel bei Auschwitz; im Nordosten bis Nimmersatt nördlich von Memel, das seit 1945 zur Sowjetunion gehört, wie heute auch der östlichste Punkt des Königreichs Preußen von 1868: Schilleningken unweit Schirwindt an der Scheschuppe im Kreis Pillkallen. Doch dieser ausgedehnte, damals den Norddeutschen Bund und wenig später auch das 1871 gegründete Deutsche Reich beherrschende Staat war etwas gänzlich anderes als das, was man bis in die Zeit des »Großen Kurfürsten« Friedrich Wilhelm von Brandenburg (1620–1688) unter »Preußen« verstanden hatte.

Reservat Tegernsee

Ein Drehbuch

Zur Anfangsmusik sieht man einen Drachenflieger vom Wallberggipfel abspringen und über den Tegernsee schweben.
Eingeblendet der Titel:

RESERVATE
Tegernseer Bilderbuch
Bericht aus dem Tal der glücklichen Kühe
von Kirsten und Bernt Engelmann
Bilder von den Seeufern, dann vom Schloß am Tegernsee

Tegaro Seo, den großen See, nannten ihn die ersten Siedler vor rund zwölf Jahrhunderten. Dabei ist der Tegernsee gar nicht von so eindrucksvoller Größe: knapp sechs Kilometer lang, ein bis zwei Kilometer breit, bis zu zweiundsiebzig Meter tief.

Vom Seeufer ausgehend, entstand hier am Alpennordrand aus gerodeten Urwäldern ganz allmählich diese oberbayrische Bilderbuchlandschaft. Nur etwa vierzig Autominuten von München entfernt, ist sie heute ein Erholungsgebiet von unübertroffener Beliebtheit.

Eine Benediktiner-Abtei war über tausend Jahre lang das Zentrum des Tals und bestimmte seine Entwicklung. Das heutige Schloß samt Kirche und Bräustübl beherbergt aber längst keine Mönche mehr. Sie wurden 1803 vertrieben, ihr Kloster aufgehoben und geplündert, die großen Ländereien entschädigungslos enteignet — übrigens: nicht von revolutionärem Volk, sondern — wie's sich hier gehört — von der hohen Obrigkeit, den Bayernherzögen. Überhaupt ging's hier zumeist »ordentlich« zu, ohne Reformationswirren und Bauernaufstände. Selbst der Dreißigjährige Krieg dauerte am Tegernsee nur neunzig Minuten (nämlich so lange, wie der einzige Einfall fremder, schwedischer Reiter, die einen Toten und einen Verwundeten zurückließen).

So konnte sich in diesem beschaulichen Tal manches erhalten — auch dieses königlich bayrisch privilegierte öffentliche Verkehrsmittel (*Ruderboot mit Fährpächter an der Rottach-Egener Überfahrt)* oder auch die Tradition der Gebirgsschützen. Alljährlich im Herbst führen sie mit Marschmusik und in malerischer Uniform in Rottach-Egern den »Umgang« an, eine Prozession zum Dank für die Bewahrung des Tals vor Zerstörung auch im Zweiten Weltkrieg, als ein paar Männer mit viel Zivilcourage sinnlose Kämpfe der SS gegen die ins Tal einrückenden Amerikaner in letzter Minute verhindern konnten.

Mit Staunen betrachtet der Fremde auch diese barocke Pracht *(Pfarrkirche innen während des Gottesdienstes)* und erst recht die Trachten, die hier noch so selbstverständlich getragen werden. Tatsächlich muß sich der dieses Brauchtum bewahrende Teil der Bevölkerung schon sehr anstrengen, seine das Gesicht des Tals prägenden Traditionen voll aufrechtzuerhalten. Denn: Nur noch etwa jeder dritte Talbewohner ist ein Urbayer; zwei Drittel sind Neubürger, zugezogen zur Hälfte nach 1945 aus Schlesien und dem Sudetenland, zur anderen Hälfte in noch jüngerer Zeit aus Nord- oder Westdeutschland.

Seit dem Zweiten Weltkrieg hat sich nicht nur die Einwohnerzahl des Tals nahezu verdreifacht, sondern auch die Bevölkerungsstruktur gründlich verändert. Doch der von Viehzucht und Weidewirtschaft geprägte Naturpark-Charakter ist weitgehend erhalten geblieben.

(Es folgt ein kurzes Interview mit Bürgermeister Max Engelsberger, Rottach-Egern, der diese Feststellungen bestätigt. — Dann sieht man von nah die bis dahin im Hintergrund weidenden Kühe.)

Das »Tal der glücklichen Kühe«, so wird das Tegernseegebiet oft scherzhaft genannt. Ganze 750 Stück Rindvieh gibt es in der großen Gemeinde Rottach-Egern, verteilt auf nur noch 28 bäuerliche Familienbetriebe, rund 5000 »glückliche Kühe«, Stiere und Kälber im ganzen Tal. Doch ohne die schwere Arbeit der Landwirte, zumal ihrer Frauen, wären die Wiesen längst wieder zur Wildnis geworden. Die Bauern sind also zugleich Landschaftsgärtner, und davon profitiert der Fremdenverkehr, die Haupteinnahmequelle des Tals. Unter den noch rund 150 Höfen am Tegernsee ist kaum einer, der nicht auch Feriengäste beherbergt.

Daneben können die Landwirte nur noch mit Viehzucht Geld verdienen. Junge Zuchtstiere werden für fünfstellige Summen exportiert, oft auch nach Übersee. Übrigens, das ist ein risikoreiches Geschäft, was — wie so manches — über der Romantik des Tals oft vergessen wird.

(Sonnenuntergang am See, Musik.)

Anderntags ist Almabtrieb. Das Jungvieh war den Sommer

über auf hochgelegenen, Almen genannten Weiden. Vor Einbruch des Winters wird es zu Tal getrieben — auf althergebrachte Weise festlich geschmückt zum Zeichen der Freude darüber, daß keins der Tiere abgestürzt oder erfroren ist.

Dem an gemächliches Weiden gewöhnten Vieh steht ein langer Marsch bevor: zehn, fünfzehn und mehr Kilometer, oft durch unwegsames Gelände. Und dabei geraten die sonst so schwerfällig wirkenden Tiere häufig außer Rand und Band, entwickeln überraschend viel Temperament und bringen die Treiber in Schweiß. Manchmal geht's dabei zu wie im Wilden Westen!

Meist sind erst einmal fünf-, sechshundert oder noch mehr Meter Höhenunterschied zu überwinden, ehe man einen bequemeren Weg und nach vielen Stunden schließlich das Dorf erreicht, wo Vieh und Treiber mit dem Ruf »D' Almkia kemma« freudig begrüßt werden. *(Kühe trampeln durch ein Blumenbeet.)*

Natürlich dient dieser von Jung und Alt als zwar anstrengende, doch auch viel Spaß bereitende Abwechslung empfundene Almabtrieb zugleich der Traditionspflege und damit auch als Attraktion für den Fremdenverkehr. Doch es sind keineswegs nur die Bauern, die sich mit viel Idealismus und erstaunlichem Erfolg darum bemühen, das Brauchtum nicht aussterben zu lassen. Dies tun auch Nicht-Landwirte, wie zum Beispiel der Kaminkehrermeister Zeno Mayer in Reitrain.

(Schornsteinfeger bei der Arbeit auf dem Dach eines alten Bauernhauses. Er berichtet, daß er den Trachtenverein der Hirschbergler leitet und daß es dort eine starke Jugendgruppe gibt, die einmal wöchentlich übt. Wir besuchen die Kinder beim Tanz.)

An Nachwuchs fehlt's dem Trachtenverein also keineswegs, und es sind wiederum durchaus nicht nur Kinder von alteingesessenen Landwirten, die hier das Schuhplattln und andere alte Stammestänze mit viel Eifer erlernen, sondern auch die Söhne und Töchter von Handwerkern, Gewerkschaftssekretären, Ärzten, Geschäftsleuten und Beamten. Übrigens, ihr Lehrmeister, der bärtige Vorplattler, der wie ein Wildschütz ausschaut, ist von Beruf Automechaniker.

Was hier — *ein Junge stemmt beim Tanz ein Mädchen recht mühsam in die Höhe* — so stolz, wenn auch mit einiger Mühe, hochgehalten wird, ist aber nur *ein* Aspekt des Lebens im Tal, ein hübscher und gewiß auch nützlicher Kontrast, sowohl zum Massentourismus wie zum mondänen Kurort-Betrieb, wo es wahrlich nicht fehlt an luxuriösem Angebot zu entsprechend gesalzenen Preisen. *(Autoschlangen am See, dann Schaufenster in Rottach und Bad Wiessee mit Luxuswaren)* Aber neben all den modischen Boutiquen hat sich auch auf diesem Gebiet etwas Besonderes, ein überall sonst schon ausgestorbenes Kunsthandwerk erhalten, das über Mangel an Kundschaft nicht zu klagen hat, so zum Beispiel in Gmund ein Federkielsticker, Karl Stecher, der sich heute noch »herzoglich bayerischer Hofsattlermeister« nennt. Sein Meisterstück, ein kunstvoll bestickter Gürtel, kostet etwa soviel wie zwei Mittelklassewagen, nur hält er länger, durch Generationen. Doch auch schon ein Paar mit Pfauenfederkielen weniger reich bestickte Hosenträger bringen etwa 300 DM ein, gar nicht mal viel, denn sie erfordern mindestens sechzehn Meisterstunden.

Abseits der Hauptstraße, die rund um den See führt, begegnet man auf Schritt und Tritt weiteren mit Eifer gehüteten Traditionen — vom Baustil der Häuser über das Marterl am Weg bis zur Tracht und zum alltäglichen Lebensstil der Talbewohner. Der fremde Gast sieht's mit gebührendem Staunen — obwohl natürlich nicht *alle* Einheimischen, wie *(im Bild)* der pferdenarrische Böck Thomas hier, den Haflinger anspannen und mit der Kutsche einherfahren.

Immerhin dominieren hier noch die bäuerlichen Elemente. Sie erst machen die Bilderbuch-Landschaft des Tegernseer Tals zu jenem Reservat, als das es die Großstädter mit leisem Neid ansehen.

Was die Fremden nicht sehen, doch was mindestens ebenso wichtig ist für die Attraktivität des Tals, hat ausnahmsweise nichts mit Tradition zu tun, sondern mit modernstem Umweltschutz, genauer: mit der Sauberkeit des Seewassers. Daß man hier noch Fische und sogar wieder Krebse fangen kann; daß der Tegernsee heute zu den saubersten Binnengewässern Europas zählt, verdanken die Talgemeinden ihrer vorausschauenden Planung. Einige Pumpstationen rund um den See sind die einzigen äußeren Zeichen dafür, daß hier nicht wie anderswo die Abwässer in den See fließen. Schon vor zwanzig Jahren hat man mit gewaltigem Kostenaufwand eine heute international von Fachleuten viel bewunderte Ringkanalisation geschaffen. Ihre biologische Kläranlage liegt weit abseits, erst hinter dem natürlichen Abfluß des Tegernsees, an der Mangfall.

Freilich konnte man vor einem Vierteljahrhundert bei der Planung der umweltfreundlichen Ringkanalisation noch nicht ahnen, daß die Kapazität der Kläranlage schon jetzt, zwei Jahrzehnte zu früh, erschöpft sein würde. Der Grund: die in den letzten Jahren gewaltig gestiegene Anziehungskraft des Tals, nicht nur auf erholungssuchende Sanatoriumsgäste und Urlauber, sondern auch auf Geldanlagen suchende Erbauer von Zweitwohnungen. Die zahlreichen, meist den größten Teil des Jahres leerstehenden Zweitwohnsitze haben zudem eine Zersiedelung des Tals eingeleitet.

Es kam dann erstaunlicherweise zu einer Urbayern und preußische Neubürger brüderlich vereinenden Bürgerinitiative, die einen Baustopp forderte, der inzwischen auch — situationsbedingt — weitgehend erreicht worden ist.

(Interview mit den Gründern und den jetzigen Vorstandsmitgliedern der »Schutzgemeinschaft Tegernseer Tal«. Das Interview endet mit einer Aufzählung der wichtigsten Forderungen dieser Bürgerinitiative, wobei als letztes eine Abholzung »mitten im schönsten Erholungsgebiet von Bad Wiessee« erwähnt wird, die es zu verhindern gilt.)

Diese Schneise wurde geschlagen für eine geplante Hochspannungsleitung, die allem Landschaftsschutz Hohn spricht und auf die Interessen der Allgemeinheit keine Rücksicht nimmt. Natürlich werden auch anderswo im Tal Bäume gefällt wie hier *(im Bild sieht man Holzfäller bei der Arbeit)* von den Männern des staatlichen Forstamts. Aber es ist ein großer Unterschied, ob man dabei forstgerecht verfährt und den Wald erhält, oder ob man Erholungsgebiete durch Kahlschlag vernichtet ...

(Die weiteren Ausführungen im Text befassen sich mit den Urhebern des Kahlschlags, ihren möglichen Motiven sowie mit den die Hochspannungsleitung planenden Isar-Amper-Werken und deren Großaktionär, dem Münchener Bankier August v. Finck. Zur Vermeidung der angedrohten gerichtlichen Schritte von seiten des Herrn August v. Finck hat sich der Autor verpflichtet, die möglichen Motive des Bankiers nicht mehr mit der Schneise in Verbindung zu bringen, weshalb der Text leicht gekürzt wurde.)

Herr August v. Finck, dieser wohl reichste Mann der Bundesrepublik, ist übrigens nicht nur Oberbayerns größter privater Wald- und Grundbesitzer und beherrscht die Stromversorgung der Region; er ist praktisch auch der Eigentümer der Tegernseebahn, des einzigen Schienenwegs, der ins Tal führt und es mit dem Bundesbahnnetz verbindet. Bis vor kurzem verkehrte hier *(zwischen Schaftlach und Tegernsee)* noch regelmäßig ein hundert Jahre alter Zug mit Dampflokomotive. Doch das wurde Herrn v. Finck zu teuer; das Dampfroß steht jetzt im Stall. Zugleich aber begann eine öffentliche Spendensammlung mit dem Ziel, die alte Lok wieder flottzumachen. Der sparsame Krösus, der jahrzehntelang Profit einstrich, sein jetziges Bahndefizit aber den Gemeinden aufbürden möchte, wird's zufrieden sein. Auch das seinem Bähnchen gehörende Gebäude der Endstation Tegernsee ließ er sich, als es gar zu verkommen aussah, kostensparend von einer Bürgerinitiative renovieren.

Sogar den Linienbusverkehr im ganzen Tegernseer Tal beherrscht August v. Finck. Die Busse gehören keiner kommunalen Einrichtung, sondern einer privaten Gesellschaft, die — wie die Eisenbahn — Herrn v. Finck zum Großaktionär hat.

Ein Kuriosum ist auch das einzige Gymnasium im Tal. Zwar ist es eine staatliche Schule, aber zum Leidwesen der meisten Eltern, Schüler und Lehrer wohnt die Schule immer noch zur Miete im alten Schloß!

(Interview mit dem Direktor des Gymnasium, Herrn Dr. Wüst, der erklärt, es handle sich bei der Schule im alten Schloß um keine »uralte Tradition«, vielmehr um ein Nachkriegsprovisorium, das, zu seinem Kummer, zur ständigen Einrichtung geworden ist.)

Die vom Vermieter zur Verfügung gestellten Räumlichkeiten reichen für das ständig gewachsene Gymnasium schon rein flächenmäßig seit Jahren nicht mehr aus. Aber das ist nicht das Schlimmste: Für die hohe Jahresmiete bekommt die Schule einstige Mönchszellen als Klassenzimmer. Sie sind viel zu eng, selbst im Sommer ohne ausreichendes Tageslicht und daher während des Unterrichts stets künstlich beleuchtet. Es droht dauernd die Gefahr, daß die morschen Decken, die schon mehrfach — zum Glück nicht während der Schulzeit! — eingestürzt sind, den Kindern eines Tages auf den Kopf fallen!

Vom feuerpolizeilichen Standpunkt aus sind nur die allernötigsten Voraussetzungen erfüllt; die sanitären Einrichtungen sind nach wie vor skandalös, und neben den Klassenzimmern gibt es auch sonst nur höchst unzureichende, ihrem Zweck nicht entsprechende Räume, zum Beispiel ein bescheidenes Turnzimmer oder Vorbereitungskammern für modernen Physik- und Chemieunterricht, die an Werkstätten des 18. Jahrhunderts erinnern. Der einzige schöne Raum ist die Aula, aber von den zusammen rund zweitausend Eltern, Lehrern und Schülern dürfen aus Sicherheitsgründen nicht mehr als zweihundert auf einmal hinein!

Das ganze, sehr weitläufige, an vielen Stellen vom völligen Verfall bedrohte Schloß, aus dem anno 1803 die Benediktiner verjagt wurden, gehört übrigens noch heute — in sechster Generation — derjenigen Familie, die einst die Mönche entschädigungslos enteignet hat. Derzeitiger Besitzer ist der Bayernherzog Max Emanuel. Er kassiert vom Staat die sechsstelligen Jahresmieten für das Gymnasium, und weite Teile des Tegernseer Tals zählen als einstiger Klosterbesitz noch heute zu den herzoglichen Latifundien, die zusammen einige hundert Millionen Mark wert sein mögen.

Herzoglicher Besitz — *er wird vom Flugzeug aus gezeigt* — erstreckt sich über Kreuth, eine der flächenmäßig größten Gemeinden der Bundesrepublik, bis hin zum Achenpaß an der österreichischen Grenze. Aber auch am See gehören einige der landschaftlich schönsten Flecken zum herzoglichen Besitz, etwa das — keineswegs historische — Schloß auf dem Ringberg, das sich ein vor wenigen Jahren erst verstorbener Wittelsbacher baute. Jahrzehntelang bemühte er sich, seinen königlichen Oheim Ludwig II. zu übertrumpfen. Nun ja, ein Neuschwanstein ist es nicht geworden ... Indessen sind auch die reichen Bayernherzöge — zumindest relativ — arme Leute. Ihr Vermögen nimmt sich im Vergleich zu dem der Geldfürsten des Tegernseer Tals nicht größer aus als eine Scheune gegenüber dem knapp 1800 Meter hohen Wallbergmassiv!

Denn unter den Neubürgern am Tegernsee gibt es etwa zwei Dutzend Konzernherren und -damen, die zusammen über rund 55 Milliarden Mark Kapital gebieten. Ihr Geld in fest zusammengepreßten Tausendmarkscheinen aufgetürmt, würde fünfmal höher als der Wallberg in die Wolken ragen!

Und wo findet man diese Superreichen?

Nun, da gibt es beispielsweise in Kreuth das Landhaus von Familie Flick. Oder an der Weißach die Residenz der Thyssen-Konzernerben. Oder in Tegernsee die Viert- oder Fünftvilla von Quelle-Versandhauskönig Schickedanz. Oder am Ringsee das der Familie Oetker gehörende Alpensanatorium. Oder bei Gmund den Landsitz nebst Gestüt der Magenbitterfabrikanten Underberg.

Es ließen sich noch viele Namen aufzählen, aber für das Tal ist der Herzog wichtiger, etwa wenn's um den öffentlichen Zugang zum Seeufer geht, den Bayerns Verfassung zwar garantiert, dem aber bisher — zum Beispiel in Kaltenbrunn — herzogliche Rechte entgegenstanden, zum Teil noch immer entgegenstehen. *(Interview mit Bürgermeister Bogner, Gmund, der die Verhältnisse schildert und die Darstellung bestätigt.)*

Der inzwischen verkaufte herzogliche Besitz Kaltenbrunn, ehedem ebenfalls Klostergut und derzeit schon an einen Reitklub und eine Gastwirtschaft verpachtet, ist zwar in baulich sehr schlechtem Zustand, durch seine Lage an unverbauten Seeufern jedoch von landschaftlich ganz besonderem Reiz.

Kaltenbrunn ist ein wahres Reiterparadies und — nebenbei bemerkt — durchaus kein Tummelplatz für Snobs, die auf Exklusivität mehr Wert legen als auf sportliches Können. Überhaupt wäre es ein Irrtum, anzunehmen, die Tegernseer Talbewohner seien entweder Hocharistokraten, Multimillionäre, womöglich beides, oder erstarrten in Ehrfurcht vor diesen.

Die Tegernseer haben seit jeher ein gesundes Selbstbewußtsein an den Tag gelegt und auch den Bayernherzögen, die sie ohne Scheu duzen, gelegentlich gezeigt, daß sie ebenso gut oder gar besser reiten, fechten und auch schießen können als die Edelleute. Der bayrische Löwe aber, der am Waakirchener Eingang zum Tegernseer Tal so hochmütig dreinblickt, erinnert allerdings an keine solchen Triumphe, sondern an die Sendlinger Mordweihnacht 1705. Damals wollten es die Bauern und Handwerker des Oberlands der verhaßten Obrigkeit einmal zeigen und erlitten in Sendling bei München eine vernichtende Niederlage im Kampf gegen die ausländischen Söldner, die dort im Hinterhalt lagen. Doch die in deutschen Landen sonst so seltene Tradition bewaffneter Bauern und Kleinbürger mit selbstgewählten Hauptleuten hat sich hier bis heute erhalten, ebenso die Erinnerung an Volkshelden wie den Wildschütz Jennerwein, den ein herzoglicher Jäger beim Wild»frevel« erwischte und feige von hinten erschossen hat.

(Grab des Jennerwein in Schliersee mit der Inschrift, auf die der Text anspielt, dann »Gasthaus Jennerwein« in Rottach-Egern mit Reklameschild der herzoglichen Brauerei Tegernsee)

Nun, den Jennerwein und seine gnadenlosen Verfolger, die Herzoglichen, findet man heute traut vereint, wenn auch nur gastronomisch und für den Fremdenverkehr.

Die einzelgängerische Verwegenheit der Männer hier aber ist geblieben. Das Tal hat weltberühmte Hochalpinisten, Skispringer, Scharfschützen und Jagdflieger hervorgebracht. Beim Rottacher Gastwirt Heini Gottschlicht geht's um eine nicht minder aufregende, Mut und Geschick erfordernde Einzelleistung: ums Drachenspringen.

Tags darauf, bei strahlendem Herbstwetter und kräftigem Wind, geht's hinauf zum Wallberg-Gipfelkreuz. Dort bauen Heini Gottschlicht und seine Freunde ihre Drachen zusammen und bereiten sich vor auf den Absprung ins Tal.

(Es werden nun eine Reihe von Sprüngen gezeigt, wobei die Kamera die Drachenflieger verfolgt, während sie über den See und in die Seitentäler schweben.)

Mit geschickten Gewichtsverlagerungen kann der Drachenspringer die richtige Windlage halten und sein Ziel ansteuern, das ziemlich genau tausend Meter unter der Absprungstelle liegt. Aber wenn der Wind zu stark auffrischt, allzu plötzlich umschlägt oder zu rasch abflaut, wenn Turbulenzen über dem See die Bespannung reißen ließen, dann ginge es dem Drachenspringer wie dem Schneider von Ulm: Er stürzte wie ein Stein in die Tiefe.

Diesmal und auch beim nächsten Sprung geht alles gut, und so wagen wir ein Experiment, bei dem wir, nicht wie bisher, den Springer mit der Kamera verfolgen, sondern ihn im Flug begleiten wollen.

Meisterspringer Heini Gottschlicht übernimmt die Ausführung, und wir sind nun dabei! Zwar spüren wir nicht — wie er — das wütende Zerren des Windes an den Seilen, die plötzlichen Höhenverluste, wenn der Drachen in ein Luftloch gerät, oder die Turbulenzen, die den Drachen gefährlich rütteln lassen. Aber wir sehen erstmals das Tegernseer Tal, wie es weder ein Blick von einem der Gipfel noch aus einem Flugzeug zeigen kann, wie es sonst nur der Bussard, der Habicht oder der Steinadler sieht. Denn in den linken Flügel des bis aufs Gramm ausbalancierten Drachens haben wir Heini Gottschlicht eine Kamera eingebaut, zwar nur sehr behelfsmäßig, aber das Wagnis gelingt! Die Kamera und ihr Gegengewicht, eine Bleiplatte, machen freilich die Flügel ungewohnt schwer und schnelle Manöver ganz beträchtlich schwieriger.

Der Landeplatz: eine Wiese beim Café Angermaier, einem beliebten Ausflugslokal im Rottacher Ortsteil Berg.

(Kurz-Interview mit dem gelandeten Drachenflieger, der die Schwierigkeit beim Flug schildert.)

Heini Gottschlicht ist inzwischen internationaler Meister geworden, und ein halbes Dutzend Freunde aus dem Tegernseer Tal eifern ihm nach. Der bayrisch weiß-blaue Himmel, den die Drachen durchschweben, wölbt sich indessen nicht nur über ehrgeizigen Sportlern, sondern — wie anderswo — auch über

Bequemen, die es vorziehen, zum Gipfelsturm die Bergbahn zu benutzen. Sie begeben sich damit, um mit Kurt Tucholsky zu sprechen, »peu à peu auf die Höhe der Situation«.

Übrigens, unweit der Talstation der Wallbergbahn lebt Mary Tucholsky, die Witwe des Schriftstellers. Sie hat vom Tegernseer Tal aus alle Nachkriegsausgaben von »Tuchos« zeitkritischen Werken herausgegeben.

Die Bergwanderer schert das vermutlich wenig. Sie ließen sich wohl nicht mal davon beeindrucken, daß ebenfalls am Wallberg, nahe der Landestelle der Drachenspringer, einst D. H. Lawrence, der Autor der *Lady Chatterley*, seine bescheidene Wohnung hatte.

Nein, die Überraschungen, denen Bergwanderer ausgesetzt sind, hängen mit ganz anderem zusammen, meist damit, daß die Gefahren der rund fünfzehn- bis achtzehnhundert Meter hohen Berge rund um den Tegernsee gewaltig unterschätzt werden: Wer hier mit leichten Halbschuhen oder gar mit hohen Absätzen herumkraxelt, riskiert mehr, als er glaubt. Und wenn plötzlich das Wetter umschlägt, kann es selbst im Hochsommer einen Schneesturm geben, daß den Leichtsinnigen Hören und Sehen vergeht! Häufig, zumeist an Wochenenden, muß die Bergwacht ausrücken.

(Bergwacht-Einsatzwagen mit Blaulicht und Martinshorn bei der Fahrt durch den Ort. Ab und zu hält der Wagen, nimmt die schon wartenden Helfer und den Arzt auf und fährt weiter zur Unfallstelle.)

So wie hier den Sollacher Franz, der eben noch in seinem Lebensmittelgeschäft hinter der Theke stand, reißt jeder Einsatz die freiwilligen Helfer der Bergwacht von ihrer Arbeit weg.

Zunächst geht's mit dem großen, geländegängigen Einsatzwagen so dicht wie irgend möglich an die Unfallstelle heran, was schon im Sommer oft erhebliche Schwierigkeiten macht und im Winter, bei meterhohem Schnee, geradezu virtuose Fahrkünste verlangt.

Wo auch der Einsatzwagen nicht mehr weiterkommt, muß der Rest des Weges zu Fuß zurückgelegt oder auch in ganzer Seilschaft geklettert werden — mit aller nötigen Ausrüstung und dem Instrumentenrucksack des Arztes, der stets dabei ist. Und das alles oft nur, weil ein leichtsinniger Ausflügler in bequemen Sommerschuhen kraxeln wollte . . .

Nicht selten muß auch ein Rettungshubschrauber eingesetzt werden. Dieser hier *(im Bild: Polizeihubschrauber bei der Lan-*

dung) hat allerdings eine ganz andere Aufgabe: Zur Eröffnung einer neuen Tagungs- und Schulungsstätte der CSU-nahen Hanns-Seidel-Stiftung im Wildbad Kreuth trifft hier ein vom Himmel hoch polizeilich zu schützender, mit großer Spannung erwarteter Ehrengast ein. *(Franz Josef Strauß entsteigt einer Limousine, wird begrüßt, schüttelt Hände, trägt sich ins goldene Buch ein, plaudert mit dem einen oder anderen.)*

Wildbad Kreuth gehört übrigens auch dem Bayernherzog, der hier noch in einem Schloßflügel residiert. Die Hanns-Seidel-Stiftung — Jahresetat: sieben Millionen Mark, davon allein sechs Millionen Mark aus Bundesmitteln — hat sich im anderen Flügel häuslich eingerichtet, ist aber beim Herzog nur zur Miete. Dennoch hat die Stiftung — mit einem Kostenaufwand von fast drei Millionen Mark — ihre neue Heimstätte gründlich renoviert, mit allem Komfort ausgestattet und fürstlich möbliert.

Zur festlichen Eröffnung ist fast alles gekommen, was bei der CSU und auf der übrigen äußersten Rechten Rang und Namen hat. Hier sieht man neben Kirchenfürsten und bayrischen Spitzenpolitikern auch Vertreter der Bewegung des verstorbenen spanischen Diktators Franco, dazu allerlei Landes- und Lokalprominenz.

(Eröffnungsfeier: Das Orchester spielt Beethoven. Unter den Zuhörern sieht man: F. J. Strauß, Otto v. Habsburg, »Deutschland-Magazin«-Vater Ziesel, Winfried Martini, spanische und andere Faschisten, ZDF-Magazin-Verwalter Gerhard Löwenthal, einen Kirchenfürsten usw. Das Orchester endet, die Gäste applaudieren.)

Allen — oder doch fast allen *(Löwenthal klatscht nicht, sondern blickt säuerlich drein)* — scheint's gefallen zu haben, und gleich wird man Reden hören, da ist dann weiter rechts nur noch die Wand.

(Umschnitt: Eine Blaskapelle spielt sehr zackig den Marsch »Alte Kameraden«.)

Nein, das ist nun nicht mehr die Eröffnungsfeier der CSU-Kaderschmiede, sondern das sonntägliche Kurkonzert in Tegernsee. Und wir wollen diese Gelegenheit benutzen, um mit einigen besonders in Norddeutschland verbreiteten Klischeevorstellungen von Oberbayern aufzuräumen.

Zum Beispiel ist dieser Marsch alles andere als typisch bayrisch; man spielt ihn nur dem verehrten preußischen Publikum zuliebe. Denn vielen lieben Gästen aus dem zackigen Norden scheint solche Musik das Herz zu erwärmen.

Ein anderes Beispiel betrifft die Politik, ihre Symbole sowie das kommunale Wählerverhalten im angeblich unveränderbar tiefschwarzen Oberbayern. So wurde zum Beispiel nur *einer* der insgesamt sieben Bürgermeister des Tegernseer Tals als Kandidat der Christlich-Sozialen Union gewählt. Dagegen sind drei, darunter auch der Bürgermeister der Stadt Tegernsee, Sozialdemokraten.*

Ein anderes Beispiel: Die rote Fahne am Bug der Motorschiffe auf dem Tegernsee hat zwar schon mehrfach heftige Proteste der CSU im Bayerischen Landtag ausgelöst, ist jedoch tatsächlich ohne politische Bedeutung. Sie kennzeichnet nur die öffentlichen Verkehrsmittel der staatlichen Schiffahrt, die auf dem See Vorfahrt beanspruchen können. Da macht man sich mit Fäusteschütteln nur lächerlich, auch wenn man's lieber hinten *und* vorn weiß-blau *(oder gar schwarz)* hätte!

Eine weitere Überraschung, die das Tal zu bieten hat, ist auch nicht — jedenfalls nicht direkt — politischer Natur. Es geht dabei darum, sagen wir's frei heraus, daß manche Fremde die Talbewohner für Kulturbanausen halten. Dabei müßte sie schon ein Blick auf die Grabinschriften der Tegernseer Friedhöfe eines Besseren belehren.

So liegt in Rottach-Egern Ludwig Thoma begraben, der seinen schriftstellerischen Ruhm am Tegernsee begründet hat, und neben ihm ruht sein Freund Ludwig Ganghofer. Ein paar Schritte weiter ist das Grab des *Simplizissimus*-Spötters Olaf Gulbransson und auch das des schreibenden Sängers Leo Slezak, beide zwar Nicht-Bayern, aber jahrzehntelang am Tegernsee ansässig, wie übrigens auch Hedwig Courths-Mahler, Heinrich Spoerl und viele andere, Verstorbene und noch Lebende,

* Da diese Behauptung heftige Proteste von seiten der CSU und des ihr nahestehenden *Münchner Merkur* ausgelöst hat, sei hier der Beweis angetreten: Die sieben Talgemeinden sind Rottach-Egern, Bad Wiessee, Stadt Tegernsee, Gmund, Dürnbach, Kreuth und Waakirchen. Die Bürgermeister Luschner (Tegernsee), Westermeier (Waakirchen) und Taubenberger (Dürnbach) sind Sozialdemokraten. Bürgermeister Engelsberger (Rottach) kandidierte für die FDP und trat später zur Freien Wählergemeinschaft über; Bürgermeister Bogner (Gmund) war Kandidat der Freien Wähler und wechselte später zur CSU. Bürgermeister Krones (Wiessee) war und ist Kandidat der Freien Wählergemeinschaft, und nur Bürgermeister Mayr (Kreuth) war und ist Mitglied der CSU. Darüber hinaus wäre zu bemerken, daß auch die Kreishauptstadt Miesbach seit mehr als einem Jahrzehnt sozialdemokratisch geführt wird, ebenso das benachbarte Hausham sowie eine Reihe von Gemeinden in unmittelbarer Nähe des Tegernseer Tals, zum Beispiel Schliersee.

deren Werke zusammen in so vielen Millionen Exemplaren erschienen sind, daß man daraus einen Berg, so groß wie das ganze Wallbergmassiv, bauen könnte!

Doch dieser literarische Ruhm ist nicht erst in den letzten hundert Jahren und durch Zugereiste begründet worden; er besteht schon seit zwölf Jahrhunderten: An den Bächen des Tegernseer Tals entstand der erste abendländische Roman, der *Ruodlieb*, das älteste bekannte weltliche Theaterstück nördlich der Alpen, wahrscheinlich auch das Gudrun-Epos, bestimmt das schönste mittelalterliche Liebesgedicht in deutscher Sprache: »Du bist min, ich bin din . . .« Hier verspottete Deutschlands erster politischer Dichter, Herr Walther von der Vogelweide, den Geiz der Tegernseer Mönche, die ihm nicht einmal ein Glas Wein anboten: »Ich nahm da Wasser, also nasser, mußt ich von des Mönches Tische scheiden . . .«

Ach, es ließe sich noch so manches von diesem Tal berichten, was die Klischeevorstellungen vieler Damen und Herren — und nicht nur aus dem Norden — vollends zunichte machen würde. Aber lassen wir's dabei bewenden.

Es ist ein Tal voller Kontraste und zugleich eins voller Harmonie. Man findet hier den üblichen Ansichtskartenkitsch neben echtem Brauchtum, das noch sorgsam gepflegt wird, neben Luxus und modernstem Komfort uralte, aber noch quicklebendige Traditionen, eine Farbenpracht wie sonst nur südlich der Alpen und immer wieder etwas, das einen überrascht, ja zunächst ein wenig aus der Fassung bringt. *(Junge in Tracht nimmt eine Prise Schnupftabak.)*

Ist das Tegernseer Tal nun etwas Besonderes? Kann man es ein Reservat nennen? Diese Frage sollte eigentlich unser Bericht bereits beantwortet haben: Das Tal ist jedenfalls kein Reservat der Superreichen, obwohl es hier mehr Geldgiganten gibt als irgendwo sonst in Deutschland, weshalb der See auch spöttisch »Lago di Bonzo« genannt wird. Dafür, daß es hier kein Reservat der Geldfürsten gibt, sorgen schon die Überzahl der 25 000 normalverdienenden, meist schwer arbeitenden Talbewohner und die der Millionen Touristen, die alljährlich am See Urlaub machen oder vorbeifahren zum nahen Achenpaß, nach Tirol oder Italien. Also, auf Wiedersehen am Tegernsee und pfüat euch Gott mitanand!

8.

SATIRE, IRONIE, TIEFERE BEDEUTUNG

Bernt Engelmann als Kurt Tucholsky an Alexander Solschenizyn

Sehr geehrter Herr Solschenizyn,
verzeihen Sie, daß ich nicht gleich mit einem Bukett in die Tür stolpere. Als »Nestor der ästhetizistisch-satirischen Zeitkritik« *(Frankfurter Allgemeine),* »linksintellektueller Auflagen-Multimillionär« *(Der Spiegel),* »unverwüstlicher Longseller, auch als Damenspende sowie für Konfirmanden durchaus geeignet« *(Buchmarkt),* vor allem aber als »greiser Dichterfürst mit dem goldenen Herzen« *(Loisach-Bote),* der ich heute wäre, hätte ich nicht damals aus wichtigem Grunde vorzeitig gekündigt, brauchte ich Ihnen überhaupt nicht zu schreiben. Um mit einem meiner Bekannten, dem leider gleichfalls hochseligen Herrn Wendriner, zu sprechen: Hätt' ich das nötig? Na, sehen Sie!

Doch anderseits werde ich kräftig dazu gedrängt, mit Ihnen in Korrespongdanx zu treten: *a)* und zuvörderst von Verlegermeister Rowohlt, der in einem geradezu blendend geheizten Luxusappartement unter uns logiert, immerfort zusetzt, der Arme, und sich aufgrund einer Kartellabsprache mit Scherz von einem Briefwechsel zwischen uns eine Wiederbelebung, zumindest des beiderseitigen Geschäfts, verspricht; *b)* und nicht minder nachdrücklich von dem schon oben erwähnten Herrn Wendriner (»Nu schreimse ihm doch! Schaden kanns ja nich, und vielleicht wird diese Regierung dann endlich mal durchgreifen gegen die Roten hierzulande...«) sowie aber auch *c),* wenn ich *Das Deutsche Wort* richtig verstanden habe, von meinem, sofern ich noch lebte, »immerwachen deutschen Gewissen«.

(Wie ausgerechnet ich in *Das Deutsche Wort* geraten bin? Also, was unsre nationale Presse heute ist, die hat für jede Nummer ein paar *ff* Alibi-Juden — pardon, es muß natürlich heißen: einige leider seinerzeit etwas gelitten habende jüdische Herren — als Zustreu. Notfalls greift man auch ungeniert zu den lieben, honorarfreien Dahingeschiedenen. Das mit einem Stückchen Mazze dezent unterlegte Hakenkreuz gewährleistet die stramm freiheitlich-demokratische Grundhaltung sowie die Zuschüsse aller einschlägigen Ministerien ...)

Den letzten Anstoß zu diesem Brief gab dann ein sauertöpfischer, gottlob nur jeden zweiten Mittwoch in diesen neumodischen Guckkästen als nörgelndes Brustbild auftretender Alleinunterhalter — offenbar ein gutgeratener, wenngleich wohl außerehelicher Sprößling meines alten Freundes Hugenberg. Besagter dschunger Mann ließ sich hinreißen zu der dreisten Vermutung, daß ich, weilte ich noch unter ihm und seinesgleichen, »das ganze linke Meinungsmonopol« — was mag er damit nur gemeint haben? *dasda?* — so tief beschämte, daß es richtig rot würde. Und wie das? Nun, indem daß ich hinwiese — Ida, geh mal raus und hol dem Onkel ein Glas Wasser! — auf »die Augenfälligkeit der Parallelen« zwischen Ihrem herben Schicksal, geehrter Herr Kollege Solschenizyn, und dem meinen: Unser beider »ebenso furchtloser wie unerbittlicher« Kampf gegen das uns jeweils verhaßte Regime; unsre grausame Verfolgung, Vertreibung und schließlich Ausbürgerung aus unserer respektiven Heimat; das uns zuteilgewordene, fast gleichermaßen bittere Los des Exils und als Schlimmstes: die Unterdrückung und Vernichtung unsrer Werke, gerade dort, wo sie wirken sollten — dies alles schreie geradezu danach, von uns miteinander, nach kurzem, markigem Händedruck, ebenso kameradschaftlich wie ausführlich, erörtert zu werden, natürlich öffentlich — Ida, du kannst wieder reinkommen! Unser Gedanken- und Erfahrungsaustausch könnte zum Beispiel, so meinte er bescheiden, bei ihm im Guckkasten stattfinden, sodann in Form von Briefen, die die *Welt am Sonntag* dankenswerterweise publizieren würde, aufrüttelnd illustriert von jenem *Hicks,* dem schon zu meiner Zeit die Judennasen so prächtig gelangen und der heute Kommunisten so trefflich zu zeichnen versteht, daß man sie gleich erkennt. Unser Briefwechsel könnte dann auch noch bei Ullstein als Buch erscheinen, wohlversehen mit Kommentaren, vielleicht aus der geschliffenen Feder jenes Hans Habe, von dem ich kürzlich erstmals hörte, als ich mich spazierengehenderweise in ein Wiener Kaffeehaus am Strand von Tel Aviv — oder war es in Ascona? — verirrte. Dort erfuhr ich, daß es sich bei Habe um den größten und einzigen lebenden Schriftsteller kerndeutscher Zunge handelt. Das muß ich schon mal gehört haben, wenn auch wohl in anderem personellen Zusammenhang.

Doch um auf die angebliche »Augenfälligkeit der Parallelen zwischen unseren herben Schicksalen« zurückzukommen: also, da scheinen mir nicht nur die Geometrie und die Sprache, erst einzeln und dann gemeinsam, etwas durcheinandergeraten zu sein; ich fürchte, hier liegen auch noch andere schwere Mißverständnisse vor, die es schleunigst — Eminenz Döpfner möge mir das harte Wort verzeihen! — auszuräumen gilt.

Dies vorweg zur *Motivation* (welchselbige der Infanterist ja heutzutage stets griffbereit bei sich zu führen hat und die — wie zu meiner Zeit das Gewehr 98 — in mehrere Teile zerfällt, je nachdem, wie man sie hinwirft).

Gestatten Sie nun, geehrter Herr Solschenizyn, einem, wäre er damals nicht einfach weggetreten, heute sehr alten und dann möglicherweise sogar hin und wieder, vielleicht alljährlich in der Silvesternacht, als Kanzlerberater tätigen Manne ein offenes Wort: Schon zwischen Ihrer und meiner schriftstellerischen Arbeit kann ich keine Parallelen entdecken. Ja, ich vermag, verzeihen Sie, mit Ihren Büchern herzlich wenig anzufangen.

Damit ist nichts über deren Wert ausgesagt, gar nichts. Schon Lichtenberg — Sie werden ihn vielleicht nicht kennen: Georg Christoph Lichtenberg, 1742–1799, ein sehr geistreicher Mann, ich halte große Stücke auf ihn, und er kommt jetzt manchmal, letzthin erfreulicherweise öfters, abends auf ein, zwei Fläschchen Whisky zu mir —, also, Lichtenberg sagte bereits, wenn es bei dem Zusammenstoß eines Kopfes mit einem Buch hohl klinge: das muß nicht immer am Buch liegen ...

Es muß anderseits auch nicht an meinem Kopf liegen, wenn ich von der im Klappentext Ihres jüngsten Werks, *Der Archipel GULAG*, gerühmten »Sprachgewalt eines großen Epikers« wenig zu spüren vermag. Leider kann ich, mangels hinreichender Kenntnisse der russischen Sprache, Ihre Bücher nicht im Original lesen, und was Übersetzer anrichten können, weiß man ja. Die Übertragung eines Werks aus der einen in die andere Sprache ist ohnehin eine sehr schwierige, meist sehr unterschätzte und daher unterbezahlte Sache. Soll sie gelingen, erfordert sie nicht nur die virtuose Beherrschung beider Sprachen, ein sicheres Stilgefühl und eine genaue Kenntnis der Materie, sondern auch *Muße* — ein unbekanntes Fremdwort für die Konzernherrn der Bücherindustrie, die aus Angst vor einem Abflauen der Konjunktur ihre Übersetzer-Kulis mit der Knute antreiben.

So sei es also nicht Ihnen angekreidet, geehrter Herr Kollege Solschenizyn, wenn es in der deutschsprachigen Ausgabe Ihres *GULAG* nur so wimmelt von durchaus vermeidbaren Wiederholungen, von scheußlichen, zum Glück nur in Wien gebräuchlichen Fremdwörtern und von Häufungen häßlicher Substantiva, das Ganze gewürzt mit Floskeln aus einer hofrätlichen Kanzlei wie jenes falsche, wichtigtuerisch für ein schlichtes *oder* gesetzte und dann salopp abgekürzte *bzw.;* wenn es etwa auf Seite 105 heißt ». . . Dazu gehörten die Nationalisten, vornehmlich die Ukrainer und Litauer, und vornehmlich dann, wenn es um eine illegale Kette ging bzw. eine solche vermutet wurde . . .« — ganz zu schweigen von der Schludrigkeit, die solche Sätze (Seite 301) aus der Schreibmaschine trudeln ließ: »Jener war wiederum kein einfacher Professor, sondern einer, dem es gelungen (ist? war?), dank seines permanenten politischen Desengagements alle zwanzig Jahre aller reaktionären Regime zu überdauern! (Obwohl doch auch Krylenko trotz der Reaktionen seine Externistenexamina bestehen durfte . . .) Wen wundert's also, daß aus seinem Sohn — ein Doppelzüngler wurde?« Ja, wen wundert's?

Den Satz auf Seite 464: »Im Zuge der Verbreitung schienengebundener Verkehrsmittel in unserem Vaterlande . . .« habe ich übrigens meinem privaten Wortschatz einverleibt, desgleichen die tiefsinnige Bemerkung auf der folgenden Seite: »Doch gegen die Sprache aufkommen zu wollen, ist müßig!«

Vielleicht sind anderssprachige Übersetzungen Ihres Buches ja besser gelungen. Immerhin hat der scharfsinnige Ernest Mandel, der den *Archipel GULAG* sehr aufmerksam gelesen haben muß, aber gewiß nicht in deutscher Sprache, dazu bemerkt, Sie offenbarten sich darin »wiederum als einer der großen Schriftsteller unseres Jahrhunderts«, nicht zuletzt mit »Medaillons, eines Balzac würdig«. Nun ja, ich kann das, wie gesagt, nicht beurteilen; ich kenne nur die k. u. k. Kanzleisekretär-Ausgabe des Scherz-Verlags. Im übrigen, falls es Sie beruhigt: ich kann auch mit Dostojewski nichts anfangen; mir wird bei soviel Pathos leicht schwindlig.

Möglicherweise ist es Ihnen ja auch gar nicht so wichtig, ob die deutsche Übersetzung Ihres jüngsten Werks literarischen Ansprüchen genügt; vielleicht bedeutet Ihnen bei diesem Buch der Inhalt alles, die Form hingegen nichts. Interessanterweise ist auch die bundesdeutsche Presse keineswegs darüber einig, ob *Der Archipel GULAG* nun eigentlich ein sogenanntes Sachbuch sei oder zur Belletristik gerechnet werden müsse. *Der Spiegel* hat das Werk zum Sachbuch erklärt; die *Welt am Sonntag* rechnet es hingegen zu den Romanen — was ausnahmsweise wohl nicht auf heimtückische Wühlarbeit der Agenten Moskaus schließen läßt, eher auf blinde Ehrfurcht vor Ihnen, dem *Literatur*-Nobelpreisträger.

Woher ich das weiß? Na, ick kenne doch meine Pappenheimer! Ob ich nicht auch ein bißchen mehr Respekt ...?

Also: ick kann det Jefuchtel nich vatrahrn, und was den Nobelpreis für Literatur angeht, so mag es mir verstattet sein, diesbezüglich meine reichlichen Züge mit einem feinen Lächeln zu zieren. Natürlich geht nicht jeder Schuß daneben; manchmal treffen sie ja auch einen, der den Preis wirklich verdient hat. Aber sehen wir uns doch mal nur so zum Spaß die Laureaten an, bloß die Deutschen, versteht sich: der erste meiner lieben Landsleute, der den Nobelpreis für Literatur bekam, war Theodor Mommsen, der vor Schreck darüber starb; er hatte sich mit Recht nie für einen Literaten, sondern immer für einen bedeutenden Historiker gehalten. Der nächste deutsche Empfänger des Preises für den angeblich weltbesten Dichter war Rudolf Eucken — Sie kennen ihn nicht? Nein, so was! Immerhin war er mal Philosophieprofessor in Jena, wenn auch kein sehr berühmter. Dann erhielt Paul Heyse den Preis — für seine damals in 38 Bänden vorliegenden Dramen sowie weitere 34 Bände schwülstiger Prosa, die man schon seinerzeit gut hätte missen können. Als nächster ... — aber lassen wir das! Es ist peinlich, wenn man den Leuten dann beim gemeinsamen Frühstück gegenübersitzt, was eigentlich zu den *ff* Höllenqualen 1. Klasse gehört, aber wegen des Personalmangels müssen auch wir es auf uns nehmen ... Außerdem möchte ich Böll nicht kränken, unseren jüngsten Preisträger, der nach meiner Meinung die Auszeichnung verdient hat. Sie kennen ihn ja und sind ihm sogar mit der Tür ins Haus gefallen, was er nun wiederum nicht verdient hatte.

Zwar stört mich an Heinrich Bölls Erzählungen hie und da das Provinzielle, aber da ist dann wieder so vieles, was mich rasch darüber hinwegtröstet: die Sauberkeit seines Stils — da ist nichts geschludert! Sein herzerfrischender, ganz unpathetischer Pazifismus; sein sehr subtiler Humor, der die immer noch »Der-Mensch-fängt-erst-beim-Leutnant-an!« spielenden Achtgroschenjungs in ihrer gebügelten Heizerkluft auf bezaubernd liebenswürdige Weise der Lächerlichkeit preisgibt; und vor allem: seine intellektuelle Redlichkeit.

Und damit, geehrter Herr Kollege Solschenizyn, sind wir bei dem entscheidenden Punkt.

Sie haben, so steht es jedenfalls auf dem Umschlag Ihres jüngsten Buches, das bei Scherz erschienen ist, »die Geschichte von GULAG, dem unheimlichen Inselreich des Terrors und der Gewalt geschrieben: nach einem monumentalen Konzept, mit der dokumentarischen Sorgfalt eines modernen Historikers und mit . . .« halt, das mit » . . . der Sprachgewalt eines großen Epikers« hatten wir schon! Scherz beiseite: mir scheint, nein, ich bin sicher, daß Sie etwas gänzlich anderes geschrieben haben, nämlich ein leidenschaftliches Pamphlet, wobei betont sei, daß ich damit beileibe noch nichts Abfälliges gesagt haben will. Ich habe nichts, absolut nichts gegen Pamphlete, aber auch und gerade sie sind mit der Elle der intellektuellen Redlichkeit zu messen.

Bei Ihrem Haßgesang, Ihrer wilden Anklage, Ihren von zweifellos echtem Pathos getragenen Schmähungen — nicht nur des toten Tyrannen, den Sie aus ganzem Herzen verabscheuen, was wahrlich Ihr gutes Recht ist, sondern gleich eines halben Jahrhunderts sowjetischer Geschichte —, dabei mußte zwangsläufig einiges zu kurz kommen. Denn, glauben Sie mir, der darin Erfahrung hat: Haß, zumal *solcher* Haß, macht blind. Zu kurz gekommen ist dadurch nicht nur der Stil, die Sprache, was schon schlimm genug ist, sondern noch manches mehr: die Logik etwa, die kühle Analyse, vor allem aber die Gerechtigkeit.

Schon Ihr Versuch, die Zustände, wie sie in Rußland kurz nach der Oktoberrevolution von 1917 herrschten, einfach gleichzusetzen mit denen zu Zeiten stalinscher Allmacht, schlägt der Wahrheit ins Gesicht. Ich will die Geschehnisse der Bürgerkriegsjahre keineswegs beschönigen, und man sollte sich davor hüten, sie zu idealisieren. Es sind damals gewiß schwere Fehler begangen worden, auch von den Bolschewiki. Es fehlte den Führern an Erfahrung, manchen auch an Verstand, und allen an der zum Nachdenken nötigen Ruhe.

Aber die Gerechtigkeit hätte Ihnen, Alexander Solschenizyn, gebieten müssen, das zur historischen Beurteilung Wichtigste nicht zu verschweigen: die vorangegangenen Greuel und Verbrechen des zaristischen Regimes; den weißen Terror der Bürgerkriegsjahre; das in der ganzen kapitalistischen Welt mit beifälligem Kopfnicken verfolgte Massenschlachten aller gefangenen Kommunisten und verdächtigen Arbeiter — ganz zu schweigen von den wie eh und je von den Kosaken veranstalteten — *Pogrome* genannten — Volksbelustigungen. Und gab es nicht auch die Intervention? Standen nicht deutsche, französische, englische, amerikanische, japanische und Gott weiß noch sonst welche Truppen im Land, die der jungen Sowjetrepublik den Garaus machen und die Revolution in Strömen von Blut ersticken sollten? Und was war mit der Blockade, mit der die Großmächte Ihr Vaterland in die Knie und wieder unters Joch zu zwingen versucht haben ...?

Von alledem steht leider nichts, gar nichts in Ihrem »mit der dokumentarischen Sorgfalt eines modernen Historikers« geschriebenen Buch. Vorsichtshalber haben Sie auch verzichtet auf jede noch so flüchtige Betrachtung der historischen Alternative zu der von Ihnen so leidenschaftlich gehaßten und angeklagten roten Diktatur.

Diese mir durchaus erwähnenswert erscheinende Alternative hieß: weißer Terror, und wie der aussah, sollten Sie wissen, Herr Kollege.

Wir haben ihn mit Schaudern erlebt — in Ungarn, im Baltikum, in München, als dort die Freikorps »Ordnung schafften«, später in Spanien ... Und falls Ihnen dies entgangen oder entfallen sein sollte, so blicken Sie bitte mal nach Chile, betrachten Sie das gerade jetzt dort entstandene »unheimliche Inselreich des Terrors und der Gewalt« und lauschen Sie auf das, was der Chef der dortigen Junta »den süßen Klang der Wiederherstellung von Recht und Ordnung« genannt hat, im Namen der *ITT*, der *Anaconda Copper Corporation* und aller ehrbaren Konzerne, Amen.

Ick wolltma ja nich uffrehjen, nur: et lofftma manchma iebah — wo ich das eigentlich gar nicht nötig habe, denn: Ihr emsiges Bemühen, Herr Kollege, den Kommunismus in Rußland als etwas *von Anfang an Unmenschliches* hinzustellen, revolutionäre Notwehrüberschreitungen und stalinschen Terror in einen Topf zu werfen und dem Leser zu suggerieren, die fast sechs Jahrzehnte roter Herrschaft über die Sowjetunion seien ein einziges und einzigartiges Regiment des Schreckens und der Gewalt — dieses Bemühen war ohnehin vergebens.

Sie selbst haben, wenngleich sicherlich unbeabsichtigt, etliche Beweise dafür zusammengetragen, daß Ihre Gleichung eben doch nicht stimmt. Da liest man zum Beispiel im *GULAG*, sofern man bis dahin tapfer durchgehalten hat, auf Seite 293 plötzlich einiges über die Erinnerungen eines alten Revolutionärs an die Gerichtsverhandlungen der frühen Jahre. Und da heißt es, die Angeklagten haben damals dieses bestritten, jenes gefordert, sich zäh verteidigt, kurz: sich ganz anders verhalten als wir es von den Opfern stalinscher Justiz kennen.

Da ist nicht von Folter die Rede, auch nicht von Quälereien durch entmenschte Wachtposten. Vielmehr — man lese und staune! — gerade die Wächter waren es, die — das steht nun auf Seite 294 — gegen ein ihnen ungerecht erscheinendes Todesurteil protestierten, eine Versammlung einberiefen, einen Mehrheitsbeschluß herbeiführten, an die Regierung schrieben und tatsächlich durchsetzten, daß es zur Revision, zur Umwandlung des Urteils in eine Freiheitsstrafe kam!

Solch Wunder geschah nicht etwa zu Zeiten der guten Väterchen Zaren — leben sollen sie bis hundertzwanzig! —, sondern unter dem Tyrannen Lenin. Also muß es doch wohl feine Unterschiede gegeben haben zwischen dessen Herrschaft und der Stalins, denn: wann hat man je gehört, daß stalinsche Schergen für ihre Gefangenen eingetreten sind, noch dazu öffentlich und erfolgreich?

Etwas genauer: Wann und wo hat es dergleichen überhaupt je gegeben? Im freien Westen? In Deutschland?

Also, ich kann mich nicht erinnern, daß zu meiner Zeit ein Justizbeamter oder gar ein Reichswehrunteroffizier seine Karriere aufs Spiel gesetzt hätte, um Unrecht zu verhindern. Und die Herren Landgerichtsdirektoren der Weimarer Republik waren wahrlich nicht zimperlich, wenn es galt, das Recht zu beugen, um Kommunisten barbarisch hart zu bestrafen und rechtsradikale Fememörder freizusprechen — von den Standgerichten ganz zu schweigen ... Und nun stelle man sich vor, daß damals die Herren Justizwachtmeister sich versammelt hätten, nicht etwa zum Empfang neuer Dienstsocken oder Gummiknüppel, sondern um einen lausigen Roten vor dem Henker zu retten! Sie wären lieber auf der Stelle tot umgefallen, und noch ihre Kinder und Kindeskinder behakenkreuzigen sich bei dem bloßen Gedanken, daß sich Opa als Beamter und als Mensch soweit vergessen haben könnte.

Es erstaunt Sie dieses? Sehen Sie, geehrter Herr Solschenizyn, das kommt davon, wenn man blind haßt und zuviel beweisen will.

Ein weiteres Beispiel: Da liest man in Ihrem Buch mit wachsendem Staunen immer wieder, was Sie nur so nebenbei erwähnen und offenbar selbstverständlich finden, nämlich, daß es unter Lenin und selbst noch Jahre nach dessen Tod in der Sowjetunion Professoren gegeben hat, die nicht Marxisten waren, ja, die sich sogar mitunter offen als Gegner des Kommunismus bekannten und trotzdem lehren durften.

Vielleicht erkundigen Sie sich mal, geehrter Kollege, wie es mit solcher, von Ihnen in Rußland vermißter Toleranz anderswo steht, etwa in der Bundesrepublik Deutschland. Was zumindest in den ersten Jahren der Räteherrschaft in Ihrem Vaterland möglich war, ist nämlich gar selten. Im heutigen stabilen Hort der freiheitlichdemokratischen Grundordnung, wo es nicht mal ein Prozent Kommunisten gibt, gilt die Gewährung voller staatsbürgerlicher Rechte an diese winzige Minderheit als eine unzumutbare Gefahr für den Bestand des Staates.

In dieser Bundesrepublik, wenn Sie sich dort mal ein bißchen umgeschaut haben, werden Sie es sein, der staunt (und hoffentlich erschrickt): diese Republik duldet nämlich überhaupt keine Kommunisten im öffentlichen Dienst, nicht mal als Müllkutscher, geschweige denn als Professoren. Sie erlaubt nicht mal linken Sozialdemokraten und Gewerkschaftern, die irgendwann zusammen mit Kommunisten eine Resolution, etwa gegen den Neonazismus, unterschrieben haben, die Anstellung bei einer Behörde. Dieselbe Republik hat aber die ehemaligen Nazifunktionäre bedenkenlos ihrem Beamtenapparat eingegliedert. Die Herren Gauamtswalter und SS-Sturmbannführer sitzen überall wie die Maden im Speck; man findet ihresgleichen als Richter am Bayerischen Obersten Landesgericht, als Generäle bei der Bundeswehr, als Experten in den Ministerien, als Missionschefs im Auswärtigen Dienst. Diese Republik zahlt auch den in Ehren ergrauten Massenmördern brav die wohlerworbenen Pensionen und läßt Strafverfahren gegen diese Eichmann-Kollegen einstellen — weil die Aufzählung der hunderttausendfachen Greuel dem Kreislauf der Herren Mörder eventuell schaden könnte. Aber dafür erhalten Kommunisten, die unter Hitler elf Jahre lang in KZs und Zuchthäusern für ihre Gesinnung büßen mußten, jedoch nach ihrer Befreiung noch immer nicht genug vom Kommunismus hatten, zur Strafe für soviel Verstocktheit weder Haftentschädigung noch Rente für erlittene Körperschäden — so tolerant ist diese heutige deutsche Republik!

Ihr Humanismus, Kollege Solschenizyn, in allen Ehren. Aber er wäre um vieles glaubhafter, hätten Sie in Ihre so detaillierten Schilderungen des roten Terrors auch ein wenig von der anderen Seite der Medaille, der weißen *law-and-order*-Seite, mit einbezogen. Wohlgemerkt: nicht zur Entschuldigung der Verbrechen, die unter Stalin begangen worden sind, nur um der Gerechtigkeit willen.

Allerdings, dann hätten Sie wohl auch etwas ausführlicher über die Greueltaten der Nazis berichten müssen. Wie bitte? Sagten Sie, Ihr *GULAG* solle nur den Terror in der Sowjetunion beschreiben? Nun, mich deucht, da war in Ihrem Berichtszeitraum doch auch etwas, das Ihrem Vaterland die Bekanntschaft mit unsern Jungs beschert hat, mit den braven Feldgrauen und auch mit den andern.

Doch zu Hitler, um mit Karl Kraus zu sprechen, fällt Ihnen nichts ein, Herr Kollege, oder nur sehr wenig, und just dieses Wenige hätten Sie sich besser verkniffen. Warum? Nun, es soll genügen, Sie nur an das zu erinnern, was Sie im *GULAG* über die hitlersche Gestapo schreiben, die — mir traten da vor Rührung fast die Tränen in die Augen — wenigstens immer bloß nach der Wahrheit geforscht hätte. Dazu fällt mir nur dieses alte, markige Wikingerwort ein: nebbich. (Lassen Sie es sich von dem Haus-Übersetzerteam des Scherz-Verlags, Abteilung Wikingisch, erklären.)

Übrigens, da Ihre Kenntnisse des hitlerschen Terrors ein paar Lücken aufweisen, lassen Sie mich einige davon füllen, Herr Kollege, zu Ihrem Nutz und Frommen:

Da gab es zum Beispiel damals in Deutschland einen kleinen, sehr tapferen Mann, einen mutigen Pazifisten. Er hatte eigentlich — vielleicht im Gegensatz zu Ihnen — gar kein Märtyrer werden wollen. Es war ihm nur darum zu tun, zur Wahrheit, die er geschrieben hatte, auch zu stehen. Er verhielt sich auch keineswegs provozierend: polizeilichen Vorladungen, erst recht gerichtlichen, leistete er Folge, und auch der Aufforderung, eine Gefängnisstrafe anzutreten, kam er ganz korrekt nach. Er war auch nicht um Publizität bemüht, abgesehen davon, daß ihm Hitler und Goebbels keine Gelegenheit gaben, der Auslandspresse allwöchentlich Interviews zu gewähren; sie ließen ihn in ein Lager im Moor bringen und dort langsam zu Tode quälen. Auch als er dann mit dem Friedensnobelpreis ausgezeichnet wurde, haben sie ihn leider nicht in ein Flugzeug gesetzt und nach, sagen wir: Zürich abgeschoben; sie verboten ihm nur die Annahme des Preises und ließen ihn langsam sterben. Er durfte nicht operiert werden, und in ein Krankenhaus schaffte man ihn erst, als es zu spät war. Der kleine, tapfere Mann hieß Carl von Ossietzky, und ich habe ihn ganz gut gekannt; es ist ihm damals nicht nur körperlich und seelisch, sondern auch wirtschaftlich sehr schlecht gegangen, aber das nur nebenbei. Geld hatte ja dazumal ohnehin keiner von uns Verfemten, Ausgebürgerten oder Eingesperrten . . .

Ossietzky war übrigens beileibe nicht der einzige von den Nazis verfolgte Nobelpreisträger. Doch den andern gelang noch rechtzeitig die Flucht — unter Zurücklassung ihrer Bücher, Manuskripte und aller Habseligkeiten. Sonst wären sie gewiß auch ermordet worden, Albert Einstein wohl als erster.

Aber warum erzähle ich Ihnen das eigentlich? Wahrscheinlich ist es meine Altersgeschwätzigkeit, angeheizt mit gutem altem schottischen Whisky. Was aber die eingangs erwähnte »Augenfälligkeit der Parallelen« zwischen Ihrem herben Schicksal, Herr Kollege, und dem meinen betrifft, die angeblich immerfort danach schreit, daß wir sie miteinander brieflich erörtern — lassen wir sie doch schreien!

Und: nischt for unjut, geehrter Herr Solschenizyn, was die Kritik an Ihrem *GULAG* betrifft. Wenn Sie einer fragen sollte, sagen Sie einfach, ich hätte das Buch gar nicht gelesen, nicht mal lesen wollen. Und was ich bin, ich hebe dann meine fette Hand und schwöre, daß mindestens das zweite gewißlich wahr ist.

Jetzt sind Sie mir wahrscheinlich böse. Wenn Sie erst mal eine Weile im garantiert freien Westen sind und einige der Damen und Herren näher kennengelernt haben, denen Ihr Buch aus dem Herzen geschrieben ist, weil es die Bilanz per 30. 6. 74 sehr günstig beeinflussen wird; weil das Arbeiterpack nun wird kuschen müssen, und weil es überhaupt so faaabelhaft ins geschäftliche und damit auch politische Konzept paßt, werden Sie mich ein wenig besser verstehen.

In diesem Sinne und mit der hiermit ausdrücklich gewährten Erlaubnis, diesen Brief auch in Blättern rechts des *Rheinischen Merkur* honorarfrei, jedoch gegen Überlassung zweier Belegexemplare, eins ist für Karlchen, abdrucken zu lassen, grüßt Sie

Ihr ganz ergebener
Tucholsky

P.S. Soeben wird mir von meinem Presse-Referenten, Staffelkapitän Dr. Eizes, das wohl bedeutendste Organ für Munster und Umgebung, *Die Woche,* vorgelegt, und er gestattet sich, mich leuchtenden Auges auf nachfolgendes Inserat gehorsamst hinzuweisen:

Wer früher etwas auf sich hielt, hatte »Mein Kampf« im Bücherschrank!
Wer heute über die verbrecherischen Machenschaften der Sowjetimperialisten und ihrer Helfershelfer aufgeklärt sein will, muß die Dokumentation von Alexander Solschenizyn,

»Der Archipel Gulag«

nicht nur besitzen, sondern lesen und vor allem zwecks Aufklärung der Jugend an diese weitergeben.
Jetzt sofort lieferbar!

Deutscher-Buchdienst — K. Hoffmann

3042 Munster, Finkenweg 4, Telefon 05192/4065
Ein Besuch in unserem Hause lohnt sich!

Auch solches Ihnen nicht vorenthalten zu haben, wollen Sie gütigst verzeihen Ihrem KT.

Zu erreichen über: Gr. Hauptquartier, Abt. Literaturkritik,
Feldgottesdienste und Leichenbestattungen
nach allen Richtungen

So deutsch wie möglich — möglichst deutsch

Auf und offen

Sprichst Du gut deutsch? Ich will es hoffen!
Dann *laß* die Tür nicht *auf* — statt *offen!*
Denn dieses ist der Dinge Lauf:
Man *läßt* sie *offen, macht* sie *auf!*

Glaubst Du, der Unterschied sei nichtig,
dann sprich statt *auf* — doch *offen*richtig,
laß *Offen*trieb vorhanden sein
und renne *aufe* Türen ein!

Doch, wenn Dir dieses nicht behagt
und Du im Zweifel, wie man's sagt,
merk, wenn Dein Geist noch nicht im Ruh'stand:
Auf ist Bewegung, *offen* Zustand!

Mehr Würde, weniger »würde«

Und nun noch eine letzte Hürde:
das viel mißbrauchte Wörtchen *würde!*
An Würde fehlt's ja hier und dort
— an *würde* nie! Drum merkt hinfort:

Sagt *nicht:* »Wenn ich bloß wissen *würde,*
ob, wenn ich Margot küssen *würde,*
sie meine Frau fürs Leben würde*
— oder mir eine kleben *würde . . .!*«

Sagt: »Liebt sie mich? Wenn ich's nur wüßt'!
Ach, längst schon hätt' ich sie geküßt!
Wenn ich's nur wagte, wüßt' ich's ja!
Dann wäre die Entscheidung da!«

Fast stets gehört dorthin, wo man
— weil man schon gar nicht anders kann! —
ein *würde* an das andere reiht,
der Konkjunktiv, die Möglichkeit!

* Nur dieses eine *würde* ist richtig, weil es als Möglichkeitsform der Zukunft von *werden* gebraucht wird. In den anderen Fällen muß der Konjunktiv stehen, also *wüßte, küßte, klebte!*

Die, welche

Läßt Lottchen Dich ein Foto sehn,
darauf der Jüngelinge zween,
so fragst Du: » *Welcher* ist dein Schatz?«
In solcher Frage ist's am Platz!

Und auch als Ausruf geht es an,
Zum Beispiel: »Himmel, *welch* ein Mann!«
Doch sonst — wirf's in den Abfallkübel!
Im Relativsatz ist's von Übel!

Da heißt es nach dem Komma schlicht:
der, die und *das* — warum auch nicht?
Und selbst wenn drei beisammen stehn,
klingt es dem Ohr noch angenehm:

»Die, die die Schönste ist von allen«,
wird sicher jedem mehr gefallen
als eine, *welche . . .!* Darum laß
es künftig doch bei: *der, die, das!*

Vielleicht der Größte

Da lese ich im ›Stadtanzeiger‹:
»Schmitz ist *vielleicht der größte* Geiger,
der je zum Klingen Saiten brachte . . .«
Gefühllos ist, wer da nicht lachte!
Wenn's zum Superlativ nicht reicht,
so nützt uns auch nicht ein »vielleicht«,
dann hilft nur eine Nummer kleiner:
»Schmitz ist der Geiger besten einer!«

Selten gut!

Ich rate Euch: Seid auf der Hut
vor *selten* schön (zart oder gut)!
Es ist die *selten schöne* Frau
ja *meistens häßlich,* was genau
das Gegenteil, so will mir scheinen,

des Kompliments ist, das wir meinen!
Dagegen laß ich gerne gelten:
So zart (so treu, so stark) *wie selten*
ein Rindsfilet (ein Weib, zwei Knaben)
— das ist's ja, was gemeint wir haben!

Die herzzerreißende Ballade von denselben Klößen

Ein Herr, der gerne Klöße aß,
vergnügt in einem Wirtshaus saß.
Sein Appetit war riesengroß,
drum schlang er gierig Kloß auf Kloß.
Dann rief er »Kellner!« durchs Lokal,
»ich ess' *dasselbe* noch einmal!«

Des Kellners Schreck war ungeheuer.
›O je!‹ dacht' er. ›Ein Wiederkäuer!
Und daß zu allem Überfluß
er's auch noch laut verkünden muß!‹
Da rief vom Nachbartisch ein Greis:
»Ich will *dasselbe,* aber heiß!«

Das traf den Kellner wie ein Schlag!
»Nie überleb' ich diesen Tag!«
rief bebend er vor Angst und Grauen,
»Ich soll gegess'ne Klöße klauen
und sie sogar noch einmal wärmen!
Wie kann man nur für so was schwärmen?!«
Auf seinen Knien, händeringend,
bat er die beiden Gäste dringend,
sie mögen, eingedenk der Zeiten,
nicht um *dieselben* Klöße streiten!
Er bettelte zum Steinerweichen,
vorliebzunehmen mit den *gleichen!*

Nun merkt Euch, bitte, nebenbei:
Die *gleichen* gleichen sich fürwahr
so wie ein Ei dem andern Ei,
so wie ein Haar dem andern Haar,
doch sind es eben zwei!

Es wäre schlimm um uns bestellt,
hätt' sonst wer noch auf dieser Welt
dasselbe Augenpaar!
Dasselbe nämlich, daß Ihr's wißt,
nicht gleich, sondern *identisch* ist!

Ich hoffe, das ist klar?!

Völlig und vollkommen

Völlig blöd — *vollkommen* blöd . . .
Weißt Du schon, um was es geht?
Ach, es wäre sehr fatal,
fändest Du es ganz egal,
ob das erste oder zweite
Wort den Ausdruck *blöd* begleite!

Wer die Grenze für verschwommen
hält, irrt *völlig,* (nicht: vollkommen)!
Völlig — das sei *völlig* klar! —
heißt soviel wie: *ganz und gar!*
Dagegen sei Dir unbenommen,
perfekt zu sagen statt *vollkommen!*

Völlig Blöde, *völlig* Öde
gibt's in Massen, so auch Spröde.
Vollkommen sind dagegen nur
ganz wenige — schon von Natur!
Ich hoff', daß selbst ein Blinder sieht
den ganz enormen Unterschied!

Klassiker auf Amtsdeutsch

Ich weiß nicht, was soll es bedeuten,
daß ich so traurig bin . . .
Kaum blättre ich Aktenseiten,
verläßt mich mein froher Sinn . . .!

Einst fand Heinrich Heine so schlichte
Worte, so einfach und klar.
Heut lauten solche Berichte
ein wenig anders fürwahr!

Da heißt es, kühl und hart wie Stahl:
»Ein Protokoll! Also, schreimse mal!«

»In der Strafsache gegen die minderjährige *Ley,* Lore, wegen Transportgefährdung, konnte diesbezüglich ermittelt werden, daß die L. zur Tatzeit auffällig langes gelbblondes Kopfhaar und ebensolchfarbigen Kamm in Besitz hatte, und kämmte dieselbe dasselbe mit demselben . . .«

So heißt das! Da merkt doch gleich jeder,
mit wem er's zu tun hat, nicht wahr?
Das fließt ihnen glatt aus der Feder,
ja, sie finden es wunderbar!

Da schrieb einmal Martin Luther
ganz einfach vom Ochs, der da drischt . . .
Das Hauptamt für Rindviehfutter
findet: »Das klingt doch nach nischt!

Das ist ordinär und einfach banal!
Rundschreiben! Frau Meier, schreimse mal!«

». . . wird angeordnet, daß im Falle es sich um im landwirtschaftlichen Arbeitseinsatz stehendes Rindviehmaterial ortsansässiger Züchter handelt, letzterem ein in das pflichtgemäße Ermessen ersterer zu stellender Anteil desjenigen Getreides, welches Gegenstand des infragestehenden Verarbeitungsprozesses bildet, verabfolgt werden kann, vorausgesetzt, daß diesbezüglich die Vorschriften der FUMVO §7, Abs. 2, nicht entgegenstehen . . .«

Bei Goethe ist es ganz ähnlich:
Es hört sich nach gar nichts an
und liest sich so gewöhnlich,
als spräch' da ein einfacher Mann:

»War einst ein König in Thule,
gar treu bis an sein Grab,
dem sterbend seine Buhle
einen gold'nen Becher gab . . .«

»Das ist doch nischt! Was fällt dem ein?
Frollein Schulze! Spannse mal ein!«

». . . Im Verlaufe des gegen den zur Zeit anderweitig in Strafhaft befindlichen *König,* Adalbert, aus Thule Kreis Hoyerswerda (SBZ), anhängigen Verfahrens haben sich bei der kurz vor deren Ableben erfolgten Einvernahme der mit demselben in sittenwidrigem Verhältnis gelebten ledigen Katuweit, Emma (siehe Blatt 11 der Beiakten), bezüglich eines im Besitz des Angeschuldigten angefundenen gelben Metallbechers, über welchen derselbe bei stattgehabter Ausnüchterung und anschließender Einvernahme, die Herkunft desselben betreffend, keinen Eigentumsnachweis erbringen konnte, nachfolgende Verdachtsmomente ergeben: . . .«

Optimaleres Deutsch!

Ach, es wäre ganz fatal,
steigerten wir »optimal«!
»Optimal« heißt schon »am besten«,
und sogar an hohen Festen
dünkt's mir einfach unerträglich,
wär' Bess'res als das Beste möglich!

Die »optimal*ste* Lösung« ist
bei Licht besehen reichlich trist . . .

Anomalie

Das Gegenteil von ganz *normal*
heißt *abnorm* oder *anomal.*
Doch «*anormal* — das gibt es nicht,
(selbst, wenn so ein Gelehrter spricht . . .)

Junge Dame, möglichst ledig

So schnell wie möglich — möglichst schnell ...
So hell wie möglich — möglichst hell ...
So dicht wie möglich — möglichst dicht ...
So Nerz wie ...? Nein, das gibt es nicht!

Drum sagt auch nicht, und sei's im Scherz:
»Ich wünsch' 'nen Pelz mir, *möglichst Nerz!*«
Schreibt nicht — es wäre einfach kläglich! —:
»Ich brauche Hilfe, *möglichst täglich!*«

Auch: *möglichst ledig* sei die Dame
und *möglichst Eva* sei ihr Name,
ist falsch und bloße Stammelei
— genau wie etwa *möglichst drei!*

Nur, wenn man ein *so drei wie möglich*
sich vorstell'n könnte, wär's erträglich!
Vielleicht, eh' Ihr jetzt leise flucht,
Ihr's mit *womöglich* mal versucht ...?

Seht an, jetzt geht's! Wir sind soweit!
Womöglich heißt: nach Möglichkeit,
und das ist's ja, so will mir scheinen,
was wir in Wirklichkeit auch meinen!

Nun kauft den Pelz, *womöglich* Nerz,
womöglich für 'ne Frau mit Herz,
womöglich ledig sei die Dame,
womöglich Eva sei ihr Name,
und schreibt Ihr auch, *womöglich* täglich
— seht Ihr? Jetzt ist es ganz erträglich!

bzw.

Wenn zwei sehr laut (bzw.
auf ganz besond'ren Wunsch auch leise)
Kapriccios singen um die Wette
(bzw. auch Duette);

wenn Lu und Fritz auf Hochzeitsreise
nach Hongkong fahr'n (bzw.
nach Winsen, je nachdem, was neuer bzw. nicht so teuer ...);

wenn abends Karl mit seiner Ida
bzw. Fritz mit Frieda
die Kunstausstellung möchte sehn
(bzw. tanzen gehn ...);

wenn Evchen sich dem Volontär
hingibt (bzw. her-),
wenn es zu Folgen kommt, zu kleinen
bzw. auch zu keinen ...;

wenn sonntags man (bzw.
auch feiertags) die Eintrittspreise
herabsetzt, wenn wir alle gleich
arm sind bzw. reich ...,

kurz: immer wenn *»beziehungsweise«*
den Satz wie eine Götterspeise
zum Wabbeln bringt, ersetz es schlicht
durch *»oder«* — mehr bedeutet's nicht!

Beziehungsweise sei hinfort
verfemt als lächerliches Wort!
Schnell merkst Du: Leicht fällt der Verzicht
— beziehungsweise etwa nicht?

Um ... zu ...

I

»Da hat«, las ich erstaunt, soeben,
»ein Mann studiert sein ganzes Leben,
um nun als Fachidiot *zu gelten ...«*
Ich frag' mich nur: Wen soll man schelten?
Den, der bewußt und absichtsvoll,
damit man ihn beschimpfen soll,
sein Dasein so vergeudet hat?

Nein, den, der's schrieb im Tageblatt!
Durch falsche *um . . . zu . . .* -Komponente
wurd' sein Bericht zur Zeitungsente!

2

»Kaiser Karl eilte, von seinen Getreuen begleitet, frohgemut
nach Prag, *um* gleich darauf *das Zeitliche zu segnen . . .*«
War das wirklich sein Plan, die ihn beflügelnde Absicht?

3

Noch schlimmer ist's, wenn keiner handelt
und doch *um . . . zu . . .* den Satz verschandelt:
»Da wird«, so schreibt die Morgenzeitung
— sie hat beachtliche Verbreitung —,
»ein Buch verfaßt, gedruckt, gebunden
in vielen tausend Arbeitsstunden,
um bald darauf, so ist's auf Erden,
vergessen und verramscht *zu werden . . .*«

Bei solchem Unfug sträubt fürwahr
sich Feder, Sprachgefühl und Haar!

4

Wen in Grammatik drückt der Schuh,
merk' sich: *Nichts wird getan, um . . . zu . . .!*
Denn, weil *um . . . zu . . .* auf *Absicht* deutet,
muß jemand dasein, den sie leitet:
Im Vordersatze ein Subjekt,
das irgend etwas ausgeheckt
und seinerseits den Plan — merkst Du? —
gefaßt hat und vertritt, *um . . . zu . . .!*
Doch absichtslos (und gar passiv)
ging's mit *um . . . zu . . .* noch immer schief!

Vorsicht mit während!

»Während Maurermeister Mutz
Mörtel rührt für den Verputz,
spült sich Franz, die treue Seele,
mit Wacholderschnaps die Kehle . . .«

Solches Tun mag zwar moralisch,
aber nicht grammatikalisch
zu verwerfen sein. Es stimmt,
wenn man *während* zeitlich nimmt.

Doch es geht mitunter schief,
benutzt man es adversativ,
zum Beispiel: »Während Fräulein Kühl
das Largo geigte mit Gefühl,

blies der Hornist, Klaus-Dieter Streit,
›Verdammt in alle Ewigkeit‹ . . .«
Ein solches falsches *während* zerrt
ins Kakophone* das Konzert!

Bernt Engelmann: Limericks

Im späten Herbst, wenn sich der Buchhandel auf das Weihnachtsgeschäft zu freuen beginnt, kommen viele Sortimenter unabhängig voneinander auf den gleichen originellen Gedanken: Sie besinnen sich darauf, daß viele der ihre Lager füllenden Werke von noch lebenden Autoren verfaßt sind. Diese kennen im allgemeinen die Bücher, die sie selbst geschrieben haben, besser als jene, die sie verkaufen wollen, können sie daher auch wirksamer anpreisen. Also werden die Autoren eingeladen, anzureisen und aus ihren Werken zu lesen — jeden Abend in einer anderen Buchhandlung, aber stets vor potentiellen Käufern.

Auf »Lese-Walze« gehen, wie Siegfried Lenz es nennt, hat neben vielen Nachteilen auch mancherlei Vorteile für den Autor.

---

* Kakophonie = Mißklang.

Er lernt beispielsweise Orte kennen, von denen er zuvor nicht einmal den Namen kannte; er bekommt Gelegenheit, lokale Spezialitäten, vor allem Getränke, zu probieren und zu vergleichen, denn nach den Lesungen setzt man sich noch mit Anhängern und Kontrahenten an einen Wirtshaustisch und feuchtet die vom Vorlesen und Zuhören trockenen Kehlen an. Und wenn man Glück hat, trifft man Kollegen, die ebenfalls auf Lesereise sind, denn vielerorts gibt es zwei und noch mehr bedeutende Buchhandlungen am selben Platz.

Am nächsten Morgen geht's dann weiter — von Hinterzarten nach Pinneberg, von Höxter nach Buxtehude, von Wattenscheid nach Rollenhagen. Auf den langen Fahrten, meist in Zügen, denen die Bundesbahn zu eilen aufgegeben hat, was aber die Lokomotivführer zu relativieren verstehen, überkommt den reisenden Autor mitunter Langeweile. Die meisten versuchen dann zu schlafen; der eine oder andere greift wohl auch zu einem Buch und nicht immer nur zu eigenen Werken. Was mich betrifft, so wechsle ich ins lyrische Fach über und versuche, aus den Stationsnamen, zumal wenn sie sich nur schwer reimen lassen, Limericks zu produzieren.

Da ich schon seit fast zwei Jahrzehnten herbstliche Lesereisen mache, sind es inzwischen viele hundert solcher Fünfzeiler, die in den Eil- und Personenzügen zwischen Westerland und Mittenwald entstanden sind. Die meisten sind — das ist ein Wesenszug des Limericks, eine *conditio sine qua non,* — nicht salonfähig. Immerhin gibt es ein paar Dutzend darunter, die sich als Beispiele vorweisen lassen. Von diesen nachstehend eine kleine, keineswegs repräsentative Auswahl:

3479
Eine Bäckerswitwe aus Rollenhagen
braucht zur Liebe stets einen vollen Magen.
Kaum wird es sexy,
greift zum Gebäck sie.
Später sieht man sie Torten und Stollen nagen.

4640
Einem Kammerjäger aus Wattenscheid
dem taten die armen Ratten leid.
Eh' mit Gift er sie kränkt,
er sie füttert und tränkt
und läßt ihnen auch zum Begatten Zeit.

8262
Ein Postamtmann aus Altötting,
verliebt in ein junges Ballett-Ding,
wird gestoppt sehr grazil
immer kurz vor dem Ziel.
Sie mag, sagt sie schnippisch, halt Petting.

8011
Sein Kusinchen, Barfrau in Vaterstetten,
wollt' vor fleischlicher Sünde ein Pater retten.
Er sitzt schon ein Jahr
Nacht für Nacht in der Bar.
So wirds bleiben, wie Abt und Konfrater wetten.

8180
Ernst spricht ein Zahnarzt aus Tegernsee
zur Tochter: »Du zählst zu den Fegern, Fe!
Du warst im Gehölz
mit 'nem Ami aus Tölz!
Nicht, daß ich dich auch noch mit Negern seh'!«

2150
Für Karlheinz, Student aus Buxtehude,
ihr ganzes Spargeld verjuxte Trude.
Sie kauft Kissen und Deckchen
und schmückt jedes Fleckchen.
Ihr Karlheinz hat von allen die schmuckste Bude.

7824
Einem Aktmodell aus Hinterzarten
die Brüste im eisigen Wind erstarrten
denn der Maler malt nur
in freier Natur,
aber neuerdings auch im Wintergarten.

Tuchos Literaturvorschau

Er saß auf einer Wolke und baumelte mit den Beinen.

»Nun denn«, brummelte er, nicht sonderlich erfreut über unseren Besuch, »wenn Sie's unbedingt wissen wollen ... An welches Jahr dachten Sie denn? 1984? Das war, Orwell sei Dank, vorauszusehen. Also, machen wir's kurz:

Im Januar werden alle bundesdeutschen Verlage, insgesamt noch drei, denn Eduscho-Holtzbrinck und die Dr. Oetker-Bertelsmann-Gruppe haben alle anderen, bis auf den MUT-Konzern, aus dem Feld geschlagen, ihre Herbstneuerscheinungen ins Sortiment werfen; erheblicher Sachschaden.

Als absolute Top-Seller sind bei Eduscho die neue Knef-Beichte *Fehlgeburt* und bei Oetker-Bertelsmann der blitzschnelle Konsalik-Nachschuß *Brutkasten 7 antwortet nicht* auszumachen. Bei MUT — ach, das wissen Sie nicht? Das ist die Maggi-Ullstein-Tschibo-Verlagsgruppe, die sich auf zukünftige Klassiker spezialisiert hat — da gibt es sogar zwei Spitzentitel: ein atemberaubender Roman aus dem Nachlaß von Hans Habe, dessen Tessiner Originaltitel *Chuzpe* ungemein treffend, wenn auch sehr frei, mit *Grandezza* ins Deutsche übersetzt wurde, sowie ein reich illustriertes Prachtwerk, *Ich, Axel Cäsar. Letztgültige Reden und Gebete in, um und für Deutschland,* mit zweihundertsechs ganzseitigen Porträtaufnahmen des anonymen Verfassers ...

Im Februar ehrt Altbundesvater Walter Scheel sein Wunschkind Heike Doutiné mit dem Ina-Seidel-Preis. Im März, gerade rechtzeitig zum Beginn der Beweisaufnahme im 3. BM-Nachfolgeprozeß, der im unterirdischen Hochsicherheits-Justizpalast bei Münstereifel stattfindet, offeriert Klaus Rainer Röhl sein Enthüllungsmeisterwerk, *Die Alte von Stammheim,* geschmackvoll illustriert mit früheren Hochglanz-Ganzakten seiner verstorbenen Gattin ...

Im April wir der PEN-Klub zur Pflichtorganisation aller Schreibenden, Luis Trenker Präsident auf Lebenszeit — ›eine weise zeitliche Beschränkung‹, wie Marcel Reich-Ranicki dazu in der F.A.Z. bemerkt ...

Der Wonnemonat Mai steht ganz im Zeichen der Literatur. Auf den Düsseldorfer Rheinwiesen enthüllt Kardinal Höffner das vierzig Meter hohe Reiterstandbild Golo Manns, eine späte Arbeit des Altmeisters Arno Breker.

Die Mittenwalder Gebirgsjäger umrahmen die Feierstunde mit Chorgesang.

Der Juni beschert uns Band 1 der auf vierzehn Teile angelegten Autobiographie eines als Homme-de-Lettres sein Comeback suchenden früheren Spitzenpolitikers aus Bayern: *Als ich noch ein Waldbauernbub war. 1915–80.* Das Werk findet freundliche Aufnahme bei der Kritik, vor allem im Feuilleton des *Vilshofener Boten.*

Im Juli debütiert Gerhard Löwenthal als Lustspielautor. Sein *Roter Mob* wird zum Schlager der Sonthofen-Schweineberger Festspielwochen und allgemein als sehr ausgewogen gelobt. Der reizende Einfall, für die Schändungen deutscher Hausfrauen echte Türken sowie Hammer und Sichel schwingende Gewerkschaftsfunktionäre einzusetzen, bringt dem Autor, der selbst Regie führt, stürmischen Applaus. Wenn beim Finale Augstein, Schlöndorff, Staeck und Engelmann in die Jauchefässer fallen, nimmt der Beifall kein Ende; die Szene muß siebenmal wiederholt werden.

Wegen der zahlreichen Neuerscheinungen beginnt die Buchmesse bereits im August und steht ganz im Zeichen des Bundesgrenzschutzes. Der Friedenspreis wird diesmal einem Verleger zuteil: Kommerzienrat Maggi, dem Senior der MUT-Gruppe, im wesentlichen für dessen Verdienste am Buch schlechthin.

An die Buchmesse schließt sich im November die Woche der Exilliteratur an (Simmel, Lilli Palmer, Enzensberger), zu der Bundespräsident Carstens, dessen Wiederwahl per Akklamation erfolgte, das PEN-Zentrum Liechtenstein durchwandert. Der Büchner-Preis wird diesmal einem Linken zuteil: Generalpostmeister Kurt Gscheidle für dessen Einfall, die Liebe zum Buch durch eine Dauer-Briefmarkenserie mit Konsalik-Motiven wachzuhalten.

Im Dezember beut die in Gründung befindliche Deutsche Nationalstiftung Rainer Maria Barzel einen Riesenarmleuchter aus olivbraun getöntem Basaltgips dar, um auf diese Weise die für Literaturförderung vorgesehenen, zum vierten Mal nicht ausgeschütteten Mittel nicht verfallen zu lassen. Die Weihnachtsamnestie bringt dreien der in Umerziehung befindlichen Autoren Haftverschonung; Böll wird sofort ausgeflogen. Jens und Walser kommen in die Obhut der Konrad-Adenauer-Stiftung.

Auf den weihnachtlichen Gabentischen sieht man häufig ein Werk des seit Jahren verschollenen Autors G. Wallraff, *Leute, glaubt an die Hölle . . .!*, das die Regensburger St. Emmeranspresse als Volksausgabe herausgebracht hat . . .«

Der alte Herr seufzte und hielt inne.

»Reicht Ihnen das?« erkundigte er sich, dabei wohlgefällig seinen dicken Bauch betrachtend.

»Danke, uns reicht's!« erwiderten wir im Chor.

Er nickte nur, unsere Betroffenheit auskostend. Schließlich nuschelte er noch etwas, und wir horchten auf.

»Sie können es natürlich auch ganz anders haben«, hörten wir ihn sagen, während er sich bereits entmaterialisierte. »Aber dazu müßten Sie ziemlich bald . . .« Und weg war er, aufgelöst in winzige Kristalle, die noch am selben Abend dem Landkreis Altötting einen Hagelschlag brachten.

Seitdem grübeln wir, was wir wohl bald müßten.

Die elenden Liebesillusionen . . .!

Interview mit Dr. Karl Marx

Interviews mit historischen Persönlichkeiten über heute aktuelle Fragen stoßen oft auf Schwierigkeiten. Dies nicht nur, weil die Stars, die interviewt werden sollen, schon lange tot sind, sondern auch noch aus ganz anderen Gründen:

So würde sich zum Beispiel Kleopatra (gest. 30 v. Chr.) zum Thema »Bekämpfung der Jugendarbeitslosigkeit« kaum äußern wollen. Erst auf heftiges Drängen hin ließe sich die Königin herbei, Vorschläge zu machen. Aber diese wären dann so wirklichkeitsfremd — Einsatz auf Galeeren oder verstärkter Pyramidenbau! —, daß wir das Gespräch abbrechen würden.

Umgekehrt wäre Napoleon I. (1769–1821) sofort gesprächsbereit, auch mit dem Thema — Konzertierte Aktion — durchaus einverstanden, hätte aber ganz andere Vorstellungen davon — »Getrennt marschieren, vereint schlagen!« — und ließe sich nicht davon abbringen. Auch könnte es sein, daß der Kaiser einer attraktiven Reporterin dann derartig naheträte, daß aus dem Interview ein Bettgeflüster werden könnte.

Um so glücklicher können wir uns deshalb schätzen, daß uns

der Philosoph, Wirtschaftswissenschaftler und Historiker Dr. Karl Marx (1818–1883) nicht nur ein Interview gewährt hat und dabei unseren Fragen nicht ausgewichen ist, sondern auch sofort begriff, um was es uns ging. Allerdings wollte er zunächst nur schriftlich antworten. Schließlich konnten wir uns aber mit ihm darauf einigen, daß ihm das Tonband-Protokoll des Interviews zur Überarbeitung ausgehändigt und nur die von ihm redigierte Fassung veröffentlicht würde. Das erklärt, warum die Antworten des Herrn Dr. Marx nicht mehr ganz so spontan und natürlich wirken, wie sie es ursprünglich waren; sie scheinen eher seinem philosophischen Werk entnommen zu sein und wirken deshalb etwas hölzern und umständlich. Sie sind indessen — dafür verbürgen wir uns! — absolut authentisch. Nur hie und da haben wir etwas kürzen müssen, weil Dr. Marx allzu ausführlich wurde. Und den Anfang des Gesprächs, wo wir ihm zunächst Sinn und Technik unseres Tonbandgeräts erklären mußten, haben wir aus Platzgründen ganz gestrichen.

Das Gespräch fand statt in London N. W., in der Maitland Park Road Nr. 41, einem sehr bescheidenen, zweistöckigen Reihenhaus, wo Karl Marx vom März 1875 bis zu seinem Tod im Jahre 1883 gewohnt hat. Der Hausherr empfing uns sehr freundlich. Er sah genauso aus, wie wir ihn von Photographien her kannten. Wir wurden von ihm in den kleinen Salon, gleich neben der Eingangstür, geführt. Dr. Marx entschuldigte sich für die Unordnung und die überall verstreute Zigarrenasche: Seine Haushälterin liege mit Grippe zu Bett und habe nicht mehr aufräumen können.

Wir durften dann die Bilder seiner Enkel betrachten, und es wurde uns rasch klar, daß er mit ungewöhnlich großer Zärtlichkeit an ihnen hing, besonders an Johnny, dem kleinen Sohn seiner Tochter Jenny. »Johnny macht mit dem Mohr, was er will«, hörten wir Dr. Marx flüstern, und er sah dabei ganz glücklich aus. »Johnny macht sogar aus dem alten Mohr einen Pferde-Omnibus und läßt ihn durch die Wohnung traben ...« Wir begriffen, daß er nicht den alten Moor in Schillers *Räubern,* sondern sich selbst damit meinte. Doch wir wollten mit ihm ja nicht über Kinder und ihre Erziehung sprechen. Deshalb rissen wir ihn aus seinen glücklichen Erinnerungen mit der kühlen Frage:

»Herr Dr. Marx, in Ihren Pariser Manuskripten von 1844 haben Sie sich entschieden gegen die in der bürgerlichen Gesellschaft bestehende Form der Ehe ausgesprochen. Halten Sie die

Ehe für überholt? Befürworten Sie statt dessen Gruppen-Wohngemeinschaften mit freier Partnerwahl?«

Herrn Dr. Marx, das sei hier angemerkt, war die zweite Frage sichtlich peinlich.

Er wirkte etwas verlegen. Dann faßte er sich aber und erwiderte ernst:

»Ich habe mich gegen die in der bürgerlichen Gesellschaft existierende Form der Ehe gewandt, da diese *eine Form des exklusiven Privateigentums* ist, das heißt: eine Form der *Entfremdung.* Aber nicht minder entschieden habe ich jene Gemeinschaften *des noch ganz rohen und gedankenlosen Kommunismus* abgelehnt, *wo das Weib zu einem gemeinschaftlichen und gemeinen Eigentum wird!* Sowohl für die bürgerliche Ehe wie für den ›rohen Kommunismus‹ gilt, daß darin die Frau unendlich degradiert wird — es ist die *totale Entfremdung,* die völlige Verhinderung ihrer freien Selbstverwirklichung! Die Frau wird vom Manne ausgebeutet.«

»Nun bietet doch aber gerade die Ehe eine besondere Möglichkeit, diese Entfremdung zu überwinden?«

»Gewiß, *das unmittelbare, natürliche, notwendige Verhältnis des Menschen zum Menschen ist das Verhältnis des Mannes zum Weibe. In diesem natürlichen Gattungsverhältnis ist das Verhältnis des Menschen zur Natur unmittelbar sein Verhältnis zum Menschen, wie umgekehrt das Verhältnis zum Menschen unmittelbar sein Verhältnis zur Natur, seine eigene natürliche Bestimmung ist . . . Der wahre Kommunismus ist die positive Aufhebung des Privateigentums als menschliche Selbstentfremdung . . . Wo ließe sich dies natürlicher, lebendiger und humaner verwirklichen* als in der Beziehung zwischen Mann und Frau?«

»Wie dürfen wir das verstehen, Herr Dr. Marx?«

»Nun, aus dem Verhältnis zwischen Mann und Frau *kann man die ganze Bildungsstufe des Menschen beurteilen. Aus dem Charakter dieses Verhältnisses folgt, inwieweit der Mensch als Gattungswesen, als Mensch* sich verwirklicht, sich wahrhaft begriffen hat . . .! *In diesem Verhältnis zeigt sich auch, inwieweit das Bedürfnis des Menschen zum menschlichen Bedürfnis, inwieweit ihm also der andere Mensch* zum echten Partner, *zum Bedürfnis geworden ist, inwieweit er in seinem individuellsten Dasein zugleich Gemeinwesen ist.*«

»Eine wirklich bemerkenswert moderne Auffassung, Herr Dr. Marx! Wir entnehmen daraus, daß Sie die Ehe durchaus bejahen, wenngleich, sofern wir Sie richtig verstanden haben, nicht die Ehe im bürgerlichen oder auch im kirchlichen Sinn und unter den noch heute meist bestehenden Verhältnissen, sondern als Mittel der Selbstverwirklichung zweier gleichberechtigter Partner . . .?«

Hier überlegte Herr Dr. Karl Marx erst einen Augenblick lang, ehe er antwortete:

»Nun, ich meine mit der von mir befürworteten Ehe gewiß nicht *die elenden patriarchalischen Liebesillusionen des trauten Heims! Die Bourgeoisie hat das Familienverhältnis auf ein reines Geldverhältnis zurückgeführt,* die Ehe zum männlichen Unterdrückungsinstrument gemacht, die Frau zur *Magd der Wollust* erniedrigt! Die Ehe bedarf, ebenso wie die Gesellschaft als Ganzes, erst einer *revolutionären Veränderung, die die im Menschen schlummernden und durch das Privateigentum* an das Haben-Wollen *gefesselten Liebeskräfte* freilegt!«

»Sie meinen damit, Herr Dr. Marx, das Ende des Egoismus?«

»*Das ist noch zu wenig! Es wäre höchst albern,* wenn man meine Vorstellungen nur als eine Art *liebevollen Gegensatz des Egoismus darstellt und eine weltgeschichtliche revolutionäre Bewegung auf die paar Worte:* Liebe statt Haß, Kommunismus statt Egoismus *reduziert.* Aber ich stimme Ihnen insoweit zu, als die Beseitigung des nackten Egoismus, auch in der Mann-Frau-Beziehung, eine der wichtigsten Voraussetzungen der menschlichen Emanzipation ist — vielleicht die wichtigste überhaupt!«

»Sie sprechen von der Emanzipation, Herr Dr. Marx. Meinen Sie damit in erster Linie die Emanzipation der Frau, wie sie heute verstärkt gefordert und zum Teil auch schon verwirklicht wird? Oder was sonst?«

»Alle Emanzipation ist Zurückführung der menschlichen Welt, der Verhältnisse, auf den Menschen selbst! Erst wenn der Mensch den abstrakten Staatsbürger in sich zurücknimmt und als individueller Mensch in seiner ganzen Lebensweise, in seiner individuellen Arbeit, in seinen privaten Verhältnissen, also auch in der Ehe, im Verhältnis des Mannes zur Frau und der Frau zum Mann, *Gattungswesen geworden ist, erst wenn der Mensch seine ›forces propres‹,* seine eigenen Kräfte, *als gesellschaftliche Kräfte erkannt und organisiert hat, . . . erst dann ist die menschliche Emanzipation vollbracht!«*

»Die Emanzipation der Frau, ihre Forderung nach voller Gleichberechtigung in der Gesellschaft, im Staat, in der Ehe und natürlich auch am Arbeitsplatz, wo gleicher Lohn für gleiche Arbeit gefordert wird, ist also nach Ihrer Meinung nur ein

Teil des gesamten Kampfes um die menschliche Emanzipation?«

»Selbstverständlich! Oder sind Sie vielleicht der Meinung, daß Frauen keine Menschen sind? Die Emanzipation aller Menschen und die volle Gleichberechtigung der Frau sind unabdingbare sozialistische Forderungen. Aber umgekehrt wäre es *Erstikkung im Unverstand,* wollte man die Emanzipation der Frau als Einzelproblem lösen, isoliert und als Teil, als höchst wichtiger Teil, aber eben doch nur Teil der Befreiung des Menschen von der Unterdrückung und Ausbeutung . . .«

»Herr Dr. Marx, Sie waren selbst verheiratet. 1843 vermählten Sie sich mit Jenny von Westphalen und lebten mit ihr bis zu ihrem Tode im Jahre 1881 zusammen. Sie war Ihre Ehefrau, die Mutter Ihrer Kinder, die treusorgende Gefährtin, unermüdlich arbeitende Sekretärin und manches mehr. Haben Sie Ihre Frau nicht, im Gegensatz zu Ihren Forderungen, an ihrer Emanzipation gehindert und kräftig ausgebeutet?«

»Mag sein — aber darüber möchte ich nicht sprechen . . . Wir lebten in oft sehr bitterer Armut . . .«

»Gut, lassen wir das, aber erlauben Sie uns noch eine letzte Frage, Herr Dr. Marx: Sie sehen im Sozialismus eine, nein, *die* Befreiung des Menschen. Nun gibt es aber heute Staaten, in denen, wie es heißt, der Sozialismus verwirklicht worden ist. Aber die dort lebenden Menschen fühlen sich häufig noch keineswegs befreit von Unterdrückung und Ausbeutung. Was meinen Sie dazu? Und wie definieren Sie als Marxist, als Vater des marxistischen Sozialismus, auf den sich alle berufen, ihr geistiges Kind?«

»*Ich denke nicht daran, Marxist zu sein!* Ich bin Wissenschaftler, nicht der Prophet einer Heilslehre oder der Verkünder unumstößlicher Dogmen. Und wenn Sie fragen, wie ich den Sozialismus definiere, so lautet die Antwort: Es ist *die freie Assoziation,* also ein freiwilliger Zusammenschluß, *worin die freie Entwicklung eines jeden die Bedingung für die freie Entwicklung aller ist* — jeder Zwang wäre Verfälschung! Alles, was die freie Entfaltung des Menschen, seine Emanzipation zum Glied der Gesellschaft und seine Selbstverwirklichung behindert, hat mit Sozialismus nichts zu tun!«

»Herr Dr. Marx, *Petra* dankt Ihnen für dieses höchst aufschlußreiche Gespräch!«

Die Außerordentlichen

Glanz und Elend der Diplomaten

Nicht von ganz gewöhnlichen, ordinären Menschen handelt dieser Bericht. Es geht vielmehr um die Extra-Ordinären, die Außerordentlichen, und um die Riten, mit denen ihrer Besonderheit (oder Absonderlichkeit) seit eh und je Tribut gezollt wird. Seitdem die mehr oder minder zivilisierten Völker ihre Beziehungen zueinander geregelt und in strenge Formen gebracht haben, sind diese Riten immer weiter verfeinert worden. Doch schon vor etwa hundert Jahren erreichten sie die Perfektion, die wir heute noch bewundern, und ein Tag im Leben eines Außerordentlichen spielte sich etwa so ab:

Dreimal stieß der Oberzeremonienmeister seinen schweren, reich vergoldeten Stab auf das im Schein von tausend Kerzen schimmernde Parkett, strich sich ein imaginäres Staubkörnchen vom goldbestickten Revers seines Galarocks, legte sein Gesicht in ernste Falten und wartete, bis das Gemurmel im weiten Saal verstummt war. Wenn man nur noch das schwere Atmen des etwas asthmatischen Kardinal-Präfekten und das Knistern der Seidenröcke einiger tiefdekolletierter Damen vernehmen konnte und sich alle Blicke auf den durch die weitgeöffnete Flügeltür eintretenden Neuankömmling gerichtet hatten, verkündete er feierlich dessen Namen:

»Seine Exzellenz der Außerordentliche Gesandte und Bevollmächtigte Minister Seiner Durchlauchtigsten Hoheit des regierenden Fürsten von Weißberg und Sundershausen, Herr Geheimer Legationsrat Erster Klasse August Friedrich Freiherr von Boll zu Bollersruh und Trauffenstein . . .!«

Es war die große Stunde des Barons Boll, und als er nun in goldstrotzender Gala-Uniform gemessenen Schrittes den eigens für ihn so festlich geschmückten Saal betrat, da war er sich seiner Außerordentlichkeit durchaus bewußt: Er repräsentierte einen europäischen Souverän von Gottes Gnaden, seinen allergnädigsten Landesherrn, den Fürsten Traugott XIX. Josef; er war der Bevollmächtigte einer auswärtigen Macht und vertrat mit Ministerrang die Hohe Staatsregierung der Vereinigten Fürstentümer von Weißberg und Sundershausen; er verkörperte eine ganze Nation, nämlich die mehr als dreiundvierzigtausend Seelen zählende Bevölkerung der von Fürst Traugott

XIX. Josef regierten Länder, und hinter ihm stand deren Streitmacht, bestehend aus dem greisen Generalfeldmarschall, elf Stabs-, neununddreißig Linienoffizieren und 254 aktiven Unteroffizieren und Mannschaften der Garde, des Jägerkorps und der Gendarmerie.

Er, Baron von Boll, war ein Missionschef und als solcher Mitglied der Spitzengruppe des beim Päpstlichen Stuhl akkreditierten Diplomatischen Korps. Er konnte jederzeit um Audienz bei Seiner Heiligkeit, dem Staatsoberhaupt, oder bei dessen Kardinal-Staatssekretär ersuchen und mit beiden in allen politischen Fragen gleichberechtigt verhandeln. Er stand im Rang über dem Geschäftsträger der kaiserlich russischen Gesandtschaft und gleichrangig neben Lord Rutherdale, dem Missionschef Großbritanniens. Er genoß enorme Vorrechte, nämlich strikte Exterritorialität für sich, seine Hilfskräfte und Bediensteten, seine Amts- und Wohnräume sowie alles, was ihm gehörte, volle Immunität sowie Zoll- und Steuerfreiheit; er hatte Anspruch auf neunzehn Schuß Salut (was aber nur von theoretischer Bedeutung war, da es dem Kirchenstaat an Kriegsschiffen und Küstenbatterien mangelte), und er war als Person unverletzlich, beinahe heilig.

Noch wenige Tage zuvor war der Freiherr von Boll zu Bollersruh und Trauffenstein weder ein Außerordentlicher Gesandter noch ein Bevollmächtigter Minister, ja, nicht einmal von Adel gewesen, sondern nur der bürgerliche Hauslehrer des damaligen Erbprinzen und nunmehr regierenden Fürsten. Als dieser nach dem jähen Hinscheiden des Papas als Traugott XIX. Josef den Thron von Weißberg-Sundershausen bestiegen hatte, war er sofort an seinen Magister Boll mit einem Wunsch herangetreten: Der ledige, den Mädchen zudem gänzlich abholde Hauslehrer sollte umgehend die Lieblingsgespielin seines neunzehnjährigen Ex-Zöglings und nunmehrigen Souveräns, die Hofschauspielerin Eleonora da Plata, bürgerlich Mirzl Geißhüter, zu seiner Gemahlin nehmen. Es hätte sich nämlich für einen regierenden Fürsten nicht geschickt, seine Allerhöchste Aufmerksamkeit weiterhin einer ledigen Frauensperson aus den untersten Ständen zu widmen, und zudem war Fräulein da Plata in Weißberg wie in Sundershausen jedermann bekannt, andererseits für das Wohlbefinden des Monarchen unentbehrlich.

Zum Lohn für den Dienst, den er seinem Landesherrn erwies, vor allem aber zwecks Standeserhöhung der schönen Eleonora, erhielt August Boll zwei Rittergütchen sowie den Freiherrentitel, einen schönen Orden und alsdann unbefristeten Urlaub von Ehefrau und Fürstenhof, wogegen die nunmehrige Baronin Boll zur offiziellen Mätresse des jungen Fürsten aufrücken konnte.

Es gab indessen noch andere, fast noch brennendere Probleme, und auch zu deren Lösung benötigte man den ehemaligen Hauslehrer und nunmehrigen Baron, Ordensritter und Kammerherrn von Boll. Er war der erste und daher auch einzige Aristokrat in den Vereinigten Fürstentümern, der über gute französische Sprachkenntnisse und artige Manieren verfügte. Und Zugehörigkeit zum Adel, erstklassige Umgangsformen — etwa Verzicht auf lautes und derbes Fluchen außerhalb des engsten Familien- und Freundeskreises — sowie die Beherrschung der Diplomatensprache in Wort und wohl auch in Schrift waren nun einmal unerläßlich, wenn es um sogenannte Auswärtige Angelegenheiten ging.

Und just darum handelte es sich: Da waren einmal enorm hohe und sehr drückende Schulden bei ausländischen, vornehmlich sächsischen und österreichischen Bankiers, unter deren Last die Vereinigten Fürstentümer zusammenzubrechen drohten; sie waren die traurigen Resultate einer unglücklichen Leidenschaft des verewigten Großvaters des jetzigen Fürsten für Kartenspiele mit hohen Einsätzen und mit Partnern, die noch weit raffinierter zu mogeln verstanden hatten als Seine Durchlauchtigste Hoheit ... Und da war zum anderen die Sorge um den Fortbestand der Dynastie, den es schleunigst zu sichern galt, denn Traugott XIX. Josef war der — zumindest vorerst — letzte Sproß seines Geschlechts; hätte er unvermählt und ohne legitimen Leibeserben das Zeitliche gesegnet, etwa beim nächsten Sturz von der steilen Treppe zum Weinkeller oder von der Leiter, die er bei nächtlichen Inspektionen der Zofenkammer zu benutzen pflegte, so wäre das Fürstenhaus erloschen und sein Thron verwaist. Allerlei weit entfernte Verwandte hätten sich um die Vereinigten Fürstentümer gestritten, und es wäre womöglich zu einem — dann ganz Europa in Flammen setzenden — weißberg-sundershausenschen Erbfolgekrieg gekommen ...

Es mußte daher umgehend eine Gemahlin für den jungen Souverän gefunden werden, die ebenbürtig, gesund, gebärfreudig, tolerant in bezug auf die Baronin Boll und deren gelegentliche Urlaubsvertreterinnen, vor allem aber von Hause aus so reich sein sollte, daß sie Fürst und Land wieder völlig sanieren konnte.

Zum Glück gab es eine junge Dame, die alle diese Bedingungen in geradezu idealer Weise erfüllte, nämlich die siebzehnjährige Erbnichte eines enorm reichen Kurienkardinals, eine Principessa von Geblüt, deren Mitgift und Erberwartungen den Vereinigten Fürstentümern eine in finanzieller Hinsicht sorgenfreie Zukunft versprachen. Aber leider gab es bislang noch keine diplomatischen Beziehungen zwischen Weißberg-Sundershausen und dem Heimatstaat der prospektiven Braut, dem Heiligen Stuhl, und solche waren bei der großen politischen Bedeutung des Projekts eine unerläßliche Voraussetzung für dessen rasche und zufriedenstellende Verwirklichung.

Vorsichtige Sondierungen durch befreundete Mächte hatten indessen ergeben, daß Rom die Heiratspläne Traugotts XIX. Josef nicht bloß ohne nennenswerte Einwände zu beobachten, vielmehr gutzuheißen und energisch zu unterstützen bereit war. Ja, der Vatikan drang sogar auf größtmögliche Beschleunigung der Angelegenheit!

Dies versetzte die weißburg-sundershausenschen Räte in einen Zustand der Euphorie: Wenn Rom dem Heiratsprojekt keinen Widerstand entgegensetzte, konnte man die Mitgiftforderungen vorsichtig erhöhen; hatte der Vatikan gar ein eigenes Interesse an dem Zustandekommen der Heirat, wie es der Fall zu sein schien, ließ sich die verlangte Summe möglicherweise verdoppeln, und wenn der Heilige Stuhl es gar eilig hatte mit der Vermählung der Principessa, war an eine Verdreifachung der geforderten Morgengabe zu denken . . .!

Nun, Rom hatte es sogar über alle Maßen eilig. Noch ehe Geheimgespräche auf Regierungsebene zur Vorbereitung der Entsendung eines offiziellen Beauftragten eingeleitet worden waren, schlug der Vatikan bereits telegrafisch die sofortige Aufnahme diplomatischer Beziehungen vor und bat um unverzügliche Errichtung einer weißberg-sundershausenschen Gesandtschaft beim Heiligen Stuhl, ja, ließ schon wissen, daß der sofortigen Anreise des künftigen Missionschefs nichts im Wege stehe; und falls, wie vermutet, Herr Baron von Boll zum Außerordentlichen Botschafter und Bevollmächtigten Minister am Hofe Seiner Heiligkeit ausersehen sei, so möge man diese Depesche als Erteilung des Agréments betrachten.

In Weißberg-Sundershausen jubelten die Räte, und Traugott XIX. Josef fühlte sich sehr geschmeichelt. Offenbar, so meinte er, wüßte man es in Rom zu würdigen, daß ein europäischer Souverän die Verbindung zu einer Dame anstrebe, die mit allerhöchsten Würdenträgern des Kirchenstaats verwandtschaftlich eng verbunden sei.

Es gab indessen noch eine ganz andere Erklärung für die fast unziemliche Hast der sonst so bedächtigen Kurie, denn es hatte sich gefügt, daß die als künftige Landesmutter von Weißberg-Sundershausen ins Auge gefaßte Principessa in (bereits sehr) gesegneten Umständen war, wobei es unklar war (und dann auch blieb), wer ihr zu diesem Zustand verholfen hatte.

Nun, es kam zu einer außerordentlich glücklichen Lösung der wechselseitigen Probleme: Gesandter Baron von Boll durfte noch am Morgen seiner Ankunft in der Heiligen Stadt dem Papst sein Beglaubigungsschreiben überreichen; am selben Vormittag machte er bereits dem Brautonkel und -vormund seine Aufwartung zwecks Übergabe eines Allerhöchsten Handschreibens, mit dem Traugott XIX. Josef um die Hand (und das Geld) der Principessa bat; gleichzeitig überreichte er dem Onkel Kardinal eine — sehr geschmeichelte — Fotografie des jungen Fürsten, auf die Seine Eminenz jedoch kaum einen Blick verschwendete; nach kurzer Bedenkzeit — genau drei Minuten — teilte der Kirchenfürst dem Herrn Gesandten sein und seiner Nichte Einverständnis mit, lud Baron Boll zu einem kleinen Verlobungs-Imbiß ein, bei dem in großer Hast die komplizierten technischen Einzelheiten des Heiratsvertrags und der Hochzeitsfeierlichkeiten besprochen wurden, und präsentierte seinem Gast beim Kaffee schließlich auch die künftige Landesmutter von Weißberg-Sundershausen, ein schüchternes junges Ding von mäßiger Schönheit.

Eine Stunde später fand die Trauung statt, die der Onkel der Braut vornahm und bei der Baron Boll in Vertretung seines Souveräns die Rolle des Bräutigams übernahm. Anschließend wurde die standesamtliche Eheschließung nach weißberg-sundershausenschem Zivilrecht vorgenommen. Zu diesem Zweck mußte Baron Boll vom Onkel der Braut dessen Gartenhäuschen mieten, damit er dort — das schriftliche Einverständnis des für Auswärtige Angelegenheiten zuständigen Kardinal-Staatssekretärs lag bereits vor — seine Gesandtschaft errichten, das Wappen von Weißberg-Sundershausen und die Landesfarben der Vereinigten Fürstentümer anbringen lassen konnte.

Nachdem so die Exterritorialität hergestellt und augenfällig gemacht war, nahm Baron von Boll als der dazu berechtigte diplomatische Vertreter seines Landes in einem geeigneten Zimmer des Pavillons die zivilrechtliche Trauung vor, bei der nun abwechslungshalber der Kardinal als Onkel und Vormund der Braut und mit Allerhöchster Genehmigung des abwesenden Bräutigams und Landesherrn für diesen das Jawort sprach.

Inzwischen war es halb sieben Uhr abends geworden, und die nunmehrige Füstin von Weißberg und Sundershausen hatte gerade noch Zeit, sich für den großen abendlichen Ball eilig umzukleiden und zurechtzumachen. Baron Boll aber benutzte währenddessen erstmals seinen »Geheimen Code für den Diplomatischen Dienst der Vereinigten Fürstentümer« — den er übrigens, unter Mithilfe seines Legationssekretärs Sammi Ohrenstein, selbst verfaßt hatte — und telegrafierte seinem Landesherrn:

»Masel-tow stop Mezihe perfekt stop Naden drei bar siebenundzwanzig auf Frankfurt zu nebbich dreieinhalb stop Kalle mehr Kowet als Naches zudem im fünften stop wird sich verwalgern Riviera stop Schadchen.«

Das Auswärtige Amt der Vereinigten Fürstentümer, eine gerade erst geschaffene Behörde, lieferte dann dem schon ungeduldig wartenden Fürsten — nach Dechiffrierung der Staatsdepesche durch den Kanzlei-Supernumerar Sally Rosenstrauch, einen Vetter des Legationssekretärs Ohrenstein, folgenden Klartext:

»Durchlauchtigster Hoheit wird mit ehererbietigsten Glückwünschen zu Allerhöchstdero Vermählung untertänigst vermeldet, daß der erteilte Auftrag rasch und in unverhofft glücklicher Weise durchgeführt und zum Abschluß gebracht werden konnte. Die zwischen den Hohen Vertragschließenden nunmehr verbindlich vereinbarte Morgengabe ist auf drei Millionen Goldmark baren Geldes erhöht worden, und zugleich erhält Euer Durchlauchtigster Hoheit Privatschatulle einen Kredit in Höhe von siebenundzwanzig Millionen Goldmark. Diese von einem Konsortium renommierter Frankfurter Bankiers zur Verfügung gestellte Summe wird zu dem erstaunlich niedrigen Zins- und Tilgungssatz von nur dreieinhalb Prozent per annum gewährt und versetzt Eure Durchlauchtigste Hoheit in die überaus glückliche Lage, Allerhöchstdero bisherige Finanzprobleme mit einem Schlage zu lösen. Was Ihre Durchlauchtigste Hoheit, die jungvermählte Fürstin, anbetrifft, so ist Höchstdieselbe von gewiß äußerst vornehmer Gestalt, besitzt Geist, Tugend und edlen Charakter, doch ist, begreiflicherweise in Anbetracht ihres zarten Alters, ihre körperliche Schönheit noch nicht voll entwickelt. Übrigens wird Ihre Durchlauchtigste Hoheit erst in etwa einem Jahr in Weißberg-Sundershausen Einzug halten können und sich bis dahin auf ärztlichen Rat hin einer in Zurückgezogenheit durchgeführten Kur an der milden Mittelmeerküste der Riviera dei Fiori unterziehen müssen. Die Fürstin hofft zuversichtlich und sehnsuchtsvoll auf einen alsbaldigen Besuch Eurer Durchlauchtigsten Hoheit und brennt vor Ungeduld, dem Lande binnen kürzester Frist einen Thronerben zu schenken, wozu bemerkt sei, daß die medizinischen Experten eine vorzeitige Niederkunft im Bereich des Wahrscheinlichen sehen. In ehrfürchtiger Verneigung und sich der freudigen Hoffnung hingebend, Eurer Durchlauchtigsten Hoheit in dieser ebenso wichtigen wie äußerst glücklich verlaufenen Angelegenheit zu Diensten gewesen zu sein, alleruntertänigst gez. Frh. v. Boll, Gesandter.«

Ziemlich genau so begann vor etwa hundert Jahren die Karriere eines »Außerordentlichen«, der es dann noch sehr weit brachte. Im allgemeinen waren es aber keine armen Hauslehrer, die durch diskrete Dienstleistungen zu Chefs diplomatischer Missionen aufstiegen und so zu Ansehen und Vermögen kamen. Vielmehr war es in der Regel so, daß der eine oder andere große Herr sich bereit erklärte, einen ihm genehmen Auslandsposten auf größtenteils eigene Rechnung zu übernehmen. Damit verschaffte er sich selbst die Möglichkeit, mit dem exaltierten Rang eines Außerordentlichen Botschafters und Bevollmächtigten Ministers an fremden Höfen pompös aufzutreten, der Langeweile eines uckermärkischen oder oberpfälzischen Landlebens eine Zeitlang zu entgehen und dabei noch das Gefühl zu haben, seinem Vaterland einen großen Dienst zu erweisen, der Dankbarkeit erheischte.

Die Anzahl der »Außerordentlichen« war damals noch gering, ihr Prestige um so größer. Preußen-Deutschland unterhielt beispielsweise um 1875 nur ganze fünf Auslandsmissionen, die von Botschaftern geleitet wurden: In Paris residierte Fürst Chlodwig zu Hohenlohe-Schillingsfürst, in St. Petersburg — heute Leningrad — Prinz Heinrich VII. Reuß; beim Sultan in Konstantinopel war Freiherr von Werther akkreditiert; am Hof zu St. James — wie der Londoner Posten in der Diplomatensprache genannt wird — waltete ein Graf zu Münster seines Amtes, und in Wien schließlich, der Kapitale des Riesenreiches

Österreich-Ungarn, war ein schlesischer Magnat, Hans Lothar von Schweinitz, kaiserlich deutscher und königlich preußischer Botschafter.

Neben diesen fünf Spitzendiplomaten im Botschafterrang gab es noch ganze zwölf Außerordentliche Gesandte in all jenen Staaten, die man in Berlin als zweitrangig ansah, beispielsweise in den USA. Und schließlich fungierte noch ein Dutzend dieser »Außerordentlichen« als Gesandte Preußens in den Hauptstädten der deutschen Bundesstaaten, so etwa Prinz Gustav zu Ysenburg und Büdingen im Großherzogtum Oldenburg.

Bis zum Ersten Weltkrieg vermehrte sich die Anzahl der preußisch-deutschen Missionschefs nur geringfügig, aber immerhin gab es 1914 schon neun Außerordentliche Botschafter und Bevollmächtigte Minister an den wichtigsten Plätzen der Welt, so zum Beispiel in Madrid den Prinzen Max von Ratibor und Corvey, in Washington den Grafen Johann Heinrich von Bernstorff oder in Tokio den »Außerordentlichen« Grafen Arthur von Rex.

Die Abschaffung der Monarchie im Jahre 1918 und alles, was danach kam, hätten eigentlich bewirken müssen, daß der Diplomatische Dienst des Deutschen Reiches mit weniger »Außerordentlichen« als vor 1914 und auch mit einer etwas geringeren Anzahl von Aristokraten gut zurechtgekommen wäre.

Aber das genaue Gegenteil war der Fall: Im Jahre 1936 verfügte das Deutsche Reich über dreizehn Außerordentliche Botschafter und dreiunddreißig Außerordentliche Gesandte sowie zwei Geschäftsträger, die als Missionschefs in aller Welt fungierten; siebenundzwanzig davon waren von (meist hohem) Adel. Bürgerliche Botschafter gab es nur in Nanking und Rio sowie — wohl versehentlich — in Washington, nichtadlige Gesandte allenfalls an Plätzen wie Kabul, Quito oder Kowno. Schon in Luxemburg hieß der Außerordentliche Gesandte und Bevollmächtigte Minister des Deutschen Reiches Graf von Podewils-Dürnitz; in Den Haag amtierte Graf von Zech-Burkersroda, in Stockholm der Prinz zu Wied, in Paris Graf von Welczeck, und in London, wo ein »Außerordentlicher« gerade fehlte, leitete Botschaftsrat Fürst von Bismarck die Geschäfte.

Den gewaltigen Verlust an Macht und Größe, den die beiden Hälften des geteilten Deutschlands nach dem Zweiten Weltkrieg gegenüber dem einstigen Kaiserreich aufzuweisen hatten, versuchte das Auswärtige Amt in Bonn für seinen Teil wenigstens teilweise dadurch wieder wettzumachen, daß es die Anzahl seiner »Außerordentlichen« drastisch vermehrte.

Wo 1873 noch fünf Botschafter und ein Dutzend Gesandte ausgereicht hatten, der (gesamt-)deutschen Außenpolitik Geltung zu verschaffen, benötigte man hundert Jahre später genau einhundertsieben Außerordentliche Botschafter und Bevollmächtigte Minister, um wenigstens das Prestigebedürfnis der Bundesrepublik einigermaßen zu stillen.

Zählt man die bald ebensovielen »Außerordentlichen« der DDR hinzu, dann wird das einstige Kaiserreich, das damals von Metz bis Memel und von Hadersleben bis Kattowitz reichte, heute in der Welt von etwa vierzigmal so vielen »Außerordentlichen« im Botschafterrang repräsentiert wie zur Zeit, da es eine Weltmacht war und mehr Einfluß auf die Geschicke der Völker ausüben konnte als die Vereinigten Staaten von Amerika und das Russische Reich zusammen.

Und wenn es auch mittlerweile nur noch zu etwa einem Drittel Aristokraten sind, die die Bundesrepublik in aller Welt als deren »Außerordentliche« repräsentieren, so hat man doch zumindest die feudalen Bräuche und Gewohnheiten in vollem Umfang beizubehalten verstanden.

Gewiß, man nimmt heute, zumindest von Bonn aus, nicht mehr nur deshalb diplomatische Beziehungen zu einer fremden Macht gleich auf Botschafterebene auf, etwa zu Seiner Hoheit dem Scheich von El Qatar, weil es die Geld- und Nachwuchssorgen eines westdeutschen Landesvaters eilig zu beheben gilt. Doch die Gründe, die heutzutage zur Entsendung Außerordentlicher Botschafter und Bevollmächtigter Minister führen, sowie die Qualifikationen, die diese mitunter aufweisen, sind häufig kaum minder bizarr als anno dazumal.

Nehmen wir einmal an, da gäbe es eine neue mittelamerikanische Bananenrepublik, Honduparágua, zu der Bonn noch keine diplomatischen Beziehungen hätte; da wäre ferner Seine Glückseligkeit der Regierende Archimandrit des Inselreichs von Tozo und Miramar; und schließlich hätte die Demokratische Volksrepublik der Vereinigten Stämme von Rio Negro, ein westafrikanischer Zwergstaat unter König N'gor dem Großen, unlängst die Unabhängigkeit und volle Souveränität erlangt.

Es gilt nun für Bonn, drei neue Auslandsmissionen mit »Außerordentlichen« an der Spitze zu schaffen, und dabei ist Eile geboten. Denn, was Honduparágua betrifft, so hat ein (übrigens völlig unfundiertes, auf einer Verwechslung beruhendes)

Börsengerücht über Mangan- und Cadmiumerzfunde in diesem Land eine mächtige Industrie-Lobby auf den Plan gerufen, die Bonn bedrängt, Honduparágua schleunigst anzuerkennen und einen geeigneten Außerordentlichen Botschafter und Bevollmächtigten Minister dorthin zu entsenden, damit über die Ausbeutung der Erzlager durch ein bundesdeutsches Konsortium verhandelt werden könnte. Bei Tozo und Miramar liegt die Sache anders: die Inseln werden dringend als Stützpunkte benötigt, weniger von Bonn als vielmehr von dessen Freunden, die aber bei dem Regierenden Archimandriten in Ungnade gefallen sind; Seine Glückseligkeit lehnt es ab, ihre Vertreter auch nur zu empfangen, hat aber eine an Schwärmerei grenzende Schwäche für alles Westdeutsche, die darauf beruht, daß der Archimandrit einst als Jüngling, noch vor Ablegung der Keuschheitsgelübde, in Heidelberg studiert hat. Der Bundesrepublik als Land des Biers, Goethes und Seiner Glückseligkeit damaliger Zimmerwirtin Töchterlein könnte der Herrscher über Tozo und Miramar nichts abschlagen — weder einen Austausch von »Außerordentlichen« noch die lukrative Verpachtung zweier winziger Stützpunkte, sogar mit dem Recht auf Untervermietung.

Was die Demokratische Volksrepublik der Vereinigten Stämme von Rio Negro anbetrifft, so liegt der Fall ganz anders, fast entgegengesetzt, denn hier steht das Bonner Prestige auf dem Spiel, sofern nicht umgehend ein Botschafteraustausch zustande kommt. König N'gor der Große, vor seiner Übernahme des Präsidentenamts mittels Staatsstreich und anschließender Krönung ein schlichter Sergeant im 4. Senegalschützenbataillon, hat in seiner Hauptstadt M'bombo bereits die Vertreter von hundertsechsundzwanzig auswärtigen Mächten als Botschafter akkreditiert, so daß es in der Metropole fast mehr fremde Diplomaten als Einwohner gibt (auch mehr Botschaftssekretärinnen als einheimische Freudenmädchen, was vielfältige Probleme aufwirft), aber ein »Außerordentlicher« der Bundesrepublik ist leider nicht dabei. König N'gor haßt die Bonner; sie haben ihn einmal — vor seinem Regierungsantritt bei einem inoffiziellen Besuch des Nightclubs »Eldorado« in der Rheingasse — unsanft in die Gosse geworfen, weil er nach dem siebzehnten, vom Propheten nicht ausdrücklich verbotenen Whisky ein wenig randaliert und sich geweigert hatte, dies durch Bestellung von fünf Flaschen Hausmarkensekt wiedergutzumachen. Nun rächt er sich und behandelt die Bundesrepublik, als sei er mit ihr im Kriegszustand. Andere Mächte könnten daraus Kapital schlagen oder N'gors Beispiel folgen. Kurz, die Herstellung normaler Beziehungen mit M'bombo ist für Bonn beinahe lebenswichtig.

Soweit die Beispiele für heutige Gründe, mit fremden, mehr oder weniger großen Mächten Außerordentliche Botschafter und Bevollmächtigte Minister auszutauschen. Wen aber schickt man nach Honduparágua, Tozo und M'bombo, wenn — wie wir einmal optimistisch annehmen wollen — eine Vereinbarung über die Aufnahme diplomatischer Beziehungen in allen drei Fällen zustande kommt?

Nun, zunächst einmal auf keinen Fall diejenigen, die ein politisch interessierter, gebildeter und mit ähnlichen Problemen im Bereich der Wirtschaft befaßter Laie in die engere Wahl ziehen könnte. Die Auswahl der »Außerordentlichen« entzieht sich den üblichen Normen, erst recht den Gesetzen der Logik, und geht auf gänzlich andere Weise vor sich, als man annehmen möchte, etwa so:

Da gibt es zunächst einen älteren Herrn im Auswärtigen Amt, einen stillen Gelehrten und intimen Kenner der mongolischen Sprachen und Sitten. Er steht kurz vor seiner Pensionierung und ist, obwohl längst an der Reihe, schon ein paarmal übergangen worden, wenn Botschafterposten zu vergeben waren, denn er hatte das Unglück, weder ein Bundesbruder, Vetter oder Parteifreund des jeweils gerade amtierenden Staatssekretärs zu sein noch dessen ständiger Dorn im Fleische. Sein Lebensziel, als Missionschef nach Tannu Tuwa geschickt zu werden und dort mit Muße die mongolischen Liebes- und Hochzeitsbräuche zu studieren, wird er nie erreichen, denn dort sitzt bereits auf dem für ihn allein infragekommenden Posten der Lateinamerika-Spezialist des Amtes, etwas isoliert, weil der Landessprache nicht mächtig, im stillen Kämmerlein von Buenos Aires träumend und bis zur Erreichung der Altersgrenze vornehmlich damit befaßt, seine umfangreiche Sammlung von Schallplattenaufnahmen argentinischer Tangos und bolivianischer Volksweisen zu katalogisieren.

Der Mongolei-Experte wird also, da er »nun endgültig an der Reihe« und der für ihn vorgesehene Botschafterposten von keinem Einflußreichen anderweitig versprochen ist, als »Außerordentlicher« nach Tozo geschickt. Dort wird er mit Seiner Glückseligkeit allenfalls über die Liebesbräuche Alt-Heidelbergs plaudern können, jedoch auch dies nur sehr begrenzt.

Denn der Archimandrit hat sein spärliches Deutsch verlernt; der neue Botschafter spricht weder Tozoisch noch Italienisch noch Türkisch, und mit seinen mongolischen Kenntnissen kann er auf Tozo relativ wenig anfangen. Er wird, sollte er in einigen Jahren abberufen und pensioniert werden, Seine Glückseligkeit mit einer derweilen von ihm erarbeiteten Denkschrift überraschen, die Einführung mongolischer Kamele auf Tozo und Miramar betreffend, ein kühnes Projekt, das zudem vor zirka sechshundert Jahren bereits von türkischen Eroberern verwirklicht worden war. Das aber kann und wird der »Außerordentliche« nicht wissen, weil die Benutzung von Kamelen im Regierungs- und Diplomatenviertel von Tozo, aus dem er nie einen Fuß setzen wird, seit 1837 verboten ist und er diejenigen, die ihm dies hätten sagen können, mangels Kenntnis der Landessprachen nicht versteht ... Bei der Besetzung des bundesrepublikanischen Botschafterpostens in Honduparágua hat die Industrie ein gewichtiges Wort mitzusprechen. Infolgedessen wird ein Neffe des Finanzdirektors der Hütten-Union in die engere Wahl kommen, obzwar dieser noch verhältnismäßig junge Mann bislang nur in der skandinavischen Abteilung des Auswärtigen Amts, Unterabteilung Fischfang, seine Eignung als Diplomat hat erweisen können. Sein einziger Konkurrent um den — übrigens klimatisch ungünstigen, aber nicht mit Tropenzulage bedachten — Botschafterposten, ein baltischer Baron, ist derzeit zweiter Mann der bundesdeutschen Mission in einem Scheichtum am Persischen Golf. Er hat ein Dienstjahr mehr als der Favorit der Industrie, spricht fließend Russisch und Lettisch, ist Landwirtschaftsexperte mit Spezialkenntnissen in Schweinemast, die in Arabien zu verkümmern drohen, und hat zudem eine Patentante, die mit dem Grafen Plotz-Prohaska, einem Duzfreund des Staatssekretärs, verschwägert ist. Trotz dieser immensen Vorzüge fällt der Botschafterposten aber dann doch dem Vertrauensmann der Wirtschaft zu, denn dieser ist evangelisch, wogegen der baltische Schweinemast-Experte anläßlich seiner Vermählung mit einer ungarischen Baroneß zum römisch-katholischen Glauben übergetreten war. Nach einer interfraktionellen Absprache im Auswärtigen Ausschuß gehört aber Honduparágua eindeutig einem Lutheraner ...

Was das letzte Beispiel, die noch fehlenden diplomatischen Beziehungen zum Hofe König N'gors des Großen in M'bombo, anbetrifft, so müssen diese zunächst angebahnt werden. Dazu wird dem »Eldorado« in Bonn, wo Seine Majestät einst so schmählich behandelt worden war, eine harte Lektion erteilt: Der kaffeebraunen Stripteaseuse des Nightclubs wird kurzerhand die Aufenthaltserlaubnis nicht mehr verlängert; sie muß Bonn verlassen und in Paris Zuflucht nehmen. Dieser Schlag gegen das »Eldorado«, das dadurch fast anderthalb Stunden lang ohne Spitzenstar ist, wird am Hofe König N'gors mit Genugtuung vermerkt und als erste Geste bundesdeutschen guten Willens zu endlicher Wiedergutmachung empfunden.

Daß man in M'bombo von der Sühnemaßnahme Bonns überhaupt etwas erfährt, ist nur der Umsicht des Auswärtigen Amts zu verdanken, das grundsätzlich nichts dem Zufall überläßt. Der Chef der Westafrika-Abteilung, übrigens ein intimer Kenner Transkaukasiens und seiner Literatur, übernimmt es persönlich, auf einem Gala-Empfang einer südostasiatischen Botschaft — anläßlich der dreihundertsten Wiederkehr des Jahrestags der Hinrichtung des Despoten Phom Trang Mi — dem wie stets anwesenden guatemaltekischen Attaché für Soziales, Sport und Wirtschaft ausführlich und mit diplomatischem Augenzwinkern über die Bonner Polizeiaktion gegen die Feinde König N'gors zu berichten.

Der Attaché versteht (fast) sofort den Wink; sein Land bemüht sich ja gerade darum, Bonn gefällig zu sein und so ein Embargo gegen Mittelmeer-Bananen durchzusetzen, die den eigenen Exporten allmählich Konkurrenz zu machen drohen. Er schickt also — nach ausführlicher Erörterung der Angelegenheit mit den Zwillingsschwestern Dörli und Gusti Schweinichen, seinen Gespielinnen und inoffiziellen Beraterinnen in allen komplizierten Fragen — ein als »streng geheim« klassifiziertes, chiffriertes Telegramm nach Hause. Dessen Inhalt — übrigens identisch mit Meldungen im Lokalteil einiger Bonner Blätter — wird vom Außenamt in Santiago de Guatemala zunächst ausgewertet, dann, mit Spezialinstruktionen versehen und noch um eine Stufe geheimer gemacht, dem Außerordentlichen Botschafter und Bevollmächtigten Minister Guatemalas in M'bombo durch Sonderkurier übermittelt. Die Anweisungen an den »Außerordentlichen« lauten, Seine Exzellenz möge unverzüglich um Audienz bei König N'gor dem Großen nachsuchen, dem Monarchen die liebenswürdige Geste Bonns mit allen ihm erforderlich erscheinenden Übertreibungen erläutern und bei Seiner Majestät alsdann vorsichtig sondieren, welche sonstigen Wünsche des Königs von Bonn zu erfüllen seien, damit endlich der Weg frei werde für die Aufnahme voller diplomatischer Beziehungen zwischen der Demokratischen Volksrepublik der Vereinigten Stämme von Rio Negro und der Bundesrepublik Deutschland. König N'gors Anliegen, dem Auswärtigen Amt in Bonn auf dem Umweg über Santiago de Guatemala schnellstens übermittelt, gliedern sich dann in einen hochoffiziellen, einen offiziösen und einen streng privaten Teil. Die amtlichen Wünsche der Regierung in M'bombo zielen ab auf bundesdeutsche Entwicklungshilfe bei der elektrischen Beleuchtung des Boulevard de l'Indépendence et de la Liberté, der einzigen asphaltierten Straße der Landesmetropole, auf Unterstützung beim Aufbau einer geordneten Straßenprostitution sowie auf den Bau eines modernen Stahlwerks mit angegliederter Schnellfeuerwaffenfabrik; halbamtlich fordert König N'gor die Auslieferung, ersatzweise die Auspeitschung in Bonn, aller an der seinerzeitigen Schmähung beteiligten Personen, insbesondere der Barfrau Elli und des Kellners Kasparek. Und streng privat erbittet sich Seine Majestät ein Douceur von fünf Millionen Schweizerfranken auf sein Züricher Konto. Bei den weiteren Verhandlungen kann dem König die Erfüllung der offiziellen und der privaten Forderungen zugesagt, außerdem gemeldet werden, daß der Kellner Kasparek eines jähen und gewaltsamen Todes gestorben ist — nicht, wie Seine Majestät nun vermutet und wie man N'gor auch glauben läßt, infolge heimlicher Liquidierung durch den Bonner Geheimdienst, sondern durch Verkehrsunfall, verursacht von einem ebenso betrunkenen wie nicht haft- oder strafbaren ausländischen Diplomaten. Das Ableben des Kasparek erleichtert einen Kompromiß hinsichtlich der Auslieferung der Barfrau Elli; Bonn verspricht, als Ersatz drei Luxus-Limousinen zu schicken.

Nachdem so alles vortrefflich geregelt ist, kann an die Entsendung eines »Außerordentlichen« nach M'bombo gedacht werden, denn die Aufnahme diplomatischer Beziehungen zwischen Bonn und Rio Negro steht unmittelbar bevor. Drei Anwärter für den so überaus heiklen, weil erstmals besetzten Posten kommen infrage: Der Ostasien-Experte der Wirtschaftsabteilung, evangelisch, parteilos, mit ausgezeichneten japanischen Sprachkenntnissen, tropentauglich, Bundesbruder des stellvertretenden Personalchefs und »an der Reihe«; sodann der kürzlich erst als zweiter Mann nach Reykjavík entsandte langjährige Erdöl-Spezialist des Amtes, ebenfalls »an der Reihe«, Christdemokrat, katholisch, bedingt tropenfest und ein Neffe des zuständigen Ministerialdirektors; drittens der Botschaftsrat einer bundesdeutschen Mission in Mikronesien, perfekt in Norwegisch, Schwedisch und Finnisch, gottgläubig, Sozialdemokrat, gleichfalls »an der Reihe«, ohne Beziehungen und nur entfernt verwandt mit der Frau des Rechnungshofspräsidenten.

Nach streng sachlicher Prüfung entscheidet sich das Amt für den dritten Anwärter, denn bei ihm sind die Umzugskosten am höchsten und erschöpfen die dafür im Haushaltsplan vorgesehenen Mittel, die ansonsten nicht mehr verbraucht werden könnten und für das in wenigen Tagen beginnende neue Haushaltsjahr niedriger veranschlagt werden müßten, was wiederum dem Prestige des Amts abträglich wäre.

Was macht nun ein neuernannter »Außerordentlicher« für M'bombo? Nimmt er einen Schnellkursus in der Landessprache? Wälzt er alle erreichbare Literatur über das sich »Demokratische Volksrepublik« nennende Königreich? Holt er bei Freunden Auskünfte ein über die in Rio Negro herrschenden Sitten und Gebräuche?

Weit gefehlt! Als erstes berechnet er seine künftigen Bezüge, fordert die Erhöhung aller Zuschläge für Repräsentation, Ungunst des Klimas, besondere Gefahren und vorübergehende Trennung von Weib und Kindern. Alsdann betrachtet er sorgenvoll die Liste des für seine Mission vorgesehenen Personals. Er entdeckt mit großer Verärgerung, daß ihm als zweiter Mann Botschaftsrat Graf Koks mitgegeben wird, ein notorischer Querulant, der weder Tennis spielen noch mit der Botschafterin Walzer tanzen kann, dafür aber Intrigen zu spinnen pflegt, indem er etwa durchreisenden Bundestagsabgeordneten vorrechnet, wie fürstlich der Missionschef sie bewirten könnte, wenn er nicht neunzig Prozent seiner Aufwandsentschädigung auf sein Sparkassenbuch einzahlte und den Rest in Form von zollfrei eingekauftem Whisky selbst versöffe ... Der »Außerordentliche« beschließt, mit dem Grafen überhaupt nicht zu sprechen, sondern nur schriftlich, in Form von Hausmitteilungen, zu verkehren. Damit kann er seinen künftigen Botschaftsrat, einen sehr gesprächigen Menschen, am meisten ärgern. Außerdem wird er dem Grafen das heißeste Zimmer des Botschaftsgebäudes zum Büro geben, und wenn er dazu den Dachstuhl ausbauen lassen müßte ... Mit dem Presse-Attaché, einem früheren Wirtschaftsredakteur des *Großhesseloher Tagblatts* würde er ebenfalls sehr streng verfahren; der Mann, der sich nur für Briefmarken und Statistik interessiert, hat keine Manieren und brächte es fertig, zu Staatsempfängen in Khakishorts zu erscheinen ... Der Sozial-Attaché schließlich, ein berüchtigter Schürzenjäger, würde von ihm mit soviel Arbeit eingedeckt werden müssen, daß er gar keine Zeit fände, mit Sekretärinnen anzubändeln ... Überhaupt, die Sekretärinnen! Beide blond, jung und scharf — sie würden strengste Aufsicht nötig haben. Vielleicht könnte man sie in der eigenen Residenz unterbringen, ihnen jeden Umgang mit den Landesbewohnern untersagen und sie ein bißchen im Haushalt mithelfen lassen ...?

Die nächsten Überlegungen des »Außerordentlichen« betreffen die Übersiedlung nach M'bombo ... Die Reise der Gattin und der Kinder ließe sich gewiß durch Buchung auf einem griechischen Frachter stark verbilligen, während man dem Amt gegenüber Passagen erster Klasse auf einem Luxusdampfer geltend machen könnte ... Die vom Bund zu erstattenden Umzugskosten würde man am besten dadurch noch erhöhen, daß man sich einen schönen Konzertflügel (und bei dieser Gelegenheit auch gleich eine neue Waschmaschine sowie ein paar Zentner Einkellerungskartoffeln) aus der Bundesrepublik kommen ließe ... Ja, und dann war da noch die leidige Frage, ob man das künftige Botschaftsgebäude sowie die private Residenz auf dem Häusermarkt ankaufen und dann gänzlich umbauen oder ein paar prächtige Neubauten beginnen und bis zu deren Fertigstellung zwei Etagen des teuersten Hotels von M'bombo mieten sollte. Auf gar keinen Fall dürfte gespart werden — so jedenfalls lauteten seine Instruktionen, an die er sich ganz streng zu halten gelobt hatte —, denn das im Gebiet der Vereinigten Stämme von Rio Negro stark gesunkene Prestige der Bundesrepublik mußte schnellstens wieder auf Hochglanz gebracht werden.

Im Geist sah der gerade erst aus dem fernen Mikronesien nach Bonn zurückgerufene und nun zum »Außerordentlichen« in M'bombo ernannte Diplomat schon alles fertig: den Botschaftspalast mit den vergoldeten Fenstergittern, dem Wappen der Bundesrepublik über dem Marmorportal und dem Dachkämmerchen für Graf Koks; die eigenen weiten, vollklimatisierten Arbeits- und Empfangsräume, den Panzerschrank mit den Vorräten an Dosenbier und Spirituosen und den riesigen Diplomatenschreibtisch, der ihm endlich genügend Platz bieten würde für »La Duchesse de Périgord«, seine Lieblings-Patience. Er sah die Residenz im kühlen Schatten uralter Bäume, den von schwarzen Boys gepflegten Rasen, auf dem man Krokett spielen und Garden-Parties geben konnte; die alten Familienmöbel in neuen, eleganten Räumen, ergänzt durch Einbauschränke, und den neuen Flügel; den wohlassortierten Vorratskeller mit Batterien von Flaschen voller Möhrensaft, wie Leni, seine Frau, ihn so liebte, und mit gewaltigen Mengen Kartoffeln seiner bevorzugten Sorte ... Und er sah sich selbst, in goldgestickter Diplomaten-Galauniform mit Dreispitz, wie sie am Hofe König N'gors des Großen vorgeschrieben war, seinen Antrittsbesuch machen und Seiner Majestät das Beglaubigungsschreiben überreichen ... Er spürte im Geiste die Spannung im festlich geschmückten Saal, sah die tausend flackernden Kerzen in den Kristall-Lüstern und hörte, wie das alberne Getuschel der in tiefausgeschnittene Ballkleider gepreßten Haremsdamen und Botschaftersgattinnen jäh verstummte, wenn der Zeremonienmeister seinen goldenen Stab dreimal auf das Parkett stieß und feierlich verkündete:

»Seine Exzellenz der Außerordentliche Botschafter und Bevollmächtigte Minister der Bundesrepublik Deutschland am Hofe Seiner Majestät, des erhabenen Königs N'gors des Großen, Herr Karl-Heinz Wasserzieher, Doktor der Rechte, Großoffizier des Hohen Ordens vom Weißen Elefanten ...« (einer Auszeichnung, die in Zusammenhang stand mit der Übergabe des Scheckbuchs der Züricher Bank an König N'gor in den stillen Nachmittagsstunden desselben Tages, der dem neuen »Außerordentlichen« den Höhepunkt seiner Diplomatenlaufbahn bescheren sollte).

Szenario nach Filbinger

I

Mit dem Rücktritt des »furchtbaren (und furchtbar uneinsichtigen) Juristen« Dr. Hans Filbinger vom Amt des baden-württembergischen Ministerpräsidenten ist Anfang August dieses Jahres angeblich ein Schlußstrich gezogen und ein Drama beendet worden, das mit einer Leseprobe aus einem neuen Werk Rolf Hochhuths einige Monate zuvor begonnen haben soll.

Nichts daran stimmt.

Erstens hat das Drama weitaus früher begonnen, in der dunklen und bis heute unbewältigten Vergangenheit, und nicht nur der des Dr. Filbinger, weiland Marinestabsrichter eines verbrecherischen Regimes; zweitens kann von einem Ende besagten Dramas wahrlich nicht die Rede sein. Allein, daß der Ministerpräsident a. D. dann stellvertretender Bundesvorsitzender und baden-württembergischer Landesvorsitzender der Christlich-Demokratischen Union bleiben wollte und durfte, zeigt deutlich, daß das Trauerspiel noch nicht zu Ende ist, und es wirft die Frage auf, wo eigentlich die Grenzen der Zumutbarkeit in diesem Lande liegen. Nach Meinung der Union offenbar im Unendlichen, und die veröffentlichte Meinung der bundesdeutschen Demokraten außerhalb der CDU scheint ihr recht zu geben. Wer denkt daran, daß die alte Mutter jenes Gefreiten, den der Marinerichter Filbinger noch zuböserletzt hinrichten und »sargen« ließ, sich wegen des damaligen Schandurteils mit noch geringeren Versorgungsbezügen als ohnehin üblich begnügen mußte? Ihre Einbußen über die Jahre sind zweifellos nur eine Lappalie — verglichen mit der monatlichen Pension des Ex-Premiers von Baden-Württemberg. Aber Vergeßlichkeit gehört weder zu den christlichen noch zu den demokratischen Tugenden.

Doch selbst wenn der Herr Ministerpräsident a. D. und Vizeparteichef der alten Mutter seines Opfers heimlich etwas zukommen ließe, weil man ja Gutes nur im verborgenen tun soll, selbst dann bliebe Dr. Filbinger eine Unzumutbarkeit für einen Staat, der sich auf seine freiheitlich-demokratische Rechtsordnung soviel zugute hält.

Allein schon mit seiner öffentlichen Erklärung, daß, »was damals Rechtens war«, heute nicht Unrecht sein könne, hat sich der Jurist Filbinger für jedwedes Amt in diesem Staat disqualifiziert. Daran ändern auch die Salvierungsbemühungen Helmut Kohls nicht. Wenn dieser beschwichtigend meint, diese entsetzliche (und entsetzlich entlarvende) Feststellung Filbingers sei »aus dem Zusammenhang gerissen« und daher falsch verstanden worden, so darf man wohl fragen, in welchem anderen Zusammenhang der Terror der Nazis heute *nicht* als Unrecht anzusehen sei?

Der Schlußstrich, der unter den »Fall Filbinger« gezogen werden soll, ist von Golo Mann, einem offenbar sehr zerstreuten Professor, dann eilig auch vom CSU-Chef Strauß, zur Forderung nach »Generalamnestie« erweitert worden. Das ist eine absolut unzulässige Vermengung von Begriffen. Amnestie kann nur für Straftaten gewährt werden; alle Naziverbrechen, ausgenommen Mord und Völkermord, sind *strafrechtlich* längst verjährt; die demnächst ablaufende Verjährungsfrist auch für die mörderischsten Verbrechen soll nicht mehr verlängert werden. Aber kann und soll das bedeuten, daß jeder Amnestierte mit seiner Befreiung von weiterer Strafverfolgung oder -verbüßung auch die Eignung für Staats- und Parteiämter erhält? Man kann sich nicht denken, daß Golo Mann dies gemeint haben könnte, und was Strauß betrifft, so hat bereits Theo Sommer in der *Zeit* nachgewiesen, daß es dem CSU-Chef gar nicht um »Generalamnestie« geht, sondern um »General-Amnesie«, um allgemeines Vergessen, um einen durch Konsens aller Beteiligten herbeigeführten und für sich Sträubende amtlich verordneten Gedächtnisschwund. Es mag sein, daß sich auch dafür Leute, zumal ältere, finden, die den Vorschlag des Herrn Strauß gutheißen, ohne daß sie selbst persönliche Nutznießer solcher »General-Amnesie« würden. Dennoch liegt die Vermutung nahe, daß hier einer auch noch die letzten Wählerstimmen von mehr oder weniger stark belasteten alten Nazis gewinnen, auch noch die dunkelsten Ecken nach neuen Anhängern absuchen und auskratzen will.

Schließlich steht die Landtagswahl vor der Tür, und es geht um die Neubesetzung des Ministerpräsidentenpostens in Bayern.

Was diese Neubesetzung des höchsten Amts im weiß-blauen Freistaat betrifft, so müßte doch eigentlich das jüngste Drama von nebenan, die mühsame, langwierige und das Ansehen von Staat und Partei zerfressende Ausschaffung des baden-württembergischen Landesvaters, Anlaß genug sein, sich in Bayern erst einmal zu vergewissern, wie der neue Mann für den Sessel, den Goppel nun verläßt, beschaffen ist, und zwar just für den Fall, daß die von ihm gewünschte General-Amnesie *nicht* durchzusetzen ist. Sonst könnte sich womöglich das Drama von Stuttgart in München wiederholen, natürlich in anderer Form, aber, was nicht völlig auszuschließen ist, ebenfalls mit einer ziemlich harmlosen Leseprobe als auslösendes Moment.

II

1. Leseprobe aus dem noch unveröffentlichten Roman »Ein Politiker gibt Auskunft«

Plötzlich war es ganz still im Saal. Dann brauste Beifall auf. Egon wiederholte leise für sich, jedes Wort genüßlich auf der Zunge zergehen lassend, den wunderbaren, geradezu erlösenden Ausspruch, mit dem der Politiker gerade seine Zuhörer begeistert hatte: »Ein Volk, das diese wirtschaftlichen Leistungen vollbracht hat, hat ein Recht darauf, von Auschwitz nichts mehr hören zu wollen!«

»Bravo!« flüsterte Egon. »Ganz große Klasse, das mit Auschwitz und überhaupt . . .«

Dann aber umwölkte sich seine nicht allzu hohe Stirn. Er dachte: »Nichts mehr von Auschwitz — schön und gut, aber was ist mit Treblinka, Maidanek, Großrosen, Mauthausen, was ist mit Sachsenhausen, Dachau, Flossenbürg, Bergen-Belsen, Stutthof, Ravensbrück . . .« Er hielt inne. Früher, ja, da hatte er alle Bestimmungsorte auswendig hersagen können, da war er schließlich verantwortlich gewesen für das richtige Ausfüllen der Transportzettel. Aber jetzt fielen ihm die Namen nicht mehr alle ein.

»Na ja«, tröstete er sich, »jemand, der wie ich diese technischen Leistungen vollbracht hat, der hat ein Recht . . .« Da wurde er unsanft aus seinen Träumen gerissen. Sein Nachbar hatte ihn kräftig in die Rippen gestoßen.

Egon wollte ihn schon dafür zurechtweisen, ihm den ohnehin bereits leeren Maßkrug auf den Kopf — da ging ihm ein Licht auf. Der Nachbar hatte ihn nur aufmerksam machen wollen auf einen anderen Zuhörer, einen Langhaarigen mit Brille, der sich, wie man deutlich vernahm, an dem Redner mit Worten verging. »Ein furchtbarer Politiker«, hatte der Langhaarige soeben dreist erklärt.

Egon und sein Nachbar zögerten nicht lange. Nicht zögern, sofort hart durchgreifen, das hatten sie gelernt, damals . . .

2. Erste Instanz. Aus dem Schriftsatz des Beklagten

. . . Das in dem in der Leseprobe wiedergegebenen Romanausschnitt enthaltene Zitat: »Ein Volk . . . hat ein Recht darauf, von Auschwitz nichts mehr hören zu wollen« stammt aus einer Rede des — damals noch das Amt eines Bundesministers bekleidenden — Klägers vom September 1969. Es ist seinerzeit in der gesamten überregionalen Presse veröffentlicht worden, so in der *Frankfurter Rundschau* v. 13. 9. 1969; der Kläger bestreitet auch nicht, diesen Ausspruch getan zu haben.

Der Beklagte hat nun eine Romanfigur an den zitierten Ausspruch des Klägers eine bloße Meinungsäußerung knüpfen lassen: »Ein furchtbarer Politiker . . .«

Hätte der Beklagte diese Meinungsäußerung als seine eigene zum Ausdruck bringen wollen, so hätte er sie nicht einer anonymen, rein fiktiven Figur in den Mund gelegt bzw. legen lassen. So aber kann der Beklagte den Kunstvorbehalt für sich in Anspruch nehmen, der . . .

3. Zweite Instanz. Aus dem Schriftsatz des Klägers

. . . als ein für höchste Staatsämter qualifizierter Spitzenpolitiker von internationalem Rang nicht verminderten, sondern vermehrten Anspruch auf Ehrenschutz.

Der Kläger hat zudem wiederholt öffentlich dargetan — so in der Wochenschrift *Die Zeit* vom 25. 11. 1966 —, daß er in seinem ganzen Leben »niemals ein Anhänger des Nationalsozialismus gewesen« sei, diesen »im Gegenteil stets für den Totengräber Europas gehalten« habe. Der Kläger hat sogar »in den letzten Wochen des Zweiten Weltkriegs und in den Monaten danach absolut eindeutig zu den erklärten Gegnern des Nationalsozialismus gehört«, was damals geradezu lebensgefährlich werden konnte. Dies hat die Aussage des Zeugen K. klar ergeben.

Der erwiesenen Gegnerschaft des Klägers zum Nationalsozialismus widerspricht keineswegs, wie der Beklagte ausführen läßt, die seinerzeitige Mitgliedschaft des Klägers im NSKK. Dieses Kraftfahrkorps war, wie schon aus dem Namen erkennbar, ein völlig unpolitischer Klub motorsportbegeisterter junger Menschen. Daher war auch die zeitweise Tätigkeit des Klägers als »weltanschaulicher Referent« des Motorsturms 23/M 86 im wesentlichen eine rein sportliche; daneben bemühte sich der Kläger, in seinen Referaten auf die geschichtlichen Wurzeln des Motorsports und auf christliche Traditionen (St. Christopherus) einzugehen.

Die irrwitzige Behauptung des Beklagten, die seinerzeitige Ernennung des Klägers zum — natürlich ehrenamtlichen —

»Führer des NSKK, einer der SS gleichrangigen Gliederung der NSDAP« und zum »weltanschaulichen Referenten« hätte bestimmte politische Voraussetzungen gehabt, wird zurückgewiesen. Wenn der Beklagte behauptet, es hätten »nachweislich« nur »einwandfrei zuverlässige, weltanschaulich gefestigte Nationalsozialisten« »weltanschauliche Referenten« werden können, so mag dies im allgemeinen zutreffen, auf den Kläger aber zweifellos nicht. Auch daß solche Referenten »den Führern und Mannschaften das NS-Gedankengut einprägsam zu vermitteln und sie für Führer und Bewegung zu begeistern« hatten, mag generell richtig sein, trifft aber auf den Kläger schon deshalb nicht zu, weil er, wie er überzeugend dargetan hat, niemals Nationalsozialist war, sondern von Anfang an ein erklärter Gegner.

Auch aus dem Vermerk in der Personalakte des Klägers aus dem Jahre 1943 — anläßlich seiner Ernennung zum Beamten auf Lebenszeit —, der besagt, der Kläger habe damals die Gewähr geboten, sich »jederzeit rückhaltlos für den nationalsozialistischen Staat einzusetzen«, darf nicht geschlossen werden, daß dies tatsächlich der Fall war; es handelte sich vielmehr um eine damals vielleicht gutgemeinte, aber irrige Meinung seiner Dienstvorgesetzten.

Die Ernennung des Klägers zum »Offizier für wehrgeistige Führung« und seine Tätigkeit als solcher kann in diesem Verfahren völlig außer Betracht bleiben, denn es handelte sich 1) um eine rein militärische Aufgabe; 2) wurde diese Tätigkeit vom Kläger ausschließlich dazu benutzt, den ihm anvertrauten Soldaten Geschichtsunterricht zu erteilen und so ihre — größtenteils kriegsbedingten — Bildungslücken zu schließen.

Wenn der Beklagte — hier muß man schon sagen: infamerweise — vortragen läßt: »Der ›Offizier für wehrgeistige Führung‹, später ›NS-Führungsoffizier (NSFO)‹ genannt, mußte nicht nur ein ›bewährter Frontoffizier‹ sein und eine ›schwungvolle Persönlichkeit‹ mit Eignung, Gedanken in Wort und Schrift auf andere zu übertragen‹ sowie mit ›Begeisterung für die besondere Aufgabe‹; vielmehr wurden ausdrücklich nur *›bedingungslose, kämpferische, fanatische Nationalsozialisten‹* zugelassen usw.«, so ist dem entgegenzuhalten, daß ja der Kläger erweislich den Nationalsozialismus mit absoluter Entschiedenheit abgelehnt hat, ja, noch in den letzten Wochen des Zweiten Weltkriegs und in den Monaten danach ein erklärter Gegner des Nationalsozialismus gewesen ist.

Die Behauptung des Zeugen und ehemaligen Gefreiten August K., er sei von dem Kläger, nur weil er das Datum des »Führergeburtstags« nicht gewußt und gesagt habe, das interessiere ihn auch nicht, ohne weiteres »bei noch nicht beendeter Ausbildung« an die Ostfront versetzt worden, ist falsch und ersichtlich erlogen. Eine solche Versetzung konnte der Kläger gar nicht selbst aussprechen, sondern allenfalls anregen. Auch ist es im Krieg die ehrenvolle Pflicht eines jeden Soldaten, an der Front für das Vaterland zu kämpfen. Es kann schwerlich ein Nachteil oder gar eine »Bestrafung aus politischen Gründen« darin erblickt werden, wenn ein Gefreiter zur Erfüllung einer ehrenvollen Pflicht Gelegenheit erhält.

Schließlich ist auch der Aussage des Generals a. D. H., des letzten Kommandeurs der Flakartillerieschule, an der der Kläger zeitweise als »Offizier für wehrgeistige Führung« tätig war, keine Bedeutung für dieses Verfahren beizumessen. Wenn der Zeuge erklärt hat: »Als gegen mich wegen einer offenen Kritik am Dritten Reich im Dezember 1944 ein kriegsgerichtliches Verfahren eingeleitet wurde, hat der Kläger sich mir gegenüber nicht als ›Widerstandskämpfer‹ zu erkennen gegeben. Andere Offiziere der Flakschule boten mir seinerzeit Hilfe und Unterstützung an«, und wenn der Zeuge hinzugefügt hat, von der antinationalsozialistischen Haltung des Klägers habe er »damals nichts gemerkt«, so bedeutet dies doch lediglich, daß sich der Kläger diesem General gegenüber — und sicherlich auch aus guten Gründen — nicht sofort als erklärter Gegner des Nationalsozialismus zu erkennen gegeben hat. Dazu war der Kläger gar nicht verpflichtet ...

4. Im Namen des Volkes ...

... unter Abweisung im übrigen hat der Senat der Klage insoweit stattgegeben, als es dem Beklagten bei Meidung einer Geldstrafe in unbeschränkter Höhe, ersatzweise Freiheitsentzug bis zu sechs Monaten untersagt wird, zu verbreiten oder verbreiten zu lassen, der Kläger »verdankt es nur glücklichen Umständen, daß er noch auf freiem Fuß ist«.

Begründung

... hat der Beklagte durch Dokumente und Zeugenaussagen bewiesen. Insoweit konnte der Klage in diesen Punkten nicht stattgegeben werden ... Auch die Bezeichnung des Klägers als

»furchtbarer Politiker« hat der Senat nach gründlicher Prüfung und unter Berücksichtigung des Umstands, daß der Kläger inzwischen ein hohes Staatsamt bekleidet, nicht zu verbieten . . .

5. Die Leseprobe und ihre Folgen sind natürlich — vorerst — nur eine Erfindung, ein reines Produkt linksextremistischer Phantasie, eine intellektuelle Spielerei. Das einzige, was daran nicht fiktiv ist, sind ein paar Zitate und einige Fakten. D. Verf.

Zensur tut not!

Aufgrund der Erfahrungen des Jahres 1977 richte ich namens des Verbands deutscher Schriftsteller an die Regierung des Bundes und der Länder die Bitte, für Veröffentlichungen aller Art so bald wie möglich die Vorzensur wiedereinzuführen. Die bundesdeutschen Autoren erhoffen sich davon eine wesentliche Verbesserung des gegenwärtigen geistigen Klimas. Erfahrungsgemäß wirkt es stets beruhigend und überwiegend wohltätig, wenn der Staat die politische und sittliche Verantwortung für sämtliche Veröffentlichungen übernimmt. Im Schutz der Zensur könnten wir Autoren künftig frei von Furcht, Anstoß zu erregen, unserer Arbeit nachgehen. Wir hätten die Gewähr, daß der Inhalt unserer Werke stets im Einklang mit den An- und Absichten der Obrigkeit und mit dem gesunden Empfinden großer Bevölkerungsteile steht. Die für die Verbreitung unserer Werke bislang Verantwortlichen in allen Medienbereichen sowie die Politiker in Bund, Ländern und Gemeinden würden nicht mehr von Zweifeln gequält, ob und gegebenenfalls inwieweit ein Autor dem Publikum oder wichtigen Teilen davon, etwa dem Ring heimatvertriebener Taxifahrer, noch zugemutet werden kann. Es bliebe vielbeschäftigten Politikern erspart, sich auch noch mit Literatur zu befassen oder gar, wie Herr Bundestagspräsident Carstens, persönlich den — sich bekanntlich hinter dem Pseudonym K. Blüm verbergenden — Dichter Heinrich Böll als Gewaltverherrlicher entlarven zu müssen. Und auch die breite Öffentlichkeit könnte fortan sicher sein vor Verwirrung, Denkanstößen und Kritik ohne Sympathie.

Obwohl wir zuversichtlich sind, daß die für die erbetene Einführung der Vorzensur scheinbar nötige Grundgesetzänderung eine überwältigende Mehrheit im Bundestag finden würde, machen wir vorsorglich darauf aufmerksam, daß die Verfassung auch in der bisherigen Weise ignoriert werden könnte.

Schließlich weisen wir auf einen zusätzlichen Nutzeffekt hin, den die Erfüllung unseres Wunsches hätte: Bei rund 600000 Neuerscheinungen seit 1945, allein auf dem Buchmarkt, und bei der Fülle der zu zensierenden Aufsätze, Bühnen-, Film-, Fernseh- und Hörfunkstoffe ist für die zu schaffenden Zensurbehörden ein Personalbedarf errechenbar, der zur fast völligen Beseitigung der Arbeitslosigkeit führen könnte. Mindestens 80000 neuzuschaffende Planstellen für höhere Beamte, dazu ein Vielfaches an Hilfskräften würden die Bundeszensur gleichrangig neben Bahn und Post stellen. Das Amt des Zensors könnte auch und gerade für Jugendliche zu einem Traumberuf werden! Erprobte Fachleute zur Schulung des Zensorennachwuchses sind glücklicherweise hinreichend vorhanden.

Und für das Amt des Präsidenten des Bundesamts für Zensur böte sich ein hoher Richter an, etwa Herr Dr. Karl-Günther Stempel vom Obersten Bayerischen Landesgericht. Er hat sich vom jungen SS-Haudegen zum Vollblut-Abendländler entwikkelt und steht an der Spitze des »Deutschen Kulturwerks Europäischen Geistes e. V.«, einer nur in Österreich zeitweise verbotenen, in Bayern als förderungswürdig anerkannten, im Verfassungsschutzbericht schon seit Jahren nicht mehr als »rechtsradikal« eingestuften Dachorganisation. Mit einem solchen quasi »Zensur-Stempel« als Gütesiegel wäre auch jene Ausgewogenheit garantiert, die das Hauptanliegen freiheitlich-demokratischer Vorzensur sein sollte und die wir, gerade bei Dichterlesungen, oft vermissen: Auch zur zensierten Grass-, Böll- oder Walser-Lesung gehört ein Kommentar von Matthias Walden! (Ich selbst würde mich bescheiden mit Herrn Krämer-Badoni begnügen.)

9.

DAS ENDE DER BESCHEIDENHEIT

Schriftsteller und ihre Organisation

Den Nutznießern des Terrors die Suppe versalzen

Thema Nr. 1 läßt sich auf die Kurzformel bringen: Autoren fordern Tarifverträge! Wir, die Schriftsteller und Übersetzer, verlangen von unseren Arbeitgebern, was in der gesamten übrigen Wirtschaft längst Selbstverständlichkeiten sind: tariflich abgesicherte Mindestentgelte für genau definierte Leistungen und, soweit wir die Voraussetzungen erfüllen, auch alle anderen sozialen Sicherungen und betrieblichen Rechte von Arbeitnehmern. Ich will mich, da wir hier nicht die Funkausstellung, sondern die Buchmesse haben, auf Forderungen beschränken, die wir an die Buchverlage richten, was keineswegs bedeutet, daß wir mit der Lage in anderen Medienbereichen etwa zufrieden seien — im Gegenteil. Aber alles zu seiner Zeit.

Was unsere Arbeitgeber, die Verleger, betrifft, so hat der sie repräsentierende Ausschuß des Börsenvereins es fertiggebracht, mit uns über Jahre hinweg nur unverbindlich zu plaudern. Währenddessen ist die wirtschaftliche Lage der meisten Verlage noch besser, die der meisten Autoren und Übersetzer noch schlechter geworden, was möglicherweise ursächlich zusammenhängt. Lassen Sie sich über die tatsächliche Situation der allermeisten Autoren nicht dadurch hinwegtäuschen, daß einige wenige Kollegen ab und zu einmal sehr gut verdienen. Erstens müssen solche Glücksfälle in Relation zu der oft jahrelangen Vorbereitung und dem oft hohen Investitions-Risiko gesehen werden; zweitens zeigt schon die Zahl von höchstens 70 bis 80 Kollegen, die ohne Zweitberuf allein vom Bücherschreiben leben können, wie wenig repräsentativ diese Einzelerfolge für die Lage des ganzen Berufsstandes sind, die einfach miserabel genannt werden muß. Daß dies so ist, liegt nicht allein, aber wesentlich an der Hilflosigkeit des einzelnen wirtschaftlich Schwachen gegenüber einigen Starken, die ein sonst kaum noch irgendwo geduldetes Manchestertum zu ihrer Doktrin gemacht haben und rücksichtslos danach handeln. Wer von unseren Dichtern und Denkern solche Bücherfabrikanten zu Brotherren hat, ist ähnlich arm dran wie ein illegal eingereister Ausländer ohne Geld und Papiere.

Damit keine Mißverständnisse aufkommen: Beileibe nicht alle Verlage werden als *sweatshops* betrieben. Es gibt viele durchaus seriöse, honorige Verleger, auch solche, die angemessen zahlen, sogar solche, die Literatur nicht nur als Geschäft ansehen und tatsächlich Freunde ihrer Autoren sind. Es gibt eine ganze Menge Verlage, darunter auch Branchenriesen, die längst das — und in mancher Hinsicht sogar mehr — freiwillig geben, was wir von allen fordern. Da diese, unsere Forderungen zumindest schon weitgehend erfüllenden, Verleger deshalb keineswegs vor dem Bankrott stehen, vielmehr von Jahr zu Jahr besser verdienen, ist es uns rätselhaft, warum ein Teil der Branche uns beharrlich verweigert, was dem anderen längst nicht nur zur Ehre, sondern auch zum Vorteil gereicht. Und noch rätselhafter ist uns, warum der anständige Teil der Branche dem anderen Teil, der seine Autoren wie Kulis behandelt, noch Rükkendeckung gibt, warum sie sich gemeinsam beharrlich weigern, unsere Forderung nach tariflicher Absicherung von Mindestbedingungen auch nur zu erörtern.

Wir wollen aber nun nicht länger rätseln, sondern handeln. Eine ganze Reihe von Vorgesprächen, die wir geführt haben, lassen erkennen, daß es durchaus möglich ist, schon sehr bald mit einzelnen kleinen, mittleren, großen und auch sehr großen Verlagshäusern zu Hausverträgen zu kommen. Dann würden sich bald die einen auch nach außen hin deutlich von den anderen unterscheiden. Und damit der Unterschied noch deutlicher wird, könnten wir, vielleicht zunächst branchenintern, später öffentlich, bekanntmachen, weshalb unserer Meinung nach dieser oder jener Verlag empfehlenswert oder nicht empfehlenswert ist. Noch bevor das diesjährige Weihnachtsgeschäft im Buchhandel richtig anläuft, muß sich die Verlegerseite entscheiden, ob sie mit uns zu kollektiven oder zu Einzelabmachungen kommen will. Unsere Forderungen sind ganz normal, eher bescheiden, und bei gutem Willen von jedem erfüllbar. Unser Verlangen entspricht zudem der Forderung des Gesetzgebers, dessen Geduld allerdings größer zu sein scheint als die unsere, denn die ist nun zu Ende.

Soweit unser heutiges erstes Thema, zu dem wir uns, zusammen mit Klaus Staeck, etwas haben einfallen lassen. Wir geben diese Poster gegen eine Spende von mindestens DM 5,— ab, als Postkarten auch schon für 50 Pfennige das Stück, auf Wunsch sogar signiert vom Künstler und von prominenten Schriftstellerkollegen, womit unser gewerkschaftliches Kampfmittel — der Reinertrag fließt in unseren Solidaritätsfonds — vielleicht schon bald einen gewissen Seltenheitswert erlangen könnte. Denn wer weiß, ob es demnächst überhaupt noch eine nennenswerte bundesdeutsche Gegenwartsliteratur und eine politische Kunst vom Range Staecks geben wird. Und damit wären wir beim Thema Nr. 2, zu dem wir, ebenfalls mit einem Poster, eine — wie ich hoffe — sehr klare und deutliche Warnung geben wollen. Sie mögen meinen, ich übertreibe etwas; doch wer, wie ich und meine Kollegen vom Bundesvorstand und den Landesvorständen des Verbandes deutscher Schriftsteller, seit Wochen fast nur noch damit beschäftigt war, schamlose Lügen und übelste Verleumdungen abzuwehren, muß befürchten, daß eine weitere Eskalation des privaten Terrors einiger Wahnwitziger die gegenwärtige Hexenjagd noch verschlimmern und dann zu einem Exodus derer führen könnte, die es satt haben, von verantwortungslosen Hetzern als angebliche Mit- oder gar Hauptschuldige diffamiert zu werden.

Wir, die gewerkschaftlich organisierten Schriftsteller der Bundesrepublik — und dazu gehören nahezu alle Autoren, deren Namen inner- und außerhalb des deutschen Sprachgebiets bekannt sind und die unserem Land zu kulturellem Ansehen verholfen haben —, wir brauchen uns nicht erst von einer mörderischen Gewalt zu distanzieren, die von uns stets verabscheut und bekämpft worden ist. Als Gewerkschafter kennen wir die Gefahren, die von Provokateuren und blinden Fanatikern ausgehen. Wir wissen auch, daß der Meuchelmord zwar zur faschistischen, aber noch nie zur Tradition der deutschen Linken gehört hat. Die Mordhetze in der Weimarer Republik ging vom Hugenberg-Pressekonzern und von völkischen Blättern in Bayern aus. Auch daran hat sich wenig geändert, nur die Namen haben gewechselt. Allerdings besteht ein Unterschied zwischen damals und heute: Einst haben die Hetzer von rechts die Republik geschmäht, die Demokratie verhöhnt und deren Fahne in den Schmutz gezogen. Heute legt noch die letzte Ratte, die sich, Morgenluft witternd, aus dem schwarzbraunen Untergrund hervorwagt, rasch noch ein schwarzrotgoldnes Schärpchen an und beruft sich, während sie sie schon gierig benagt, auf die freiheitlich-demokratische Grundordnung. Doch für diese Grundordnung, für Humanisierung und Liberalität, für mehr Toleranz und Gerechtigkeit, haben wir, die deutschen Schriftsteller — das muß einmal gesagt werden — wahrlich mehr getan als unsere Verleumder, auch als die meisten derer, die uns jetzt Verweise und Belehrungen erteilen. Es gibt keinen Berufsstand, der in der Vergangenheit mehr für die deutsche Demokratie geleistet und mehr unter den Feinden der Freiheit gelitten hat als die deutschen Schriftsteller. Die allermeisten unserer älteren Kollegen waren entschiedene Gegner jener Nazis, für die sich ein Herr Strauß als Referent für braune Weltanschauung und sogenannte »wehrgeistige Führung« betätigt hat, für die jener Herr Hicks, der heute in Springers *Welt* Intellektuellenhetze betreibt, damals noch fleißig Judenhetze betrieb. Der Zufall will es, daß der Verband deutscher Schriftsteller gegenwärtig in mir einen der wenigen Überlebenden jener Vernichtungslager zum Vorsitzenden hat, in die gemäß besagter Nazi-Weltanschauung die Opfer von Hetze und Verleumdung eingesperrt wurden. Ich bin daher erfahren in Terror, allerdings als ein ihn Erleidender. Als aktive Terroristen standen uns damals die Angehörigen einer kriminellen Vereinigung gegenüber. Verblüffenderweise sitzen heute von den ehemaligen Führern dieser Terroristengruppe — ich muß wohl sagen: -bande — nur wenige hinter Gittern, etliche im Bundestag, und zwar just bei jener Fraktion, die jetzt die schlimmsten Verleumder und Scharfmacher stellt, ja, wo einige Herren den Terrorismus am liebsten wieder mit staatlichem Terror beantworten möchten. Ich weiß, es ist unfein, an diese Zusammenhänge zu erinnern. Ich tue es dennoch, weil ich zornig bin. Wenn man meine Kolleginnen und Kollegen systematisch verleumdet — von Amery bis Zwerenz reicht die Liste der letzen Wochen —, wenn weder Luise Rinser noch Heinrich Böll vor Verteufelung sicher sind; wenn Westentaschen-McCarthys vom Schlage eines Abg. Dr. Günter Müller über Literatur richten wollen; wenn schon die Wadenbeißer gegen uns lospreschen dürfen — wie jener Peter Hornung, der zur Gaudi der bayerischen Provinzpresse ausgerechnet meinem Freund Heinar Kipphardt, von weiteren geschätzten Kollegen und von mir selbst ganz zu schweigen, einen virtuosen Umgang nicht mit der Sprache, nein, mit Maschinenpistolen anzudichten wagt, packt mich eben Zorn. Er richtet sich weniger gegen die Giftspritzer selbst als gegen deren Auftraggeber, vor allem aber gegen jene, die dazu schweigen, wo sie entschiedensten Protest erheben müßten.

Wir, die deutschen Schriftsteller, werden unsere Verantwortung nicht so vergessen, wie es viele Politiker jetzt tun. Wer der terroristischen Gewalt, die wir verabscheuen, unsere rechtsstaatliche Ordnung opfern will; wer die Aufhebung der Grundrechte fordert und nach Vorbeugehaft, Folter, Geiselerschießungen und »kurzem Prozeß« schreit, der wird weiter auf unseren entschlossenen Widerstand stoßen. Wir lassen uns durch die Verleumdungswelle nicht einschüchtern. Noch ist dies auch unsere Republik, mit allen ihren Fehlern, die zu kritisieren wir als unsere Pflicht erachten, wobei sich für uns die Frage nicht stellt, wie sympathisch diese Kritik den anderen ist, sondern nur, ob sie berechtigt genannt werden darf. Noch ist dies die von uns maßgeblich mitgeschaffene Zivilisation eines freiheitlichen Staatswesens. Wir warnen vor dem drohenden Rückfall in die Barbarei und vor der Kapitulation des humanen Rechtsstaats als der schlechtesten Reaktion auf die Gewaltverbrechen einer Handvoll pseudorevolutionärer Desperados! Wir appellieren an unsere Kollegen im DGB, sich nicht von den professionellen Panikmachern und Brunnenvergiftern davon abbringen zu lassen, mit uns die Republik zu verteidigen!

Es gibt keine Sympathisanten der Meuchelmörder — am allerwenigsten bei uns Schriftstellern! Aber es gibt leider etliche Nutznießer des Terrors, darunter Leute, die sich vergnügt die Hände reiben, wenn der Terrorismus blindwütiger Einzelgänger jenes Feuer anfacht, an dem sie ihr ganz spezielles Süppchen zu kochen gedenken. Wir wollen ihnen die Suppe nach besten Kräften versalzen. Und wenn ich vorhin von einem möglichen Exodus gesprochen habe, von einem Auszug derer, denen es, um mit Böll zu sprechen, jetzt langt — sie mögen sich nicht zu früh freuen, die Herren Ästheten und Stilisten der *Bild*-Zeitung, die Dichter und Denker des *Bayernkurier*, die Schöngeister von *Quick* und *Praline* und die Hommes-de-lettres von der *Passauer Neuen Presse.* Leuten wie ihnen hat unser Kollege Heinrich Heine auch noch von Paris aus die Hölle ganz schön heiß gemacht.

VS vertraulich — Unsere BEFA-Ergebnisse

Wie inzwischen fast jeder hierzulande, der ein bißchen auf sich hält, betreibt auch der Verband deutscher Schriftsteller (VS) in der IG Druck und Papier eine beobachtende Fahndung (BEFA).

Im Gegensatz zu den völlig überlasteten, noch immer ganz unzureichend ausgerüsteten und sicherlich unterbezahlten, wenngleich mit ihren Bezügen noch über dem Fürsorge-Mindestsatz liegenden Beamten unserer zahlreichen Sicherheitsdienste, die selten Erfolgserlebnisse haben, bringt uns die VS-BEFA einen *embarras de richesse*, einen schon geradezu lästigen, weil nicht mehr zu bewältigenden Überfluß an Fahndungsergebnissen.

Kein Tag vergeht, ohne daß unsere BEFA klare Verstöße gegen Geist und Buchstaben unserer Verfassung erkennt und meldet. Da wird zum Beispiel von selbsternannten Zensoren die Literatur auf politische Eignung, neuerdings auch auf juristische Zuverlässigkeit hin überprüft und bei Bedenken der einen oder anderen Art nicht zur Veröffentlichung freigegeben. Filme werden verstümmelt und so lange »geschönt«, bis sie mit ihrem ursprünglichen Thema nichts mehr zu tun haben. Fernsehberichte, Bühnenstücke, Kabarettauftritte und Rundfunksendungen werden kurzerhand abgesetzt, wenn Zweifel auftauchen, ob sie die Gewähr dafür bieten, daß das damit konfrontierte Publikum auch gewiß jederzeit auf dem Boden der freiheitlich-demokratischen Grundordnung (FDGO) stehenbleiben kann. Wer sich bei der Stadtbibliothek Karl Marxens »Kapital« ausleiht und nicht nachweisen kann, daß seine vier Großelternteile einwandfreie Antimarxisten waren und daß bis zurück zum Jahr 1800 kein Demokrat in der Familie vorgekommen ist, wird zunächst in den Terroristen-Computer »Terry« als B3-Sympathisant eingefüttert; das weitere kommt darauf an, wie stark die Nerven dieses nunmehrigen B3-Falles sind. Daß Geheimdienste den grenzüberschreitenden Verkehr beobachten, Telefongespräche abhören und hie und da Lauschangriffe starten, gehört zu ihrem Metier; schließlich müssen sie sich an irgend jemandem üben — für den Fall eines richtigen, offiziellen und legalen Auftrags. Erstaunlich ist aber, daß sie — wie unsere BEFA eben meldet — ihre dienstlichen Übungserkenntnisse gelegentlich Außenstehenden »zur gefl. Verwendung« überlassen (oder überlassen lassen, ganz diskret, versteht sich).

Diskretion ist hierzulande nicht nur Ehrensache, sondern eine Existenzfrage geworden, sofern man nicht Unionsfunktionär ist. Dann allerdings braucht man sich keinen Zwang anzutun und kann nach Herzenslust diffamieren und verleumden. Da passiert nichts! Die meisten Richter haben sich wieder auf alte deutsche Justiztraditionen besonnen.

Daß bei uns niemand wegen seiner politischen Überzeugung benachteiligt werden kann, ergibt sich aus Artikel 3, Absatz 3 des Grundgesetzes. Etwas anderes ist es, wenn zum Beispiel der Bundespostminister einen Briefträger bittet, sich schleunigst, zur Vermeidung seiner Entfernung aus dem Beamtenverhältnis, von seiner zwar zugelassenen, aber dem Minister nicht genehmen Partei loszusagen und einen Gesinnungswandel deutlich zu machen.

Hingegen gibt es keine Gesinnungsschnüffelei hierzulande, wie ein Bundesinnenminister — wir wollen keinen Namen nennen, schließlich war er mal im PEN-Club, ehe er seinem Ausschluß durch blitzschnellen Austritt zuvorkam — noch kurz vor seinem Rücktritt versichert hat. Was es gibt, ist eine solide Praxis gegen Extremisten, wie sie der Polizeipräsident Frech von Trier gegenüber einem Polizeiobermeister anwendet, der sich als Juso-Vorsitzender strafbar gemacht hat, indem er sich gegen die »Berufsverbote« wandte. Strafbar ist das deshalb, weil es — so der Präsident Frech — »in der Bundesrepublik kein Berufsverbot gibt«. Es gebe auch keine Überwachung von Bewerbern oder Beschäftigten des öffentlichen Dienstes. »Wer sich jedoch politisch in einer Art und Weise betätigt, daß dies für den Verfassungsschutz Anlaß ist, tätig zu werden, darf sich nicht beklagen.«

Wir wollen uns nicht beklagen. Dank unserer BEFA sind wir in der Lage, in der Bundesrepublik (Stand: 1. 9. 1978) etwa 63 Millionen Personen nachzuweisen, die dem Verfassungsschutz und anderen Überwachungsorganen Anlaß gegeben haben, geben oder in Kürze geben werden, sich zu betätigen. Die Zahl — so unser BEFA-Fachmann — ist nicht deshalb so hoch, weil neuerdings selbst Schüler, zunächst versuchsweise in Bayern, überwacht werden oder weil die »Erfassung« sich auch — siehe den Fall Peter Paul Zahl — auf Personen erstreckt, die mit Gefängnisinsassen korrespondieren. Das ist inzwischen fast selbstverständlich. Nein, der Grund für die sehr hohe Anzahl festgestellter, faktischer oder potentieller Überwachungsfälle liegt in der allzu dichten Besiedlung unseres Landes, wo praktisch jeder zwangsläufig mit bereits »erkannten« Linksextremisten (Böll-Lesern, ZEIT-Abonnenten, *konkret*-Redakteuren, Gewerkschaftern usw.) in mehr oder weniger zufällige Berührung kommen und so zur »Kontaktperson« werden muß. (Hier liegt auch die von Minister Gscheidle richtig erkannte Gefahr im Fall des roten Briefträgers!) Außerdem ist die Anzahl der Überwachungsfälle immens gestiegen, seit sich die Sicherheitsbeamten — was eigentlich überfällig war — gegenseitig überwachen.

Unser BEFA-Bericht wäre nicht vollständig ohne ein paar Beispiele, die dem Leser eindringlich klarmachen, wie gefährlich der Linksextremismus, wie ihn leider auch die ZEIT, der *stern* und manchmal selbst die FAZ propagieren, auch und gerade für hohe und höchste Persönlichkeiten in Bund und Ländern ist. (Vgl. dazu unsere Filbinger-Dokumentation einschl. der markigen Abschiedsworte des zurückgetretenen Ministerpräsidenten, der die Gefährlichkeit schon einer Lese-Probe eines neuen Werks des Kollegen Hochhuth nicht sofort erkannt hatte.) Der Kandidat für das Amt des bayerischen Ministerpräsidenten weiß die Gefahr besser einzuschätzen. Aus Sorge, beim Wort genommen zu werden (»Jeder, der sich um das höchste Amt bewirbt, muß seine politische Vergangenheit lückenlos aufzeigen können!«, so Herr Strauß in Weilheim am 12. September 1961), bot er seine ganze Beredsamkeit auf, Nachforschungen hinsichtlich seiner Vergangenheit zu unterbinden, obwohl eigentlich manches dafür spräche, diese Vergangenheit aufzuklären, *bevor* er Ministerpräsident wird.

Aus solchen Erwägungen heraus haben wir eine Art »Leseprobe« in das vorliegende Werk aufgenommen. Sie macht vielleicht auch klar, welche Motive den Herrn bayerischen Ministerpräsidenten in spe zu seiner eindringlichen Warnung (vgl. »Braune Jauche«) veranlaßt haben könnten. Lieber hätten wir uns mit etwas wirklich Kulturvollem befaßt, etwa mit der diesjährigen Buchmesse, zu der wir diesen Almanach beisteuern, in der Hoffnung, daß er sie bereichere.

VS vertraulich — so nennen wir auch diesen zweiten Bericht. VS, das kann als Abkürzung unseres Verbandsnamens aufgefaßt werden; es kann aber auch gedeutet werden als Kürzel für Verfassungsschutz, Schutz unserer Verfassung, unserer Grundrechte, für deren mühsame Erkämpfung, schließliche Anerkennung, strikte Wahrung und notfalls entschlossene Verteidigung die deutschen Schriftsteller allzeit mehr getan haben, tun und tun werden als die Herren der diversen Geheimdienste und das Heer ihrer Sbirren.

Vertraulich heißt unser VS-Bericht nicht etwa, weil wir ihn vom Leser als »Verschlußsache« behandelt wissen wollen — im Gegenteil! Wir wenden uns vertraulich, voll Vertrauen ans breite Publikum, hoffend, es möge Anteil nehmen an unserer »beobachtenden Fahndung«, die übrigens auch literarische Entdeckungen und Wiederentdeckungen bringt, dazu allerlei Beispiele für unsere Arbeit in vielen Bereichen. Bei dieser Arbeit, dessen darf das Publikum gewiß sein, wird die »beobachtende Fahndung« stets den ihr gebührenden Platz in der Proszeniumsloge einnehmen!

In eigener Sache

Presseerklärung, Bonn, 5. 9. 80

Es gilt einer Legendenbildung vorzubeugen, denn Herr Dr. Stoiber erklärte bereits Ende Juli:

»Wenn wir die Wahl verlieren, dann nicht wegen unseres Wahlkampfstils oder wegen unserer Argumente, sondern wegen dieser Anti-Strauß-Kampagne . . .«, die er dann — lt. *Allgemeiner Wochenzeitung der Juden in Deutschland* vom 25. 7. 80 — »mit der Hetze der Nazis gegen die Juden« verglich.

Schon Helmut Kohl sprach auf dem letzten CSU-Kongreß von »Pogromstimmung«, die gegen Strauß erzeugt werde und sagte, er fühle sich »an die dunkelsten Kapitel unserer Geschichte erinnert«.

Dem CSU-MdB Dionys Jobst war das noch nicht genug. Er erklärte in Waldkirchen:

»Die Hetze gegen Franz Josef Strauß ist *schlimmer als die Judenverfolgung* im Dritten Reich.«

Herr Jobst weiß sicherlich nicht, was er da redet; er war 1933 erst 5 Jahre alt, Herr Kohl war 3, Herr Stoiber noch nicht geboren. Herr Strauß, der es sehr gut weiß, wollte sich dazu nicht äußern. Er schickte Herrn Heubl vor, der 1933 bereits 9 Jahre alt war und der dann tapfer erklärte, er habe »im Dritten Reich erleben müssen, wozu Hetze gegen Personen und Rassen führt, sofern sie nur systematisch und bedenkenlos betrieben wird«, und er fühle sich »durch die Diffamierungen, denen Strauß ausgesetzt ist, an den Stil eines Joseph Goebbels und Julius Streicher erinnert.«

Um das Maß an Geschmacklosigkeit vollzumachen, plant Herr Stoiber — lt. *Allgemeiner Wochenzeitung der Juden in Deutschland* v. 25. 7. — sogar eine Ausstellung, auf der die »Hetze« gegen Strauß mit der Judenverfolgung von 1938 verglichen werden soll. Ich werde darauf noch zurückkommen, doch möchte ich zunächst daran erinnern, daß die Mitglieder des PDI, darunter nicht wenige Naziverfolgte, von Herrn Strauß zur Eröffnung seines Wahlkampfs als »Ratten und Schmeißfliegen« verunglimpft wurden.

Diese Beschimpfung hat eine Vorgeschichte. Bereits im Juli 1978 stellte ich namens des PDI an Herrn Strauß die Frage, ob er nicht angesichts seiner braunen Vergangenheit und seiner bis heute unveränderten Vorliebe für blutige Diktaturen, rassistische Regimes, ultrarechte Kampfgruppen sowie für Wahlhelfer aus dem Goebbels-Ministerium besser auf ein hohes Staatsamt verzichte. Schon damals nannte uns Herr Strauß daraufhin »Ratten und Schmeißfliegen«. Ich, der ich Herrn Strauß noch immer für einen Menschen halte, glaubte an einen Ausrutscher. Ich richtete deshalb an ihn einen Offenen Brief (nachzulesen im Goldmann-TB 3885, S. 292). Er blieb ohne Antwort. Aber nachdem Johannes Poethen beim Südfunk Stuttgart am 13. 2. 80 die Frage wiederholte, ob Herr Strauß wirklich uns Schriftsteller für auszurottendes Ungeziefer halte, da bejahte der eifrige Herr Stoiber dies gleich zweimal, und Herr Strauß bestätigte es dann. Er versicherte uns gar, es sei kein Ausrutscher gewesen, er habe »eiskalt ausgeteilt« — so nachzulesen in der *Zeit.* Erst daraufhin erklärte ich öffentlich: »Wer so spricht, hat seine braune Vergangenheit nicht bewältigt. Das ist die Sprache der Mörder!« Und nun ließ die CSU-Zentrale eilig verbreiten, ich allein sei mit dem doppelten Plural »Ratten und Schmeißfliegen« gemeint gewesen, und es folgten weitere Schmähungen, von denen noch zu sprechen sein wird. Dazu wird inzwischen von interessierter Seite behauptet, es habe sich bei alledem um Reaktionen auf mein *Neues Schwarzbuch Franz Josef Strauß* gehandelt. Deshalb sei klargestellt: Dieses *Neue Schwarzbuch* ist erst viele Wochen nach Beginn der wüsten Beschimpfungen erschienen, nämlich in der Woche vor Ostern.

Zugegeben, es enthält harte Vorwürfe gegen den Politiker

Strauß. Aber es gibt darin keine Lügen, keine Verleumdungen, keine Schmähungen. Seinen liederlichen Umgang mit der Wahrheit, mit Milliardensummen, auch mit Menschenleben, habe ich weitgehend der Kritik des Bundesrechnungshofs überlassen. Auch die abschließende Kritik seiner ersten, an Skandalen reichen Bonner Ministerkarriere überließ ich Johannes Gross, der damals, am 9. 4. 65 im CDU-nahen Wochenblatt *Christ und Welt* schrieb:

»Strauß unterhält die Öffentlichkeit mit Beteuerungen, er sei nicht korrupt, er sei nicht kriminell, nicht Millionär, nicht machtgierig. Er werde nur verleumdet. Alle seien gegen ihn — die Russen, die Amerikaner, die Liberalen, die Sozialisten, die norddeutschen Protestanten, der hohe katholische Klerus usw.«

Ich setzte nur hinzu, voraussehend, was auf uns zukommen würde:

»So wird es auch diesmal sein, und er, Herr Strauß, wird seinerseits nicht mit Verleumdungen seiner Kritiker sparen. Das darf uns indessen nicht dazu bringen, die Auseinandersetzung mit dem Kanzlerkandidaten Strauß anders als streng sachlich zu führen.«

Man hat mir dennoch vorgehalten, es sei unfair, ihm z. B. anzukreiden, er habe sich als 17jähriger nicht darum gekümmert, was die Nazis mit ihren Gegnern und mit den Juden trieben. Aber 1. habe ich ihm diesen Vorwurf gar nicht gemacht, auch dem Leser nichts dergleichen suggeriert — jeder kann das nachlesen; 2. würde mich seine braune Vergangenheit überhaupt nicht interessieren, wenn er a) uns nicht ständig daran erinnern würde, mal durch seine Sprache, mal durch seinen Umgang, und wenn er b) nicht ausgerechnet Bundeskanzler werden wollte. Das Schlimmste aber ist, daß er den Widerstand gegen seine Kandidatur mit der brutalen Verfolgung der Juden unter der Naziherrschaft vergleichen läßt, sich selbst zum Opfer einer »Pogromhetze« erklärt.

Bei dem ersten blutigen Pogrom der neueren deutschen Geschichte, in der Nacht vom 9./10. November 1938, wurden nicht nur die Synagogen niedergebrannt, alle jüdischen Geschäfte verwüstet und geplündert. Es wurden auch fast alle Wohnungen ahnungsloser jüdischer Mitbürger überfallen, dort alle Möbel, Gebrauchs- und Kunstgegenstände, von der Babywiege bis zum Konzertflügel, mit Äxten zerhackt, besudelt, zertrampelt. Einige tausend Menschen wurden zusammengeschlagen, mit Hunden gehetzt, in Flüsse geworfen, aus Fenstern gestürzt oder niedergeschossen. In Linz wurden jüdische Frauen öffentlich geschändet, in Eßlingen das Waisenhaus verwüstet, die Kinder mißhandelt, die Lehrer erschlagen. Zigtausende solcher Vorfälle ließen sich schildern, aber ich hoffe, dies genügt, damit den Herren Stoiber, Kohl, Jobst und Heubl dämmert, wie höchst unpassend ihr Vergleich der angeblichen Verfolgung des armen Herrn Strauß mit diesem Pogrom ist.

Übrigens, ich habe selbst, damals 17, die Mordnacht miterlebt. Einige der Beinahe-Opfer, unsere Nachbarn, Frau Landmann und ihre Töchter, Düsseldorf, Venloer Str. 10, können bezeugen, daß es damals 17jährige gegeben hat, die sich um die Verfolgten kümmerten.

Herr Strauß ist, obwohl er mich in seiner prächtigen Wahlillustrierten *Sonnenschein* einen »reichen alten Polit-Knacker« nennen läßt, nicht nur ein wenig, vielleicht hundertmal, reicher als ich, sondern auch 6 Jahre älter. Er war am Tag des Pogroms vom 9. 11. 38 schon 23 Jahre alt. An den Verbrechen jener Nacht war auch das NSKK beteiligt, bei dessen Münchner Sturm 23/M 86 er damals »Rottenführer und weltanschaulicher Referent« war. Eine Diffamierung? Seine NSKK-Funktionen sind dokumentiert im »Vorschlag zur Ernennung RP 4158/43«, im Anhang zum *Schwarzbuch* faksimiliert wiedergegeben. Was die Beteiligung des NSKK an den Greueln jenes Pogroms betrifft, verweise ich zunächst auf die SD-Berichte (Bundesarchiv R 58/1081), wo es z. B. in bezug auf die Plünderungen und deren Nutznießer heißt:

»Jedenfalls würden überraschende Haussuchungen in den SA- und NSKK-Heimen und bei deren Führern Erstaunliches an den Tag bringen ...«

In den »Deutschland-Berichten« im Archiv der Friedrich-Ebert-Stiftung, 1938, S. 1187 heißt es unter A 27 sowie auf S. 1194 unter A 35:

»Es steht fest, daß die Pogromaktionen von SA, SS, NSKK ... durchgeführt worden sind ...« und »Die Aktion wurde unter Mitwirkung des NSKK durchgeführt, das mit dem Wagen von Laden zu Laden fuhr ...«

Es gibt noch zahlreiche solcher Bestätigungen. Hier noch eine letzte, wozu angemerkt sei, daß damals 20000 jüdische Männer in die KZ-Lager verschleppt wurden. Dazu heißt es:

»Für die mit dem Pogrom verbundene Verhaftungsaktion sollte .. die SS als Hilfstruppe der Gestapo fungieren. Doch sie ist . . . dabei kaum hervorgetreten. Die Gestapo, die für eine so umfassende Aktion allerdings viel zu wenig Personal hatte, zog überwiegend die Partei, die SA und das NSKK zur Unterstützung heran . . .«

Nachzulesen bei Graml *Der 9. November 1938*, kein kommunistisches Machwerk, sondern herausgegeben von der Bundeszentrale für Heimatdienst, 1953, also noch zu Adenauers Zeiten, als der ehemalige NSKK-Rottenführer Strauß gerade Bundesminister für besondere Aufgaben geworden war.

Es stellt sich somit die Frage an den Kanzlerkandidaten, was er in der Pogromnacht von 1938 gemacht hat? Gab es für ihn schn damals »besondere Aufgaben«? Hat er eine Rotte angeführt? Oder half er als »weltanschaulicher Referent« nur bei der ideologischen Vorbereitung des Sturms 23/M 86 auf den feigen und brutalen Überfall und trat dann, wie weiland der Judenreferent Dr. Globke, in eine Nische?

Und daran schließt sich die nächste Frage an: Wie hat sich Herr Strauß als Mitglied des Nationalsozialistischen Deutschen Studentenbundes (NSDStB) verhalten, dem er laut Personalakte am 1. November 1937, ein Jahr vor dem Pogrom, beigetreten war?

Ich muß gestehen, daß ich den NSDStB im *Schwarzbuch* zunächst falsch eingeschätzt habe. Das ist jetzt korrigiert. Der NSDStB war nämlich keine Massen- oder gar Zwangsorganisation, sondern das Gegenteil. Die Mitgliedschaft war freiwillig und unterlag strengster Auswahl. Nur etwa jeder 20. Student, etwa 3000 insgesamt, wurden zugelassen. Es handelte sich um — so Rudolf Heß — »eine Art intellektuelle SS«, die »politische Elite« der Nazipartei, ihren Kadernachwuchs an den Hochschulen.

(Nebenbei gesagt, speziell für Herrn Godel Rosenberg: Die Frage nach der NSDAP-Mitgliedschaft von Strauß ist völlig belanglos, weil bereits mit seiner Aufnahme ins NSKK, erst recht in den NSDStB, »die Bereitschaft und die Verpflichtung zum Beitritt zur NSDAP« zwingend verbunden waren. Beides waren Gliederungen der Nazipartei, gleichrangig mit SA und SS.)

Was es mit dem NSDStB sonst noch auf sich hatte, geht aus einer Studie hervor, keiner sowjetischen, sondern der Universität Michigan, USA, von 1969. Dort heißt es zunächst über den NSDStB-Chef SS-Gruppenführer Dr. G. A. Scheel, einen Vertrauensmann des SD-Chefs Heydrich:

»Es gelang Scheel innerhalb eines Jahres« — nämlich bis 1937

— »einen Nachrichtendienst innerhalb der Studentenschaft aufzubauen ... Der geringste Verstoß gegen die Partei ... wurde ihm gemeldet. Sobald es irgendwelche Anzeichen von Aufbegehren oder auch nur Unzufriedenheit in der Studentenschaft gab, wurde schnell und ohne großes Aufsehen durchgegriffen ...«, denn, so lautete ein Befehl an den NSDStB:

»Die Nat.soz. Bewegung ... verlangt von euch, daß ihr auf der Hochschule mit Brutalität den Gedanken der Totalität der nat. soz. Erziehung vertretet!«

Mit Datum vom 5. Oktober 1937 wurde angeordnet: »Ab 1. 1. 1938 tritt eine generelle Mitgliedersperre des NSDStB ein.« Man hatte genug Spitzel, und von da an war es ein besonderer Vertrauensbeweis, in »Dr. Scheels Gestapo« — wie die amerikanische Studie den NSDStB nennt — noch aufgenommen zu werden.

Dem Studenten Franz Strauß gelang dies noch am 1. November 1937. Von da an gehörte er zur »intellektuellen SS«. In diesem Zusammenhang verdient ein Bericht des früheren Strauß-Referenten Dieter Huber im Augustheft von *Titanic* besonderes Interesse. Es geht da um einen denunzierten, von der Gestapo verschleppten, seither verschollenen Studienkameraden von Herrn Strauß, der übrigens m. W. bislang nichts gegen Herrn Huber oder *Titanic* in dieser Sache unternommen hat. Statt dessen läßt er sich als »Pogromopfer«, als »schlimmer verfolgt als die Juden« und als von Anfang an »überzeugter Gegner der Nazis«, als Beinahe-Widerstandskämpfer hinstellen. Das ist eine Beleidigung aller, die tatsächlich Widerstand geleistet und dafür ihr Leben eingesetzt haben.

Ich stelle dies hier fest, auf die Gefahr hin, dafür noch mehr diffamiert, zum Verfassungsfeind, Untergrundkommunisten oder Einflußagenten erklärt oder auch als Waffenschieber, Schwindler, Scheckbetrüger, Sittenverderber und was noch alles kriminalisiert zu werden. Anfangs habe ich mich dagegen gewehrt. Ich habe durchgesetzt, daß die Rubrik »Kampagne gegen den Kanzlerkandidaten der CDU/CSU« im bayerischen Verfassungsschutzbericht, wo mehrere angesehene Kollegen und ich namentlich genannt waren, gestrichen und berichtigt werden muß. Ich habe schon vor Jahr und Tag beim OLG Stuttgart erstritten, daß es der CSU, vertreten durch deren Vorsitzenden, bei hoher Strafe verboten ist, mich als »Untergrundkommunisten« zu bezeichnen. Ich habe dem *Münchner Merkur* gerichtlich verbieten lassen, mich als »DDR-Einflußagenten«

zu verleumden. Soll ich mich nun auch noch gegen den Vorwurf wehren, ein vorbestrafter Krimineller zu sein? Soll ich meinen blütenweißen Strafregisterauszug präsentieren, eine Kreditauskunft anbieten, womöglich beim Landgericht München II um Klärung bitten, inwieweit es berechtigt ist, mich als Waffenschieber, Schwindler, Scheckbetrüger usw. zu bezeichnen? Das kann niemand im Ernst von mir erwarten, ganz abgesehen davon, daß die übelsten Verleumdungen anonym verschickt werden, ohne Angabe des Druckers und des für den Inhalt Verantwortlichen. Und schließlich darf ich vielleicht in diesem Zusammenhang auch daran erinnern, daß eigentlich nicht mir der »Ruch der Korruption« anhaftet und daß nicht ich am 5. Oktober Bundeskanzler werden will.

Was die Behauptung der CSU und ihrer Hilfstruppen betrifft, ich sei ein ehemaliger Rechtsradikaler, zudem ein »vorbestrafter Scheckbetrüger«, so liegt der Vorgang, auf den sich das beziehen soll, 30 Jahre zurück. Ich war 29 und studierte noch. Damals organisierte ich einen Protest gegen ein in der DDR geschehenes Unrecht. Ich kann darin keinen Rechtsextremismus erblicken. Ich protestiere auch heute, wenn bei unseren östlichen Nachbarn etwas geschieht, das ich für Unrecht halte. Meine Freunde Stefan Heym und Wolf Biermann, aber auch Vaclav Havel, können das bezeugen.

Was nun den sogenannten »Scheckbetrug« angeht, so konnten damals tatsächlich zwei Schecks, die ich für Plakate und andere Drucksachen in Zahlung gegeben hatte, nicht eingelöst werden. Das Ministerium für gesamtdeutsche Fragen hatte nämlich die mir fest zugesagten Mittel dafür plötzlich gesperrt. Den Hintergrund des Ganzen bildete meine Weigerung, mit einem Vertrauensmann des Ministeriums zusammenzuarbeiten. Was dessen Identität betraf, so hatte mir Herr Marx, Herausgeber der *Allgemeinen Wochenzeitung der Juden in Deutschland*, die Augen geöffnet: Es war Dr. Eberhard Taubert, bis 1945 Generalreferent im Goebbels-Ministerium, verantwortlich für die gesamte antisemitische Propaganda, auch für den Hetzfilm »Der Ewige Jude«. Mit diesem Wegbereiter der »Endlösung« wollte ich nichts zu tun haben.

Die Sperrung der mir zugesagten Mittel wurde mit angeblichen »Unregelmäßigkeiten bei der Abrechnung« begründet. Es stellte sich dann heraus, daß dies mich überhaupt nicht betraf. Ich geriet dann in große wirtschaftliche Schwierigkeiten, denn ich drückte mich nämlich nicht um die Bezahlung der Druckereirechnungen. Sie wurden von mir restlos beglichen, allerdings in Raten, über Jahre hinweg, denn es waren für mich damals große Beträge. Der eine meiner beiden Gläubiger war die Bundesdruckerei in Berlin; sie hat jahrelang die Raten kassiert für Plakate, die noch bei ihr im Keller lagerten und dann eingestampft wurden. Ich hatte die Ware ja bestellt und mußte sie bezahlen.

Beinahe wäre ich dafür auch noch gerichtlich bestraft worden. Aber da sich alle anderen Vorwürfe gegen mich als haltlos erwiesen, konnte das Gericht das Verfahren, das nur noch die beiden ungedeckten Schecks betraf, wegen der allenfalls geringfügigen Strafe, die zu erwarten gewesen wäre, unter Amnestie fallen lassen und einstellen. Ich bin also keineswegs vorbestraft, und ich meine, daß ich mich in dieser Sache nur meiner Dummheit zu schämen brauche, denn ich hatte mich zunächst als Aushängeschild für etwas mißbrauchen lassen, das sich der Oberjudenhetzer der Nazis ausgedacht hatte. Diesen Dr. Taubert nahm sich einige Jahre später der neue Bundesverteidigungsminister Strauß zum Berater in Fragen der psychologischen Kriegführung, und zwar in voller Kenntnis von Tauberts Vergangenheit. Später finanzierte die CDU-geführte Bundesregierung die publizistischen Abenteuer des Dr. Taubert, und zwar »im Einvernehmen mit dem CSU-Landesgruppenvorsitzenden Strauß«. Dr. Taubert war auch einer der Wahlhelfer von Strauß im Bundestagswahlkampf 1972 und beriet den CSU-Chef bei den Vorbereitungen zur Gründung einer Vierten Partei. Inzwischen ist Dr. Taubert verstorben, sonst säße er womöglich jetzt unter den famosen »Demokraten für Strauß«, die mich und andere heute diffamieren.

Angemerkt sei noch, daß Dr. Taubert auch mit dem berüchtigten »Volksgerichtshof« zu tun hatte, aber nicht, wie Helmut Schmidt, dem die Taubert-Nachfolger dies heute zum Vorwurf machen wollen, als ein für einen Verhandlungstag abkommandierter Zuschauer, sondern als einer der »ehrenamtlichen« Richter des 1. Senats, und als solcher war er an mehreren Todesurteilen gegen Widerstandskämpfer beteiligt.

Abschließend sei noch erwähnt, daß Herr Strauß, damals noch nicht Kanzlerkandidat, bereits am 3. November 1972 auf dem Wahlparteitag der CSU in München fast wörtlich die gleichen Behauptungen aufstellte wie jetzt die Firma Löwenthal & Co.: Engelmann habe früher einer rechtsextremen Gruppierung angehört und sei wegen Scheckbetrugs vorbestraft. Seine »zuverlässige Quelle« war, wie man damals erfahren konnte, sein Wahlhelfer Dr. Eberhard Taubert, der dies wider besseres Wissen behauptet hatte.

Es ist allerdings wahr, daß ich an zahlreichen Straftaten beteiligt gewesen bin, z. B. an Fälschungen, zwar nicht von Schecks, aber von Ausweisen, auch an Schwindeleien, z. B. zur widerrechtlichen Beschaffung von Lebensmittelkarten. Ich habe auch an Grenzen geschmuggelt, nicht nur verbotene Drucksachen und einmal sogar Waffen, sondern auch lebende Konterbande, nämlich Menschen. Ich bin am Ende der Polizei in die Hände gefallen und war dann in 21 Gefängnissen, Zuchthäusern und ähnlichen Einrichtungen eingesperrt.

Aber niemals aufgrund eines Gerichtsurteils, sondern aufgrund eines sogenannten Schutzhaftbefehls, unterzeichnet von dem später hingerichteten Ernst Kaltenbrunner. Haftgrund: »Judenbegünstigung«, ein Verbrechen, das ich begangen hatte durch Gewährung von Unterschlupf, Beschaffung von Lebensmitteln, Kleidung und falschen Papieren, vor allem durch Hilfe bei der Flucht ins neutrale Ausland. Das waren damals kriminelle Akte, deren ich mich aber nicht schäme, denn sie retteten einige Menschen vor der Ermordung — so Etti und Erich Elkan, Alice Goldstein, Heinz Lewisohn, Kurt Markuse, Irene Wandel, um einige Namen zu nennen. Etti Elkan starb übrigens erst vor einigen Jahren; sie liegt begraben in jener oberbayerischen Gemeinde, wo ich mit meiner Familie lebe und wo Herr Strauß inzwischen auch seinen Wohnsitz genommen hat. Im übrigen sind die von mir genannten Fakten aktenkundig — unter 2 E 243 und 244, B und H, Landesrentenbehörde NRW in Düsseldorf.

Die letzte Station meines Wegs als Gestapohäftling war das KZ Dachau, aus dem ich Anfang Mai 1945 befreit wurde, damals 24 Jahre alt. Ich bekam dafür 5 Mark pro Tag Haftentschädigung. Ein haftbedingter bleibender Körperschaden vermindert nach amtsärztlicher Einschätzung meine Erwerbsfähigkeit um 45 v. H. Meine Sensibilität für Nazivokabular und nazistisches Verhalten hat indessen durch die Haft nicht gelitten, sondern stark zugenommen, und auch das wird bis an mein Lebensende so bleiben.

Ich könnte nun noch hinzufügen, daß Herr Kanzlerkandidat Strauß damals, als ich in Dachau gerade noch überleben konnte, etwas weiter südlich eine besondere Aufgabe hatte, definiert im Geheimbefehl vom 13. Mai 1943 — Stba/Ic Nr. 3714/43 geh — unter Ziffer 5 als »*ausschließlich* politisch-weltanschaulich-nationalsozialistisch«, und ich könnte daran allerlei Betrachtungen knüpfen. Aber Herr Strauß beteuert, er sei zwar NS-»Offizier für wehrgeistige Führung«, aber trotzdem kein Nazi, sondern stets deren überzeugter Gegner gewesen — innerlich. Wer kann das wissen? Ich meine, man muß ihm das glauben, aber ich bin nicht der Meinung, daß innere Vorbehalte entscheidend sind. Vielleicht hat Herr Strauß ja auch innere Vorbehalte gegen das faschistische Regime in Chile, ohne sie uns erkennbar werden zu lassen. Er sollte deshalb — das ist meine Überzeugung und die meiner Kollegen — darauf verzichten, die Bundesrepublik Deutschland als Kanzler politisch führen und vor der Welt repräsentieren zu wollen. Wir bleiben bemüht, ihm diesen Verzicht zu erleichtern.

Abschließend möchte ich nicht nur meinen Kollegen und politischen Freunden für ihre Solidarität danken, sondern auch den zahlreichen Anhängern der Unionsparteien, die sich privat oder sogar öffentlich von denen distanziert haben, die meine Kollegen und mich als »Ratten und Schmeißfliegen« beschimpft und auf jede erdenkliche Weise diffamiert und verleumdet haben. Ich danke besonders den Kollegen in den Sozialausschüssen, bei der Jungen Arbeitnehmerschaft sowie der Katholischen Hochschulgemeinde Würzburg. Ich danke schließlich auch denen, die schon beschlossen haben, diesmal ihre Stimme nicht Strauß zu geben, und das werden viele sein. Ich weiß das, denn ich lebe mit meiner Familie in einer Dorfgemeinde, die zu den CSU-Hochburgen zählt, doch ich habe mich dort, was die Einheimischen betrifft, noch nicht zu beklagen gehabt über einen Mangel an Respekt gegenüber einem politischen Gegner.

Quellenverzeichnis

Ein Sohn Preußens, in: »Preußen — Land der unbegrenzten Möglichkeiten«, München 1979, S. 423—425.

Ein Buch und seine Wirkung, in: »Kontext 1«, München 1976, S. 84—96.

Vom Autographensammeln: Originalbeitrag.

Wem gehört dieses Land?, in: »Das Reich zerfiel, die Reichen blieben«, Hamburg 1972, S. 9—38.

Doppelte Moral, in: »Die goldenen Jahre«, Gütersloh 1968, S. 69—78.

Puppe, Fibel, Schießgewehr, Eröffnungsrede zur Eröffnung der gleichnamigen Ausstellung, Akademie der Künste, Berlin 1976.

Wer waren »die Nazis«?, in: »Einig gegen Recht und Freiheit«, München 1975, S. 302—334.

Die Geschichte wird aufstehen und reden, in: Ebenda, S. 397—402.

Das Wirtschaftswunder — geplant seit Stalingrad, in: »Wie wir wurden, was wir sind«, München 1980, S. 263—281.

Über alles in der Welt, in: »Das eigene Nest«, Darmstadt 1965, S. 44—66.

Die Bundesrepublik ist ein Rechtsstaat, in: Ebenda, S. 129—146.

Top-Manager und Gewerkschafter, in: »Meine Freunde, die Manager«, Darmstadt 1966, S. 245—273.

Fritz und Willy — Kaiser und Krupp, in: »Krupp — Legende und Wirklichkeit«, München 1969, S. 256—299.

Der alte Reichtum: Oetker, in: »Die Macht am Rhein«, München 1968, S. 146—186.

Der Prototyp eines Managers, in: »Meine Freunde, die Manager«, München 1966, S. 13—59.

Die gescheiterte Revolution, in: »Wir Untertanen«, München 1974, S. 73—104.

Der Aufstand der Weber, Geleitwort zu: Kroneberg/Schloesser, »Weber-Revolte 1844«, Köln 1979, S. 11—15.

Die Romantiker und die Revolution, in: »Trotz alledem. Deutsche Radikale 1777—1977«, München 1977, S. 178—223.

»Novemberverbrecher«, in: Ebenda, S. 318—350.
Oskar Maria Graf, Nachwort zu: Oskar Maria Graf, »Der harte Handel«, München 1978, S. 157—164.
Fremd im eigenen Land?, Vorwort zu: Broder/Lang (Hg.), »Fremd im eigenen Land«, München 1977, S. 11—28.
Politik und Moral, in: »Deutschland ohne Juden«, München 1970, S. 316—341.
Wer Jude ist, bestimmt der Große Brockhaus, in: »deutsches panorama«, 6/67.
Was ist preußisch?, in: »Preußen — Land der unbegrenzten Möglichkeiten«, München 1979, S. 7—14.
Bernt Engelmann als Kurt Tucholsky an Alexander Solschenizyn, in: Greiwe (Hg.), »Alarmierende Botschaften zur Lage der Nation«, München 1974, S. 17—29.
So deutsch wie möglich, möglichst deutsch, in: »So deutsch wie möglich, möglichst deutsch«, München 1969.
Limericks: Originalbeitrag.
Tuchos Literaturvorschau, in: »konkret literatur 1980«.
Die elenden Liebesillusionen, in: »petra« 9/74.
Die Außerordentlichen: Originalbeitrag.
Szenario nach Filbinger, in: »Blätter für deutsche und internationale Politik« 9/78.
Zensur tut not!, Ebenda.
Den Nutznießern des Terrors die Suppe versalzen, in: »VS-vertraulich«, München 1978, S. 101—106.
VS-vertraulich — Unsere BEFA-Ergebnisse, Ebenda, S. 9—12.
In eigener Sache, Presseerklärung, Bonn, 5. 9. 1980.